Kurt Sethe

Untersuchungen zur Geschichte und Altertumskunde Ägyptens

Erstes Heft

Kurt Sethe

Untersuchungen zur Geschichte und Altertumskunde Ägyptens
Erstes Heft

ISBN/EAN: 9783742863577

Hergestellt in Europa, USA, Kanada, Australien, Japan

Cover: Foto ©ninafisch / pixelio.de

Manufactured and distributed by brebook publishing software
(www.brebook.com)

Kurt Sethe

Untersuchungen zur Geschichte und Altertumskunde Ägyptens

UNTERSUCHUNGEN

ZUR

GESCHICHTE UND ALTERTUMSKUNDE

AEGYPTENS

VON

DR. KURT SETHE
PRIVATDOCENT AN DER UNIVERSITÄT BERLIN.

ERSTES HEFT

1. DIE THRONWIRREN UNTER DEN NACHFOLGERN KÖNIGS THUTMOSIS' I., IHR VERLAUF UND IHRE BEDEUTUNG.
2. DIE PRINZENLISTE VON MEDINET HABU UND DIE REIHENFOLGE DER ERSTEN KÖNIGE DER ZWANZIGSTEN DYNASTIE.

Die Thronwirren

unter den Nachfolgern Königs Thutmosis' I.,

ihr Verlauf und ihre Bedeutung

Die Prinzenliste von Medinet Habu

und die

Reihenfolge der ersten Könige

der zwanzigsten Dynastie

von

Kurt Sethe

Leipzig
J. C. Hinrichs'sche Buchhandlung
1896

VORWORT.

Die Untersuchungen zur ägyptischen Geschichte und Altertumskunde, deren erstes Heft hiermit der Oeffentlichkeit übergeben wird, sollen in zwangloser Folge erscheinen. — Von den ersten beiden in diesem Hefte enthaltenen Abhandlungen, die die ägyptische Königsgeschichte betreffen, hat die erste die bekannten Thronwirren zum Gegenstande, welche den Zeitraum zwischen der Regierung Thutmosis' I. und den grossen Eroberungszügen Thutmosis' III. ausfüllen und über deren Verlauf und Bedeutung die verschiedensten Vermutungen geäussert worden sind, ohne dass sich eine davon bei näherer Untersuchung der uns erhaltenen Denkmäler als stichhaltig erwiese. Eines der wichtigsten Ergebnisse der vorliegenden Arbeit, nämlich die aus den verschiedenartigen Ausmeisslungen und Ersetzungen des Namens der Königin Maʿ-keȝ-reʿ zu erschliessende Thatsache, dass diese Königin mit Thutmosis III. zusammen bereits vor der Regierung Thutmosis' II. regiert hat, ist von mir schon vor mehreren Jahren*) ausgesprochen worden, die ausführliche Begründung musste ich mir damals aber für eine spätere Zeit aufsparen. Inzwischen bin ich mit der Sichtung und Bearbeitung der reichhaltigen Reiseaufzeichnungen von Richard Lepsius beschäftigt gewesen und habe darin eine Fülle wichtiger Beobachtungen gefunden, die mein früheres Ergebnis durchaus bestätigten und mir erlaubten, es in vielen Punkten zu vervollständigen. Herr Prof. Dr. Naville hat mir freundlichst gestattet, dieses Material, das zwar grösstenteils schon zur Veröffentlichung bereit steht, aber bei dem langsamen Fortschreiten des Druckes doch erst in einigen Jahren allgemein zugänglich werden dürfte, zu verwerten, wofür ich ihm hiermit meinen herzlichen Dank ausspreche. — Dass ich meine Arbeit nun gerade an einem Zeitpunkt veröffentliche, wo die so ergebnisreichen Ausgrabungen des Herrn Prof. Naville im Tempel von Der el baḥri eine beträchtliche Bereicherung des Quellenmaterials erwarten lassen, möchte vielleicht manchem etwas gewagt erscheinen. Allein was mich in meinem Entschlusse bestärkt hat, die seit anderthalb Jahren fertige Arbeit nicht länger zurückzuhalten, ist gerade die Hoffnung, dass sie für die bevorstehende Veröffentlichung dieser Funde von einigem Nutzen sein werde, indem sie die Aufmerksamkeit auf eine Reihe von Punkten lenkt, die bisher als unwesentlich nicht beachtet zu werden pflegten und daher wahrscheinlich auch jetzt wenig Beachtung gefunden haben werden. Ueberdies scheinen meine Ergebnisse durch die Ausgrabungen nach dem, was darüber in die Oeffentlichkeit gedrungen ist, zu urteilen, nur bestätigt zu werden,

* In der dritten der meiner Dissertation „De Aleph prosthetico" angehängten Thesen.

und es sind wohl eher Ergänzungen als Aenderungen der von mir gewonnenen Chronologie jener Zeit davon zu erwarten. — Dass ich auf eine Umnumerierung der Könige Thutmosis' II. und III., die sich eigentlich aus der neuen Regierungsfolge ergäbe, verzichtet habe, wird, denke ich, die Billigung Aller finden. Die Verwirrung, die dadurch entstände, würde grenzenlos sein. Anders lag die Sache bei der zweiten Abhandlung, die ähnlich der ersten eine Neuordnung von Königen erweist. Während bei den Thutmosis die Zahlen für uns zu Erkennungszeichen der einzelnen Könige geworden sind, die sich von ihrer Person ebensowenig trennen liessen, wie etwa die Zahl V von Karl V. oder die Zahl XIV von Ludwig XIV., sind sie hier bei den Ramessiden der 20sten Dynastie blosse Mittel, um die Reihenfolge der Könige anzudeuten, geblieben. Deshalb und zumal es für diese Könige keine allgemein angenommene Zählung giebt, wie für die Thutmosis, so durfte ich sie auch meinerseits nach der von mir aufgestellten neuen Folge neu zählen. Auch für diese zweite, kleinere Abhandlung haben mir die Lepsius'schen Notizen manche Bestätigung und Anregung gebracht.

Die auf die zweite Abhandlung folgenden Anhänge I—V behandeln sämtlich Gegenstände, die in der ersten Abhandlung kurz zur Sprache gekommen sind, aber doch einer näheren Begründung bedürfen. Der Anhang VI enthält einen Nachweis fast aller für die erste Untersuchung in Betracht kommenden ägyptischen Quellen, er hat den Zweck, das Nachprüfen der ihrer Natur nach nicht immer leicht verständlichen Untersuchung zu erleichtern; ich hoffe, dass ihm dies gelingen wird.

Wie ich für diesen Anhang Schäfer, der mich beim Lesen der Papierabdrücke oft erfolgreich unterstützt hat, zu Dank verpflichtet bin, so Steindorff für die Zusätze und Berichtigungen, deren mehrere seiner Anregung zu verdanken sind. Für die Druckfehler sei auf diese Berichtigungen verwiesen, nur einige sinnentstellende Fehler, die sich ohne meine Schuld leider nach Erteilung des Druckauftrages noch eingeschlichen haben, mögen hier gleich berichtigt werden: auf Seite 27 Anm. 3 muss es natürlich beide Male  statt , auf Seite 45 Anm. 5  statt  heissen. Im autographierten Teile ist auf Seite 73 Zeile 14 v. o. Esneh zu lesen, auf Seite 115 Zeile 5 v. u. sind hinter  die Zeichen  ausgefallen.

Endlich möchte ich auch meinen verehrten Verlegern, den Herren Inhabern der J. C. Hinrichs'schen Buchhandlung für die Bereitwilligkeit, mit der sie auch diese Arbeit zur Veröffentlichung übernommen haben, hiermit meinen verbindlichen Dank aussprechen.

Berlin, im April 1896.

Kurt Sethe.

INHALT.

Anhänge zur ersten Abhandlung.

I. Die Thronwirren unter den Nachfolgern Königs Thutmosis' I., ihr Verlauf und ihre Bedeutung.

§ 1. König Thutmosis I., der Nachfolger Amenophis' I., gilt allgemein für einen Sohn dieses Königs. Zum Beweis dafür wird nur die sehr zerstörte Inschrift LD III 18 angeführt. Hier finden sich inmitten der phrasenhaften Titulatur Thutmosis' I. (Z. 2 von rechts) in unverständlichem Zusammenhang die Worte , die de Rougé in seiner Etude sur le massif de Karnak (in den Mélanges p. 46) mit „Königssohn eines Königssohnes" übersetzt und so erklärt hat, dass der König damit angeben wolle, sein Vater und sein Grossvater seien Könige gewesen. De Rougé's Uebersetzung ist aber keinesfalls zulässig.  in dieser Zeit für  ist unerhört und auch späterhin wird das Wort „Königssohn" stets  oder , niemals aber  geschrieben. Ueberdies giebt aber auch die Uebersetzung, welche de Rougé vorschlägt, keinen vernünftigen Sinn; wer wird sich, wenn er sagen will, dass sein Vater und Grossvater auf dem Throne gesessen haben, als „Königssohn eines Königssohnes" bezeichnen? Hier wäre nur „Sohn eines Königs, des Sohnes eines Königs" am Platze; eine solche Deutung der obigen Worte ist aber ausgeschlossen, da dem 2ten , das Apposition zu dem ersten *stnj*  sein müsste, der Genitivexponent vorausgeht. — Das Zeichen  muss, da es nicht die erste Person andeuten kann, Determinativ zu  sein; es war wohl allgemein von der Vererbung von „Sohn auf Sohn" die Rede, doch bleibt es ungewiss, in welcher Weise, jedenfalls wohl eher auf die Nachfolger Thutmosis' I. als auf diesen selbst zu beziehen.

§ 2. Dass Thutmosis I. im Gegenteil nicht der Sohn eines Königs war, ergiebt sich wohl mit grosser Wahrscheinlichkeit aus der Bezeichnung, die er sich in der uns erhaltenen Bekanntmachung seines Regierungsantritts an die Behörden von Assuan (Erman, Ä. Z. XXIX 117) beilegt: 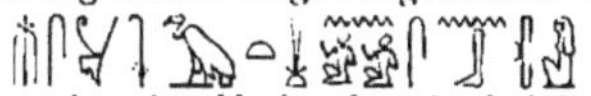 „geboren von der Königsmutter *Sn-j-snb*". — Eine solche Angabe der Herkunft, die bei Privatleuten ja ganz gewöhnlich ist, ist bei Königen äusserst selten; nur 6 mal lässt sie sich noch in der ganzen ägyptischen Geschichte belegen. In dreien von diesen 6 Fällen waren die so bezeichneten Könige nachweislich nicht königlicher Abkunft, nämlich König Nefer-ḥotep (Dyn. 13) und sein Bruder König 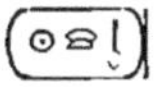 Sebek-ḥotep, die sich „geboren von der Königsmutter  *Kmi*"[1] und an anderer Stelle „erzeugt vom

1 Mar. Mon. div. 70, 3. Abyd. II 28, 1. 30, 29. Petrie Hist. scar. 207. 208. 308. 310. Louvre S. h. 430.

Gottesvater *'nḫ-ḥ3-f ?*"[1]) nennen, sowie drittens König Sebek-ḥôtep, der sich „geboren von der Königsmutter *'kḥt-ibw*"[2]) und „erzeugt vom Gottesvater Mentu-ḥôtep"[3]) nennt. Von dem 4ten König Amenemḥet, der „geboren von der Königsmutter *Nfri* ....." heisst[4], ist es ebenfalls nicht unwahrscheinlich, dass er nicht Sohn eines Königs war, wenn damit Amenemmes I. gemeint ist, der der Begründer der 12ten Dynastie war. — Die Familienverhältnisse des 5ten Königs Mentu-ḥôtep „geboren von der Königsmutter *'Imi*" (LD II 149 f.) sind uns ganz unbekannt, die des 6ten, Königs Thutmosis' III., der „geboren von der Königsmutter Isis" genannt wird, werden uns noch weiter unten näher beschäftigen (§§ 9—12).

Was dafür spricht, dass alle diese Könige, die den in Frage stehenden Zusatz führen, wirklich nicht Söhne eines Königs waren, wie das ja bei mehreren sicher war, das ist wohl der Umstand, dass ihre Mutter alle dabei nur den Titel „Königsmutter" erhalten, der doch durch das vorhergehende „geboren von" eigentlich überflüssig ist, während die Titel „Königsgemahlin" oder „Königstochter", die ja ungleich bedeutsamer für die Abstammung des Königs, ihres Sohnes, wären, niemals dabei erscheinen. Das führt doch wohl notwendig zu dem Schluss, dass jene Königsmutter eben nicht Gemahlin oder Tochter eines Königs waren. — In unserem Falle wäre die Weglassung des Titels „Königsgemahlin" aber umso unbegreiflicher, da Thutmosis I. in der betr. Urkunde den Behörden seine vollständige Titulatur mitteilt und sie anweist, dass Eide bei dem Namen seiner Majestät „geboren von der Königsmutter *Sn-j-snb*" zu leisten seien. Es ist undenkbar, dass bei einer solchen Gelegenheit ein so wesentlicher Titel der Mutter des Königs unterschlagen worden sei.

Es ist aber überhaupt immer verdächtig, wenn eine Frau nur als Königsmutter, nicht als Gemahlin eines Königs bezeichnet ist. In der Hälfte der Fälle, die unten im Anhange I zusammengestellt sind, ist es sicher oder sehr wahrscheinlich, dass die so bezeichneten Personen in der That nicht die Gemahlinnen von Königen, sondern von Privatleuten gewesen waren (No. 1. 3. 6—8. 13—15. 19. 21), bei einigen, zu denen die oben erwähnten gehören, ist es ungewiss (No. 2. 4. 5. 9—11. 16); nur bei vieren ist es sicher nicht der Fall und diese 4 Personen sind beachtenswerterweise nur vereinzelt so bloss als Königsmutter bezeichnet auf solchen Denkmälern, wo sie so oft mit ihrer vollen Königinnentitulatur erscheinen, dass ein Zweifel über ihre Stellung nicht aufkommen konnte, was in unserem Falle aber, wo die Königsmutter nur einmal genannt ist, sehr leicht eintreten konnte. Ja in einem der 4 Fälle beruht sogar die Weglassung der andern Titel auf blosser Spielerei, indem man die Königin in jeder Inschriftzeile mit einem andern Titel erscheinen lassen wollte (No. 18), in einem andern heisst die Königin wohl nur deshalb allein „Königsmutter", weil es sich dort gerade um die Geburt ihres Sohnes, des Königs, handelte (No. 12).

§ 3. Ein weiterer Beweis dafür, das die Mutter des Thutmosis' I. nicht Gemahlin eines

1 Mar. Abyd. II 40 g. Petrie Hist. scar. 293. 294. 307.

2 R. J. H. 268. Mar. Mon. div. 48 j. Petrie Hist. scar. 290.

3 Cat. d'Ab. 1383. Petrie Hist. scar. 291 2.

4 Verschollene Statuette, ehedem im Louvre, publ. Leps. Kgsb. 178. Statt des dem Namen Usertesen folgenden ist viell. zu lesen?

Königs war, liegt auch wohl darin, dass ihr Name in der oben angeführten Inschrift nicht in ein Königsschild eingeschlossen ist, was sonst (ausser auf Skarabäen) bei den Königinnen des n. R. ausnahmslos und sogar bei den Prinzessinnen meist der Fall ist. — Später erhält sie in dem unter Ma'-ke3-re''s, ihrer Enkelin Regierung errichteten Tempel von Der el baḥri aber auch das Schild (Naville Der el bahari I p. 14):  „Mutter eines Königs von Ober-, Mutter eines Königs von Unterägypten, Fürstin der beiden Länder *Sn-j-snb*". Wie man sieht, ist sie auch hier wieder nur als Mutter, nicht als Gemahlin eines Königs bezeichnet, denn der Titel „Fürstin der beiden Länder" besagt wohl nichts, findet er sich doch nicht nur bei Königinnen allein, sondern auch bei Prinzessinnen (LD III 20c. Leps. Kgsb. 351), und sein Synonym  „Herrin der beiden Länder", das gleichfalls den Königinnen besonders eignet, kommt bei solchen Königsmüttern vor, die nicht königl. Gemahlinnen gewesen zu sein scheinen, wie z. B. der Mutter Ramses' VI. (LD III 224 a, vgl. unten den 2ten Aufsatz) und der des Ḥrē-ḥor (Masp. Mom. roy. p. 569). Beide Titel sind wohl wie das Königsschild zu allgemeineren Abzeichen weiblicher Personen der königl. Familie geworden und wären etwa mit „Fürstin", „königl. Hoheit" o. ä. wiederzugeben. Auch dass man Prinzessinnen bei der Geburt mit diesen Titeln  und  benannte (Leps. Kgsb. No. 456. 458), bestätigt dies wohl.

Nach alledem darf es wohl wahrscheinlich gelten, dass die *Sn-j-snb* wirklich nicht die Gemahlin eines Königs, sondern vermutlich eines Privatmannes gewesen ist, und dass ihr Sohn Thutmosis I. also keinen Anspruch auf den Thron hatte.

§ 4. Dass Thutmosis I. nicht der königl. Familie seiner Vorgänger von Geburt angehörte, macht aber auch noch ein anderer Punkt wahrscheinlich, sein Name. Keines der vielen uns bekannten Mitglieder des thebanischen Königshauses, dem Amenophis I. angehörte, hat den Namen Thutmosis oder überhaupt einen mit dem Gottesnamen Thoth gebildeten Namen. Die Mitglieder dieser Familie nannten sich vielmehr nach dem Amon, der Mut und mit Bezug auf den Chons, der Mondgott war, nach dem Monde *'iḥ*. Von nicht thebanischen Göttern kommt nur der Name des Sobk einmal vor in dem Namen einer Prinzessin *Sbk-m-s'-s* (Rec. IX 93); nach diesem Gotte hatten sich bekanntlich die Könige der vorhergehenden Zeit (der sogen. 13 Dyn.) mit Vorliebe benannt.

§ 5. War Thutmosis I. nach dem hier dargelegten höchst wahrscheinlich Sohn eines Privatmannes, so war seine „grosse königl. Gemahlin"  'A'ḥ-mes (Rec. IX 93. LD III 8 b. 19, 1 c. Mar. Mon. div. 48 d)[1] eine Prinzessin. Wenn sie zufällig auch an keiner dieser Stellen 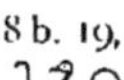 heisst, so lehrt doch ihr Name, dass sie zu dem alten thebanischen Königsgeschlecht, das die Hyksos vertrieben hatte, gehörte. — Von dieser Familie kennen wir nämlich, sowenig wir sonst von ihr wissen, eine verhältnissmässig grosse Zahl von Personen deshalb, weil sie in späterer Zeit (Dyn. 19. 20, vielleicht auch schon Dyn. 18) als Schutzgötter der thebanischen Nekropole (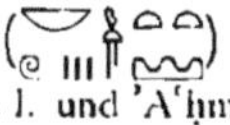) auf Grabdenkmälern von hier oft in kleineren Gruppen, unter denen Amenophis I. und 'A'ḥmes *Nfrt-iri* fast nie fehlen, oder in corpore (Gräber von Der el Medineh LD III 2 a. d. Opfertisch Clot-Bey) verehrt erscheinen (s. hierzu den Anhang II). — Unter den Namen, die wir hieraus und aus den wenigen Denkmalern, die sie uns hinterlassen haben,

1) Anhang VI §§ 19 P. 32 b.

kennen lernen, kehrt der Name unserer Königin und ein anderer mit dem Worte *ỉʿḥ* „Mond" zusammengesetzter Name ʾAʿḥ-ḥotep besonders häufig wieder.

Wir finden diese mit dem Worte Mond gebildeten Namen bereits in der Familie des ersten der drei Könige des Hauses, die den Vornamen Sḳenjen-Reʿ „den Reʿ tapfer gemacht hat"[1]) und den (fremdländischen?) Nachnamen *Tʿ* führten[2]), des ersten, kenntlich daran, dass er diesem Nachnamen noch kein unterscheidendes Beiwort wie seine beiden Nachfolger (*Tʿ* II „der Grosse", *Tʿ* III „der Tapfere") beigelegt hatte. Seine grosse königl. Gemahlin[3]) war eine „grosse Königstochter", sein vor ihm verstorbener „ältester Sohn" hiess und so hiessen auch zwei seiner Töchter (Rec. XI 159).

Wie hier findet sich der Name nur bei weiblichen[4]), der Name dagegen bei Personen beiderlei Geschlechts. 2 Könige dieses Namens sind uns bekannt, der Amosis des Manethos mit dem Vornamen und ein älterer König mit dem Vornamen (Mar. Mon. div. 48[5]), der dieselbe charakteristische Bildung zeigt wie der Name und andere aus dieser Zeit, z. B. Opferstein Clot-Bey, Champ. Not. I 865 (wohl ungenauer LD III 2 a). — Eine Folge der grossen Häufigkeit des Namens in der Familie war, dass man sich genötigt sah, ihm zur Unterscheidung Beinamen zuzufügen[6]). Diese sind z. T. Patronymica, so heisst ein Prinz „Amosis der Sohn des *P3-ỉr*"[7]) (Champ. Mon. II 162, 2, zu verbessern nach Lepsius Tageb.; Mar. Mon. div. 89. Abbott 3, 13)[8]); und eine „Prinzessin, königl. Schwester und grosse königl. Gemahlin" „ʾAʿḥ-mes die

1) Diese Form des Namens, die eine in jener Zeit wie es scheint sehr beliebte Bildung zeigt (Relativform des Tempus *sdm-n-f* mit dem Subjekt Reʿ, vgl. oben), erweist sich als die richtige durch die zeitgenössischen Schreibungen Mar. Mon. div. 52. Masp. Mom. roy. p. 526. Rec. XVI 44. Pierret Rec. d'inscr. I 88 = Champ. Mon. II 191, 3. Die unrichtige Schreibung, die später gewöhnlich ist und zu den Lesungen Rasekenen oder Soknunri veranlasst hat, findet sich zuerst LD III 12, 4 und beruht auf der bei Verbis ult. *n* nicht seltenen Verwechslung des Tempus *sdm-n-f* mit den geminierenden Formen (vgl. meine Formenlehre §§ 264, 120, 378, 819).

2) Die alte Schreibung des Namens Rec. XI 154. XVI 44. Mar. Mon. div. 51 b. Petrie Season pl. XXI, 1. Pierret Rec. d'inscr. I 88 = Champ. Mon. II 191, 3. Masp. Mom. roy. p. 526, die spätere Abb. 3, S. 10. LD III 2 a. Der Name, der in gewöhnlicher äg. Schrift „grosses Brot" bedeuten würde, ist vielleicht in Silbenschrift so für *Tʿ* geschrieben.

3) Nach dem Titel *hnm-t nfr-ḥdt* „die welche die weisse Krone aufgesetzt hat" zu urteilen, vgl. § 36 Anm.

4) Auf zeitgenössischen Denkmälern: Rec. IX 93. XI 159. Louvre S. h. 7. Champ. Not. I 543. Pierret Rec. d'inscr. II 86. Leps. Kgsb. 327 c. 790. Sarg von Drah-abu'l-neggah. Sarg von Der-el-baḥri, endlich Anhang I, No. 9. Davon lassen sich nur 2, die beiden Königinnen, deren Särge wir haben, völlig sicher unterscheiden. — Auf späteren Denkmälern erscheinen Königinnen des Namens verehrt: Champ. Mon. II 153, 3, 4. LD III 2 a (irrig als Mann dargestellt) und richtig als Frau Leps. Ausw. 11. Opferstein Clot-Bey. Leiden M 5. V. 8.

5) Dass der König in dieselbe Familie gehört, macht auch der Nachname des mit ihm zusammen genannten Königs wahrscheinlich, da wir einen Prinzen dieses Namens in Der el Medineh mitverehrt finden (LD III 2 a).

6) Zum Folgenden s. den Anhang III.

7) Dieser Name findet sich z. B. Lieblein Dict. des noms p. 965, No. 702 (Nachtrag).

8) Zu diesem Prinzen vergl. den Anhang IV.

Tochter des Kaꜣ-mose (Masp. Mom. roy. p. 541), vermutlich als Tochter des Königs . Andere erhielten ehrende Beinamen, wie die bekannte Königin „ʾAʿḥ-mes.*Nfrt-irj*“[1]), die „Prinzessin, königl. Schwester, grosse königl. Gemahlin“ „ʾAʿḥ-mes die von Amon geliebte“ (Leps. Kgsb. No. 329 c. d), die „Prinzessin und königl. Schwester“ „ʾAʿḥ-mes die Herrin des Landes“ (Louvre S. h. 7), die „Prinzessin“ „ʾAʿḥ-mes die Fürstin des Nordlandes“ und die „königl. Gemahlin“ (LD III 8 a), die „Prinzessin und königl. Schwester“ „ʾAʿḥ-mes, die Fürstin der Libyer“ (Masp. Mom. roy. p. 544; das ist auf dem Original wohl bei der Restauration vergessen).

Die Gemahlin Königs Thutmosis' I. führte diesen Familiennamen ohne unterscheidenden Beinamen: diesen Mangel sollte vielleicht der eigentümliche Zusatz [2]) „die welche König Thutmosis I. liebte“ ersetzen, der ihrem Namen auf einer Stele von Edfu beigefügt ist (Rec. IX 93[2]).

§ 6. Wer die Eltern der Königin waren, ist aus den Denkmälern nicht ersichtlich. Man hat sie gewöhnlich für eine Tochter Amenophis' I., des Vorgängers ihres Gemahls, erklärt, weil man sie mit der Prinzessin und kgl. Schwester „ʾAʿḥ-mes (genannt) die Herrin des Landes“ identificierte, die die Tochter einer „grossen königl. Gemahlin und Mutter eines Königs war, welche man wiederum ohne zwingenden Grund für die Gemahlin Amenophis' I. erklärte. (Louvre S. h. 7). — Nun erhält unsere Königin öfters (LD III 8 b. 19, 1 c)[3]) den Titel „königl. Schwester“, der nach der Ansicht Vieler in manchen Fällen eine blosse Bezeichnung der königl. Nebenfrauen wäre (vgl. Borchardt Ä. Z. XXVIII 71). Hier wird das, wie auch in vielen andern Fällen (vgl. § 10, Anm.) kaum der Fall sein können, da die ʾAʿḥ-mes zugleich „grosse königl. Gemahlin“ war; die Bezeichnung „königl. Schwester“ ist hier vielmehr wohl wörtlich zu nehmen. Da ʾAʿḥ-mes ihrem Namen nach aber ein Mitglied des alten Königshauses und also keine Schwester Thutmosis' I. war, so könnte sie nur die Schwester Amenophis' I. gewesen sein. Und hierfür würde auch ein nicht unwesentliches Moment sprechen, nämlich die Ueberlieferung des Manethos, der nach Afrikanus und Josephus auf Amenophis I. nicht den Thutmosis I., sondern die *Ἀμεσσὴς ἀδελφή* (Var. *Ἀμενσὴς*) folgen lässt, in der schon Lepsius unsere ʾAʿḥ-mes wiedererkannt hat. Ihre Nennung in der Reihe der Könige würde sich daraus erklären, dass sie die eigentliche Thronerbin war, die ihrem Gemahl Thutmosis I. die Krone zugebracht hatte (s. auch u. §§ 30. 31).

§ 7. Ausser den hier besprochenen Titeln „königl. Schwester und grosse königl. Gemahlin“ erhält die Königin ʾAʿḥ-mes einmal in Der el baḥri (LD III 19, 1 c)[4]), wo sie als Verstorbene von der Maʿ-keꜣ-reʿ verehrt wird, das Prädikat „Mutter eines Königs“, das sich, da wir die Mütter der übrigen folgenden Könige kennen (s. §§ 8. 9), nur auf die Maʿ-keꜣ-reʿ, die ja König war, beziehen kann. Dass diese mit ihrem Frauennamen Ḥaʿt-šepsōwet

1) *Nfrt-irj* ist eine Bildung wie *mitt irj*.
2) lies ?
3) Anhang VI § 19 P.
4) Anhang VI § 19 P.

genannte Tochter Thutmosis' I. (LD III 18, Z. 12. 18 von rechts) ihm in der That von der 'A'ḥ-mes geboren war, erfahren wir aus der Inschrift Mar. Mon. div. 48[1] in der Ma'-keꜣ-re' als  „Gottesweib und grosse königl. Gemahlin Ḥa't-šepsówet" ihrer Mutter , der  „grossen königl. Gemahlin 'A'ḥ-mes" eine Büchse weiht. — Aus diesem Verwandtschaftsverhältnis erklärt sich auch das Zusammenvorkommen beider Königinnen in einem Grabe von Abd el Gurnah, wo über einer Thüre durch das Zeichen  getrennt, links der Name der lebenden „guten Göttin und Herrin beider Länder Ma'-keꜣ-re'", rechts der der verstorbenen „grossen königl. Gemahlin 'A'ḥ-mes" steht. (LD III 26, 1 b, vgl. Masp. Mom. roy. p. 633 Anm. 4[2]).

§ 8. Eine zweite Gemahlin Thutmosis' I., aber von geringerem Range, wie es scheint, war die Mutter des späteren Königs Thutmosis' II. 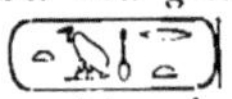 Mut-nofret, die wir durch eine Statue kennen, die ihr ihr Sohn nach ihrem Tode errichtet hat (Ä. Z. 1887, 125)[3]. Sie heisst hier 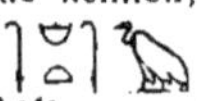 „königl. Gemahlin und Königsmutter" also nicht „grosse königl. Gemahlin" wie die 'A'ḥ-mes. Wie diese war sie aber eine Prinzessin, wenn sie, was anzunehmen, identisch ist mit der gleichnamigen 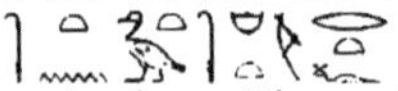 „Königstochter und Gemahlin eines Königs, die von ihm geliebt ist", die an der Statue Thutmosis' II. in Karnak dargestellt ist (Mar. Karn. 38 b 4)[4]. Auch hier ist sie wieder als verstorben bezeichnet.

§ 9. Eine dritte Frau Thutmosis' I. von noch geringerem Range als die vorige, würden wir in der  „Königsmutter Isis", der Mutter des späteren Königs Thutmosis' III. haben, falls auch dieser König, wie bis vor Kurzem allgemein angenommen wurde, ein Sohn Thutmosis' I. gewesen war. Diese Annahme stützte sich auf die Angabe der Londoner Statue des Prinzen , die ein Geschenk der Ma'-keꜣ-re'  „und ihres Bruders des Königs Thutmosis' III." sein soll (Lepsius Ausw. 11)[5].

Wie Maspero in einer sehr gründlichen Arbeit (Proc. XIV 170 ff.) gezeigt hat, stehen dieser Angabe nun aber 2 andere gegenüber, nach denen Thutmosis III. der Sohn, nicht der Bruder Thutmosis' II. und also der Neffe der Ma'-keꜣ-re' gewesen wäre. Die erste der beiden Stellen findet sich auf der Karnaker Statue Thutmosis' II., wo Thutmosis III. erklärt, sie restauriert zu haben, „damit der Name seines Vaters Thutmosis' II. bleibe" (Mar. Karn. 38 b 2)[6]. Wie Maspero richtig bemerkt, ist hieraus allein für die Verwandtschaft beider Könige nichts zu entnehmen, da bekanntlich jeder König von einem späteren „sein Vater" genannt werden kann.

Wichtiger ist hingegen die zweite Stelle, die uns die neuentdeckte Biographie des 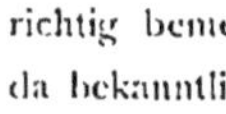 *'Inni* (Rec. XII 105. 107)[7] liefert. In ihr heisst es, dass auf Thutmosis II. „sein Sohn" (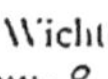) gefolgt sei, der „auf dem Sitze seines Erzeugers (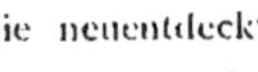 *wtt sw*) geherrscht habe" (Zeile 16). Dieser Ausdruck, so meint Maspero, zeige auf das Deutlichste, in welchem Verhältnis die beiden Könige zu einander standen.

§ 10. Die widersprechende Angabe der Londoner Statue sucht Maspero damit in Einklang zu bringen, indem er annimmt, die Bezeichnung „ihr Bruder" sei dort nur der Einfachheit

1) Anhang VI § 32 b. 2) Anhang VI § 25 c. 3) Anhang VI § 23. 4) Anhang VI § 26 a. Ende.
5) Anhang VI § 32 c. 6) Anhang VI § 26 a. Ende. 7) Anhang VI § 25 c.

halber für das umständlichere, aber richtigere „Sohn ihres Bruders" eingesetzt. Die Unwahrscheinlichkeit dieser Erklärung leuchtet aber wohl Jedem ein, denn wenn Ma'-ke3-re', wie Maspero annimmt, die Gemahlin Thutmosis' II. war, so wäre sie ja die Stiefmutter Thutmosis' III. und, wenn dieser, wie es nach Maspero der Fall sein soll, ihre Tocher Ra'-nofru geheiratet hätte, ausserdem auch noch seine Schwiegermutter gewesen. Da hätte es denn doch wohl sehr viel näher gelegen, ihn ihren „Sohn" als ihren „Bruder" zu nennen, wenn man ihn nicht als ihren Stief- oder Schwiegersohn bezeichnen wollte.

Auch treffen die Beispiele, die Maspero zur Unterstützung dieser seiner unwahrscheinlichen Erklärung des Wortes *sn* „Bruder" heranzieht, und aus denen sich ein derartig ungenauer Gebrauch dieses Wortes ergeben soll, nicht zu. — So beruft er sich erstlich darauf, dass es am äthiopischen Hofe in Napata sogen. 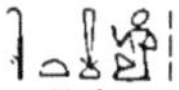 „Königsbrüder" gegeben habe, aus deren Mitte der Königsthron besetzt wurde. Diese Behauptung beruht aber auf einem Missverständnis der sogen. Stèle de l'intronisation (Mar. Mon. div. 9). Hier wird allerdings der neue König aus den „Königsbrüdern" erwählt, dies sind aber, ganz wörtlich zu nehmen, die leiblichen Brüder des verstorbenen Königs, der keinen Sohn hinterlassen hatte: denn in Z. 19 wird ausdrücklich bemerkt, dass der Vater des neuerwählten Königs selbst König gewesen sei und in Z. 23 sagt Amon zu ihm: „dir gehört das Diadem deines Bruders des Königs  des Verstorbenen".

Das 2te Beispiel, das Maspero für einen weiteren Gebrauch des Wortes *sn* „Bruder" anführt, ist eine Opfertafel (Petrie Illahun pl. 24), die die Königin Tîy ihrem Bruder 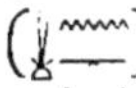, dem Könige Amenophis III." gewidmet hat. Hier liegt aber ein ganz specieller Gebrauch des Wortes „Bruder" für „Gemahl" (wie  „Schwester" für „Gemahlin") vor, der sich aus der in Aegypten seit Alters üblichen Geschwisterehe erklärt[1].

Die von Maspero auf Grund der oben erwähnten Stelle der Biographie des 'Inni' verfochtene Annahme, dass Thutmosis II. der Vater Thutmosis' III. sei, widerspricht nun aber nicht nur der Londoner Statue, sondern sie ist, was wichtiger ist, mit der Thatsache, dass Thutmosis III. schon vor Thutmosis II. allein und mit Ma'-ke3-re' zusammen regiert hat (§§ 25. 27. 35) unvereinbar. Es bleibt demnach wohl kein anderer Ausweg, als der anzunehmen, dass an jener Stelle (der 'Inni'-Inschrift) der Ausdruck *s3-f* „sein Sohn" ebenso ungenau, um den Nachfolger ohne Rücksicht auf das verwandtschaftliche Verhältnis zu bezeichnen, gebraucht ist, wie auf der Karnaker Statue und sonst der Ausdruck „sein Vater" für „sein Vorgänger". Der Ausdruck *wtt sw* „sein Erzeuger" würde dagegen auf den wirklichen Vater gehen, der nur Thutmosis I. gewesen sein könnte; für die Beziehung des Ausdrucks auf diesen König scheint auch die grammatische Form des Satzes, in dem er vorkommt zu sprechen, ein Punkt, über dem noch weiter unter zu reden sein wird (§ 56).

§ 11. Es besteht nun aber noch die Möglichkeit, dass das Wort *sn* „Bruder" auf der Londoner Statue ebendieselbe specielle Bedeutung „Gemahl" habe, wie auf der eben angeführten

1) Wenn der Liebhaber seine Geliebte „seine Schwester" d. h. „Gattin" nennt, so ist das dasselbe, wie wenn die Dirne den, der sich mit ihr abgiebt „ihren Mann" nennt (Erman, Aegypten 222). Es ist falsch, daraus zu schliessen, dass 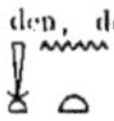 ein Kebsweib bezeichnete. In vielen Gräbern des n. R. heisst die einzige Frau eines Mannes, die 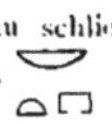 und Mutter seiner legitimen Kinder ist,  statt , wohl weil sie wirklich seine Schwester war. Vgl. auch die Ptolemäernamen in Leps. Kgsbuch.

Opfertafel von Illahun. Denn dass Thutmosis III. der Gemahl der Maʿ-keꜣ-reʿ war, mit der wir ihn schon vor der Regierung Thutmosis' II. überall zusammen auftreten sehen, dass macht eine Darstellung in Der el baḥri (Halle P) sehr wahrscheinlich[1]. Hier stehen links vor einer heiligen Barke Thutmosis I., seine Gemahlin ʾAʿḥ-mes und vor ihnen ihre jugendliche Tochter Bit-nofru alle 3 als verstorbene bezeichnet (LD III 8 b); auf der anderen Seite der Barke ihnen gegenüber knieen opfernd Maʿ-keꜣ-reʿ, Thutmosis III. und die junge Prinzessin Raʿ-nofru (LD III 20 c), die nach der Inschrift LD III 43 a die Tochter der Maʿ-keꜣ-reʿ war (s. u. §§ 66. 69). Zwischen beiden Familiengruppen besteht eine augenscheinliche Analogie: wie links Tochter, Mann (Thutmosis I.) und Frau (ʾAʿḥ-mes) so scheinen rechts in umgekehrter Folge Frau (Maʿ-keꜣ-reʿ), Mann (Thutmosis III.) und Tochter (Raʿ-nofru) dargestellt zu sein. Dass Raʿ-nofru wirklich eine Tochter Thutmosis' III. war, geht aber auch wohl daraus hervor, dass dieser, als er später die Namen und die Figur der Maʿ-keꜣ-reʿ tilgen liess, ihre Figur und ihre Namen verschonte und dass er an der gegenüberstehenden Wand, wo Maʿ-keꜣ-reʿ und Raʿ-nofru allein dargestellt waren, seine Namen an Stelle derer der Maʿ-keꜣ-reʿ einsetzte (Champ. Mon. II 192, 3, nach Lepsius' Notizen), sodass ihn jeder Beschauer für den Vater der hinter ihm stehenden Prinzessin halten musste, der überdies der Titel „Königstochter" gewiss nicht belassen worden wäre, wenn sie ihn nur deshalb geführt hätte, weil ihre Mutter Maʿ-keꜣ-reʿ die Königswürde bekleidet hätte. — Die bisher allgemein geltende Annahme, dass Thutmosis II., der Gemahl der Maʿ-keꜣ-reʿ gewesen sei, dessentwegen sie zeitweise den Titel einer „grossen königl. Gemahlin" führte, entbehrt jedes Grundes. Wo sie mit ihm zusammen vorkommt, ist er meist verstorben (LD III 19. 20) und an den wenigen unsicheren Stellen, an denen er lebend neben ihr vorkommen soll, ist wie gewöhnlich auch Thutmosis III. mit ihr zusammen genannt (§ 49) und kann daher mit demselben Recht, wie Thutmosis II., für ihren Gemahl gehalten werden, worauf er sogar weit mehr Anspruch hat, da er, wie oben erwähnt und weiter unten näher zu begründen ist, schon vorher wie auch später an ihrer Seite regierend erscheint. — Was gegen die Ehe Thutmosis' III. mit der Maʿ-keꜣ-reʿ sprechen würde, seine angebliche Unmündigkeit unter ihrer Vormundschaft ist, wie wir sehen werden, eine Fabel (§ 32 ff.).

§ 12. Dass Thutmosis III. nun aber nicht nur als Gemahl der Maʿ-keꜣ-reʿ auf der Londoner Statue als ihr Bruder bezeichnet ist, sondern dass er auch wirklich ihr Bruder, d. h. da ihre Mutter verschieden waren, ein Sohn ihres Vaters Thutmosis' I. war, darauf führt einmal die oben behandelte Angabe der Inschrift des ʾInni, dass er „auf dem Throne seines Erzeugers" geherrscht habe. Sodann aber spricht dafür entschieden die Gleichheit des Familiennamens Thutmosis und auch wohl die allgemeine Anerkennung und Duldung, die Thutmosis III. in dem Wechsel der Regierungen von Thutmosis I. und II. erfährt, und die sich daraus, dass er Gemahl der von diesen Königen verfolgten Maʿ-keꜣ-reʿ war, allein nicht erklären würde. Es liegt ja doch auch sehr nahe, dass ein König seine Erbtochter seinem Sohn aus anderer Ehe vermählte, um auf diese Weise, was ihm anders unmöglich war, die Thronfolge an seine männlichen Nachkommen zu fesseln.

Dagegen, dass Thutmosis III. ein Sohn Thutmosis' I. war, scheint andrerseits das zu

1) Zum folgenden vgl. den Anhang VI § 19 P.

sprechen, dass er in seinem Totenbuche den Zusatz  „geboren von der Königsmutter Isis" erhält (Masp. Mom. roy. p. 548. Ä. Z. 1882, 132), woraus, wie oben (§ 2) wahrscheinlich gemacht wurde, zu schliessen ist, dass er Sohn eines Privatmannes war. Da aber Thutmosis I. selbst vermutlich von privater Herkunft war, so würde sich die Bezeichnung bei seinem Sohne Thutmosis III. wohl verstehen lassen, wenn er ihn zu einer Zeit erzeugt hatte, als er noch nicht durch die Prinzessin ʾAʿḥ-mes König geworden und also noch Privatmann war[1]. Wenn man dies annimmt, würde es auch verständlich werden, dass Thutmosis I. zwei seiner Söhne mit dem gleichen Namen Thutmosis benannt hat, was im Ganzen nicht oft zu geschehen pflegt. Der ältere, Thutmosis III., gehörte eben nicht zum Königshause, wie der jüngere, vermutlich erst während oder kurz vor der Regierung Thutmosis' I. geborene Sohn der Prinzessin Mut-nofret, Thutmosis II.[2].

§ 13. Bei der Stellung, die die Königin ʾAʿḥ-mes als „grosse königl. Gemahlin" und als Erbtochter des alten Königshauses einnahm, ist zu erwarten, dass ihre Kinder vor denen der andern Frauen ein Anrecht auf den Thron hatten. Maspero hat daher gewiss mit Recht in dem 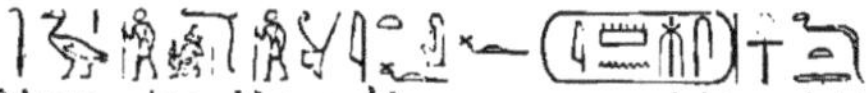 „ältesten Sohn des Königs und obersten Heerführer seines Vaters ʾAmen-mose (er lebt ewig)", dem wir im 4ten Jahre Thutmosis' I. begegnen (Rec. VII 142), einen Sohn der ʾAʿḥ-mes gesehen, da sein Titel „oberster Heerführer seines Vaters" gerade den Kronprinzen eignet (vgl. Leps. Kgsb. No. 409 b — n. Schiap. Cat. gen. I 431. LD III 168 a. b. Orb. 20. Champ. Mon. III 209 u. a. m.) und das Prädikat *ʿnḫ dt* bei gewöhnlichen Prinzen nicht üblich ist.

Er erscheint noch einmal im Grabe des Fürsten  zu Elkab als Bruder eines andern Prinzen  (LD III 11 b), den dieser Fürst und sein Vater zu erziehen hatten (ib. und LD III 10 b). Maspero zieht aus diesem Zusammenvorkommen wohl mit Recht den Schluss, dass beide Prinzen Söhne einer Mutter gewesen seien (Mom. roy. p. 632). Dass  ein Sohn Thutmosis' I. war, wird, wie Maspero zeigt, zum Ueberfluss auch durch die Denkmäler bestätigt, die Grebaut in dem Totentempel des Prinzen bei Gurnah gefunden hat. Hier wird er in einem Inschriftfragment zugleich mit „dem Erzieher der Königskinder" und dem König Thutmosis I., der diesem, wie es scheint, eine Gunst erwiesen hatte, genannt (Grebaut Le mus. ég. I, 6); und auf der Stele seines Erziehers 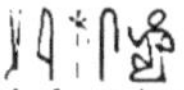 vom 21 sten Jahre Thutmosis' III. steht er, als Verstorbener bezeichnet, hinter Thutmosis I., seinem Vater (Grebaut a. a. O. 1). Auch in der einen Liste von Der el Medineh (LD III 2 a) erscheint der Prinz , was sich, wenn er ein Sohn der Königin ʾAʿḥ-mes war, aus seiner Zugehörigkeit zum alten Königsgeschlechte erklären würde.

Ausser diesen beiden Prinzen und der späteren Königin Maʿ-keꜣ-reʿ Ḥaʿt-šepsöwet kennen wir noch eine Tochter der Königin ʾAʿḥ-mes, Namens  Bit-nofru, die in sehr jugend-

1) Thutmosis III. wäre dann bei seiner Thronbesteigung mindestens schon 30, beim Beginn seiner Expeditionen mindestens 50 Jahre alt gewesen, s. § 71.

2) Dass Thutmosis II. erst unter oder kurz vor der Regierung Thutmosis' I. geboren ist, wird dadurch wahrscheinlich, dass Thutmosis I. sein erstes Jubiläum (*ḥb-sd*) gefeiert hat und also, da er nicht Thronerbe gewesen war, mindestens 30 Jahre regiert haben wird (über diesen Punkt s. das nächste Heft dieser Untersuchungen) und daraus, dass Thutmosis II. nach dem Zustand seiner Zähne nicht viel über 30 Jahre alt geworden sein kann, während er, wie wir sehen werden, erst 7 Jahre nach dem Ende der Reg. Thutmosis' I. den Thron bestiegen hat (§ 55).

lichem Alter gestorben zu sein scheint, denn in Der el baḥri, wo sie mit ihren Eltern zusammen als Tote 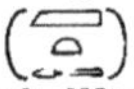 von Maʿ-keꜣ-reʿ und Thutmosis III. verehrt wird, ist sie als kleines Kind dargestellt (LD III 8 b, Anhang VI § 19 P).

§ 14. Der Stammbaum der Familie Thutmosis' I. stellt sich hiernach also vermutlich so dar:

König Amosis — Königin ʾAʿḥ-mes Nfrt-iri — Königsmutter Sn-j-snb

König Amenophis I. — Königin ʾAʿḥ-mes — Königin Mut-nofret — König Thutmosis I. — Königsmutter Isis

Prinz ʾAmen-mōse — Prinz Wēꜣd-mōse — Königin Ḥaʿt-šepsōwet = König Maʿ-keꜣ-reʿ — Prinzessin Bit-nofru — König Thutmosis II. — König Thutmosis III.

Prinzessin Räʿ-nofru.

§ 15. Die beiden Prinzen ʾAmen-mose und Wēꜣd-mose und die übrigen näher berechtigten Thronerben, wenn es noch solche gab, scheinen früh gestorben und auf Nachgeburt anderer von der Königin ʾAʿḥ-mes keine Hoffnung mehr gewesen sein, da Thutmosis I. etwa um die Mitte seiner Regierung die Prinzessin Ḥaʿt-šepsöwet zur Thronfolgerin proklamierte. Dass dies geschehen, geht nicht etwa aus der Inschrift LD III 18 hervor, die vielmehr erst von der Maʿ-keꜣ-reʿ selbst herrührt und sich auf ihre Thronbesteigung bezieht (s. u. § 40), sondern daraus, dass sie schon im 15ten Jahre ihrer Regierung das erste  *ḥb-sd*, d. i. wie ich im folgenden Hefte dieser Untersuchungen auseinanderzusetzen hoffe, das Fest des 30jährigen Jubiläums ihrer feierlichen Proklamation zur Thronfolgerin ( *sd* Pap. Harr. 22, 5. 11. 42, 8 9 Turin 18 = 73, 1) feiern konnte. Die Arbeit an den beiden grossen Obelisken, die nach alter Sitte zum Gedächtnis dieses Jubiläums errichtet wurden, begann nach der Inschrift LD III 24 d am ersten Mechir  des 15ten Regierungsjahres, offenbar, nachdem das Fest wie üblich am ersten Tybi, also genau einen Monat vorher, stattgefunden hatte (hierzu s. vorläufig Brugsch Thes. 1124 ff.). Die Königin muss demnach etwas mehr als 15 Jahre vor ihrem Regierungsantritt zur Thronfolgerin proklamiert worden sein.

§ 16. Auf Thutmosis I. lassen nun aber die späteren Königslisten, die uns überkommen sind, nicht die Maʿ-keꜣ-reʿ, sondern den Thutmosis II., wie gesagt, den Sohn einer zweiten Gemahlin Thutmosis' I., und dann den Thutmosis III. folgen. Die Regierung der Maʿ-keꜣ-reʿ lassen sie, als nach späterer Ansicht ungesetzlich, ganz ausser Acht. Auch die uns erhaltenen Biographieen von Privatleuten aus dieser Zeit, soweit sie erst nach dem Tode der Maʿ-keꜣ-reʿ abgefasst sind, verfahren meist so. Der Feldherr Amosis mit dem Zunamen 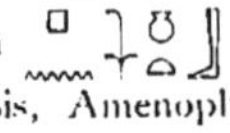 „der der Eileithyia" erzählt seine Dienste unter den verstorbenen Königen Amosis, Amenophis I., Thutmosis I. und II. „bis zu diesem guten Gotte Thutmosis III., dem ewiges Leben geschenkt ist", erst ganz am Schlusse erwähnt er beiläufig, dass ihm auch „das Gottesweib, die grosse königl. Gemahlin Maʿ-keꜣ-reʿ die Verstorbene" Gunst erwiesen habe (LD III 43 a[1]), vgl. u. § 66). Der unbekannte Prinz von Aethiopien *Kꜣ*, der unter Thutmosis III. seine Biographie am Tempel von Semneh anbrachte (LD III 47 b c, vgl. u. § 33. Anhang VI § 3), nennt dieselben Könige, erwähnt die Maʿ-keꜣ-reʿ aber überhaupt nicht. — Die einzige, uns bekannte Biographie, die unter der gemeinsamen Regierung der Maʿ-keꜣ-reʿ und Thutmosis' III. abgefasst ist, ist die

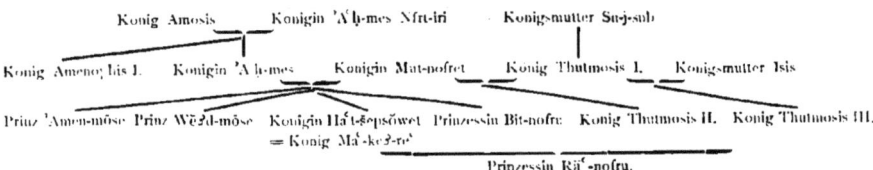

1) Anhang VI § 14.

schon mehrfach erwähnte des 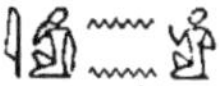 'Inni' (Rec. XII 105—107[1]); er erzählt, wie sich aus den Resten der ersten Zeilen erraten lässt, seine Thätigkeit unter Amenophis I., Thutmosis I., Thutmosis II. und endlich unter den beiden zusammen regierenden Maʿ-keꜣ-reʿ und Thutmosis III. Auch hier scheint Thutmosis II. anstatt der Maʿ-keꜣ-reʿ auf Thutmosis I. zu folgen. Hiermit stimmen auch die Angaben der Inschrift eines sog. Scheinbrotes überein, dass Lepsius aus Abd el Gurnah nach Berlin gebracht hat (LD III 39e[2]). Der Verstorbene, in dessen Grabe dieses Brot niedergelegt war, nennt sich „Vorsteher des Haushalts des Königs Amosis', des Königs Amenophis' I., des Königs Thutmosis' I., des Königs Thutmosis' II., der Königin Maʿ-keꜣ-reʿ, die lebt, und des Königs Thutmosis' III., dem ewiges Leben geschenkt ist" und dasselbe rekapitulierend „Vorsteher des Haushalts von König Amosis (dem Verstorbenen) bis zu der Königin Maʿ-keꜣ-reʿ, die lebt, und König Thutmosis III., dem ewiges Leben geschenkt ist". — Endlich scheint diese Reihenfolge auch dadurch bestätigt zu werden, dass Thutmosis II. unter der gemeinsamen Regierung der Maʿ-keꜣ-reʿ und des Thutmosis' III. mehrere Male als „verstorben" () bezeichnet vorkommt (LD III 19, 2 c. 20a[3]).

§ 17. Da nun aber andrerseits die Maʿ-keꜣ-reʿ nach der Inschrift LD III 18 und nach andern von Naville aufgefundenen, aber noch nicht veröffentlichten Inschriften in Der el baḥri, von Thutmosis I. eingesetzt sein sollte, wie nach ihrer vorhergegangenen Proklamation zu erwarten, so hat man beide Thatsachen durch die Annahme zu vereinen gesucht, dass sie mit Thutmosis II. als ihrem Gemahl zusammen ihrem Vater Thutmosis I. gefolgt sei. Allein, wie schon oben (§ 11) bemerkt wurde, ist diese Annahme von der Ehe mit Thutmosis II. durch nichts begründet, vielmehr war allem Anschein nach Thutmosis III., der mit ihr auf fast allen von ihr errichteten Denkmälern zusammen erscheint, ihr Gemahl. — Mit ihm zählt sie denn auch ihre Regierungsjahre gleich (LD III 24d. 28, 2[4]), mit dem 4ten Pachons (), seinem Thronbesteigungstage beginnend (LD III 24d, vgl. Brugsch Gesch. Aeg. 290 f. Thes. 1115). — Hätte sie mit Thutmosis II. zusammenregiert, so hätte sie denselben Thronbesteigungstag wie dieser König haben müssen; und selbst wenn sie nur seine Gemahlin gewesen wäre, ohne an der Regierung teilzunehmen, so wäre doch bei ihrem Anrecht auf den Thron zu erwarten, dass sie seine Regierungsjahre als die ihren betrachtet und ihre Regierung also von seinem Regierungsantritt an gezählt habe (wie sie das, wie wir sehen werden, bei Thutmosis III. thatsächlich gethan hat, s. u. § 35). Das ist aber nicht der Fall, denn der Thronbesteigungstag Thutmosis' II. fiel, was bisher nicht beachtet worden ist, auf den 8ten Paophi, also nicht in die Zeit, in die nach LD III 24d der Thronbesteigungstag der Maʿ-keꜣ-reʿ fallen muss und in die der des Thutmosis' III. fiel.

§ 18. Die Inschrift von Assuan (LD III 16a[5]) ist nämlich so datiert:  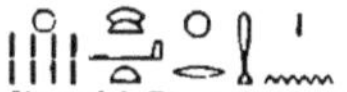 (folgen sämmtliche Namen Thutmosis' II.)  „Jahr 1, Monat Paophi Tag 8 Erscheinen unter der Maj. des Königs Thutmosis' II. auf dem Throne des Horus der Lebenden". Der Infinitiv  *ḫʿ.t* „erscheinen" (d. i. bekanntlich der gewöhnliche Ausdruck für die Thronbesteigung), der hier zwischen das Datum und den zu diesem gehörigen praeposi-

1) Anhang VI § 25 c. 2) Anhang VI § 25 d. 3) Anhang VI § 19 P.
4) Anhang VI §§ 27 a. 30. 5) Anhang VI § 7.

tionellen Ausdruck  eingeschoben ist, muss zur Datierung gehören; das auf ihn bezügliche  ist wohl nur deshalb ans Ende gestellt, weil die Datierung sonst zu weit auseinander gerissen worden wäre[1]. — Dass unsere Inschrift wirklich vom ersten Tage der Regierung Thutmosis' II. datiert ist, bestätigt auch die Fassung der Botschaft, die dem Könige in Zeile 5—6 überbracht wird: „das elende Land *Kš* neigt zum Aufstand, diejenigen, welche gewesen waren  „unter der Herrschaft des Herrn der beiden Länder, denken an Aufruhr". Hätte der angeredete König schon vorher regiert, so würde es *m ndt nt*  *ḥm-k* „deiner Majestät" (oder *m ndt-**k*) nicht *m ndt nt*  „des Königs" heissen, womit nur eine 3te Person, der Vorgänger des Königs gemeint sein kann.

§ 19. Hiernach und nach den erwähnten Inschriften, die die Maʿ-ke₃-reʿ von Thutmosis I. eingesetzt sein lassen, muss es, im Gegensatz zu den Angaben der Biographieen, scheinen, dass nicht Thutmosis II., sondern Thutmosis III. und Maʿ-keš-reʿ zusammen auf Thutmosis I. gefolgt seien. Da aber, wie gesagt, andererseits feststeht, dass diese beiden Regenten nach Thutmosis II. regiert haben, der auf ihren Denkmälern als Verstorbener erscheint (§ 16a E), so würde ihre gemeinschaftliche Regierung sowohl vor als nach seiner Regierung stattgehabt haben. — Dass dies nun, so wunderlich es zunächst scheint, doch thatsächlich der Fall gewesen, ergiebt sich wohl mit Notwendigkeit aus den verschiedenartigen Verfolgungen, die der Name der Maʿ-keš-reʿ erlitten hat.

§ 20. Dieser Punkt, dessen Wichtigkeit de Rougé wohl geahnt, den er aber nicht gehörig ausgenutzt hat, ist von den Späteren unverdienterweise ganz vernachlässigt oder vollständig verkannt worden. Zur Entschuldigung kann angeführt werden, dass die Beurteilung der Tilgungen und Ersetzungen des Namens der Königin oft durch die mangelhafte Beobachtung der modernen Kopisten erschwert wird. So hat namentlich Dümichen, dem wir hauptsächlich die Kenntnis des für uns so wichtigen Der el bahri-Tempels danken, gar kein Verständnis dafür gehabt; verschiedentlich hat er gar nicht einmal bemerkt, dass er Ueberarbeitungen vor sich hatte[2]. Besser steht es mit Mariette (Der el bahri); sehr gutes und zuverlässiges Material liefern uns Champollion in seinen Notices und namentlich Lepsius in seinen Reiseaufzeichnungen, deren

1 Dieselbe Art der Angabe des Thronbesteigungstages findet sich in einer Inschrift vom 5ten Jahre Amenophis' III. zwischen Assuan und Philae (LD III 81 g = R. J. II. 254 = Morgan Cat. des mon. I 4): 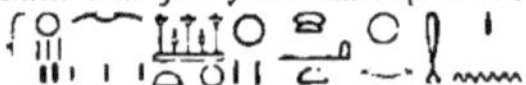 Amenophis' III. Statt des 2ten Athyr, der sich daraus als Thronbesteigungstag dieses Königs ergiebt, wird gewöhnlich ein anderer Tag, der 13te Epiphi angenommen, auf Grund der Stelle eines Londoner Ostrakons (Inscr. in the hierat. Char. pl. XV), die etwa so zu transskribieren ist 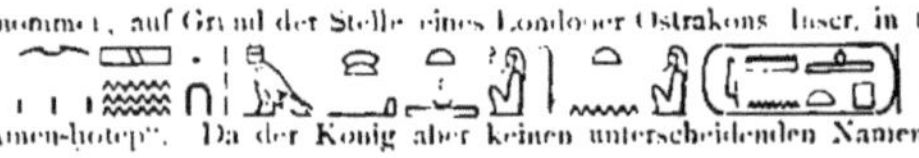 „Monat Epiphi Tag 13, an dem Erscheinen des Königs 'Amen-hotep'". Da der König aber keinen unterscheidenden Namen hat und auf demselben Ostrakon kein anderer genannt wird, so liegt kein Grund vor, ihn gerade mit Amenophis III. zu identifizieren, es könnte auch ebenso gut einer der 3 anderen Könige desselben Namens sein, deren Thronbesteigungstage wir sämmtlich nicht kennen. (Denn der erste Pharmuthi 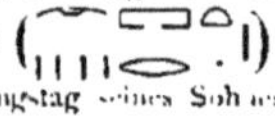, der Tag nach dem Tode Thutmosis' III. (Inschrift des Amenemheb Z. 36) war nicht der Thronbesteigungstag seines Sohnes Amenophis' II., da dieser schon einige Jahre vorher von ihm zum Mitregenten angenommen worden war (Tempel von Amada, Champ. Not. I 528).

2 vgl. z. B. Mariette Der el bahri, Text p. 38 zu DHI II, 33 c (Anhang VI § 22 d). Andererseits giebt er z. B. DHI II 4 rechts bei Thutmosis III. dieselben weiblichen Formen wie links bei Maʿ-keš-reʿ, obwohl Thutmosis III. dort ohne allen Zweifel urspr. stehen musste; ebenso giebt er ib. 34 die urspr. Namen Thutmosis' III. wie die übergesetzten mit Meisselspuren (a 1), während LD III 20 b das Richtige hat (Anhang VI § 19 g).

Veröffentlichung im Gange ist. Natürlich fehlt es aber auch bei ihnen nicht an Stellen, wo ihren Blicken die Veränderungen entgangen sind, sodass sie getäuscht ausdrücklich die Ursprünglichkeit des Ganzen hervorheben. Die Ueberarbeitung ist manchmal so ausserordentlich sorgfältig ausgeführt, dass nur ein übersehenes Zeichen oder eine leichte Unebenheit der Fläche des Reliefs die Veränderung verraten, Spuren, die man erst bei wiederholtem, genaueren Studium entdecken kann und die jedem unbefangenen Reisenden an Ort und Stelle entgehen werden, wie sie Lepsius oder Champollion entgangen sind. Was die Beobachtung weiter erschwert, sind die mannigfachen Zerstörungen, die die Inschriften durch die Zeit oder durch Menschenhand erfahren haben. Amenophis IV. liess den Namen des Gottes Amon verfolgen, dabei wurden auch gerade die Königsnamen in Mitleidenschaft gezogen, da der zweite Name der Maʿ-keꜣ-reʿ 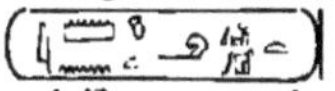 den Namen des geächteten Gottes enthielt und dieser bei ihrer Verfolgung und Ersetzung durch die Namen der Könige Thutmosis I., II. und III. ausdrucklich aus Pietät verschont worden war[1]. Sethos I. liess, wie auch sonst, die durch Amenophis IV. verletzten Inschriften wiederherstellen, benutzte dabei aber manchmal auch die Gelegenheit, seine eigenen Namen in die zerstörten Königsschilder einzusetzen, was bei der Maʿ-keꜣ-reʿ um so einfacher war, da sein Vorname 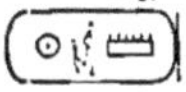 die beiden ersten Zeichen mit dem ihrigen 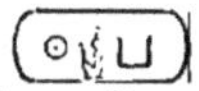 gemein hatte. Später haben dann namentlich die Mönche, die sich in dem Tempel von Der el baḥri eingenistet hatten, das Ihrige gethan, uns die Erkenntnis der Namensänderungen zu erschweren, indem sie alles in erreichbarer Nähe befindliche gründlich zerhackten.

§ 21. Verschont ist der Name der Maʿ-keꜣ-reʿ eigentlich nirgends. Wenn er auf dem stehenden Obelisken von Karnak an der Basis und in der Mittelzeile unberührt geblieben ist, so erklärt sich das daraus, dass der Obelisk von einem Umbau umgeben war, der ihn bis zu halber Höhe den Blicken entzog (s. u. § 68). Aus demselben Grunde sind auch die Skulpturen auf der südlichen Aussenwand der Räume VW (Lepsius) in Karnak nicht verletzt worden; Thutmosis III. hatte sie nämlich durch Vorlegung einer neuen Mauer, die seine Annaleninschriften erhielt, ganz unsichtbar gemacht (Mar. Karnak Text p. 29 Anm. 4).

Bisweilen ist der Name der Königin an minder auffälligen Stellen bei der Verfolgung übersehen worden, so z. B. auf den beiden Thüren LD III 28, 1 und DHI II 34 (Anhang VI §§ 10. 22 c) in den Thornamen, die am unteren Ende der Pfosten stehen: „das Thor „es bleibt die Liebe der Maʿ-keꜣ-reʿ im Hause des Sobk"" und „das Thor „es bleibt (wꜣḥ) die Liebe der Maʿ-keꜣ-reʿ im Hause der Ḥatḥor"". In den übrigen Inschriften beider Thore ist der Name der Königin durch den Thutmosis' III. ersetzt.

1) Man liess das  stehen und fügte ihm dann den Namen Thutmosis meist mit einem Zusatz, der eine Beziehung des Königs zu dem Gotte angab, zu, z. B. 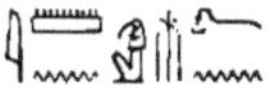 „Th., den Amon erwählt hat", 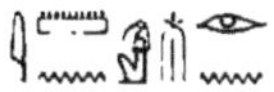 „Th., den Amon erzeugt hat",  „Th., der von Amon geliebte", 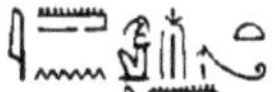 „Th., der Teil des Amon" usw. vgl. Leps. Kgsb. 339 s—t. 344 g—j. 347 n). Alle derartigen, mit dem Worte  beginnenden Namen der Könige Thutmosis I., II. und III. sind aus dem der Maʿ-keꜣ-reʿ verwandelt (vgl. Anhang VI §§ 4. 17. 19—22). Aus einer solchen Var.  „Th., das Ei des Amon" hat man zwei Königinnen „Amunsat" konstruiert, die mit Thutmosis I., II. und III. den Thron geteilt haben sollten (vgl. Wiedemann, Aeg. Gesch. p. 305/6). Das Ei  findet sich aber m. W. in der 18ten Dyn. noch nirgends für  verwendet.

Häufiger ist ihr Name den Augen der Verfolger auf kleineren, namentlich auch Privatdenkmälern entgangen vgl. Anhang VI §§ 9. 11–14. 18d. 24. 25. 28. 32. — Im Uebrigen ist er überall nach Kräften verfolgt worden und zwar in verschiedener Weise. Er ist:

1. bloss zerstört, in Der el bahri auf der 3ten Terrasse von oben (Anhang VI § 21), auf der 2ten von oben (Anhang VI § 20), auf der obersten Terrasse (Anhang VI § 19) im Hofe E in den Nischen m, o, h, k, in der Kammer O nur am rechten Thürpfosten, in der gewölbten Halle P z. T. an den Wänden, überall in den Nischen und an der Thüre zu Q, im Raume Q überall, in der gewölbten Halle M; im Hathorspeos (Anhang VI § 21) im Vestibül an der N.-Wand und im hintersten Raume.

in Medinet Habu überall in den Darstellungen der Räume O und P (aber nicht an den Thüren), und einmal in Q: Anhang VI § 17.

in Silsilis: LD III 28, 7 (Anhang VI § 11 c).

in der 3ten Grotte von Ibrim: Champ. Not. I 834 (Anhang VI § 5).

2. durch den Namen Thutmosis' I. ersetzt, nur zusammen mit der 3ten Verfolgungsart, in Medinet Habu in 2 Darstellungen des Raumes N und an den sämmtlichen Thüren in O, P, Q, sowie in N an der Thüre zu Q s. Anhang VI § 17.

3. durch den Namen Thutmosis' II. ersetzt:

in Karnak in den Kammern V, W, B', C' beim Sanktuar, und am 3ten südl. Pylon, s. Anhang VI §§ 26. 27b.

in Der el bahri nur auf der obersten Terrasse im Hofe E, in den Nischen i und n, aussen an den Nischen h—k, m—o, in den Kammern x und O (bis auf den Thürpfosten) überall, und in den Nischen von Q s. Anhang VI § 19; ferner im Hathorspeos an der Façade, an den inneren Säulen, an der 1ten und 2ten Thüre s. Anhang VI § 22.

in Medinet Habu in den Darstellungen und an den Thüren der Kammern N und Q, in den Kammern L, O, P jedoch nur an den Thüren (bis auf die Thüre zu K in L) s. Anhang VI § 17.

in Kummeh in 2 Darstellungen s. Anhang VI § 4, 10. 15.

4. durch den Namen Thutmosis III. ersetzt:

in Karnak nur in VW und am gefallenen Obelisken der Ma'-kes-re' (LD III 24a–c) s. Anhang VI §§ 26. 27a.

in Der el bahri nur auf der obersten Terrasse an den beiden Granitthoren g und l und in der Halle P s. Anhang VI § 19; sowie im Hathorspeos an einer Thür s. Anhang VI § 22c.

in Medinet Habu nur im Raume L zu beiden Seiten der Thüre zu O s. Anhang VI § 17.

in Silsilis LD III 28, 6 (Anhang VI § 11b) und Ombos LD III 28, 1a (Anhang VI § 10).

5. Nur im Anschluss an eine der 4 ersten Verfolgungsarten findet sich der Name der Ma'-kes-re' bisweilen durch eine allgemeine Bezeichnung für König ersetzt, so in Der el bahri: LD III 17a (Anhang VI § 19E) durch 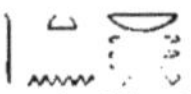 „König, Herr der beiden Länder" und 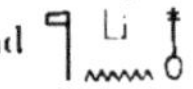 „dieser gute Gott", was beides auf Thutmosis III., der ebenda genannt ist, zu beziehen ist (s. u. § 49). Auch das häufige  und  in der Halle M ist wohl in dieser Weise aus  verändert worden (s. Anhang VI § 19M).

6. Endlich ist der Name der Maʿ-keꜣ-reʿ in Speos Artemidos und in einigen der Seitendarstellungen der beiden Karnaker Obelisken (s. Anhang VI §§ 27 a. 29) in den Namen Sethos' I. verwandelt, als dieser die von Amenophis IV. entstellten Inschriften restaurierte (s. ob. § 20); doch war dies kein Akt besonderer Feindseligkeit gegen die Königin, da auch andere, wie Thutmosis I. (LD III 24 a, 4te Darstellung[1]), Thutmosis II. (LD III 15. 27, 12[2]), Amenophis III. (LD III 80 a) dasselbe erfahren haben.

§ 22. Mit Ausnahme der 5ten, nicht selbständig vorkommenden, werden die verschiedenen Verfolgungsarten, wie man schon aus dieser kurzen Uebersicht, noch besser aber aus der ausführlicheren im Anhange VI erkennen kann, nicht willkürlich bald hier bald da, sondern ganz konsequent, jede an besonderen Stellen angewendet. So ist z. B. in Karnak am 3ten südlichen Pylon und in den Kammern B', C' südlich vom Sanktuar des Philippus nur Thutmosis II., am gefallenen Obelisken der Maʿ-keꜣ-reʿ nur Thutmosis III. an Stelle der Maʿ-keꜣ-reʿ eingesetzt. — In Der el baḥri findet sich Thutmosis II. nur an ganz bestimmten Stellen des Hathorspeos (Façade und die beiden ersten Thüren) und auf der obersten Terrasse in den Nischen des Raumes Q, in dem Hofe E an den Wänden und in den Nischen i und n, in den Kammern x und O übergesetzt; an den Granitthoren und in der Halle P dagegen nur Thutmosis III., während in Q und den Nischen von P und h, k, m, o und auf der vorletzten Terrasse der Name der Königin bloss ausgekratzt, nicht verändert ist.

Besonders lehrreich ist in dieser Hinsicht aber der Tempel von Medinet Habu. Hier ist in den Darstellungen der Kammer L nur Thutmosis III., in denen von N nur Thutmosis I. und II. zusammen, in O und P kein Königsname eingesetzt, und in Q treffen die beiden letzteren Verfolgungsarten zusammen. An den Thüren dieser Räume N, O, P, Q ist dagegen Thutmosis I. und II. zusammen, in L Thutmosis II. allein an Stelle der Maʿ-keꜣ-reʿ eingesetzt.

Diese räumliche Abscheidung der verschiedenen Verfolgungsarten von einander lässt schon darauf schliessen, dass sie zu verschiedener Zeit und vermutlich also auch von verschiedenen Urhebern erfolgt sind.

§ 23. Was den Urheber der ersten Verfolgungsart betrifft, der sich mit der blossen Tilgung des Namens begnügte, so wird man kaum fehl gehen, wenn man ihn in Thutmosis III. vermutet, der an allen den betr. Stellen schon urspr. mit Maʿ-keꜣ-reʿ dargestellt oder genannt war. Er allein hatte also von einer blossen Tilgung ihres Namens Vorteil, da er durch sie als alleiniger Erbauer der Denkmäler erscheinen musste. In einigen Fällen erscheint seine Urheberschaft ganz sicher, so z. B. in der Thürinschrift LD III 28, 7 und in der Darstellung LD III 20 c[3]. Uebrigens sollte der Name auch an vielen Stellen, wo er bloss ausgekratzt ist, offenbar noch durch einen anderen ersetzt werden, da die weiblichen Endungen und Suffixe in den Inschriften gleichfalls ausgekratzt sind, augenscheinlich, um männlichen Platz zu machen. Dasselbe ist auch daraus zu entnehmen, dass öfters in solchen Darstellungen mit ausgekratzten Namen die Figur der Königin verändert worden ist.

Bei den drei anderen Verfolgungsarten, die in der Einsetzung der Namen der Könige Thutmosis' I., II. und III. bestehen, ist das Nächstliegende, diese Könige selbst als die Urheber

1) Anhang VI § 27 a. 2) Anhang VI § 26. 3) Anhang VI §§ 11 c. 19 P.

anzunehmen, wie man das auch in den analogen Fällen, bei Sethos I., Sethos II., Setnacht, Ramses VI. und sonst überall und, soweit ersichtlich, mit vollem Recht gethan hat. Etwas anderes wäre es, wenn die Einsetzung der Namen nicht Okkupation, sondern Restauration älterer schon vorhandener wäre; dies ist aber nicht der Fall, vielmehr gehörten die Inschriften, wie die weiblichen Redeformen lehren, schon urspr. der Maʿ-keȝ-reʿ und waren nicht etwa von ihr okkupiert.

§ 24. Die 4te Verfolgungsart hat denn auch Niemand Bedenken getragen, dem Könige, dessen Namen dabei eingesetzt ist, Thutmosis III. selbst zuzuschreiben, da man ja wusste, dass er die Maʿ-keȝ-reʿ überlebt hatte. — Nicht so bei den beiden andern Königen Thutmosis I. und II., von denen aus den Biographieen nur bekannt war, dass sie Vorgänger oder Mitregenten, aber nicht, dass sie auch Nachfolger der Maʿ-keȝ-reʿ gewesen seien. Doch setzte noch de Rougé in seiner trefflichen „Étude sur les monuments du massif de Karnak“ Mélanges I wenigstens für Thutmosis II voraus, dass die Einsetzung seiner Namen von ihm selbst herrührte. Er nahm daher an, dieser König habe erst einige Zeit mit der Maʿ-keȝ-reʿ, die wahrscheinlich durch ihre Mutter Thronrechte gehabt habe, zusammen regiert, dann habe er sie, offenbar in der Meinung, dass sie diese Rechte überschritten habe, vom Throne gestossen, die Alleinherrschaft an sich gerissen, ihre Namen auf den vorhandenen Denkmälern ausgetilgt und durch die seinigen ersetzt.

Dabei war de Rougé offenbar die Thatsache entgangen, die sich damit schlecht in Einklang bringen lässt, dass nämlich Thutmosis II. auf den betr. Denkmälern niemals schon urspr., sondern statt dessen immer nur Thutmosis III. neben der Maʿ-keȝ-reʿ genannt war. Auch war er von der Richtigkeit seiner Theorie keineswegs fest überzeugt, denn am Schlusse seiner Argumentation zieht er sie selbst wieder in Zweifel, indem er zu der Behauptung, dass Thutmosis II. den Namen der Maʿ-keȝ-reʿ verfolgt habe, die vorsichtige Anmerkung fügt: „Ce point seul peut laisser quelques doutes, parceque le cartouche de Thutmosis II peut avoir été gravé sur les cartouches martelés par ordre de Thutmosis III.“

Die darin ausgesprochene Möglichkeit, dass der Name Thutmosis' II. nicht von ihm selber, sondern von Thutmosis III. eingesetzt sein könne, ist dann wohl zuerst von Brugsch, dem dann alle späteren gefolgt sind, als sicher angenommen worden. Und, um eine solche doch sehr auffällige That Thutmosis' III. als Rache für Thutmosis II. motivieren zu können, hat man dann weiter vermutet, dass Maʿ-keȝ-reʿ ihrerseits vorher das Andenken des verstorbenen Thutmosis' II. verunglimpft und seine Namen ausgetilgt hätte, obwohl sich in Wahrheit der Name Thutmosis' II. kein einziges Mal (abgesehen von LD III 15. 27, 12 b, wo ihn Sethos I. bei der Restauration wieder verdrängt hat) ausgekratzt oder verdrängt findet. — Es ist dabei auch nicht berücksichtigt worden, dass mit dem Namen Thutmosis' II. in Medinet Habu zugleich auch der Thutmosis' I. übergesetzt vorkommt; von einer Feindschaft zwischen diesem Könige und der Maʿ-keȝ-reʿ, seiner Tochter, die er selbst zur Thronfolgerin ernannt hatte, ist keine Spur zu entdecken[2] und Rache kann also hier nicht gut als Motiv für die Einsetzung seines Namens angenommen werden.

1) Anhang VI § 26.

2) Auf der Totenstele Louvre C. 48 (Leps. Ausw. 11 = Anhang VI § 32 g), die die Maʿ-keȝ-reʿ ihrem Vater Thutmosis I. gewidmet hatte, soll angeblich in der Dedikationsinschrift sein Horusname  in den ihren 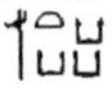

§ 25. Dass Thutmosis III. die Namen der Maʿ-keꜣ-reʿ in die Thutmosis' II., wie man annahm, und folglich auch in die Thutmosis' I. verwandelt habe, ist aber schon deshalb im höchsten Grade unwahrscheinlich, weil er wie gesagt selbst auf den betr. Denkmälern schon urspr. als Miterbauer in zweiter Linie mitgenannt war (s. den Anhang VI). Es ist schlechterdings nicht einzusehen, weshalb er an andern Stellen die Namen seiner Genossin Maʿ-keꜣ-reʿ durchweg in seinem eigenen Interesse geändert oder beseitigt hat, hier dagegen, an ganz bestimmt abgegrenzten Stellen derselben Bauten stattdessen ebenso konsequent die Namen zweier Könige eingesetzt haben soll, die an diesen Teilen ebensowenig Anteil als an jenen gehabt hatten, die vielmehr nach der bisherigen Meinung bereits verstorben gewesen wären, als die betr. Denkmäler von ihm und Maʿ-keꜣ-reʿ errichtet wurden. —

Ganz unglaublich ist es aber, dass Thutmosis III., wenn er trotzdem aus einem unbekannten Grunde die Namen der verstorbenen Könige eingesetzt hätte, nicht zugleich auch seinen eigenen Namen wenigstens so oft eingesetzt haben sollte, dass er ihnen gleich berechtigt erschien. Das ist in Wirklichkeit nicht geschehen, sein Name ist auf den betreffenden von ihm miterrichteten Denkmälern kein einziges Mal zugefugt worden, er hat daher die untergeordnete Stellung, die er auf ihnen urspr. der Maʿ-keꜣ-reʿ gegenuber eingenommen, beibehalten und die Ehre des eigentlichen Bauherrn, die die Königin gehabt hatte, ist ganz auf die eingesetzten Könige übergegangen.

So nennen z. B. an dem Thore DIII II 33c die Widmungsinschriften der Pfosten, die Namen des Thores und die eine Seite des Architravs den Thutmosis II. anstatt der urspr. dort genannten Maʿ-keꜣ-reʿ, während Thutmosis III nur auf der anderen Seite des Architravs, wo er schon urspr. stand, genannt ist. Ganz ähnlich steht es mit dem Thore DIII II 33b, sowie mit den Thüren des Tempels von Medinet Habu, an denen Thutmosis III. meist nur einmal, die Maʿ-keꜣ-reʿ dreimal genannt war. In der Kammer X dieses Tempels war Thutmosis III. nur einmal, Maʿ-keꜣ-re dagegen siebenmal dargestellt und von diesen 7 Darstellungen sind bei der Verfolgung 5 dem Thutmosis II., 2 dem Thutmosis I., keine dem wirklichen Miterbauer Thutmosis III. zugeteilt worden. Derartiger Beispiele lassen sich noch eine Menge anführen, die man im Anhang VI (§§ 17. 19. 22) verfolgen kann.

Hätte Thutmosis III. hier wirklich die Namen des Thutmosis' I. und II. eingesetzt, so hätte er damit die untergeordnete Stellung, die er vorher neben der Maʿ-keꜣ-reʿ eingenommen

geändert sein, obwohl sein Schild in derselben Inschrift und den übrigen Inschriften der Stele unverletzt erscheint. Die Inschrift soll demnach jetzt lauten: „Horus *Wsrt-kꜣw* der König Maʿ-keꜣ-reʿ sie hat es gemacht als ihr Denkmal ihrem Vater, dem Horus *Wsrt-kꜣw* dem König Thutmosis I., dem vom Anubis, der auf seinem Berge ist, geliebten ewiglich". Die angebliche teilweise Ersetzung des Namens des Empfängers der Dedikation durch den der Widmerin wie sie hier vorliegen soll, ist augenscheinlich widersinnig. In Wahrheit liegt die Sache wohl umgekehrt, der Steinmetz hatte aus Versehen den Horusnamen der Maʿ-keꜣ-reʿ, der auf dem linken Pfosten stand, auch auf dem rechten wiederholt und hat dann den Namen des Königs, der hierhin gehorte, darüber geschnitten. Dass wirklich nur eine Korrektur, nicht eine Okkupation vorliegt, das ist wohl auch daraus zu ersehen, dass, wie der im Berliner Museum befindliche Papierabdruck zeigt, keiner von beiden Namen ausgemeisselt worden ist, sondern dass beide einfach übereinander geschnitten sind, wie das bei Korrekturen oft zu beobachten ist; z. B. im Ptaḥtempel von Karnak, wo im Namen Thutmosis' III. der Zusatz  in verändert worden ist (Lepsius Not.), und in Ombos LD IV 50a, wo aus korrigiert ist (beides nach Papierabdrücken in Berlin).

hatte, als berechtigt anerkannt, in offenem Widerspruch zu den andern Stellen, wo er die Namen der Maʿ-keȝ-reʿ für sich selbst in Beschlag genommen hat. Es würde dazu ein so grosses Mass von Selbstverleugnung gehört haben, wie man es wohl keinem ägyptischen Könige zutrauen darf.

Nach alledem kann wohl über die Unhaltbarkeit der herrschenden Theorie kein Zweifel mehr sein. Die Namen der beiden Könige Thutmosis' I. und II. können nicht von Thutmosis III., sondern nur von ihnen selbst eingesetzt worden sein. Ist das aber der Fall, so müssen Maʿ-keȝ-reʿ und Thutmosis III., die auf den betr. Denkmälern urspr. nebeneinander genannt waren, schon vor Thutmosis II. regiert haben, wie sich schon oben aus einigen Inschriften und aus den Daten der Thronbesteigungstage zu ergeben schien, und Thutmosis I., dessen Name an gewissen Stellen mit dem Thutmosis' II. zusammen eingesetzt erscheint, muss noch bis in die Zeit Thutmosis' II. gelebt haben.

§ 26. Dies Resultat wird nun auch anderweitig durch die Denkmäler bestätigt. Ganz besonders überzeugend ist zunächst eine Darstellung im Tempel von Der el bahri (Mar. Derelb. 4 = DHI II 1—3[1]) aus der Zeit Thutmosis' III., der einmal mit Namen genannt wird, und der Maʿ-keȝ-reʿ, die als  „ihre weibl. Maj." erwähnt wird. Links war in grosser Figur ein König dargestellt, und zwar wie die männlichen Redeformen in den Resten seiner Inschrift zeigen, Thutmosis III. (s. u. § 44). Vor ihn tritt ein grosser Zug von Personen, Standarten, Statuen und allerlei Gerät tragend; mitten in diesem Zuge und in gleicher Grösse wie die übrigen daran Teil nehmenden Personen dargestellt schreitet Thutmosis I., 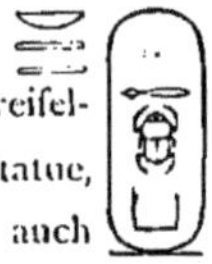 den Kriegshelm  auf dem Haupt, die Scepter  und 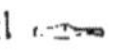 in den Händen, unzweifelhaft lebend. Die Annahme von Mariette (texte p. 12), es handle sich um eine Statue, ist absurd, da der König auf derselben Fläche wie die übrigen Personen schreitet; auch sind seine Scepter keineswegs, wie Mariette behauptet, nur den toten Königen eigentümlich, sondern finden sich auch sonst bei lebenden (so z. B. auch bei der lebenden Prinzessin Raʿ-nofru LD III 20 c). — Da Thutmosis I. auf seiner Turiner Statue, die ihm Thutmosis II. gesetzt hatte, bereits verstorben (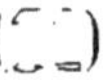) genannt ist und also die Regierung dieses Königs nicht mehr überlebt hat (s. u. § 52), so muss unsere Darstellung aus einer früheren Zeit stammen und es muss der Regierung Thutmosis' II. eine Regierung Thutmosis' III. und der Maʿ-keȝ-reʿ vorausgegangen sein.

§ 27. Damit stimmt auch die Ausschmückung des Tempels von Kummeh überein[2]. Hier sind nämlich die von Thutmosis II. beschriebenen Teile, die Thüre (9) und die Säulen (5. 6) des davor liegenden Raumes B augenscheinlich jünger als die von Thutmosis III. und Maʿkeȝ-reʿ beschriebenen Wände neben dieser Thüre (7. 8. 10. 13. 15. 16), auf denen der Name der Königin in denjenigen Thutmosis' II. verwandelt worden ist. Dass die Thüren im Allgemeinen später als die Wände ausgeschmückt zu werden pflegten, lehren viele Beispiele; so ist z. B. die südliche Thüre des von Thutmosis III. beschriebenen Raumes R in Karnak von Amenophis II., vgl. ferner u. § 65. In unserm Falle ist die Thüre, die auf der Rückseite (14) noch immer unbeschrieben ist, ausserdem, wie Lepsius in aller Unbefangenheit bemerkt, „dem Baue nach später eingesetzt".

1 Oberste Terrasse s. Anhang VI § 19 E.

2 Zum Folgenden vgl. den Plan im Anhang VI § 4, auf den sich die Ziffern beziehen.

§ 28. Dass Thutmosis I. noch bis in die Regierung Thutmosis' II. hineingelebt hat, wird auch durch die Inschrift des 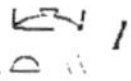 *Pn-ỉ3tj* im Schatt er regâl bei Silsilis bestätigt, in der er sich „Vorsteher der Bauten des Königs Amenophis' I. des Verstorbenen, des Königs Thutmosis' I. und des Königs Thutmosis' II." nennt (Eisenlohr Proc. 1881, 101)[1]. Wie Eisenlohr hervorhob, hat hier nur Amenophis I. das Prädikat „verstorben", Thutmosis I. und II. dagegen nicht, zum Beweise, dass sie beide noch am Leben waren. Nach einer von Griffith ohne Kenntnis der Eisenlohr'schen Bemerkung angefertigten Kopie musste dies aber zweifelhaft erscheinen, da diese auch hinter dem Namen Thutmosis' I. die Striche  (für ) wie hinter dem des Amenophis' I. angiebt (bei Petrie Season p. 15. pl. XV, 476). Daraufhin hat Sayce aber die Inschrift nochmals untersucht und dabei ausdrücklich die Richtigkeit der Eisenlohr'schen im Unterschied zur Griffith'schen Lesung konstatiert (Academy 12. März 1892)[2].

§ 29. Aus dem Umstande, dass Thutmosis I. noch am Leben war, als Thutmosis II. den Thron bestieg, erklärt sich nun wohl auch die unserm Resultat scheinbar widersprechende Angabe der Biographieen, die auf Thutmosis I. unmittelbar den Thutmosis II. folgen lassen und die erste Zusammenregierung Thutmosis' III. und der Maʿ-ke3-reʿ ganz mit Stillschweigen übergehen (s. ob. § 16). Sie rechnen eben die Zeit, die Thutmosis III., Maʿ-ke3-reʿ und Thutmosis II. zu Lebzeiten Thutmosis' I. regierten, diesem letzteren Könige zu und, da dessen Tod wahrscheinlich unter Thutmosis II. erfolgte, so war dieser dann sein Nachfolger; so erscheint ja auch Amenophis II. in der Inschrift des Amenemḥeb als Nachfolger Thutmosis' III. und Usertesen I. in der Geschichte des Sinuhe als Nachfolger Amenemmes' I., obwohl beide schon zu Lebzeiten ihrer Vorgänger zur Mitregentschaft berufen worden waren (vgl. ob. p. 12 Anm. 1).

§ 30. Zu den hier angeführten Punkten, die die Richtigkeit des oben gewonnenen Resultats bestätigen, kommt noch eine Reihe anderer, die erst weiter unten zur Besprechung gelangen werden. Hier sei nur noch auf die merkwürdige Uebereinstimmung hingewiesen, die auch die Ueberlieferung des Manethos damit zeigt. Auf die Königin Amessis, die er statt ihres Gemahls Thutmosis' I. nennt (s. ob. § 6), lässt er unmittelbar den Thutmosis III. folgen, den er zweimal nacheinander, einmal mit seinem Vornamen *Μισφρής* (äg. 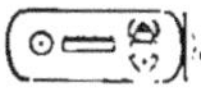), einmal mit seinen beiden Namen *Μισφραγμουθῶσις* (äg. ) anführt[3]. Er übergeht also ganz die Regierung Thutmosis' II., die ja in der That nur eine kurze Episode in der langen 53jährigen Regierung Thutmosis' III. bildete und, da dieser König (Thutmosis III.) seine Jahre gewiss einfach von seinem ersten Regierungsantritt an weiter gezählt haben wird, für die Chronologie garnicht in Betracht kam.

§ 31. Wenn ein ägyptischer König seinen Nachfolger noch zu seinen Lebzeiten zur Regierung berief, wie das von Thutmosis I. geschehen sein muss, so that er das in den uns bekannten Fällen stets in der Weise, dass er ihn zum Mitregenten ernannte, dass er selbst dabei

1) Anhang VI § 12 a.

2) Von demselben Manne  findet sich in demselben Thale auch eine Inschrift aus der gemeinsamen Regierung Thutmosis' III. und der Maʿ-ke3-reʿ (Anhang VI § 12 b), erwähnt wird er ferner auf der Palette eines seiner Untergebenen im Louvre (Pierret Rec. d'Inscr. I 95).

3) S. hierzu den Anhang V.

also weiter König blieb, an der Regierung teilnahm, auf öffentlichen Denkmälern und Urkunden mit ihm zusammen erscheint, seine Jahre weiterzählt usw., wie das z. B. die Könige der 12ten Dynastie, Thutmosis III. mit Amenophis II., Sethos I. mit Ramses II. gethan haben. Bei Thutmosis I. ist das aber alles nicht der Fall. Er erscheint mit Thutmosis III. und Ma'-keꜣ-re' nie als Mitregent, wie später unter Thutmosis II., mit dem er in den Skulpturen des Tempels von Medinet Habu die Namen der Ma'-keꜣ-re' okkupiert, zum deutlichen Beweise, dass er erst damals Mitregent geworden und es vorher, als jene Skulpturen von Ma'-keꜣ-re' und Thutmosis III. hergestellt wurden, nicht gewesen war. In sehr drastischer Weise zeigt ihn vielmehr die oben (§ 26) citierte Darstellung von Der el baḥri (Mar. Der el baḥri 4 = DHI II 1. 3) als Exkönig, der wie die verstorbenen Könige, Titel und Abzeichen seiner königlichen Würde beibehalten hat, aber in entschieden unköniglicher Weise unter den Unterthanen seiner Nachfolger erscheint.

Wie gesagt, ist diese gänzliche Zurückziehung Thutmosis' I. vom Thron in der ganzen äg. Geschichte beispiellos und sie muss daher ihren ganz besonderen Grund gehabt haben. Nun war Thutmosis I., wie sich uns oben ergab, nur durch seine Gemahlin 'A'ḥ-mes (*'Αμεσσις*) König geworden, und ebenso hatte sein Nachfolger Thutmosis III. nur durch seine Heirat mit deren Tochter und Erbin Ḥa't-šepsowet ein Recht auf den Thron. Der nächstliegende Grund für den auffälligen Rücktritt Thutmosis' I. wäre danach der Tod der Königin 'A'ḥ-mes, durch den sein Recht erlöschen und auf Thutmosis III. als Gemahl der Ḥa't-šepsowet, der Erbin der verstorbenen Königin übergehen musste. Sein Rücktritt wäre in diesem Falle also kein freiwilliger, sondern ein durch das Recht erzwungener gewesen.

In der That lässt ja auch Manethos so, wie er uns überliefert ist, den Thutmosis III. unmittelbar auf die Amessis folgen und es ist daraus, wenn die Ueberlieferung richtig ist, jedenfalls zu entnehmen, dass sie noch bis zu seinem Regierungsantritt am Leben war, was für die Vermutung, dass ihr Tod die Ursache des Thronwechsels gewesen sei, ja die unerlässliche Voraussetzung wäre. In der folgenden Zeit der Thronwirren erscheint die Königin allerdings vielleicht noch einmal als Lebende in der Darstellung bei Naville Der el baḥri I pl. 11, wo sie das Prädikat  „sie lebt" zu haben scheint. Ein sicherer Beweis ist dies aber nicht, denn dasselbe Prädikat findet sich auch bei längst verstorbenen Personen (die als göttlich gedacht sind?) nicht selten, so z. B. sehr oft bei der 'A'ḥ-mes Nfrt-irì auf Denkmälern der 19ten und 20ten Dynastie. Als Verstorbene (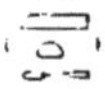) bezeichnet finden wir die 'A'ḥ-mes dagegen öfters; die meisten dieser Stellen stammen aber teils sicher (LD III 8 b. 19, 1 c aus Halle P in Der el baḥri s. Anhang VI § 19), teils wahrscheinlich (LD III 26, 1 b Anhang VI § 25 c) erst aus der späteren Regierung Thutmosis' III. und der Ma'-keꜣ-re' nach dem Tode Thutmosis' II.; zu beachten ist nur eine, nämlich die Inschrift einer kleinen Büchse, die der Königin durch ihre Tochter Ḥa't-šepsowet geweiht war (Mar. Mon. div. 48 d, s. Anhang VI § 32 b). Diese scheint nämlich aus den ersten Regierungsjahren Thutmosis' III. zu stammen, da sich die Ḥa't-šepsowet darauf noch nicht „König Ma'-keꜣ-re'", sondern 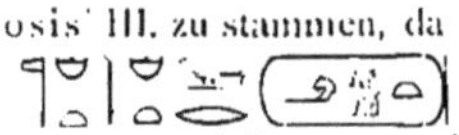 „das Gottesweib, die grosse königl. Gemahlin Ḥa't-šepsowet" nennt und ihre verstorbene Mutter 'A'ḥ-mes demgemäss noch nicht wie später als „Königsmutter", sondern nur als „grosse königl. Gemahlin" bezeichnet (vgl. §§ 7. 36). — Denn wie die Königin 'A'ḥ-mes Zeit ihres Lebens nur die Rolle einer „grossen königl. Gemahlin" gespielt hatte und statt ihrer ihr Gemahl Thutmosis I. allein König gewesen war, so hatte auch

Thutmosis III., so scheint es, zunächst allein den Thron bestiegen und die Ḥa't-šep-sowet, durch die er König war, unterdessen nur den Rang einer grossen königl. Gemahlin bekleidet.

§ 32. Allein als König treffen wir Thutmosis III. so zunächst auf dem ältesten datierten Denkmal seiner Regierung, das wir kennen, in der Inschrift des Tempels von Semneh, die das Datum 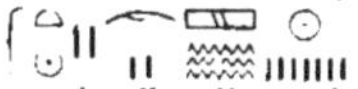 „Jahr 2, Monat Paoni Tag 7" trägt (LD III 55 a). — Durch dieses Datum wurde die allgemein verbreitete und, wie bereits oben gesagt, ganz unbegründete Ansicht, dass Thutmosis III. bis zu seinem 20sten Jahre unter der Vormundschaft der Ma'-ke³-re' geherrscht habe, bedenklich erschüttert. Man hat deshalb, um diese Ansicht aufrecht halten zu können, angenommen, es sei hier ausnahmsweise nicht wie sonst vom Regierungsantritt des Königs, sondern vom Beginn seiner endgültigen Alleinregierung nach dem Verschwinden der Ma'-ke³-re' (etwa im 20sten Jahre) datiert worden. Dass dies undenkbar ist, weil eine solche verschiedenartige Rechenweise zu den unglaublichsten Missverständnissen hätte führen müssen, liegt auf der Hand und ist auch von Eduard Meyer erkannt worden, der sich damit begnügt, auf den Widerspruch mit der herrschenden Unmündigkeitstheorie hinzuweisen (Gesch. d. Altert. I §§ 217 Anm. 223 Anm.). Dass wir in der Inschrift aber wirklich ein Denkmal aus der ältesten Zeit des Königs haben, lässt sich aus den Formen seiner Namen mit Hülfe der von Lepsius mit gewohntem Scharfsinn festgestellten Baugeschichte des Tempels von Semneh nachweisen.

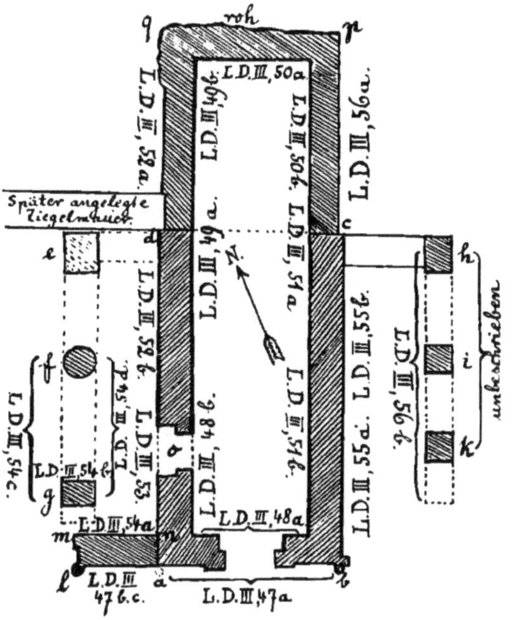

Grundriss des Tempels von Semneh (nach Lepsius).

§ 33. Dieser Tempel, der in allen seinen Teilen ein Werk Thutmosis' III. ist, ist nämlich, wie Lepsius zeigt, nicht auf ein Mal entstanden, sondern hat erst durch mehrfache Veränderungen und Erweiterungen die Gestalt, die er heute zeigt, erhalten. Es lassen sich 4 Bauperioden deutlich unterscheiden:

1. Das älteste Gebäude war eine einfache, aus grossen schönen Blöcken gebaute Kammer abcd, die nur einen Zugang von Süden hatte. Skulpturen dieser Periode: LD III 47 a. 48 a. b. 49 a (linke Hälfte). 51 a (rechte Hälfte). 51 b. 52 b. 53. 55 a. b

2. An diese älteste Anlage schlossen sich die beiden Portikus im O. und W. an, deren

nördliche Pfeiler eh den Ecken c und d der alten Kammer korrespondieren. Am Architrav ih ist ersichtlich, dass die Halle sich nicht weiter nach N. erstreckte. Skulpturen dieser Periode: LD III 54 c. d. 56 b. unpubl. Reste des Pfeilers e mit dem Namen 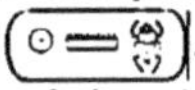.

3. Der westliche Portikus hat einen Umbau erfahren, indem bei a der Rundstab weggenommen und die Mauer almn, mit einem neuen Rundstab bei l, angebaut wurde, ohne bei a mit der alten Mauer verzahnt zu werden. Wie am Architrav zu sehen ist, wurde dabei der südliche Eckpfeiler g etwas nach N. verlegt und auf der Nordseite etwas abgeschnitten, wie die Inschrift an seiner Westseite (LD III 54 c) erkennen lässt. Skulpturen dieser Periode: LD III 47 b. c (das Mittelstück dieser Wand ist wie LD III 47 a später in äthiopischer Zeit weggemeisselt und durch eine Inschrift ersetzt worden). 54 a. b.

4. Auch die Kammer wurde umgebaut, indem man die Thüre o zum westlichen Portikus mitten durch die alten Wanddarstellungen durchbrach, die Hinterwand cd einriss und die Kammer nach hinten um das Stück cpqd erweiterte. Diese neuen Wände sind mit den alten bei c und d nicht verzahnt und aus viel kleineren Blöcken gebaut. Skulpturen dieser Periode: LD III 49 a (rechte Hälfte). 49 b. 50 a. b. 51 a (linke Hälfte). 52 a. 56 a.

Was die zeitliche Reihenfolge dieser 4 Perioden betrifft, so konnte man nur darüber im Zweifel sein, ob die 3te oder die 4te die jüngste ist. Die 2te ist sicher älter als beide, und die erste notwendig älter als die 2te. Wie man aus der beigefügten Planskizze ersehen kann, befindet sich die Inschrift vom Jahre 2 (LD III 55 a) an der östlichen Aussenwand des ältesten Gebäudes.

§ 31. Dass dieser älteste Bestandteil des Tempels aber wirklich, wie die Inschrift angiebt, aus der ersten Zeit Thutmosis' III. stammt, lehrt überzeugend die Form der Namen des Königs, die hier einfacher und altertümlicher ist, als auf den späteren Teilen des Tempels und überhaupt als auf allen Denkmälern seiner Regierung mit und nach Maʿ-ke?-reʿ.

So haben zunächst die sogen. Vornamen, noch nicht die erweiterte Form, die auf den Denkmälern aus der endgültigen Alleinregierung des Königs die Regel ist [1]) und auch bereits vorher während seiner Regierung mit Maʿ-ke?-reʿ, und zwar schon vor der Episode Thutmosis' II., vorkommt [2]):

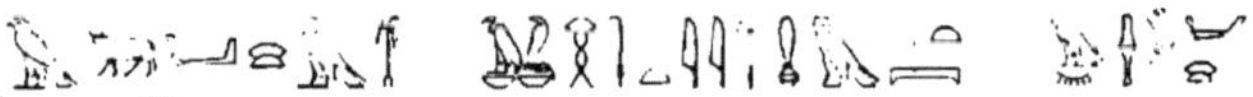

sondern die kürzere Form:

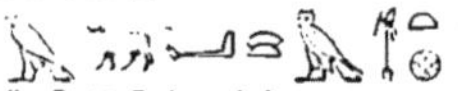 LD III 51 b. 55 a.

 LD III 55 a.

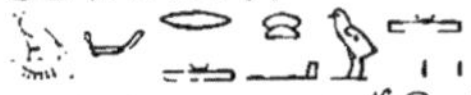 LD III 47 a. 55 b. a ().

Hier hat auch die Orthographie  noch nicht den konventionellen Charakter wie später in der erweiterten Namensform: 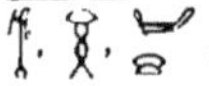, sondern sie hält sich an die gewöhnliche Schreibung der einzelnen Bestandteile der Namen.

1) z. B. LD III 38 c. Mar. Karn. 12 (nach Jahr 24). Petrie Medum pl. 33. 5 (Jahr 41). Champ. Not. II 167. Sharpe Eg. Inscr. II 34 a. 41. LD VI 117 a. (Obelisken von Konstantinopel, New-York, Lateran.

2) vor Th. II. LD III 16 d. g (s. u. § 49). Der el bahri Nische n (nach Lepsius, s. Anhang VI § 19 E). Vgl. auch Mar. Karn. 10, wo das Jahr 15 erwähnt wird.

Diese ältere Namensform findet sich ebenso vollständig und mit derselben altertümlichen Schreibweise regelmässig nur noch in einer Inschrift von Sehél, die wohl ebenfalls aus der ersten Zeit des Königs stammt (s. u. § 37) und im Tempel von Kummeh aus der ersten gemeinsamen Regierung mit Ma'ke3-re' vor Thutmosis II. (s. u. § 43). Die kürzere Form des 2ten Namens kommt ausserdem noch einmal, gleichfalls in der Mitregierung mit Ma'-ke3-re', zusammen mit (in der späteren Schreibung) vor in Silsilis (LD III 28, 7, s. Anhang VI § 11 c); ferner wohl nur ungenau in der Inschrift von Ellesieh (LD III 45 e) vom Jahre 52[1]), wo der Horusname zwar auch altertümlich geschrieben ist[2]), der Goldhorusname aber richtig die erweiterte Form hat[3]).

Auch das **erste Schild** hat noch nicht wie in den 3 späteren Bauperioden die konventionelle siglenartige Schreibung , die schon unter der Mitregierung der Ma'-ke3-re' vor und nach Thutmosis II.[4]), wie unter der späteren Alleinherrschaft Thutmosis' III., **allein** gebräuchlich ist, und es bis in die allerspätesten Zeiten geblieben ist[5]). Hier im ältesten Teil des Tempels von Semneh ist es vielmehr stets (passim) oder seltener (LD III 48 a. 51 b) geschrieben[6]), mit der gewöhnlichen Orthographie des Wortes , „bleiben" (diese Schreibung entspricht also genau den Schreibungen der Vornamen). Die Var. findet sich in späterer Zeit überhaupt nicht wieder, die andere Schreibung ist, abgesehen von Skarabäen[7]), in hierogl. Inschriften nur ganz vereinzelt (3 mal) und das z. T. nicht einmal ohne allen Zweifel belegt. So fände sie sich nach einer Abschrift von Lepsius einmal in Silsilis mit Ma'-ke3-re' (LD III 28, 5 Anhang VI § 11 a) und ein anderes Mal in einer Inschrift vom Jahre 28 (LD III 38 f.). Da Lepsius aber dem Dasein oder Fehlen des keinen Wert beimessen konnte und es, wie an anderen Stellen (z. B. in seinen Notizen über den Tempel von Semneh) ersichtlich ist, in der That nicht gethan hat, so ist es nicht unmöglich, dass er sich

1) so ist nach Lepsius das Datum zu lesen.

2) Diese Schreibung statt findet sich auch sonst noch öfter auf späteren Denkmälern, so in der 2ten und 3ten Bauperiode unseres Tempels: LD III 54 a—c. 56 b; mit Ma'-ke3-re': LD III 20 b. 27, 3. DHI II 33 c. 34 — Anhang VI §§ 19 g. 22 d. e.

3) Derartige ungenaue Abkürzungen der erweiterten Form sind auch DHI II 34, wohl aus Platzmangel, weil der Name an Stelle des kürzeren Namens der Ma'-ke3-re' eingesetzt ist (Anhang VI § 22 e), Thes. 1185 (wo der Name die erweiterte Form hat).

4) in den beiden Formen und .

5) in griechisch-römischer Zeit: DHI II 7. LD IV 4 a. 78. Champ. Not. II 149 150. 170—172.

6) Nur in der Darstellung LD III 55 a steht über dem Könige 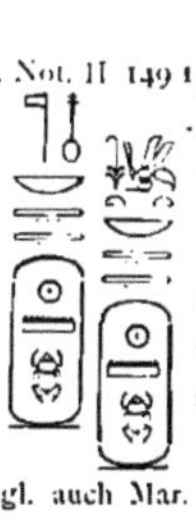 . Hier ist aber die ungleichmässige Stellung der beiden Vertikalzeilen und die Wiederholung des Titels „Herr der beider Länder" und des Namens sehr auffällig. Die Biographie des Prinzen von X3 LD III 47 a, in der sich die Schreibung findet, ist wohl erst später zugefügt, da derselbe Mann auch auf einer Wand der 4ten Bauperiode erscheint (LD III 56 a). Dass die Inschrift nicht urspr. projektiert war, wird schon dadurch wahrscheinlich, dass die entsprechende Seite gegenüber frei geblieben war und erst unter Ramses III. beschrieben worden ist.

7) Petrie Hist. scar. 983. 988. 991. 1000. 1047. 1074—76. 1079 vgl. auch Mar. Abyd. II 40 q.

beim Abschreiben jener Stellen versehen habe[1]. — Dagegen ist die 3te Stelle LD III 235 = Champ. Not. I 563 (Grab der 20ten Dyn.) wegen der Uebereinstimmung der beiden Kopieen unanfechtbar; sie beruht vielleicht auf einer allzu genauen Transskription der hieratischen Vorlage, denn im Hieratischen, das ja überhaupt die Königsnamen nicht mit den üblichen Abkürzungen, sondern mehr nach dem Sinne ihrer Bestandteile zu schreiben pflegt, ist die Schreibung ( ) zu allen Zeiten üblich geblieben (Petrie Medum pl. 33. 34. Tur. 1. 83. Abbott 3, 3. LD VI 117 a.).

Das 2te Schild hat in der ältesten Bauperiode des Tempels von Semneh überall noch die einfache Form ( ), also noch nicht wie in der 2ten und 3ten Periode (LD III 54 a. c.) den Zusatz , der (oft abgekürzt) in der Mitregierung der Maʿ-keꜣ-reʿ niemals fehlt[2], auch in den ersten Jahren der endgültigen Alleinregierung des Königs die Regel ist und neben andern Zusätzen bis in die allerletzte Zeit das gewöhnliche geblieben ist[3]. Die einfache Form ( ) kommt, wie es scheint, erst gegen Ende der Regierung des Königs wieder mit dem einfachen Vornamen ( ) zusammen auf[4]. So findet sie sich denn auch in der 4ten Bauperiode unseres Tempels, aber nicht konsequent wie in der ersten angewandt, sondern nur in den Götterreden und an andern weniger auffälligeren Stellen (z. B. auf den Untersätzen der heiligen Barken), während in den Beischriften der Königsdarstellungen beide Schilder stets verschiedene, wechselnde Zusätze haben: (LD III 50 a. 52 a) ..... (LD III 50 b) ..... (LD III 52 a. 56 a) (LD III 52 a. 56 a) ..... (LD III 50 a) .... (LD III 51 a).

Neben diesen komplizierten Namensformen, die für den gewöhnlichen Gebrauch zu umständlich waren[5], kommt die alte einfache Form ( ) ( ) auch sonst und gleichfalls besonders an untergeordneten Stellen vor[6]; möglich, dass sie eben nur dieser umständlichen Formen halber wieder in Aufnahme gekommen war. In späteren Zeiten nach dem Tode Thutmosis' III. ist sie begreiflicherweise überhaupt das Gewöhnliche[7].

1) So giebt z. B. auch Sharpe Eg. Inscr. II 47 zweimal ( ), während er ib. 33 richtig dafür ( ) hat.

2) Mit ( ) LD III 7 a. 17 c. 20 c. 21—23. 27. 2. 28. 5. 57 a. b. 58. 59 a. 64 b. DHI II 4. 33 a. c. Der el bahri Thor I, Nische 9 (nach Z. 570). mit ( ) LD III 16 d. g. 21. DHI II 34. Mar. Der el bahri. 9. Champ. Not. I 834 (s. Anhang VI). — Die beiden ältesten Darstellungen LD III 24 b. c., in denen der König nur ( ) heisst, sind nach Lepsius von Sethos I bei der Restauration neu aufgesetzt (Anhang VI § 27 a). — In Medinet Habu findet sich nach Lepsius an der Südwand der Kammer P (s. Anhang VI § 17 P 6. 7) der Zusatz statt des üblichen ; ist diese Wand etwa erst später als die übrigen Wände mit der Kammer M, deren Rückwand sie bildet, angebaut worden? — Der Zusatz (LD III 20 b. Anhang VI § 19 g) ist, wie die Meisselspuren anzeigen, wohl erst später für eingesetzt, wie z. B. im Ptahtempel von Karnak einmal anstatt eingesetzt ist (Lepsius' Papierabdr. in Berlin).

3) Jahr 21 (Grébaut Le musée ég. I. 2) 25 (LD III 29 a) 26 (Petrie Medum pl. 34. VIII) 33 (Sharpe Eg. Inscr. II 33) — 47 41 (Petrie Medum pl. 33) 52 (LD III 45 e, s. ob. p. 23 Anm. 1). Annalen (LD III 30 a), auf allen Obelisken einmal.

4) z. B. LD III 29 b (Jahr 47) Mar. Karn. 11 (Port. Stele).

5) Es scheinen Festnamen zu sein, die vom Könige bei Gelegenheit des *ḥb-sd*-Jubiläums angenommen waren, ebenso wie die von den oben besprochenen gewöhnlichen Vornamen abweichenden Horus-, *Smꜣ-tꜣwj*- und Goldhorusnamen (Lepsius Kgsb. 349 b. d—l. p—r. v—x); näheres über diesen Punkt s. in dem später folgenden Aufsatz über dieses Fest.

6) z. B. auf den Obelisken von Konst. und im Lateran (in den Darstellungen der Pyramidien). LD III 46 a. 34 d.

7) vgl. Mar. Mon. roy. p. 548. DHI II 7. Tl. s. 1280. LD IV 77 d. Champ. Not. II 149 150. griech. *Μισφραγμουθωσις*.

§ 35. Es kann nach diesen Bemerkungen über die Entwicklung der Namen Thutmosis' III.[1]) wohl kaum bezweifelt werden, dass der älteste Teil des Tempels von Semneh älter ist als die Denkmäler, die Thutmosis III. mit Maʿ-keꜢ-reʿ zusammen vor der Erhebung Thutmosis' II. errichtet hat, und dass demnach Thutmosis III. schon vor seiner ersten gemeinsamen Regierung mit Maʿ-keꜢ-reʿ allein ohne sie geherrscht hat. Damit steht die Thatsache, dass beide später ihre Regierung vom gleichen Tage datieren (§ 17), keineswegs im Widerspruch. Vielmehr ist es durchaus natürlich, dass Maʿ-keꜢ-reʿ, als sie zur Regierung gelangte, die Jahre, die Thutmosis III. zuvor ohne anderes Recht, nur als ihr Gemahl allein regiert hatte, als die ihren betrachtete. Denn mit demselben Recht, mit dem sie nun König war, hätte sie es ja auch in jenen Jahren sein müssen. Es liegt daher kein Grund vor, für das dem Datum in Semneh vorhergehende erste Regierungsjahr einen andern Stand der Dinge, etwa eine gemeinsame Regierung anzunehmen, von der sich keine Spur erhalten hätte. Dass aber Thutmosis III. als Gemahl der Maʿ-keꜢ-reʿ zunächst allein regiert hat, ist, wie schon gesagt, nach dem Beispiel Thutmosis' I., der mit demselben Rechte die Krone getragen hatte, durchaus nicht unwahrscheinlich.

§ 36. Es ist oben schon bemerkt worden, dass wir in diese Zeit der ersten Alleinregierung Thutmosis' III. wahrscheinlich eine kleine Büchse zu setzen haben, die Maʿ-keꜢ-reʿ ihrer verstorbenen Mutter ʾAʿḥ-mes gewidmet hat und auf der sie sich nicht „König Maʿ-keꜢ-reʿ", sondern „grosse königl. Gemahlin Ḥaʿt-šepsowet" nennt (§§ 7. 31). Wir finden sie so mit den Titeln einer Königin ja auch noch in späterer Zeit, als sie unzweifelhaft die Königswürde besass (z. B. §§ 64. 66), allein an diesen Stellen ist es nicht sie, die sich so nennt, sondern sind es andere, die ihr diese wenig anerkennungsvolle Titulatur geben.

Aus dem gleichen Grunde wird in diese Zeit auch die Vase in Alnwick-Castle (Anhang VI § 32 a) gehören, die die Aufschrift trägt:

„die *rpʿt(j)t*, deren Gnade und Liebenswürdigkeit gross ist, die Herrin der beiden Länder, das Gottesweib, die grosse und von ihm geliebte Gemahlin des Königs, Ḥaʿt-šepsowet, die ewig lebt".

Auch die  LD III 149 a, deren Name ausgekratzt ist, wird unsere Königin sein. Lepsius fand ihre Statue auf der Insel Sai in Nubien mit Resten aus der Zeit Thutmosis' III. (LD III 59 b. c); er setzte sie in die 11te Dyn. wegen des Titels , den aber auch die Königinnen ʾAʿḥ-ḥotep (Särge von Drah-abu'l-neggah und Der el baḥri) und ʾAʿḥ-mes-*Nfrt-iri* (Sarg von Der el baḥri) tragen[2]). Dass die Königin in das n. R. gehört, lehrt der Titel  „Gottesweib", der sich eher nicht findet.

§ 37. Durch die altertümliche Form der Königsnamen erweist sich ferner als ein Rest dieser Zeit die Inschrift von Sehêl (Morgan, Cat. des mon. I 101, 218[3]), in der auf jeden der

1) Eine ähnliche Entwicklung vom Einfacheren zum Komplizierteren lässt sich auch bei den Namen anderer Könige verfolgen, z. B. Thutmosis' I. und Ramses' II.

2) Der Titel, vollständig geschrieben [hieroglyphs] (Naville Ahnas pl. 4), bedeutet eig. „die welche sich aufgesetzt hat die [hieroglyphs]", d. i. ein Name der weissen oberäg. Krone, vgl. das entsprechende Prädikat der Könige [hieroglyphs] „der welcher die weisse Krone genommen hat" LD III 55 b u. o.; besonders bemerkenswert ist der Parallelismus zu [hieroglyphs] „welcher sich die rote unteräg. Krone aufgesetzt hat" auf dem Obel. Campensis.

3) Anhang VI § 6.

5 Namen des Königs der Zusatz „geliebt vom Gotte N. N." folgt. Die Namen lauten nach Beseitigung der offenbarsten Fehler so:

Wie man sieht, unterscheiden sie sich nur in der Schreibung des ersten Schildes (die auch in der Darstellung über der Inschrift wiederkehrt) von denen im ältesten Teile des Tempels von Semneh. Der Raum für den zerstörten Goldhorusnamen ist so klein, dass kaum anders ergänzt werden kann.

§ 38. Wertvoller als diese Ueberreste aus der ersten Alleinherrschaft Thutmosis' III. ist das Bruchstück einer Papyrusurkunde in Turin (Pleyte-Rossi pl. 11), das aus der Mitte des 5ten Jahres datiert ist:

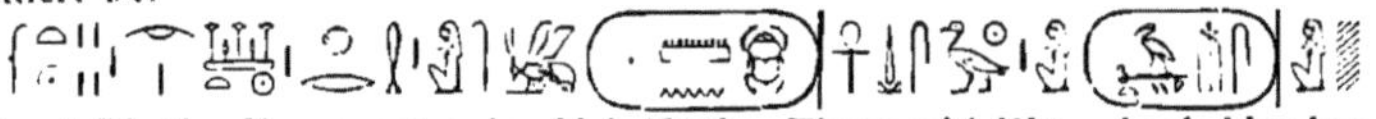

„Jahr 5 Monat Thoth, Tag 1 unter der Maj. Königs Thutmosis' III.". Auch hier hat, wie man sieht, der Name Thutmosis noch die einfache Form ohne Zusatz wie in Semneh; auf die Schreibung des ersten Schildes mit ﹏ ist, da die Handschrift hieratisch geschrieben ist, kein Gewicht zu legen (s. ob. § 34). — Wir erhalten durch dieses Datum eine obere Grenze für das Ende dieser ersten Alleinregierung des Königs. Da sein Regierungsjahr mit dem 4ten Pachons begann, ergiebt sich für sie daraus eine Mindestdauer von 4 Jahren und 4 Monaten. Sehr viel später kann ihr Ende auch nicht eingetreten sein, da sich in den folgenden Zeitraum von 4 Jahren eine Fülle von Ereignissen, u. A., wie wir sehen werden, wahrscheinlich die ganze Regierung Thutmosis' II. drängt.

§ 39. Die Königswürde, die Maʿ-keꜣ-reʿ in der folgenden Zeit statt ihres bisherigen Ranges einer grossen königl. Gemahlin bekleidet, war eine specifisch männliche und hatte daher bei einer Frau manche Sonderbarkeiten zur Folge, die von den Aegyptologen vielfach missverstanden und zu allerlei falschen Rückschlüssen auf den Charakter der Maʿ-keꜣ-reʿ benutzt worden sind. Daraus, dass sie die männlichen Attribute des alten Königsschurzes und des künstlichen Bartes trägt, die eben zur Königstracht gehörten, hat man gefolgert, sie habe sich als Mann aufgespielt, obwohl daraus doch nicht mehr als die ohnehin bekannte Thatsache zu erschliessen war, dass sie, obschon ein Weib, die Rolle eines Königs gespielt hat. In Wirklichkeit wird die Maʿ-keꜣ-reʿ aber überdies meistens deutlich als Weib kenntlich dargestellt; an vielen Stellen ist deshalb ihre Figur, wie Lepsius oft beobachtet hat, mitverwandelt worden, als ihre Namen in die der Könige Thutmosis' I., II. oder III. geändert wurden. Wo eine solche Veränderung nicht mehr zu erkennen ist und die männliche Figur urspr. zu sein scheint, wird z. T., wie so oft bei den Namen, die sorgsame Ausführung der Ueberarbeitung daran schuld sein; z. T. mag ja auch hier und da wirklich das weibliche Geschlecht weniger oder garnicht angedeutet sein, je nachdem man den „König Maʿ-keꜣ-reʿ" mehr oder weniger konventionell darstellte.

Dass sich Maʿ-keꜣ-reʿ trotz ihrer männlichen Würde nicht, wie man ihr vorwarf, als Mann geben wollte, lehren auf das Deutlichste die Inschriften; in ihnen wird, wie man sich bei einer Durchmusterung des Anhanges VI überzeugen kann, von ihr stets wie von einem Weibe gesprochen; gerade diesem Umstande danken wir ja überhaupt meist die Erkenntnis, an welchen Stellen urspr. sie anstatt anderer Könige gestanden hatte. So nennt sie sich 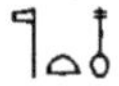 „die gute

Göttin", „die Herrin der beiden Länder", „die Beherrscherin der beiden Länder", „Tochter des Reʿ, die von seinem Leibe", „ihre weibliche Majestät" usw.; dagegen führt sie die offiziellen Königstitel , , , , , zu denen es keine femininalen Formen gab [1], natürlich in der gewöhnlichen männlichen Form (nur statt findet sich einmal „weiblicher Horus" LD III 24 d [2]), doch verhehlen die dazu gehörigen Namen ihr Geschlecht nicht, da sie bis auf das erste Schild sämmtlich weibliche Bestandteile enthalten:

„die mächtig ist an *kꜣw*".

„die grün (frisch) ist an Jahren".

„die göttlich ist an *ḫʿw*".

„die sich zu Amon gesellt(?), die erste der Favoritinnen".

Wenn sich hin und wieder scheinbar männliche Formen finden wie für , für , für , für , für , für , für usw., so ist das nichts anderes, als wenn die Femininalendung sonst in Texten des n. R. aus Unachtsamkeit oder, weil sie nicht mehr konsonantisch gesprochen wurde, weggelassen wird. Fast an allen Stellen, an denen sich solche Schreibungen ohne die Femininalendung finden, kommen unmittelbar daneben genug andere weibliche Formen vor, um an der Unabsichtlichkeit der scheinbar männlichen Formen keinen Zweifel zu lassen. Wo sich unzweifelhaft männliche Redeformen (wie Pronomina) finden, sind sie entweder erst später von den okkupierenden Königen eingesetzt [3]), wie das meist auch noch die Meisselspuren verraten, oder sie sind, wenn sie urspr. sind, nur mit Unrecht auf die Maʿ-keꜣ-reʿ anstatt auf Thutmosis III. bezogen worden (so namentlich in den Biographieen, s. u. § 64).

§ 40. Ein Denkmal, das sich auf die Thronbesteigung der Maʿ-keꜣ-reʿ bezieht, haben wir wohl in der Darstellung LD III 18 am 3ten südlichen Pylon von Karnak [4], wo Thutmosis I., der ja, wie wir sahen, noch am Leben war, vor der thebanischen Triade steht und in einer langen Inschrift (nach den üblichen ruhmredigen Titelphrasen) den Amon um eine gesegnete Regierung für seine Tochter bittet, deren Name später durch den Thutmosis' II. ersetzt worden ist.

Nach der Stelle, die Darstellung und Inschrift einnehmen, kann es wohl nicht zweifelhaft sein, dass sie nicht, wie man annahm, aus der Regierung Thutmosis' I., sondern wie auch die von Naville aufgefundenen analogen Inschriften und Darstellungen in Der el baḥri erst aus der Regierung der Maʿ-keꜣ-reʿ stammen, von der wahrscheinlich auch die darüber befindlichen Darstellungen (LD III 14) herrührten, die später von Thutmosis II. in Beschlag genommen worden

1) *stnj-t*, das Fem. zu bedeutet bekanntlich „Königtum".

2) Es findet sich so noch „die Horus, die ihren Vater rächt" LD III 24 d und „die weibliche Sonne von Aegypten" Mar. Derelb. 5.

3) So ist das von Naville (Derelb. I p. 16) angeführte gewiss erst aus verändert, als man die Namen der Königin tilgte und die weiblichen Formen durch männliche ersetzte. Das ist nur aus Versehen stehen geblieben.

4) vgl. zum Folgenden Anhang VI § 26.

sind (wie LD III 15. 18). Dass diese oberen Darstellungen LD III 14 älter waren, ist an sich schon wahrscheinlich, da man verständigerweise den oberen Teil einer Wand eher ausgeschmückt haben wird, als den unteren, der darunter leicht leiden konnte; es wird bestätigt durch die entsprechende Wand des andern Pylonflügels, auf der nur der obere Teil (LD III 15) von Maʿ-keꜣ-reʿ, der untere erst später von Ramses III. ausgeschmückt worden ist (Champ. Not. II 191 2).

Auch enthält die Rede Thutmosis' I. keineswegs, wie meist behauptet wird, die Einsetzung seiner Tochter zur Mitregentin, oder, wie man denken könnte, ihre Proklamation zur Thronfolgerin (s. ob. § 15), sondern sie setzt ihren Regierungsantritt bereits als geschehen voraus, wie gleich die ersten Worte (Z. 11 12 von rechts) deutlich zeigen: „ich komme zu dir, Herr der Götter, und küsse [den Boden vor] dir dafür, dass du gegeben hast das schwarze Land (Aegypten) und das rote Land (die Wüste) unter die Herrschaft meiner Tochter, des Königs von Ober- und Unterägypten Maʿ-keꜣ-reʿ (sie lebt ewig), wie du (es) gethan hast unter meiner Majestät"[1]. In den folgenden Zeilen bittet der König den Gott, unter Hinweis auf die Wohlthaten, die sie sich gegenseitig erwiesen hätten, für die Maʿ-keꜣ-reʿ „meine Tochter *Wsrt-kꜣw* (Horusname der Maʿ-keꜣ-reʿ) den König von Ober- und Unterägypten, die du gewollt hast, die sich zu dir gesellt(?)[2] .... damit(?), du überweisest [dies Land in] ihre Faust, lass sie glücklich sein als König ...." (Z. 18). Weiter erkennt man als auf Maʿ-keꜣ-reʿ bezüglich noch die Worte: „meine Bitten für [meine] Geliebte ..." (Z. 19) und „unter ihrer weibl. Majestät" (Z. 20).

§ 41. Wie man sieht, findet sich hierin nichts, das direkt auf einen Anteil des Königs an dem Thronwechsel hinwiese, doch ist aus der Thatsache, dass Maʿ-keꜣ-reʿ ihren lebenden Vater Thutmosis I. in dieser Weise redend darstellte, wohl zu entnehmen, dass er mit der neuen Sachlage zum mindesten einverstanden war und sie gewiss im Unterschied zu Thutmosis III. billigte. — In diesem Sinne ist denn wohl auch die Inschrift eines Skarabäus im Louvre aufzufassen, die den Namen der Königin mit dem Thutmosis' I. zusammen nennt:

(Petrie Hist. Scar. 880)[3]). — Zu beachten ist dabei noch, dass Thutmosis I. hier genau denselben Titel hat wie in der merkwürdigen Darstellung von Der el bahri (s. ob. § 26), wo er unter Maʿ-keꜣ-reʿ und Thutmosis III. als Exkönig erschien. Genau ebenso heisst er auch auf einem Bruchstück, das Lepsius bei einer der Nischen m—o der obersten Terrasse des Tempels von Der el bahri fand und das auf der einen Seite eines Rundstabes die Worte „Herr der beiden Länder Thutmosis I.", auf der andern den Horusnamen der Maʿ-keꜣ-reʿ in den Thutmosis' II. verwandelt zeigt (LD III 27, 7 Anhang VI § 19 E). — Es scheint danach fast, dass dies der offizielle Titel Thutmosis' I. nach seinem Rücktritt vom Throne war.

1) Die Ergänzung der wichtigen Stelle ist ganz sicher:

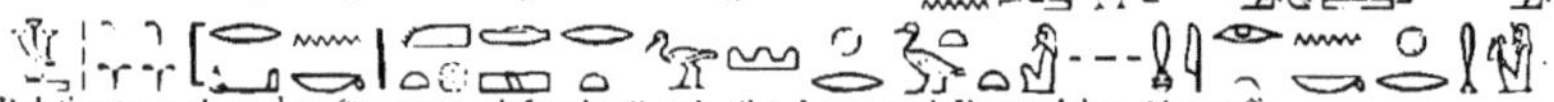

Für den Relativsatz nach *m ḫt* für unser „dafür dass" vgl. Siut I 294 und Formenlehre §§ 749 ff.

2) [⊂⊃] ist wohl zu lesen, darin liegt viell. eine Anspielung auf den Namen , s. auch Anm. 3.

3) Auffällig das hinter im Schilde der Maʿ-keꜣ-reʿ, liegt etwa eine ältere Nebenform des Namens vor, auf die das in Anm. 2 mitanspielt?

§ 42. Dass Thutmosis III. in den Darstellungen des 3ten südlichen Pylons nicht ein einziges Mal genannt ist[1]), wie Thutmosis I., kann auffallen und zu der Frage anregen, ob etwa Maˁ-keȝ-rˁ zunächst eine kurze Zeit lang ohne ihn regiert habe. Wenigstens wird Thutmosis III. auf den von Maˁ-keȝ-rˁ errichteten Denkmälern sonst in der Regel, wenn auch in untergeordneterer Stellung und weniger oft, mitdargestellt und mitgenannt. Wo er ganz fehlt, hat das immer seinen besonderen Grund; so war in der Halle M von Der el baḥri, die dem Totenkultus der Königin gewidmet war, keine Gelegenheit eine andere Person zu nennen, nur auf ihren Namen konnten die Totentexte und Opferformeln ausgestellt werden; ebenso ist es begreiflich, wenn Thutmosis III. in keiner der Nischen der Halle P mit der Maˁ-keȝ-rˁ opfernd erscheint, denn er selbst empfängt von ihr in der einen Nische wie die andern Verwandten ein Opfer; auf dem Obelisken von Karnak endlich war er in den Mittelzeilen wohl deshalb nicht genannt, weil die Obelisken zur Erinnerung an „das erste Mal des *ḥb-sd*" d. i. das 30jährige Proklamationsjubiläum der Maˁ-keȝ-rˁ errichtet waren, ein Fest, das ihn gar nichts anging, für ihn vielmehr, da er nicht Thronerbe gewesen war, erst 15 Jahre später, nach 30jähriger Regierung, stattfand.

§ 43. Wenn aber die Darstellungen am 3ten südl. Pylon, wie es nach der einen eben besprochenen LD III 18 den Anschein hat, aus dem Beginn der Regierung der Maˁ-keȝ-rˁ stammen, so ist das gänzliche Fehlen Thutmosis' III. umso auffälliger, als er gerade auf dem ältesten nachweisbaren Denkmal seiner Mitregierung mit Maˁ-keȝ-rˁ ausnahmsweise entschieden vor ihr praedominiert. Es ist dies der Tempel von Kummeh (s. u. Anhang VI § 4), in dem der König wie in einer Grabinschrift von Silsilis (LD III 28,7 Anhang VI § 11 c) zwar schon, wie in späterer Zeit, die Schilder ⟦cartouche⟧ ⟦cartouche⟧ führt (LD III 57 a. b. 58. 59 a. 64 b), aber noch die alte kurze Form der Vornamen hat, die er in seiner ersten Alleinregierung geführt hatte und die noch im Laufe der ersten Mitregierung mit Maˁ-keȝ-rˁ vor Thutmosis II. der erweiterten, späterhin allein üblichen Form gewichen ist (s. ob. § 34). Auch die Schreibung der Vornamen ist hier noch dieselbe (weniger siglenhafte) wie dort (in Semneh), nämlich:

⟦hieroglyphs⟧ LD III 57 a. 58. 59 a. 64 a (⟦hieroglyphs⟧ statt ⟦hieroglyphs⟧).

⟦hieroglyphs⟧ LD III 57 a. ⟦hieroglyphs⟧ 64 b. ⟦hieroglyphs⟧ 59 a.

⟦hieroglyphs⟧ LD III 57 a. ⟦hieroglyphs⟧ 64 b.

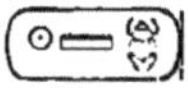

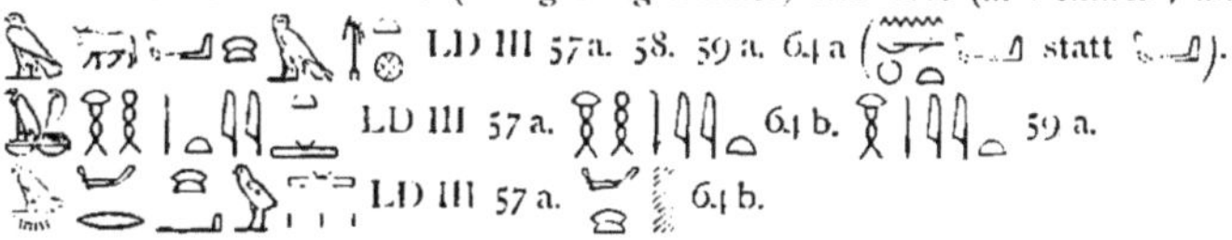

Hier im Tempel von Kummeh ist der König an den Pfeilern (17—20) und deren Architrav (LD III 64 b), wie an der Thüre 11. 12 (LD III 59 a. 57 a) überhaupt allein genannt, an der Mauer 7—16 ist er 4mal, Maˁ-keȝ-rˁ (deren Name später von Thutmosis II. in Beschlag genommen worden ist), dazwischen nur 2mal dargestellt (LD III 57 b. 59 a).

§ 44. Auch in der mehrfach erwähnten Darstellung von Der el baḥri, in der Thutmosis I. als Exkönig auftritt (Mar. Derelb. 4 = DHI II 1—3)[2]), ist das Uebergewicht Thutmosis' III. über die Maˁ-keȝ-rˁ augenscheinlich. Nur er wird auf dem erhaltenen Teile mit Namen genannt in der Rede der Soldaten rechts: „wie freut sich Thutmosis III. ⟦cartouche⟧ bei .... er (Amon)

---

1) In den Inschriften der Thürpfosten ist er genannt, diese stammen aber vermutlich erst aus dem Ende der gemeinsamen Regierung vor Thutmosis II., da der Vorname ⟦cartouche⟧ lautet (s. u. § 45).

2) Anhang VI § 19 E.

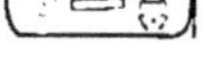

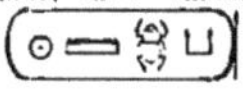

giebt ihm Leben, Dauer, Glück(?), Freude". — Er war es nach den erhaltenen Inschriftresten zu urteilen auch, der ganz links in grosser Figur den Festzug empfangend dargestellt war: „[Darbringen eines Opfers?] vor diesem ehrwürdigen Gotte Amon-reʿ von *Nswt-t3wi* (Theben) [als er kam in] Frieden aus *'Ipt-rsjt* (Luksor) um zur Ruhe zu gehen [in *'Ipt-'iswt* (Karnak?), damit er (der Opfernde, Thutmosis III.) mit Leben beschenkt sei und er sich freue [erscheinend auf dem Throne des] Horus der Lebenden wie Reʿ ewiglich". — Auf Thutmosis III. bezieht sich auch die Bezeichnung der im Zuge erscheinenden Edlen als „Begleiter seiner Majestät (*hn-f*)". — Auf die Existenz der Maʿ-ke3-reʿ weist ausser der Beischrift zweier Panther, die „im Gefolge ihrer weibl. Majestät (*hn-t-s*) sind" nur noch der Umstand hin, dass in dem Zuge von je 6 Mann zwei Königssessel getragen werden, von denen der eine für Thutmosis III., der andere für Maʿ-ke3-reʿ bestimmt sein wird. Die zugehörige Unterschrift nimmt aber wieder nur auf den König Bezug: „alles Leben, Dauer, Glück(?), alle Gesundheit, alle Freude, alle Flachländer (*B3w*), jedes Gebirgsland (*smt*), die *H3-nbw*-Völker sind [unter den Füssen dieses guten Gottes (*ntr pn nfr*)".

§ 45. An den bisher erwähnten Stellen hatte der König überall noch den Namen *Mn-hpr-rʿ*, den er schon in seiner ersten Alleinregierung getragen hatte, in der Schreibung (), und so in der Zeit vor der Regierung Thutmosis' II. noch in der Kammer O des Tempels von Der el bahri (LD III 21 am Architrav)[1], sowie regelmässig im Tempel von Medinet Habu (LD III 7 a. c. 17 c. 27, 1. 2. Champ. Not. I 334 [2]). An den Thürpfosten des 3ten südlichen Pylons von Karnak (LD III 16 d. g[3]), die wahrscheinlich gleichfalls der Zeit vor Thutmosis II. entstammen (s. § 49), sowie an zwei Thüren des Hathorspeos von Der el bahri, auf denen Thutmosis II. die Maʿ-ke3-reʿ verdrängt hat (DHI II 33 b. c), findet sich stattdessen die Form *Mn-hpr-k3-rʿ* (), die sich nur in der Mitregierung mit Maʿ-ke3-reʿ nachweisen lässt[4] und die man bisher mit Unrecht für die ursprüngliche Form des Namens gehalten hat. — Beide Formen () und () kommen nun nicht nur vor, sondern auch noch nach der Regierung Thutmosis' II. vor; es ist aber überhaupt und zumal nach dem, was wir oben über die Namen des Königs erfahren haben, nicht gerade wahrscheinlich, dass zwei so verschiedene Namensformen gleichzeitig in Gebrauch gewesen seien. Und in der That finden sich beide wie in den schon angeführten Beispielen aus der Zeit vor Thutmosis II. so auch auf den Denkmälern aus späterer und aus nicht näher bestimmbarer Zeit jede an ganz bestimmten Stellen, nämlich: () in der 3ten Grotte von Ibrim (Champ. Not. I 834, Anhang VI § 5), in einer Inschrift am Gebel el Hammam zwischen Assuan und Ombos (Morgan Cat. des mon. I 207, 10, Anhang VI § 9), in Der el bahri auf der 2ten Terrasse von oben in den Darstellungen der Puntexpedition (Mar. Derelb. 9 = DHI II 17, Anhang VI § 20), an einer Thüre des Hathorspeos (DHI II 34, Anhang VI § 22), auf Ziegeln des Tempels DD bei Abd el Gurnah

1) Anhang VI 19 O. 2) Anhang VI § 17. 3) Anhang VI § 26.

4) Nur DHI II 34 ist nach der Publ. zu urteilen der Name () auf den Pfosten über den der Maʿ-ke3-reʿ gesetzt, wohl weil diese Form schon urspr. auf dem Architrav stand und man nur das Zeichen im Namen () zu ändern hatte (s. Anhang VI § 22 e). Ueberdies konnte diese Aenderung ja auch noch vor dem Tode der Maʿ-ke3-reʿ erfolgt sein.

(Anhang VI § 18 b), im Wadi Maghara (Jahr 16. LD III 28, 2, Anhang VI § 30) und auf Skarabäen (Petrie Hist. scar. 966—972); 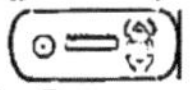 in Ombos (LD III 28, 1 b, Anhang VI § 10), im Schatt er regâl bei Silsilis (Petrie Season pl. XIV 357, Anhang VI § 12 b), in den Darstellungen auf den Obelisken der Maʿ-keꜣ-reʿ in Karnak (LD III 22—24, Anhang VI § 27 a), in Der el baḥri auf der obersten Terrasse (Anhang VI § 19) an den Granitthoren g (LD III 20, 3. 27, 3) und l (nach Lepsius), in der Halle P (LD III 20 c. DHI II 4. Zeichnung 570 in Berlin), auf der 3ten Terrasse von oben (Mar. Derelb. 11 = Düm. Flotte 8, Anhang VI § 21), im Hathorspeos wohl im innersten Raum (DHI II 32 d. e. 33 a s. Anhang VI § 22), in der Inschrift von Drah abu 'l neggah (LD III 27, 10, Anhang VI § 24 a), auf der Stele aus dem westlichen Theben im Vatikan (Champ. Not. II 700, Anhang VI § 24 b), in Speos Artemidos (Champ. Not. II 323/4, Anhang VI § 29 b), sowie in den Privatinschriften LD III 39 e. Champ. Not. I 515. Leps. Ausw. 11 (Anhang VI §§ 25 c. d. 32 e).

Nebeneinander auf einem und demselben Denkmal treffen wir beide Namensformen nur an 2 Stellen des Tempels von Der el baḥri. An der Nordwand der Vorhalle des Hathorspeos (Mar. Derelb. 12 = DHI II 22 = Düm. Flotte 5/6)[1] kommt die Form 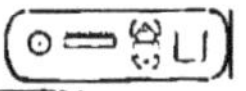 in den horizontalen Ueberschriften der 2ten und 4ten Reihe vor, der Name 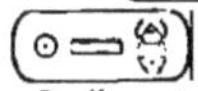 dagegen in den vertikalen Inschriften, die über dem letzten Schiffe der 2ten und 3ten Reihe stehen:

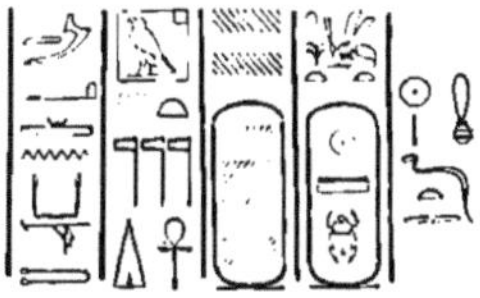

und

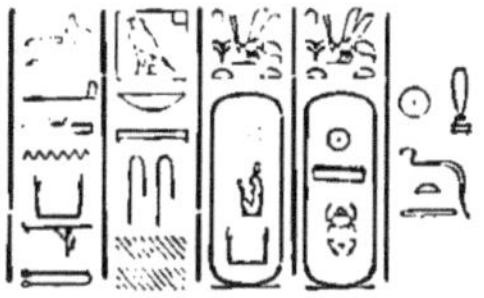

[1] „Geopfert wird deinem *Kꜣ*,
[2] o Hathor, Fürstin der Götter, (damit du) belebe(st)
[3] [den König Maʿ-keꜣ-reʿ]
[4] (und) den König *Mn-ḫpr-rʿ*
[5] wie Reʿ ewiglich".

[1] „Geopfert wird deinem *Kꜣ*,
[2] o Hathor, Herrin des Himmels, damit du gesund sein lässt
[3] den König Maʿ-keꜣ-reʿ
[4] (und) den König *Mn-ḫpr-rʿ*
[5] wie Reʿ ewiglich".

Vergleicht man diese Inschriften mit der entsprechenden Inschrift über dem ersten Schiffe in beiden Reihen, welche beide Male so lautet:

[1] „Geopfert wird deinem *Kꜣ*, o Hathor, Herrin des Himmels,
[2] damit du gesund sein lässt Maʿ-keꜣ-reʿ
[3] an diesen Millionen von Jahren" (d. h. an diesem Jahresfeste der Regierung, vgl. § 64 Anm.),

so entsteht der Verdacht, dass die beiden letzten Zeilen „und den König *Mn-ḫpr-rʿ* (Thutmosis III.) wie Reʿ ewiglich" erst später zu den drei Zeilen, die mit dem Namen der Maʿ-keꜣ-reʿ schliessen,

1) Anhang VI § 22 A.

zugefügt sein könnten, während dies bei den beiden vorhergehenden Schiffen unterblieben wäre, weil die Inschriften hier nicht mit dem Namen der Königin endigten. — Dass der Name 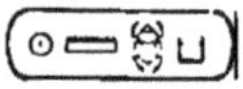 dagegen in den Horizontalinschriften urspr. sein muss, lehrt der Augenschein.

An der 2ten Stelle, an der ferner beide Namensformen nebeneinander erscheinen, an der Thur der Kammer O (LD III 21)[1] ist es sogar ganz evident, dass sie aus verschiedener Zeit stammen. Hier steht links auf dem Architrav der Name 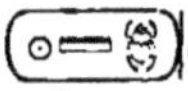, auf dem Pfosten 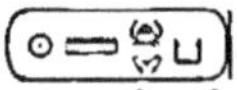; gegenüber rechts standen die Namen der Maʿ-keꜣ-reʿ: sie sind auf dem Architrav wie überall auf den Wänden der Kammer in die Thutmosis' II. verwandelt, dagegen auf dem Pfosten einfach (vermutlich von Thutmosis III.) ausgetilgt. Hiernach scheint es klar, dass der Architrav mit 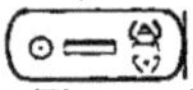 wie die Wände der Kammer schon vor, die Pfosten mit 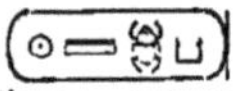 dagegen erst nach Thutmosis II. beschrieben worden sind. Dass man aber die Thüren später als die Wände auszuschmücken pflegte und dass man aus praktischen Gründen den obern Teil (bei der Thüre den Architrav) eher als den unteren (die Pfosten) ausgeschmückt haben wird, ist schon mehrfach hervorgehoben worden (§§ 27. 40).

Diese beiden Stellen, die einzigen, an denen beide Namensformen zusammen vorkommen, sind also wohl eher als ein Beweis für, wie gegen die zeitliche Verschiedenheit beider Namen zu betrachten. Bestätigt sich diese aber, so hätten wir damit einen neuen Anhaltspunkt für die Datierung der Denkmaler aus der Zeit der Maʿ-keꜣ-reʿ gewonnen. Denn der Name *Mn-ḫpr-rʿ* hat sich uns einerseits als älter als der Name *Mn-ḫpr-kꜣ-rʿ* erwiesen, andererseits hat er ihn überlebt, da er noch in der endgültigen Alleinregierung Thutmosis' III. gebräuchlich ist. Der Gebrauch des Namens *Mn-ḫpr-kꜣ-rʿ* muss also den des Namens *Mn-ḫpr-rʿ* unterbrochen haben; da es aber nicht eben wahrscheinlich ist, dass der Gebrauch des Namens *Mn-ḫpr-kꜣ-rʿ* seinerseits wieder einmal durch den Gebrauch des Namens *Mn-ḫpr-rʿ* unterbrochen worden sei, so müsste er sich von der letzten Zeit vor bis in die erste Zeit nach Thutmosis II. erstrecken, oder mit andern Worten: die Denkmäler mit dem Namen 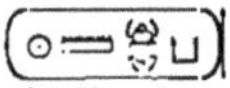 aus der Zeit vor Thutmosis II. müssten jünger, die aus der Zeit nach Thutmosis II. älter als diejenigen mit dem Namen 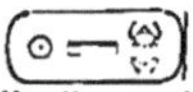 sein, die den gleichen Perioden angehören.

Mit diesem Ergebnis stimmt nun auch der Befund an den beiden Stellen überein, an denen sich beide Namensformen zugleich, aber vermutlich zu verschiedener Zeit eingesetzt fanden. Ihm steht, soweit wir sehen können, auch sonst nichts entgegen. In den Darstellungen der Puntexpedition, die dem Anschein nach ganz in den Anfang der gemeinsamen Regierung Thutmosis' III. und der Maʿ-keꜣ-reʿ nach dem Tode Thutmosis' II. gehören (s. § 53), heisst Thutmosis III. 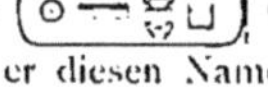 (Mar. Derelb. 9 — DHI II 19)[2]. Das späteste uns bekannte Denkmal, auf dem er diesen Namen führt, ist eine Inschrift im Wadi Maghâra[3]), welche vom 16ten Jahre datiert ist LD III 28, 2). Auf den Obelisken der Maʿ-keꜣ-reʿ in Karnak[4]), die nach der Basisinschrift in den Jahren 15 und 16 hergestellt wurden, heisst der König in den Darstellungen allerdings immer 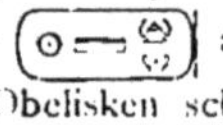 anstatt 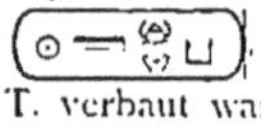, doch sind diese Darstellungen erst später, vermutlich als die Obelisken schon z. T. verbaut waren, zugefügt worden (s. § 68). Die Inschrift

1) Anhang VI § 19 C. 2) Anhang VI § 20. 3) Anhang VI § 30.
4) Anhang VI § 27 a.

von Drah abulneggah (LD III 27, 10. 11, Anhang VI § 24a), in der der König ebenfalls 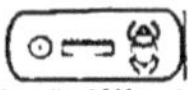 heisst, behandelte nicht die Errichtung dieser, sondern wie die Angabe der Höhe (108 Ellen) zeigt, anderer, höherer Obelisken, viell. derer die den Eingang des Derelbahri-Tempels schmückten und auf deren Errichtung sich eine von Wilkinson entdeckte, jetzt leider sehr zerstörte Darstellung dieses Tempels bezog (vgl. Naville, Der el bahri I p. 4). Die merkwürdige Inschrift Mar. Karn. 16 endlich, die das Jahr 15 erwähnt und den König 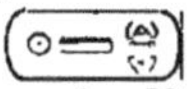 nennt, stammt nicht aus diesem Jahre, sondern erst aus der endgültigen Alleinregierung des Königs (vgl. u. § 55).

§ 46. Die erste gemeinsame Regierung Thutmosis' III. und der Maˁ-keȝ-reˁ scheint mit einer Verfolgung der letzteren durch den ersteren geendet zu haben. Es findet sich nämlich an bestimmten Stellen der Tempel von Der el bahri, Medinet Habu und Karnak die Figur der Königin da, wo sie vor dem Gotte Amon stand, durch einen Opfertisch ersetzt, vor dem nunmehr der Gott als Empfänger der Opfergaben sitzt oder steht. Dass der Urheber dieser eigentümlichen Verfolgung in allen drei Fällen derselbe war, kann wohl kaum einem Zweifel unterliegen, wenn auch die Namen der Königin dabei verschieden behandelt sind, nämlich in Der el bahri durch die Thutmosis' II. ersetzt, in Medinet Habu einfach ausgekratzt, in Karnak teils in die Thutmosis' II., teils in die Thutmosis' III. verwandelt.

In Medinet Habu (s. Anhang VI § 17) sind alle Darstellungen der Maˁ-keȝ-reˁ in den Räumen O und P, sowie eine im Raume Q in dieser Weise verändert, nur in O ist einmal neben der Thüre, wo die Königin nicht vor Amon stehend, sondern von diesem umarmt dargestellt war, ihre Figur wie ihr Name einfach ausgemeisselt, offenbar weil hier ein Opfertisch nicht am Platze war. — Da nun im Raume Q die andern Darstellungen der Maˁ-keȝ-reˁ einfach wie sonst von Thutmosis II. durch Einsetzen seiner Namen okkupiert sind und in allen 3 Räumen Thutmosis I. und II. gemeinsam die Thürinschriften für sich in Beschlag genommen haben, so ist es klar, dass es nicht diese beiden Könige gewesen sein können, die hier die Opfertische eingesetzt haben. Sie hätten ohne Zweifel wie sonst nur ihre Namen an Stelle derer der Maˁ-keȝ-reˁ gesetzt; nur Thutmosis III., der in den betr. Räumen schon urspr. öfter neben der Königin mitdargestellt war, konnte von dieser einfachen Tilgung des Andenkens seiner Mitregentin Vorteil haben (s. ob. § 23) und in ihm haben wir daher zunächst den Urheber dieser Verfolgung zu vermuten.

Zu diesem Schluss führt auch die Betrachtung des vereinzelten Falles, in dem sich ein solcher Opfertisch in Der el bahri in der Kammer O der obersten Terrasse eingesetzt findet. In dieser Kammer hat Thutmosis II. in allen übrigen Darstellungen und am Thürarchitrav die Namen der Maˁ-keȝ-reˁ einfach okkupiert (s. Anhang VI § 19 O), es ist daher durchaus unwahrscheinlich, dass er in jener einen Darstellung anders verfahren und stattdessen den Opfertisch eingesetzt habe. Zwar stehen über demselben, was scheinbar dafür spricht, seine Namen an Stelle derer der Maˁ-keȝ-reˁ und ebenso hat der *Kȝ* der Königin, der hinter ihr stand und nunmehr hinter dem Opfertisch steht, den Horusnamen des Königs Thutmosis' II. an Stelle des ihrigen erhalten. Bei näherer Ueberlegung kann darüber aber doch wohl kein Zweifel sein, dass die beiden hier nebeneinander auftretenden Ersetzungsarten nicht einer und derselben Verfolgung angehören können, sondern von verschiedenen Urhebern herrühren müssen. Denn die Absicht, die den Einsetzer der Opfertische leitete, war augenscheinlich doch eine ganz andere als die, welche Thutmosis II. zur Okkupation der Namen der verfolgten Königin veranlasste. Während diesem daran lag, ihre Darstellungen für sich in Beschlag zu nehmen, bezweckte jener mit Einsetzung seiner Opfertische, wie auch die gleichzeitige Tilgung der Namen in Medinet Habu bestätigt, nur das Andenken der Königin überhaupt zu vernichten. Es musste deshalb hier in Der el bahri, wie dort in Medinet Habu auch in seinem Plane liegen, die Namen der Maʿ-keȝ-reʿ mitzutilgen, wie es ja auch ohne Frage seine Absicht sein musste, den *Kȝ* zu beseitigen, der der Königin folgte und ohne ihre Figur unsinnig war. Wenn dies beides nicht geschehen ist, sondern Thutmosis II. die unberührten Namen der Königin und ihres *Kȝ* in die seinen umgewandelt hat, so muss eben die erste vom Einsetzer der Opfertische ausgehende Verfolgung vor ihrer Vollendung unterbrochen und erst später von Thutmosis II. in seiner Weise anders fortgesetzt worden sein. Denn dass der Opfertisch etwa später als die Namen dieses Königs (Thutmosis II.) eingesetzt worden sei, ist ausgeschlossen, da dann mit der Einsetzung des Opfertisches an Stelle der Königsfigur ja nicht die Maʿ-keȝ-reʿ, sondern Thutmosis II., der ihre Namen in Beschlag genommen hatte, gekränkt worden wäre, wovon sich sonst keine Spur findet und was namentlich auch für das gleichartige Verfahren in Medinet Habu nicht annehmbar wäre. Muss also die Einsetzung des Opfertisches vor Thutmosis II. erfolgt sein, an wen anders als an Thutmosis III., der in derselben Kammer schon urspr. neben der Maʿ-keȝ-reʿ dargestellt und genannt war, wird man da als Urheber dieser Verfolgung denken können?

Wie in dem eben besprochenen Falle, so hat es auch in Medinet Habu den Anschein, als ob die Einsetzung der Opfertische plötzlich unterbrochen worden sei, als man nämlich mit der Veränderung der Darstellungen in den Kammern O und P und der ersten Darstellung in der Kammer Q fertig geworden war, aber noch ehe die Thürinschriften geändert waren, die man wohl nach der gewöhnlichen Praxis erst später in Angriff nehmen wollte (s. ob. §§ 27. 45). Thutmosis I. und II. setzten dann zusammen (wie in Der el bahri der letztere König allein) die unterbrochene Verfolgung fort, indem sie alle noch unverletzten Namensschilder in den übrigen Darstellungen der Kammern Q und N und an allen Thüren durch ihre eigenen ersetzten (s. Anhang VI § 17). — Dass auch hier die Einsetzung der Opfertische der Okkupation der Namen durch Thutmosis I. und II. vorangegangen ist, ist schon deshalb wahrscheinlich, weil man die Kammer Q, in der sich beide Verfolgungsarten treffen, vermutlich eher als die Kammer N, die den Zugang zu ihr bildete, und ebenso in den Kammern O und P die Darstellungen der Wände eher als die Thüren verändert haben wird. Auch wäre, wenn es Thutmosis I. und II. etwa während ihrer gemeinsamen Regierung an Zeit gebrochen hätte, um die Darstellungen der Kammern O und P zu okkupieren, doch zu erwarten, dass dies Thutmosis II., der den Thutmosis I. überlebte, allein besorgt hatte. Darin, dass er dies nicht gethan, ist wohl vielmehr eine Bestätigung dafür zu erblicken, dass in jenen beiden Kammern die Opfertische bereits eingesetzt und die Namen der Maʿ-keȝ-reʿ schon getilgt waren, als Thutmosis I. und II. zusammen zur Regierung kamen.

In Karnak findet sich nach den leider weniger detaillierten Notizen von Lepsius der Opfertisch in den Räumen V W (nördlich von der Cella des Philippus) eingesetzt und die Namen der Maʿ-keȝ-reʿ drüber, wie schon erwähnt, nicht nur in die Thutmosis' II., sondern auch einige

Male in die Thutmosis' III. verwandelt (s. Anhang VI § 27 b). Hier gilt dasselbe wie für den Fall in Der el bahri: die Namen der Königin können nicht mit Absicht von dem Urheber der Verfolgung stehen gelassen worden sein, sondern sollten gleichfalls noch getilgt werden, als die Verfolgung plötzlich unterbrochen wurde. Vermutlich okkupierte dann Thutmosis II. wie dort die meisten dieser unabsichtlich stehen gelassenen Namensschilder, wurde dabei selbst aber wieder durch sein frühes Ende unterbrochen, Thutmosis III. that dann später mit den noch unveränderten übrigen Schildern das Gleiche, und zwar wohl erst in seiner endgültigen Alleinherrschaft, damals, als er auch an andern Stellen die Namen der Maʿ-keɜ-reʿ durch die seinigen ersetzen liess[1]. In der That haben seine Namen, die in diesen Räumen über die der Maʿ-keɜ-reʿ geschnitten sind, nach Champollion (Not. II 146 „chambre Z") eine Form , die sich wie oben ausgeführt wurde (§ 34) in seiner gemeinsamen Regierung mit Maʿ-keɜ-re niemals findet, sondern erst in den späteren Jahren seiner endgültigen Alleinregierung wieder aufkommt.

§ 47. Ausgemeisselt — wie das in Medinet Habu einmal bei der eben besprochenen Verfolgung zu belegen war (Anhang VI § 17 C) — findet sich die Figur der Maʿ-keɜ-reʿ auch sonst an solchen Stellen, wo ihre Namen (wohl von Thutmosis III.) einfach ausgetilgt sind (z. T. wohl in der Absicht, sie noch durch die seinen zu ersetzen), so z. B. in der 3ten Grotte von Ibrim (Champ. Not. I 834, s. Anhang VI § 5), und in Der el bahri im innersten Raume des Hathorspeos (Anhang VI § 22 D), auf der obersten Terrasse in den Nischen h, k, m, o des Hofes E und p—s der Halle P, im Raume Q und der zu diesem führenden Thüre in P (s. Anhang VI § 19), endlich auch auf der 2ten Terrasse von oben in den Darstellungen der Puntexpedition (Anhang VI § 20). Von diesen Denkmälern kann aber keins mit Sicherheit in die Zeit vor Thutmosis II. gesetzt werden, mehrere sind vielmehr sicher jünger als diese Episode und die Ausmeisselungen, die sie zeigen, werden also erst in die endgültige Alleinregierung Thutmosis' III. (nach dem Ende der Maʿ-keɜ-reʿ) gehören.

Dagegen gehört derselben sich in so charakteristischer Weise äussernden Verfolgung aus der Zeit vor Thutmosis II. offenbar die Veränderung an, die die Darstellung LD III 59 a (Anhang VI § 4, 10) im Tempel von Kummeh erfahren hat. Hier wurde urspr., scheint es, die Maʿ-keɜ-reʿ von Chnum zu Thoth geführt, der den Jahrespalmzweig hielt, auf dem er ihre Regierungsjahre einzeichnete (vgl. LD III 15). Ein Opfertisch war hier nicht am Platz, die Figur der Königin ist daher nur gründlich ausgemeisselt und stattdessen der Palmzweig in die Mitte zwischen beide Götter gesetzt und in die Hand des Chnum gegeben worden, sodass Thoth nun in höchst unpraktischer Weise den Griffel führen muss. Die Namen der Königin waren dabei, wie in Der el bahri und Karnak bei der Einsetzung des Opfertisches, noch unberührt gelassen, als die Verfolgung unterbrochen wurde; sie sind dann von Thutmosis II. in Beschlag genommen worden, wie auch in einer andern Darstellung ebenda (LD III 57 b, Anhang VI § 4, 15), wo die Figur der Königin nicht getilgt, sondern stehen geblieben (oder nur für Thutmosis II. geändert) ist. Thutmosis III., der mutmassliche Urheber der ersten Verfolgung, war auch hier wieder schon urspr. in den Nachbardarstellungen genannt (s. Anhang VI § 4).

1) Z. B. LD III 27 3, wo der übergesetzte Vorname *Mn-ḫpr-rʿ* verschiedene Zusätze hat, was in der gemeinschaftlichen Regierung mit Maʿ-keɜ-reʿ niemals vorkommt.

Derselben Verfolgung, die nur die Tilgung, nicht die Okkupierung der Namen der Ma-ke.-reʿ zum Ziel zu haben scheint, wird endlich auch noch die Ausmeisselung der ganzen rechten Hälfte der Thurinschrift LD III 28, 7 zuzurechnen sein, wo nicht nur wie gewöhnlich die Namen, sondern auch die Titel und Prädikate der Königin sorgfältigst getilgt sind (s. Anhang VI § 11 c). Dass die Inschrift aus der Zeit vor Thutmosis II. stammte, macht auch die Form  wahrscheinlich, die hier der  Name Thutmosis' III. hat (s. oben § 43).

§ 48. An fast allen Stellen, wo sich die hier besprochene eigenartige Verfolgung nachweisen liess, hatte es entschieden den Anschein, als ob sie plötzlich vor ihrer Durchführung unterbrochen worden sei, und ebenso übereinstimmend fanden wir überall, dass sich dieser unterbrochenen Verfolgung unmittelbar die Einsetzung der Namen Thutmosis' II. anschloss, und zwar so eng, dass sie als eine direkte Fortsetzung der begonnenen ersten Verfolgung erscheinen muss. Dies legt die Frage nahe, ob nicht die Thronerhebung Thutmosis' II. eben dasjenige Ereignis war, das die Verfolgung der Maʿ-keꜣ-reʿ durch Thutmosis III. so jäh unterbrach. Wenn dies der Fall war, so hatte sich die Erhebung Thutmosis' II. nicht direkt gegen die Maʿ-keꜣ-reʿ, sondern gegen die Alleinherrschaft Thutmosis' III., ihres Gemahls gerichtet, also ebendagegen, wogegen sich dem Anschein nach auch die erste Erhebung der Maʿ-keꜣ-reʿ gerichtet hatte.

§ 49. Aber wohlgemerkt, nur gegen die Alleinherrschaft Thutmosis' III., nicht gegen seine Person kann sich die Erhebung Thutmosis' II. gerichtet haben, da dieser seine Namen überall verschont und nur die der Maʿ-ke.-reʿ sich aneignet. Nach den Denkmälern hat es den Anschein, als ob Thutmosis II. die Nebenrolle Thutmosis III. als zurechtbestehend anerkennt und nur die Hauptrolle der Maʿ-ke.-reʿ für sich in Anspruch nimmt. Ob daraus zu schliessen ist, dass Thutmosis III. unter der Regierung Thutmosis' II. Mitregent geblieben war, muss dahingestellt bleiben. Die wenigen Denkmäler, auf denen beide zusammen lebend vorkommen sollen, sind alle nicht über jeden Zweifel erhaben.

So sollen zwar die Thürpfosten am 3ten südlichen Pylon von Karnak mit den Namen Thutmosis' II. (LD III 16 e. f) nach Lepsius augenscheinlich gleichzeitig und von einer Hand wie die Pendants mit den Namen Thutmosis' III. (LD III 16 d. g) beschrieben sein, doch lehrt die Veränderung in der einen Inschrift Thutmosis' II. (LD III 16 e), dass sich Lepsius hier getäuscht hat und dass wenigstens diese Inschrift urspr. von Maʿ-keꜣ-reʿ herrührte wie der Architrav, auf dem ihre Namen nur ausgetilgt sein sollen, und wie die Darstellungen der Wände des Pylons, in denen Thutmosis II. ebenfalls ihre Namen in Beschlag genommen hat (s. Anhang VI § 26).

Ebenso wenig sicher sind auch die andern Fälle, wo Thutmosis II. urspr. neben Thutmosis III. und Maʿ-keꜣ-reʿ erscheinen soll. Nach Lepsius wären alle drei an den 3 Wänden der Nische i und deren zerstörten Pendants n auf der obersten Terrasse des Derelbahri-Tempels dargestellt[1], doch sind auch hier die Namen der Maʿ-keꜣ-reʿ von Thutmosis II. okkupiert worden (der nunmehr zweimal neben Thutmosis III. erscheint), ebenso wie an den äusseren Umrahmungen derselben Nischen, wo Thutmosis II. urspr. garnicht, sondern nur Thutmosis III und Maʿ-keꜣ-re

1 Hierzu wie zum Folgenden vgl. Anhang VI § 19 E.

genannt waren. Man darf demnach argwöhnen, dass auch der angeblich urspr. Thutmosis II. der einen Nischenwand in Wirklichkeit nur auf geschicktere Weise an Stelle der Maʿ-keꜣ-reʿ gesetzt ist.

Auch in der Darstellung LD III 17a von derselben Terrasse ist nach Lepsius der Name Thutmosis' II. urspr.; das Original (Berlin 1636) bestätigt das für die Schilder bei dem Stiere im Vorderteil des Schiffes als unzweifelhaft, während bei dem Schilde in der Inschrift über dem Schiffe daran gezweifelt werden kann, da die Fläche, auf der die Zeichen  stehen, einige auffällige Unebenheiten im Unterschiede zu der etwas höheren des Zeichens ⊙ zu zeigen scheint. Da dies Schild aber in dem Namen desselben Schiffes vorkommt, in dessen Vorderteil die unzweifelhaft ursprünglichen Schilder Thutmosis' II. wohl als eine Art Abzeichen standen, so wird es aller Wahrscheinlichkeit nach ebenfalls ursprünglich sein. Bemerkenswerterweise wird aber in der betr. Inschrift, die die Rede der Schiffsmannschaft wiedergiebt, mit keinem Worte dieses Königs gedacht, sondern Thutmosis III. ist der Gegenstand des Gespräches: „Jubeln seitens der Mannschaft des Schiffes des Königs Thutmosis' II. „Stern der beiden Länder", sie sagen: „das schöne Fest des Herrschers, Amon erscheint an ihm und vermehrt die Jahre seines Sohnes des Königs von Ober- und Unterägypten Thutmosis' III. auf dem Sitze des Horus der Lebenden (d. i. dem Königsthron) wie Reʿ ewiglich"". — Auch die andern Inschriften vor diesem Schiffe und über dem nächstfolgenden nannten nur die Maʿ-keꜣ-reʿ, deren Namen durch die allgemeinen Bezeichnungen „König Herr der beiden Länder" und „dieser gute Gott" ersetzt sind, die man nach dem Zusammenhange doch nur auf Thutmosis III. beziehen kann. — Aus dem ganzen Denkmal ist also wohl weiter nichts zu ersehen als die ja allerdings etwas auffällige Thatsache, dass hier unter der gemeinsamen Regierung Thutmosis' III. und der Maʿ-keꜣ-reʿ das Königsschiff Thutmosis' II. noch in Gebrauch erscheint. Gegen die Annahme einer gemeinsamen Regierung der 3 Geschwister auf Grund dieses Denkmales spricht endlich auch wohl der Umstand, dass Thutmosis III. hier nicht, wie man es nach dem oben (§ 45) ermittelten erwarten sollte, 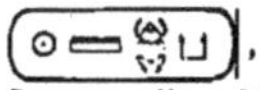, sondern 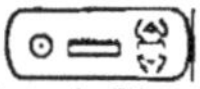 heisst.

Sonst sollen Maʿ-keꜣ-reʿ und Thutmosis II. (ohne Thutmosis III.) nach Mariette (Derelb. pp. 36. 38) noch an den Säulen der Vorhalle und an der Façade des Hathorspeos zusammen vorkommen, doch zeigen die weiblichen Redeformen der angeblich von Thutmosis II. herrührenden Inschriften bei der Darstellung der Façade (DHI II 32c), dass auch diese wie die entsprechenden DHI II 32b ursprünglich von Maʿ-keꜣ-reʿ waren und erst von Thutmosis II. okkupiert worden sind (s. Anhang VI § 22 A). Hiernach wird man auch die Wahrnehmung Mariette's bezüglich der Säulen in Zweifel ziehen dürfen.

Die von Thutmosis II. beschriebene Thüre im Tempel von Kummeh endlich (LD III 58—59a, Anhang VI § 4. 9. 14), die die Wand mit den Darstellungen von Maʿ-keꜣ-reʿ und Thutmosis III. durchbricht, ist, wie Lepsius bemerkt, „dem Baue nach später eingesetzt und auf der Rückseite noch immer unbeschrieben" (vgl. ob. § 27).

Wie man sieht, sind alle diese Denkmäler, die für eine gemeinsame Regierung Thutmosis' III. und der Maʿ-keꜣ-reʿ mit Thutmosis II. zeugen sollen, nicht beweiskräftig. Ob eine solche Zusammenregierung der 3 Geschwister stattgefunden hat, muss also der Zukunft zur Entscheidung überlassen werden. Eins lässt sich aber wohl schon jetzt sagen, dass sie sich in die übrigen Thatsachen nur unter der Voraussetzung einer Teilung der Regierung Thutmosis II. in 2 getrennte Abschnitte einordnen liesse.

§ 30. Vom ersten Tage der Regierung Thutmosis' II. ist, wie oben ausgeführt ist (§ 23), die Inschrift von Assuan (LD III 16 a, s. u. Anhang VI § 7) datiert. Sie enthält keineswegs, wie man behauptet hat (Brugsch Gesch. Aeg. p. 276 7. Wiedemann Aeg. Gesch. p. 329), nur die üblichen hohlen Phrasen von der Macht des Königs, sondern erzählt ein geschichtliches Ereignis, nämlich die Niederwerfung einer Rebellion in Nubien, die beim Regierungsantritt des Königs ausgebrochen war. Die Uebersetzung des daraufbezüglichen historischen Teils der Inschrift, soweit sie sich bei den vielen Lücken und schwer leserlichen Stellen geben lässt, lautet:

„Man kam, um seiner Maj. zu melden: „das elende Land *Kš* (6) neigt zum Aufstand, die welche unter der Herrschaft des Herrn der beiden Länder gewesen waren, denken an Aufruhr ...., die Leute aus Aegypten werden das Vieh hinter (7) jene Mauern bringen, die dein Vater auf seinen Feldzügen (*nḫt*) gebaut hat, König Thutmosis I., der ewig lebt, um die aufständischen Fremdvölker abzuwehren, die nubischen *'Inw* des Landes *Ḫnt-ḥn-nfr*. Diejenigen, welche (8) dort im Norden des elenden Landes *Kš* wohnen neigen nämlich zum Bündnis(?) mit den beiden nubischen *'Iw* (?) .... Kindern (?) des Fürsten des elenden Landes *Kš*, welche ... ... vor dem Herrn der beiden Länder (9) und ...... den Schrecken des guten Gottes .... Seine Maj. ergrimmte dagegen wie ein Panther, als (10) er es gehört hatte. Er sprach: „ich schwöre, sowahr mich Re' liebt, und mein Vater lobt, der Herr der Götter, Amon der Herr von *Nswt-t'wj*, nicht will ich einen leben lassen von ihren Männern .... von ihnen". (11) Seine Maj. sandte ein zahlreiches Heer nach Nubien als erstes Mal, dass er einen Feldzug unternahm [1]), um niederzuwerfen alle, die sich gegen seine Maj. empört hatten und gegen den Herrn der beiden Länder frevelten. (12) Dies Heer seiner Maj. gelangte zum elenden Lande *Kš*. Da warf dies Heer (13) seiner Maj. diese Fremden nieder, man liess keinen von ihren Männern leben, ganz wie es seine Maj. befohlen hatte, ausser einem einzigen von diesen Kindern (?) des (14) Fürsten des elenden Landes *Kš*, der als lebender Gefangener mit ihren Unterthanen zu dem Aufenthaltsorte seiner Maj. gebracht und unter die Füsse des guten Gottes gelegt wurde; seine Maj. war nämlich erschienen auf dem Altan, als (15) die lebenden Gefangenen vorgeführt wurden, die dies Heer seiner Maj. gebracht hatte. Dies Land (*Kš*) wurde zum Besitz seiner Maj. gemacht, wie sein voriges Mal (d. h. „wie es zuvor gewesen"), die Leute frohlockten (16) und jauchzten, die Grossen freuten sich, und priesen den Herrn der beiden Länder und verehrten diesen vortrefflichen Gott nach Massgabe seiner Göttlichkeit (o. ä.) [2]. Es war dies geschehen, (17) weil ihn sein Vater Amon so sehr liebte, mehr als jeden König, der gewesen ist, seit das Land .... wurde."

Besonders bemerkenswert ist ausser der Stelle, in der von dem Vorgänger des Königs als die Rede ist (s § 18), noch die Stelle (Z. 6—7), wo von den Mauern die Rede ist, die Thutmosis I. zum Schutze des Landes gegen die räuberischen Nachbarn erbaut hatte und hinter die die ägyptischen Bewohner Nubiens ihre Heerden in Sicherheit bringen wollen Thutmosis I. hat dabei, was zu beachten ist, das Prädikat 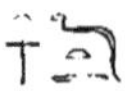 „er lebt ewig", das sich zwar auch von verstorbenen Königen gebraucht findet, namentlich wenn es sich um Ereignisse aus ihrer Lebenszeit handelt [3]), in der

1) wörtlich „zu seinem ersten Male eines Siegeszuges".

2) *m sp-w nw ntr-f* vgl. Mar. Deelb. 7.

3) z. B. Amenemḥeb 15.

Regel aber den lebenden König im Unterschied zum verstorbenen ( oder ) bezeichnet[2]). In unserem Falle, wo Thutmosis I. dem eben zur Regierung gelangten neuen Könige gegenüber genannt wird, würde es wohl kaum von ihm angewendet sein, wenn er nicht, wie wir oben (§ 25 f) gelernt haben, damals noch am Leben gewesen wäre.

§ 51. Wie man sich erinnern wird, findet sich sein Name in den ältesten Räumen des Tempels von Medinet Habu (N. Q) mit dem Thutmosis' II. zusammen an Stelle desjenigen der Maʿ-keꜣ-reʿ eingesetzt[3]). Thutmosis I. erscheint hier also offenbar als Mitregent Thutmosis' II. und zwar ist sein Verhältnis zu ihm dasselbe wie das, das Thutmosis III. gegenüber der Maʿ-keꜣ-reʿ einnimmt; er spielt auf den Denkmälern die Neben-, Thutmosis II. die Hauptrolle und sein Name wird deshalb im Ganzen weniger oft als der Thutmosis' II. eingesetzt. Hieraus erklärt sich auch, dass Thutmosis I. in den Darstellungen der Kammer Q nicht miteingesetzt ist, wie an der Thüre und in der vermutlich später in Arbeit genommenen Kammer N. Thutmosis III., dessen Namen ja verschont wurden, war in Q schon urspr. ebenso oft wie Maʿ-keꜣ-reʿ dargestellt und hatte ausserdem noch die eine von den 3 Darstellungen der Königin in einen Opfertisch verwandelt; es blieben für Thutmosis II. und I. also nur noch 2 Darstellungen zum Okkupieren übrig: hätten sie diese unter sich verteilt, so wäre Thutmosis II., die Hauptperson nur einmal und ebenso oft wie Thutmosis I., die Nebenperson, Thutmosis III. dagegen dreimal dargestellt gewesen. Um dies Missverhältnis zu vermeiden, nahm Thutmosis II. beide Darstellungen für sich in Beschlag. Es ist daraus also nicht etwa zu schliessen, dass er zuerst allein ohne Thutmosis I. regiert und diesen erst nach einiger Zeit zum Mitregenten angenommen habe. Wenn Thutmosis I. mit Thutmosis II. zusammen den Thron bestieg (was doch auch sehr viel wahrscheinlicher ist), so hat die Erhebung Thutmosis' II. mit der ersten Erhebung der Maʿ-keꜣ-reʿ auch darin Aehnlichkeit: denn es hatte, wie wir sahen, auch bei jenem Thronwechsel den Anschein, als ob Thutmosis I. nicht ganz unbeteiligt daran gewesen wäre.

§ 52. Aus der gemeinschaftlichen Regierung Thutmosis' II. und Thutmosis' I. haben wir nur noch ein Denkmal, die bereits oben erwähnte Inschrift des Oberbaumeisters  im Schatt er regâl bei Silsilis (Anhang VI § 12 a, s. ob. § 28). Sonst erscheint Thutmosis II. überall allein, sowohl wo sein Name über den der Maʿ-keꜣ-reʿ gesetzt ist, als wo er urspr. ist. Die Dauer seiner Zusammenregierung mit Thutmosis I. kann daher wohl nur kurz gewesen sein; sie endigte ohne Zweifel mit dem Tode Thutmosis' I. Denn dass dieser König das Ende der Regierung Thutmosis' II. nicht mehr erlebt hat, lehrt (wie schon erwähnt), die Inschrift seiner Turiner Statue, die ihm Thutmosis II. als verstorbenem Könige gewidmet hat: „der gute Gott, der Herr der beiden Länder Thutmosis II. hat es gemacht als sein Denkmal seinem Vater Thutmosis I. dem Verstorbenen" (Leps. Ausw. 11. Anhang VI § 32 h). Auch ist, wie wir sahen, die Königsfolge der Biographieen nur zu verstehen, wenn der Tod Thutmosis' I. noch unter der Regierung Thutmosis' II. erfolgte (§ 29). Die Inschrift des 'Inni' (Rec. XII 105–107 Anhang VI § 25 e Zeile 14) erzählt dies Ereignis mit folgenden Worten: „der König (sc. Thutmosis I.) ging

1) Die letztere Bezeichnung seit Dyn. XIX LD III 199 b (unter Merenptah) Pap. Harris pass. (unter Ramses IV.) Tur. 53/54, 1–5 (unter Ramses V.) RHI 158, 21. 159, 23 (unter Ramses IV.; Mumie Sethos' I., Ramses' II.

2) Mar. Abyd. II 25. I 2. A. Z. XIX 116. Leps. Ausw. 14 B.

3) vgl. Anhang VI § 17.

zur Ruhe ein aus dem Leben und stieg auf zum Himmel, nachdem er seine Jahre vollbracht hatte in Glück; der Sperber im Neste (d. i. Horus) [erschien][1]) als König von Ober- und Unterägypten Thutmosis II., damit (?) er König sei über (*stnj-f*) das schwarze Land (Aegypten) und beherrschte (*ḥkȝ-f*) das rote Land (die Wüste), nachdem er die beiden Länder im Triumph in Besitz genommen hatte". Der Wortlaut dieser Stelle lässt davon, dass Thutmosis II. schon vor dem Tode Thutmosis' I. König war, nichts ahnen; ganz analoge Berichte sind uns aber in der Inschrift des 'Amen-em-ḥeb über den Tod Thutmosis' III. und in der Geschichte des Sinuhe über den Tod Amenemmes' I. erhalten (s. ob. § 29).

§ 53. Auch die Alleinregierung Thutmosis' II. nach dem Tode Thutmosis' I. kann nicht von langer Dauer gewesen sein, da seine bauliche Thätigkeit nur sehr gering war (Thüre und Säulen in Kummeh[2]), Thürpfosten aus Esneh und Obeliskenfragment von Tuphium[3]) und er sich fast nur auf Okkupation fremder Denkmäler beschränkt hat (s. ob. § 21, 3). Unzweifelhaft bei seinem Regierungsantritt schon vorhandene, aber noch unbeschriebene Räume, wie die Thürpfosten der Kammer O (s. ob. § 45) und die Räume P und Q[4]) in Der el baḥri sind von ihm nicht beschrieben worden. Auch hören wir von geschichtlichen Ereignissen ausser den schon besprochenen Unruhen in Nubien fast nichts. In der Biographie des 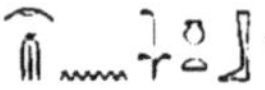 wird nur ein Feldzug im Lande  *Šȝsw* erwähnt, der letzte, den 'Aḥ-mose pen-nehbet mitmachte (Ä. Z. 1883, 78. Leps. Ausw. 14 A[5]). Von einem zweiten nach Ober-*Rtnw* und der Landschaft 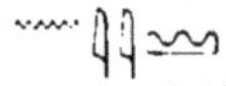 *Nj* am obern Euphrat scheint eine kleine, bedauerlicherweise grösstenteils zerstörte, Inschrift in Der el baḥri (Mar. Derelb. 7 = DHI II 17[6]) berichtet zu haben. Diese Inschrift befindet sich inmitten der Darstellungen der kostbaren Gaben fremder Länder, war also augenscheinlich eine erklärende Beischrift dazu, und zwar speciell wohl zu den Elephantenzähnen, da in ihr Elephanten erwähnt werden (Z. 3) und wir gerade von dem Lande *Nj*, das in Z. 6 genannt ist, mehrmals hören, dass dort die siegreichen Pharaonen auf diese Tiere Jagd machten ('Amen-em-ḥeb 22). Dass die Inschrift nicht nur die Gaben nannte, sondern dass in ihr auch von einem Feldzuge die Rede war, lehren die Worte „Pferdegespann" (*htr* in Z. 4), „seine Maj. in . . ." (Z. 8), „als) er kam aus" (Z. 9). Nach der Publikation beginnt die erste Zeile mit den Worten 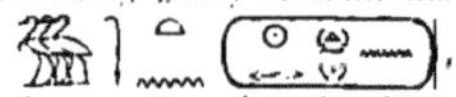, es ist klar, dass dies kaum in Wahrheit der Anfang der Inschrift sein konnte; nach zahlreichen analogen Beispielen (Thes. 1110. 1164—1182) ist vielmehr mit Sicherheit etwa so zu ergänzen: 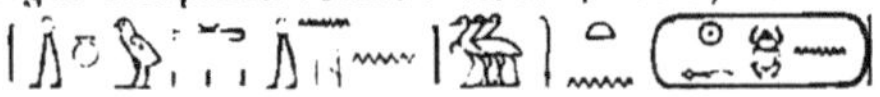 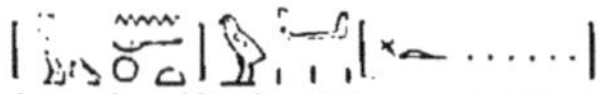 „Gaben, die gebracht worden sind für die (oder wegen der) *bȝw* des Königs Thutmosis II. bei seinen Siegeszügen . . . . . .". — Der Raum, den die Inschrift einnimmt, muss bei Anlage der Darstellungen, die von Thutmosis III. und Ma'-ke-re' herrühren, mitausgespart worden sein; dass sie von Thutmosis II. erst später in diesen ausgesparten Raum eingesetzt sei, ist an und für sich und auch deshalb unwahrscheinlich, weil sein Name hier

1) so ist, worauf mich Herr Prof. Erman freundlichst aufmerksam machte, gewiss zu ergänzen.

2) Anhang VI § 4, 2. 3. 5. 6. 9.

3) Anhang VI §§ 15. 16.

4) Diese müssen zu seiner Zeit vorhanden gewesen sein, da er in den Nischen des Raumes Q schon die Ma'-ke?-re' verdrängt hat (s. Anhang VI § 19).

5) Anhang VI § 14.

6) Anhang VI § 20.

nirgends in den Darstellungen an Stelle desjenigen der Maʿ-keȝ-reʿ eingesetzt ist. Die Inschrift ist also wohl ebenso urspr. wie die Darstellungen selbst und stammt wie diese erst aus der Zeit nach dem Tode Thutmosis' II. — Ist das aber richtig, so ist wohl anzunehmen, dass der Zug Thutmosis' II., dessen Beute hier mit den aus Punt geholten Schätzen von Maʿ-keȝ-reʿ und Thutmosis III. abgebildet ist, der Expedition nach Punt zeitlich nahe gestanden hat.

§ 54. Daten aus der Regierung Thutmosis' II. sind uns, ausser demjenigen vom Tage seines Regierungsantrittes, nicht überkommen. — Die Inschrift vom Katarakt von Tangur in Nubien, die leider nur durch die sehr mangelhafte Kopie eines sachunkundigen Reisenden Mr. Williams bekannt geworden ist, scheint nach dieser vom Monat Pachons des 2ten Jahres () eines Königs 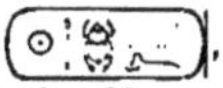, der nach Nubien gefahren war, datiert zu sein (Proc. VII 121. Anhang VI § 2). Wie der Herausgeber Birch richtig erkannt hat, kann es sich nur um Thutmosis I. oder II. handeln, das letzte unterscheidende Zeichen  muss falsch kopiert sein. Es ist aber wohl nicht, wie Meyer annimmt (Gesch. Aeg. p. 225), Thutmosis II., sondern wie der Herausgeber glaubte, Thutmosis I. Denn dieser König war, wie die Inschrift von Tombos (LD III 5 a) lehrt, gegen Ende[1]) seines 2ten Regierungsjahres (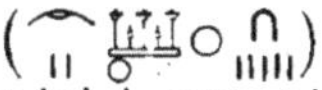) in Nubien und kehrte von dort, wie die von de Morgan publizierten Inschriften bei Assuan und auf Sehel (Cat. des mon. I p. 41 No. 185. p. 85 No. 13. 19) zeigen, im Anfang seines 3ten Jahres () heim. Alle diese seinen nubischen Feldzug betreffenden Inschriften würden also mit der von Tangur zusammen noch in den Zeitraum eines Jahres fallen, während die Inschrift von Tangur, wenn sie von Thutmosis II. herrührte, 20 Monate später als die Inschrift von Assuan (LD III 16 a), die die Niederwerfung des nubischen Aufstandes erzählt, gesetzt sein würde und also, zumal auch in der letzteren Inschrift von der persönlichen Teilnahme des Königs am Feldzuge keine Rede ist, wohl einen zweiten Feldzug nach Nubien betreffen müsste. Falls aber die Inschrift dennoch dem Thutmosis II. gehören sollte, so würde sich daraus für seine Regierung eine Mindestdauer von 1 Jahre und 8 Monaten ergeben.

§ 55. Für die Bestimmung der Stelle, die die Regierung Thutmosis' II. innerhalb der Regierung Thutmosis' III. einnahm, haben wir eine sichere obere Grenze in dem Datum des Pap. Tur. 1 vom 1sten Thoth des 5ten Jahres, an welchem Tage wir Thutmosis III. noch allein ohne die Maʿ-keȝ-reʿ trafen (§ 38). Zwischen dies Datum und den Regierungsantritt Thutmosis' II., der auf einen 8ten Paophi fiel (§§ 17 8), muss also die ganze erste gemeinsame Regierung Thutmosis' III. mit Maʿ-keȝ-reʿ und die darauf folgende Alleinregierung Thutmosis' III., während der er das Andenken der Maʿ-keȝ-reʿ (u. A. durch Einsetzen der Opfertische) verfolgte, gelegen haben. Der Zeitraum für diese Periode würde nur einen Monat betragen haben, wenn Thutmosis II. noch im 5ten, ein Jahr und einen Monat, wenn er im 6ten Jahre Thutmosis' III. zur Regierung gelangt wäre; beides ist offenbar für die nicht unbedeutenden Denkmäler, die uns aus dieser Zeit erhalten sind (in Karnak, Der el bahri, Medinet Habu, Kummeh, Silsilis), zu wenig, und man wird die Thronbesteigung Thutmosis' II. also frühestens in das 7te Jahr Thutmosis' III., wenn nicht noch später setzen müssen.

---

1) Das Regierungsjahr Thutmosis' I. begann nach der Inschrift A. Z. XXIX 117 am 21sten Phamenoth .

Eine sichere untere Grenze bildet für die Regierung Thutmosis' II. der 1ste Mechir des 15ten Jahres, an welchem Tage die Karnaker Obelisken der Maʿ-keꜣ-reʿ begonnen wurden (LD III 24 d, N). Diese müssen später als Thutmosis II. sein, weil er auf ihnen kein einziges Mal den Namen der Königin verdrängt hat und weil Thutmosis I. in der Basisinschrift (LD III 24 d, W) ausdrücklich als verstorben  erwähnt wird (vgl. § 52). — Aus der Zeit zwischen diesem Datum (1ster Mechir des Jahres 15) und der oben ermittelten oberen Grenze haben wir nun noch ein Datum, vom Jahre 9. Es findet sich in einer Inschrift, von der Dümichen (Flotte) ein Stück unter anderen auf die Puntexpedition bezuglichen Inschriften (Stucke aus Mar. Derelb. 10 = DHI II 20) mitgeteilt hat und die sich nach Naville (Derelbaḥri I pp. 25. 15. 16) in der That in derselben Halle wie die Expeditionsdarstellungen befindet und auf die Expedition Bezug nimmt. Darf demnach dies Jahr als wahrscheinliches Jahr der Expedition gelten (vgl. Maspero Rev. hist. IX, 1 ff.) und fand diese, wie es scheint, nach dem Tode Thutmosis' II. statt, aus welcher Zeit jedenfalls erst die sie betreffenden Darstellungen in Der el baḥri stammen (s. ob. § 53), so wurde das 9te Jahr eine untere Grenze für die Regierung Thutmosis' II. bilden, die dann also in die Zeit vom 7ten bis zum 9ten Jahre fallen und höchstens etwa zwei Jahre gedauert haben würde.

Bei diesem im Ganzen wohl nicht unwahrscheinlichen Ergebnis wird man nun unwillkürlich an das rätselhafte Namensschild Mar. Karn. 32 f erinnert, das mit dem Datum „Jahr 8" beginnt, mit einem andern „Jahr 9" schliesst und dazwischen in der Mitte, von 2 Blattern mit unverständlichen Aufschriften[1] eingefasst, das Namenschild Thutmosis' I. zeigt:

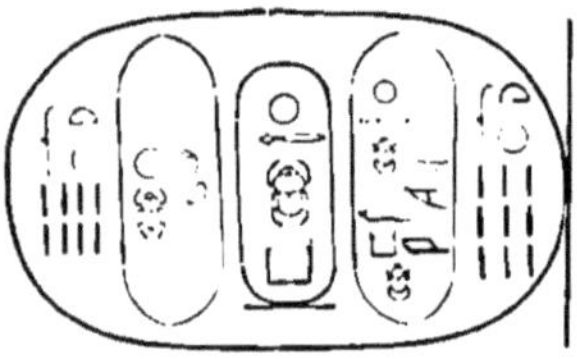

Nach Mariette (texte p. 56) gehörte das Schild in eine Dedikationsinschrift Thutmosis' III., und diese lief über die merkwürdige Inschrift Mar. Karn. 15—16 (südlich von der Cella des Philippus) hin, die, wie es scheint, die Thaten des Königs in den ersten 20 Jahren seiner Regierung, also zu Lebzeiten der Maʿ-keꜣ-reʿ behandelte[2]) und so das Gegenstück zu den Annalen nördlich von derselben Cella des Philippus) bildete, die mit dem Jahre 22 beginnen. Sollten sich die beiden Jahresangaben etwa auf die Regierung Thutmosis' III. beziehen und durch das dazwischen gesetzte Schild Thutmosis' I. angedeutet werden, dass die letzte Regierung dieses Königs (mit Thutmosis II. zusammen) innerhalb des Zeitraums dieser beiden Jahre fiel? —

§ 56. Den mit dem Tode Thutmosis' II. eintretenden Thronwechsel erzählt die oft erwähnte Biographie des *'Inni* (Rec. XII 105—107, Anhang VI § 25 e) mit folgenden Worten:

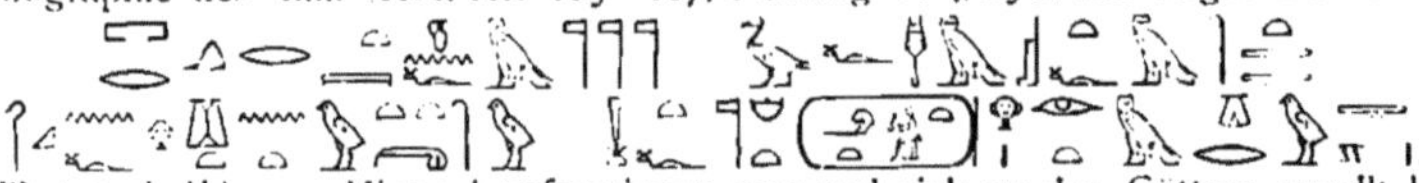

„als er (Thutmosis II.) zum Himmel aufgestiegen war und sich zu den Göttern gesellt hatte, da stand sein Sohn an seiner Stelle als König der beiden Länder, die er beherrscht hatte auf dem Throne seines Erzeugers (Thutmosis I.), und seine Schwester, das Gottesweib Ḥaʿt-sepsowet machte . . . . . .".

1) Die des 2ten Blattes ist vielleicht „Thutmosis I. geliebt von seinem Vater Chopre" zu übersetzen.

2) Wenigstens wird das Jahr 15, das in diese Zeit fällt, erwähnt.

Der erste Satz berichtet den Tod des Königs in der gewöhnlichen elliptischen Form (), der 2te und 4te, welche die Form von Nominalsätzen haben, melden die Thronbesteigung der Nachfolger des verstorbenen Königs, nämlich, wie Bouriant und Maspero richtig bemerkt haben, Thutmosis' III., der ungenau als Sohn seines Vorgängers bezeichnet ist (s. ob. § 9 10), und seiner Gemahlin und Schwester Maʿ-ke3-reʿ. — Der 3te Satz, der zwischen die beiden parallelen Sätze eingeschoben ist, ist wohl ein Relativsatz zu dem vorhergehenden  „die beiden Länder", sodass also das Verbum , wie vorher bei der Erzählung vom Tode Thutmosis' I. (s. ob. § 52), transitive Bedeutung hat. Dieser Satz bezieht sich wohl auf die erste Regierung Thutmosis' III. vor Thutmosis II.; so erklärt sich wenigstens das Tempus *sdm-n-f* am Besten. Der Ausdruck  für die Thätigkeit der Maʿ-ke3-reʿ ist unverständlich, findet sich aber noch anderwärts wieder (Mission V fasc. 1, p. 43). — Das Prädikat des 2ten Satzes ist ein Pseudopartícip und das Verbum  daher mit „stehen", nicht mit „treten" (was 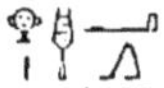 heissen müsste) zu übersetzen. Für die Frage der Mitregierung Thutmosis' III. mit Thutmosis II. (§ 49) geht daraus aber natürlich nichts hervor.

§ 57. Nach dem, was vor der Regierung Thutmosis' II. zwischen Thutmosis III. und Maʿ-ke3-reʿ vorgegangen war, ist nicht anzunehmen, dass ihnen eine abermalige Zusammenregierung sehr erwünscht sein konnte. Wenn sie dennoch wieder gemeinsam den Thron bestiegen, so werden sie durch äussere Umstände, etwa durch eine starke legitimistische Partei (vgl. § 64 a. E.) dazu gezwungen worden sein. Jedenfalls thun beide auf den Denkmälern einander gegenüber so, alsob nichts vorgefallen wäre. Dieselbe auffallend versöhnliche Gesinnung legt Maʿ-ke3-reʿ aber auch den vorhergegangenen Königen Thutmosis I. und II. gegenüber an den Tag, obwohl diese sich ihr doch durchaus feindlich erwiesen hatten. An keiner Stelle, wo diese Könige ihre Namen ausgetilgt und okkupiert hatten, hat sie versucht, ihre eigenen Namen wieder einzusetzen oder auch nur durch Wiederauskratzen der übergesetzten Namen Rache zu nehmen. Im Gegenteil verehrt sie, mit Thutmosis III. zusammen, den verstorbenen Thutmosis II. ebenso wie den Thutmosis I. und seine Gemahlin 'Aʿḥ-mes in Der el bahri (LD III 8 b. 20 a. c[1]); allein opfert sie dem Thutmosis' II. in einer ihm gewidmeten Nische (LD III 19, 2[1]), lässt den Namen Thutmosis' I. auf ihren Obelisken verewigen, sowohl in den Darstellungen, als in der Mittelzeile (LD III 23, O), als in der Basisinschrift (LD III 24 d[2]). Auch nennen Ziegel vom Tempel DD im westlichen Theben den Namen des verstorbenen Thutmosis' I. mit dem der lebenden Maʿ-ke3-reʿ zusammen (LD III 25 bis i, s. Anhang VI § 18 d).

§ 58. Das offizielle Verhältnis zwischen den beiden Regenten (Maʿ-ke3-reʿ und Thutmosis III.) ist wieder dasselbe, wie in der ersten gemeinsamen Regierung. Maʿ-ke3-reʿ spielt auf den Denkmälern die Haupt-, Thutmosis III. die Nebenrolle, sie wird öfter und an hervorragenderen Stellen als er dargestellt und genannt. Doch hat es nach einzelnen Punkten den Anschein, als ob in Wirklichkeit das Verhältnis eher umgekehrt war.

So ist der König in den Darstellungen der Puntexpedition[3]), die aus der ersten Zeit nach dem Tode Thutmosis' II. zu stammen scheinen (§ 53), nur einmal mit seinen Namen

---

1) Anhang VI § 19 P. 2) Anhang VI § 27 a.

3) Zum Folgenden vgl. den Anhang VI § 20.

dargestellt (Mar. Derelb. 9), die Königin dagegen zweimal (ib. 7. 10); in den übrigen dazugehörigen Inschriften kommt sein Name überhaupt nicht vor, sondern immer nur der der Maʿ-keɜ-reʿ, von der wie gewöhnlich stets als Frau geredet wird. Doch geschieht seiner indirekt ohne Nennung des Namens mehrfach Erwähnung und zwar in sehr charakteristischer Weise. — Wenn die Bewohner von Punt bei der Landung der Aegypter von dem „Könige von Aegypten" mit männlichen Redeformen sprechen („seine Maj.", „er giebt"), so will das nichts besagen, da sie die augenblicklichen politischen Verhältnisse Aegyptens nicht gekannt und also auch davon, dass eine Frau auf dem Thron sass, nichts gewusst haben werden. In der That begrüssen denn auch ihre mit nach Aegypten geführten Häuptlinge die Königin richtig mit weiblichen Formen: „Heil dir (2 f. sg.), König von Aegypten, weibliche Sonne, welche leuchtet wie die Sonnenscheibe, du unsere(?) Fürstin, die Herrin von Punt . . . . ., dein (2 f. sg.) Name ist gelangt bis zum Umkreis des Himmels . .". — Dagegen ist es gewiss nicht Zufall, dass das nach Punt gesandte Militär zweimal als „die Truppen des Herrn der beiden Länder" (Mar. Derelb. 6) und das 3 te Mal als „dies Heer des Königs" ib. 5) bezeichnet ist. Offenbar ist mit dem und Thutmosis III. gemeint, dem als Mann das Heer gehörte.

§ 59. Ausserdem findet sich in den Inschriften der Expedition noch dreimal für Thutmosis III. die Bezeichnung *stnj ds-f* „der König selbst", d. h. wohl „der eigentliche König" im Gegensatz zu dem offiziellen „König von Ober- und Unterägypten Maʿ-ke -reʿ", der an allen 3 Stellen unmittelbar danach genannt wird. Man hat das bisher auf die Maʿ-keɜ-reʿ bezogen und das folgende als Apposition dazu erklärt, also „der König selbst (d. h. in eigener Person), (nämlich) der König von Ober- und Unterägypten Maʿ-keɜ-reʿ". Wenn es sich aber wirklich auf die Maʿ-keɜ-reʿ beziehen sollte, so wäre doch statt des männlichen Suffixes wohl das weibliche zu erwarten, das sonst überall, wo von ihr als „König" die Rede ist, angewendet wird, so z. B. in der eben erwähnten Anrede der Häuptlinge von Punt: „Heil dir (2 f. sg.), König von Aegypten" (Mar. Derelb. 6), so in der oben (§ 40) citierten Stelle der Inschrift LD III 18 „der König von Ober- und Unterägypten, die du gewollt hast", ganz zu geschweigen von den unzähligen Stellen, an denen dem Worte „König" noch der Name Maʿ-keɜ-reʿ folgt [1]). — Dass Thutmosis III., nicht Maʿ-keɜ-reʿ mit dem gemeint ist, geht nun aber auch aus dem Zusammenhang der 3 Stellen hervor, in dem die Bedeutung „der König selbst" im Sinne von „in eigener Person" ganz und gar nicht passt.

1 Solche Beispiele sind (Maʿ-keɜ-reʿ) „wenn der König Maʿ-keɜ-reʿ ihrer Pflicht überwiesen wird" Proc. VII 183 (Anhang VI § 25 a), (Maʿ-keɜ-reʿ) „König Maʿ-keɜ-reʿ, mach, dass sie lebe, und dass ihr Name unter deinem Gefolge . . . . werde" DHI II 35, (Maʿ-keɜ-reʿ) „König Maʿ-keɜ-reʿ, erlöse sie", ib. Ja es findet sich sogar folgendes Kuriosum: (Maʿ-keɜ-reʿ) „der König von Ober- und Unterägypten Maʿ-keɜ-reʿ hat ihre Geliebte *nfrt-nr;* beschlafen" DHI I 36 7 (Anhang VI § 19 M).

An den beiden ersten Stellen steht die ganze Wortgruppe  nämlich am Anfange einer Inschrift, die eine Darstellung erläutert und, wie solche Beischriften in der Regel, in infinitivischer Form abgefasst ist. Die Gruppe gehört also nicht eigentlich zur Inschrift, sondern geht ihr wie eine Art Ueberschrift voran. Sie vertritt offenbar die Stelle eines Datums, wie ja bekanntlich viele Inschriften statt eines solchen nur die Namen des regierenden Königs am Kopfe führen (z. B. LD II 118 a. d. 149 g. Louvre C. 11). Das Wort  „selbst" hätte an einer solchen Stelle keinen Sinn, wenn es nicht eben gleichsam zur Titulatur des Königs gehörte.

Die erste Inschrift, die so beginnt, steht vor der Figur der Maʿ-keꜣ-reʿ, die die vor ihr aufgehäuften Gaben durch das Erheben des  *ḫrp*-Scepters dem Amon weiht: „Der eig. König (*stnj ds-f*) und der König von Ober- und Unterägypten Maʿ-keꜣ-reʿ. - Weihen (*ḫrp*) der Kostbarkeiten von Punt, der Schätze ..... nebst[1] den Gaben der Südländer, der Steuer des elenden Landes *Kꜣ*[2]), den *gꜣwt* der Neger(?)[3]) für den Amon-Reʿ von Theben zum Heile des Königs von Ober- und Unterägypten Maʿ-keꜣ-reʿ, damit sie lebe, sie bleibe, sie froh sei, indem sie die beiden Länder beherrscht wie Reʿ ewiglich".

Die 2te Inschrift steht dagegen unmittelbar hinter der Figur Thutmosis' III. und vor der Darstellung, die die Vermessung und Abwägung der Gaben durch Götter und durch Diener der Könige zeigt; sie lautet: „Der eig. König (*stnj ds-f*) und der König von Ober- und Unterägypten Maʿ-keꜣ-reʿ. — Abwägen(?) . . . von Elektron. . . . ., Trennen der Haufen, erstes Mal des gute Dinge Thuns[4]), Vermessen des frischen Weihrauchs für Amon-Reʿ von Theben, den Herrn des Himmels . . . . die Kostbarkeiten von Punt, der Herr von Schmun (Thoth) zeichnet sie schriftlich auf, Sefechet zählt die Zahlen, ihre weibl. Maj., selbst in Person[5]) — Oel und Weihrauch auf allen ihren Gliedern, duftend wie der Gottesthau, ... Punt und ihre Haut mit Elektron überzogen, — strahlt(?)[6]) wie die Sterne thun, im Innern der Festhalle angesichts des ganzen Landes. — Jubeln seitens aller Leute, sie preisen den Herrn der Götter und rühmen die Maʿ-keꜣ-reʿ nach Massgabe ihrer Göttlichkeit (o. ä.)[7]), weil das Wunder so sehr gross ist. [Nicht war] gleiches geschehen unter irgend welchen Göttern (d. h. Königen), die vordem waren, seit die beiden Länder . . . . . wurden. Möge sie mit Leben beschenkt sein wie Reʿ ewiglich".

An der 3ten Stelle endlich kommt die Gruppe  inmitten einer Inschrift vor, die erst die üblichen Titel-Phrasen von der Macht der Maʿ-keꜣ-reʿ enthält und dann kurz den Beschluss und die Ausführung der Puntexpedition auf den Befehl des Amon berichtet. Hier heisst es, die Macht der Königin sei gross, weil der Name (?) des Amon so gross sei, „der alle Länder gelegt hat unter die Sohlen des eig. Königs (*stnj ds-f*) und des Königs

1) Für diese Bedeutung von  vgl. LD III 39 b. Mission V fasc. 1, pl. XI.

2) So ist wohl zu lesen.

3) vgl. LD III 16 a, Z. 4.

4)  vgl. LD III 63 a.

5) lies 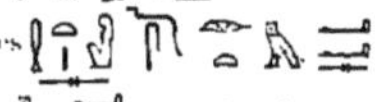 *ḫnt-s ds-s ir(j)t m ʿwj-s(i)*; vgl. dazu die männliche Form desselben Ausdrucks 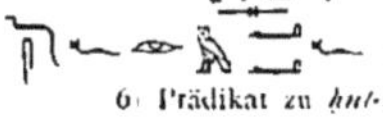 *ds-f ir(j) m ʿwj-f(i)* Mar. Karn. 15, 17. 25

6) Prädikat zu *ḫnt-s ds-s* usw.

7) *m sp-w nw ntr-s* vgl. LD III 16 a, 16.

von Ober- und Unterägypten Ma'-ke3-re'". Die Bedeutung „selbst" = „in eigener Person" passt, wie Jedem einleuchtet, auch hier nicht. Man könnte das Wort höchstens noch auf den Amon beziehen (wogegen aber die Wortstellung spricht), wenn nicht auch hier wie in den beiden andern wörtlich gleichlautenden Stellen die Beziehung auf Thutmosis III. passte.

§ 60. Dass der Ausdruck , den wir an diesen 3 Stellen dem Namen der Ma'-ke3-re' vorausgehend fanden, wirklich auf Thutmosis III. zu beziehen ist, wird nun auch durch die Basisinschrift des Karnaker Obelisken (LD III 24 d) bestätigt, in der derselbe Ausdruck allein ohne den Namen der Ma'-ke3-re' vorkommt und zwar unter Umständen, die die Deutung auf Thutmosis III. unumgänglich erscheinen lassen. — Die Inschrift beginnt mit den Namen der Ma'-ke3-re', denen eine lange Reihe phrasenhafter Epitheta und dann die übliche Dedikation mit einigen Bemerkungen über das Aussehen der Obelisken folgen, wobei von der Königin immer wie gewöhnlich mit weiblichen Formen geredet wird:

„Es lebt der weibliche Horus *Wsrt-k3w*" (folgen die Namen der Ma'-ke3-re') „die Tochter des Amon-Re', die in seinem Herzen ist, seine einzige, die durch(?) ihn geworden ist, der vortreffliche Teil des *Nb-rdr*, deren Schönheit die Geister von Heliopolis geschaffen haben, die die beiden Länder in Besitz genommen hat, wie der Gott *'Ir-s3w*, und die er (dieser Gott) geschaffen hat um seine Kronen aufzusetzen, die wird an Gestalten wie Chopre, die glänzt an Kronen wie der Gott der beiden Horizonte, das reine Ei, der vortreffliche Same, die die beiden grossen Zaubergöttinnen aufgezogen haben, die Amon selbst gekrönt hat auf seinem Throne in Hermonthis, und die er auserwählt hat um Aegypten zu schützen und um die Menschen zu schirmen(?), der weibliche Horus, die ihren Vater rächt, die älteste (Tochter) des Ka'-mutef, die Re' erzeugt hat, um ihm ein vortrefflicher Same auf Erden zu sein zum Heile der Menschen, sein lebendes Bild, der König von Ober- und Unterägypten Ma'-ke3-re', das Elektron der Könige. Sie hat es gemacht als ihr Denkmal für ihren Vater Amon von Theben, indem sie ihm zwei grosse Obelisken aus hartem Granit des Südens machte, deren obere Seite aus Elektron von den Häuptern(?) aller Länder ist; sie werden gesehen auf beiden Seiten(?) des Flusses, und ihre Strahlen überfluten die beiden Länder, (wenn?) die Sonne geht dazwischen auf, wie sie im Horizont des Himmels erscheint."

Darauf ergreift die Königin selbst das Wort und erzählt, weshalb sie die Obelisken errichtet habe:

„Ich habe dies gemacht aus liebendem Herzen für meinen Vater Amon. Ich ....[1] ich war geschickt durch seinen vortrefflichen Willen, nicht vergass ich die Weise dessen, was er bestimmt hatte. Meine weibl. Maj. (*hnt-j*) sie weiss ja, dass er göttlich ist. Ich habe es gemacht auf seinen Befehl, er war es der mich leitete; ich dachte nicht an Bauten ohne seinen Willen(?), er ist es der die Anweisung (dazu) giebt. Ich hatte keinen Schlaf wegen seines Tempels, ich habe nicht vernachlässigt, was er befohlen hatte; mein Herz ist der Gott *S3* vor meinem Vater, ich .....[2] seinen Wunsch; nicht vernachlässigte ich die Stadt des *Nb-rdr*, sondern richtete mein Augenmerk auf sie. Ich weiss ja, dass Karnak der Horizont auf Erden ist, die

1) Ein häufiger Ausdruck *'k-k3* (wörtlich „eintreten mit etwas"), dessen Bedeutung nicht sicher bestimmt ist.

2) Wieder der in Anm. 1 erwähnte Ausdruck.

ehrwürdige Treppe des *sp tpj*, das Auge des *Nb-rdr*, seine Herzensstätte, die seine Schönheit trägt und seine Gefolgsleute umschliesst."

Auf diesen Satz folgt dann mit plötzlichem Wechsel des Subjekts:

stnj ds-f dd-f „der eigentliche König, er spricht".

Hier zeigt das männliche Suffix in *dd-f* auf das Deutlichste, dass der ein Mann sein muss. Sein langer Erlass, der nun folgt, wiederholt im Grunde dasselbe, was Maʿ-keꜣ-reʿ zuvor mit wenigen Worten gesagt hatte, umständlicher und beschwört die Richtigkeit dessen mit dem Königsschwur. Während im ersten Teile dieser Rede überall nur das Pronomen der ersten Person vorkommt, ohne Kenntlichmachung des Geschlechtes, kommt in der zweiten Hälfte dreimal das Wort *ḥn-j* „meine Maj." vor, woraus wieder das männliche Geschlecht des Redenden erkenntlich ist, denn die Maʿ-keꜣ-reʿ würde sich als *ḥnt-j* bezeichnen, wie sie das sonst überall und so auch oben (in Zeile 1 der Westseite) gethan hat. Käme das *ḥn-j* nur einmal vor, so könnte man ja an eine ungenaue Schreibung ohne Bezeichnung der Femininalendung denken; da es aber dreimal wiederkehrt und in der ganzen Rede des keine einzige weibliche Redeform vorkommt, die man auf ihn beziehen könnte, so ist dies ausgeschlossen und es kann also wohl nicht bezweifelt werden, dass nur Thutmosis III. damit gemeint sein kann. — Die Rede lautet:

„Ich thue kund den Menschen, die sein werden innerhalb(?) zweier 60jähriger Perioden, deren Sinn hinter diesem Denkmal sein wird, das ich meinem Vater gemacht habe, die .... reden werden, und die auf die Zukunft blicken: Ich sass im Palaste und gedachte dessen der mich geschaffen hat, mein Herz leitete mich, ihm 2 Obelisken aus Elektron zu machen, deren Pyramidion in den Himmel ragte, in dem ehrwürdigen Säulenhof zwischen den beiden grossen Pylonen des Königs, des starken Stieres, des Königs von Ober- und Unterägypten Thutmosis' I., des Horus(?) des Verstorbenen. Mein Herz .... Worte. Ihr Leute, die ihr mein Denkmal nach Jahren sehen und euch unterhalten werdet über das was ich gemacht habe, hütet euch, dass ihr sagt: „ich weiss nicht, ich weiss nicht, weshalb dies gemacht worden ist, einen Berg ganz aus Gold zu schaffen wie ein Ding". Es ist geschehen. Ich schwöre (es), sowahr mich Reʿ liebt und mich mein Vater Amon lobt, sowahr meine Nase von Leben und Heil erfüllt ist, sowahr ich die weisse Krone aufgesetzt habe und mit der roten erschienen (d. i. gekrönt) bin, sowahr mir Horus und Set ihre beiden Teile vereinigt haben, sowahr ich dies Land beherrsche wie der Sohn der Isis und stark gewesen bin wie der Sohn der Nut, sowahr Reʿ untergeht in der *Smktt*-Barke, und er aufgeht(?) in der *Mʿndt*-Barke, und sich vereinigt mit seinen beiden Müttern in der Gottesbarke, sowahr der Himmel bleibt und sowahr dauert, was er (Reʿ sonst) gemacht hat, sowahr mein Name bis in Ewigkeit sein wird wie ein „Unvergänglicher Stern", sowahr ich aus dem Leben zur Ruhe eingehen werde wie Atum: — die beiden grossen Obelisken, die meine (männliche) Maj. (*ḥn-j*) aus Elektron gearbeitet hat für meinen Vater Amon, damit mein Name bleibend und dauernd sei in diesem Tempel bis in alle Ewigkeit, sie bestehen aus einem einzigen Stein aus hartem Granit, nicht zusammengestückt und nicht geflickt. Meine (männliche) Maj. (*ḥn-j*) liess arbeiten(?) daran vom ersten Mechir des 15ten bis zum letzten

Mesoreʿ des 16ten Jahres, macht 7 Monate an Arbeit(?) im Berge. Ich habe es ihm gemacht in der Mitte meines Herzens(?)[1] wie ein König jedem Gotte(?), mein Wunsch war es sie ihm mit Elektron überzogen zu machen, ich legte ihre Seite auf ihre ..... Ich gedachte, dass die Menschen sagen sollten (dass) mein Mund vortrefflich sei wegen dessen, was aus ihm gekommen ist, (und dass) ich nicht umgekehrt sei von(?) dem, was ich gesagt habe. Hört denn: Ich gab dazu von reinem Elektron, das ich gemessen hatte mit Scheffeln wie Getreide. Meine (männliche) Maj. (*ḥm-f*) nannte Zahlen (für die Opfer)[2] mehr als die beiden Länder insgesammt (zuvor) gesehen hatten[3]). Unwissender wie Wissender[4], wisst es."

Hiermit schliesst die Rede des , die die Maʿ-keꜣ-reʿ citiert hat, und die Königin fährt nun mit Bezugnahme darauf folgendermassen fort:

„Nicht soll, wer dies hört, sagen, dass das, was ich (oben) gesagt habe, unwahr sei, sondern er soll sagen: „wie gleicht ihr das, es ist wahr für(?) ihren Vater". Der Gott wusste es von mir, Amon von Theben, er hat mich beherrschen lassen das schwarze Land (Aegypten) und das rote Land (die Wüste) dafür. Ich habe keinen Feind in allen Flachländern (*tꜣ-w*), alle gebirgigen Länder *ḫꜣ-swt* sind mir unterthan. Er hat meine Grenze gemacht bis zu den Grenzen des Himmels, mir dient was die Sonne umkreist, er hat mir geschenkt was er hatte(?); er wusste, dass ich es ihm weihen würde, ich seine Tochter in Wahrheit. Ich (?) preise ihn ...... was er bestimmt hat, ich ..... bei meinem Vater. Ich lebe, dauere, bin glücklich(?) auf dem Throne des Horus der Lebenden wie Reʿ ewiglich."

Damit endigt die merkwürdige Inschrift. Es wird sich wohl Niemand der Ueberzeugung verschliessen können, dass nur Thutmosis III. mit dem gemeint sein kann. Er hat also die Obelisken herstellen lassen (*bk* für die Maʿ-keꜣ-reʿ, die sie anlässlich ihres Jubiläums dem Amon errichtete *sʿḥʿ*) und als ihr Denkmal weihte *irj*). Dass Thutmosis III. wirklich an der Herstellung der Obelisken thätigen Antheil hatte, geht nicht sowohl aus den Seitendarstellungen hervor, die vielmehr erst später zugefügt sind (s. u. § 68), als indirekt aus der Biographie des Sen-mut, der nach der Inschrift LD III 25 bis q die Arbeit an den Obelisken geleitet hatte (s. u. § 64).

§ 61. Auch in der grossen Inschrift von Speos Artemidos (Rec. VI. 20 Anhang VI § 29a), die u. A. auch die Expedition nach Punt erwähnt, kamen vielleicht die Worte vor Z. 34), und zwar auch wieder wo von einer männlichen Person die Rede zu sein scheint: „der welchen Amon gekrönt hat zum *stnj ds-f* auf dem Throne des Horus". Wörtlich derselbe Satz findet sich aber ebenso auch von Amenophis III. gebraucht (Sharpe Eg. Inscr. I 24) und da die Wortstellung wohl verbietet, das *ds-f* auf den Amon zu beziehen, so scheint es danach, als ob *stnj ds-f* in diesem Zusammenhang ein ständiger Ausdruck gewesen, der auch von anderen Königen gebraucht wurde. — Er wird also hier auch den Thutmosis III. bezeichnen, aber nicht wie oben im Gegensatz zur Maʿ-keꜣ-reʿ. — Nach

1) *m mṯ-t nt ib*, eine häufige Redewendung, deren Bedeutung nicht ganz klar ist.

2) *nis ṯnwt*, vgl. die Redensart *nis dbḥt ḥtpt*.

3) wörtlich „mehr als das was die beiden Länder gesehen hatten".

4) Zu diesem koordinierenden Gebrauch von *mi* vgl. Harr. 79. 2 .

Golenischeff's Publikation der traurig zugerichteten Inschrift scheint es übrigens, als ob auch schon vorher ein männlicher König redete, vgl. die bei einem König aber allerdings immer auffällige Schreibung des Suffixes 1 sg. (Z. 9. 27) neben , und die Erwähnung von „meinen Truppen“ (Z. 15) bei Gelegenheit der Puntexpedition, bei der uns oben gerade „das Heer des Herrn der beiden Länder“ (d. i. vermutlich Thutmosis' III.) begegnete (§ 58).

§ 62. An Stelle der Bezeichnung scheint sich endlich noch einmal ein synonymer Ausdruck *ntr nfr ds-f* in Speos Artemidos (Anhang VI § 29 d) zu finden, wo Thoth zu der grossen Götterneunheit von Theben und den Göttern des Nordens und Südens sagt: „Hört dies grosse Wort, das Amon-Reʿ von Theben allen Göttern befohlen hat: „Maʿ-keꜣ-reʿ, welche König von Ober- und Unterägypten ist, sie ist auf dem Thron des Horus erschienen[1]) ewiglich, (sic), von der der grosse Gott, der Herr der grossen Halle (in Heliopolis) will, dass sie alle Lebenden leitet:

was dem eigentlichen guten Gotte gethan ist, ist (d. h. bleibt) wahr für das Herz der grossen Götterneunheit[2]), er ist es, der unser Leiter ist in den beiden Ländern. Gebt ihr alles Leben, Dauer, Glück von euch, alle Freude von euch, damit sie euch umarmt(?)“. — Der Ausdruck „der gute Gott“ wird in W. nur vom Könige gebraucht, kann also auch hier nicht gut auf einen Gott bezogen werden. Auf Maʿ-keꜣ-reʿ kann er wegen der männlichen Formen nicht gehen, von ihr musste es stattdessen *ntr-t nfr-t ds-s* heissen[3]); es bleibt also wieder nur Thutmosis III. als einzige Person, die damit gemeint sein kann. Falls die oben gegebene Uebersetzung des mit beginnenden Satzes richtig ist, so würde darin gesagt sein, dass mit der Thronbesteigung der Maʿ-keꜣ-reʿ das Königtum Thutmosis' III., der ja schon vor ihr regiert hatte, bestehen bleiben solle.

§ 63. Aus diesem eigentümlichen Verfahren, den Thutmosis III. als Mitregenten der Maʿ-keꜣ-reʿ ohne Nennung des Namens kurzweg als den , zu bezeichnen und diese Bezeichnung sogar dem Namen der Maʿ-keꜣ-reʿ vorangehen zu lassen, ist wohl auch zu schliessen, dass er nur offiziell die Neben-, in Wirklichkeit aber die Hauptrolle spielte. Aus einem solchen Machtverhältnis würde sich auch die sehr auffällige Thatsache erklären, dass Maʿ-keꜣ-reʿ auf Rache an Thutmosis II. und auf Wiederherstellung ihrer von ihm okkupierten Namen ganz verzichtet hat (§ 57). Es passt auch besser zu dem, was wir schon von Thutmosis III. erfahren haben, und zu der ausserordentlichen Thatkraft, von der er in seiner späteren Alleinregierung so grosse Proben abgelegt hat. Dazu stimmt endlich auch das, was wir wohl aus einigen uns erhaltenen Privatdenkmälern dieser Zeit seiner gemeinsamen Regierung mit Maʿ-keꜣ-reʿ herauslesen können.

1) vgl. die Parallelinschrift LD III 75 d.

2) Für den Ausdruck „wahr für das Herz des . . .“ vgl. LD III 25 bis. q. 75 d.

3) In der Antwort der Götter war Maʿ-keꜣ-reʿ richtig als und als „diese gute Göttin“ bezeichnet.

§ 64. So verehrt der Oberbaumeister  Sen-mut in einer Darstellung bei Assuan LD III 25 bis, q. s. unten Anhang VI § 8), wo er die Arbeit an den Obelisken leitete, die Königin, aber nicht als „König Maʿ-keꜣ-reʿ", sondern als „grosse königl. Gemahlin Ḥaʿt-šepsowet", dargestellt in der Tracht der „Gottesweiber des Amon" und genannt: 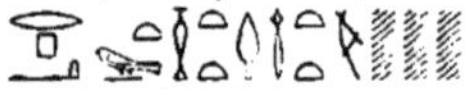
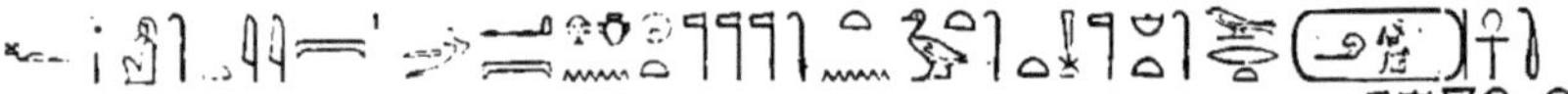 vgl. die Titel ob. § 36). Auch in der Beischrift „Verehrung (o. ä.) darbringen  dem Gottesweibe, der Herrin der ganzen beiden Länder durch den Oberbaumeister Sen-mut" erhält sie nur Titel, die auch andere Königinnen tragen (z. B. LD III 3 a. b). Ebenso auch in der Inschrift unter der Darstellung: „Es kam der *rpʿ(tj)* *ḥʿ(tj)*, der das Herz des Gottesweibes sehr erfüllt und mit dessen Ausspruch die Herrin der beiden Länder zufrieden ist, der  und grosse Vorsteher des Haushalts der Königstochter Raʿ-nofru, die lebt, Sen-mut, um zu leiten(?) die Arbeit der beiden grossen Obelisken von Millionen von Jahren[2]), es geschah wie befohlen war, alles wurde ausgeführt, es geschah für die (oder „wegen der") *bꜣw* ihrer weibl. Majestät ( *ḥnt-s*)". Nur der letzte Satz, aus dem hervorgeht, dass die Obelisken für die Königin bestimmt waren, weist darauf hin, dass sie damals offiziell König war, wie die Aufschriften der Karnaker Obelisken vom Jahre 15/16, um die es sich doch wohl handelt, bestätigen.

Derselbe Sen-mut erzählt auf seiner Statue in Berlin, die ihm durch königliche Gunst geschenkt war, seine Thätigkeit unter Maʿ-ke-reʿ und Thutmosis III. (LD III 25 i, Anhang VI § 25 b). Er nennt zwar nur die erstere zweimal mit Namen und dabei wie gewöhnlich mit weiblichen Redeformen; aus seinen Titeln „der das Herz des Herrn der beiden Länder *nb tꜣwj* sehr erfüllt und gelobt ist vom guten Gotte *ntr nfr*" und aus seiner Erzählung ergiebt sich aber, dass thatsächlich Thutmosis III. die leitende Person war; er sagt nämlich: „Ich war ein Edler, geliebt von seinem Herrn Thutmosis III. und ....[3]) für die Herrin der beiden Länder, er Thutmosis III ehrte mich vor den beiden Ländern, er machte mich zum obersten Mund seines Hauses ...... im ganzen Lande; ich war ein Oberhaupt der Obersten, ein Vorsteher der Vorsteher der Bauten, ich war in diesem Lande unter seinem Befehl, seitdem der Tod seines Vorgängers eingetreten war[4], ich war im Leben unter der Herrin der beiden Länder, dem Könige von Ober- und Unterägypten Maʿ-ke-reʿ, die ewig lebt". Wie man sieht, ist es Thutmosis III., der ihn ernennt und auf dessen Befehl er sein Amt verwaltet; von Maʿ-ke-reʿ weiss er nichts zu sagen, als dass er unter ihr gelebt habe, und in der 

1) Liegt hier eine Anspielung auf den  Namen Thutmosis' III.  vor?

2) Dieser Zusatz *n ḥḥw n rnpwt*, den man in den Namen so mancher Tempel findet, bezieht sich nicht auf ihre ewige Dauer, sondern auf das Fest 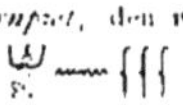 vgl. LD III 22. 39 b. Obel. Flam'n. Griffith Siut IV 22. Mar. Dend. 4. 12 das ein dem 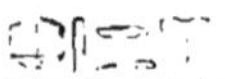 entsprechendes Jahresfest der Regierung der Könige zu bezeichnen scheint und zu dessen Gedächtnis die betr. Denkmäler errichtet waren.

3) *ʿḳ ḥr* vgl. ob. p. 46 Anm. 1.

4) Die Lesung der wichtigen Stelle 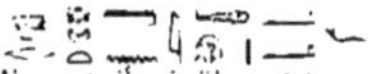 „seitdem der Tod seines Vorgängers eingetreten war" ist nach dem Original sicher. Das Wort *tpj-ʿwj* übersetzt man gewöhnlich mit „Vorfahre"; das ist aber zu speciell, es ist eine Nisbe der alten Präposition  *tp-ʿwj* „vor" räumlich und zeitlich und bedeutet also nur „der, der vor ist", in unserem Falle also der Vorgänger Thutmosis' III., d. h. wohl Thutmosis II.

Formel zu wünschen: „der König von Ober- und Unterägypten Maʿ-keꜣ-reʿ, sie gebe Totenopfer" usw.

Was das indirekte Zeugnis dieser beiden Inschriften für die Stellung Thutmosis' III. während seiner Mitregierung besonders wertvoll macht, das ist der Umstand, dass ihr Eigentümer Sen-mut allem Anschein nach einer der eifrigsten Parteigänger der Maʿ-keꜣ-reʿ gewesen ist. — Sein Name ist in seinem Grabe und auf der aus diesem stammenden Statue mit derselben Sorgfalt ausgemeisselt[1]), wie sonst der Name der Königin (s. Anhang VI § 25 b). In Anbetracht, dass das Ausmeisseln der Namen von Privatleuten nur sehr selten zu belegen ist und dass Sen-mut, wie seine Inschriften zeigen, eine grosse Rolle am Hofe gespielt und sich auch gerade besonderer Gunst seitens der Maʿ-keꜣ-reʿ erfreut haben muss, wird man die Verfolgung seines Namens mit der Verfolgung des Andenkens der Königin in Zusammenhang bringen müssen. Wie diese Verfolgung augenscheinlich nur politischen Motiven entsprang, so wird auch die des Sen-mut keinen andern Grund gehabt haben; man wird in ihm vielleicht eines der Häupter einer mächtigen Legitimitätspartei vermuten dürfen, die den Thutmosis III. veranlasste, gegen seinen Willen seine Gemahlin an der Regierung teilnehmen zu lassen. Zartere Beziehungen zwischen ihm und Maʿ-keꜣ-reʿ daraus zu folgern, wie man gewollt hat, geht doch wohl zu weit.

§ 65. Auch der Prinz *'Inbnj*, dem seine jetzt in London befindliche Statue durch die Gunst „der guten Göttin, der Herrin der beiden Länder Maʿ-keꜣ-reʿ und ihres Bruders des guten Gottes, des Herrn des Opferns Thutmosis III." geschenkt war, nennt sich darauf: „gelobt von seinem Gotte, geliebt von seinem Herrn wegen seiner Vortrefflichkeit, welcher seinen Herrn begleitete auf seinen Reisen im Süden und Norden"; wie man sieht, mit lauter männlichen Redeformen, die also auf Thutmosis III. zu beziehen sind (Leps. Ausw. 11. Anhang VI 32 e).

Auf der sehr zerstörten Stele LD III, 28, 2 (Anhang VI § 30) vom Jahre 16 der Maʿ-keꜣ-reʿ und Thutmosis' III., die, wie es scheint, eine Expedition nach den Gruben des Wadi Maghara berichtete, beziehen sich die wenigen erhaltenen Titel des ausgesandten Beamten gleichfalls auf eine männliche Person, also wohl auf Thutmosis III.: „welcher erfüllt das Herz dessen der im Palaste ist dadurch, dass er seiner Maj. bringt, was existiert".

§ 66. Indess finden sich natürlich auch andere Privatinschriften von Leuten, die im Dienste der Maʿ-keꜣ-reʿ standen; so heisst *Dwꜣ-ꜥj-nḥḥ*, in dessen Grabe (Anhang VI § 25 c) die Namen der Maʿ-keꜣ-reʿ (ausgekratzt) und Thutmosis' III. vorkommen, mit Bezug auf die Königin: „welcher sehr erfüllt das Herz der Herrin der beiden Länder", „Vorsteher der Vorratshäuser der guten Göttin" (LD III 26, 1 d) und „erster Berichterstatter der Herrin der beiden Länder" (Champ. Not. I 844), dagegen mit Bezug auf den König: „das Zünglein der Wage für den König, die Wage für den Herrn der beiden Länder, angenehm für das Herz des guten Gottes" (LD III 26, 1 c). Es ist zu beachten, dass die auf die Königin

1) Auf der Statue ist der Name einige Male ganz verschont, einige Male ist auch nur das Zeichen getilgt, was Lepsius auf den Gedanken brachte, die Ausmeisslung auf Amenophis IV. zurückzuführen, der die Mut als Gemahlin des Amon verfolgte. Dies ist aber unmöglich, da das auf der Statue überall unverletzt ist.

bezüglichen Würden des Mannes nicht eigentlich Staatsämter, sondern eher Hofämter sind, die persönliche Angelegenheiten der Herrscherin betreffen.

In der schon oft genannten Biographie des  *'Inni* (Rec. XII 105—107. Anhang VI § 25 e) wird ganz im Stile der offiziellen Inschriften Thutmosis III. ohne Nennung des Namens erwähnt, und von der Königin mit den ruhmredigsten Phrasen geredet, obwohl sie dabei, wie in der Inschrift des Sen-mut bei Assuan (§ 64), nicht als König, sondern als  „Gottesweib Ḥa't-šepsowet" bezeichnet ist: „Seine (des Thutmosis' III.) Schwester, das Gottesweib Ḥa't-šepsowet machte ...... die beiden Länder ......[1] nach ihren Plänen; man diente ihr, Aegypten war voller Demut; der Same des Gottes, der aus ihm gekommen ist, das Vordertau des Südens, der Haltepflock der Südländer, das vortreffliche Hintertau des Nordlandes ist sie, die Herrin des Befehlens, deren Pläne vortrefflich sind, welche die beiden Länder befriedigt, wenn sie spricht". — Den Grund zu diesem Hymnus lehren uns die folgenden Zeilen kennen: „Ihre weibl. Maj. lobte mich, sie liebte mich, sie kannte meine Vorzüglichkeit bei Hofe, sie beschenkte mich mit Dingen, sie ehrte mich, sie füllte mein Haus mit Silber und Gold, mit allerlei schönem Gewebe des Königshauses". — Dies alles sind Gunstbezeugungen, die jeder reiche Unterthan einem andern erweisen kann, aber keine Regierungsakte, wie z. B. das, was Thutmosis III. dem Sen-mut gethan hatte.

Aehnlich steht es auch mit der Biographie des  'A'ḥ-mose pen-nehbet, der die Feldzüge unter Amosis, Amenophis I., Thutmosis I. und II. mitgemacht hatte und noch bis in die Alleinregierung Thutmosis III. gelebt hat (LD III 43 a. Anhang VI § 14). Er erzählt: „ich begleitete die Könige von Ober- und Könige von Unterägypten, die Götter, unter denen ich gelebt habe, auf ihren Zügen in den Süd- und Nordländern, an jeden Ort, an den sie gingen, nämlich König Amosis den Verstorbenen, König Amenophis I. den Verstorbenen, König Thutmosis I. den Verstorbenen, König Thutmosis II. den Verstorbenen bis zu diesem guten Gotte König Thutmosis III., dem ewiges Leben geschenkt ist. Ich habe ein schönes Alter erreicht, indem ich im Leben war unter dem Könige und in Gunst war unter ihren Majestäten, und meine Beliebtheit bei Hofe war. Wiederholt erwies mir (auch) das Gottesweib Gunst, die grosse königl. Gemahlin Ma'-ke3-re' (sie) die Verstorbene. Ich pflegte ihre grosse Tochter, die Königstochter Ra'-nofru die Verstorbene, als sie noch ein Kind war, das an der Brust lag".

Worin die Gunst, die ihm die Königin wiederholt erwies, eigentlich bestand, ist nicht gesagt. Denn die Pflege ihrer Tochter braucht es nicht notwendigerweise gewesen zu sein, könnte vielmehr nur den Anlass dazu gegeben haben. Aber auch wenn 'A'ḥ-mose wirklich die Erziehung der wichtigen Prinzessin nur ihrer (der Ma'-ke3-re') Gunst verdankte, so ist darin noch kein Anzeichen ihrer königlichen Macht zu sehen, sondern nur des berechtigten Einflusses einer Mutter auf die Erziehung ihrer Kinder.

§ 67. Das höchste Datum, das wir aus der gemeinsamen Regierung Thutmosis' III. und

1 hinter  ist in der Kopie wohl ein Verbum ausgelassen.

der Maʿ-keꜣ-reʿ haben, ist der letzte Mesoreʿ des Jahres 16, der Tag der Vollendung der Karnaker Obelisken (LD III 24 d, N). Aus demselben Jahre datiert auch die Stele im Wadi Maghara LD III 28, 2, auf der Thutmosis III. noch den Namen 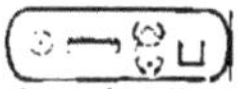 anstatt 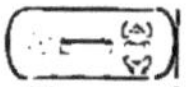 hat (Anhang VI § 30). Nach dem, was wir oben über das Verhältnis dieser beiden Namensformen ermittelt haben, wird es dadurch wahrscheinlich, dass alle Denkmäler mit dem Namen 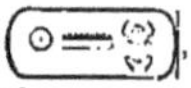, die in die Zeit nach Thutmosis II. zu setzen sind, jünger als das Jahr 16 sind. Es sind namentlich (s. ob. § 45) in Derelbahri die Halle P und die beiden Granitthore g und l der obersten (Anhang VI § 19), sowie die Darstellungen der 3ten Terrasse von oben (Anhang VI § 21), die Pfosten eines Thores in Ombos (Anhang VI § 10), vermutlich Speos Artemidos (Anhang VI § 29 b) und endlich die Seitendarstellungen der Karnaker Obelisken (Anhang VI § 27 a).

§ 68. Dass diese Seitendarstellungen erst später als die übrigen Skulpturen der Obelisken zugefügt waren, ist bereits oben erwähnt, aber noch nicht begründet worden. Ein Obelisk pflegte von Haus aus stets nur eine Mittelzeile auf jeder Seite zu erhalten, so die erhaltenen Obelisken Usertesen's I, Thutmosis' I., Thutmosis' III., Sethos' I.; die Nebenzeilen, die verschiedene von diesen Obelisken tragen, sind erst von späteren Königen zugefügt worden, wie von Thutmosis IV. (auf dem Lateranensis, den er vollendete), von Ramses II. der wohl zur Erinnerung seiner vielen Jubiläen nicht jedesmal Obelisken errichten lassen konnte und deshalb die seiner Vorgänger mit darauf bezüglichen Seiteninschriften versah[1], von Ramses IV. (verdrängt von Ramses VI., auf dem Karnaker Obelisken Thutmosis' I.). — Auch unsere Obelisken hatten urspr. nur eine Mittelzeile, wie schon aus der Anlage der Darstellungen erhellt, die durch die Mittelzeile zerschnitten werden; auf der einen Seite steht der Gott Amon, auf der andern der ihn anbetende König. Ueberdies scheint die Anbringung der Darstellungen auch unterbrochen worden zu sein, denn die 8 vorhandenen begleiten nur die obere Hälfte der Mittelzeile, mindestens eine 9te Darstellung war aber projektiert, wie der Himmel lehrt, der unter der 8ten Darstellung erscheint und der nur Sinn hat, wenn er etwas überdeckte. Da nun aber die Darstellungen offenbar die Mittelzeilen ignorieren, so liegt die Vermutung nahe, dass sie überhaupt erst angebracht wurden, nachdem der untere Teil der Inschriften durch den z. T. noch vorhandenen Granitumbau, den Mariette dem Thutmosis III. zuschreibt, verdeckt war und dass man dann die noch projektierten Darstellungen nicht weiter führte, weil man diesen Umbau erhöhen wollte. Dieses letztere muss nämlich thatsächlich geschehen sein, da nur die 5 oberen Darstellungen und der dazwischenstehende Teil der Mittelinschriften bei der Verfolgung des Amon durch Amenophis IV. verletzt und von Sethos I. wieder restauriert worden sind. Alles darunter befindliche, die untere Hälfte der Mittelzeilen, wie die 6te bis 8te Darstellung, ist unberührt geblieben und muss dem Amenophis IV. also unzugänglich gewesen sein. Zu dem gleichen Schluss, dass der Umbau ehedem so hoch gewesen, dass er mehr als die Hälfte der Obelisken verdeckte, kommt, wenn auch widerwillig, Mariette (Karnak texte p. 30, 4): „Le passage des colonnes aux pylônes se faisait par les architraves, qui surmontent les unes (sc. die Säulen) et se perdent par leurs extrémités dans les murs des autres (sc. des Pylonen); mais le passage des colonnes aux édicules de Thoutmes III. (d. i. der vorhandene Umbau) est plus difficile à imaginer à moins qu'on n'ad-

1) Er nennt sich darin  „Herr der Jubiläen" Obel. Flamin., New-York, London.

mette que ces édicules aient eu précisément la hauteur des colonnes, auquel cas plus d'une moitie des obelisques aurait disparu, noyee dans la maçonnerie de leur base".

§ 69. Unter der Regierung Thutmosis' III. und der Maʿ-ke-reʿ begegnet uns öfter eine Prinzessin Raʿ-nofru, die nach der eben citierten Inschrift des 'Aʿḥ-mose pen-nehbet (§ 66) eine „grosse Tochter" der Maʿ-keꜣ-reʿ und nach den Darstellungen in Der el bahri wahrscheinlich auch des Thutmosis' III. war (s. ob. § 11). Diese Prinzessin, mit deren Erziehung ausser 'Aʿḥ-mose pen-nehbet auch der bekannte Sen-mut betraut war, und deren Haushalt derselbe und ein gewisser Sn-mn vorstanden, erhält öfters die Titel „Gottesweib" (LD III 25 g.i. Champ. Not. II 192. 3 [1]), „Herrscherin der beiden Lander" (LD III 25 i [2]), „Herrin der beiden Länder, Herrscherin des Sudens und Nordens" (LD III 20 c [3]), Titel, die speciell den „grossen konigl. Gemahlinnen", z. T. wie der erstgenannte „Gottesweib" nur solchen zukamen. Sie war offenbar die vorbestimmte Erbin der Maʿ-ke-reʿ, zumal sich von anderen Kindern der Königin keine Spur findet. Lebend begegnet sie uns noch in der Inschrift des Sen-mut bei Assuan, die wahrscheinlich aus den Jahren 15/16 stammt (s. § 64) und noch später in der Halle P von Der el bahri (LD III 20 c), die vermutlich erst nach dem Jahre 16 ausgeschmückt ist, da Thutmosis III. dort wieder den Namen führt (§ 67). In der Biographie des 'Aʿḥ-mose pen-nehbet, die vermutlich aus der allerersten Zeit der endgültigen Alleinherrschaft Thutmosis' III. stammt [4], ist sie dagegen als verstorben bezeichnet und hat dabei nur den Titel „Konigstochter", scheint also nicht zur Regierung gekommen zu sein.

§ 70. Aller Wahrscheinlichkeit nach endigte die 2te gemeinsame Regierung Thutmosis' III. und der Maʿ-ke-reʿ mit dem Tode der letzteren, jedenfalls treffen wir sie in der folgenden Alleinregierung des Konigs nicht mehr am Leben an, sie wird vielmehr bereits in der Biographie des 'Aʿḥ-mose pen-nehbet, also wie gesagt am Anfange dieser Alleinregierung „verstorben" genannt. Auch ist zu beachten, dass sie auf dem „Uschebti", das sich uns erhalten hat, „König Maʿ-ke-reʿ" heisst (Proc. VII 183) und ebenso auf dem Kästchen mit der Leber, das sich im Funde von Der el bahri gefunden hat, als „König von Ober- und Unterägypten Maʿ-ke-reʿ Tochter (sꜣ statt sꜣ·t) des Reʿ Ḥaʿt-šepsowet" bezeichnet ist (Masp. Mom. roy. p. 584). Sie scheint danach als König gestorben zu sein.

§ 71. Das erste Datum aus der endgültigen Alleinregierung Thutmosis' III., das wir haben, ist der 25ste Phamenoth des Jahres 21 (Grebaut Le musee eg. I, 2). Im folgenden Jahre begannen die grossartigen asiatischen Feldzüge des Königs, die erst im Jahre 40 ihren Abschluss fanden. Wenn Thutmosis III., wie wir oben als wahrscheinlich fanden,

1) Anhang VI §§ 19 P. 25 b. f. 2) Anhang VI § 25 b. 3) Anhang VI § 19 P.

4) A. hatte bereits unter Amosis an den Kämpfen in Palästina teilgenommen, vorausgesetzt dass diese in das Ende seiner Reg. fielen, was keineswegs sicher, nicht einmal sehr wahrscheinlich ist, so musste A. beim Tode des Amosis mindestens 20 Jahre alt sein; von Amenophis I. kennen wir das 10te; von Thutmosis I. konnen wir aus seinem Jubiläum schliessen, dass er 30 Jahre regiert haben muss, Thutmosis III. und Maʿ-keꜣ-reʿ regierten etwa 20 Jahre miteinander, mithin musste A. beim Beginn der Alleinregierung Thutmosis' III. allermindestens ein Alter von 80 Jahren erreicht haben, sehr wahrscheinlich aber ein ziemliches Stück mehr.

noch vor der Thronbesteigung seines Vaters Thutmosis' I. geboren war, so hätte er beim Beginn dieser Feldzüge bereits über 50 Lebensjahre zurückgelegt gehabt und wäre bei ihrem Ende über 70 alt gewesen. Dass ein solch hohes Alter kein Hindernis für derartige Unternehmungen zu sein braucht, lehren ja am besten die Beispiele unseres alten Kaisers Wilhelm I. und seines Feldherrn Moltke; auch hat man sich die Expeditionen der ägyptischen Könige wohl nicht alle als Feldzüge, sondern als Inspektionsreisen unter starker militärischer Begleitung, die im Notfall ein thatkräftiges Eingreifen erlaubte, zu denken, bezeichnet das ägyptischen Wort dafür  doch eigentlich auch nur eine „Reise".

§ 72. Zum Schluss seiner Regierung nahm Thutmosis III. seinen Sohn Amenophis II. (Amenemḥeb 38. Masp. Mom. roy. p. 548), den ihm seine zweite „grosse konigl. Gemahlin" , über deren Herkunft wir garnichts wissen[1]), geboren hatte (LD III 38 a. b.[2] 62 b. 64 a'), zum Mitregenten an. So sind beide im Tempel von Amada in gewissen Räumen (E und F Lepsius) abwechselnd dargestellt und an den Thüren zusammen genannt (LD III 65 b); und im Grabe des  bei Abd el Gurnah nehmen sie zusammen eine Truppenrevue ab (Champ. Not. I 528). Diese gemeinsame Regierung scheint aber nur kurz gewesen zu sein, da wir Thutmosis III. noch in seinem 52sten Jahre in Ellesieh (LD III 45 e. s. ob. p. 23 Anm. 1) und Amenophis II. schon in seinem 3ten Jahre in Amada allein treffen (LD III 65 a).

Auf Amenophis II. folgt sein Sohn Thutmosis IV.[3], auf diesen sein Sohn Amenophis III.[4]) und auf diesen sein Sohn Amenophis IV.[5]. Das Konigtum vererbt sich also von Thutmosis III. an wieder in direkter Linie vom Vater auf den Sohn.

§ 73. Wenn das, was wir oben über die Herkunft Thutmosis' III. und seines mutmasslichen Vaters Thutmosis' I. als wahrscheinlich festgestellt haben, richtig ist und wenn die Gemahlin Thutmosis' III. und Mutter Amenophis II. wirklich keine Prinzessin war, so standen die Nachfolger Thutmosis' III. in keinem verwandtschaftlichen Verhältnis zu dem alten Königsgeschlecht der Hyksosvertreiber, das mit der Prinzessin Raʿ-nofru ausgestorben wäre, nachdem es schon mehrere Generationen hindurch nur in weiblicher Linie geherrscht hatte. Thutmosis I. wäre also der Begründer einer neuen Dynastie gewesen, die aber erst mit Thutmosis III. nach dem Erlöschen der alten Dynastie unangefochten den Thron einnahm.

Die Zusammengehörigkeit einer Dynastie zeigt sich, wie das Maspero namentlich wiederholt[6]) betont hat, oft in der Wahl ihrer Königsnamen. Unsere mutmassliche neue Dynastie unterscheidet sich von der alten, wie schon oben (§ 4) hervorgehoben wurde, zunächst durch den Familiennamen Thutmosis, den ihr Begründer und 3 seiner Nachfolger tragen. Sie zeigt ihre Zusammengehörigkeit aber auch in dem ersten Schildnamen, den der König bei seiner Thron-

1) Sie heisst weder Königstochter noch Königsschwester.

2) Dass in der einen Darstellung LD III 38 a die Meisselspuren fehlen, die in der andern ib. b angegeben sind, beruht wohl nur darauf, dass die betr. Darstellung a nur nach Korrekturen in Lepsius' Exemplar von Champ. Mon. II 195, 3, die andere b nach einer an Ort und Stelle angefertigten Zeichnung publiziert ist. Welche Bewandtnis es aber mit diesen Meisselspuren hat, das ist noch ein Problem. War dort etwa früher Jemand anders dargestellt, der der neuen Königin Platz machen musste?

3) LD III 68. Champ. Not. I 835. 863.

4) Sohn der *Mt-m-wȝ* Luksor. vgl. LD III 69 a. 74 c. Champ. Not. I 835.

5) Sohn der *Tiy* Tell el Amarna. 6) z. B. Mom. roy. p. 683.

besteigung zu seinem Geburtsnamen annahm. Wie die Könige der 22sten Dyn. diesen Namen abwechselnd mit den Elementen 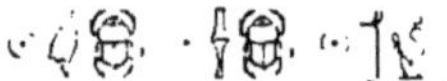 bildeten, so haben Thutmosis I. und seine Nachfolger Namen, die mit den Elementen 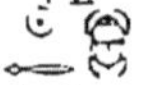 *ʿ3-ḫpr...rʿ* und  *Mn-ḫpr...rʿ* zusammengesetzt sind, und zwar wechseln diese nach der von uns festgestellten neuen Königsfolge regelmässig miteinander ab:

1. Thutmosis I.  *ʿ3-ḫpr-k3-rʿ*.
2. Thutmosis III. erst allein, dann mit Maʿ-ke3-reʿ: 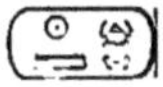 *Mn-ḫpr-rʿ* und 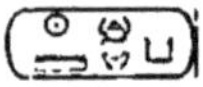 *Mn-ḫpr-k3-rʿ*.
3. Thutmosis II.  *ʿ3-ḫpr-n-rʿ*.
4. Thutmosis III. erst mit Maʿ-ke3-reʿ, dann allein: 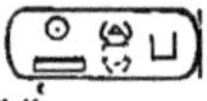 *Mn-ḫpr-k3-rʿ* und  *Mn-ḫpr-rʿ*.
5. Amenophis II. 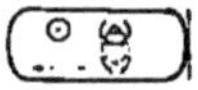 *ʿ3-ḫprw-rʿ*.
6. Thutmosis IV.  *Mn-ḫprw-rʿ*.

Erst Amenophis III., mit dem ja überhaupt in allen Dingen ein grosser Umschwung eintritt, weicht von dieser Gewohnheit ab.

Thutmosis I. ist auch der erste nachweisbare König, der in seinen Horusnamen die Worte 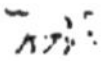 *k3-nḫt* „starker Stier“ aufgenommen hat, was von allen folgenden Königen bis in die 22ste Dyn. nachgeahmt wird. Wir kennen den Horusnamen seines Vorgängers Amenophis' I. zwar nicht, aber der von dessen Vorgänger Amosis  (Brugsch-Bouriant Livre des rois No. 200) hat die Worte *k3-nḫt* noch nicht.

Sehr bemerkenswert ist der Unterschied der neuen durch Thutmosis I. begründeten Dynastie von der alten auch in Hinsicht der Rolle, die die Königinnen in ihr spielen. In der alten Dynastie hören wir von ihnen fast mehr als von den Königen selbst (vgl. die Listen von Der el Medineh LD III 2 a. d.), manche wie *ʾAḥ-mes-Nfrt-irï*, *ʾAḥ-mes*, die Gemahlin Thutmosis' I., Maʿ-ke3-reʿ und Raʿ nofru nehmen geradezu königliche Stellung ein. Sie führen auch noch den Titel  „die welche die weisse Krone aufgesetzt hat“ (s. ob. p. 25 Anm. 2), den wir zuletzt bei Maʿ-ke3-reʿ, bei den Königinnen der neuen Dynastie dagegen, wie späterhin, nicht mehr finden. Ja wir lernen aus den Denkmälern kaum die Namen der letzteren kennen. Mit Amenophis III. wird auch das wieder anders, seine Mutter, seine Gemahlin und deren Eltern werden uns unzählige Male genannt, ebenso begegnen uns unter seinem Sohne Amenophis IV. dessen weibliche Angehörige, Mutter, Frau, Schwägerin und Töchter auf Schritt und Tritt.

Ein dritter Punkt, in dem sich der Unterschied der Dynastieen wie so oft zeigt, ist die Wahl des Bestattungsortes. Die Familie der Hyksosvertreiber ruhte bei Drah-abu'l-neggah; der letzte König, dessen Grab in den Akten des Papyrus Abbott, die die Beraubung dieses Teiles der thebanischen Nekropole behandelten, erwähnt wird, ist Amenophis I., d. i. (wenn man von Maʿ-ke3-reʿ und Thutmosis II. absieht, die durch ihre Mutter zum alten, durch ihren Vater zum neuen Königshause gehörten) der letzte König der alten Dynastie. Nach den Darstellungen und Inschriften des Tempels von Der el bahri haben wir wohl Grund anzunehmen, dass Thutmosis I. und seine Familie einschliesslich derjenigen Mitglieder, die zugleich zur alten Dynastie gehörten, hier ihre Ruhestätte hatten. Auch hierin ist wieder Amenophis III. der Neuerer, denn er ist der erste König, dessen Grab wir im Bab el Moluk finden, wo auch die Könige der folgenden 19ten und 20sten Dynastieen ruhen.

§ 74. Die Thronwirren, deren Verlauf wir oben verfolgt haben, sind nun augenscheinlich nichts anderes als der Kampf der aussterbenden alten Dynastie mit der sich mehr und mehr befestigenden neuen. Er beginnt eigentlich schon damit, dass Thutmosis I., vermutlich beim Tode seiner Gemahlin 'A'ḥ-mes, den Thron räumen muss (§ 31) seinem Sohne Thutmosis III., dem er, vielleicht um seinen Nachkommen im Mannesstamme die Krone zu sichern, die Erbin des Thrones, seine Tochter Ḥa't-šepsowet vermählt hatte. Thutmosis III. wird dann nach mehrjähriger Herrschaft gezwungen, seine Gemahlin an der Regierung Teil nehmen zu lassen (§ 39 ff.). Wir haben keinen Anlass zu glauben, dass Ma'-ke-re' selbst die Ursache dieser ihrer Thronerhebung war, denn die grossen Charaktereigenschaften, die man ihr zugeschrieben hat, beruhen auf Annahmen, die wie wir sahen grundlos sind, nämlich, dass sie sich als Mann aufgespielt, den Thutmosis II. verfolgt, den Thutmosis III. bevormundet und zurückgedrängt habe (s. ob. §§ 24. 32. 39); dass sie sich die Verfolgungen seitens Thutmosis' II. und III. ruhig ohne Versuch zur Rache gefallen lässt (§§ 57. 63) und dass sie mit Thutmosis III. zum 2ten Male zusammen regiert und ihm allem Anschein nach die Hauptthätigkeit überlässt (§ 58 ff.), sind Momente, die diesen falschen Voraussetzungen energisch widersprechen. Thutmosis III. entledigt sich dann der lästigen Mitregentin, lässt sie auf den Denkmälern in eigentümlicher Weise tilgen (§§ 46. 47), doch wird ihm sehr bald in Thutmosis II., dem Sohn einer jüngeren Prinzessin des alten Königshauses, ein Gegenkönig gegenüber gestellt (§ 48), der ihn aber auf den Denkmälern in seiner Nebenrolle unbehelligt lässt und nur die Stelle der Ma'-ke-ʒ-re' einzunehmen trachtet (§ 49). Nach dem frühen Tode dieses Königs, der erst mit seinem Vater Thutmosis I. zusammen, dann allein regiert hatte (§§ 50—55), nimmt Thutmosis III. wieder, gewiss mit Rücksicht auf die Legitimisten, die ihm die beiden ersten Male die Alleinherrschaft vereitelt hatten, die Ma'-ke-ʒ-re' zur Mitregentin an (§ 56 ff.) und ernennt ihre gemeinschaftliche Tochter Ra'-nofru zur Thronfolgerin (§ 69), bis er endlich nach deren und der Ma'-ke-ʒ-re' Tode (§ 70), also nach dem Erlöschen des alten Königshauses, unbehindert allein regieren kann (§ 71) und damit seinen männlichen Nachkommen aus 2ter Ehe die Thronfolge gesichert ist (§ 72).

§ 75. Eine Spur dieses vermutlichen Dynastieenwechsels hat sich nun wohl auch bei Manethos erhalten. Lepsius (Königsbuch pp. 31 ff. 62 ff.) hat nachgewiesen, dass sich bei Syncellus hinter dem 6ten Könige der 18ten Dynastie Misphragmuthosis noch ein Dynastieeneinschnitt bemerkbar macht, den er auch aus anderen Gründen, aus der Beschaffenheit des Textes und der Zahlen, erschliessen zu müssen glaubte. Er teilte daher die 6 ersten Könige der manethonischen 18ten Dynastie als besondere 17te Dynastie von den folgenden ab. In dem 6ten und letzten dieser Könige Misphragmuthosis sah Lepsius gewiss richtig eine Bezeichnung für die gemeinsame Regierung Thutmosis' III. und der Ma'-ke-ʒ-re', wenn er auch die wahre Bedeutung des Namens (s. u. Anhang V) nicht erkannte; er liess daher die 18te Dynastie ganz in Uebereinstimmung mit unserm Resultat mit der Alleinherrschaft Thutmosis' III. nach dem Verschwinden der Ma'-keʒ-re' beginnen. Die 17te Dynastie bestand nun nach der manethonischen Ueberlieferung aus thebanischen Königen, die mit den Hyksos zugleich herrschten. Mit Recht hat man darin die Vorgänger des Amosis erkannt, die, da dieser die Hyksos vertrieb, neben ihnen geherrscht haben müssen, was ja auch durch die Sage des Papyrus Sallier I bestätigt wird. Zwischen dieser manethonischen 17ten und den von Lepsius ausgeschiedenen ersten Königen der 18ten Dyn. bestand aber, wie wir wissen, kein genealogischer Einschnitt, sie bilden vielmehr zusammen *eine* Familie, eine Dynastie. Dass in dem uns überlieferten Manethos diese Könige aus der 17ten in die 18te Dyn. gekommen sind, erklärt sich vielleicht daraus, dass die parallellaufende Hyksosdynastie mit Amosis, ihrem Vertreiber ein Ende hatte, vielleicht auch daraus, dass dieser König und seine Nachfolger wegen ihrer höheren Bedeutung, im Unterschied zu den vorhergehenden Teilkönigen, *mit Namen* aufgeführt wurden.

II. Die Prinzenliste von Medinet Habu und die Reihenfolge der ersten Könige der 20sten Dynastie.

Die von Lepsius in seinem Königsbuche aufgestellte Reihenfolge der Könige der 20sten Dynastie ist lange Zeit hindurch fast allgemein unverändert angenommen worden, trotzdem de Rougé in einem Anhange zu seiner etwa gleichzeitig mit dem Königsbuch erschienenen Étude sur une stèle égyptienne begründete Zweifel an ihrer Richtigkeit geäussert hatte. Maspero hat dann vor einigen Jahren in seinen Momies royales die Lepsius'sche Ordnung teilweise einer sorgsamen Kritik unterzogen und dabei wohl überzeugend nachgewiesen, dass sie in der That, wie schon de Rougé behauptet hatte, für den zweiten Teil der Dynastie (von Lepsius' Ramses IX. an) einer Aenderung bedurfe. Die von de Rougé in der genannten Arbeit selbst unabhängig von Lepsius und übereinstimmend mit ihm aufgestellte Folge der ersten Könige der Dynastie hat Maspero aber unangetastet gelassen und doch bedarf auch diese, wie die folgenden Zeilen zeigen sollen, einiger Abänderungen, soweit sie nämlich auf der bekannten Prinzenliste im Tempel Ramses' III. von Medinet Habu (LD III 214 a—c) beruht.

Dieses wichtige historische Denkmal ist bisher allseitig verkannt worden; seit Champollion, der es zuerst mit einigen Fehlern publiziert hat (Champ. Mon. III 215 6, vgl. Not. I 360), gilt es als ausgemachte Thatsache, dass die in dieser Liste genannten 10 Prinzen, von denen die 4 ersten durch ihre Tracht (Uraeus und Kleid) und durch das Königsschild, das ihren Namen umschliesst, als Könige gekennzeichnet sind, Söhne Ramses' III. seien, von dem der ganze übrige Tempel erbaut und ausgeschmückt ist und dessen Schilder (nach Lepsius) auch die einzelnen Figuren der Prinzen von einander trennen.

Gegen diese Annahme spricht schon das, dass hier der 5te Prinz, von den Söhnen Ramses' III. dagegen, wie wir anderwärts erfahren, der erste (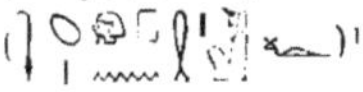)[1] den Namen 
 Pra'-ḥer-unemef führte (LD III 217 f. g. Champ. Not. I 395 6.) Sodann würden, wenn die Prinzen alle Brüder gewesen wären, mehrere als Unterscheidungsmerkmal denselben

1)  „erster Sohn des Königs" bezeichnet den erstgeborenen; so heisst bei Sethos I. der Prinz Leps. Kgsb. 414, bei Ramses II. der Prinz 'Amen-ḥer-unemef (ib. 424, Tempel von Bet el walli aus dem ersten Regierungsjahre des Königs), welche beide später nicht zur Regierung gekommen sind. —  „ältester Sohn des Königs" ist dagegen der jeweilig älteste der lebenden Söhne des Königs, so z. B. bei Ramses II. nach dem Tode des ersten Sohnes 'Amen-ḥer-unemef der Prinz 'Amen-ḥer-ḫopšef, der später die Reihe der Kinder des Königs eröffnet (LD III 168, 183 b u. ö.), noch später endlich der Prinz Mer-en-ptaḥ, der spätere König (Schiap. Cat. gen. I 431. Leps. Kgsb. 438 a).

Beinamen 'Amen-ḥer-ḫopšef geführt haben, nämlich der 2te (Lepsius' Ramses VI.), der 3te (nach Lepsius' Ramses VII., in Wahrheit ebenfalls Ramses VI.) und der 9te. Endlich würden, wenn die Prinzen der Liste Söhne Ramses' III. gewesen wären, diesem Könige nicht weniger als 4 seiner Söhne nacheinander auf dem Thron gefolgt sein, nämlich erstens Ramses IV., den er nach dem Zeugnis des Papyrus Harris selbst zu seinem Nachfolger bestimmt hatte ( vgl. ob. p. 10) und den man in dem ersten Prinzen unserer Liste Ramses wiedererkennen wollte, zweitens Ramses VI., der in der Liste an 2ter Stelle erscheint, drittens der diesem folgende König, den man Ramses VII. nannte, endlich der 4te Ramses VIII. Da zwischen diese 4 Regierungen ausserdem noch eine weitere, die Ramses' V., einzuschieben wäre, so käme man zu dem doch etwas unwahrscheinlichen Ergebnis, dass 5 Regierungen nur einer Generation angehört hätten.

Es beruht aber die Annahme, dass die Prinzenliste die Söhne Ramses' III. nenne, einzig und allein auf der Voraussetzung, dass die Namen der Prinzen ebenso alt wie die übrigen Skulpturen des Tempels seien und also von Ramses III. herrührten. Für die letzten 6 Prinzen, die nicht als Könige gekennzeichnet sind, und für den vorhergehenden 4ten, dessen Königsschild mit dem Königstitel erst später neben seinen Prinzennamen Set-ḥer-ḫopšef gesetzt worden ist, könnte dies ja auch zutreffen, nicht aber für die 3 ersten, die keine Prinzennamen wie die andern haben, sondern bei denen auf ihre Prinzentitel ihr Königsname (in das Schild eingeschlossen) folgt. Davon, dass diese Königsnamen etwa erst später an Stelle eines ursprünglichen Prinzennamens eingesetzt seien, lassen die Publikationen von Lepsius und Champollion nichts erkennen. Lepsius bemerkt in seinen Reiseaufzeichnungen vielmehr ausdrücklich, dass sie ebenso ursprünglich wie die Prinzennamen der folgenden Prinzen seien und dass nur der später zugefügte Königsname des 4ten Prinzen sich in der Skulptur von den übrigen Namen unterscheide. Wie Lepsius schon damals, als er diese Wahrnehmung machte, richtig erkannte, führt dies darauf, dass die Namen der ganzen Prinzenliste (bis auf den eben erwähnten Königsnamen des 4ten Prinzen) nicht von Ramses III., sondern von demjenigen Könige herrühren müssen, dem das letzte der 3 ursprünglichen Königsschilder angehört. Daraus erklärt sich dann auch die gleichfalls von Lepsius wahrgenommene Thatsache, dass die sämmtlichen Namen schwächer eingegraben sind, als die Hieroglyphen aus der Zeit Ramses' III. an derselben Wand.

In dem 3ten Schilde unserer Liste, das also den Urheber der Namen nennen muss, Ramses 'Amen-ḥer-ḫopšef Nuter-ḥeḳ-'On hat man unbegreiflicher Weise (und so auch Lepsius in seinem Königsbuche) bisher stets das 2te Schild des Königs (Lepsius' Ramses VII. wiedererkennen wollen, obwohl dieses statt des unterscheidenden Beinamens 'Amen-ḥer-ḫopšef, stets einen andern Jet-amun[1]) zeigt. Lepsius giebt zwar in der Prinzenliste das eine Mal (LD III 214a) vor den Zeichen 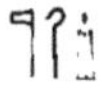 ein ⌓ an, das man für eine defektive Schreibung des Wortes  „Vater" halten könnte, doch ist in der Publikation dieses wesentliche Zeichen, das in dem Gegenstück (LD III 214c) ganz fehlt, als zerstört oder gar als ausgemeisselt angegeben.

1) Selbständig belegt in der Schreibung  Lepsius Königsb. 440.

Durch das , das der Amon beide Male deutlich in der Hand hält, wird es jedenfalls widersinnig und wir haben der Schreibung ohne ⌂ also den Vorzug zu geben. In dieser Schreibung unterscheidet sich dann das Schild aber in nichts von dem 2ten Schilde desselben Königs Ramses' VI., dessen 1stes Schild[1]  bei der vorhergehenden (2ten) Prinzenfigur steht. Diese Uebereinstimmung war auch Lepsius, als er an Ort und Stelle den Tempel von Medinet Habu durchforschte, nicht entgangen, sie hat ihn aber von seiner Identifikation mit dem Könige Ramses Jet-amun, dem er wohl nur deshalb die Nummer VII. gegeben hat, nicht abgehalten. — Ramses VI., dem die beiden letzten ursprünglichen Königsschilder gehören, ist also, das kann wohl nunmehr kaum noch bezweifelt werden, der Urheber unserer Prinzenliste. Wenn er nun aber seine beiden Königsschilder anstatt, wie zu erwarten, zu einer, zu zwei Figuren gesetzt hat und ihnen nur Prinzentitel, keine Königstitel hat vorangehen lassen, so ist das nur erklärlich, wenn er keinen Platz dazu hatte, d. h. wenn die Prinzentitel ebenso wie die Prinzenfiguren schon vorher da waren, also wohl von Ramses III., dem Erbauer und Eigner des Tempels, dessen Schilder ja auch wie erwähnt die Prinzenfiguren trennen, angelegt waren. — In der That haben auch in den anderen Darstellungen desselben Tempels die Söhne Ramses' III. ganz wie in unserer Liste, immer nur die Titel, während für die Namen, die überall fehlen, Platz freigelassen worden ist (Champ. Mon. III 206. 209. 210. Wilkinson Manners ed. Birch III pl. 50); so auch bei der Königin, deren Namensring unausgefüllt ist, und bei der noch für eventuelle Nebentitel, wie „Tochter eines Königs" o. a., Raum freigelassen worden ist (Champ. Mon. III 212. 214 = LD III 212 b).

Rühren aber, wie hiernach wohl Jeder zugeben wird, die Namen der Prinzenliste nicht von Ramses III., sondern erst von Ramses VI. her, so wird man auch nicht mehr an der alten, wie oben gezeigt, in mehrfacher Hinsicht Widerspruch erregenden Voraussetzung festhalten, dass sie die Söhne Ramses' III. nenne. Was konnte Ramses VI., falls er ein Sohn Ramses' III. war, für ein Interesse haben, hier seine Brüder zu verewigen? Die Prinzen, die ihm in der Liste folgen, werden vielmehr aller Wahrscheinlichkeit nach seine Söhne sein, von denen ihm der erste Set-ḥer-ḥopšef später als König folgte und dann, wie Menephthah im Ramesseum (LD III 168), seinem Prinzennamen Königsschild und Königstitel zufügte[2].

Wer wird nun, wenn die auf Ramses VI. folgenden Prinzen wahrscheinlich seine Söhne sind, der ihm vorangehende (1ste) Prinz mit Königsabzeichen sein? Die Antwort auf diese Frage kann doch wohl nur lauten: vermutlich sein Vater. Man hat diesen 1sten Prinzen der Liste bisher mit Ramses IV. identificiert, weil man wusste, dass dieser Sohn und Nachfolger von Ramses III. war und weil man eben die Prinzen wie gesagt für Söhne Ramses' III. hielt. Nun wir aber Ramses VI. als Urheber der Liste erkannt haben, wird diese Identifikation hinfällig.

1) Dem Namen Neb-maʿ-rēʿ, den dieses Schild enthält, hat es der König wohl zu danken, dass die griechischen (und nach ihnen heute die englischen) Reisenden sein Grab in Bab-el-moluk dem ihnen bekannteren Könige Memnon, d. i. Amenophis III., der bekanntlich denselben Namen Neb-maʿ-rēʿ führte, zuschrieben (vgl. Letronne Rec. des inscr. II pp. 264 ff.). Es beweist dieser Irrtum vielleicht zugleich, dass damals das wahre Grab Amenophis' III. nicht zugänglich war.

2) Da ihm nicht mehr, wie seinem Vater, 2 Figuren zur Verfügung standen, so konnte er nicht auf jeder Seite beide Schilder zufügen, sondern musste sich damit begnügen, auf der einen Seite (LD III 214 a) das 1ste, auf der andern (ib. c) das 2te Schild anbringen zu lassen.

Denn gerade er hat den Namen Ramses' IV.[1]) an verschiedenen Stellen ausmeisseln und durch den seinigen ersetzen lassen. Er zeigt sich also gegen Ramses IV., wie gegen dessen mutmasslichen Nachfolger, seinen unmittelbaren Vorgänger Ramses V.[2]) augenscheinlich feindselig und es ist daher nicht wohl glaublich, dass er hier seinen Namen verewigt habe. Ueberdies wäre es sehr auffallend, dass Ramses IV. hier so wenig bezeichnend nur Ramses ohne jeden unterscheidenden Beinamen genannt sein sollte. Er nennt sich ja an gewissen Stellen auch nur 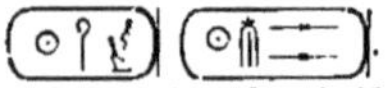, doch ist das, wie die Vergleichung der beiden aus ungefähr gleicher Zeit stammenden Inschriften LD III 219e und 222 zeigt, wohl nur eine Abkürzung für den vollständigen Namen 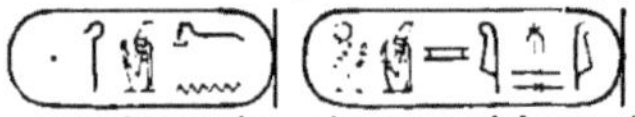. Dass man eine solche Abkürzung in unserem Falle angewandt hätte, ist schon an sich wenig wahrscheinlich, und gesetzt man hätte sie dennoch in einem solchen Falle angewandt, so würde man sicherlich nicht das 2te Schild (mit dem allen Prinzen und Königen gemeinsamen Familiennamen Ramses) allein ohne das erste unterscheidende Schild 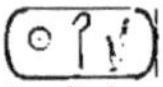 gesetzt haben, sondern entweder beide Schilder zusammen oder dieses erste Schild allein. Die Beinamenlosigkeit des Prinzen macht es aber auch sehr unwahrscheinlich, dass er überhaupt König gewesen ist, da alle Ramessiden unterscheidende Beinamen im 2ten Schilde gehabt haben. — Ist dies Bedenken aber richtig und ist also der mutmassliche Vater Ramses' VI., der ihm in der Liste vorangeht, wirklich nicht König gewesen, so ergiebt sich andrerseits wohl aus der Art und Weise, wie er hier dargestellt und genannt ist, dass er es nach der Meinung Ramses' VI. hatte sein sollen, und zwar gewiss an Stelle eben jener beiden Könige, deren Andenken Ramses VI. verfolgt und deren Namen er in die seinen verwandelt, Ramses' IV. und V. Da Ramses VI. nur diese beiden Könige verfolgt, dagegen ihren Vorgänger Ramses III. auf den Denkmälern unbehelligt lässt, so scheint es offenbar, dass er sich als Nachfolger Ramses' III. ansieht; dasselbe ist wohl auch aus der Stelle, an der er seine Familie verewigt hat, zu schliessen. Denn wenn er seine und ihre Namen im Memnonium Ramses' III. und dort gerade da angebracht hat, wo Ramses III. die Namen seiner Söhne der Nachwelt überliefern wollte, so ist daraus gewiss zu entnehmen, dass Ramses VI. sich und seine Familie auf Ramses III. zurückführen wollte. Sein Vater, der die dem Kronprinzen Ramses' III. (vielleicht Ramses IV.) zugedachte erste Stelle in der Prinzenliste einnimmt, und der nach Ramses' VI. Ansicht an Stelle Ramses' IV. auf Ramses III. hätte folgen sollen, wird also vermutlich ein Sohn Ramses' III. gewesen sein.

Dass der Vater Ramses' VI. nicht König gewesen ist, wird nun auch noch anderweitig bestätigt. Im Thale der Königinnengräber Biban-el-Hagi-Hammedi findet sich das Grab einer 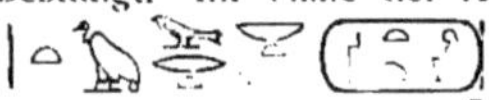 „grossen königl. Mutter, Herrin der beiden Länder Isis", der Tochter eines Privatmannes 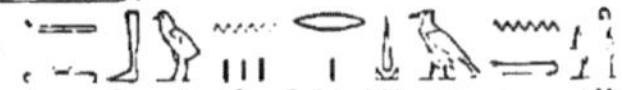 (Champ. Not. I 389 390. Leps. Königsb. 492. 493), die nach einer Inschrift (LD III 224 a = Champ. Not. I 390), die Ehre, hier begraben zu werden, der Gunst Königs Ramses' VI. verdankte und demnach wohl als eine Angehörige

1) sowohl in seiner älteren Form (Leps. Königsb. 504) LD III 219 a. c, als in der jüngeren (Leps. Königsb. 504 bis) LD III 6.

2) Ramses V. ist als unmittelbarer Vorgänger Ramses' VI. zu betrachten, da dieser sich sein Grab angeeignet hat; als Nachfolger Ramses' IV. lässt ihn der Umstand erscheinen, dass er der einzige König ist, der mit ihm das Schicksal, von Ramses VI. verfolgt zu werden, teilt.

dieses Königs betrachtet werden muss. Wie Lepsius bemerkt, heisst sie in ihrem Grabe immer nur Mutter, nie Gemahlin eines Königs; sie war also ohne Zweifel die Mutter Ramses' VI. und ihr Gemahl kann nicht König gewesen sein (vgl. ob. p. 2 und p. 66); es war eben wohl jener Prinz Ramses, der in der Prinzenliste von Ramses VI. wie ein König behandelt ist, aber seinem Namen nach zu urteilen nicht König gewesen zu sein scheint.

Fassen wir nun kurz unser Ergebnis zusammen, so erfahrt die Reihenfolge der ersten Könige der 20sten Dynastie darin eine Aenderung, dass der bisherige Ramses VIII. an Ramses VI. heranrückt und also der VII. wird, während der bisherige Ramses VII. seinen Platz unter den Nachfolgern dieses Königs finden muss, nach Leps. Ausw. 14 vielleicht sogar erst hinter Ramses IX. (nach Maspero X, Nefer-keꜣ-reʿ-Setep-en-reʿ), dem, wie Maspero gezeigt hat, Lepsius' Ramses XI. (Shaʿjen-reʿ-Mi-amun Ramses-Siptaḥ) vorangegangen sein muss. — Der Stammbaum erleidet dagegen einmal darin eine Abänderung, dass Ramses V., den man bisher für einen Usurpator auszugeben geneigt war, weil er von Ramses VI. verfolgt wird und in der Prinzenliste (begreiflicherweise) fehlt, nunmehr sehr wohl der Sohn seines Vorgängers Ramses' IV. gewesen sein kann, und zweitens darin, dass sein Gegner Ramses VI., den man für einen Bruder Ramses' IV. hielt, vielmehr wohl ein Enkel Ramses' III. und wenn man so will ein Usurpator war, indem mit ihm eine im Gegensatz zur Hauptlinie stehende Nebenlinie des Königshauses auf den Thron kam, der von den folgenden Königen wenigstens noch sein nächster Nachfolger Ramses VII. (früher VIII.) angehörte. Unter Benutzung der uns zu Gebote stehenden Quellen (insbesondere auch einer von Petrie bei Koptos aufgefundenen und noch unveröffentlichten Stele Petrie Phot. 74/51) wird sich der Stammbaum der ersten Hälfte der 20sten Dynastie nun etwa so darstellen, wie er auf der nächsten Seite (64) entworfen ist. Unsicheres ist daselbst durch punktierte Linien angedeutet.

Stammbaum der ersten Hälfte der 20sten Dynastie.

Die den Namen vorgesetzten arabischen Ziffern geben die Stelle an, die der betr. Prinz in der Liste von Medinet Habu einnimmt.

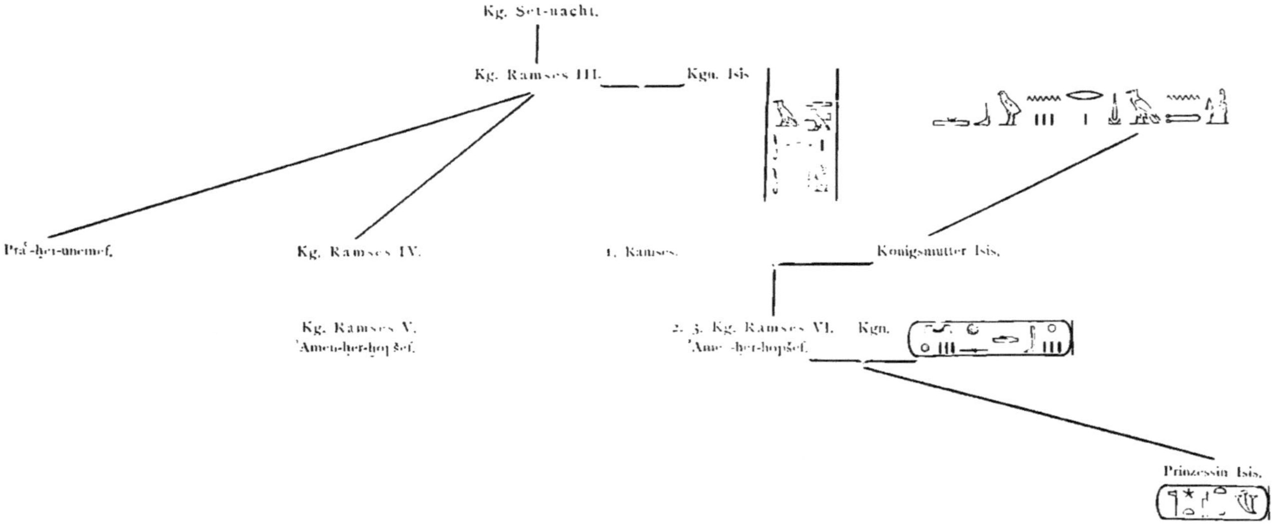

Anhänge
zur ersten Abhandlung.

I.

Liste der Frauen, die den Titel Königsmutter allein ohne andere Titel haben.

1. Ḥp-n-mꜣꜥ.t, erwähnt im Grabe des …, das aus der Zeit des (…), 1sten Königs der 4ten Dyn. zu stammen scheint. LD II 6.

2. Nfr-ḥtp-s, deren Einkünfte zur Zeit des (…), 2ten Königs der 5ten Dyn., an den … vergeben werden. Mar. Mast. 300. Sahu-rēꜥ und sein Vorgänger User-kaꜣ-f waren nach dem Papyrus Westcar Söhne eines Privatmannes Raꜥ-woser, ihre Mutter hieß danach aber Rd-dd-t.

3. Šš, genannt „Mutter des Königs (…)", 1sten Königs der 6ten Dyn. ohne andere Titel. Pap. Ebers 66, 15–16.

4. ꜥImi, Mutter des Königs (…) (11te Dyn.) LD II 149 f; s. ob. p. 2.

5. ꜥIꜥḥ, wohl Mutter des Königs (…) (11te Dyn.), hinter dem sie in der Darstellung Petrie Season pl. XVI, 489 erscheint.

6. Nfr-i….., Mutter des Königs Amenemmēs I, 1sten der 12ten Dyn. Lepsius Königsb. 178; s. ob. p. 2 Anm. 4.

7. ꜥIwḥt-ibw, Mutter des Königs (…) (13te Dyn.) und Gemahlin des „Gottesvaters" …, s. ob. p. 2 Anm. 2.3.

8. … oder … Kmi, Mutter der Könige Nefer-ḥōtep, (Si-hat-ḥor) und (…) Sebek-ḥōtep (13te Dyn.), Gemahlin des „Gottesvaters" …

s. ob. pp. 1 Anm. 2 Anm. 1.

9.  ʾIcḥ-ḥtp, welche im 10ten Jahre Amenophis' I lebend erscheint. Rec. IX 94. Trotzdem sie hier noch 5 mal nur 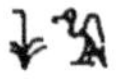 genannt wird und sich auch sonst einige Male eine nur so titulierte Person ihres Namens findet (Rec. VII 179. Skarab. Louvre E. 3297 = Leps. Königsb. 327 e), ist sie doch wohl mit einer der „große Königl. Gemahlin und Königsmutter" genannten Frauen gleichen Namens identisch, die wir in dieser Zeit treffen, zumal ihr Name in der Familie der Hyksosvertreiber sehr gewöhnlich war und wir keinen König haben würden, den sie geboren haben könnte; s. ob. p. 4 Anm. 4.

10. 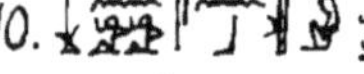 Sn-j-snb, Mutter Thutmosis' I, s. ob. pp. 1–3.

11.  Isis, Mutter Thutmosis' III, s. ob. pp. 6–9.

12.  Mt-m-wỉ3, Mutter Amenophis' III und Gemahlin Thutmosis' IV, in den Geburtsdarstellungen im Tempel von Luksor bisweilen nur „Königsmutter" genannt. LD III 74 c.

13.  Mryt-rc, zusammengenannt mit dem Könige , d. i. Tut-ʿanḫ-amon, Schwiegersohn und Nachfolger Amenophis' IV. Mar. Abyd. II 40 n. – Darauf, daß T. den Amenophis III seinen Vater nennt, ist natürlich nichts zu geben.

14. 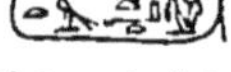 T3-ḫcṭ, Mutter des Usurpators ʾImen-meses (19te Dyn.). LD III 202 f (Bab-el-moluk, vgl. Lefébure, les hypog. roy. I p. 84/5).

15. 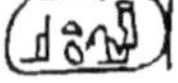 Isis, Mutter Ramses' VI und wahrscheinlich Gemahlin eines nicht zur Regierung gelangten Prinzen Ramses, s. ob. pp. 61 ff.

16. 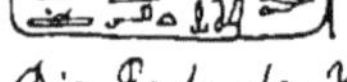 Hm(t)rdt, unter einem Ramessiden genannt. LD III 218 b. Die Reste des Königsnamens könnten zum Namen desselben Ramses' VI ergänzt werden, in welchem Falle No. 16 wohl mit No. 15 zu identificieren

wäre; No. 15 würde dann den eig. Namen, No. 16 den Beinamen darstellen.

17.  S_3t-r^c aus Ramessidenzeit. Champ. Not. I 394; ebenda auch „grosse Königl. Gemahlin" genannt (Leps. Königsb. 528); nach Maspero Proc. XI 190 ff. identisch mit der unter Sethos I (in seinem Grabe und im Tempel von Abydos) vorkommenden „grossen Königl. Gemahlin" gleichen Namens. Diese kann aber, wenn sie, wie es scheint, Gemahlin Sethos' I war, nicht „Königsmutter" gewesen sein, da wir die Mutter Ramses' II kennen.

18. 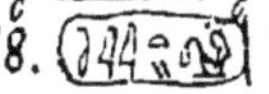 Tjsi „Königstochter, Königl. Gemahlin, Königsmutter". Grab im Thal der Königinnengräber (Maspero Miss. V); an einer Stelle des Grabes wird sie offenbar aus Spielerei in einer Reihe nur „Königl. Gemahlin", in der 2ten nur „Königstochter", in der 3ten nur „Königsmutter" genannt.

19.  Ndmt, wie es scheint Mutter des Königs 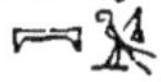, der unter dem letzten Ramessiden Oberpriester des Amon gewesen war. Naville Ä. Z. 1878, 29 ff. Piehl Inscr. I 66. Masp. Mom. roy. p. 569; nicht zu verwechseln mit der gleichnamigen Gemahlin desselben Königs, die vielleicht seine Schwester war.

20. 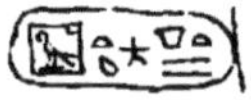 Dw3t-hthr-hnt-t3wj (21ste Dyn.) Masp. Mom. roy. p. 688; ebenda an anderer Stelle auch „Königl. Gemahlin" genannt.

21.  Mhtt-n-wsht, Grossmutter des Königs Scheschonk I, 1sten der 22sten Dyn., und Mutter des „Obersten der Mšwš" Nmrt, der demnach wohl schon (wie 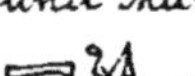 unter dem letzten Ramessiden) königliche Gewalt ohne den Namen ausgeübt hatte. Die ebenda (s. Lepsius Abh. d. Berl. Akad. 1856, 259 ff.) genannten folgenden Königsmütter, die zugleich auch Frauen von Königen gewesen waren (darunter auch die Mutter Scheschonk' I) heissen nicht Königs-, sondern Gottesmutter 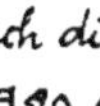 (scil. des Chōns).

II.

Zu den Königslisten von Der el Medineh u. ä.

Daß die in den Gräbern von Der el medineh (L D III 2a. d) und auf anderen, wie diese meist aus der 19 und 20 sten Dyn. stammenden, Denkmälern der thebanischen Nekropole (z. B. dem Opferstein der Sammlung Clot-Bey) verehrten Personen *größtenteils der Familie der Hyksosvertreiber angehören*, hat schon *Lepsius* erkannt (s. Königsb. pl. 21. 22), der sie als Familie Amenophis' I zu bezeichnen pflegte, da dieser König und seine mutmaßliche Mutter Aḥmes-*Nfrt-iri* fast auf allen diesen Denkmälern wiederkehren. Nur einige wenige Personen, die sicher nicht zu dieser Familie gehörten, kommen dabei mit vor, so König 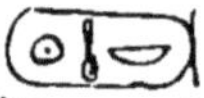 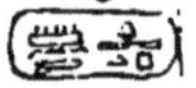 aus der 11-ten Dyn. (L D III 2 a; in 2 Personen  und sic  zerlegt L D III 2 d), König Ramses I 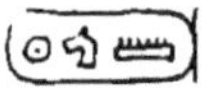 (L D III 2 d), Ramses IV , aus dessen Zeit das Grab stammt (ib.), die Prinzen 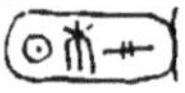 und  ( ist statt des unsinnigen  zu lesen, wie auch der Abdruck zu bestätigen scheint), offenbar die Söhne Ramses' II (Leps. Königsb. 427. 431) L D III 2 a.

Maspero hat in seiner vortrefflichen Abhandlung über die Königsmumien von Der el bahri versucht, eine Reihe von Personen, die auf solchen Denkmälern verehrt vorkommen, genealogisch zu ordnen. Nach ihm sind es meist *direkte* Angehörige (Brüder, Schwestern, Gemahlinnen) Amenophis' I, der auf diese Weise nicht weniger als 5 „*große königl. Gemahlinnen*" gehabt hätte. — Dies unannehmbare Resultat ist zum großen Teil die Folge seiner falschen Erklärung der mit  zusammengesetzten Namen, wie 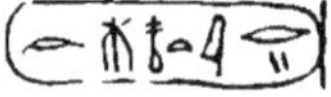 u. a., s. hierüber unten Anhang III.

Sodann ist m. E. aus dem gemeinsamen Vorkommen mehrerer Personen auf einem Grabdenkmal (Stele) für ihr verwandtschaftliches Verhältnis nichts zu schließen, wie es Maspero gethan hat. Wenn z. B. mit Amenophis I und Aꜥḥmes-Nfrt-ỉrỉ einmal der Prinz X., das andere Mal die Königin Y., das 3te Mal die Königsschwester Z. vorkommen, so kann das seinen Grund darin haben, daß der Eigentümer des betr. Denkmals gerade diese Mitglieder der großen Familie für besonders verehrenswert hielt, etwa weil ihr Grab in der Nähe des seinigen lag oder weil er ihr Grab zu besorgen hatte oder aus irgend welchen anderen Ursachen.

III.

Zu den mit dem Namen [Hieroglyphen] zusammengesetzten Personennamen im Hause der Hyksosvertreiber.

Maspero hat die mit dem Namen [Hieroglyphen] zusammengesetzten Namen anders, als oben im Text (pp. 4/5) geschehen, erklärt; er sieht in den Beinamen die eigentlichen Namen, in dem ersten gemeinsamen Bestandteil [Hieroglyphen] dagegen den Namen des Königs Amosis, weshalb er alle so benannten Personen in unmittelbare verwandtschaftliche Beziehung zu diesem Könige setzt. — Auf den ersten Blick erscheint diese irrige Auffassung durchaus begründet, da der erste Bestandteil [Hieroglyphen] oft weggelassen wird und also im Vergleich zu dem zweiten, der allein gebraucht vorkommt, das Unwesentlichere zu sein scheint. So findet sich [Hieroglyphen] LD III 2 a. d, [Hieroglyphen] Leid. B. 1207 (Skarabäus), [Hieroglyphen] LD III 2 a. d. Lepsius

Auswahl 11. [Hierogl.] Rec. III 113, [Hierogl.] Proc. VIII 421. Masp. Mom. roy. p. 541 (äußere Umhüllung der Mumie) für [Hierogl.], [Hierogl.], [Hierogl.] und [Hierogl.].[1] — In Wahrheit finden sich diese Abkürzungen aber, soviel sich sehen läßt, nur auf späteren Denkmälern und zwar auf diesen mit besonderer Vorliebe angewendet, so z. B. durchweg in den Listen von Der el Medineh (LD III 2 a. d.), vielfach in den aus der 21-sten Dyn. stammenden Aufschriften der Mumien von Der el bahri. Auf alten, zeitgenössischen Denkmälern kommen sie m. W. nicht vor.

Die richtige Auffassung, die oben im Text (a. a. O.) ausgesprochen ist, lehren dagegen Varianten wie [Hierogl.] „ʿAḥmes genannt Fürstin der Libyer" neben [Hierogl.] Masp. Mom. roy. pp. 543/4 und [Hierogl.] ib. p. 544, und [Hierogl.] [lies [Hierogl.]] [Hierogl.] „ʿAḥmōse genannt der Sohn des Pȝ-ỉr" Rec. IX 93 für [Hierogl.] und [Hierogl.]. — Hieraus ergiebt sich, daß [Hierogl.] der Haupt-, der 2te Bestandteil, das unterscheidende Merkmal der so benannten Person, der Beiname war. Nur so erklären sich auch die Patronymica befriedigend, es ist widersinnig, daß König Amosis, wie es nach Maspero der Fall sein soll, seinen Sohn „Sohn des Pȝ-ỉr", seine Tochter „Tochter des Kaȝmōse" genannt habe.

---

[1] Ob auch die [Hierogl.] Proc. VII 231. LD III 2 a. d. Leps. Ausw. 11. Masp. Mom. roy. p. 539, die stets nur „Königsschwester" ist, mit der oben (p. 5) genannten „großen königl. Gemahlin" [Hierogl.] zu identificieren ist, ist die Frage; dagegen ist mit der letzteren vielleicht die [Hierogl.] Leps. Königsb. 329 b identisch

IV.

Der angebliche König .

Während wir sonst immer nur von einem Prinzen dieses Namens hören, nennt der Papyrus Abbott 3,13 einen König 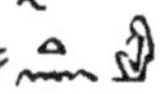  , über dessen Stellung man sich viel den Kopf zerbrochen hat, augenscheinlich ganz umsonst; denn daß der angebliche König nur aus Versehen oder Unkenntnis des Schreibers so betitelt ist, lehrt das Fehlen des Titels „Sohn des Rēc" , den alle ebenda genannten Könige, sei es vor ihrem 2ten Schilde, sei es wie der König , der nur ein Schild hatte, in dieses eingeschlossen (vgl. Leiden V. 3. RJH. 161/2), haben. Das Versehen des Schreibers wird sich etwa daraus erklären, daß der Prinz seine Pyramide mitten unter denen der Könige hatte, wie z. B. der Erbprinz Ramses-Mentu-ḥer-ḫopšef (20 ste Dyn.) sein Grab inmitten der Königsgräber im Bab-el-moluk hat.

V.

Die Namen Μισφρης, Μισφραγμουθωσις.

Daß der erste Name Μισφρης (Sync.), Μισαφρις (African.); Μιφρης (Euseb. Sync.), Μηφρης (Joseph., Theophil.), Memphres (Euseb.), Maphrus (Abulfar.) derselbe ist wie der erste Bestandteil des zweiten Namens Μισφραγμουθωσις (Sync., African., Euseb. Sync.), Mispharmuthōsis

(Euseb.), Μηφραμουθωσις (Joseph., Theophil.), Mephrathmuthōses (Joseph. Armen.), ist jetzt wohl allgemein anerkannt, ebenso daß dieser letztere Name Thutmosis III bezeichnet. — Daß dies richtig ist, beweist die Bemerkung bei Plinius (n. h. 36, 69), der König, der die beiden Obelisken im Tempel des Caesar in Alexandria errichtet habe, heiße Mesphres; die beiden „Nadeln der Kleopatra", die damit gemeint sein müssen, die jetzt in London und New-York befindlichen Obelisken, waren bekanntlich von Thutmosis III in Heliopolis errichtet worden. — Von demselben Könige Mesphres „qui in Solis urbe regnabat" berichtet Plinius an anderer Stelle aber (n. h. 36, 64), daß er zuerst Obelisken habe errichten lassen, eine Angabe, die der Identifikation mit Thutmosis III direkt zu widersprechen scheint; denn wir kennen ältere Obelisken von Usertesen I und Thutmosis I, und Plinius selbst erwähnt von dem Könige Phius (d. i. der 2te König der 6ten Dyn. 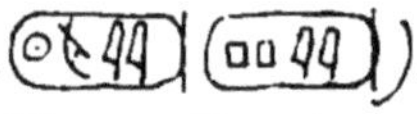) einen Obelisken (n. h. 36, 67). Die ganze Angabe, daß König Mesphres zuerst Obelisken errichtet habe, beruht nun aber wohl nur auf dem Misverständnis einer Obelisken-inschrift, in der, wie das öfter vorkommt (LD III 23 0. Thes. 1220), gesagt war, daß der König die betr. Obelisken errichtet habe zum  „ersten Male", scil. des  ḥb-sd, des Jubiläums der Proklamation zum Thronfolger (vgl. ob. p. 10). Es könnte auch die Angabe des von Thutmosis III herrührenden Lateranobelisken gemeint sein, nach der dieser der erste einzeln (nicht paarweise, wie gewöhnlich) errichtete Obelisk in Theben gewesen sei. Auch der Zusatz „qui in Solis urbe regnabat" beruht wohl auf einem solchen Misverständnis; vermutlich giebt er den Beinamen  „Herrscher von Heliopolis" wieder, den Thutmosis III auf dem Londoner wie auf dem Lateranobelisken im 2ten Schilde hat.

Die Form Μισφρης, Mesphres wird den Lautwert des Namens 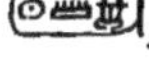, etwa ˣMĕšprēᶜ gesprochen (aus ˣMĕn-ḫĕpĕr-rēᶜ verkürzt, mit Uebergang des ḫ in š) gut wiedergeben. Das Element Μισφρα- in dem 2ten Namen Μισφραγμουθωσις ist der regelrechte Status constructus ˣMĕšprăᶜ- zu ˣMĕšprēᶜ; dem 2ten Element -γμουθωσις, -μουθωσις, -thmuthōses (Joseph. Armen.) liegt wohl eine Nebenform des Namens Thutmosis vor: Thmuthōsis, die beim armen. Josephus auch selbständig als Thmōthōsis vorkommt; die Var. -γμουθωσις ist viell. aus -τμουθωσις verlesen, Γ für Τ. Zu der engen Verbindung beider Namen, die die Enttonung des ersten zur Folge hatte, vgl. die Schreibung  in einem Schilde D H J. II 7 (Der el bahri, Zeit des Ptolemaeus IX Euergetes II) und die Schreibung  mit unvermittelter Aufeinanderfolge der beiden Schilder L D IV 77 d (Esr -, Zeit des Kaisers Claudius).

VI.

Nachweis der für die erste Untersuchung über die Thronwirren verwerteten aeg. Denkmäler.

Der folgende Anhang VI enthält geographisch geordnet eine wohl nahezu vollständige Aufführung der aus der Zeit der Thronwirren selbst erhaltenen Denkmäler sowie der sie irgendwie berührenden Denkmäler späterer Zeit. Alles, was für die obige Untersuchung von Wichtigkeit war, findet sich darin verzeichnet, die wesentlichen Stellen der Inschriften hieroglyphisch wiedergegeben, sodaß der Leser ohne das zeitraubende Nachschlagen der Publikationen in der Lage sein wird, die Quellen der Untersuchung zu prüfen.

Formen, in denen sich das weibliche Geschlecht der Mac-ke3-rēc offenbart, sind unterstrichen; solche, in denen es sich zeigen sollte, in denen aber die femininale Endung ungenau nicht angegeben oder später getilgt ist, sind mit punktierten Linien unterstrichen. — In den mitangeführten Notizen von Lepsius ist, wenn Thutmosis III den Namen 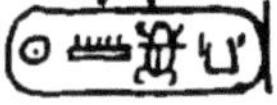 an Stelle des gewöhnlichen 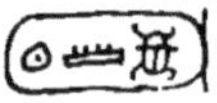 hat, dies immer ausdrücklich bemerkt; wo dies nicht der Fall, liegt also entweder der Name 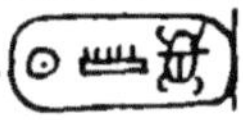 oder ein anderer den König unterscheidender Name vor (2tes Schild mit  oder , resp. einer der sogen. Vornamen).

Häufig wiederkehrende Abkürzungen sind außer den allgemein üblichen folgende: Th. = Thutmosis. M. = Mac-ke3-rēc. D.H.I. = Dümichen Hist. Inschr. r. = rechts. l. = links. Th. III anstatt M. bedeutet, daß die betr. Inschriften urspr. von Mac-ke3-rēc waren und später von Thutmosis III in Beschlag genommen worden sind.

§ 1. Insel Sai in Nubien.

Unterteil der Statue einer Königin mit gründlich ausgekratztem Namen, von Lepsius auf der Insel Sai gesehen; Inschrift LD II 149 a, s. ob. p. 25. — Ebenda sah Lepsius Reste mit den Namen Thutmosis' III, die aber, wie es scheint, erst aus der endgültigen Alleinregierung des Königs stammen. LD III 59 b. c. [1]

1) Ergänzung sehr fraglich, weil der Name in eine sogen. Standarte eingeschlossen gewesen zu sein scheint.

§ 2. Tangur.

Inschrift am Katarakt von Tangur, schlecht kopiert von Mr. Williams. Birch teilt aus dieser Kopie, die nur erraten läßt, was dastand, Folgendes mit (Proc. VII 121): Z. 1. und . Z. 2. . Folgende Zeilen: [ ] und . S. ob. p. 41.

§ 3. Tempel von Semneh.

Grundriß und Baugeschichte des Tempels nach Lepsius s. ob. p. 21/2. Im Folgenden sind die Bauperioden durch römische Ziffern angedeutet.

LD III 47a. Thür (I). Architrav: l. Th. III . r. Name abgebrochen.

Pfosten: l. und r. .... .

unten r. neben der Thüre Inschrift des Prinzen von Kš , beginnend mit , wohl erst später zugefügt, vgl. p. 23 Anm. 6.

LD III 47 b. c (III). Darstellung: .

drunter Inschrift eines Prinzen von Kš, der, soweit sichtbar, unter Amosis, Amenophis I, Thutmosis I und II gedient hat.

in der Mitte sind Darstellung und Inschrift später abgemeißelt und durch die Inschrift einer aethiopischen Königin ersetzt worden. Lepsius.

LD III 48 a (I). Thür. Architrav l. und r. .

Pfosten: r. . l. freigelassen.

LD III 48 b (I).

LD III 49 a links (I). vom Gotte Ddwn umarmt und so angeredet: „mein lieber Sohn ".

rechts (IV). .

LD III 49.b (IV). Ddwn redet zu [hieroglyphs] über der Barke, auf deren Untersatz [hieroglyphs] genannt ist. König [hieroglyphs] von Ddwn umarmt.

LD III 50a (IV). [hieroglyphs] [hieroglyphs] vor Amon, der ihn anredet [hieroglyphs].

LD III 50b (IV). [hieroglyphs] umarmt vom Ddwn, der ihn anredet mit [hieroglyphs] über der Barke, auf deren Untersatz er ebenfalls [hieroglyphs] heißt.

LD III 51a links (IV). [hieroglyphs] [hieroglyphs].

rechts (I). [hieroglyphs] [hieroglyphs].

LD III 51b (I). [hieroglyphs] .... [hieroglyphs] [hieroglyphs], hinter ihm sein Kꜣ [hieroglyphs] [hieroglyphs]. — rechts Thüranschlag: [hieroglyphs] [hieroglyphs].

LD III 52a (IV). [hieroglyphs] [hieroglyphs].

LD III 52b (I). [hieroglyphs]. In der Inschrift zeigt 2 mal das Suffix [hieroglyphs] f Meißelspuren, beide Male bezieht es sich aber nicht auf Th. III, sondern das eine Mal auf das Wort „ein Sohn", das andere Mal auf den Gott. Die Meißelspuren können also nicht von einer Ersetzung der Maꜥ-kꜣ-rēꜥ durch Th. III herrühren, höchstens umgekehrt von einem Versuche der M., die Inschrift des Th. III für ihre Zwecke zu ändern, wenn die Beobachtung der Meißelung überhaupt richtig ist und nicht bloße Zerstörung vorliegt.

LD III 53. (I). links: König [hieroglyphs] von Ddwn gekrönt und angeredet mit [hieroglyphs]; vor ihm der ʾInmtf-Priester, der ihn in seiner Rede an den Gott als [hieroglyphs] und [hieroglyphs] erwähnt.

rechts: ist die Darstellung beim Durchbruch der Thüre g verändert.

LD III 54a (III). [hieroglyphs] ... [hieroglyphs] [hieroglyphs] ... [hieroglyphs].

LD III 54b (III). [hieroglyphs] ... [hieroglyphs]

LD III 54c (II). Architrav: [hieroglyphs]. Pfeiler g: [hieroglyphs] [hieroglyphs].

Säule f: … …

LD III 54 d (II). Pfeiler g: …

LD III 55 a (I). sic sic sic sic ; vor ihm eine lange Inschrift, datiert vom … …, mit der Ueberschrift [1] (vgl. LD III 58/g).

LD III 55 b (I). … …

von Thoth als angeredet, desgl. von einer Göttin.

LD III 56 a (IV). links: von Amon umarmt. rechts: umfaßt von Isis, die ihn als anredet, vor Mônt, der ihn zu Ddwn führt, welcher ihn mit empfängt.

rechts unter den Darstellungen: Inschrift des Prinzen von K3š, darin genannt.

LD III 56 b (II). Architrav: r. und l.

Pfeiler i: umarmt von Amon.

Pfeiler k: umarmt von Ddwn, der ihn nennt.

Unpubl. (Notiz v. Lepsius): Reste des Pfeilers n (II): Stück eines andern Pfeilers: .

§ 4. Tempel von Kummeh.[1]

Grundriß (nach Lepsius) s. auf Seite 78.

Raum A. Thüre 1: Amenophis II

[1] Nichtpubliziertes nach Lepsius.

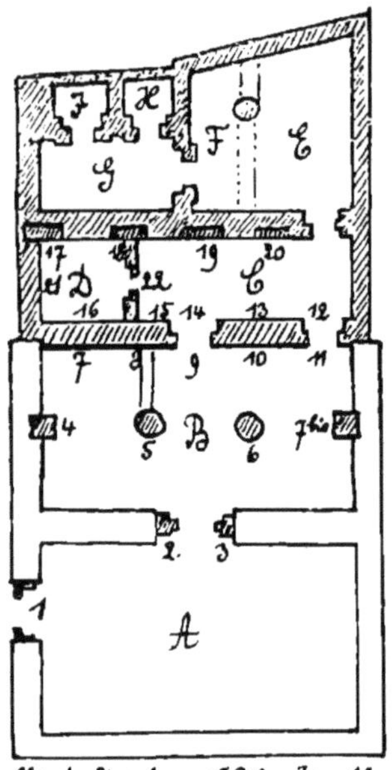

Schraffiert: Steinbau. Weiß: Ziegelbau.

Thüre 2. 3: Th. I … .

Raum B. Pilaster 4: Th. III. Horusname, beide Schilder, das 2te mit … .

Säule 5: zerstört.

Säule 6: Th. II […] … und […] … .

Pilaster 7bis: Amenophis II.

Hinterwand 7-11: LD III 58-59a.

7. Th. III urspr. LD III 58: … , hinter ihm … , Ddwn redet ihn mit dem Suff. … an, desgl. Chnum 4 mal und mit dem Namen … .

8. Th. III urspr. LD III 58: … , hinter ihm … .

9. Thüre (s. auch u. No. 14). Th. II urspr. LD III 58-59a. Architrav: … .

Pfosten l. und r. … .

drunter Inschrift des Prinzen von Kš … .

10. Th. II anstatt M. LD III 59a: Figur der M. gründlich ausgemeißelt und die Darstellung der Götter Chnum und Thoth geändert, s. ob. p. 35. Die Schilder über der Königsfigur verwandelt: … , desgl. in der Rede, die Thoth an sie richtet: … (Schluß nach Leps.)

11. Thüre. Th. III urspr. L D III 59 a : Architrav l. [Hieroglyphen] [Hieroglyphen] . r. desgl., nur das 2 te Schild zerstört.

Pfosten: l. [Hieroglyphen]

r. [Hieroglyphen]

Raum C. D. Eingangswand 12-16 : L D III 57 a l.

12. Thüre (vgl. 11). Th. III urspr. L D III 57 a : Architrav [Hieroglyphen].

Pfosten r: [Hieroglyphen]

13. Th. III urspr. L D III 57 a : [Hieroglyphen], von Chnum 2 mal mit dem Suffix 2 m. sg. [Hieroglyphe] k angeredet.

14. Thüre von Th. II (s. g.) „noch immer ohne Inschrift ... dem Baue nach später eingesetzt." (so wörtlich Lepsius).

15. Th. II nach Lepsius urspr., in Wahrheit anstatt ... D III 57 b : [Hieroglyphen], hinter ihm [Hieroglyphen] (alles ohne Spuren der Veränderung in der Publ.), bringt Wein [Hieroglyphen] (offenbar aus [Hieroglyphen] verändert) dem Chnum, der ihm dankt für [Hieroglyphen] „dies ... Denkmal, das du (Weib) mir gemacht hast.

16. Th. III urspr. L D III 57 b : [Hieroglyphen], hinter ihm [Hieroglyphen], bringt der Hathor etwas [Hieroglyphen]. Die Göttin redet ihn mit dem Namen [Hieroglyphen] und (2 mal) mit dem Suffix [Hieroglyphe] k an.

Hinterwand, bestehend aus den Pfeilern 17-20 und ihrem Architrav, später durch Zwischenwände verbunden von Amenophis II : L D III 64 b.

Architrav: Th. III urspr. [Hieroglyphen]

17. z. T. durch die von Amenophis II eingebaute Zwischenwand 21 verdeckt, z. T. für die Darstellung dieses Königs (zwischen 17 und 18) abgeschliffen und benutzt.

Anhang VI §§ 4, 18 ff. 5. 6.　　　　Kummeh. Ibrim. Sehêl.

18. Th. III urspr. [Hieroglyphen] .

19. Th. III urspr. [Hieroglyphen]

20. von Amenophis II [abgeschliffen und] für seine Darstellung (zw. 19 u. 20) mitbenutzt.

Zwischenwände 21. 22 von Amenophis II, von dem auch die Räume E-J. [*)]

Im Raume D Fragment einer Stele mit dem Namen [Hieroglyphen], nach

Lepsius wohl Maˁ-keȝ-rēˁ, nicht Amenophis III.　　　[*) und die Thüre von C

　　　　　　　　　　　　　　　　　　　　　　　　nach B (LD III 64 e).]

§ 5. Ibrim, dritte Grotte von Süden.

Champ. Not. I 83/4, vervollständigt nach Lepsius' Notizen.

Außen über der Thüre: Th. III [Hieroglyphen].

Innen unbeschrieben bis auf die Hinterwand, die in einer Nische 4 Figuren

enthält, links Horus, rechts Satis, dazwischen, wo man nach der gewöhn-

lichen Praxis nur einen erwarten sollte (vgl. Champ. Not. I 79/81), zwei Kö-

nige, nämlich links Th. III [Hieroglyphen], rechts [Hieroglyphen]

[Hieroglyphen] mit ausgemeißelter Figur, nach Lepsius wohl M., wofür die noch

schwach erkennbaren Reste des ebenfalls ausgemeißelten Namens passen

sollen (⊙ und ⎵ sind verschont wohl weil man ⊙⎯☥⎵ daraus machen

wollte). — Links von der Nische Inschrift von Th. III: [Hieroglyphen]

[Hieroglyphen], rechts desgl. mit ausgemeißeltem Schilde, also vermutlich der M.:

[Hieroglyphen].

§ 6. Insel Sehêl.

Stele, publ. de Morgan Cat. gen. des mon. I 101, No. 218, s. ob. p. 25/6.

Darstellung: Th. III [Hieroglyphen] opfernd vor den Kataraktengöttern.

Inschrift drunter: [Hieroglyphen]

1) Publ. [Hieroglyphen]　　2) Publ. ⎯.

[hieroglyphic text]

§ 7. Inschrift am Wege von Assuan nach Philae

L D III 16 a. R.J.H. 250/1. de Morgan Cat. des mon. I p. 3/4. Nach einem Papierabdruck im Berliner Museum so zu lesen (vgl. die Uebersetzung p. 38):

[hieroglyphic inscription]

Anm. 1 und 2 auf p. 82 oben.

Anhang VI §§ 7-10.   Assuan. Gebel el Hammam. Ombos.

¹) Bei der Lesung hat mich mein Freund Schäfer freundlichst unterstützt.

²) oder [Hieroglyphen]?, oben (p. 38) irrig mit „Mauern" übersetzt; es ist natürlich das Wort [Hieroglyphen] „Militärstation" (o. ä.) vom Stamme mǐnj.

§ 8. Felsen bei Assuan.

L D III 25 bis q (mit denselben Fehlern wiederholt bei de Morgan, cat. des mon. I 41, No. 181 bis), vgl. oben p. 50.

Darstellung: Königin [Hieroglyphen] ; vor ihr sie verehrend ein Mann: [Hieroglyphen]

Inschrift drunter, nach Beseitigung der offenbarsten Fehler so zu lesen:

[Hieroglyphen]

[Hieroglyphen]

§ 9. Gebel el hammam,

nördlich von Chattarah zwischen Assuan und Ombos am östlichen Ufer.

[Hieroglyphen Kartuschen], drunter in 2 Horizontalzeilen von r. nach l. geschrieben die Worte: [Hieroglyphen] (Rest der Zeile frei).

de Morgan, cat. des mon. I 207, No. 10.

§ 10. Ombos.

Thürpfosten eines Thores mit ptolemäischem Architrav: L D III 28, 1.

---

¹) Publ. [Hieroglyphen].   ²) Publ. [Hieroglyphen], bessere Kopie von Max Weidenbach: [Hieroglyphen].   ³) Publ. [Hieroglyphen], Max Weidenbach [Hieroglyphen].

r. Th. III urspr. ; l. derselbe König ebenso benannt, aber, wie die Meißelspuren in seinem Schilde und in seinem Gesichte zeigen, nicht urspr., sondern anstatt der M.

Unten auf beiden Pfosten der Name des Thores:

§ 11. Grotten von West-Silsilis.

a. LD III 28, 5. Griffith Proc. XII 106, 58. Grab des , über der Thüre:

l. Th. III.

r. M:

Der oben p. 23 ausgesprochene Zweifel an der Richtigkeit von Lepsius' Abschrift des Namens wird durch das Zeugnis der Griffith'schen Abschrift, die ebenso das giebt, entkräftet.

b. LD III 28, 6. Griffith Proc. XII 106, 57. Grab des , über der Thüre: Th. III auf beiden Seiten anstatt der M., und zwar erst in seiner endgültigen Alleinherrschaft eingesetzt (vgl. p. 35 Anm. 1):

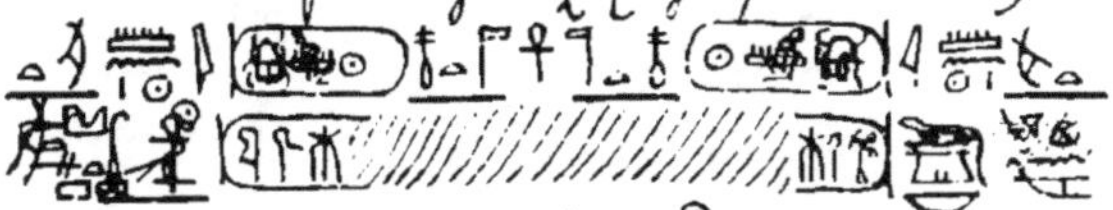

Im 1sten Schilde ist unter den Zeichen noch das urspr. , desgl. links unter den Zeichen noch das urspr. zu erkennen; letzteres muß auch rechts unter den Zeichen gestanden haben, daher deren wunderliche Anordnung.

c. LD III 28, 7. Griffith Proc. XII 102, 54. Grab des , über der Thüre:

Für die Datierung der Inschrift s. ob. p. 29; für die Datierung der Ausmeißlung der Titel und Namen der M. p. 36 (§ 47 a. E.)

d. LD III 28; 4a: Griffith Proc. XII 108, 60. Grab des über der Thüre:

Zeile 1: Zeile 3:

e. Leps. Not. Griffith Proc. XII 112, 61. Grab des , dessen Name nach Lepsius „ausgehauen" worden ist, wohl aus dem gleichen Grunde wie der Name des vgl. ob. p. 51. § 64. Ueber der Thüre nach Lepsius: ; nach Griffith rechts ebenso, links ; es wird zu lesen sein .

Im Innern über einer Nische: .

f. Leps. Not. Griffith Proc. XII 100, 39. Ueber der Thüre eines Grabes:

l. M. (es stand da).

r. Th. III (es stand da).

§ 12. Schatt er regāl.

a. Inschrift, nach einer Kopie von Harris publ. von Eisenlohr Proc. 1881, 101; nach einer abweichenden von Griffith wiederholt bei Petrie Season pl. XV No. 476, Text p. 15; Richtigkeit der Eisenlohr'schen Lesung bestätigt durch Sayce Academy 12 März 1892 (vgl. ob. p. 19 § 28):

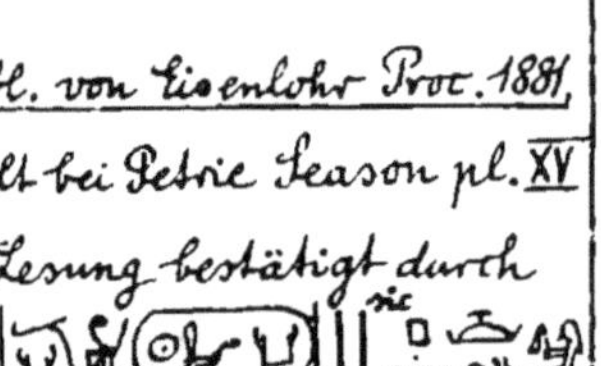

„Prof. Eisenlohr was right in his copy ...., the epithet mā-kheru „deceased" is attached only to the cartouche of Amenophis I, not to those of the other two kings, proving, that they reigned contemporaneously."

b. Inschrift an einem andern Felsen desselben Thales: Petrie Season pl. XIV No. 357. (vgl. ob. p. 19).

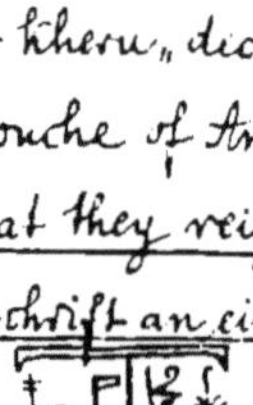

, drunter eine Horizontalzeile: — Das hinter dem Schilde der M. dürfte aus verlesen sein, zumal auch der Titel vor dem Schilde die femininale Form zeigt.

§ 13. Zwischen Edfu und Silsilis.

Rec. de trav. X 142: Th. III 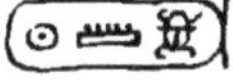. M. 

§ 14. El Kāb.

Grab des Feldherrn  genannt 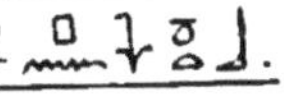.

a. Selbstbiographie auf einer Wand des Grabes. LD III 43 a, Zeile 10–20, verbessert nach einer Abschrift von Lepsius und einem Papierabdruck:

Uebersetzt p. 52. – Zeit: p. 54 A. 4.

b. LD III 43 a (unter Z. 1–10 der großen Inschrift). Leps. Ausw. 14 A. Ä. Z. 1883, 77/8. Die Aufzählung der Kriegszüge, die der Verstorbene unter Amosis, Amenophis I, Thutmosis I und II mitgemacht hatte, schließt so:

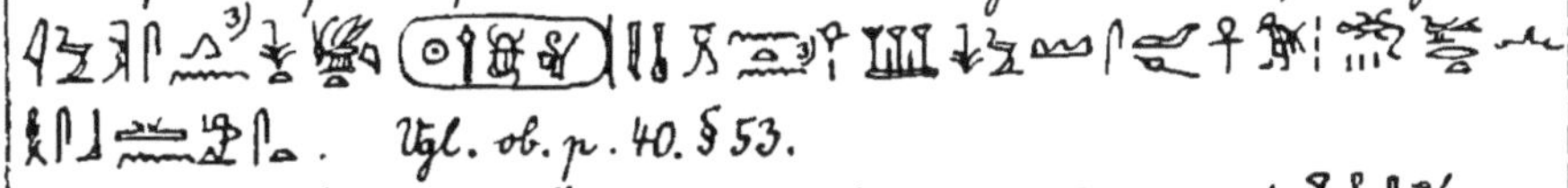

Vgl. ob. p. 40. § 53.

c. Leps. Ausw. 14 B. Ä. Z. 1883, 78. Der Verstorbene sagt: 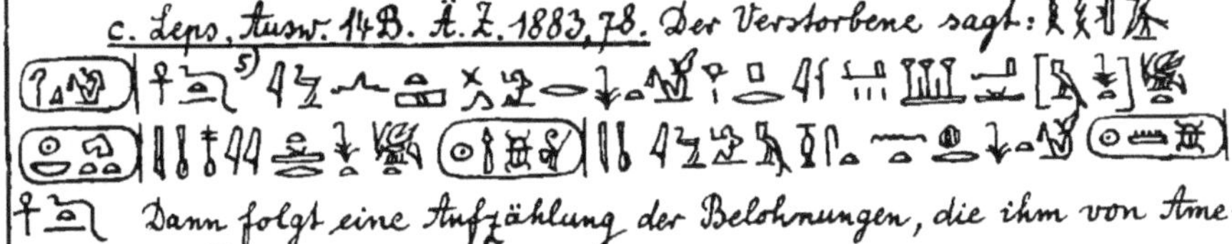

Dann folgt eine Aufzählung der Belohnungen, die ihm von Amenophis I, Thutmosis I und II geworden.

1) Publ. . 2) fehlt wohl nichts. 3) Suffix 1 sg. nicht bezeichnet.
4) lies . 5) „beim Herrscher, der ewig lebt", d. h. Th. III, der reg. König.

§ 15. Esneh.

Thürpfosten aus rotem Granit Louvre D. 35. Champ. Not. I 291 (Pierret Rec. d'inscr. II 3): [Hieroglyphen]. Th. II.

§ 16. Tuphium.

Fragment eines Obelisken aus rotem Granit Louvre D. 63. Brugsch Thes. 1233 (Pierret Rec. d'inscr. II 43): [Hieroglyphen]. Th. II.

§ 17. Medinet Habu. Tempel FF,

hinterster ältester Teil: Kammern L–Q des Lepsius'schen Planes.

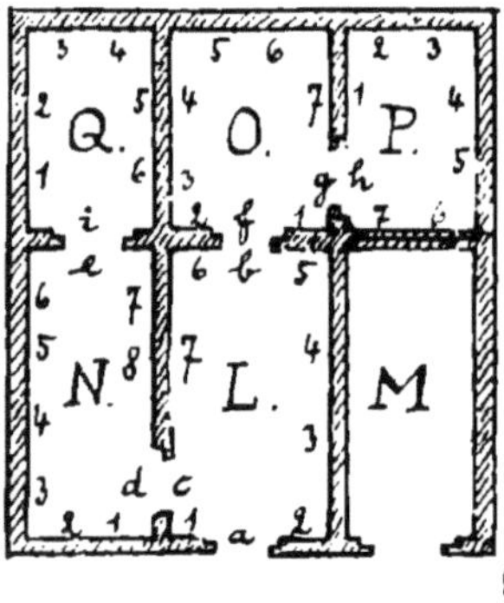

Das Folgende, wo keine andere Quelle angegeben, nach Lepsius' Aufzeichnungen.

Kammer L (X bei Champ. Not. I 332/3).

1. 2. 3. 4. Th. III urspr.

5. 6. Th. III anstatt M., von Amon umfangen.

7. Th. III urspr.

a. Thüre von L nach K: Th. III urspr. [Hieroglyphen] (nicht wie bei Champ. Not. I 332 angegeben zu sein scheint, [Hieroglyphen] und [Hieroglyphen]. Champollions Notiz bezieht sich vermutlich auf die Außenseite derselben Thüre im Vorraume K).

b. Thüre von L nach O (die Hieroglyphen nach Champ. Not. I 333 oben):
Architrav: r. Th. II anstatt M. [Hieroglyphen][1] [Hieroglyphen]

l. Th. II anstatt M.

Pfosten: r. und l. Th. II anstatt M. [Hieroglyphen] [Hieroglyphen] und [Hieroglyphen].

c. Thüre von L nach N (die Hieroglyphen nach Champ. Not. I 334, Z. 11 ff.):

1) es stand wohl [Hieroglyphen] da.

Architrav: r. Th. III urspr. l. Th. II anstatt M.

Pfosten: r. und l. Th. III urspr.

Kammer M (Z" bei Champ. Not. I 335. 719).

überall Th. III urspr. mit im 2ten Schilde, bei ihm seine 2te große Königl. „Gemahlin" LD III 38 a. b (vgl. ob. p. 55 Anm. 1). Die Skulpturen stammen demnach erst aus der endgültigen Alleinregierung des Königs.

Kammer N (X" bei Champ. Not I 334. 718).

1. Th. II anstatt M. [1]
2. Th. II anstatt M.
3. Th. III urspr. LD III 17c.
4. Th. I anstatt M. LD III 7e.
5. Th. II anstatt M. LD III 17d.
6. Th. II anstatt M. LD III 17b.
7. Th. I anstatt M. LD III 7b. [2]
8. Th. II anstatt M. … LD III 17e/

d. Thüre von N nach L (die Hieroglyphen ebenso bei Champ. [3] Not. I 334, Z 14).

Architrav: r. und l. Th. II anstatt M.

Pfosten: r. Th. II anstatt M.

l. Th. III urspr. genannt [nicht wie M.].

c. Thüre von N nach Q: LD III 27, 2 (Abdruck in Berlin), vgl. Champ. Not. I 718.

Architrav: r. Th. I anstatt M. (nach dem Abdruck).

[1] Die von links nach rechts gehenden Meißelspuren im Namen rühren erst von Amenophis IV her, die andern von den eingesetzten Königen Th. I. II.

[2] mit Fehlern publ. nach Korrekturen von Lepsius in Champ. Mon. II 195, 2.4.

[3] bei Champollion ist r. und l. stets vom Eintretenden gemeint, nicht vom Beschauer, wie bei Lepsius und oben.

l. Th. II anstatt M. 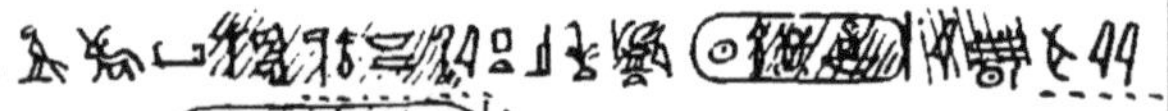
 (Champ. ).
Pfosten: r. Th. III urspr. .
l. Th. II anstatt M. 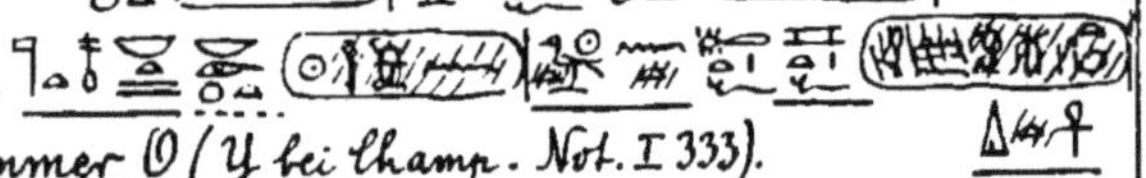

Kammer O (Y bei Champ. Not. I 333).

1. Th. III urspr., von Amon umarmt.

2. M., Name und Figur ausgemeißelt, von Amon umarmt.

3. Th. III urspr., vor Amon.

4. M. in einen Opfertisch verwandelt, vor Amon. (Champ. Not. „cartouche effacé et probablement celui d'un roi ancien changé en offrandes ... le cartouche parait avoir été celui de ").

5.6.7. M. jedesmal in einen Opfertisch verwandelt, vor Amon (Champ. Not. „offrandes à Ammon-ra, la figure du roi et le cartouche sont également martelés").

f. Thüre von O nach L. LD III 7 c-d. (Champ. Not. I 333, Zeile 4 ff.).
Architrav: r. Th. I anstatt M. 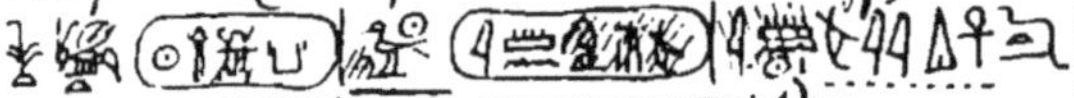
l. Th. II anstatt M. 
Pfosten: r. Th. I anstatt M. .
l. Th. III urspr. .

g. Thüre von O nach P. LD III 28,3 (vgl. Champ. Not. I 333/4):
Architrav: r. Th. II anstatt M. 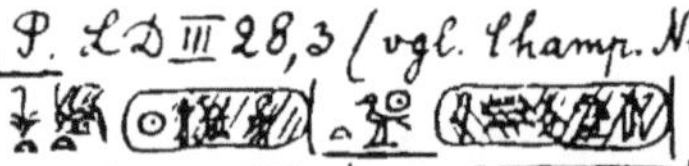
l. Th. I anstatt M. 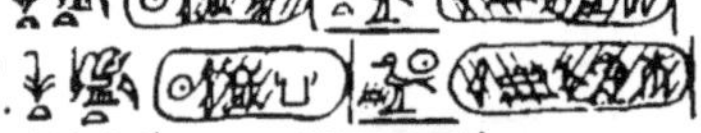 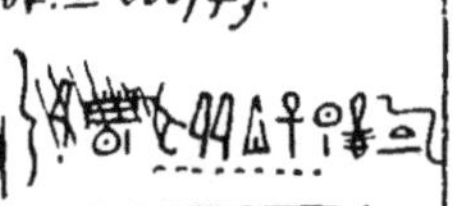
Pfosten: r. Th. II anstatt M. 
l. Th. II anstatt M. 

---

1) Das o, das LD III 7 noch unter dem  angiebt, ist wohl der Rest des .

Kammer P (Z bei Champ. Not. I 334).

1. Th. III urspr. vor Amon.
2. M. in einen Opfertisch verwandelt, vor Amon.
3. Th. III urspr. vor Amon.
4. 5. M. in einen Opfertisch verwandelt, vor Amon, von ihrem Namen ist nur das Amon [das verschont geblieben und von Amenophis IV ausgemeißelt worden war] wiederhergestellt worden.

} Champ. Not. „tous les autres basreliefs (sc. die nicht von Th. III sind) sont du roi , dont le cartouche est effacé; le roi est changé en offrandes."

6. 7. Th. III urspr. vor Amon , also erst aus seiner endgültigen Alleinregierung, wie es scheint, vgl. ob. p. 24 Anm. 2.

h. Thüre von P nach O. LD III 27, 1 (vgl. Champ. Not. I 334, Z. 3 ff.):

Architrav: r. Th. I anstatt M. 
l. Th. II anstatt M.

Pfosten: r. Th. I anstatt M. 
l. Th. III urspr. 

Kammer Q (Y" bei Champ. Not. I 334/5. 718/9).

1. Th. III, mit  im 2ten Schilde, urspr.
2. M., vor Amon, in einen Opfertisch verwandelt. (Champ. Not. I 719: „un roi, corps et légendes martelées, faisant . Grandes masses d'offrandes à Ammon-ra".).
3. Th. II anstatt M.  (Champ. 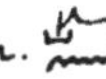 statt ):
4. Th. III urspr.
5. Th. II anstatt M. 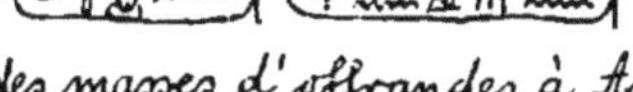 (Champ. Not. I 718/9: „Th. II faisant 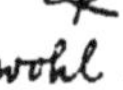. Grandes masses d'offrandes à Ammon-ra assis sur son trône" also wohl Pendant zu No. 2; etwa unvollendete Ersetzung der M. durch Opfer, wie in der Kammer O von Der el bahri (s. u. p. 97. ob. p. 33/4)?).

Anhang VI §§ 17-19.   Medinet Habu. Tempel DD. Der el bahri

6. Th. III urspr.

i. Thüre von Q nach N. LD III 7a (Champ. Not. I 334/5).

Architrav: r. Th. II anstatt M. 〔Hieroglyphen〕

l. Th. III urspr. 〔Hieroglyphen〕 (〔...〕 nach Champ.).

Pfosten: r. Th. II anstatt M. 〔Hieroglyphen〕

〔Hieroglyphen〕 usw. (〔...〕 nach Abdruck).

l. Th. I anstatt M. 〔Hieroglyphen〕

〔Hieroglyphen〕 usw.

Neben dem linken Pfosten: Th. III urspr. 〔Hieroglyphen〕.

§18. Westliches Theben. Tempel DD.

nordöstlich vom Ramesseum. Die Ziegel tragen nach Lepsius folgende Stempel: a. den Namen des Gebäudes: 〔Hieroglyphen〕 LD III 39g (derselbe Stempel kommt
auch auf den Ziegeln des Gebäu- 〔Hieroglyphen〕 des südwestlich vom Tempel DD,
an die N.O. Seite des Ramesseums anstoßend, vor)

b. 〔Hiero〕 Th. III mit dem Titel 〔Hiero〕.   c. 〔Hiero〕 Th. III.
〔Hieroglyphen〕 LD III 39k.

d. Th. I verstorben und M. lebend : 〔Kartuschen〕 LD III 25 bis, i. An einer Stelle finden sich Ziegel mit dem   Stempel a über solchen
mit dem Stempel d, die also älter als 〔Hiero〕 die mit a sein müssen

§19. Der el bahri. Oberste Terrasse.

Die Buchstaben beziehen sich auf den Plan LD I 87.

Außenseiten des Hofes E.

Wand neben Thor g: Th. II anstatt M. in schlechter Arbeit aufgesetzt, auf einem später eingemauerten Blocke (Lepsius). 〔Kartusche〕 Champ. Not. I 574

Anhang VI §19, g. E. y.   Der el bahri. Oberste Terr.

91

Granitthor g., Außenseite. L D III 20 b. D H F. II 34. Champ. Not. I 573.

Architrav: r. Th. III urspr. [hieroglyphs]

[hieroglyphs] (r [hieroglyph] ist wohl später für [hieroglyph] eingesetzt, vgl. p. 24 A2)

l. Th. III anstatt M. [hieroglyphs]

[hieroglyphs] (Champ. [hieroglyph]. — Statt [hieroglyph] stand wohl [hieroglyph] da)

Pfosten: r. und l. Th. III anstatt M. [hieroglyphs]

[hieroglyphs].

Hof E.

I. Ostseite. Granitthor g. Innenseite. L D III 27, 3.

Architrav: r. Th. III anstatt M. [hieroglyphs]

l. Th. III urspr. [hieroglyphs]

Pfosten: r. Th. III anstatt M. [hieroglyphs]

l. Th. III anstatt M. [hieroglyphs]

Wand y nördlich vom Thore g. L D III 17 a (Berlin No. 1636), falsch

ergänzt D H F. II 21. Vgl. oben p. 37.

Vor dem 1 sten Schiffe: [hieroglyphs]

[hieroglyphs]

[hieroglyphs] (die letzten schraffierten Worte sind an Stelle des Schildes eines

Königs, natürlich der M., eingesetzt).

1 stes Schiff: vorn als Abzeichen ein Stier, der 2 Männer niedertritt, dabei

die Schilder Th.' II urspr. [hieroglyphs]. — über dem Schiffe:

[hieroglyphs]

[hieroglyphs] (Das 2 te Schild [hieroglyph] könnte überarbeitet sein, et-

wa als später das danebenstehende [hieroglyph] wiederhergestellt wurde).

2-tes Schiff: vorn als Abzeichen eine zerstörte Darstellung, dabei die beiden gleichfalls bis zur Unkenntlichkeit zerstörten Schilder der M. – über dem Schiffe: [Hieroglyphen] (die letzten schraffierten Worte wieder an die Stelle eines getilgten Königsschildes gesetzt). Vgl. Ausführl. Verz. d. aeg. Alt. 1894 p. 80/1.

II. Westseite.

soweit zur Zeit der preuß. Expedition sichtbar; das Folgende nach Lepsius' Notizen.

h. Nische mit Statue: innen nur M. ausgekratzt.

i. Kämmerchen: innen r. Th. III urspr., l. Th. II urspr. (in Wahrheit wohl anstatt M.), hinten M. [Hieroglyphen], verwandelt in Th. II

k. Nische wie h: außen und innen M. ausgekratzt; innen das Amon (das urspr. verschont war) allein später wiederhergestellt; [Hieroglyphen] sic [Hieroglyphen].

Wand zwischen k und l: Th. III urspr. vor Amon.

l. Granitthor zur Halle P, Außenseite:

Architrav: r. Dem Amon opfern 2 Könige mit unteraeg. Krone Wein: 1. M. [Hieroglyphen], später in Th. III Mn-hpr-r verwandelt; 2. Th. III urspr. [Hieroglyphen]

l. Dem Amon opfern 2 Könige mit oberaeg. Krone Wein; die Namen sind dieselben wie rechts, doch steht hinter den Schildern der urspr. M. hier: [Hieroglyphen].

Pfosten: r. Th. III anstatt M. wie links, nur [Hieroglyphen]

l. Th. III anstatt M. LD III 27, 4: [Hieroglyphen].

Wand zwischen l und m: Th. III urspr. (in schönem Relief): [Hieroglyphen]. die über ihm schwebende [Hieroglyphen] redet ihn als Mann an: [Hieroglyphen] (2mal); dagegen weist die Rede des Amon, vor dem der König steht, weibliche Formen und manche Veränderungen auf: [Hieroglyphen] usw — Der angeblich urspr. Th. III wird also wohl geschickt aus M. verändert sein.

m. Nische wie h: innen M.'s ausgekratzte Schilder [Hieroglyphen], desgl. einmal [Hieroglyphen], und Genitivexponent [Hieroglyphen].

Block neben der Nische (etwa von deren Umrahmung?): Rundstab, auf der einen Seite daneben Th. I [Hieroglyphen], auf der andern Th. II, aber anstatt M. [Hieroglyphen], vgl. ob. p. 28 (wo das Citat LD III 27,7 zu streichen). [Ebenda?] Th. II anstatt M. [Hieroglyphen] LD III 27,7.

n. Kämmerchen wie i: Außen an den Pfosten der Thüre: r. Th. II (scharf eingekratzt) anstatt M. (regelmäßiges Relief): [Hieroglyphen] ……

l. Th. III urspr. [Hieroglyphen] usw.

Innen: l. Th. II urspr. [Hieroglyphen], r. und hinten ausgebrochen.

Block, der zur Nische gehörte: LD III 27, 6: Th. II anstatt M. … [Hieroglyphen]. Die Zeichen [Hieroglyphen] stehen auf vertiefter Fläche.

o. Nische wie h: außen an der Thüre: r. Th. II anstatt M. [Hieroglyphen] ….. Aus dem Pendant zu dieser Inschrift ist vielleicht die ähnliche DHF II 34 genommen.

III. Unterer Teil einer Wand (des Hofes E?) auf der obersten Terrasse.

Mar. Derelb. 4 = DHF. II 1–3, s. ob. pp. 18. 29/30. §§ 26. 44.

Links: König in großer Figur: … [Hieroglyphen]

vor ihm ein Zug von Personen mit Gefäßen, Figuren, Standarten, Blumensträußen usw., die 3te Person mit Königsschurz, Kriegshelm ,  und  ist Th. I 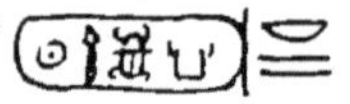.

Rechts: Opfer für den Amon werden dargebracht; von links nähern sich Leute , von rechts desgl. folgende Gruppen: 1) die Freunde des Königs: 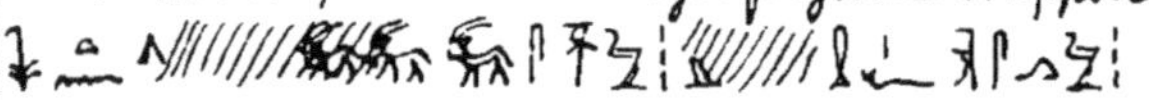 2) 2 Königssessel mit der Unterschrift: 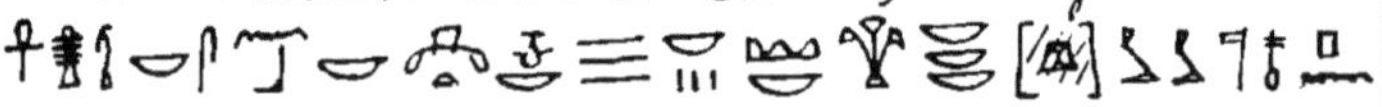 getragen von je 6 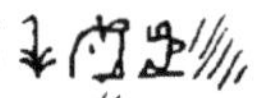 3) 2 Panther: 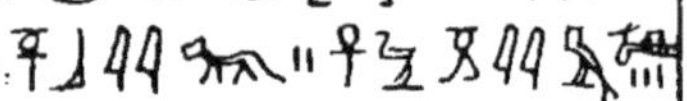 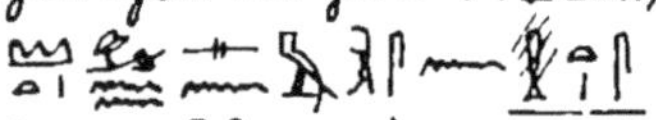 4) Soldaten: 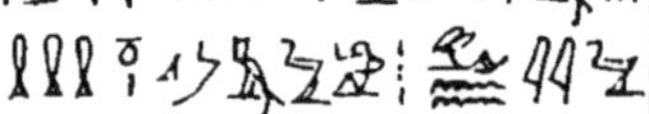  5) desgl.: 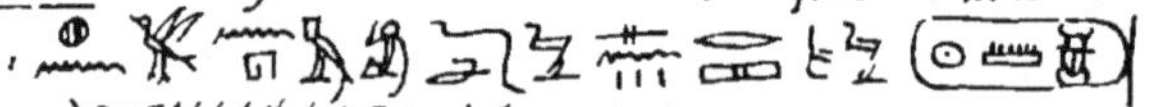 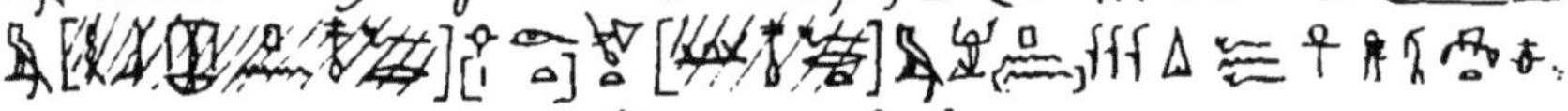.

Kammern G-L.

Die kleinen Kammern in der Südostecke des Hofes E und die umherliegenden Blöcke führen nach Lepsius die Schilder des verstorbenen Th. I, des Th. III und die der M., die letzteren ausgekratzt.

Halle M.

Die größere Halle M hatte nach Lepsius, soviel zu seiner Zeit sichtbar war, nur Darstellungen von der M., deren Schilder überall nebst den ganzen Darstellungen ausgekratzt waren, bis auf ein Schild an der Decke.

Die Darstellungen dieser Halle (vgl. Düm. Geogr. d. alt. Aeg. 102) sind publiziert von Dümichen DHF II 23-30, die Texte (Pyr. Texte) DHF. I 35-37.

DHF. II 23. , hinter ihr ihr K3: 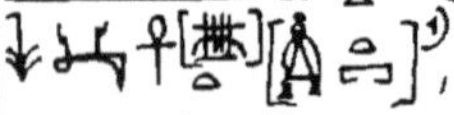[1], dahinter: 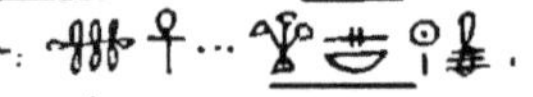. Die beiden Nilgötter reden die M. jeder 5 mal mit  usw. an.

DHF. II 24/5. Opfertragende:  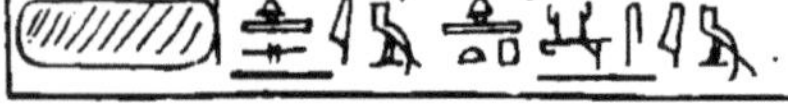.

1) Die Publ. giebt diese Lücken nicht an:

D H F. II 30. Opferszenen: [Hieroglyphen] und [Hieroglyphen], oben drüber erwähnt [Hieroglyphen]. — Unten: ···· [Hieroglyphen] ··· (etwa in Wahrheit aus einer der Kammern S–L?)

D H F. I 36/7. Pyr. Texte auf den Namen der [Hieroglyphen] (Z. 26, var. [Hieroglyphen] Z. 29, [Hieroglyphen] passim) [Hieroglyphen] (Z. 18. 29, var. [Hieroglyphen] Z. 27, [Hieroglyphen] Z. 20. 31. 35. 36) [Hieroglyphen]. Die auf die Königin bezüglichen Pronomina stets weiblich: [Hieroglyphen] 19, [Hieroglyphen] 27, [Hieroglyphen] 28, [Hieroglyphen] 32, [Hieroglyphen] 36, [Hieroglyphen] 37, [Hieroglyphen] 38, [Hieroglyphen] 39, [Hieroglyphen] 42, [Hieroglyphen] 41, [Hieroglyphen] 43, [Hieroglyphen] 44, [Hieroglyphen] 46, [Hieroglyphen] 47. — Bisweilen war das männliche Suffix der Vorlage aus Versehen beibehalten worden und ist dann korrigiert worden, z. B. [Hieroglyphen] 22 (bis); einmal sogar falsch [Hieroglyphen] 21 statt [Hieroglyphen].

Die Deckeninschriften dieser Halle M sind wohl die von D H F. II 35 mitgeteilten Inschriften „aus der Totenkapelle der M. auf der obersten Terrasse" D H F. II 35, a. [Hieroglyphen], von Nephthys so angeredet: [Hieroglyphen] ··· [Hieroglyphen] ··· [Hieroglyphen] ··· [Hieroglyphen] ··· [Hieroglyphen]; eine andere Göttin sagt von der M. zu Atum: [Hieroglyphen] ···

b. Die Göttin der 12ten Tagesstunde sagt zu Rēc: [Hieroglyphen].

c. M. [Hieroglyphen], hinter ihr [Hieroglyphen] ···· [Hieroglyphen]. Sie kniet vor der Göttin der 1sten Nachtstunde, welche von ihr sagt: [Hieroglyphen]. Die Schilder der Königin sind meist ganz ausgekratzt, mehrmals jedoch so, daß noch Spuren der Namen zu erkennen sind; 2 mal lautet das Schild so: [Hieroglyphen], was gewiß erst aus dem urspr. [Hieroglyphen] verändert sein [Hieroglyphen] sic wird, vgl. ob. p. 14, 5.

d. M. … betet vor der Göttin der 2ten Nachtstunde, die zu einem Gotte sagt: … Die Königin wird noch einmal … genannt; daß der Titel im Schilde ebenso wie der andere … in c erst bei der Verfolgung der M. an Stelle des Namens eingesetzt und nicht urspr. ist, beweist die männliche Form …, die wunderliche Fassung oder Schreibung der Titel, endlich die obige Stelle, an der dem Schilde mit … schon derselbe Titel … vorangeht, was von dem Urheber der Inschriften nicht herrühren kann. Vgl. p. 14,5.

e. M. … betet die 3te Nachtstunde an, die anscheinend dasselbe zu einem Gotte sagte, wie die vorige: …

f. Die Namen der M. meist ausgekratzt, einmal verwandelt in: … . Die Göttin der 4ten Nachtstunde sagte u. A. wieder: …

g. Sehr zerstört. Auf M. bezieht sich wohl: … und … .

Kammer O.

→ N Die folgende Beschreibung nach Lepsius' Notizen.

1. Thüre. L D III 21 links (Champ. Not. I 574); s. ob. p. 32:

Architrav: l. Th. III urspr. …

r. Th. II anstatt M. … (… anstatt … und … anstatt …).

Pfosten: l. Th. III urspr. [hieroglyphs] (sic) [hieroglyphs]

r. M. ausgekratzt. [hieroglyphs] ([hieroglyphs] über dem 2ten Schilde restauriert).

2. Thürwand. LD III 21 links: Th. II anstatt M. von der Göttin [hieroglyphs] umfasst: [hieroglyphs] ([hieroglyphs] anstatt [hieroglyphs]).

3. Ostwand: Vor Amon der König Th. II anstatt M. [hieroglyphs], hinter ihm [hieroglyphs]. Ihm folgt sein K3 [hieroglyphs], dessen Name [hieroglyphs] über den weggemeißelten des K3's der M. [hieroglyphs] gemalt ist. LD III 21 rechts. — Amon redet den König an: [hieroglyphs]

4. Südwand links: Th. II anstatt M. [hieroglyphs] vor Amon.

5. Südwand rechts: Th. III urspr. vor Amon.

6. Westwand: M. stand, gefolgt von ihrem K3 wie auf der Ostwand, vor Amon. Statt ihrer Figur ist später ein Opfertisch „ausgehauen und gemalt" worden; ihre Inschrift ist aber geblieben, nur sind ihre Namen darin in die des Th. II verwandelt worden, ebenso wie der Name ihres K3 in denjenigen des Th. II verwandelt ist. S. ob. p. 33/4.

Halle P. Beschreibung nach Lepsius.

Nordwand. Oben: Barke des Amon wie die Namen des Gottes von Amenophis IV ausgekratzt. Hinter der Barke: Th. I [hieroglyphs] (sic 1)) [hieroglyphs], seine Gemahlin [hieroglyphs] 2) [hieroglyphs], vor beiden ein Kind mit Seitenlocke (und Uraeus) [hieroglyphs] LD III 8 b.3)

1) lies [hieroglyphs]. 2) so nach dem Abdruck. 3) vgl. DHJ II 4. Champ. Not. I 576.

Rede des Amon zur M. [Hieroglyphen] (verändert) Champ. Not. I 867. – Vor der Barke opfern: 1. M. ganze Figur verändert und Schilder ausgekratzt (um Th. III Platz zu machen, wie Lepsius vermutet) [Hieroglyphen] 2. Th. III urspr. [Hieroglyphen] 3. Jugendliche Prinzessin mit Uräus:[1] [Hieroglyphen] (die so \\\ durchstrichenen Zeichen sind spätere Wiederherstellung, das ◦ vor dem Schilde, von ⊂⊃ z. T. verdeckt, ist noch alt). LD III 20c.

Nordwand unten: Th. II verstorben. [Hieroglyphen], gefolgt von seinem K3 [Hieroglyphen] genannt [Hieroglyphen] LD III 20a. Von den Darstellungen vor ihm ist nur die Inschrift LD III 27, 8 erhalten: [Hieroglyphen]

Südwand oben: Amonsbarke wie drüben. Rede des Amon zur M.: [Hieroglyphen] … LD III 27, 9. Champ. Not. I 867. Hinter der Barke dieselben Personen wie an der Nordwand (LD III 8b), nur steht hier hinter dem Schilde Th. I richtig [Hieroglyphen]. – Vor der Barke opfert Th. III anstatt M.[x] (Figur und Schilder schlecht verwandelt) [Hieroglyphen], hinter ihm die Prinzessin [Hieroglyphen] Champ. Mon. II 192, 3 (das [Hieroglyphen] in [Hieroglyphen] ist urspr., aber wohl nicht auf die M. sondern auf Th. III zu beziehen) – Ganz links nochmals M., Schilder ausgekratzt.

x) [Hieroglyphen]

Südwand unten: Th. II wie LD III 20a. Rest zerstört.

Westwand: über der Thüre zu Q: r. Th. III urspr. opfert dem Amon – l. M. desgl., Namen und Figur ausgekratzt (vgl. Champ. Not. I 577, Z. 5 ff).

Architrav dieser Thüre: r. Th. III urspr., l. M. ausgekratzt (o. u. p. 100)

---

1) vgl. Champ. Not. I 576; ein weiterer Beweis für die oben p. 54 (§ 69) vertretene Annahme, daß die Prinzessin zur Thronfolge berufen war?; vgl. aber LD III 8b.

Pfosten: r. M. […] (es stand wohl da […]).

p. Nische: r. wie es scheint der verstorbene Th. I.

q. Nische: r. Th. III lebend […] verehrt.

r. Nische LD III 19, 1.: r. Königin […], vor ihr ein Priester, der sagt: […].

hinten: M. (Figur übermeißelt) […] vor Amon. –

l. M. (Figur übermeißelt) […], vor ihr ein opfernder Priester (wie rechts), der sagt: […].

s. Nische LD III 19, 2: r. Th. II […], ihm opfert wieder der Priester, sagend: […].

hinten: M. (Figur übermeißelt) […] vor Amon

l. M. (Figur übermeißelt) […], vor ihr der opfernde Priester: […]

Kammer Q.

Beschreibung, wo nichts anderes angegeben, nach Lepsius.

Ostwand. Thüre zu P: Pfosten l. und r. Vornamen und Schilder der M. abgeflacht.[1]

Südwand. r. und l. von der Thüre zu u: M. mit ausgekratzten Schildern und mit weiblichen Titeln vor Amon. — Thüre zu u: Architrav und Pfosten: M. mit ausgekratzten Namen[1], nur […] wiederhergestellt.

Nordwand. r. und l. von der Thüre zu t: Th. III urspr. vor Amon. — Thüre zu t, Weihinschrift der M. mit ausgekratzten weiblichen Endungen[1]

t. Seitenkämmerchen. Champ. Not. I 577/8, J: r. Th. III urspr. Mn-ḫpr-rꜥ; hinten M. „unsauber" [d. h. verletzt]; l. Th. II anstatt M. […], von Geb und ? stets als Frau angeredet: […] usw.

1) nach Champ. Not. I 577 auf der einen Seite M., auf der anderen Th. III.

u. Seitenkämmerchen (Champ. Not. I 577, F), r. „ein täuschend veränderter Thutmosis [scil. II] mit den Schildern und Titeln der M., in deren 2. tem Schilde nur zu sehen ist"; hinten ebenso, aber schlechter gearbeitet; l. Th. [scil. III] urspr.

Kammer x.

nordöstlich an den Hof E anstoßend. In dieser erscheint nach Lepsius l. Th. II urspr., gefolgt von Rēᶜ-Harmachis; über der Thüre derselbe König aber anstatt M. Rechts am Thürpfosten desgl.

Kammer auf der obersten Terrasse.

Champ. Not. I 574 „petite chambre A": M.

Von der obersten Terrasse scheinen auch zu sein die Inschriften

DHF II 4

1) vgl. p. 12 Anm. 2.

etwa von der Nordwand der Halle P?, s. ob. p. 98.

1) viell. Architrav der Thüre von P zu Q s. ob. p. 98 a. E.

wohl von der Südwand der Halle P, s. ob. p. 98.

§ 20. Der el bahri. Zweite Terrasse.

Südlicher Teil: Darstellungen der Puntexpedition Mar. Dereb. 5-10. DHF II 8-20. Düm. Flotte. Naville Der el bahari I pl. 7-10.

1. Darstellungen der Expedition selber. Mar. 5-6. DHF II 8-15:

Die Expedition ist ausgesandt (Mar. 5 unten), um auszuführen „was befohlen war" (ib. drüber); sie erfolgt „gemäß einem Ausspruch des Amon" und „zum Heile ihrer weibl. Maj.": (Mar. 6) od.

(Mar. 5. DHI. 10. Nav. VIII). Die Truppen [hieroglyphs] Mar. 6 (2 mal) oder [hieroglyphs] ib. 5 (vgl. ob. p. 44) werden kommandiert von einem [hieroglyphs] ib. 5 (3 mal).

Die Grossen des Landes [hieroglyphs] empfangen die Aegypter mit allerlei Fragen, weshalb und wie sie zu ihnen gelangt seien und endlich: [hieroglyphs] „der König von Aegypten, giebt es denn keinen Weg zu seiner Maj., dass wir leben durch den Atem (von dem) den er giebt?" Mar. 5 (vgl. ob. p. 44).

Ihre mit nach Aegypten geführten Vertreter beten die später zerstörten Schilder der M. an: [hieroglyphs], sie sind gekommen mit ihren Gaben [hieroglyphs] zum Aufenthaltsorte ihrer weibl. Maj. alle Länder sind ihr unterthan [hieroglyphs] .... sie bringen ihr Tribut alljährlich .... [hieroglyphs].

Die Puntleute bitten Frieden von ihrer Maj. [hieroglyphs], indem sie sie so anreden: [hieroglyphs] .... [hieroglyphs] (übersetzt ob. p. 44).

Die Namen der M., die sich Mar. 5 (Spalte 3) und Mar. 6 (unten) fanden, sind zerstört; vom 2ten Schilde ist nur das [hieroglyphs] von Ramses II (wie überall) wiederhergestellt, dieser König hat einmal dabei seinen Namen eingesetzt, wo urspr. der der M. gestanden hatte (Mar. 6).

2. M. weiht die Gaben dem Amon. Mar. Derelb. 7. DHI. II 16-17: Ueberschrift (vor der Königin): [hieroglyphs]

[hieroglyphs] S. ob. p. 45 (Die 1te Zeile ist ganz zerhackt, daher wohl die vielen falschen Lesungen; am Anfang der 2ten Zeile lies wohl: [hieroglyphs]).

Gesicht und Oberkörper der M. sind übermeißelt (nach Mar.), etwa um die Darstellung für einen andern König zu verändern? Die Königin heißt … , hinter ihr ihr K3 … Namens …, behandelt als Maskulinum … . Zum Schluß: … — Unter den Gaben auch Panther: …; ferner Elfenbein, auf das sich die folgende Inschrift (vgl. ob. p. 40) zu beziehen scheint: …

3. Wägen und Messen der Gaben. Mar. Derelb. 8. DHI II 18/9. Nav. X:
oben: Gold und Elektron werden für den Amon gewogen auf der Wage … Horus, der die Wage bedient, sagt u. A. …; Ddwn, der hinter ihm steht: … (Die männlichen Suffixe … oder … (statt …) sind wohl erst von dem okkupierenden Könige eingesetzt an Stelle der weiblichen, soweit sie nicht etwa auf den Amon Bezug haben). Die ganze Handlung wird überwacht von der Sfht, die die Zahlen aufzeichnet, wie
unten: Thoth bei der Vermessung des Weihrauchs … .
Rechts von der Darstellung die Inschrift (ganz zerhackt, daher die vielen Lesefehler der Publ.): …

1) Publ. … . 2) wenn so dasteht, aus … verändert.

 S. ob. p. 45.

4. Th. III urspr. und unverletzt opfert Weihrauch vor der Amonsbarke. Mar. Derelb. 9. DHI. II 19: 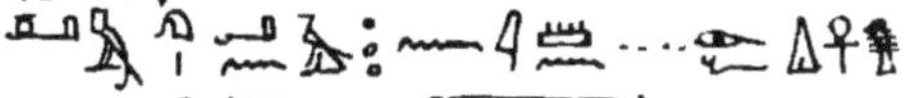
. Der König heißt: 
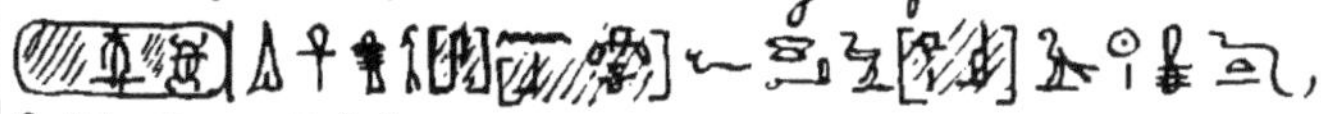, hinter ihm: 

5. M. vor Amon. Mar. Derelb. 10. DHI. II 20. Gesicht und Oberkörper der Königin sind nach Mar. wieder übermeißelt, wie oben in 2; sie ist genannt: 
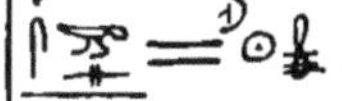 und von der Eileithyia geliebt 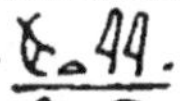. — Vor ihr folgende rückläufig geschriebene Inschrift: 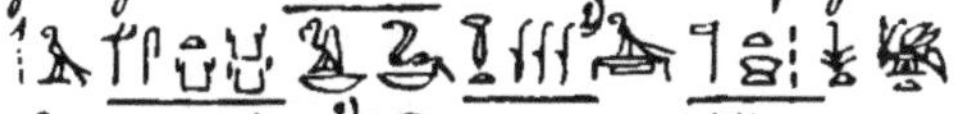

1) Publ.
2) so Düm.
3) Mar., Düm. //// statt
4) Publ. o statt
5) Publ. statt
6) Hülfsverbum?
7) Das ist zu streichen.

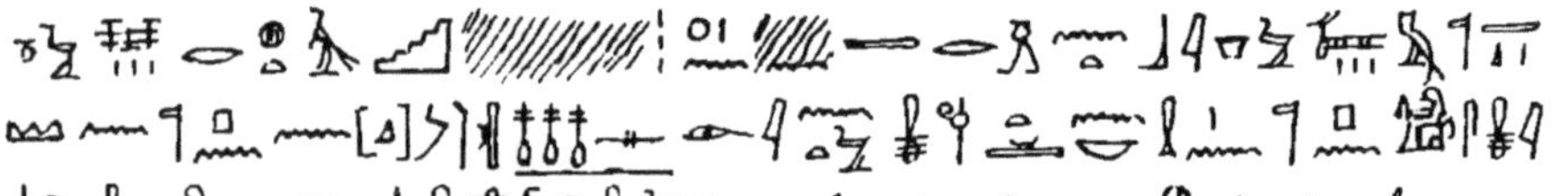

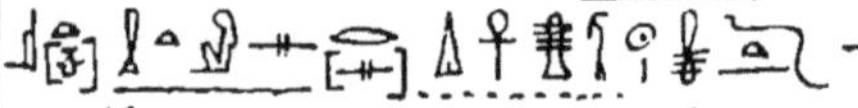 — Aus der langen Rede des Amon an die Königin sind folgende Stellen bemerkenswert:

Nördlicher Teil: Hier scheint sich nach Naville (Derelb. I pp. 15/6. 25) die Inschrift vom Jahre 9 zu befinden, in der vorkommt: 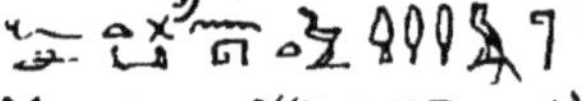

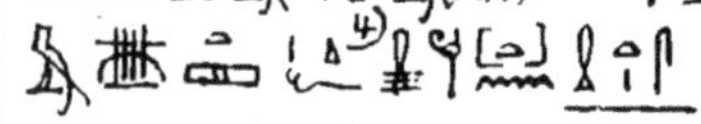 Nav. Derelb. I p. 25. — Der Anfang der Inschrift ist publ. von Dümichen in seiner „Flotte", welches Werk mir augenblicklich leider nicht zugänglich ist. — Daß die Inschrift auf die Puntexpedition Bezug hat, lehren die oben mitgeteilten beiden Stellen. — S. ob. p. 42.

§ 21. Der el bahri. Dritte Terrasse.

Auf der 3ten Terrasse (von oben) sind nach Lepsius alle Skulpturen gründlich zerhackt, doch zeigen die weiblichen Endungen, wie in 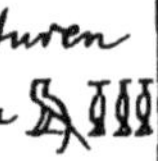 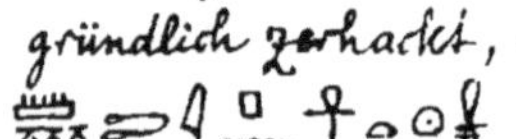, daß von der M. die Rede war.

Mar. Derelb. 11. DHI. II 21. Düm. Flotte 7-8 (vgl. ob. p. 91):

oben: Landung der Schiffe in 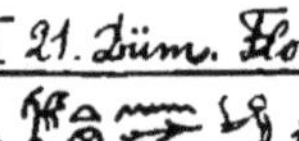, indem 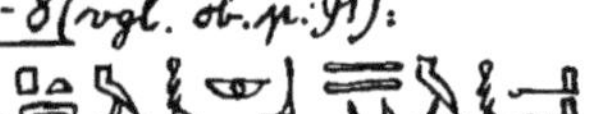

1) Suffix 1sg. unbezeichnet. 2) nhrj 1sg.? 3) Nav. . 4) 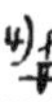 = Amon.

unten: r. Soldaten … Ihnen kommen von l. andere entgegen, deren eine Standarte mit dem Schilde … trägt: …

l. Opferszene: …

Die von links herzueilenden Priester von … sagen: … [1] … [2] …, die ihnen folgenden Beamten sagen: … (an Amon gerichtet?).

§ 22. Südliches Speos der Hathor.

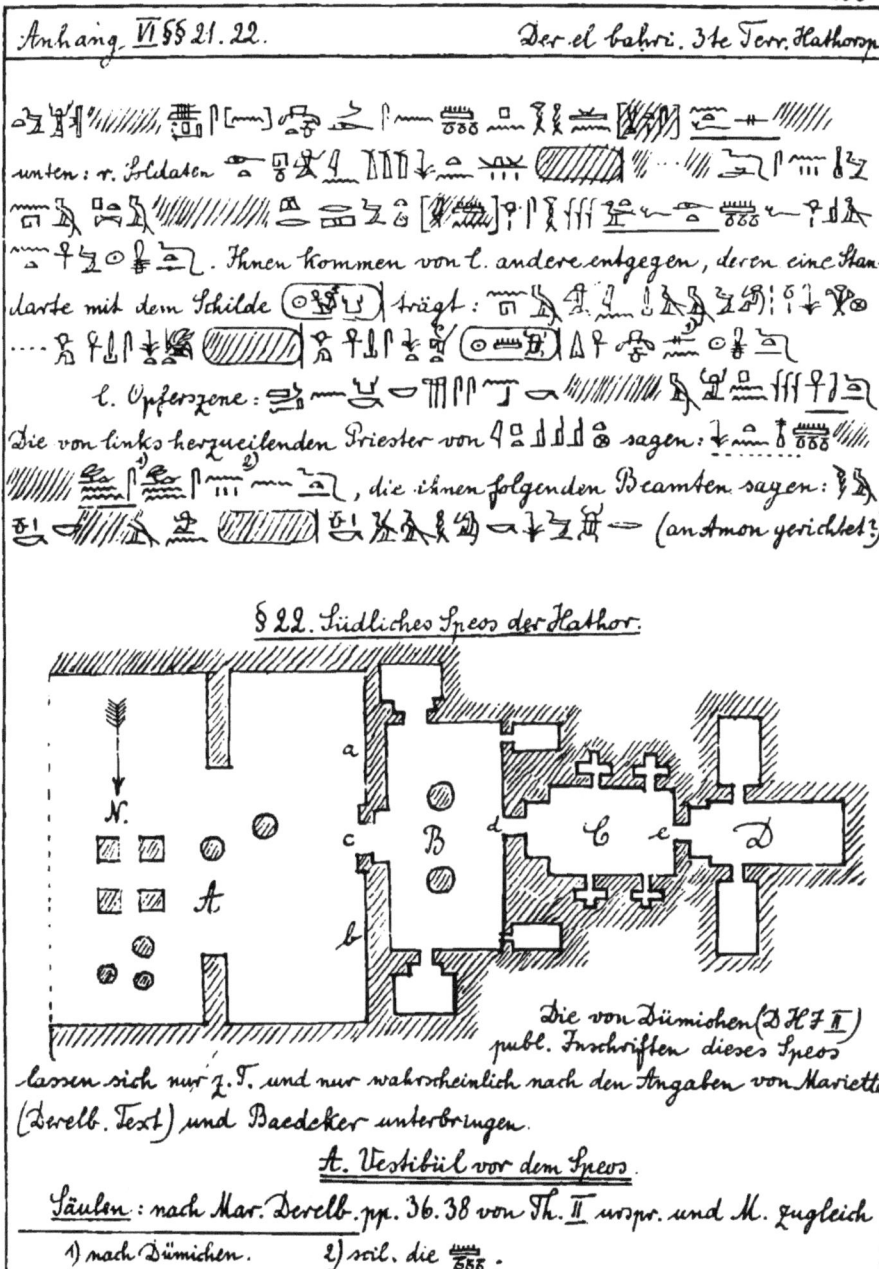

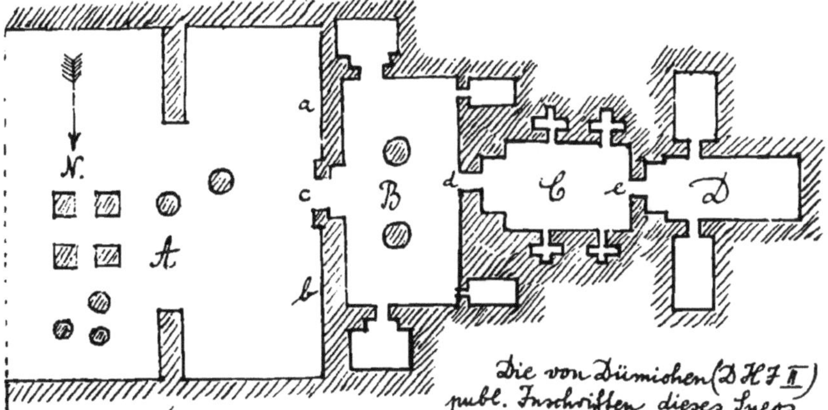

Die von Dümichen (DHF II) publ. Inschriften dieses Speos lassen sich nur z. T. und nur wahrscheinlich nach den Angaben von Mariette (Derelb. Text) und Baedeker unterbringen.

A. Vestibül vor dem Speos.

Säulen: nach Mar. Derelb. pp. 36. 38 von Th. II urspr. und M. zugleich

1) nach Dümichen. 2) scil. die …

beschrieben wie die Façade a b, die aber in Wahrheit urspr. von M. war, s. ob. p.

Nordwand. Mar. Derelb. 12. D.H.J. II 22. Düm. Flotte 5-6. Vgl. ob. p. 31. [37]

1ste Reihe: Schiff ⟦hieroglyphs⟧

⟦hieroglyphs⟧

⟦hieroglyphs⟧

2te Reihe: 1stes Schiff ⟦hieroglyphs⟧

horizontal; ⟦hieroglyphs⟧ vertikal

2tes Schiff ⟦hieroglyphs⟧

⟦hieroglyphs⟧

3tes Schiff ⟦hieroglyphs⟧

3te Reihe: 1stes Schiff ⟦hieroglyphs⟧ horizontal;

⟦hieroglyphs⟧ vertikal.

3tes Schiff ⟦hieroglyphs⟧ horizontal; ⟦hieroglyphs⟧

⟦hieroglyphs⟧ vertikal.

4te Reihe: Soldaten: ⟦hieroglyphs⟧

⟦hieroglyphs⟧

⟦hieroglyphs⟧

Dahinter bei Dümichen (Fl. 6) ⟦hieroglyphs⟧

⟦hieroglyphs⟧

Westwand (Façade des Speos). a. D.H.J. II 32 c. Th. II nach Mar. Derelb.

pp. 36. 38 urspr., in Wahrheit, wie die zahlreichen weiblichen Formen leh-

ren, anstatt M. Die Hathorkuh sagt zum Kirnige, dessen Hand sie leckt:

⟦hieroglyphs⟧

⟦hieroglyphs⟧

⟦hieroglyphs⟧

1) nach Dümichen.   2) d. i. die Hathor.   3) d. i. Th. III und M.   4) 1ste Person.

Anhang VI § 22 A, a–c. B, d. — — — Der el bahri. Hathorspeos.

Anubis(?), der hinter der Kuh steht, sagt: [Hieroglyphen]

[Hieroglyphen]

b. ⅁ℋℱ. II 32 b. Th. II anstatt M., die Inschrift des Königs zeigt keine

weiblichen Formen mehr: [Hieroglyphen]

hinter ihm [Hieroglyphen] und [Hieroglyphen]; dagegen wimmelt

die Rede der leckenden Hathorkuh noch von weiblichen Endungen: [Hieroglyphen]

[Hieroglyphen]

[Hieroglyphen]

[Hieroglyphen]

[Hieroglyphen] Rede des Apis(?): [Hieroglyphen]

[Hieroglyphen]

c. Thüre, vermutlich ⅁ℋℱ. II 33 b.

Architrav: r. und l. Th. II scheinbar urspr., in Wahrheit wohl (wie im Namen

des Thores) anstatt M. [Hieroglyphen]

[Hieroglyphen].

Pfosten: r. und l. Th. III urspr. [Hieroglyphen]

unten Name der Thüre: Th. II anstatt M. [Hieroglyphen]

B. Erster Raum des Speos.

d. Zweite Hauptthüre, vermutlich ⅁ℋℱ. II 33 c.

Architrav: r. Th. III urspr. [Hieroglyphen] Statt der [ ] hat die Publ. irrig [Hieroglyphen]

l. Th. II anstatt M. (vgl. p. 13 Anm.): [Hieroglyphen]

[Hieroglyphen]

1) Publ. irrig [Zeichen], was vor dem 1sten Schilde ungehörig. 2) Vor [Zeichen] ist wohl
[Zeichen] ausgefallen. 3) Publ. △ statt ▱ (oder [Zeichen]). 4) vgl. ℒ⅁ III 27, 4.

Pfosten: r. und l. Th. II anstatt M. (s. p. 13 Anm. 1). [Hieroglyphen]. Hier ist das weibliche Suffix [Hieroglyphen] nicht nur da, wo es sich auf die M. bezog, durch das männliche [Hieroglyphen] ersetzt worden, sondern irrig auch da, wo es auf die Hathor ging, in [Hieroglyphen].

unten Name der Thüre: Th. II anstatt M. [Hieroglyphen].

C. Zweiter Raum des Speos.

e. Dritte Hauptthüre, vermutlich D H F. II 34 (?).

Architrav: r. Th. III [urspr.] [Hieroglyphen].

l. ebenso, nur [Hieroglyphen].

Pfosten: r. Th. III anstatt M. [Hieroglyphen] (sic) [Hieroglyphen].

l. dasselbe, nur [Hieroglyphen] und [Hieroglyphen].

unten Name der Thüre. M. [Hieroglyphen]

D. Letzter Raum des Speos.

Linke Wand, vermutlich D H F. II 33a: M. [Hieroglyphen] und Th. III [Hieroglyphen] opfern über einer Nischenthüre mit den Namen der M.: l. [Hieroglyphen] r. [Hieroglyphen]. — Vor ihnen steht in einem Naos die Hathorkuh, an der die M. [Hieroglyphen] saugt. Vor der Kuh, im Naos die Figur eines Königs mit Ammonsfedern [Hieroglyphen]. Ueber der Kuh die Namen der M. [Hieroglyphen] und folgende Anrede: [Hieroglyphen]. — Vor dem Naos [Hieroglyphen] ..... [Hieroglyphen]. Hinter dem Naos 5 mal [Hieroglyphen] usw.

Anhang. VI §§ 22, d. Unbestimmbar. 22 bis.   Der el bahri. Hathorspeos. Statuen

Rechte Wand, vermutlich die analoge Darstellung δHF. II 31:

Die saugende Königin heißt ⸢[Hieroglyphen]⸣; die Figur vor der Kuh ⸢[Hieroglyphen]⸣; die Namen über der Kuh ⸢[Hieroglyphen]⸣; die Rede der Kuh: ⸢[Hieroglyphen]⸣ usw.; dahinter wieder 5 mal ⸢[Hieroglyphen]⸣ usw.

Unbestimmbares.

δHF. II 32a, einer 3ten den beiden, eben citirten analogen Darstellung, wie es scheint, entnommen: wieder 5 mal ⸢[Hieroglyphen]⸣ usw. an derselben Stelle, dabei aber der K₃ Königs Th.' III mit Namen ⸢[Kartusche]⸣.

δHF. II 32d. Kleine Thüre einer Nische.

Architrav: r. M. ⸢[Hieroglyphen]⸣   l. Th. III ⸢[Hieroglyphen]⸣.
Pfosten: r. M. ⸢[Hieroglyphen]⸣ l. Th. III ⸢[Hieroglyphen]⸣.

δHF. II 32e. Desgl. Pfosten: r. Th. III urspr. ⸢[Hieroglyphen]⸣ ... ⸢[Hieroglyphen]⸣.
l. M. ⸢[Hieroglyphen]⸣.

δHF. II 32f. Desgl. Pfosten: r. M. ⸢[Hieroglyphen]⸣ ⸢[Hieroglyphen]⸣.
l. M. ⸢[Hieroglyphen]⸣.

δHF. II 34 (vgl. Naville Derelb. I p. 19): ⸢[Hieroglyphen]⸣ ⸢[Kartusche]⸣ ⸢[Hieroglyphen]⸣ (s. ob. §64).[1]

§22bis. Der el bahri. Statuen.

1. Kniende Statue der M. ⸢[Hieroglyphen]⸣ ⸢[Hieroglyphen]⸣ Lepsius.
2. Sitzende Statue der M. (Berlin Nr. 2306). ⸢[Hieroglyphen]⸣ ... ⸢[Hieroglyphen]⸣
LD III 25f, und ⸢[Hieroglyphen]⸣ ⸢[Hieroglyphen]⸣ ... ⸢[Hieroglyphen]⸣ LD III 25g (wo irrig ⸢[Hieroglyphen]⸣ steht).
3. Statue des ⸢[Hieroglyphen]⸣ (§64) Naville Derelb. I p. 19.[2]

1) 1ste Person.   2) Aus diesem Vorkommen des Privatmannes ⸢[Hieroglyphen]⸣ im Tempel von Der el bahri erhellt gleichfalls seine bedeutende Stellung.

§ 23. Tempel des Prinzen

Statue einer Königin: Grébaut Le musée I, 1. Ä. Z. 1887, 125; vgl. ob. p. 6.

Stele des Erziehers der Königskinder , der seit Th. I bei Hofe war. Oben: Th. I , hinter ihm der , angebetet von Th. III . Die Stele ist datiert vom Grébaut Le musée ég. I, 2; s. ob. p. 54 § 71.

§ 24. Stelen aus dem westlichen Theben.

a Drah-abu'l-neggah. L D III 27, 10. 11. Oben r. Th. III , — l. M.

Die 1ste Zeile beginnt so:

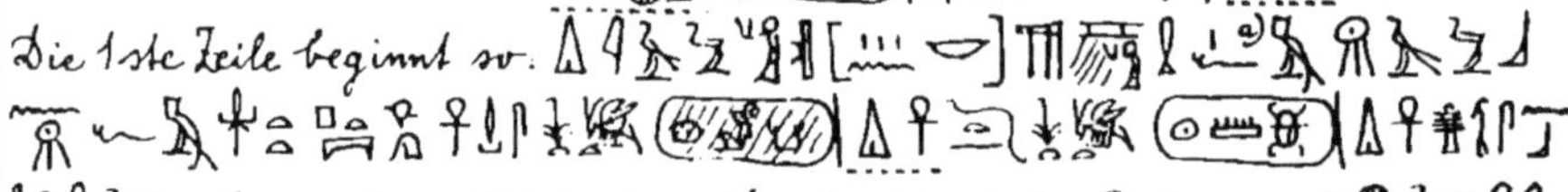

Im weiteren Verlauf der Inschrift ist die Rede von .

b. Vatikanisches Museum. Champ. Not. II 700/1. Oben: M. mit Kriegshelm, opfert dem Amon-rē', hinter ihr, unbeschäftigt, mit oberaeg. Krone Th. III .

Unten:

1) lies .   2) Publ. .   a) scil. der Amon.

§ 25. Gräber im westlichen Theben.

a. Aus dem bisher noch nicht aufgefundenen Grabe der Ma'-ke3-rē' stammen ohne Zweifel folgende Gegenstände (vgl. p. 54 § 70):

1. Totenstatuette „Uschebti" im Museum Westreenianum im Haag. Proc. VII 183

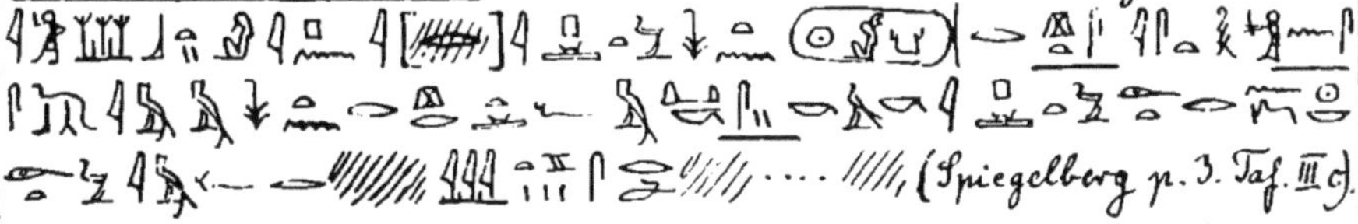

(Spiegelberg p. 3. Taf. III c).

2. Kästchen, enthaltend eine menschliche Leber, gefunden im Mumienversteck bei Der el bahri. Masp. Mom. roy. p. 584. pl. 22a: Aufschrift des Kästchens:

b. Grab des (vgl. ob. pp. 50/1 § 64 und dazu pp. 82. 109).

Statue (jetzt in Berlin No. 2296) L.D. III 25 i-n. (sic). Die Hauptinschrift lautet:

Drüber steht: und um die Prinzessin, die der Verstorbene vor sich hat: . Der Name des Amon ist auf der Statue niemals verletzt, wohl aber der Name des Verstorbenen mehr oder weniger sorgfältig ausgemeißelt: od. od. od. od. (ganz verschont).

Stele (jetzt in Berlin No. 2066) L.D. III 25 bis, a. Name des Amon und der des Verstorbenen überall ausgemeißelt. — Kleine Stelen L.D. III 25 bis, b-f desgl. — Ziegel L.D. III 25 bis, l. m

1) so ist nach dem Original zu lesen und die Uebersetzung ob. p. 51 danach zu ändern.

c. Grab des (vgl. ob. p. 81 § 66). Der Verstorbene war: Champ. Not. I 844. LD III 26, 1c = Champ. Not. I 516, LD III 26, 1a, ib. 1d. — Im Vestibül rechts: LD III 26, 2. Champ. Not. I 515; in dem großen Korridor Champ. Not. I 515; über einer Thüre hinten im Grabe: l. M., r. Aḥ-mes: LD III 26, 1b. Champ. Not. I 515. Die Art der Ausmeißlung (nicht nur die Namen, sondern auch die Titel der M.) würde auf die 1ste Verfolgung durch Th. III vor der Regierung Th.' II (s. ob. pp. 33-36 §§ 46. 47) schließen lassen.

d. Grab des .... Scheinbrot (jetzt in Berlin No. 8755) LD III 39e:

....S. ob. p. 11.

e. Grab des . Große Inschrift Rec. XII 106/7, darin folgt auf den Bericht über die Thätigkeit des Verstorbenen unter Th. I, Folgendes:

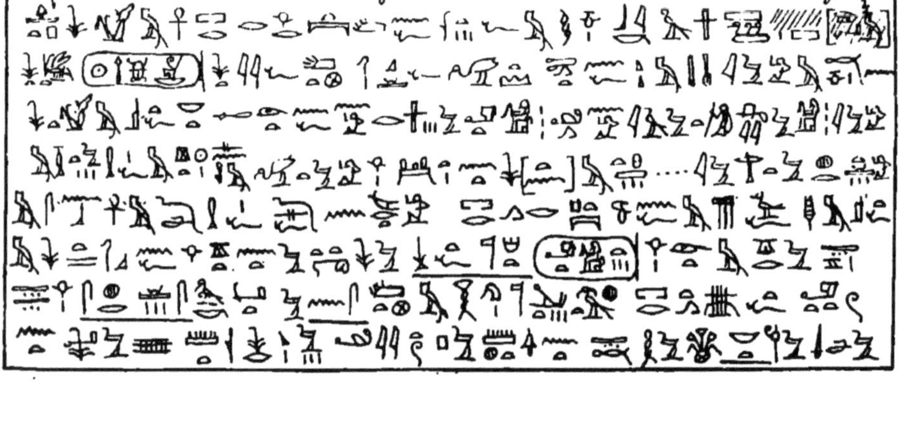

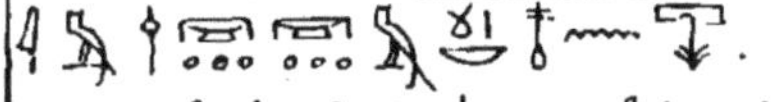 S. ob. pp. 6–7. 11. 39–40. 52.

f. Grab des 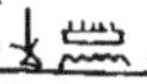 Scheinbrot. LD III 25 g. 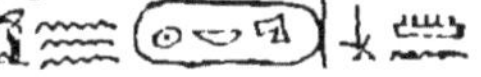

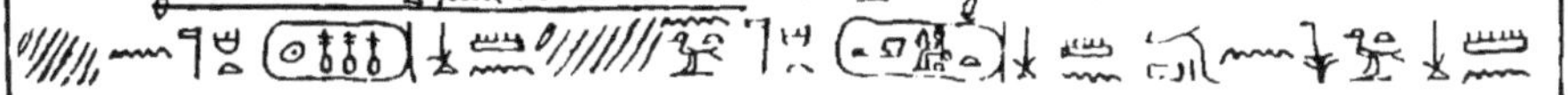

§26. Karnak. 3ter südlicher Pylon (Lepsius VII).

Nordostseite, größtenteils urspr. von M., diese von Th. II verdrängt, von Sethos I nach der Verfolgung des Amon durch Amenophis IV restauriert und z. T. auf seinen Namen beschrieben.

Linker Flügel: oben: Sethos I, der restauriert hat: LD III 125 a; rechts daneben Th. II  [1] , scheinbar urspr., da ihn die Göttinnen mit dem Suffix  anreden, in Wahrheit wohl aber anstatt M. LD III 14 (auch hier hat Sethos I restauriert).

unten LD III 18: Th. I  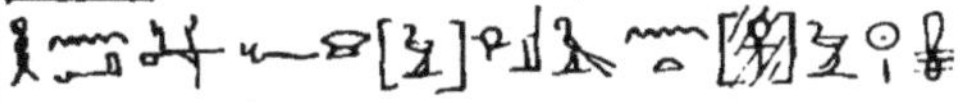 vor der thebanischen Göttertriade; die Inschrift vor dem König, welche rückläufig geschrieben ist, beginnt rechts mit seinen Namen, dann folgen allerlei ehrende Praedikate, bis endlich in Z. 11 von rechts die Rede des Königs beginnt:  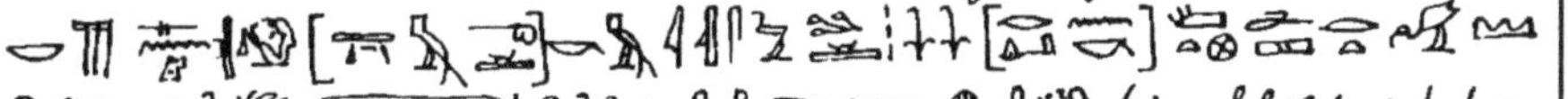 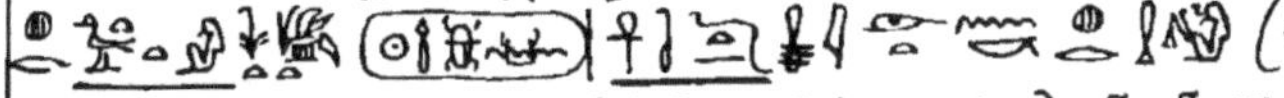 (im Schilde ist der Name der M. durch den Th.' II ersetzt worden). In Z. 17 heißt es anscheinend bezüglich auf die M.:  ....; in Z. 18 .... 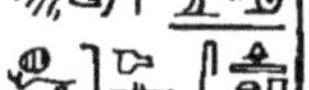 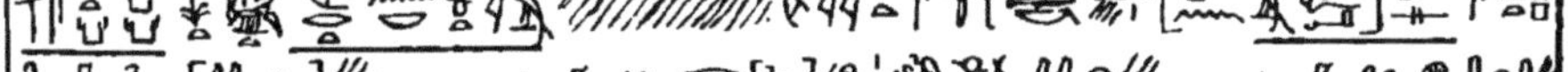  ....; in Z. 19:  ....; in Z. 20: 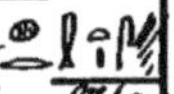 vgl. ob. p. 27/8.

1) so nach der Originalzeichnung und einer Kopie von Lepsius.

Rechter Flügel: oben r. LD III 15. Th. II anstatt M., später bei der Restaurierung von Sethos I verdrängt; in der Rede des Thoth finden sich noch weibliche Formen, die sich auf die M. bezogen:

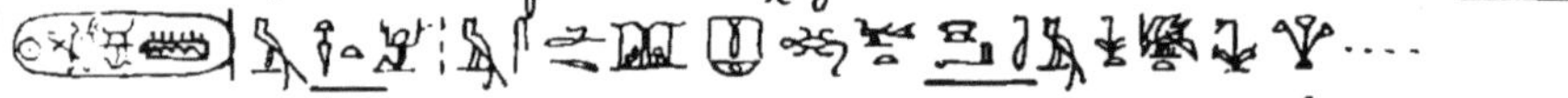

l. Th. II (wohl anstatt M.), verdrängt durch Sethos I LD III 27, 12:

unten: Ramses III.

Thür der Nordostseite. Pfosten. l. Th. III. LD III 16 d. Champ. Not. II 187:

r. Th. II anscheinend urspr., in Wahrheit aber wohl anstatt M., wie die Veränderungen in Zeile 2 (aus , aus und die in einer Kopie von Lepsius angegebenen Meißelspuren in , daher das bei Champollion übersehen) argwöhnen lassen. LD III 16 e. Champ. Not. II 187:

Thür der Südwestseite. Pfosten. l. Th. II anscheinend urspr., in Wahrheit aber wohl ebenfalls anstatt M., wie die von Champollion bemerkte femininale Form des Titels [1] und die von ihm bezüglich des 2ten (von Lepsius zerstört angegebenen) Königsschildes gemachte Angabe „changé en niche" zu beweisen scheinen. LD III 16 f. Champ. Not. II 183:

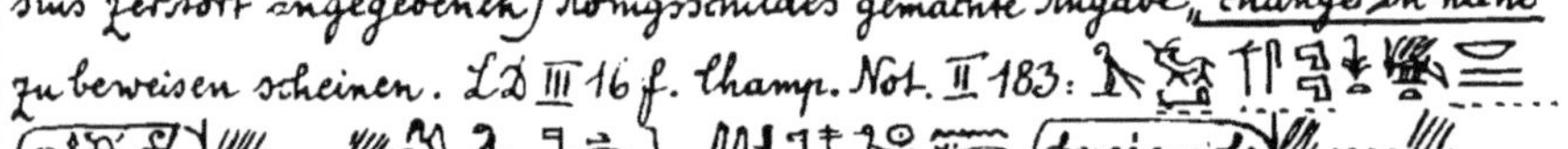

r. Th. III. LD III 16 g. Champ. Not. II 183:

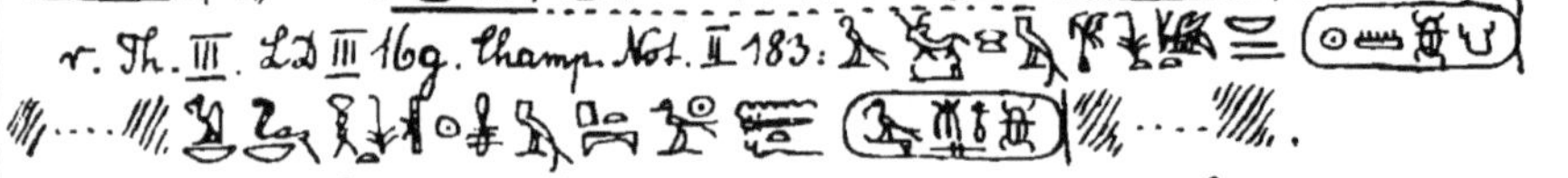

Auf dem Reste des Architravs einer dieser beiden Thüren findet sich nach Mariette (Deir el-b. texte p. 37) der Name der M. — Vermutlich war er bei

1) Diese fem. Form bildet ein Gegenstück zu der ob. p. 27 citierten Form für .

der ersten Verfolgung durch Th. III ausgemeißelt worden, sodaß er, als diese Verfolgung durch die Thronerhebung Th.' II unterbrochen wurde, nicht mehr, wie auf dem Pfosten, von Thutmosis II okkupiert wurde (vgl. ob. pp. 33-35).

Statue Th.' II, vor dem Thürpfosten LD III 16 f stehend: Gürtel: LD III 16 c. Mar. Karn. 38 b, 1. — Rückenpfeiler: Th. III hat die Statue im 42 sten Jahre seiner Regierung wiederhergestellt (o. ä.) [. . .] LD III 16 b. Mar. Karn. 38 b, 2. Champ. Not. II 184 (wo überall das wichtige im Schilde Th.' II fehlt, während es von Rosellini und Lepsius in seinen Notizen gegeben wird, vgl. ob. p. 6 § 9). — Vorderseite des Thrones: … Mar. Karn. 38 b, 3. — Prinzessin neben dem rechten Bein: … ib. b, 4.

Statue Th.' II vor dem Thürpfosten LD III 16 g: vorn am Sockel: … Mar. Karn. 38 e.

§ 27. Karnak. Großer Tempel.

a. Die Obelisken der M.; der stehende LD III 22. 23. 24 d. Champ. Mon. IV 314. Not. II 133 ff. Ros. Mon. stor. I 31 ff. (die letztere Publ. hat Lepsius an Ort und Stelle verbessert und seiner Publ. zu Grunde gelegt); der gefallene Obelisk LD III 24 a-c. Rec. de trav. X 142 (Fragment in Abutig).

Pyramidion: M. zu den Füßen des Amon sitzend, der folgendes sagt:

LD III 22 N. 24 a. b.

LD III 22 W.

LD III 23 S. [1]

LD III 23 O.

LD III 24 c.

1) Das statt zu erwartende, welches Rosellini giebt, ist von Lepsius ausdrücklich in verbessert.

Mittelzeile: M. unverletzt, auf dem gefallenen Obelisken in Th. III verwandelt:

LD III 22 N.

sic (Lepsius).

LD III 22 W. usw. wie in N.

LD III 23 S.

LD III 23 O.

(„damit du ewig lebest").

LD III 24 a.

(nach den Resten unter den letzten Zeichen zu urteilen lautete die Inschrift urspr. so wie LD III 23 O; ist das der Fall, so gehört das in Abutig gefundene Stück Rec. X 142 zu dieser Seite, denn es zeigt die Worte)

LD III 24 b. (die männlichen Vornamen beziehen sich wohl wieder auf Th. III, urspr. stand wahrscheinlich dasselbe wie in LD III 22 W da).

LD III 24 c. urspr. ähnlich wie LD III 23 S.

Seitendarstellungen (s. ob. p. 53): Abk. N. W. = LD III 22, S. O. = ib. 23, a. b. c. = ib. 24.

1. M. N. S.

O. W. a. b (W. a. haben statt). c.

2. Th. III urspr. […] S. W. […] O. […] a. c. […] b […] N. — Der König opfert, damit […] N. oder versehentlich […] S. (so von Lepsius bei Rosellini verbessert, der […] hat). — In a. stattdessen ein Restaurationsvermerk von Sethos I.

3. M. […] N. […] usw. S. […] usw. O. W. — Die Königin opfert damit […] N. W. […] O. — Auf dem gefallenen Obelisken steht Sethos I statt der M. mit einer Restaurationsinschrift a., Th. III nach Lepsius von Sethos I auf abgeschliffener Fläche eingesetzt: […] b. […] c., daher die Namensform […] ohne […].

4. Th. I urspr. […] S. W. ([…] statt […]). […] O […] N. — Er opfert damit […] N S. — Auf dem gefallenen Obelisken steht stattdessen Sethos I mit Restaurationsinschrift a., Th. III nach Lepsius wieder von Sethos I bei der Restauration auf vertiefter Fläche eingesetzt (in c mit Restaurationsinschrift Sethos' I): […] b. […] c.

5. M. […] N. […] usw. […] O. ([…] hat Champ. richtig). — Die Königin opfert damit […] N.; so auch noch in S., wo Sethos I bei der Restauration die Namen der M. durch die seinigen ersetzt hat (Ros. hat […], von Lepsius ausdrücklich in […] verbessert). — Auch in W. steht bei der Königsfigur eine Restaurationsinschrift Sethos' I.

6. M. […] O. […] S. (vgl. Rec. X 142). […] W. […] N (nach Champ. Lepsius; Ro[…] […] von Leps. verbessert).

7. Th. III urspr. […] N. […] S. […] O. […] W., vgl. Rec. X 142.

8. M. […] S. […] N. […] W. […] O. — Sie hat die Obelisken errichtet ([…]), damit […] N. W. S. O.

Basisinschrift des stehenden Obelisken LD Ⅲ 24 d (vgl. ob. pp. 46–48):

[hieroglyphic text — 7 lines]

... (*folgt die Beschreibung der Obelisken*)

[hieroglyphic text — many lines]

... (*Ende der Rede des* [cartouche]) ...

[hieroglyphic text continues]

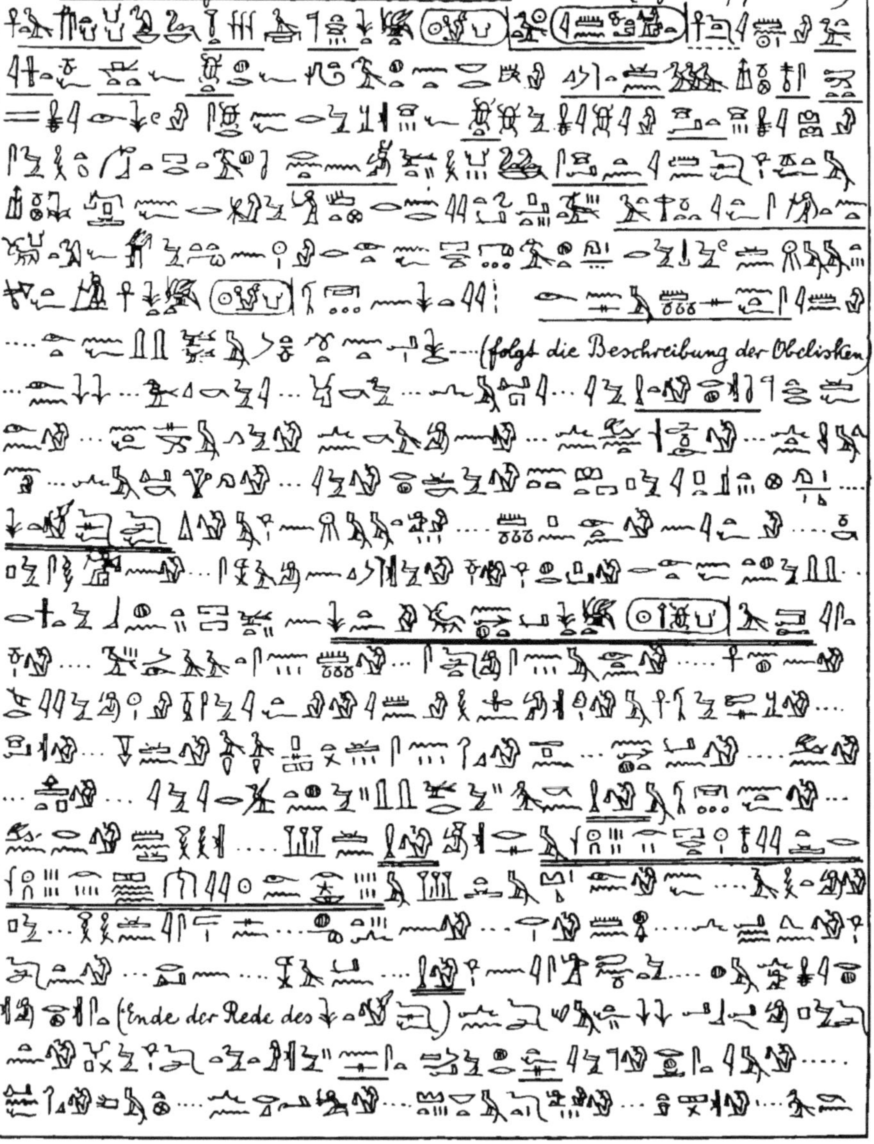

Anhang VI § 27, a.b.   Karnak. Obelisken. Räume V.W.B!

[Zeile mit Hieroglyphen]

[Zeile mit Hieroglyphen]

Der Name des Amon ist auf dem Obelisken unterhalb der 5ten Seitendar-
stellung (von oben) überall unberührt, drüber, wie auf dem Fragment des gefallenen Obelisken, von Sethos I wiederhergestellt (Lepsius).

  b. Räume um die Cella des Philippus (vgl. den Lepsius'schen Plan).
V.W (nördlich von der Cella). Südwand (Rückseite der Annalen ⌂⌂).
Alle Königsfiguren wegpoliert, vermutlich weil sie die M. darstellten; es
sind jetzt nur noch die später in Stuck aufgesetzten Schilder Th.' II [Hieroglyphen]
[Hieroglyphen] und einige Male auch die Th.' III zu sehen. Zum Teil
sind statt der Königsfiguren, die vor Amon standen, Opfertische eingekratzt oder aufgemalt worden, die zugehörigen Königsschilder sind aber
oben und unten durch eingekratzte oder aufgemalte Schilder Th.' II und
III ersetzt worden, der erstere erscheint in beiden Reihen 3mal, der letztere 2
mal. Lepsius. Vgl. Champ. Not. II 146, salles Z und Z', er giebt außer der
von Lepsius angeführten Var. des Namens Th.' II auch eine von Th. [Hierogl.] [Hieroglyphen]
[Hieroglyphen]. S. hierzu oben p. 34/5.

  Blöcke einer schwarzen Granitthüre (von V nach W) von Th. II. [Hierogl.]
[Hieroglyphen] ... [Hieroglyphen]. Daneben andere überarbeitete Wände
mit den später aufgesetzten Schildern Th.' III. Dann nördlich wieder ein Block
von einer schwarzen Granitthüre Th.' II (vgl. Champ. Not. II 146, Z': „deb ris d'
un bandeau de porte en granit du regne de [Hieroglyphen]"). Lepsius.

  B'.C' (südlich von der Cella). Champ. Not. II 145/6 salles X (= C'). Y (= B').
B' Nordwand. Darstellungen Th.' II vor Amon. [Hieroglyphen].
Südwand. Desgl. „mais les legendes surchargées sont celles du regent" d.h.
Th. II anstatt M. [Vermutlich sind in Wahrheit auch die Schilder der N. Wand so geän=
dert]

Anhang VI. §§ 27,b. 28. 29,a.   Karnak. Abydos. Speos Artemidos.

C. Südwand. Th. II anstatt M. [hieroglyphs] vor Amon (mehrmals).

Nordwand. M. unverwandelt. [hieroglyphs] desgl.

An der Thür einer der kleinen, die Namen Amenophis' I und Th.' III zeigenden, Kammern 1–14 las Champollion (Not. II 147) die Namen Th.' II: [hieroglyphs]

„très évidemment en surcharge après avoir effacé le prénom et le nom propre du régent Amenenthé (d. i. Maˁ-keȝ-rēˁ)."

Südliche Aufsenwand des Raumes R (Mariette's Plan). Inschrift betr. die erste Regierungszeit Th.' III (erwähnt das Jahr 15) Mar. Karn. 15. 16. Ueber dieser Wand lief eine Dedikationsinschrift von Th. III, in der gewöhnlichen Form abgefafst, hin, in der das oben mitgeteilte rätselhafte Königsschild Mar. Karn. 32 f (s. ob. p. 42, wo das U auf dem ersten Blatte mangels einer passenden Drucktype die wunderliche Spirale ∞ vertritt) vorkam.

§ 28. Abydos.

Zwei Alabastervasen. Mar. Cat. d' Abyd. 1467: [hieroglyphs] und ib. 1468: [hieroglyphs].

§ 29. Speos Artemidos.

a. Grofse Inschrift aufsen über der Thüre, wegen ihrer sehr schlechten Erhaltung wohl wenig genau kopiert von Golenischeff, publ. Rec. VI 20. Beachtenswert die Stellen: Z. 2 [hieroglyphs], Z. 7 ff. Text in 1ster Person ([hieroglyphs]); Z. 13. [hieroglyphs] (die Länder?) [hieroglyphs] .... Z. 15. [hieroglyphs] .... Z. 27. [hieroglyphs] .... Z. 34. [hieroglyphs] .... (Z. 35) [hieroglyphs]

[Zeilen mit Hieroglyphen] usw. in 1ster Person ..... [Hieroglyphen] ..... [Hieroglyphen]

[weitere Hieroglyphenzeilen]

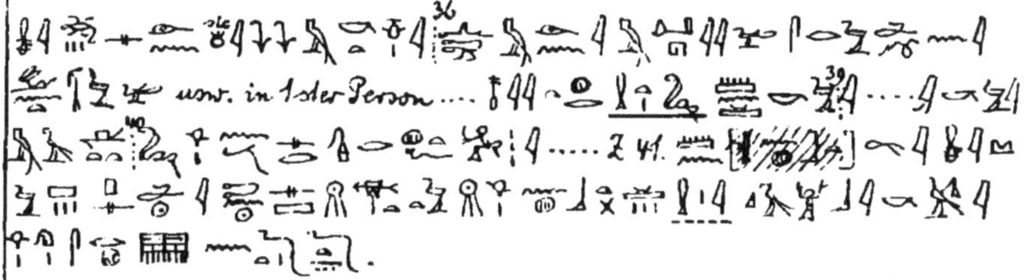

b. Die Pfeiler tragen auf der einen Seite die Namen Th.' III [Hieroglyphen] [Hieroglyphen], auf der andern die Namen des Sethos' I, die Lepsius zwar ebenso alt zu sein schienen wie die Th.' III, in Wirklichkeit aber ohne Zweifel erst an Stelle derer der M. eingesetzt sind (wie in den folgenden Inschriften des Vorraums). Lepsius' Notizen. Champ. Not. II 323/4.

c. Links von der Thüre zum Innern des Speos wird Sethos I von Amon mit dem männlichen Suffixe ⌒ angeredet, doch zeigt die eine Form [Hieroglyphe] für [Hieroglyphe] in dieser Rede, daß urspr. M. angeredet war. Champ. Not. II 327:29.

d. Auf M. bezogen sich, wie schon Lepsius (Denkmäler) erkannt hatte, auch die jetzt auf den Namen Sethos' I lautenden, aber noch von alten weiblichen Formen und irrigen Korrekturen solcher wimmelnden Inschriften LD III 26, 7. Champ. Not. II 328–331. Zeile 1–4 Rede des Thoth an die Götterneunheit:

[Hieroglyphenzeilen]

[Hieroglyphen] Zeile 5/6. Rede desselben Gottes an den König: [Hieroglyphen] [Hieroglyphen] [bis] [Hieroglyphen], Zeile 7. Rede der Göttin Pht an den König [Hieroglyphen] [Hieroglyphen].

¹) bewiesen u. A. auch durch die Ausmeißelung des Namens des Amon.
²) wohl aus [Hieroglyphen] geändert; Sethos hielt die fem. Endung ⌒ irrig für das Suffix 2 f. sg. und ersetzte es deshalb durch ⌒. ³) lies [Hieroglyphe]. ⁴) aus [Hieroglyphen] geändert, weil Sethos das [Hieroglyphe] des Suffixes 2 pl. [Hieroglyphe] fälschlich für das Suffix 2 f. sg. ansah.

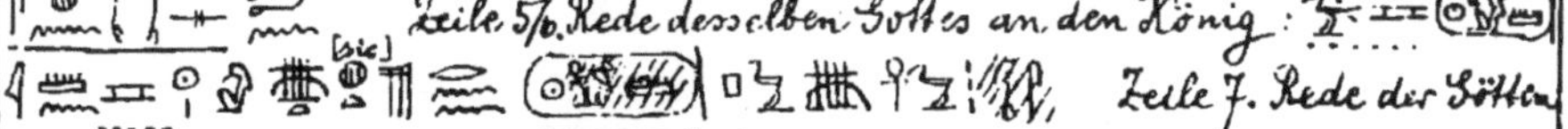

Anhang VI § 29–32 d. Speos Artemidos. Wadi Maghara. El ʿAyun. Klein. Denkm.

Antwort der Götterneunheit auf die Rede des Thoth: [hieroglyphs]

[several lines of hieroglyphs]
[lies 〈〉?]

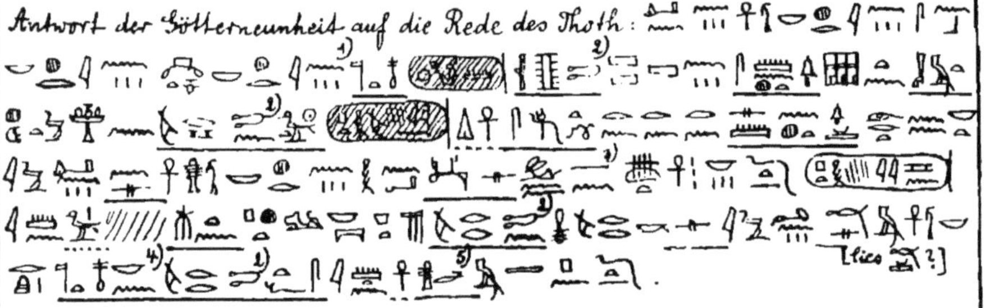

§ 30. Wadi Maghāra.

L.D. III 28,2. [hieroglyphs] (von r. nach l. geschrieben), drunter nach r. gewendet M. [hieroglyphs], nach l. Th. III [hieroglyphs] [hieroglyphs], zwischen beiden: [hieroglyphs]. — Drunter eine Inschrift, in der vorkommt: [hieroglyphs] . . . . [hieroglyphs] S.ob. p. 51.

§ 31. El ʿAyun.

A.Z. 1876, 19.0. Stele historischen Inhalts aus der Zeit Th.ʾ II [cartouche] von Ascherson aufgefunden in der Nähe der Kulturinsel El ʿAyun in der libyschen Wüste.

§ 32. Kleinere Denkmäler ungewisser Herkunft.

a. Alnwick-Castle. Alabastervase. Birch Cat. p. 176, nach einem Abdr. der Smlg. Lepsius so zu lesen: [hieroglyphs]   s.ob. p. 2[?]

b. Kairo. Büchse aus der Smlg. Huber. Mar. Mon. div. 48 dᵉ:
[hieroglyphs] S.ob. pp. 6. 20.
d besser bei Masp. Mon. roy. p. 633

c. Leiden. Statue. A.Z. 1874, 45. [hieroglyphs]

d. Leiden. Statuenfragment. A.Z. 1874, 46. . . . [hieroglyphs] . . .

1) lies [hiero]? 2) [hiero] Femininalendung. 3) lies [hiero] d.i. M und ihr K₃.
4) aus [hiero] machte Sethos I [hiero] vgl. vor. Seite Anm. 2.4.   5) lies [hiero].

e. London. Statue. Leps. Ausw. 11. [hieroglyphs] S. ob. pp. 6/7. 51.

f. Louvre S. h. 617/8. Porzellanplatten aus der Smlg. Clot-Bey, eine mit [hieroglyphs], die andere mit [hieroglyphs] (L D. Text I 10).

g. Louvre. Stele C. 48. Leps. Ausw. 11. 1 = 2. [hieroglyphs].

3. [hieroglyphs] empfängt Leben vom Amon.

4. [hieroglyphs].   5. desgl. [hieroglyphs]

6 = 7. [hieroglyphs]

8. [hieroglyphs] (der Steinmetz hatte statt [hieroglyphs] aus Versehen erst [hieroglyphs] wie in 8 gesetzt, weil 2. 5. 7 ebenso wie 1. 4. 6 begannen, s. ob. p. 16 Anm. 2).

h. Turin. Statue Th. I. Leps. Ausw. 11. Gürtel [hieroglyphs]. — Oben auf dem Thron: [hieroglyphs]. — Vorn am Thron: [hieroglyphs].

i. Turin. Stele No. 47. Maspero Rec. de trav. III 114. [hieroglyphs] genannt, der Eigentümer der Stele heißt [hieroglyphs].

k. Turin. Papyrus. Pleyte-Rossi pl. 1, datiert vom [hieroglyphs] [hieroglyphs]. S. ob. p. 26.

l. Wien. Ostrakon. Rec. IX 49. Proceed. IX 183. [hieroglyphs]

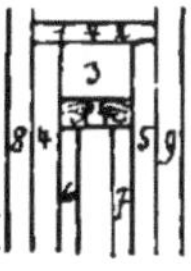

m. Louvre Skarabäus. Petrie Hist. scar. 880 (s. ob. p. 28).

n. Petrie Season XXI 3. Statuette des : ……

o. Abdruck der Smlg. Lepsius in Berlin, bezeichnet mit „Mus. Eg. 79": . (nicht so |, ⊙ w – aus).

p. Grundsteingeräte mit den Namen der M. in verschiedenen Museen (s. Wiedemann Aeg. Gesch. 339 Anm. 10): Ros. Mon. civ. 66. — — — Champ. Mon. IV 433 schlecht publiziert wie es scheint dasselbe. — Grundsteingeräte aus Der el bahri sind u. A. auch dem Berliner Museum durch den Egypt exploration found (aus den neusten Ausgrabungen von Naville) geschenkt worden: 13114. 13115. 13116. Dazu gehörig ein Alabastergefäß 13118: , auf dem Deckel: .

q. Champ. Mon. IV 434. Vasendeckel: (Grundstein deposit?)

r. Skarabäen: Petrie Hist. scar. 882 ff. Th. II 882/3. M. 884. 885. 886. 887 ff. 903. 904. 905. 906/7. 908. 909. 910. 911. 915. 918. 913. 912. 922. 921. M. und Th. III. 894.

Ra‘-nofru. 929. 934. 933. 930 ff.

Th. III. Wie weit die Skarabäen dieses Königs in die Zeit der Thronwirren gehören, vermag ich nicht zu entscheiden; sicher wohl diejenigen mit dem

Namen , sowie gewiß etwelche von denen, die den Namen mit geschrieben zeigen, zumal solche die, zugleich den Namen oder ohne den Zusatz zeigen (Petrie No. 1074 -1076. 1079), wie im ältesten Teile des Tempels von Semneh.

M. als Königin Ḥaᶜt-šepsōwet: 925. 926.

Zusätze und Berichtigungen.

<u>p. 3. drittletzte Zeile des § 3.</u> lies „für wahrscheinlich gelten".

<u>p. 6. Z. 8 v. u.</u> lies „105-107" statt „105. 107."

<u>p. 7. Z. 9 v. u.</u> lies „über den" statt „über dem".

<u>p. 8. Z. 2 v. o</u> lies „ihn" statt „ihm" und „das" statt „dass".

<u>p. 10. Z. 3 v. o.</u> Daß Maspero in der Prinzessin eine ältere Schwester der M. und daher <u>vor</u> ihr zur Thronfolge berechtigte Person vermutet, beruht wohl auf der Thatsache, daß sie den Uraeus trägt?

<u>p. 11. Z. 5 v. o.</u> lies „das" statt „dass".

<u>p. 13. Z. 5 v. o.</u> lies „genauerem" statt „genaueren".

<u>p. 14. Z. 12 v. o.</u> füge hinzu: „desgl. § 11 d. c (p. 84)."

<u>p. 15. Vor § 22</u> füge hinzu: „7. Desgl. hat Ramses <u>II</u> bei der Restauration der zerstörten Amonsnamen im Tempel von Der el baḥri öfters seine Schilder an Stelle der zerstörten der M. eingesetzt, z. B. Mar. Derelb. 6."

<u>p. 15. Z. 4 v. u.</u> füge hinzu: „(vgl. auch Mar. Derelb. 7. 10 Anhang <u>VI</u> § 20, 2

5. pp. 102/3) und daß man die männliche Figur des Kꜣ sowie das [illegible] im 2ten Königsschilde (für die p. 13 Anm. besprochenen Kombinationen) in solchen Fällen stehen gelassen hat. Zur Einsetzung der männlichen Formen und der Namen des andern Königs ist es dann entweder nicht gekommen oder sie waren auf einen Stucküberzug, der über die ausgemeißelten Stellen gelegt wurde und jetzt abgefallen ist, aufgemalt (vgl. dazu p. 119) oder eingeschnitten."

p. 18. Z. 5 v. u. lies „§ 45" statt „§ 65."

p. 20. Z. 14 v. u. Wie mir Steindorff freundlichst mitteilt, ist die Königin ꜥAḥ-mes an der betr. Stelle (Nav. Derelb. I pl. 11) in der That als lebend bezeichnet; da es sich hier aber um eine Darstellung der Geburt ihrer Tochter M. handelt, so beweist das Prädikat garnichts dafür, daß die Königin zur Zeit der Herstellung der betr. Skulpturen noch am Leben war; sie kann vielmehr dadurch nur als zur Zeit des dargestellten Ereignisses lebend bezeichnet sein, vgl. p. 38 a. E.

p. 23. Z. 6 v. o. hinter Silsilis zuzufügen: „und zwar, nach der Art der Ausmeißlung der Titel und Namen der M. zu urteilen, wahrscheinlich wieder aus der Zeit vor Thutmosis II (s. § 47. p. 36)."

p. 24 Z. 1 v. o. Der Zweifel an der Richtigkeit der Variante [illegible] in der Inschrift LD III 28,5 wird hinfällig durch die übereinstimmende Abschrift von Griffith, s. Anhang VI § 11a (p. 83).

p. 27. Z. 5 v. o. hinter LD III 24 d einzufügen: „und statt [illegible] einmal [illegible] „Vereinigerin (der beiden Diademe)" Champ. Not. II 183, s. Anhang VI § 26 (p. 114)."

p. 27. Anm. 3. lies beide Male [illegible] statt [illegible].

p. 28. Anm. 1. lies ỉsw(ỉ) statt ỉsw.

p. 28. Z. 9 v. u. das Citat LD III 27,7 zu streichen.

p. 31. Z. 5 v. o. lies „LD III 20 b" statt „20, 3."

p. 34. Z. 8 v. o. Dem könnte man, wie mir Steindorff richtig bemerkt, entgegenhalten, daß der K3 der Maᶜ-ke3-rēᶜ auch an solchen Stellen verschont ist, wo die Figur der Königin selbst ausgemeißelt ist (z. B. Mar. Dereلb. 7), doch erklärt sich die Schonung des K3 an diesen Stellen daraus, daß man die Darstellung für einen andern König umändern wollte, wobei der K3, weil männlich dargestellt, bleiben konnte und nur sein Name zu ändern war; s. ob. den Zusatz zu p. 15. Z. 4 v. u."

p. 36. Z. 11 v. u. hinter der Klammer (LD III 16 e) ist zu lesen: „sowie die von Champollion in der andern Inschrift (LD III 16 f) bemerkte weibliche Form des Titels [illegible] und Veränderung des 2ten Königsschildes, daß sich Lepsius hier getäuscht hat und daß diese Inschriften urspr. von Maᶜ-ke3-rēᶜ herrührten wie der Architrav" usw.

p. 38. Z. 3 v. o. lies „§ 18" statt „§ 23."

p. 38. Z. 12 v. o. Z. 7 v. u. lies „befestigten Stationen" statt „Mauern".

p. 40. Z. 11 v. o. Hinzuzufügen wären die Statue Thutmosis' I in Turin (Anhang VI § 32 h. p. 123) und die beiden Statuen des Königs Thutmosis' II selbst in Karnak vor dem 3ten südlichen Pylon (Anhang VI § 26. p. 115).

p. 42. Z. 11 v. o. Vergl. dazu jetzt auch die Uebersetzung von Naville Rec. de trav. XVIII 103, die zugehörige Tafel ist leider noch nicht ausgegeben.

p. 42. Z. 15 v. u. lies „so gewissermaßen ein Gegenstück" statt „so das Gegenstück". Vgl. auch Anhang VI § 27 b. p. 120.

p. 42 Anm. 1. Das [illegible] auf dem ersten Blatte vertritt mangels einer passenden Drucktype das [illegible] des Originales.

p. 44. Z. 6. v. u. lies „[illegible]" und übersetze „wenn der König M. zu ihrer Pflicht aufgerufen (gezählt) wird".

p. 45. Z. 1 v. o. lies 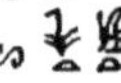 statt .

p. 45 Anm. 5. lies  statt 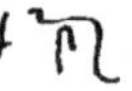.

p. 46. Z. 16 v. o. lies „der Gott des Horizontes (?)" statt „der beiden Horizonte"

p. 50 Anm. 1. Das ⲙ hinter 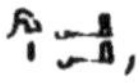, welches zerstört und deshalb in der Publ. nicht angegeben ist, scheint ausgemeißelt zu sein. Dennoch kann nur der Vorgänger des Königs (Thutmosis' III) gemeint sein. Ist das sinngemäße ⲙ etwa deshalb getilgt, weil der Vorgänger nicht nur der des Königs, sondern auch der der Maᶜ-ke3-rēᶜ war und weil für das Pluralpronomen  kein Platz mehr war?

p. 51. Z. 1 v. o. lies „Amon-Rēᶜ und der König ... Maᶜ-ke3-rēᶜ sie geben" statt „der König Maᶜ-ke3-rēᶜ sie gebe". Vgl. Anhang VI § 25 b. p. 111.

p. 51. Z. 6 v. o. Daß die Statue aus dem Grabe stamme, erwähnt Lepsius in seinen Notizen, doch ist das vielleicht nur eine Vermutung von ihm, da er sie nicht mehr in Aegypten gesehen, sondern schon vor seiner Reise in London aus der Smlg. Athanasi für das Berliner Museum erworben hat. Gegen die Herkunft aus dem Grabe spricht der Umstand, daß der Name des Amon auf ihr nirgends ausgemeißelt ist, im Grabe hingegen überall.

p. 51. Z. 16 v. o. Desselben Sen-mut wird auch im Tempel von Der el bahri gedacht (DHT. II 34, s. Anhang VI p. 109), woselbst sich auch eine Statue von ihm gefunden hat (Nav. Derelb. I p. 19), wie auch kürzlich im Tempel der Mut bei Karnak (Sayce Academy 4 Apr. 1896). Das häufige Vorkommen des Mannes ist der beste Beweis für seine Bedeutung. — Andere Mitglieder der mutmaßlichen Legitimistenpartei, die dasselbe Schicksal wie , d. h. Ausmeißlung ihres Namens, erfahren haben, sind wohl der in einer Grotte von Westsilsilis genannte Anhang VI

§ 11 e. p. 84), ferner nach freundlicher Mitteilung von Steindorff zwei in Theben bestattete Männer, nämlich der oben (§ 69. p. 54) erwähnte [Hieroglyphen], der ein Bruder des [Hieroglyphen] war, und ein unbekannter Mann, Sohn des [Hieroglyphen], dessen Grab neben dem des [Hieroglyphen] liegt.

p. 55. Z. 7 v. o. lies „aegyptische" statt „aegyptischen".

p. 55 Anm. 1. füge hinzu: „De Rougé's und Maspero's Annahme, sie sei eine Tochter der Maᶜ-ke3-rēᶜ, beruht, wie es scheint, nur auf der Gleichheit des Eigennamens Ḥaᶜt-šepoówet. Der von Pierret (Cat. de la salle historique 1882, p. 107) erwähnte Skarabäus nennt nach freundlicher Mitteilung des Hrn. E. Chassinat nicht, wie man nach Pierrets durch einen Druckfehler entstellten Worten denken könnte, die Königin mit der Raᶜ-nofru, Tochter der Maᶜ-ke3-rēᶜ zusammen, sondern sie allein [Hieroglyphen] (s. Petrie Hist. scar. 1083)."

p. 62. Z. 9 v. o. hinter den Königsschildern zuzufügen: „vgl. auch Mar. Abyd. II 54/5."

p. 104, letzte Zeile des § 20. Vergl. jetzt auch Naville Rec. de trav. XVIII 91 ff., wo er auch die (von Brugsch herrührende) irrige Lesung [Hieroglyphen] in das oben konjicierte [Hieroglyphen] (Infinitiv III inf.) berichtigt.

p. 111. Betreffs der Statue des [Hieroglyphen] s. den Zusatz zu p. 51. Z. 6 v. o.

p. 113. § 25 f. vergl. den Zusatz zu p. 51. Z. 16 v. o. (hier auf dieser Seite)

Untersuchungen

zur

Geschichte und Altertumskunde

Aegyptens

herausgegeben von

Kurt Sethe

Zweiter Band

Mit Register zu Band I und II

INHALT

DES ZWEITEN BANDES.

Druckfehlerberichtigung.

In der Arbeit über die Dodekaschoinos ist auf S. 79 in Anm. 5 das Zeichen ⊗ der Gruppe  ausgefallen; auf S. 86 und 87 sind die Anmerkungen vertauscht: Anm. 2 auf S. 86 gehört als Anm. 1 auf S. 87, Anm. 2 auf S. 87 gehört als Anm. 2 auf S. 86.

SESOSTRIS

VON

KURT SETHE

LEIPZIG
J. C. HINRICHS'sche BUCHHANDLUNG
1900

UNTERSUCHUNGEN

ZUR

GESCHICHTE UND ALTERTUMSKUNDE AEGYPTENS

HERAUSGEGEBEN VON

KURT SETHE

II. BAND, HEFT 1.

Sesostris.

Welcher geschichtlichen Persönlichkeit der Name Sesostris entspricht, an den sich nach den Berichten der Griechen der Ruhm grosser Thaten und ein reicher Kranz von Sagen, ähnlich wie an den Namen Alexanders des Grossen knüpft, das ist eine Frage, die die Ägyptologie nahezu so lange beschäftigt, wie diese Wissenschaft besteht. In der Königsliste des Manethos hat der Name Sesostris seinen ganz bestimmten Platz in der 12ten Dynastie hinter dem dritten Könige Amenemmes (Amenemḥet II.) und vor dem sechsten Lamares, dem Erbauer des Labyrinths, d. i. *N-mꜣʿt-rʿ* Amenemḥet III.; er entspricht hier also den beiden unter dem Namen Usertesen II. und Usertesen III. bekannten Königen, die offenbar infolge ihrer Gleichnamigkeit — sonst wechseln in dieser Dynastie die beiden Familiennamen Usertesen und Amenemḥet ab —, bei Manethos zusammengefallen sind[1], während der erste König gleichen Namens, der Nachfolger Amenemḥets I. und Vorgänger Amenemḥets II., bei Manethos in der abweichenden Form Sesonchosis erscheint[2], die auch sonst mit der gewöhnlichen Sesostris wechselt (s. u.). Dem Namen Sesostris ist in den uns bei Synkellos erhaltenen Auszügen des Africanus und Eusebius noch ein Zusatz beigefügt, durch den dem König geradezu das, was Herodot und die anderen Griechen von dem Helden Sesostris erzählen, die Eroberung Asiens bis nach Europa und die Errichtung von besonderen Siegesdenkmälern in den eroberten Ländern, zugeschrieben wird. Diese Notiz kann aber nicht von Manethos selbst herrühren; sonst würde Josephus, der ihn in ägyptischen Dingen überall zu benutzen pflegt, nicht bemerkt haben, dass das, was Herodot von dem asiatischen Feldzug des Sesostris erzähle, sich in Wahrheit auf einen andern König beziehe, nämlich auf *Σουσακος*, der Rehabeam von Juda bekriegte und Jerusalem einnahm, d. i. Scheschonḳ I. aus der 22ten Dynastie (ant. VIII. 10, 2. 3). Aber wenn diese Notiz bei Manethos auch nicht von ihm selbst ist, so kann doch nicht bezweifelt werden, dass er mit seinem Sesostris wirklich den Namen der griechischen Erzählungen meinte; das wird, wie Unger (Manetho 122) mit Recht betont hat, dadurch sicher gestellt, dass der gleichnamige zweite König der 12ten Dynastie „Usertesen I." bei Manethos Sesonchosis heisst, denn dieser Name findet sich auch für den grossen Eroberer Sesostris bei Schriftstellern, die z. T. älter oder ebenso alt als Manethos sind. Lepsius' Annahme, der Sesostris bei Manethos sei eine Verderbnis aus einem andern Namen **Σεσορτασις* fällt damit.

Die anscheinend so bestimmte Identifikation des Sesostris mit einem der Könige der 12ten Dynastie durch Manethos hat bei der Mehrzahl der Ägyptologen keinen Glauben gefunden.

1) Dies wie die Identität des Lamares mit Amenemḥet III., der (infolge Dittographie?) noch einmal als Ameres genannt ist, erkannt zu haben, ist das Verdienst Bunsens.

2) Eine derartige absichtliche Differenzierung eines und desselben Familiennamens bei verschiedenen Mitgliedern eines Königshauses ist bei Manethos auch sonst öfter zu beobachten, z. B. *Φιος* für *Ppjj* I., *Φιωψ* für *Ppjj* II., *Μεθουσουφις* und *Μενθεσουφις* in der 6ten Dynastie, *Ψαμμιτιχος*, *Ψαμμουθις*, *Ψαμμεχερίτης* für die drei *Psmtk*'s der 26ten Dynastie.

Seit Champollion und Lepsius ist allgemein die Ansicht zur Herrschaft gelangt, dass die Heldengestalt des Sesostris vielmehr Ramses II. resp. Ramses II. und seinem Vater Sethos I. entspräche; so ausser den Genannten de Rougé (in späteren Jahren), Chabas, Maspero, Petrie, Brugsch, Wiedemann. Für die manethonische Gleichsetzung mit „Usertesen" sind von älteren Ägyptologen nur Bunsen, de Rougé (in älteren Jahren, Rev. arch. I. sér. IV. 478 ff.), Wilkinson (bei Rawlinson, Herodotus) und Unger (Manetho) eingetreten, die jedoch alle ebenfalls eine teilweise Übertragung der Thaten Ramses' II. infolge einer Ähnlichkeit der Namen annahmen und in Sesostris, also eine Verschmelzung von Ramses II. mit „Usertesen" I. (Wilkinson), II. (Bunsen) oder III. (de Rougé) erblickten. Von den Jüngeren hat nur Eduard Meyer sich vorsichtig ablehnend gegen die Identifikation mit Ramses II. verhalten, er sieht in Sesostris eine Sagengestalt, die die Griechen zum Repräsentanten aller ägyptischen Grossthaten gemacht haben und die Manethos, veranlasst durch die in Wirklichkeit höchst unbedeutenden militärischen Erfolge „Usertesens" III. in Nubien, mit diesem Könige identifiziert habe (Gesch. d. Alt. I. § 237 Anm. Gesch. Äg. 182). Auch er scheint also an der Richtigkeit dieser Identifikation zu zweifeln.

Der Hauptgrund, der diese allgemeinen Zweifel verursacht hat, war die Ungleichheit des Namens Sesostris (Sesoosis, Sesonchosis) mit dem hieroglyphischen Namen  jener Könige der 12ten Dynastie: Lepsius, der den Sesostris und Sesonchosis bei Manethos durch die Konjektur Sesortasis ersetzen wollte, las den Namen Sesurtesen; in Wahrheit könnte er nach der Reihenfolge seiner Zeichen (*wśr, ś, r, t, s, n*) nur mit Champollion *Wśrtsn* gelesen werden, eine Form, die sich mit dem griechischen Sesostris in der That nicht wohl vereinen lässt. Dazu trat dann als zweiter Grund, der gegen Manethos sprach, dass die dem Sesostris zugeschriebenen Thaten nicht zu einem Könige der 12ten Dynastie, sondern eher zu einem Könige des neuen Reiches zu passen und speziell in mehreren Punkten auffallend mit dem, was von Ramses II. und Sethos I. bekannt war, übereinzustimmen schienen. Bei der Identifikation des Sesostris mit diesen beiden Königen, die sich daraus ergab, glaubte man denn auch den Namen Sesostris erklären zu können. Lepsius hielt ihn für eine von Herodot herrührende Entstellung des Namens Sethosis, der vereinzelt bei Plinius einmal, mit einer bei ägyptischen Namen nicht ungewöhnlichen Umstellung zweier Konsonanten, Sesothes genannt ist[1]). Träfe das zu, so wäre es unbegreiflich, dass Manethos den Namen für das ganz verschiedene *Wśrtsn* übernommen hat, während er doch sonst die herodoteischen Namensformen, auch wo sie gut waren, keineswegs überall übernommen hat[2]). Andere glaubten, den Namen Sesostris dagegen in dem Königsnamen 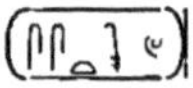 *Śśw* oder 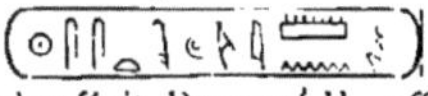 *Rʿ-Śśw-Mr-Imn* wiederzuerkennen, der mehrmals in einem Papyrus aus der Zeit Ramses' II., offenbar als Abkürzung des Namens Ramessu, vorkommt (Anastasi I. 12, 3.

1) Plin. n. h. XXXVI 71 (vgl. ib. 65) als Errichter des sogenannten Obeliscus Flaminius genannt, von dessen Inschriften Ammianus Marcellinus eine Übersetzung nach Hermapion mitteilt. Nach Plinius war er von Augustus im Campus martius aufgestellt, der um 9 Fuss höhere Psammetich's II. (Psemetnepherphreus), heute irrig campensis genannt, im Circus maximus. Ammianus verwechselt beide Obelisken und glaubt die Übersetzung des letzteren zu geben; in dieser ist überdies statt Sethos I. überall irrig *Ῥαμέστης* genannt, Ramses II., der die Seitenzeilen neben den Mittelzeilen seines Vaters Sethos' I. zugefügt hat.

2) Lepsius wollte deshalb auch den Sesostris bei Manethos durch Konjektur beseitigen, was wie oben (S. 3) bemerkt, unmöglich ist.

18, 8. 27, 3. 5). Ein Name  *Śś* findet sich auch einmal für Ramses III. und da offenbar als Kosename angewendet[1]. Es ist also vielleicht eine Abkürzung wie die häufigen Kosenamen des alten Reichs *Bbì*, *Ppì*, *Ttì* (Ἀθωθις), *Kkì* usw., die Erman zuerst erkannt und treffend mit dem englischen Bob für Robert verglichen hat. Nach dem, was wir über die Vokalisation derartiger Namen wissen, wird man sich den Namen *Śś* etwa *Sös, *Sose o. ä. lautend denken müssen, jedenfalls aber musste der Vokal zwischen den beiden gleichen Lauten *ś* gestanden haben (Sethe, Verbum I § 57 ff.). Mit Sesostris könnte der Name also kaum mehr als die beiden s gemein gehabt haben.

Gegen die Gleichsetzung des Sesostris mit Ramses II. spricht aber zunächst schon die Thatsache, dass sie in direktem Widerspruch zu Manethos steht, der nicht nur den Namen einem „Usertesen" gleichsetzte, sondern auch davon, dass die Thaten, welche Herodot von Sesostris erzählt, auf Ramses II. oder Sethos I. zu beziehen seien, nicht ein Wort geredet hatte. Denn dies geht deutlich aus der bereits oben citierten Bemerkung des Josephus hervor, der in ägyptischen Dingen überall den Manethos benutzt und gerade vom Feldzug des *Σέθωσις καὶ Ῥαμέσσης* wörtlich nach Manethos erzählt; er versichert, dass sich das, was Herodot von dem asiatischen Feldzug des Sesostris berichte, vielmehr auf Scheschonk I., den Eroberer Jerusalems, beziehe (s. ob. S. 3). Ebensowenig weiss aber auch irgendeiner der andern alten Schriftsteller etwas von einer Identität des Sesostris mit Ramses II. oder Sethos I.; wohl aber werden bei Mehreren von ihnen die beiden Könige unterschieden und nebeneinander genannt. So bei Plinius, der wiederholentlich der Thaten des Sesostris (einmal auch Sesosis) gedenkt, daneben aber auch die Könige der 19ten Dynastie Sethos I. als Sesothes[2]) und Ramses II. als Rhamsesis[3]) erwähnt; so bei Tacitus, der Ann. VI, 28 von einer Phönixerscheinung unter Sesosis und ib. II, 60 von den Feldzügen des Rhamses spricht, ohne von einer Identität beider ein Wort zu sagen; endlich dürfte auch bei Herodot und Diodor, unsern Hauptquellen für die Geschichte des Sesostris, Ramses II. besonders genannt sein. Denn dass man in Herodot's *Ῥαμψίνιτος* und Diodors *Ῥέμφις* (nach Lepsius' treffender Konjektur in *Ῥάμψις* zu verbessern) nicht Ramses II., den bedeutendsten König dieses Namens, sondern Ramses III. sieht, hat keinen andern Grund, als den, dass man Ramses II. schon in Sesostris gefunden zu haben glaubte, der in der wunderbar verworrenen Geschichtserzählung beider Geschichtsschreiber als einer seiner Vorgänger genannt ist[4]). Was

1) LD. III 208 e: eine Prinzessin reicht ihrem Vater Ramses III. etwas mit den Worten „(für) deinen *k3*, o *Śś*, du göttlicher König".

2) s. ob. S. 4 Anm. 1.

3) „quo regnante Ilium captum est", s. u. Anm. 5.

4) Die erweiternde Endung *ιτος*, die bei Herodot in dem Namen Psammetich's III. *Ψαμμήνιτος* (vgl. *Ψάμμις* für Psammetich II.) wiederkehrt, ist aus dem Ägyptischen nicht zu erklären. Das *p3-ntr-ʿ3* „der grosse Gott", das man früher darin erkennen wollte, ist ein Beiwort, das jeder verstorbene König des neuen Reichs, nicht bloss Ramses III. erhielt, etwa wie das lat. *divus*, es wird überdies auch ganz anders, etwa **p-nute-o* resp. **p-net-o* gelautet haben.

5) Dass Rampsinitos' Vorgänger der von den Griechen *Πρωτεύς*, nach Diodor von den Ägyptern *Κέτης* genannte König sein soll, unter dem Troja fiel, beweist nichts. Denn wenn auch Manethos dies Ereignis unter *Θούωρις*, dem letzten König der 19ten Dynastie eintreten lässt, so nennen andere alte Quellen den damaligen König von Ägypten Rhamsesis (Plin. n. h. XXXVI 65, Errichter von 2 Obelisken in Heliopolis, also gewiss Ramses II.) oder *Σέθως* (Schol. Odyss. 14, 278. Eustath. Cram. an. Par. III 488). Man war sich also nur darüber einig, dass Troja zur Zeit der 19ten Dynastie gefallen sei, nicht aber über den Namen des Herrschers, der damals Ägypten regierte.

Herodot von Rampsinitos erzählt — von der griechischen Diebstahlsgeschichte ganz abgesehen lässt sich, soweit wir sehen können, von Ramses II. eher begreifen als von Ramses III.[1]) Wenn nach Herodot bei den Ägyptern die Sage ging, dass Rampsinitos lebend zur Unterwelt hinabgestiegen sei, dort mit der Demeter (d. i. Isis, die Gemahlin des Osiris) Brettspiel gespielt habe und von der Göttin mit einem goldenen *χειρόμακτρον* beschenkt, wieder emporgestiegen sei, so kann der Sinn dieser Sage nur der sein, dass der König mit der Göttin in der Unterwelt um sein Leben spielte, ihr dieses abgewann (wie Thoth einst die 5 Epagomenen im Brettspiel gewonnen haben sollte) und mit einem Symbol, das dies ausdrückte, wieder zur Erde emporstieg. Dies Symbol, das goldene Handtuch, ist gewiss nichts anderes als das bekannte Symbol für Leben , das die ägyptischen Götter als Zeichen ihres ewigen Lebens in der Hand zu tragen pflegen und das eigentlich eine Stoffschleife darstellt. Eine solche Sage konnte sich wohl an Ramses II. knüpfen, der eine so ungewöhnlich lange Regierung von über 66 Jahren geführt hat und den späteren Königen das Vorbild eines langlebigen Königs war (Stele Ramses' IV). — Bei Diodor wird Ramses II. ausserdem noch einmal gelegentlich der von Hekataeus von Abdera herrührenden Beschreibung seines Gedächtnistempels im westlichen Theben, des sogenannten Ramesseums, unter dem Namen *Ὀσυμανδύας* genannt, worin man unschwer seinen Vornamen *Wśr-mꜣʿt-rʿ*, gesprochen etwa *Usimarēʿ*[2]) wiedererkennt.

Der Thatbestand, der zu der Gleichsetzung des Sesostris mit Ramses II. im Gegensatz zu Manethos und ohne jedes antike Zeugnis geführt hat, erfährt nun eine wesentliche Veränderung dadurch, dass die bisherige Lesung *Wśrtsn* des Namens , dem der Name Sesostris bei Manethos entspricht, durch eine andere Lesung zu ersetzen ist, bei der die Unähnlichkeit mit Sesostris wegfällt. Der Name , der seit dem mittleren Reich ein beliebter Personenname ist, wurde bisher allgemein nach der Reihenfolge seiner Zeichen *Wśrtsn* gelesen. Die Deutungen, die man ihm gab „ihre Macht" oder „die welche mächtig sind", (beides mit Bezug auf die Eltern des so Benannten gedacht), gingen davon aus, dass der Bestandteil *sn* das Personalpronomen der 3. plur. sei. Dem widerspricht jedoch, dass das *sn* ebenso regelmässig mit *s* wie das vorhergehende  mit  *ś* geschrieben wird; das macht es wahrscheinlich, dass wir es hier mit einem alten Worte *sn*, nicht mit dem Pronomen, das alt 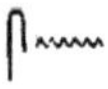 *śn* lautete, zu thun haben.

Der Name ist nun aber offenbar eine Bildung wie die gleichzeitigen männlichen Eigennamen

1) Wer von Beiden den Ruf des Reichtums eher verdiente, können wir nicht beurteilen. Die Aufzählung der Geschenke, die Ramses III. den Göttern Ägyptens während seiner Regierung gemacht hat, im Pap. Harris kann doch, so lange wir nicht eine entsprechende Urkunde von anderen Königen haben, nichts für den besonderen Reichtum Ramses' III. beweisen.

2) Mit Übergang des *r* in *j* (s. Sethe Verbum I S. 142) und Wegfall der Femininalendung *t*, vgl. das *Θέσμωφις* des falschen Sothisbuches. Für Diodor's Namensform vgl. *Ἰσμάνδης* Var. *Σιμάνδης*, *Μένδης*, Name des Memnon, also Amenophis III. (Strab. XVII S13) *Nb-mꜣʿt-rʿ*, gesprochen etwa *Nemmarēʿ* (babylonisch wiedergegeben mit *Nimmurija* in den Amarnabriefen), *Ἰσμάνδης*, Var. *Μαΐνδης* (Strab. XVII S11, S13) und *Μένδης* neben *Μάρρης* für den Erbauer des Labyrinths (*Λαμάρης*, *Λαβάρης*) Amenemhet III. *Nj-mꜣʿt-rʿ* gesprochen etwa **Lamarēʿ*. Das sonderbare *νδ*, das hier für ein zu erwartendes *r* eintritt, haben wir auch in dem Namen *Μανδοῦλις* für den Gott  *Merul von Talmis.

[1]) oder *Śbk-sn*[2]) und *Mntw-sn*[3]), die aus dem Namen eines Gottes (Śobek, Montu) und einem Worte *sn* (stets mit *s*, nie mit *ś* geschrieben) zusammengesetzt sind. Das Wort *wśr-t*, das unser Name enthält, ist demnach der Name der Göttin *Wśr-t*, die in späterer Zeit so häufig vorkommt und mit der Isis oder der Hathor identifiziert wird. Personennamen aus älterer Zeit, die mit dem Namen dieser Göttin gebildet sind, sind: [4]) oder [5]) *S3-t-Wśr-t* „Tochter der *Wśr-t*“ (Frauenname, m. R.), [6]) *ʿ3-Wśr-t* „gross ist die *Wśr-t*“ (Männername, m. R.), [7]) *N-św-Wśr-t* „er gehört der *Wśr-t*“ (Männername, a. R.). — Der zweite Bestandteil des Namens *sn*, der in der Schrift dem Gottesnamen (*Wśr-t*, *Śbk*, *Mntw*) folgt, wird, da er sich im Geschlecht nicht nach ihm richtet, ebenso wie das Wort *ʿ3* in dem eben citierten Namen *ʿ3-Wśr-t* **vor** ihm zu lesen sein, indem der Gottesname wie so oft nur Ehrfurchtshalber in der Schrift vorangestellt ist; also *Sn-Wśr-t*, *Sn-Śbk*, *Sn-Mntw* und nicht *Wśrt-sn*, *Śbk-sn*, *Mntw-sn*.

Nach der vereinzelten, aber wegen ihres Alters (Dyn. 11) bemerkenswerten Variante [8]) würde der Name *S-n-Wśr-t* „Mann der *Wśr-t*“ bedeuten. Doch scheint ein derartiger Gebrauch von *s* „Mann“ etwas bedenklich und man möchte trotz dieser Variante eher annehmen, dass wir es bei dem Worte *sn* mit dem Stamme *snj* „gleichen“ (III. inf.) zu thun haben, der in dem Ausdruck *m sn-t r* „wie“ (eig. „als etwas das gleicht dem ....“) und dem Substantiv *snn* „Bild“ vorliegt. *Sn-Wśr-t* würde dann soviel wie „der der *Wśr-t* gleicht“ o. ä. bedeuten und den häufigen weiblichen Namen des m. R. mit *sn-t* entsprechen: wie oder *Sn-t-ʾImn* „die dem Amon gleicht“[9]), *Sn-t-b3* „die dem Widder (von Mendes) gleicht“[10]), *Sn-t-M3ʿ-t*[11]) „die der Wahrheit gleicht“, *Sn-t-ʿ3m-t* „die einer Asiatin gleicht“[12]), oder *Sn-t-ʾIntf* „die dem *ʾIntf* gleicht“[13]).

Ob man das *sn* des Namens nun so oder so erklärt, in beiden Fällen muss es, wie oben vorgeschlagen, **vor** dem Gottesnamen gelesen werden. Nimmt man nun für *Wśr-t*, das doch gewiss nur das Femininum des Adjektivs *wśr* „mächtig“ ist: „die Mächtige“[14]),

---

1) Lieblein Dict. des noms Nachtrag zu 163. 2) Liebl. 279.

3) Berlin 13773, Sarg aus Gebelen aus der Zeit zwischen a. R. und m. R. Das *ikr*, das dort stets dem Namen folgt, ist das gerade in dieser Zeit übliche Beiwort der Toten und gehört nicht zum Namen.

4) Liebl. 158. 237. 288. 1776. 5) Liebl. 103. 104. 1445.

6) Liebl. 290. — Vergl. die analogen Namen *ʿ3-Śbk*, *ʿ3-Pth*, *ʿ3-Mntw*, *ʿ3-Mn*, *ʿ3-ʾIʿh-t*. 7) Mar. Mast. 443.

8) Louvre C. 14, Denkstein des . Das kann nicht gut als Determinativ des Namens aufgefasst werden, weil die Eigennamen auf diesem Denkmal sonst sämtlich ohne Determinativ geschrieben sind.

9) Liebl. 161 und Nachtrag dazu. 10) Liebl. 436. 11) Liebl. 257.

12) Liebl. 185. 13) Liebl. 117. 161 und Nachtrag dazu.

14) ebenso wie *Śhm-t*, der Name der löwenköpfigen Göttin.

die gewöhnliche Vokalisation der Adjektiva an[1]), so würde der Name der Göttin etwa *Wośret gelautet haben, der ganze Name 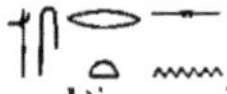 also *Sen-wóśret und später nach Verschleifung der Femininalendung *Sen-wośre. Dies ergiebt aber eine Form, von der sich die griechische Namensform Σέσωστρις mit ihren Varianten nicht mehr entfernt, als die meisten der besseren griechischen Wiedergaben ägyptischer Namen[2]).

Σ für s, ε für den Hilfsvokal e im Innern der Worte, der lange Vokal ω für das kurze o in geschlossener Silbe[3]), ρ für r und endlich die Endung ις für das auslautende e des femininen Nomens wośre, sind durchaus regelmässige Erscheinungen. Dass griechisches στ einem ägyptischen oder semitischen s-Laut entspricht, kommt auch sonst vor; speziell vor r wie in unserem Falle, ist es eine ganz natürliche Erscheinung[4]); in den Nebenformen auf ωσις, die das ρ nicht erhalten haben (s. u.), fehlt das τ denn auch. Der einzige wirkliche Unterschied zwischen Senwośre und Sesostris ist eigentlich nur das zweite s, das dem ägyptischen n und w gegenübersteht. Das n war wohl weggefallen; wie das im Ägyptischen öfter der Fall ist, dagegen konnte dasselbe dem w nicht wohl begegnet sein, da es in der Tonsilbe des Wortes vor dem Vokal stand (Sethe Verbum I, § 166 ff.). Nach Ungers beachtenswerter Vermutung wäre die gewöhnliche, zuerst bei Herodot vorkommende Form Σέσωστρις[5]) eine Kontraktion aus Σεσόωστρις, das sich in der That einmal bei dem Dichter Ausonius (ep. 19, 21) belegen lässt (Sesoostris), ebenso wie die lateinische Nebenform Sesosis (Tac. Ann. VI 28. Plin. n. h. 36, 74[6]) aus Σεσόωσις, der Form des Diodor, kontrahiert sei. Die Vokalfolge o—ω, die wir in diesen Formen Sesoostris, Sesoosis haben, wird auch durch die Form Σεσόγχωσις[7]) verbürgt, die vielleicht unter der Einwirkung des ähnlichen Namens Σέσωγχις Scheschonks I. entstanden ist. In dem ο, das hier vor dem langen Vokale ω (der, wie wir sahen, dem ägyptischen Vokale o entspricht) erscheint, ist gewiss das ägyptische w zu erkennen, das wie das arabische Waw nach u hin ausgesprochen wurde und daher im Griechischen durch ο wiedergegeben wird[8]). Das σ, das wir in den griechischen Formen an der Stelle des vermutlich weggefallenen n finden (Sesostris), ist unorganisch. Zu seiner Erklärung könnte man höchstens auf Namen wie Σέθωσις für den Königsnamen *Setójej (später etwa *Setóe gesprochen), Σῶσις für den Namen des Gottes Św (Śōwej?) verweisen; es könnte hier und ebenso bei Sesostris zur Vermeidung des

1) Mask. sódem, Fem. sdmet. Beispiele sind: ⲟⲩⲱⲃϣ „weiss", ⲛⲟⲧⲙ̄ „süss", ⲛⲟⲩϥⲉ „gut" ⲛⲟϥⲣⲉ, ⲃⲟⲱⲛ (bo'en) „schlecht" ⲃⲟⲱⲛⲉ, ϫⲱⲱⲣⲉ: ϫⲟⲣⲓ (dórej o. ä.) „stark", ϭⲱⲃ: ϫⲱⲃ (góbej) „schwach" ϫⲟⲃⲓ (Verbum I §§ 94 b. 99 b).

2) Es verdient hier erwähnt zu werden, dass schon der treffliche Unger (Manetho 127 S) prophetisch, ohne doch die Lesung Wsrtsn ändern zu wollen, das hieroglyphische wsr in dem ωστρις, das hieroglyphische sn in dem Σεσ- der griechischen Form gesucht wissen wollte.

3) Ὀννωφρις = Wen-nófre(w), Νεφερχωφρης = Nefer-ḫópre(w) Beiname Thutmosis' III), Βινωθρις = Beš-nótre(j), Νιτωκρις = Nit-ʿókre(t), Ἑρμωνθις = Permónte(w), Ψενχωνσις = Pšen-ḫónse(w).

4) Μεστρεΐμ = hebr. Miṣraim, κάστρον = arab. ḳaṣr, Βόστρα = arab. Boṣra, στεῖρα = kopt. ⲥⲁⲉⲓⲣⲉ: ⲥⲁⲟⲩⲣⲓ, Ραμεστης bei Ammian Marcell. für Ῥαμεσσῆς; vgl. auch Ἔσδρας = hebr. ʿEzrā, Hasdrubal = pun. ʿazru-baʿal.

5) Die Nebenform Σώστρις, die sich bei den byzantinischen Chronographen findet, ist aus Σεσωστρις kontrahiert, wie man für Ἄμωσις auch Ἄμως, für Σέθωσις auch Σέθως, für Σῶσις auch Σῶς sagte.

6) Auf diese Form gehen wohl auch die spätlateinischen Formen Vesozis u. ä. bei Justinus, Orosius, Iornandes zurück.

7) Dikaiarch. Schol. zu Apollon. Rhod., Pseud.-Callisth. (Julius Valerius) Alex.; Justin. coh. ad Gr. 9 in einem Citat aus Diod. I 94 statt des dort stehenden Σεσόωσις.

8) z. B. ʿoꜥ „gross" in Ἁρωῆρις „Horus der grosse", Ὀσορωῆρις „Osiris der grosse", Ὀννωφρις = Wen-nófre, Ὀννος = Wnjs, Ὄσιρις = Usire.

Hiatus eingeschoben sein: Sethosis statt *Sethóis, Sosis statt *Sóis, Sesoostris Sesostris statt *Seoostris, *Seostris. — Das Fehlen des *r* in den auf *ωσις* endigenden Namensformen (*Σεσόωσις*, Sesosis, *Σεσογχωσις*) dürfte wohl darauf zurückzuführen sein, dass das *r* des Wortstammes *wśr* „mächtig sein" schon in früher Zeit, wie bei so vielen Wortstämmen, dem Wechsel mit j (resp. ') unterlegen hat. (Sethe, Verbum I S. 142.) So haben wir denn diese Formen vielleicht aus einer anderen Aussprache des Namens: *Sen-wośje (Sen-wose) neben Sen-wośre zu erklären.

Nachdem so durch den Nachweis dieser neuen Lesung Sen-wośret für den Namen 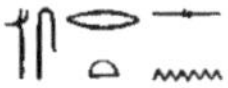 derjenige Grund weggefallen ist, der hauptsächlich zu den Zweifeln an Manethos Ansetzung des Sesostris veranlasst hatte, wird es nicht unangebracht sein, nunmehr auch die anderen Gründe, die diese Zweifel bestätigen sollten und die zu der Identifikation des Sesostris mit Ramses II. führten, auf ihre Stichhaltigkeit zu prüfen. Zu diesem Zweck müssen wir die Nachrichten über die Zeit und die Geschichte des Sesostris, aus denen diese Gründe genommen wurden, durchgehen und untersuchen, wie weit sie sich zu den Königen der 12ten Dynastie in Beziehung setzen lassen oder wie weit, wo das unmöglich ist, eine Beziehung auf Ramses II. Wahrscheinlichkeit hat.

Diodor, dem wir die ausführlichsten Nachrichten über Sesostris verdanken, bemerkt (I 53), dass weder die griechischen Schriftsteller noch auch in Ägypten die Priester und Sänger, die ihn im Liede priesen, Übereinstimmendes über den König erzählten; er wolle daher versuchen, nur das, was am meisten Glauben verdiene und zu den im Lande noch vorhandenen Denkmälern am besten stimme, mitzuteilen. Ein solcher Mangel an Übereinstimmung in den Erzählungen von Sesostris, wie ihn Diodor hier ausdrücklich konstatiert, ist bei einer Persönlichkeit, die seit mehr als tausend Jahren ein Gegenstand der Sage war, ganz selbstverständlich. Wenn wir aber mit Manethos Sesostris in Senwośret erkennen, wird diese Mannigfaltigkeit der Angaben noch verständlicher; es hat drei Könige dieses Namens gegeben, von denen zwei zu den bedeutendsten Herrschergestalten der ägyptischen Geschichte gehören; die Griechen aber reden stets nur von einem grossen Könige Sesostris[1]). Wir müssen daher mit der Möglichkeit rechnen, dass was von diesem erzählt wird, sich ursprünglich auf die drei verschiedenen Könige des Namens Senwośret bezog.

Die Angaben über die Zeit des Sesostris, die wir ausser Manethos' so bestimmter Ansetzung des Königs in seiner 12ten Dynastie bei den Alten sonst finden, sind grossenteils nur ganz allgemein gehalten oder so verworren, dass sich nur weniges Sichere daraus entnehmen lässt. In der eigentümlich konfusen Königsfolge Herodots, die auch Diodor seiner Geschichtserzählung, jedoch mit Ausfüllung mancher Lücken, zu Grunde gelegt hat, folgt Sesostris unmittelbar[2]) auf *Μοῖρις*, der den Moirissee angelegt und die angeblich darin gelegenen beiden Pyramiden erbaut haben soll; man würde in diesem Könige gern mit Lepsius Amenemhet III. sehen, erschiene dieser nicht in der ausführlicheren Liste Diodors noch einmal an späterer Stelle als Erbauer des

1) Über den vermeintlichen Sesostris II, den Diodor auf den grossen Sesostris folgen lassen soll, s. u. S. 11.

2) Dass dies Herodots Meinung war, geht aus seiner Angabe (II 13) hervor, dass Moiris noch nicht 900 Jahre tot gewesen sei, als er Ägypten bereiste. Denn dies beruht darauf, dass er bei Herodot der dritte Vorgänger des Proteus, des Zeitgenossen der Eroberung Trojas, ist: vgl. Lepsius, Chronol. 261.

Labyrinths in der besseren Namensform *Μενδής* oder *Μάρρος* und wäre nicht der Name Moiris so offenbar ein zu dem Moirissee gemachter Heros eponymos. Nachfolger des Sesostris ist bei Herodot sein Sohn *Φερῶς*; diesem folgt ein Memphit aus unköniglichem Geschlecht von den Griechen *Πρωτεύς*, von den Ägyptern nach Diodor *Κέτης* oder *Κέτην* genannt, zu dessen Zeit Troja gefallen sei, dann *Ῥαμψίνιτος* (Diodor *Ῥέμφις*), dann die drei Pyramidenerbauer Cheops, Chephren und Mykerinos, die in Wahrheit in die 4te Dynastie gehören. Lepsius (Chronol. 278) erkennt in Sesostris, Pheros, Proteus und Rampsinitos eine zusammengehörige Gruppe von Königen der 19ten und 20ten Dynastie, die in ihrer richtigen Folge genannt seien. Sesostris ist ihm Ramses II., Pheros daher Maneptaḥ, dessen Sohn, der mutmassliche Pharao des Exodus, Rampsinitos ist ihm Ramses III., Proteus daher Setnacht, der Vater Ramses' III. Die Gleichsetzung des Rampsinitos mit Ramses III. beruht indessen, wie bereits oben (S. 5/6) ausgeführt, nur auf der Voraussetzung, dass Sesostris = Ramses II. sei, und fällt mit dieser; mit Rampsinitos ist vielmehr wohl Ramses II. gemeint. Mit ihr fällt zugleich aber auch die Identifikation des Proteus mit Setnacht; sie ist lediglich eben darauf und auf der Thatsache gegründet, dass bei Manethos der letzte König der 19ten Dynastie Thuoris als Zeitgenosse von Trojas Fall genannt ist; es ist oben (S. 5 Anm. 5) gleichfalls schon bemerkt worden, dass statt dessen auch andere Könige der 19ten Dynastie Rhamsesis und *Σέθως* genannt werden. Für die Gleichsetzung des Pheros mit Maneptaḥ und damit auch für die des Sesostris mit Ramses II. glaubt Lepsius eine überraschende Bestätigung beizubringen durch seine Deutung des Namens Pheros. Er sieht darin nämlich nichts anderes als das Wort *Pr-ʿ3* (*Per-ʿo) = *Φαραώ*, das in späterer Zeit die gewöhnliche ägyptische Bezeichnung für „König" geworden ist (kopt. ⲡⲣ̅ⲣⲟ) und in der biblischen Erzählung als *Φαραώ* speziell auch von dem ungenannten König des Exodus gebraucht wird. Allein auch wenn diese Deutung des Namens Pheros richtig sein sollte — auf die man übrigens auch schon im Altertum gekommen war, ohne jedoch in diesem *Φαραώ* denjenigen des Exodus zu sehen (s. u.), so hat es doch wenig innere Wahrscheinlichkeit, dass Herodot dabei gerade an den Pharao gedacht habe, der in der jüdischen Erzählung vom Exodus schlechtweg *Φαραώ* genannt ist. Das setzte doch voraus, dass Herodot diese Erzählung nicht nur gekannt, sondern auch bei seinem Bericht über den Sohn des Sesostris im Auge gehabt habe. Zu Herodots Zeit hatte aber das jüdische Volk noch so wenig Bedeutung für die Weltgeschichte, dass er es in seinem Werke nicht einmal mit seinem Namen erwähnt[1], und in seiner ägyptischen Geschichtserzählung folgt Herodot, wie er ausdrücklich sagt, dem, was er von den ägyptischen Priestern gehört hatte; von einer Beeinflussung durch jüdische Quellen ist bei ihm nicht die geringste Spur zu erkennen. Sicherlich hätte er bei seinem Bericht den Exodus nicht zu erwähnen vergessen, wenn ihn die jüdische Erzählung davon wirklich beeinflusst hätte. — Wie Herodots ägyptische Geschichte nun einmal ist, so sagt uns aber nichts, dass zwischen Pheros und Proteus nicht ebenso wie zwischen Moiris und Sesostris eine Lücke besteht, von der Herodot nichts ahnte. Diodor, der den Sesostris erst 7 Generationen nach Moiris folgen lässt, giebt denn auch zwischen dem Sohn des Sesostris, den er Pharao nannte (s. u. S. 11) und dem Ketes-Proteus einen grossen Zeitraum an; auf den Sohn des Sesostris wäre danach erst viele Generationen später ein König

1) Er kennt nur *Σύροι οἱ ἐν τῇ Παλαιστίνῃ* II 104.

Amasis, dann der Äthiope Aktisanes, dann der Erbauer des Labyrinths *Μένδης* oder *Μάρρος* (Lamares-Amenemḥet III, 12te Dyn.) gekommen, dann eine 5 Generationen andauernde Anarchie eingetreten, die endlich mit der Erhebung des Proteus auf den Thron geendet habe. Zu dieser Darstellung Diodors passt augenscheinlich die Identifikation des Sesostris mit Senwośret besser als diejenige mit Ramses II.; doch ist thatsächlich aus der völlig verwirrten Chronologie Diodors, ebensowenig wie aus der Herodots etwas für oder wider die eine oder die andere zu entnehmen.

Wertvoller ist dafür aber das, was beide Schriftsteller von dem Sohne und Nachfolger des Sesostris erzählen, er habe aus Dank für die Wiedererlangung der Sehkraft dem Sonnengotte zwei Obelisken von 100 Ellen in Heliopolis errichtet. Denn Plinius, der (n. h. 36,74) ebenfalls dieser Obelisken gedenkt, nennt als Namen des Königs *Nencoreus Sesosidis filius*. Streicht man die lateinische Endung *us*[1]) ab, so sieht der Name gut ägyptisch aus; in den Endsilben *core* erkennt man unschwer die Worte *kꜣ*, oder besser den Pluralis *kꜣw*[2]) und *rꜥ*, mit denen namentlich in älterer Zeit so viele der sogen. ersten Schildnamen ägyptischer Könige endigen. Keiner der uns bekannten derartig gebildeten Königsnamen entspricht aber besser dem Nencoreus als der Name *Nb-kꜣw-rꜥ*, gesprochen etwa **Nebkureꜥ*. Der, der ihn trug, war Amenemḥet II., der 3te König der 12ten Dynastie; er war der Sohn und Nachfolger Senwośrets I., also in der That eines Sesostris.

Mit diesem Ergebnis, dass Nencoreus-Pheros in Amenemḥet II. zu finden ist, scheinen aber die Worte in Widerspruch zu stehen, mit denen Diodor (I 59) denselben Sohn des Sesostris einführt: *Ὁ δ' υἱὸς αὐτοῦ (τοῦ Σεσοώσιος) διαδεξάμενος τὴν βασιλείαν καὶ τὴν τοῦ πατρὸς προσηγορίαν ἑαυτῷ περιθέμενος* .... Das hat man allgemein und anscheinend mit Recht so verstanden, dass sich der König nach seinem Vater Sesostris genannt habe. Nach dem Wortlaut würde er dies erst nach seiner Thronbesteigung gethan haben; das wäre unwahrscheinlich, wenn Sesostris dem Namen Senwośret entsprechen soll; denn dies war der Personenname des Königs, den er von Kind auf getragen hatte, nicht der „erste Schildname" (wie Nencoreus, Lamares, Usimares, Mesphres, Nepherphreus), den er erst bei seiner Thronbesteigung annahm. In den Worten Diodors erscheint aber wohl noch etwas anderes auffällig, der Ausdruck *ἑαυτῷ τὴν προσηγορίαν τοῦ πατρὸς περιθέμενος* erscheint für eine einfache Benennung etwas hochtrabend, er würde besser für die Beilegung eines Titels oder Beinamens passen. Und das ist denn wohl auch wirklich gemeint gewesen, statt des *τοῦ πατρὸς*, das wir jetzt bei Diodor lesen, stand gewiss ursprünglich *τοῦ Φαραώ*: Sesostris' Sohn (Nencoreus-Amenemḥet II) legte sich bei seinem Regierungsantritt den Titel Pharao bei. Das hatte Diodor gesagt, offenbar, weil er in dem

1) Vgl. Psemetnepherphreus (Plin. n. h. 36 71) für **Pśemtek-nefer-ꜥeb-rêꜥ* Psammetich II., Errichter des sogen. Obeliscus campensis, der nach Plinius von Augustus im Circus maximus aufgestellt war (s. o. S. 4. A. 1).

2) Wegen des *o* ist eher an den Pluralis *kꜣw* zu denken, der im stat. constr. etwa *ku* (für *kew*) gelautet haben wird, als an den Singularis *kꜣ*, der *ke* lauten musste und denn auch regelmässig durch *κε* oder (mit Aspiration) *χε* wiedergegeben wird (*Νεφερχερης*, *Ταγχερης*, *Οὐσερχερης*, *Σεβερχερης* etc.). Wenn dann auch der Pluralis *kꜣw* in *Μεγχερης* *Μεχερινος* für Menkureꜥ und Menkuḥor so wiedergegeben ist, so ist dazu zu vergleichen *Νεφερίτης* neben *Νεφορίτης* äg. **Nefꜥu-rêꜥd*, wo der Pluralis *ꜥꜣw*, gesprochen *ꜥu*, bald durch *ο* bald durch *ε* wiedergegeben ist.

Namen, den Herodot dem Sohne des Sesostris giebt, *Φερως* den bekannten Titel Pharao der ägyptischen Könige zu erkennen glaubte[1]).

Die Auffassung, die wir hier durch Konjektur bei Diodor gefunden haben, finden wir später bei Josephus, Theophilus und den byzantinischen Chronographen wieder. Nach ihnen führen die ägyptischen Könige den Namen Pharao (Var. *Φεραώθης*) von einem alten Könige *Φαραώ*, der auch *Νεχαως* (Jos. ant. VIII 6,2. bell. Iud. V 9,4), *Νεχαωθ* (Theophil. ad Autol. II 31[2]), *Ναχωρ* (Chron. Pasch. 46 ff.), *Ναρεχω* (Cedren. I 35), *Ναραχω* (Malal. 59. 70, verderbt *Μαραχω* ib. 27. *Καραχω* Ioh. Antioch. bei Müller Frg. hist. gr. IV 543), Narouth (Exc. Barb., s. Unger Manetho 129) hiess. Dieser König ist der Nachfolger des Sesostris (Chron. Pasch. Cedren. Malal. Joh. Antioch.) und ist, wie Lepsius erkannt hat (Königsb. 77), augenscheinlich der Nencoreus des Plinius und Pheros des Herodot, also unser Amenemḥet II. Josephus, Theophilus und die Excerpta Barbari machen über den König noch eine Angabe, die weitere Beachtung verdient. Nach ihnen wäre Abraham unter seiner Regierung in Ägypten gewesen. Diese Zusammenstellung beweist jedenfalls, dass Josephus und die Anderen weit davon entfernt waren, in Sesostris Ramses II. zu sehen, der ja vielmehr Zeitgenosse des Moses gewesen sein soll. Sie bestätigt gewissermassen aber auch die manethonische Ansetzung des Sesostris, weil die zeitliche Gleichsetzung Abrahams mit einem Könige der 12ten Dynastie zu den ägyptischen Verhältnissen, soweit uns diese bekannt sind, stimmen würde. Denn wenn man die ägyptischen Ereignisse der Genesiserzählung zeitlich unterbringen will, so kann Joseph nur in die Zeit zwischen dem Ende der 12ten (ca. 1790 v. Chr.) und dem Anfang der 18ten Dynastie (ca. 1570 v. Chr.) gesetzt werden, in die die Invasion der „Hyksos" fällt und aus der wir sogar einen König Ägyptens Namens *J'bḳ-hr* oder *J'ḳb-hr* (*Ja'ḳob-'el?*) kennen gelernt haben. Abraham würde demnach nur in die Zeit der vorhergehenden 12ten Dynastie gesetzt werden können. Unter dieser Dynastie treffen wir bereits viele Semiten im Lande, die sich den ägyptischen Grossen als Diener oder Soldaten verdungen hatten. Bekannt ist das Bild von Benihassan, das den Einzug einer semitischen Nomadenhorde in Ägypten darstellt und das man in der Jugendzeit der Ägyptologie direkt für den Einzug der Israeliten erklären wollte. Der Vorfall, den es verewigt, fand im 6ten Jahre Senwośrets II. statt, also 3 Jahre nach dem Tode Amenemḥets II., unseres Nencoreus, der nach dem neuen Berliner Sothisdatum ziemlich genau von 1930 bis 1895 regiert hatte. — Dass gerade Amenemḥet II. als Zeitgenosse Abrahams genannt wird, beruht natürlich nur auf einer Berechnung des Josephus, die möglicherweise auch durch den Namen Pheros-Pharao bei Herodot und Diodor beeinflusst sein wird. Immerhin wird man glauben dürfen, dass Josephus so gute Quellen (Manethos) flossen, dass er ebenso wie wir noch heute erkennen konnte, dass Abraham, wenn überhaupt, Ägypten nur unter der 12ten Dynastie aufgesucht haben könnte. Von den Angaben, die über die zeitliche Stellung des Königs Pharao-Nencoreus, des Zeitgenossen Abrahams, von den genannten Schriftstellern gemacht werden, ist nur die des Josephus (ant. VIII, 6,2) genauer, nach welchem mehr als 1300 Jahre zwischen ihm und Menes (*Μιναιος*) verflossen wären. Auch das führt uns

1) *pr-'3* „das grosse Haus" findet sich in Wahrheit schon im a. R. als Ausdruck für den König.

2) Diese Namensformen werden durch den ähnlichen Königsnamen der 26ten Dynastie *Νεκαω Νεχως, Νεχαω* beeinflusst sein. Dieser König ist deshalb auch in einigen Excerpten Manethos' *Νεχαώ Φαραώ* genannt.

nach den sonstigen Ansetzungen des Menes nicht in die 19te Dynastie, sondern in eine wesentlich frühere Zeit: ebenso auch die unbestimmteren Angaben des Theophilus und der Byzantiner, die den König resp. seinen Vater Sesostris als den ersten nach der Völkerzerstreuung nennen und dazu als griechische Synchronismen Inachos oder Kekrops angeben, die sonst allerdings von den Alten erst in das 16te Jahrhundert gesetzt werden.

In einer der Quellen, aus denen die byzantinischen Chronographen ihre Angaben über Nencoreus, den Sohn des Sesostris, geschöpft haben, war Sesostris als unmittelbarer Nachfolger der Götter und als erster menschlicher König Ägyptens aufgeführt (Joh. Antioch. fr. 6 Chron. pasch. p. 47 A. Cedren I 36. Malal. I 27). Das steht wohl in Zusammenhang damit, dass Dikaiarch nach Schol. ad Apollon. Rhod. IV 274. 276 von Sesostris (Σεσόγχωσις, Cod. Paris. Σεσόωστρις) gesagt hatte, er habe nach Horus, dem Sohn des Osiris und der Isis (dem letzten der grossen Götter) über Ägypten geherrscht und es seien seit seiner Regierung bis zur ersten Olympiade 2936 Jahre verflossen. Diese Angabe, die dem Sesostris ein viel höheres Alter zuwiese als die manethonische Ansetzung in der 12ten Dynastie, wollte Lepsius aus einem Missverständnis erklären. Nicht Horus der Gott, sondern der König Horus der 18ten Dynastie, der bei Manethos auf Amenophis III.-Memnon folgt, sei gemeint gewesen. Dieser König entspricht aber nicht, wie Lepsius meinte, dem Ḥaremḥab (in Wahrheit Ἅρμαις), sondern dem Reformatorkönig Amenophis IV.-Achu-en-aton; von diesem war Ramses II., in dem Lepsius den Sesostris sieht, durch mindestens 6 Regierungen getrennt. In Wahrheit hatte wohl, wie schon Unger (Manetho 125) vermutete, ein anderes Missverständnis zu der Ansetzung Dikaiarchs geführt. Wir lesen in den Manethosauszügen zu Sesostris (Senwośret II. und III.) die Bemerkung, dass er wegen seiner Thaten von den Ägyptern für den ersten nach Osiris gehalten worden sei (ὡς ὑπὸ Αἰγυπτίων μετὰ Ὄσιριν πρῶτον νομισθῆναι). In dieser Bemerkung, die zwar nicht von Manethos selbst herrührt, aber gewiss auf ältere Quellen zurückgehen wird, werden die Worte μετὰ Ὄσιριν πρῶτον nicht, wie sie eigentlich gedacht waren, als Vergleich, sondern als Zeitangabe aufgefasst worden sein: Sesostris solle der erste König Ägyptens nach der Herrschaft des Osiris gewesen sein. Für Osiris ist dann sein Sohn Horus eingesetzt worden, der als sein Nachfolger und als Vorgänger und Vorbild der ägyptischen Könige zu bekannt war, um ihn zu übergehen. So wurde Sesostris, in Wahrheit ein König der 12ten Dynastie, irrtümlich zum ersten menschlichen König Ägyptens und Nachfolger des Gottes Horus, was sonst Menes, der erste König der ersten Dynastie gewesen sein sollte. Erst auf Grund dieser irrigen Ansetzung des Sesostris ist dann die Berechnung der 2936 Jahre vor 776 vor Chr. gemacht worden, sie giebt uns also das Ende der Götterherrschaft, nicht den Anfang der Regierung des historischen Sesostris. Dasselbe übertrieben hohe Alter war dem Sesostris auch bei Trogus Pompejus (Justinus) gegeben, der ihn nach Ungers Berechnung (Manetho 125) ebenfalls um 3710 vor Chr. ansetzte.

Ebenso führt in viel zu frühe Zeiten eine Angabe, die wir bei Tacitus (ann. VI 28) finden. Er erwähnt, dass die Meinungen über den Zeitraum, nach dem der Vogel Phönix wieder erscheinen solle, geteilt seien. Während gewöhnlich 500 Jahre angegeben würden, behaupteten Andere, dass der Phönix nur alle 1461 Jahre wiederkehre und dass dies vor der Zeit des Tiberius zuerst unter König Sesostris (Sesosis), dann unter Amasis, zum dritten Mal unter Ptolemaeus „qui ex Macedonibus tertius regnavit“ geschehen sei. Da das letzte dritte Mal, wie Unger (Manetho 124) gezeigt hat, im Altertum unbestritten unter Ptolemaeus I. im Jahre 311 v. Chr. angesetzt wurde, so wurde Sesostris hiernach 3231 v. Chr. angenommen.

Wie dem Dikaiarch, so gilt Sesostris auch seinem Lehrer Aristoteles als ein König aus uralter Zeit. Aristoteles bemerkt (polit. 1329b), dass die Trennung der Krieger und Ackerbauer, die in Kreta von Minos eingeführt sei, aus Ägypten stamme, wo ja alle Einrichtungen uralt seien. Dort sei sie schon von Sesostris eingeführt worden, der lange vor Minos regiert habe[1]. Auf Ramses II., der selbst oder dessen nächste Nachfolger als Zeitgenossen des Trojanischen Krieges gedacht wurden, passt das ganz und gar nicht. — Dasselbe gilt, wenn Apollonius Rhodius (IV 272) sagt, dass von Sesostris bis zur Argonautenfahrt viel Zeit verflossen sei (*πουλὺς γὰρ ἄδην ἐπενήνοθεν αἰών*). — Wenn Strabo (I 38) von dem Kanal zwischen Nil und Rotem Meer sagt, dass er zuerst von Sesostris vor den troischen Ereignissen (*κατ' ἀρχὰς ὑπὸ Σεσώστριος πρὸ τῶν Τρωικῶν*) begonnen, aber wieder aufgegeben, dann erst später von Necho wieder aufgenommen, von Darius weitergeführt und von den Ptolemäern vollendet worden sei, und wenn derselbe an anderer Stelle bemerkt (XVII 804), vor den troischen Ereignissen habe es keinen solchen Kanal gegeben, so ist das gewiss nicht so zu verstehen, dass Sesostris gerade vor dem trojanischen Kriege gelebt habe, sondern es ist als eine ganz unbestimmte Zeitangabe zu fassen, bei der der trojanische Krieg gewissermassen, wie später Christi Geburt, die ganze alte Geschichte in zwei Teile teilen sollte. Ganz unbestimmt ist zwar auch die Angabe des Menander Protektor (Müller F. H. G. IV 210), Sesostris habe *ἐν τοῖς πάλαι τε καὶ ἀνωτάτω χρόνοις* gelebt, doch passt auch sie wenig auf einen König der 19ten Dynastie. — Zu den unbestimmten Angaben gehört auch die des Arrian (bei Phot. bibl. cod. 58), nach dem die Parther zur Zeit des Sesostris und des Skythenkönigs Jandyses in ihre spätere Heimat eingerückt sein sollten.

Zum Schluss muss nun auch noch des falschen Sothisbuches gedacht werden. In dieser dreisten Fälschung, die unter dem Namen des Manethos umlief, finden sich an 6ter und 7ter Stelle die Namen *Σέσωστρις* und *Ἀμμενέμης*, die nach Manethos den beiden Familiennamen der 12ten Dynastie Senwośret und Amenemḥet entsprechen. Dem ersteren Namen *Σεσόστρις* geht *ὁ Σέραπις* d. i. der Gott Serapis als 5ter König der Liste voraus. So unsinnig seine Nennung hier auch erscheinen muss, so wird sie doch bedeutungsvoll durch eine Notiz, die sich bei Hieronymus zu Sesonchosis, dem ersten Könige der 22sten Dynastie (Scheschonḳ I) findet und nach Unger (Manetho 28) vermutlich aus dem „Alten Chronikon" stammt: „*Hujus Sesonchosis Aegyptii regis pater fuit Siparis, hunc ferunt quidam post mortem ab Aegyptiis deum nuncupatum cumque Sarapin appellatum*". Hält man diese Notiz mit den oben citierten Angaben des falschen Sothisbuches zusammen, so kann es wohl nicht zweifelhaft sein, dass sie sich in Wahrheit nicht auf Scheschonḳ I., sondern auf Sesostris, der auch Sesonchosis genannt wurde, bezog. Wenn die Notiz an sich auch lächerlich ist, so ist aus ihr doch wohl zu entnehmen, dass für den Vater des Sesostris-Sesonchosis der Name Siparis überliefert war, der dann tendenziös von gewissen Dogmatikern zur Erklärung des Namens des Gottes Serapis herangezogen wurde[2]).

1) *πολὺ γὰρ ὑπερτείνει τοῖς χρόνοις τὴν Μίνω βασιλείαν ἡ Σεσώστριος.*

2) Vermutlich um diesem ein hohes Alter in Ägypten zu verschaffen, wie das auch Athenodorus gewollt hatte (Clem. Al. Protr. p. 14).

Welcher ägyptische Name kann nun aber in diesem Siparis erkannt werden? Ramses' II. Vater Sethos I., mit vollem Namen *Menmarē' Setōje Meneptaḥ* oder Sethos' I. Vater Ramses I. mit vollem Namen *Menpeḥtirē' Ra'messu* gewiss nicht. Dagegen hiess der Vater Senwośrets I.[1]) Amenemḥet I. mit Vornamen *Seḥtep-'eb-rē'*, woraus wohl schon eher Siparis verderbt sein könnte; vgl. übrigens auch die Form Σταμμενέμης, mit der dieser König Amenemḥet I. bei Eratosthenes genannt ist.

Hiermit wären alle direkten und indirekten Angaben über die zeitliche Stellung des Sesostris, die uns aus dem Altertum überkommen sind, besprochen. Das Ergebnis ist, dass sich eigentlich keine einzige darunter findet, die auf einen König der 19ten Dynastie, wie es Ramses II. ist, passte, wohl aber manche, die die manethonische Ansetzung zu bestätigen scheinen. Die grosse Mehrzahl der Angaben war freilich, wie das bei einer so sagenhaften Persönlichkeit nicht zu verwundern ist, entweder unbestimmt oder sie gaben dem Könige z. T. infolge eines Missverständnisses ein übertrieben hohes Alter, indem sie ihn in das vierte Jahrtausend statt in das Ende des dritten oder den Anfang des zweiten Jahrtausends vor Chr. setzten.

Bei der Besprechung der Nachrichten, welche uns über das Leben und die Geschichte des Sesostris von den Alten überliefert werden, folgen wir am Besten der Erzählung Diodors (I 53—58), der am Ausführlichsten darüber berichtet.

Bei der Geburt des Sesostris soll seinem Vater im Traume der Gott Hephaistos erschienen sein und ihm verkündet haben, dass der Neugeborene die ganze Erde beherrschen werde (πάσης τῆς οἰκουμένης κρατήσειν). — Weder von einem der drei Senwośrets noch von Ramses II. ist uns speziell derartiges überliefert. Der Gedanke ist aber echt ägyptisch und deckt sich im wesentlichen mit den üblichen Darstellungen von der Erzeugung und Geburt der Könige[2]), in denen die Götter dem zukünftigen Könige resp. seiner Mutter fast wörtlich dasselbe verheissen.

Auf die Erziehung des Sesostris verwandte sein Vater, wie uns Diodor weiter berichtet, ganz aussergewöhnliche Sorgfalt. Die an demselben Tage geborenen Knaben wurden mit dem jungen Königssohn in sorgfältigster Weise erzogen; hierzu sollte seinen Vater, wie manche behaupteten, die von dem Gotte gewordene Verheissung veranlasst haben. — Dass die Söhne von Grossen mit den Königskindern zusammen erzogen wurden, war im alten Ägypten etwas Gewöhnliches und wird in den Inschriften aller Zeiten oft genug erwähnt. Vielleicht ist aber in der Überlieferung von der besonderen Erziehung, die dem Sesostris durch seinen Vater zuteil geworden, eine Erinnerung an die bekannte „Unterweisung Amenemḥets I." an seinen Sohn Senwośret I. zu finden. Diese Schrift hat sich noch in der Zeit der Ramessiden, 7 bis 8 Jahrhunderte nach Senwośret I. solcher Beliebtheit erfreut, dass sie uns in nicht weniger als 6 Abschriften aus dieser Zeit erhalten ist; dass sie auch noch in späteren Zeiten gelesen wurde, lehrt das Vorhandensein einer siebenten, späteren Handschrift, des Papyrus Millingen[3]). Der Titel und

1) Senwośrets III. Vater Senwośret II. hiess *Ḫ'-ḫpr-r'*, was griechisch etwa Chasphres oder Sasphres lauten würde. Senwośrets II. Vater Amenemḥet II. dagegen Neb-ku-rē', der Nencoreus Narecho der Alten s. o.

2) Papyrus Westcar, Tempel von Derelbaḥri und von Luksor. Inschrift des Pianchi, vgl. auch die Traumerzählungen der Sphinxstele Thutmosis IV. und der sogen. Traumstele Tanutamuns.

3) Griffith (Ä. Z. 1896, 37) hat gewisse Übereinstimmungen zwischen der Inschrift des Pianchi und der „Unterweisung" beobachtet, aus denen er schliesst, dass die Schrift noch in der Äthiopenzeit, im 8. und 7ten Jahrhundert v. Chr. bekannt war.

die einleitenden Worte des Textes enthalten überdies Mehreres, was an die von Diodor erwähnte Meinung, dass die Verheissung der Weltherrschaft zu der besonderen Erziehung des Sesostris veranlasst habe, zu erinnern scheint: sie lauten: „Unterweisung[1]), die der König Sehtep-ʾeb-reʿ der Sohn des Re Amenemhet (I.) der Selige verfasste und die Wahrheit kündend(?) zu seinem Sohne Senwośret I., im Folgenden genannt) dem Herrn des Alls (sic) sagte. Er sagt also: erscheine als Gott (d. h. besteige den Thron), höre auf das, was ich dir sage, du wirst König sein über das Land (Ägypten) und Herrscher über die Länder, du wirst an Güte zunehmen."

Schon in ganz jugendlichem Alter noch zu Lebzeiten seines Vaters soll sich Sesostris nach Diodors Bericht seine ersten Lorbeeren in zwei Feldzügen geholt haben, zu denen er von seinem Vater ausgesandt wurde. Zuerst zog er nach dem Osten (*εἰς τὴν Ἀραβίαν*) und unterwarf, in einem harten Wüstenfeldzug das Volk der Araber, die bis dahin ihre Freiheit gewahrt hatten. Darnach wandte er sich gen Westen und machte den grössten Teil Libyens Ägypten unterthan. — Das passt gut auf Senwośret I., der von seinem Vater Amenemḥet I. nach 20jähriger Regierung zum Mitregenten angenommen wurde, und wie es in der bekannten Geschichte des Sinuhe (Zeile 50 der Berliner Handschrift) heisst: „die Fremdländer bezwang, während sein Vater im Palaste war." Nach ebendieser Erzählung, die bald nach der Zeit in der sie spielt, verfasst sein wird, empfängt Senwośret I. die Nachricht vom Ableben seines Vaters, als er gerade von einem siegreichen Feldzug gegen die Libyer heimkehrt. Es verdient beachtet zu werden, dass das Werk, dem wir diese zu Diodors Angaben so überraschend stimmende Thatsache entnehmen, ebenso wie die oben erwähnte „Unterweisung Amenemḥets I." noch im neuen Reich als ein Denkmal der klassischen Periode der altägyptischen Litteratur geschätzt wurde. Auch der von Diodor berichtete Feldzug gegen die „Araber" scheint sich als historisch nachweisen zu lassen. In der Inschrift des Nes-mon.u (Louvre C. 1), die vom 8ten Jahre der gemeinsamen Regierung Amenemḥets I. und Senwośrets I. datiert ist, wird der Niederwerfung der *Mnṯjw-Ḥrjw-šʿj*, d. h. der Beduinen der Sinaihalbinsel und der benachbarten Wüsten, gedacht.

Nachdem sein Vater gestorben und er selbst die Königswürde übernommen hatte, soll Sesostris, nach einigen von seiner Tochter Athyrtis, nach andern durch die mehrfach erwähnte Prophezeiung veranlasst, an die Unterwerfung der gesamten Welt (*τὴν τοῦ ὅλου δυναστείαν*)[2]) gegangen sein (Diod. I 53). Wie dieser Plan verwirklicht sein soll, darüber stimmen die alten Quellen im ganzen überein, während sie im einzelnen vielfach von einander abweichen.

Zuerst zog der König gegen die Äthiopen im Süden von Ägypten; sie wurden unterworfen und gezwungen, Gold, Ebenholz und Elfenbein, noch heute die wertvollsten Produkte des Sudan, als Abgaben zu liefern (Diod. I 55. Lucan. Phars. X 275 ff.). Nach Eratosthenes (bei Strabo XVI 769) war Sesostris der erste, der Äthiopien und das Land der Troglodyten unterwarf; nach Herodot (II 110) wäre er sogar der einzige ägyptische König gewesen, der über Äthiopien herrschte. Die letztere Behauptung ist unrichtig und beruht jedenfalls nur auf einem Missverständnis Herodots, dem wohl von seinen ägyptischen Gewährsmännern gesagt sein mochte,

1) *sbȝy.t* „Lehre" kopt. ⲥⲃⲱ, der gewöhnliche Titel didaktischer Schriften.

2) Dieser Ausdruck bei Diodor erinnert auffallend an den ungewöhnlichen Titel *nb-r-dr* „Herr des Alls", den Senwośret I. in der „Unterweisung Amenemḥets I." erhält, s. o.

dass Sesostris der **erste** gewesen, der über Äthiopien herrschte. Auf Ramses II. passt alles dies ganz und garnicht; wir finden ihn zwar auch im Besitz Nubiens, doch ist er darin nur Erbe der mächtigeren 18ten Dynastie, die das Land neu erobert hatte und deren Denkmäler sich viel weiter südlich als die seinigen, fast bis Chartum, gefunden haben. Die 18te Dynastie selbst empfindet ihre Unterwerfung Nubiens aber als Wiederherstellung der von der 12ten Dynastie begründeten Herrschaft Ägyptens über das Land, die augenscheinlich in der dazwischen liegenden Zeit, der sogen. Hyksoszeit, verloren gegangen war. Ihre Könige, besonders Thutmosis III., verehren Senwośret III. als Schirmgott in den ägyptischen Tempeln Nubiens, stellen die von ihm erbauten Festungen und Tempel wieder her und richten die von ihm aufgestellten Grenz- und Siegesstelen (in Semne) wieder auf. Die 18te Dynastie erkennt offenbar in Senwośret III. denjenigen, der die Eroberung Nubiens abgeschlossen und das Land zum dauernden ägyptischen Besitz gemacht hat; seine Grenzstelen und Tempelbauten in Nubien bestätigen diese Auffassung. Begonnen war die Eroberung Nubiens aber schon von Senwośret I.; im 29sten Jahre Amenemḥets I., also ein Jahr vor dessen Tode und im 9ten Jahre der Mitregierung Senwośrets I., wurde das Land *W3w3-t* in Nordnubien, unterworfen (Inschrift von Korusko), was gewiss nicht von dem alten Könige, sondern von Senwośret ausging. Später unterwarf Senwośret I. das eigentliche Nubien *K3š*; dabei gelangte er, wie es in der Inschrift des *'Jmny* (Beniḥassan) heisst, „bis zu den Enden der Erde"; bei Wadi Halfa nördlich vom zweiten Katarakt, der später unter Senwośret III. die Südgrenze des Reichs bildete, hat sich ein Siegesdenkmal von ihm gefunden. Vor der 12ten Dynastie ist eine planmässige Eroberung Nubiens zu dauerndem Besitz von den Ägyptern nicht unternommen worden, nur von vereinzelten Handelsexpeditionen oder Raubzügen, die Beamte des Königs nach Nubien machten, hören wir von Zeit zu Zeit. So haben wir denn in Sesostris dem ersten **Eroberer** Nubiens gewiss Senwośret I., der bis zu den Enden der Erde gekommen sein soll, in Sesostris dem ersten **Beherrscher** Nubiens aber Senwośret III. zu erkennen.

Nach den Berichten der Griechen sollen sich die südlichen Eroberungen des Sesostris aber nicht bloss auf das obere Nilthal beschränkt haben, sondern der König soll auch die **Küstenstriche des Arabischen Meerbusens**, die Troglodytike, unterworfen haben (Eratosthenes bei Strab. XVI 769) und mit seinem Heer bis zum Zimmetlande (Strab. XVII 790, nach Plinius n. h. VI 174 genauer bis zum Vorgebirge Mossylites) gekommen sein. Als Denkzeichen dieses Zuges sollten sich u. A. bei Deire, an der Strasse Bab el Mandeb, eine Stele des Sesostris (Eratosthenes bei Strab. XVI 769), bei der *θήρα τῶν ἐλεφάντων* an der Ostküste des arabischen Meerbusens ein Tempel der Isis, den er gegründet (Artemidoros bei Strab. XVI 770), befinden. Herodot (II 102) und Diodor (I 55) wissen von einer solchen Landexpedition an der Küste des Arabischen Meerbusens entlang nichts; statt dessen berichten beide, dass der König — nach Diodor im Anschluss an den äthiopischen Feldzug — eine Flotte von Kriegsschiffen ausgerüstet habe, die zum ersten Mal in den Indischen Ozean hinausgegangen sei und dessen Inseln und Küsten erobert hätte. Nach Herodot hätte der König diese Seeexpedition in Person geleitet, nach Diodor fand sie statt, während er seinen asiatischen Feldzug ausführte. Von diesen verschiedenen Darstellungen hat diejenige Diodors die meiste Wahrscheinlichkeit. Jene Küstenländer des Arabischen Meerbusens, in denen sich die oben erwähnten Denkmäler an den Zug des Sesostris befinden sollten, von Ägypten aus zu Lande mit einem grösseren Heere aufzusuchen, ist ein Unterfangen, an das schwerlich jemals ein Ägypter gedacht haben wird. Diese Küsten sind naturgemäss immer zur See aufgesucht worden; soweit wir die ägyptische Geschichte aber kennen, haben die Könige solche Seefahrten nie persönlich mitgemacht, sondern stets von Generälen ausführen lassen. — Von Seeunternehmungen Ramses' II. wissen wir zufällig garnichts, wenn solche auch wohl in Wirklichkeit stattgefunden haben mögen. Dagegen erfahren wir aus einer Inschrift im Wadi Gasus, einer alten Hafenstätte am Roten Meer, dass unter Amenemḥet II., dem Nachfolger Senwosrets I., ein Beamter des Königs mit seinen Schiffen und seiner ganzen Truppenmacht glücklich aus dem Weihrauchlande *Pwnt* heimgekehrt sei. Dass damals der sehr alte Seeverkehr nach den Weihrauchländern besonders lebhaft war, ist wohl aus der bekannten Erzählung des schiffbrüchigen Seefahrers, der nach der Schlangeninsel verschlagen wird, zu entnehmen. So ist eine Unternehmung, wie die dem Sesostris zugeschriebene Seeexpedition, in der 12ten Dynastie um nichts unwahrscheinlicher als zu anderen Zeiten der ägyptischen Geschichte. Freilich bis Indien wird die Flotte, auch wenn die Fahrt sonst historisch ist, sicher nicht gekommen sein, wie Diodor angiebt, dem widersprechen schon die bescheideneren Angaben Strabos und Plinius'.

Nach der Unterwerfung des Südens soll Sesostris, so berichtet Diodor in Übereinstimmung mit fast allen, die von dem äthiopischen Feldzug erzählen, den grossen Feldzug durch ganz Asien unternommen haben, von dem bei den Alten so viel die Rede ist. Mit einer ungeheuren Streitmacht soll er in 9 Jahren (Diod. I 55. Notiz bei Manethos) die Eroberung des ganzen Kontinents vollbracht haben und im Norden bis nach Europa in die Länder der Skythen und Thraker, im Osten nach Einigen (Diod. I 55) sogar über den Ganges bis an den Okeanos gedrungen sein, überall Siegesdenkmäler errichtend, auf denen auch die Tapferkeit oder Feigheit der unterworfenen Völker durch männliche oder weibliche Geschlechtsteile angedeutet waren. (Herod. II 102 3. 106. Diod. I 51. Megasthenes bei Strab. XV 686 und bei Arrian Ind. V 4. Schol. Apoll. Rhod. IV 274. Notiz zu Manethos. Ioh. Antioch. fr. 1). Herodot wollte dergleichen noch an verschiedenen Stellen gesehen haben. Erst im äussersten Norden der alten Welt, bei den Skythen sollte ihn der Mangel an Lebensmitteln zur Umkehr gezwungen haben (Diod.); nach einer anderen Version dagegen hätte ihn eine Niederlage, die er sich dort geholt [1]), zum eiligen Rückzug genötigt. Auf dem Rückweg sollte er in Kolchis eine Kolonie Ägypter zurückgelassen haben, woraus man sich einige angebliche Übereinstimmungen zwischen den Sitten der Kolcher und der Ägypter erklären wollte (Herod. II 103. Diod. I 55). — In dieser Darstellung erweist sich manches auf den ersten Blick als zweifellos unhistorisch. Weder nach Indien noch auch bis zum Schwarzen Meer ist, soweit wir wissen, jemals ein ägyptischer König gezogen. Von der Eroberung Indiens wissen denn auch Herodot und die meisten anderen nichts, ja einzelne wie Megasthenes (Strab. XV 686. Arrian. Ind. V 4) bestritten sie direkt. Dagegen hat der Zug des Sesostris bis nach Europa fast überall im Altertum Glauben gefunden, augenscheinlich aus dem einfachen Grunde, weil man dafür sinnfällige Beweise in den vermeintlichen Stelen des Sesostris, von denen Herodot so bestimmt spricht, und in der Übereinstimmung zwischen Kolchern und Ägyptern zu haben glaubte. Aus den Worten, mit denen Herodot (II 103) davon erzählt: ἐς

1) bei den Skythen, Justin. II 3, 8; bei den Geten, Valerius Flaccus Argon. V 418 ff.; in Kolchis, Plin. n. h. XXXIII 52.

τούτους (die Skythen und Thraker) *δέ μοι δοκέει καὶ προσώτατα ἀπικέσθαι ὁ Αἰγύπτιος στρατός· ἐν μὲν γὰρ τῇ τούτων χώρῃ φαίνονται σταθεῖσαι αἱ στῆλαι, τὸ δὲ προσωτέρω τούτων οὐκέτι*" möchte man sogar entnehmen, dass er den Zug bis zu diesen Völkern lediglich aus dem Vorhandensein der Stelen, die er irrtümlich dem Sesostris zuschrieb (s. u.), geschlossen habe. Aber auch nach dem westlichen Kleinasien ist schwerlich je ein ägyptischer König gekommen. Die weitesten Eroberungen, die die Ägypter je gemacht haben, die Thutmosis' III., gingen nicht über Syrien hinaus. Die Stelen, die Herodot in Jonien sah und beschreibt (II 106), sind die Denkmäler von Karabel-dere und Bel-Kaive, sie sind nicht ägyptisch, sondern chetitisch (Hirschfeld. Abh. Berl. Akad. 1886). Das legt auch hier den Verdacht nahe, dass Herodot den Besuch des Sesostris nur aus diesen Bildern geschlossen hat.

Von asiatischen Feldzügen der 12ten Dynastie von irgendwelcher Bedeutung wissen wir nichts; diese beginnen erst im neuen Reich und so hat man in dem asiatischen Feldzug des Sesostris einen der stärksten Beweise dafür gesehen, dass Sesostris eben ein König des neuen Reichs sein müsse. Man glaubte dann weiter von demselben Feldzug zu hören, wenn Manethos (bei Jos. c. Ap. I 15) von dem Könige *Σέθωσις*[1]) erzählt, er habe Cypern, Phönizien, Assyrer und Meder unterworfen. und wenn nach Tacitus (Ann. II 60) die thebanischen Priester dem Germanicus aus den Inschriften ablasen, dass einst ein König Rhamsès Libyen, Äthiopien, die Meder und Perser, Baktrien und die Skythen, Syrien, Armenien und Kleinasien unterworfen habe. Endlich glaubte man in den drei ägyptischen Siegesstelen am Nahr el Kelb bei Beirut, die von Ramses II. herrühren, jene Stelen des Sesostris gefunden zu haben, die Herodot *ἐν Παλαιστίνῃ Συρίῃ* gesehen haben will. Allein, wie Lepsius 1838 noch ganz richtig bemerkt hatte (Annali dell' Inst. X 12 ff.), passt Herodots Beschreibung auf diese Denkmäler ganz und gar nicht, wie es denn nach seiner Beschreibung überhaupt sehr fraglich erscheint, ob, was er beschreibt, wirklich ägyptische Denkmäler waren. Den Feldzug des Sethosis, von dem Manethos erzählt, mit dem asiatischen Feldzug des Sesostris zu identifizieren, ist aber deshalb bedenklich, weil Josephus, der uns jene Erzählung wörtlich nach Manethos mitteilt, an anderer Stelle (ant. VIII 10, 2. 3) dem Herodot vorwirft. er habe sich in dem Namen des Königs geirrt (*περὶ τὸ τοῦ βασιλέως πλανηθεὶς ὄνομα*), der von ihm geschilderte Feldzug des Sesostris sei vielmehr der des *Σουσακος* d. i. Scheschonk̦ I., Begründer der 22sten Dynastie, der unter Rehabeam Jerusalem eroberte. Es geht daraus nicht nur hervor, dass die angebliche Identität des manethonischen Feldzugs des Sethosis mit dem herodoteischen des Sesostris dem Josephus nicht aufgefallen ist, sondern auch dass Manethos, des Josephus ständiger Gewährsmann, dem Sesostris einen solchen Feldzug nicht zuerkannte, ja vielleicht sogar direkt, wie es Josephus thut, absprach. Wenn Manethos dies that, so stimmte das ganz zu seiner Ansetzung des Sesostris in der 12ten Dynastie, die eben noch keine Eroberungen in Asien gemacht hatte. Der Behauptung des Josephus (resp. des Manethos), dass Herodot Sesostris und Scheschonk̦ I. (bei Manethos *Σέσωγχις*, bei Josephus *Σουσακος*, hebräisch שִׁישַׁק Schischak̦) verwechselt habe, liegt augenscheinlich die Ähnlichkeit der Namen *Σέσωστρις* und *Σέσωγχις* zu Grunde, die ja auch zu der für beide Namen vorkommenden

1) Der Zusatz *καὶ Ῥαμεσσῆς* ist, wie Lepsius (Chronol. 280) gewiss treffend bemerkt, erst von einem Späteren zugefügt, der wusste, dass auch von *Ῥαμεσσῆς* Ähnliches überliefert war.

und zu beiden gleich schlecht passenden Nebenform *Σεσόγχωσις* veranlasst haben wird. Ob Herodot wirklich diese Verwechslung begangen hat, wie man ihm vorwarf, darf aber wohl bezweifelt werden; von Scheschonk I. konnten ihm die Priester kaum solche Thaten erzählen, wie er sie von Sesostris berichtet. Es liegt vielmehr wieder nahe, dass Herodot wie in Thrakien und Jonien den Aufenthalt des Sesostris in Palästina lediglich aus den ihm irrtümlich zugeschriebenen Siegesdenkmälern gefolgert hat. Gewiss war ihm von dem historischen Feldzuge des Sesostris gegen Äthiopien erzählt worden, und dass der König dabei an verschiedenen Orten Siegesdenkmäler, Kastelle und Tempel der ägyptischen Götter errichtet habe, wie wir das bei Strabo XVI 769 (nach Eratosthenes) von dem äthiopischen und dem asiatischen Feldzug (*πολλαχοῦ Σεσώστριος χάρακες προσαγορεύονται καὶ ἀφιδρύματα ἐστιν Αἰγυπτίων θεῶν ἱερῶν*) und XVII 790 von dem äthiopischen Land- und Seezug (*ὑπομνήματα τῆς στρατείας αὐτοῦ καὶ νῦν ἔτι δείκνυται στῆλαι καὶ ἐπιγραφαί*) lesen und wie es thatsächlich von Senwośret I. und Senwośret III. in Nubien vielfach geschehen ist. Diesen wirklich historischen Feldzug des Sesostris gegen Äthiopien erwähnt Herodot charakteristischerweise gar nicht; was ihm davon erzählt worden, sucht und findet er, wie er glaubt, in Asien und macht so, gewiss ohne sich dessen bewusst zu sein, aus dem äthiopischen Feldzug einen asiatischen. Sein Irrtum ist dann, wie so oft, auf alle späteren griechischen Schriftsteller übergegangen und auch von denen, die noch den äthiopischen Feldzug kannten, angenommen worden; nur Manethos, dem als Ägypter ungleich bessere Quellen zur Verfügung standen, musste notwendig eine Ausnahme davon machen.

Bei der Rückkehr des Sesostris aus dem Kriege machte bei Pelusium sein Bruder, dem er die Verwaltung des Landes während seiner Abwesenheit anvertraut hatte, den Versuch, den König nebst seiner Familie durch Brandstiftung ums Leben zu bringen (Herod. II 107 ff. Diod. I 57). Nach Herodot rettet sich der König dadurch, dass er zwei seiner Kinder opfert und über ihre Leichen einen Weg ins Freie findet, nach Diodor dadurch, dass er den Schutz der Götter anfleht. — Auch diese Geschichte wurde von denen, die Sesostris in die 19te Dynastie setzen wollten, als ein Beweis für ihre Annahme angesehen, weil Manethos von dem Könige Sethosis Ähnliches erzählt: er habe während seines asiatischen Feldzuges seinen Bruder Harmais zum Stellvertreter ernannt, dieser habe sich dann in seiner Abwesenheit die Königswürde angemasst, worauf Sethosis, durch den ihm treu ergebenen Oberpriester heimlich von dem Geschehenen in Kenntnis gesetzt, schleunigst nach Pelusium heimgekehrt sei und dem treulosen Bruder wieder sein Reich entrissen habe (Jos. c. Ap. I 15). Vergleicht man die beiden Erzählungen aber miteinander, so findet man, dass sie sowohl in dem, was sie, als in der Art, wie sie erzählen, durchaus verschieden sind. Während der Bruder des Sesostris erst in dem Moment, wo dieser wieder sein Land betritt und damit seine Stellvertretung ein Ende nehmen muss, zum Verräter wird, hat sich der Bruder des Sethosis schon vorher offen zum Usurpator aufgeworfen und ist dadurch die Ursache der Rückkehr des Königs; von dem Anschlag auf das Leben des Königs durch Brandstiftung, von der Herodot so ausführlich erzählt, hören wir bei Manethos kein Wort; er schildert uns dagegen um so ausführlicher die Umstände, unter denen sich Harmais gegen seinen Bruder aufwarf, wovon wir wieder bei Herodot und Diodor nichts hören. Was nach diesen beiden Erzählungen dem Sesostris und dem Sethosis Gleiches zugestossen ist, die Untreue des Bruders, der infolge ihrer Abwesenheit nach der Herrschaft trachtete, ist bei den orientalischen

Verhältnissen etwas ganz Natürliches, das sich in allen Ländern des Orients und zu allen Zeiten oft genug wiederholt hat; an ähnlichen Beispielen des Bruderzwistes fehlt es ja in der ägyptischen Geschichte auch sonst nicht, es sei nur an die Ptolemäer und an die Geschichte von Osiris und Set erinnert. So wird man denn auch die Notwendigkeit, dass die beiden so verschiedenen Erzählungen von den Bruderzwisten des Sesostris und des Sethosis identisch seien, nicht anerkennen können. Erwähnt mag übrigens auch noch werden, dass sich etwas Ähnliches, wie die Bedrohung der Herrschaft des Sesostris durch seinen Bruder, nach der mehrfach erwähnten Erzählung des Sinuhe in der That ereignet haben könnte, als Amenemḥet I. starb und Senwośret I. von dem Feldzug gegen die Libyer heimkehrte. Denn als er die Nachricht vom Tode seines Vaters und Mitregenten Amenemḥets I. erhält, wird diese streng geheim gehalten und der König begiebt sich eiligst nach Ägypten; der beim Heer befindliche Hofmann und Verwandte des Königs Sinuhe, der die Nachricht erlauscht hat, flieht ebenso eilig ausser Landes.

Die Fürsten der von Sesostris unterworfenen Länder hatten sich, so wird uns weiter erzählt (Diod. I 58. Plin. n. h. XXXIII 52. Menander Protektor bei Müller Frgm. hist. gr. IV. 210) von Zeit zu Zeit in Ägypten mit Geschenken einzufinden. Bei dieser Gelegenheit soll der König, um seine Macht zu zeigen, ihrer vier vor seinen Wagen gespannt haben. — Etwas derartiges ist uns aus ägyptischen Denkmälern nicht bekannt geworden und wird uns, wenn Sesostris = Senwośret ist, auch, abgesehen von seiner inneren Unwahrscheinlichkeit, deshalb nie bekannt werden, weil man damals in Ägypten noch keine Wagen kannte. Wenn man wollte, könnte man deshalb in dieser fabelhaften Angabe endlich eine Bestätigung für die Gleichsetzung mit Ramses II. erkennen.

Die Gefangenen, deren der König eine grosse Menge von seinen zahlreichen Feldzügen mit nach Ägypten geführt hatte, wurden zu Bauten verwandt (Herod. II 108. Diod. I 56). — Diese Verwendung der Gefangenen ist ganz selbstverständlich und wird im mittleren Reich genau so wie im neuen Reich stattgehabt haben, wenn wir das bei dem spärlichen Material auch noch nicht für jene Zeit nachweisen können.

Von den Bauten des Sesostris wird uns von den Alten manches Nähere berichtet. Nach Diodor (I 55) baute er in allen (will sagen in den verschiedensten) Städten Ägyptens den dort verehrten Göttern Tempel. — Da uns von den Tempelbauten der 12ten Dynastie ebenso wie von denen des alten Reichs nur wenig erhalten ist, weil sie meist später durch Neubauten des neuen Reichs oder der Ptolemäerzeit ersetzt sind, so lässt sich diese Angabe nicht für einen der Senwośret-Könige als richtig erweisen. Dennoch darf bei der langen Regierungsdauer Senwośrets I. (45 Jahre) und Senwośrets III. (über 30 Jahre) mit Sicherheit angenommen werden, dass beide eine rege Bauthätigkeit entfaltet haben. Von Senwośret I. wissen wir denn auch, dass er der Gründer des grossen Heiligtums des Amon in Karnak war[1]), das die Könige des neuen Reichs zum Reichsheiligtum ausgestaltet haben; von ihm ist der einzige Obelisk, der heute noch auf der Stätte des einst so obeliskenreichen Heliopolis steht, ihn stellten die grossen Statuen dar, die den Tempel von Tanis schmückten; er hat ferner nachweisbar in Abydos, Hierakonpolis, Krokodilopolis und Koptos gebaut. Senwośret III. hat u. a. in Herakleopolis, Bubastis, Tanis gebaut. Besonders soll aber der König seine Gunst dem Tempel des Hephaistos in Memphis zugewandt haben,

1) Mariette, Karnak, Texte 32. 43. 62.

weil er diesem Gotte seine Rettung in Pelusium zu verdanken meinte (Herod. II 108. Diod. I 57). Vor diesem Tempel stellte er grosse Statuen auf, zwei von je 30 Ellen, die ihn und seine Frau, vier von je 20 Ellen, die seine vier Kinder darstellten (Herod. II 110. Diod. I 57). — Da man Sesostris gleich Ramses II. setzte, hat man die ersteren Statuen in den heute beim Dorfe Mitrahine, auf der Ruinenstätte des alten Memphis, liegenden Kolossalstatuen Ramses' II. erkennen wollen, die etwa 13 Meter hoch waren und bei denen neben den Füssen des Königs die Bilder eines Prinzen und einer Prinzessin in den Stein eingegraben sind. Herodots und Diodors Worte können aber nur so verstanden werden, dass der König je eine Statue von sich und von seiner Frau, sowie je eine von jedem seiner vier Kinder aufstellen liess.

Dem thebanischen Amon soll Sesostris ein Schiff aus Cedernholz, innen versilbert, aussen vergoldet, 280 Ellen lang gebaut und zwei Obelisken von 120 Ellen errichtet haben (Diod. I 56), was von Senwośret I., dem Gründer des Amonstempels — von den Maassen abgesehen — durchaus nicht unwahrscheinlich wäre.

Ausser diesen Arbeiten im Dienste der Götter, die allen ägyptischen Königen schon ihres Namens willen gleich am Herzen lagen, werden dem Sesostris bei den Griechen aber auch Arbeiten von unmittelbarem Nutzen für das Land nachgerühmt. Von den Befestigungen, die Sesostris in den eroberten Ländern angelegt haben sollte (s. ob.) abgesehen, soll er auch die nordöstliche Grenze Ägyptens gegen die Einfälle von Syrien und Arabien her durch eine Mauer, von Pelusium bis Heliopolis durch die Wüste 1500 Stadien lang, befestigt haben (*ἐτείχισε*. Diod. I 57). — Diese Befestigungen werden bereits in der mehrfach erwähnten Erzählung des Sinuhe, die unter Senwośret I. spielt, genannt als „die Mauern des Herrschers, die angelegt sind, um die Beduinen abzuwehren" (Z. 17), und zwar sollen diese Mauern nach der Erzählung schon beim Tode Amenemhets I., also im 10ten Jahre Senwośrets I. vorhanden gewesen sein. Dieselbe Bezeichnung kehrt auch in einem andern Papyrus des mittleren Reichs wieder (Golénischeff, Zeitschr. f. äg. Spr. 1876), dessen Zeit leider nicht genau festzustellen ist. Man wäre geneigt in dem Wort *ḥkꜣ* der „Herrscher" eine Bezeichnung des regierenden Königs zu sehen[1], wie im neuen Reich so oft das entsprechende *pꜣ ḥkꜣ* (mit bestimmtem Artikel) gebraucht ist. Träfe das zu, so würde dadurch die Angabe Diodors über Erwarten bestätigt werden. Jedenfalls würde aber die Annahme, dass Sesostris Ramses II. sei, dazu garnicht passen.

Nach Herodot (II 108) sollen die Kanäle, welche Ägypten seiner Zeit durchzogen, von Sesostris angelegt worden sein, vor dessen Regierung das Land deren keine besessen hätte. Eine Behauptung, deren Unrichtigkeit zu Tage liegt. Diodor (I 57) redet denn auch nur von Kanälen im Delta (*κατὰ πᾶσαν τὴν χώραν τὴν ἀπὸ Μέμφεως ἐπὶ θάλατταν*). Der wahre Kern dieser Nachrichten wird sein, dass Sesostris auf Kanalbauten besonders sein Interesse gelenkt hatte. Über die Kanalbauten Ramses' II. und der Senwośrets ist uns nichts bekannt; es sei denn, dass man die Kanalisierung des ersten Katarakts bei Elephantine, die durch Senwośret III. infolge der Besetzung Nubiens unternommen wurde, hier heranziehen wollte.

Auch den Kanal, der den Nil mit dem Roten Meer verband, soll zuerst Sesostris angefangen oder geplant, aber wieder aufgegeben haben, weil ihm das Bedenken geltend gemacht

1) In dem Petersburger Papyrus ist das Wort *ḥkꜣ* in der That in den Königsring eingeschlossen, wie im neuen Reich das *pꜣ ḥkꜣ*, und mit dem Prädikat *ʿnḫ wḏꜣ snb* „er lebe, sei heil und gesund" versehen.

wurde, der Wasserspiegel des Roten Meeres wäre höher als der des Flusses und das Land würde daher vom Meere überflutet werden (Aristot. meteor. 352, b 26. Strab. I 38. XVII 804. Plin. n. h. VI 165). Das Vorhandensein von Denkmälern Ramses' II. an verschiedenen Stellen, die der alte Kanal zwischen Bubastis und den Bitterseen berührte, kann für seine Herstellung durch Ramses II. und für dessen Identität mit Sesostris nichts beweisen, zumal die Nachrichten der Alten darüber auseinander gehen, ob Sesostris wirklich den Kanal begonnen oder nur geplant habe[1].

Nicht nur der Ruhm eines grossen Eroberers und eines unternehmenden Bauherrn knüpfte sich im Altertum an den Namen des Sesostris; auch als weitausschauender Staatsmann und als Urheber vieler Einrichtungen im Leben der Ägypter wird er gepriesen. Die meisten diesbezüglichen Angaben sind aber teils widersinnig, teils mindestens sehr fragwürdig und wohl meist in das Gebiet der Sage zu verweisen. So wenn er bestimmt haben soll, dass der Sohn immer seines Vaters Beruf ergreifen müsse (Dikaiarch in Schol. Apoll. Rhod. IV 274); wenn ihm die Scheidung der Krieger und Ackerbauer im Staate zugeschrieben wird (Aristot. polit. 1329, b 4); wenn erzählt wird, er habe die Männer, um sie zu verweichlichen, gezwungen, das zu thun, was vorher die Frauen gethan hatten (Nymphodor in Schol. Soph. Oed. C. 337), oder, dass er das ganze Land zu gleichen Teilen unter seine Unterthanen verteilt habe (Herod. II 109); wenn er es gewesen sein soll, der Ägypten in Gaue einteilte (Diod. I 54), eine Einteilung die ja älter als die ägyptische Geschichte war; so endlich auch wenn er neben dem Gotte Horus als Erfinder des Reitens auf Pferden genannt wurde (Dikaiarch. in Schol. Apoll. Rhod. IV 274), während das Pferd und sein Gebrauch aus Asien erst in der Hyksoszeit in Ägypten eingeführt worden ist. Andere Nachrichten lassen sich bei dem uns heute zur Verfügung stehenden Material nicht kontrollieren; so auch, wenn er einer der sechs grossen Gesetzgeber Ägyptens sein sollte (Diod. I 94).

Nach 33jähriger Regierung, so lesen wir bei Diodor (I 58), schied Sesostris, da seine Augen schwach wurden, freiwillig aus dem Leben (*ἐκ προαιρέσεως ἐξέλιπε τὸν βίον*), und es folgte ihm sein Sohn Pharao (Pheros)-Nencoreus d. i., wie wir oben gefunden haben, Amenemḥet II. Wegen dieses Endes seines Lebens (*τὴν τοῦ βίου καταστροφήν*) soll Sesostris bei den Priestern und bei dem Volk aufs Höchste bewundert worden sein. — Von einem Selbstmord ist uns weder bei den Senwośrets noch bei Ramses II. etwas bekannt. Wohl aber ahmte Senwośret I. als ein gewissenhafter Regent das Beispiel seines Vaters nach, der in seinem 21sten Regierungsjahre, als er sich infolge seines Alters nicht mehr stark genug für sein Amt fühlte, seinen Sohn zum Mitregenten erhoben hatte. Dasselbe that Senwośret I. in seinem 43sten Regierungsjahre mit seinem Sohne Amenemḥet II. (Nencoreus) und die Erinnerung an diesen freiwilligen Austritt aus dem Staatsleben mag wohl jener Überlieferung bei Diodor zu Grunde gelegen haben. Rechnet man von diesen 43 Jahren, die Senwośret I. bis zur Berufung Amenemḥets II. regiert hatte, die 10 ersten Jahre ab, in denen er Mitregent Amenemḥets I. gewesen war, so erhält man für seine Alleinregierung die Dauer von ca. 33 Jahren. Das würde genau zu Diodors Angabe stimmen, der die Regierung des Sesostris erst mit dem Tode seines Vaters beginnen lässt, wie er sie schon mit der Thronbesteigung seines Sohnes endigen lässt. — Ramses II. regierte 66 Jahre und von einer Entsagung seinerseits zu Gunsten seines Sohnes Maneptaḥ wissen wir nichts.

1) Herodot erwähnt das Interesse des Sesostris für den Seekanal, wo er von diesem spricht, garnicht.

Dass der Ruhm des Sesostris auch im ägyptischen Volke zu griechischer Zeit noch stark fortlebte, ist nach allem, was die Griechen von ihm erzählen, anzunehmen. Es wird uns von ihnen aber auch wiederholt direkt bezeugt (s. besonders Diod. I 58). So wurde er nach Diodor (I 53) von den Ägyptern im Liede gepriesen (*τῶν Αἰγυπτίων οἵ τε ἱερεῖς καὶ οἱ διὰ τῆς ᾠδῆς αὐτὸν ἐγκωμιάζοντες*) etwa wie heute Sultan Bibars. Ähnliches äussert Plutarch (Is. et. Os. 24 *μεγάλα ἐργοῦντα πράξεις ..... Σεσώστριος ἐν Αἰγύπτῳ*). Als Darius in Ägypten war, sollen ihm von den memphitischen Priestern die Thaten des Sesostris vorgehalten worden sein (Herod. II 110. Diod. I 58). Der Alexanderroman des Pseudo-Kallisthenes (Jul. Valer. III 42) lässt den Sesostris (Sesonchosis) unter die Götter aufgenommen sein, was ja in der That mit Senwośret III. in Nubien geschehen ist, er lässt ferner Alexander, sowohl als er lebend, wie als seine Leiche nach Ägypten gelangt (ibid. I 33. III 57), von den Ägyptern als *junior Sesonchosis* begrüsst werden. — Da ist es nun gewiss kein Zufall, dass sich Nektanebos, der letzte einheimische König Ägyptens, und Ptolemäus I. Soter beide als ersten Schildnamen gerade den Namen 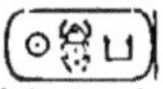 *Ḫpr-kꜣ-rʿ* gewählt haben, der der Name Senwośrets I. gewesen war. Sie bezeichneten sich damit gewissermassen auch als einen zweiten Sesostris.

Das Ergebnis dieser Besprechung der uns über das Leben und die Thaten des Sesostris überkommenen Nachrichten entspricht ganz dem, was oben die Besprechung der Angaben über die zeitliche Stellung des Sesostris ergeben hatte: nichts was ernstlich für eine Identifizierung des Sesostris mit Ramses II. oder Sethos I. sprechen könnte, wohl aber manches, das zu der manethonischen Gleichsetzung des Sesostris mit dem ihm lautlich gut entsprechenden Senwośret stimmt. Dass es eigentlich überall nicht mehr als Reminiszenzen an wirkliche Vorgänge aus der Geschichte der Senwośrets sind, die wir in den griechischen Angaben gefunden haben, ist, da es sich um eine mehr denn tausendjährige, höchst mangelhafte, von Sagen fast ganz überwucherte Überlieferung handelt, nicht verwunderlich. Merkwürdig ist aber eins, dass sich die Angaben der Griechen über ihren Helden Sesostris (Sesoosis, Sesonchosis) nur in wenigen Fällen auf Senwośret III., der bei Manethos mit Senwośret II. zusammen den Namen Σέσωστρις hat und dem deshalb auch die falsche, nicht von Manethos herrührende Notiz beigefügt ist, deuten liessen, (als Gott verehrt, erster Beherrscher Nubiens, Erbauer von Festungen in Nubien); während sie in den meisten Fällen vielmehr auf Senwośret I., der bei Manethos Σεσόγχωσις heisst, passten (Sohn des Siparis, Vater des Nencoreus, besiegt Arabien und Äthiopien zu Lebzeiten seines Vaters, unterwirft zum ersten Mal Nubien, befestigt die östliche Grenze?, regiert 33 Jahre allein, tritt die Macht an seinen Sohn ab, ist das Vorbild des Nektanebos und Ptolemäus). In ihm haben wir also gewiss, wie schon Wilkinson annahm, das Urbild des grossen Helden der Sage zu erkennen.

A NEW CHAPTER

IN THE LIFE

OF

THUTMOSE III.

BY

JAMES HENRY BREASTED

LEIPZIG

J. C. HINRICHS'SCHE BUCHHANDLUNG

1900

UNTERSUCHUNGEN

ZUR

GESCHICHTE UND ALTERTUMSKUNDE AEGYPTENS

HERAUSGEGEBEN VON

KURT SETHE

II. BAND, HEFT 2.

PREFACE.

The excuse for taking up a subject apparently so threadbare, will be found in the following essay itself. A word regarding the point of view is however necessary. It seems to the author that Sethe's reconstruction of the early Thutmoside reigns[a], rests upon three basic facts which he was the first to recognize:

1) The instigator of the insertion of a royal name over another royal name is the king bearing the inserted name; hence

2) The systematic insertion of the names of Thutmose I and Thutmose II *together*, over the name of Hatshepsut on buildings erected by her and Thutmose III, shows that Thutmose I and II reigned for a short time together, after the joint reign of Hatshepsut and Thutmose III had begun.

3) The earliest monuments of Thutmose III show that he at first reigned alone, Hatshepsut being called merely "great king's-wife", until she later became king coregent with him.

These three fundamentals have not, in the author's opinion, been in the least shaken by the recent searching attacks[b] which they have received, whatever slight modification of unessential details may have resulted.[c] On the contrary, the attempts to explain, on any other basis, the phenomena presented, have signally failed.

Furthermore, although I had formerly placed interrogation points against several essential supports of Sethe's reconstruction, I was forced to remove them in view of the remarkable corroboration, which that reconstruction receives from the new document presented in the following essay. I can only hope that others may be able to accept the conclusions reached.

---

a) Untersuchungen Band I.

b) Naville: La succession des Thoutmès d'après un memoire récent (ÄZ XXXV 30—67) and: Un dernier mot sur la succession des Thoutmès (ÄZ XXXVII 48—55).

c) For example, the disappearance of Thutmose I as ex-king in the relief at Derelbahri, due to the recognition of the base, showing that the figure is a statue (ÄZ XXXVII 53). The imperative necessity of a base was first recognized and called attention to by Sethe himself, and it was not discovered in the original relief until its absence in Mariette's publication had been particularly emphasized by Sethe. It was Mariette however who was responsible for the error, not Sethe, and the recognition of the error does not in any way touch the three fundamentals above stated.

Berlin, Aug. 16. 1900.

James Henry Breasted.

I. Introduction.

The relations of the first four Thutmosides have been more searchingly examined and discussed than those of any Egyptian kings; the life of Thutmose III in particular, because of the great qualities it exhibits, the splendid achievements, associated with his name, and the far reaching importance of his conquests has been the subject of constant study, since Champollion's time. Notwithstanding this study, practically nothing is known of the great king's youth, his life previous to his coronation, the means by which he obtained the throne, or his relations with Asia previous to his protracted wars there. My excuse for taking up a subject apparently so fully exhausted particularly by recent discussions, is the existence of a hitherto unemployed document directly bearing on these questions, and furnishing us an entirely new chapter in the life of Thutmose III. I have said that the document has remained "hitherto unemployed", and it will be subsequently seen that this is essentially the fact; nevertheless, a passage in the document in which the king compares himself with the youthful Horus in the Delta marshes, was referred by Brugsch to Thutmose III's childhood, and together with the following context[a] was misunderstood[b] as literal. Brugsch's error was exposed by Maspero[c] in 1880, and, although the error corrected by Maspero concerned only a single phraze, leaving most of the inscription still to be explained, the document has ever since remained untouched, as if its content and significance had been finally exhausted. That this was hardly the case, apart from the above considerations, is further evident when we notice that Brugsch and Maspero *both translated the inscription backward!*[d]

The document to which I refer is a fairly well known inscription, the record of buildings and offerings of Thutmose III on the south wall of the chambers just south of the sanctuary at Karnak. It was published in 1875 by Mariette (Karnak 14—16); again more accurately but less completely by de Rougé in 1879 (Ins. hiér. 165—175); finally much better than his predecessors, by Brugsch in 1891 (Thes. VI 1281—1290). The cause of the error in the order of the lines was: 1) the fact that the signs face backward; 2) the loss of the upper half of the vertical lines of the inscription, except lines 36—49, where fragments with the tops of these lines have

---

a) It was the following context which misled Brugsch, for he himself remarks that such comparisons were an "oft wiederkehrende Redensart junger Könige" (Gesch. p. 365).

b) Gesch. pp. 365 and 288—289.

c) Rev. Crit. 1880, I p. 107, note 1; and ÄZ 1882, p. 133.

d) Brugsch translated practically the entire inscription beginning with the last and ending with the first line (Gesch. 359—365); Maspero the last (really the first) few lines (ÄZ 1882, p. 133).

survived, though with lacunae between them and the lower halves of the lines. Because of these lacunae, Mariette failed to place correctly the fragments[a] of the upper ends of the lines, and numbered[b] the lines backward. This seems to have been accepted by Brugsch and Maspero without suspicion. But there should never have been any question regarding the proper order of the lines: let us take a few of the preserved beginnings (ll. 36—49) and connect them with the preceding ends of the lines:

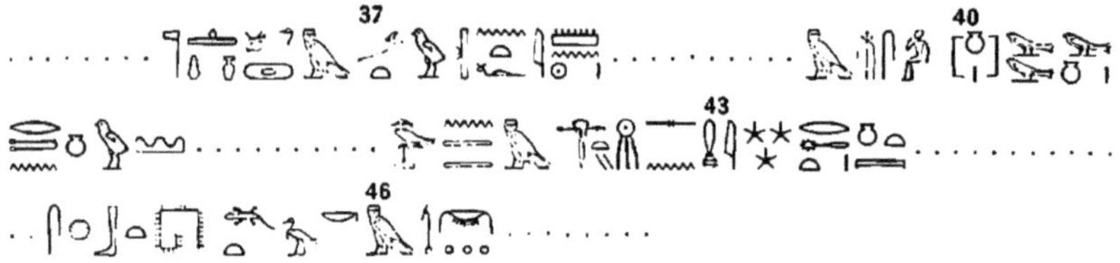

These will suffice to show the proper order of the lines. The question arises then: what does the narrative state when read in the proper order from the beginning on?

A brief outline of the entire inscription will enable the reader better to place in its proper setting the introduction, which we are to study in detail. On the occasion of the completion of one of his great additions to the Karnak temple of Amon, not earlier than the year 15 (l. 17), Thutmose III held an audience and addressed his court, informing them that he owed his crown and kingdom to Amon, and that he had shown his gratitude by great buildings and sumptuous offerings (ll. 1—22). The court replied, acknowledging his divine call to the throne (ll. 22—24). All this is now recorded as an introduction[c] to a threefold list of the king's benefactions to the god: 1) the buildings (ll. 25—36); 2) his offerings of the field, and the herd, and gifts of lands (ll. 36—41); 3) temple utensils, furniture and the like (ll. 42—48). A short peroration concludes the record (ll. 48—49).

II. Youth and Coronation of Thutmose III.

The facts regarding Thutmose III's earlier life are contained in his introductory address (ll. 1—22) and the reply of his court (ll. 22—25) the text of which is as follows:

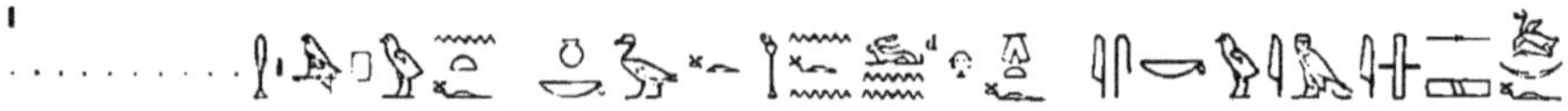

a) They should be shifted two lines to the right in Mariette's text; after making this correction I found that it had already been made by Brugsch in his Thesaurus.

b) As far back as 1879 the admirable de Rougé had added the proper numbering to the lines in his publication of the text; Brugsch has it in his Thes. (1891); but Maspero still (1897) continues to number backward (Struggle of the Nations p. 254, n. 2).

c) The form of the narrative of this audience is exactly the same as that of the building inscription of Senwosret I on the leather roll at Berlin (see below, p. 11).

d) Rougé; omitted by Brugsch and Mariette.

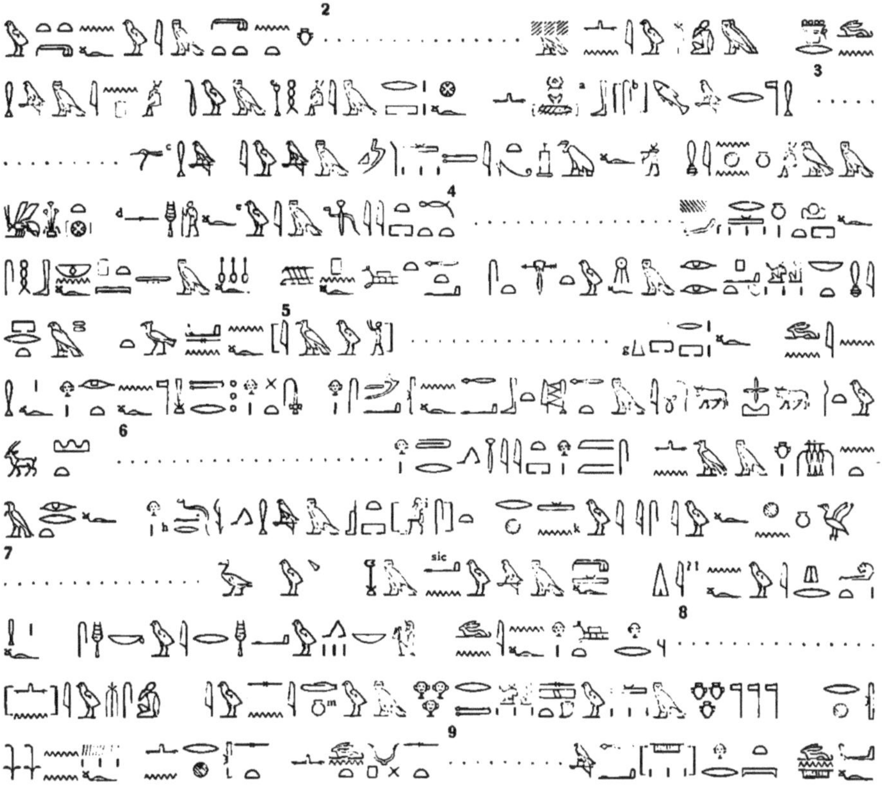

a) The long lacuna given here by Rougé is an error; there is just room for between and as given by Brugsch and Mariette.

b) Brugsch restores , but the lacuna after is vertical (not horizontal); as Mariette and Rougé show.

c) So Brugsch and Mariette; Rougé has .

d) Both Mariette and Rougé have instead of , but elsewhere in the inscription, is without prefixed .

e) So Brugsch, but Mariette has which might be making passiv pseud. part. as in l. 7: *šhe kwj*; Rougé has only a lacuna.

f) Omitted by Brugsch; not complete in the others.

g) So Brugsch and Mariette; Rougé: .

h) is omitted by Brugsch and Mariette, and supported only by Rougé.

i) is also possible, but in that case the would more probably be on the back of the bird, thus: , that is directly under (in the vertical column of text). The entire lacuna is however between and .

k) So all texts.

l) The is from Brugsch; the others give without question; the form is good, see (Nav. Derelb. III, pl. 60, l. 8).

m) So Rougé; Brugsch and Mariette .

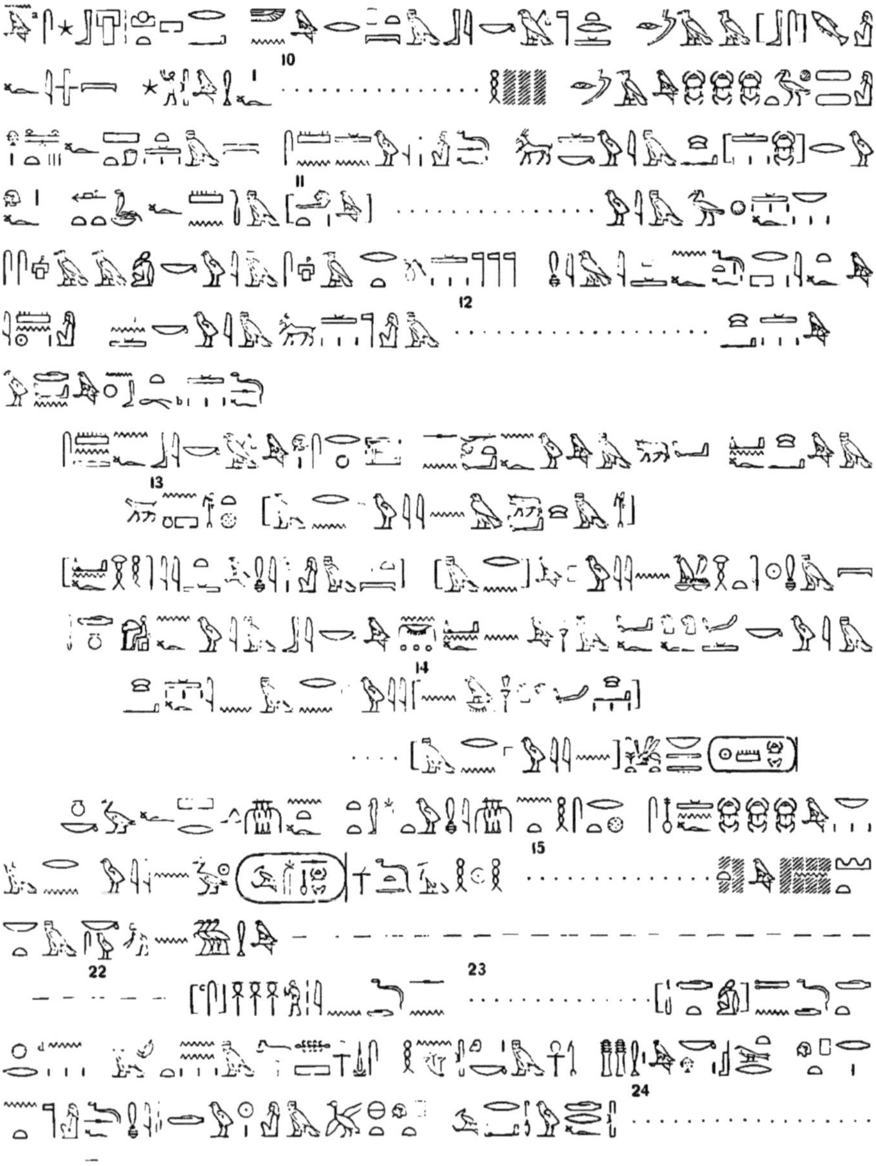

a) So Rougé; Brugsch and Mariette have ; the parallelism shows that R. was right.

b) Rougé and Mariette have ×.

c) Lacuna omitted by Brugsch but shown by the others.

d) So Rougé; Brugsch and Mariette omit ○.

25

1 "[1]. . . . .[b] my majesty is he; I am his son, whom he commanded that I should be upon his throne, while I was one dwelling in his nest[2]. He begat me in uprightness of heart 2 . . . . there is no lie therein[3]; since I was a stripling, while[4] I was a youth in his temple, before[5] occurred my installation[6] to be prophet[7] 3 . . . . my majesty. I was in the capacity[8] of the "Pillar of his Mother"[9a], like the youth Horus in Chemmis[9b]. He[10] stationed me in the northern hypostyle[11] 4 . . . .[12] the splendors of his horizon; he made festive heaven and earth with his beauty; he received the great marvels[13]; his rays were in the eyes of all people, like the "Coming Forth of Harakhte"; the people, they gave to him ⌈praise⌉ 5 . . . .[14] his temple. His majesty[15] placed for him incense upon the fire and offered to him a great oblation consisting of: oxen, calves, mountain goats 6 . . . . ⌊the god⌋ made the circuit[16] of the hypostyle on both its sides; the heart of those who were in front did not comprehend[17] (lit. "grasp") his actions, while seeking my majesty in the ⌈august⌉ place. On recognizing[18] me then, he halted[19] 7. . . . . ⌊I threw myself upon⌋ the pavement[20], I prostrated[21] myself in his presence; he set me before his majesty[22]; I was stationed[23] at the "Station of the King"; he was astonished at me[24] 8. . . . . without untruth. They — ?[25] before the people, the mysteries in the hearts of the gods, who know these his —; there was none that knew them[26], there was none that revealed them 9. . . . .

⌊He opened for⌋[27] me the doors of heaven, he opened for me the portals of the horizon of Re[28]; I flew[29] to heaven as a divine hawk, beholding his form in heaven. I adored his majesty 10. . . . . I saw the glorious forms of the "Horizon God" upon his mysterious[30] ways in heaven. Re himself established[31] me; I was ennobled with the diadems which were upon him[32]; his serpent-diadem rested on 11 ⌊my forehead⌋[32] . . . . ⌊He satisfied⌋ me with all his glories; I was sated with the nourishment[33] of the gods, like Horus when he counted his body[34] at the house of my father Amon-Re. I was ⌈presented⌉[35] with divine honors in 12. . . . . my diadems. His own titulary was affixed for me[36].

First Name. He established my hawk upon the standard[37]; he made me mighty as a mighty bull; he caused that I should shine in the midst of Thebes 13 ⌊in this my name: Horus: Mighty Bull, Shining in Thebes⌋.

Second Name. ⌊He caused that my kingdom should endure like Re in heaven, in⌋ this my ⌊name⌋: Uniter of the Two Lands[38a]: Enduring in Kingship like Re in Heaven.

Third Name. He formed[38b] me as a hawk of gold[39]; he gave to me his might and his strength; I was glorious with these his diadems[40], in this my name: 14 ⌊Golden Horus: Mighty in Strength, Splendid in Diadems⌋.

---

a) Omitted by Brugsch; included by the others.

b) Dotted lines indicate loss; broken lines intentional omission. Smaller type indicates that the rendering is uncertain. Small numbers refer to paragraphs of the following commentary.

Fourth Name . . . .[(41)] in this my name:' King of Upper and Lower Egypt, Lord of the Two Lands: *Mn-ḫpr-Rʿ*.

Fifth Name. I am his son who came forth from him, a likeness fashioned like the Presider over Hesret (Thoth); he made beautiful all my forms, in this my name: Son of Re: Thutmose, Beautiful of Form, Living for ever and ever.

15 . . . . [There come to] me [the princes] of all countries, bowing down because of the fame of my majesty — — — — — — — — —

Here follow seven lines in which the king repeats the hackneyed, conventional phrazes affirming his power, used by all the kings without distinction. He further announces in general terms his generous gifts of offerings and buildings, saying that he was crowned for this purpose by the god[a]. Then the court responds.

"These Companions[(42)], they said:" **23** . . . . this word which has been spoken to us, which we have heard in the court L. P. H. May thy nostrils be rejuvenated with satisfying life; may thy majesty abide upon the great throne. The oracle[(43)] of the god himself is like the word of Re at the first beginning. It is Thoth who makes the writing speak[(44)] **24** . . . . rejoicing. Assigned to thee is his kingship; established[(45)] is thy coronation upon the throne of Horus; established are thy annals as King of Upper and Lower Egypt. He hath united for thee the Two Lands in peace, all countries in subjection, **25** . . . ."

Before we can fully understand the disjointed facts presented by this remarkable recital, it will be necessary to subject many of its words and phrases to a minute examination, and to compare them with their occurrences elsewhere, in order to determine their exact meaning and bearing in our inscription. After this we can proceed to a historical reconstruction based on the data thus obtained. The following commentary is however only intended to make the inscription historically available, and grammatical questions are only taken up where the translation might be called in question

(1) The inscription undoubtedly began with the date and the statement that on that day the sitting took-place; for the building inscription of Senwosret I preserved on the leather roll at Berlin[b] begins: 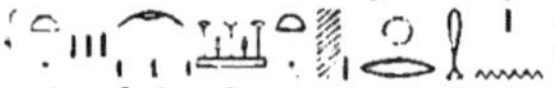 N.N.etc.  "In the year 3, 3rd month of the first season, day . . . under the majesty of Senwośret I, occurred the sitting in the audience hall"[c]. After this, precisely as in our inscription there follows a speech

a) This seems to be the logical motive for introducing the account of the coronation; he is explaining his buildings and gifts as a debt which he owes Amon.

b) No. 3029, published by Stern, ÄZ 1874, pp. 86 ff. See Erman's interesting account and translation of the document: Aus den Papyri der Kgl. Museen, Berlin, 1899. pp. 59—63.

c) This was the regular form for recording a sitting of the king before his court e. g. the sitting of Thutmose I at the coronation of Hatshepsut: 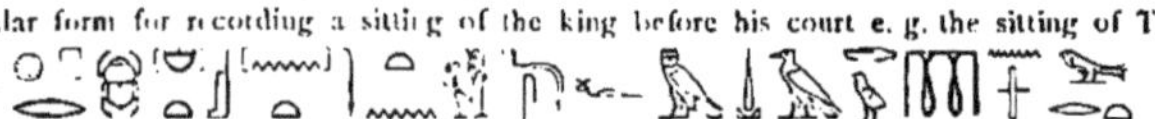 "Occured the sitting of the king himself in the right hand audience hall" (Nav. Derelb. III 60, ll 10—11; where the passage has been misunderstood; hence omission of gen. ᨆ). The *dšdw* hall seems to be a hall of audience: the false doors presented to *Šḫm-k-nʿnḫ*, the physician of King Sahure, were brought to the *dšdw* hall to be inspected by the king (Mariette, Mast. pp. 203—204, D 12). It is quite likely that the sitting of Thutmose III also occurred in this hall.

of the king, narrating that he was long ago in childhood designed for the throne by the god that he might erect monuments for him.

(2) *jmj sš·f.* The same phrase is applied by Inni (Rec. XII 107, l. 14) to Thutmose II at his accession on the death of Thutmose I: . It is not uncommon, especially as here in connection with the coronation or succession of a young king. Thus of Senwosret I in the Sinuhe story (Cairo Ostracon. Mém. de l'Inst. Ég. Tome II 1886 Pl. I); and again of Amenhotep II (Rougé, Insc. Hiér. 178, l. 3): 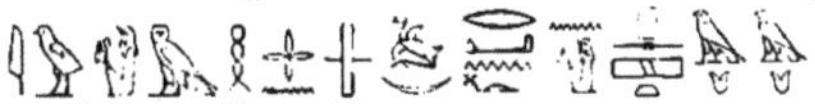 "I was a youth in the nest, when he gave me the two halves (Egypt)."

(3) *mm* is supported by all the texts and seems to be used like *im*.

(4) *tjw* = the particle *tj* and the absolute pron. 1 per. sing. *w(j)*. *tj* is regularly used to introduce a nominal circumstantial clause with a pronominal subject (see Sethe, ÄZ 1898, p. 71 n. 3).

(5) *n* "not" is used here in the sense of "not yet": such particles as "yet" were not expressed in Egyptian; there was no particle like the Hebrew טרם "not yet", but *n* alone could be so used e. g. "He (the god) exalted me to be lord of the two halves, as a youth, 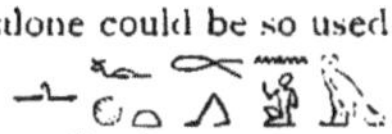  before the swaddling clothes were loosed for me."[a] Similarly:  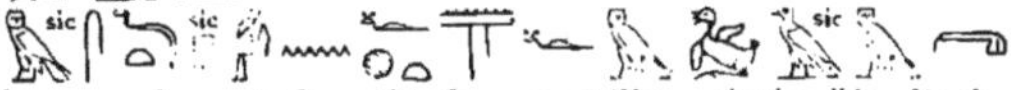 "He ruled his city when small, before he was loosed from(?) the swaddling clothes".[b] Both of these passages, like ours, refer to a given point in the early career not yet (*n*) reached: so in our inscription we cannot translate an absolute negative: "My installation &c, did not occur" (meaning: "I was not even made prophet")[c]. It would be just as reasonable in the two illustrations just cited to render: the swaddling clothes were not loosed for him! The negation in our inscription therefore, is temporally relative to the preceding clause: "while I was a youth &c (before my installation occurred)". This shows that the installation did occur and that Thutmose III therefore served as "prophet" at some later time.

(6) *bs* is a technical term meaning to install or induct, followed by *r* introducing the place or the office. In the Canopus inscription it is regularly used of the induction of the priests into office, thus:  "The priests whom the king inducted into the temples"[d] (l. 14). Similarly of Berenike: 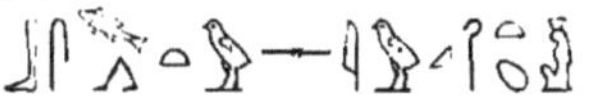 "She was installed to be ruler" (l. 23).

(7) It is not probable that any adjective like *tpj*, belonging to *ḥm-nṯr* is lost at the beginning of l. 3. At any rate Mariette's text which is careful in the spacing, shows plenty of room at the bottom of l. 2 for  after  if it had been in the text and the entire text is careful to avoid such divisions at the ends of lines.

---

a) Said of Senwosret I, Berlin Leather Roll, l. 10 (ÄZ 1874, p. 87).

b) Said of Khnemhotep at Benihasan (Newberry Benihas. I, pl. XXVI, ll. 184f.). The passage from the leather roll for the first time explains the Khnemhotep passage; probably an *m* has dropped out before *mtꜣ* (the final *m* is also an error, one of the many scribal errors in the Khnemhotep text).

c) So Brugsch (Gesch. 365), where the office is rendered: "Seher des Gottes"!

d) Greek: γεγενημένους ἱερεῖς

(8) *km3* is here undoubtedly with the meaning "form", as in the Kubbân stela: 
 "*Hprj* in his real form" (cf. the same phrase frequently with  *jr* instead of *km3*). But *tj·t* is superfluous and troublesome, for the phrase would make very good sense without it.

(9a) *jn-mwt·f.* This priest is not well known. The title is of course taken from Horus who was the pillar or support of his mother during the mythic sojourn in the Delta marshes; hence the following reference to the youthful Horus in our text. The *Jn-mwt·f* priest appears at the final scene in the coronation ceremonies of queen Hatshepsut (Nav. Derelb. III pl. 63), where he merely leads in the queen. Again he appears twice at the mortuary offerings of the queen (Nav. Derelb. I, pls. 6—7). In the second representation (pl. 7) he stands with one hand extended forward and the other holding an unknown object as in the determinative in our text; the inscription states that he is performing the 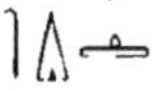 ceremony. In the Semnehtemple (LD III 53), he appears again in the same posture and costume in a scene where Dedun is crowning Thutmose III. He addresses Dedun thus: "Thy beloved son, *Mn-hpr-R'*, may he assume thy seat, may he inherit thy throne, may he be king (*śtnj-bjtj*!) in this land without his successor forever. Mayest thou put his fame (*b3·w*) and create his terror in the hearts of the Trogodytes (*Jn·w*) and *Mntj·w*, as a reward for this monument, beautiful, enduring, and excellent, which he has made for thee". Before the *Jn mwt·f* is the text: 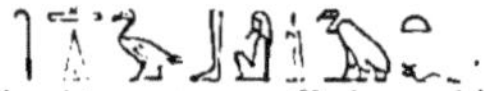. In the tomb of Seti I, the *Jn-mwt·f* appears twice: once before the king at an offering table and once before the mortuary statues of the king (Miss. II, 3rd part, pl. I).

The most interesting example shows the *Jn-mwt·f* before king Set-nakht pouring a libation over an offering table. In all examples, he wears a panther skin and the socalled royal side-lock, but in this example he wears also the royal uraeus on his forehead. In view of the fact that the *Jn-mwt·f* appears in these examples only in *royal* tombs or in connection with *royal* mortuary service, and that in one case he actually wears the royal uraeus, the office may have been borne regularly by some member of the royal house. This would suit admirably the holding of the office by Thutmose III.[a]

(9b) This comparison is common, e. g. almost verbatim on the great Sphinx-stela: 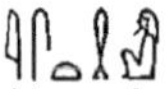
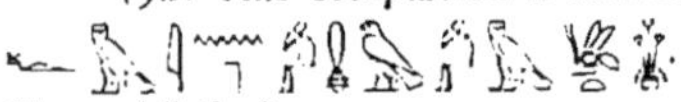 "Behold his majesty was a youth like Harpekhrot in Chemmis" (l. 4).

(10) It is important to decide to whom the pronoun "he" refers. In spite of the intervening lacunae it is clear that this pronoun belongs to the series of pronouns (3 m. s.) beginning at l. 1 (5 times), continuing through l. 2 (once) and the following phrases (l. 4). "his horizon", "he made festive", "his beauty", "he received", "his rays", "to him" &c. These all refer to the god Amon; and this settles the important fact that it was Amon who stationed Thutmose in the temple

(11) The "northern hypostyle"[b] where Thutmose was stationed is the northern half of a

a) There are undoubtedly other examples of this office which I have not seen, as I have not pursued the investigation far; hence the above is offered with due reserve.

b) It is this word "hypostyle"  which was misunderstood by Brugsch as "Buto" and led him to the erroneous theory that Thutmose was banished thither in his youth.

colonnaded hall in the Karnak temple of Amon, the axis of which is roughly east and west. We are fortunately able to identify this hall. In an inscription on a column by the great obelisk of Hatshepsut, Amenhotep II says (Rougé, Insc. 187, l. 2): 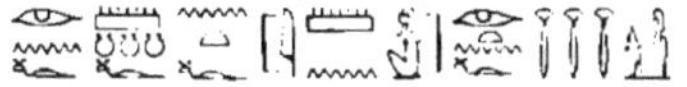
 "He made it as his monument to his father Amon making for him the august columns of the southern hypostyle." This is, of course the *southern* half of the same hall, of which the *northern* half is mentioned in our inscription; that is, the colonnaded hall of Thutmose I between his two pylons. The condition of this hall at this time may be seen in the accompanying sketch plan (A).[a] It then had ten columns in the northern half where Thutmose III

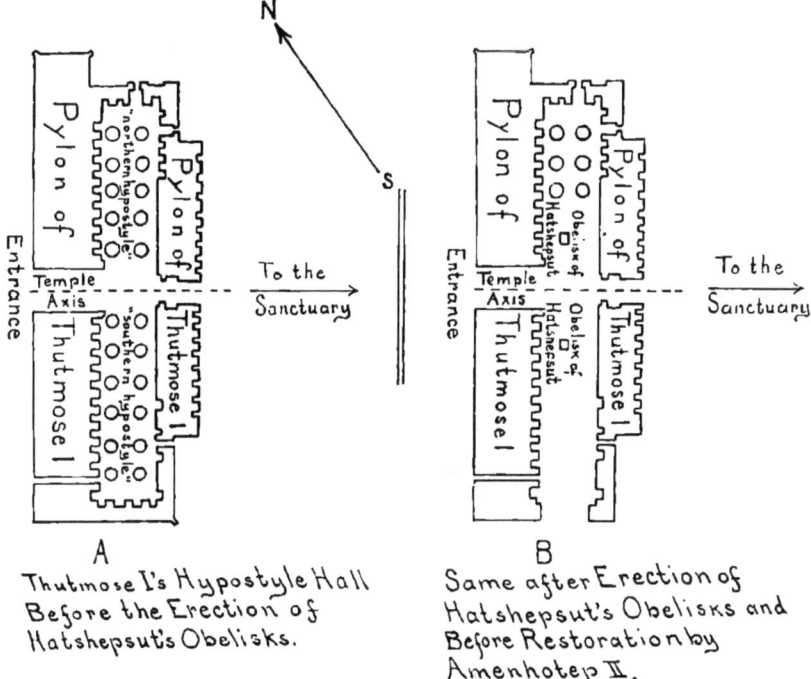

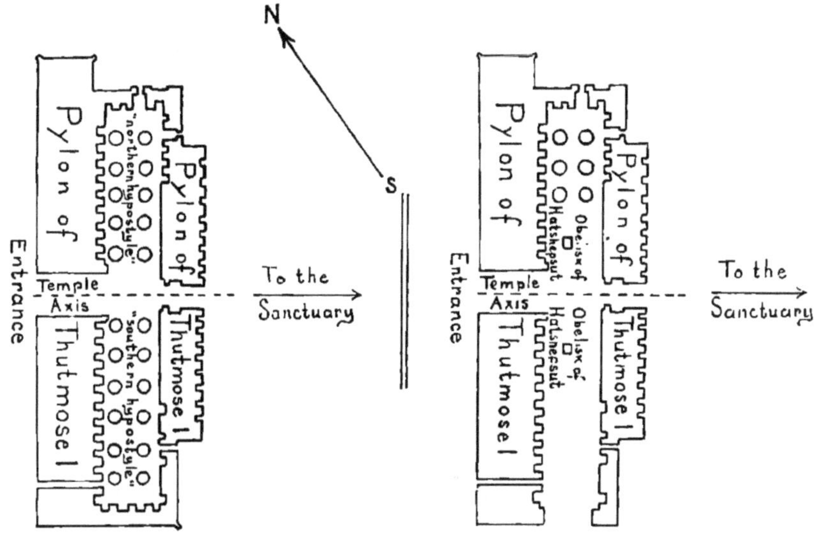

A
Thutmose I's Hypostyle Hall Before the Erection of Hatshepsut's Obelisks.

B
Same after Erection of Hatshepsut's Obelisks and Before Restoration by Amenhotep II.

was stationed by the god, and twelve in the southern. All the columns in the southern half and the four southern columns of the northern half together with the roof, were removed by Hatshepsut in order to introduce and erect her obelisks[b] (See plan B). She did not reërect

a) After Mariette's historical plan (Karnak, pl. 6 b). B is from the same source (pl. 6 c).

b) The erection of obelisks between two pylons in a hall joining them is architecturally a unique phenomenon, and might lead one to suspect that the outer pylon was a later construction erected *after* the erection of the obelisks. But the obelisk inscription of Hatshepsut leaves no room for doubt; for she says: „My heart led me to make for him two obelisks *in the august colonnade (jn't) between the two great pylons of the King Thutmose I*" (LD III 24 d, w.). Both pylons in our figure are therefore the work of Thutmose I; and this fact will remain unmodified by the future clearance and exacter study of this part of the temple. The details of Mariette's reconstruction will doubtless be modified by such study.

the columns in the southern half and it is their reërection which is recorded by Amenhotep II in his inscription above quoted.[a] But at the time of the coronation of Thutmose III the colonnaded hall is uninjured: whereas it could no longer have been used for such ceremonies in its roofless and unfinished condition after the erection of Hatshepsut's obelisks; while our inscription states distinctly that the procession "made the circuit of the hypostyle on *both its sides* (l. 6)". This indicates that the ceremonies narrated in our inscription took place before the erection of Hatshepsut's obelisks which occurred in the years 15 and 16,[b] and corroborates the other indications of the inscription regarding the date of the events narrated in the king's speech.

(12) It is clear that this lacuna narrated the approach of a splendid procession of the god, to await which the god has posted Thutmose in the temple. The lost words immediately preceding the preserved portion contained the idea: the god proceeded toward "the splendors of his horizon" viz. his temple. The following clauses describe in the usual phraseology the approach of the god's procession, as it neared the temple.

(13) This short sentence is possibly the account of the reception of foreign products usually called "marvels", arrayed outside the temple as offerings to the god, which he receives on his way thither. Thus the products of Punt, Irem and the South in the Derelbahri reliefs must have been similarly arranged out of doors, for some of them are lying under the trees (Nav. Derelb., pl. 78). But it is also quite possible that we have in this sentence only a reference to the ceremonious honors which the god receives as he advances in procession to the temple.

(14) The lacuna perhaps contained the statement that: the god arrived at "the altar (?) of his temple", for the fragmentary signs before "temple" as copied, apparently show the base of 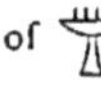, but is  possible? Rougé saw .

(15) Who is "his majesty"? This is the most important question in the whole inscription. Remembering that the entire narrative is being told in the first person by Thutmose III, who everywhere refers to himself as „I", "me" and "my majesty"; remembering that he again refers to himself as "me" in the same sentence with the second occurrence of "his majesty" (l. 7); remembering that he is a priest and has been stationed in the "northern hypostyle" and has afterward to be searched for, while "his majesty" is here represented as performing the ritual ceremonies; remembering that Thutmose III is, according to the inscription, later led to the "Station of the King", crowned and given his royal names, and that he could not therefore have performed the ritual ceremonies as king at this juncture; remembering these facts, it becomes evident that "his majesty" cannot refer to Thutmose III himself[c] By exclusion, therefore it is clear that "his majesty" is the king living and regnant at the time of Thutmose III's coro-

a) He could only reërect 8 of the columns as the southern obelisk base took up the space of 4 columns, as did the northern in the other half.

b) Not in the years 5 and 6 as stated in Maspero's history (II 244) thus completely inverting the order of events in the queen's reign.

c) It should be also noted that this would be the *only instance in the king's address* where he refers to himself in the *third person*, if we refer "his majesty" to Thutmose III.

nation. But we may go further than this. According to the inscription of Inni (Rec. XII p. 107, l. 16), the occasion of Thutmose III's succession was the death of Thutmose II. This second exclusion leaves Thutmose I as the only one who can possibly be referred to by the words, "his majesty", a conclusion which gives us two accessions of Thutmose III: one after Thutmose I living; and the other after Thutmose II deceased. Thus Sethe's shrewd conclusions, based on entirely different evidence, are brilliantly confirmed.

(16) There is a reference to making a similar circuit in the coronation ceremonies of Hatshepsut (Nav. Derelb. III, pl. 64):  "this making the circuit on [both] sides"; but unfortunately the relief scene is destroyed. Making the circuit of a building or hall was a common ceremony of the kings; cf. the old title 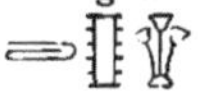 applied to the kings, and for the usual festal circuit, Pap. Harris VII 7.

(17) This rendering is open to slight question. It is grammatically faultless but the orthography of *ḥnṯj·w* without the plural strokes is a difficulty, and I am not aquainted with any other example of  "grasp" used figuratively for "comprehend"; although it corresponds exactly with the English idiom. Compare also German "fassen", "begreifen", Latin "apprehendere"; it is not an uncommon figure in many languages. The rendering is also in irreproachable harmony with the whole situation. The ranks of priests are drawn up in lines as the god is carried along seeking Thutmose III, and those in the front ranks who could observe the movements of the god did not comprehend his actions.

(18) The lack of a subject with *rḫ·n wj* (supported by all texts) is syntactically not unparalleled, and there can be no question who is meant in view of the following *jw·f* referring to Amon, who is indicated throughout the inscription by the simple pronoun (3. m. s.).

(19) *ḫn* is a poetic word meaning "to stop" literally "to alight". It is used by Sinuhe in the narrative of his flight: 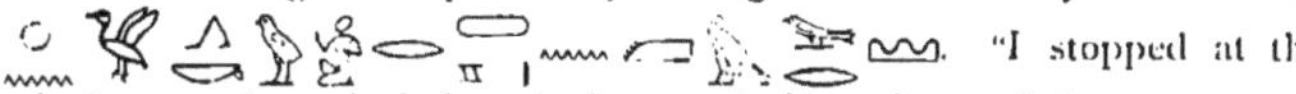 "I stopped at the lake of *Km-wr*" l. 21). It is a word particularly suited to an incident in a religious ceremony. Thus Thutmose IV, conciliating the gods of the towns he passes on the way to his war in Nubia, says (Morgan, Cat. des Mon. I. p. 67. l. 16 : 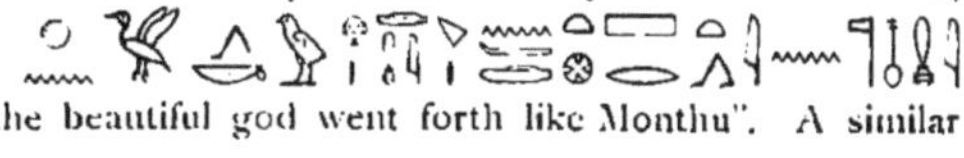 "I stopped at the city of Edfu; the beautiful god went forth like Monthu". A similar meaning in our inscription is undoubted; the construction of the indirect object is lost in the lacuna in l. 7. It is difficult to determine which is the temporal clause: "he recognized me when he lighted [upon me]"; or "when he recognized me, he stopped before me". There is no doubt however that this clause records the conclusion of the god's search, when he discovers Thutmose III. What the god now does is unfortunately lost in the lacuna at the beginning of the next line (l. 7). But as the courtiers in their response to the king's speech refer distinctly to an oracle of the god (see below § 43), there can be little doubt that on halting before Thutmose III, the god delivered an oracle nominating him as king. In response to this oracle Thutmose III throws himself down before the god, as narrated immediately after the lacuna.

(20) *s3t·w* literally means "ground"; but it is the usual designation of a temple-pavement in the building inscriptions, e. g. that of Amenhotep III (Petrie, Six Temples XII, l. 3, et passim). The parallelism shows that we are to restore the general sense as in the translation.

(21) *ḥ3m* is used especially of the arms dropped prone in the attitude of respect, e. g. 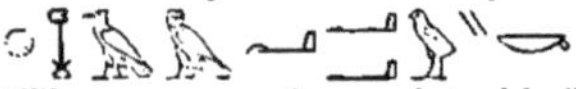 "Drop thy two arms" (Ptahhotep 5, 10) or  "The arm was dropped to him"; said of Harmhab as a child (Brugsch, Thes. 1074, l. 3).

(22) The pronouns (3 m. s.) beginning with "his" in *jr·t·f* "his actions" (l. 6) throughout ll. 6 and 7 refer to Amon; hence it is the god who places Thutmose III before "his majesty". It is of course *possible* to understand "his majesty" as equal to "himself"; that is, the god places Thutmose III before himself;[a] but as the god is regularly spoken of as "he, his, him" throughout the inscription (so in the very preceding phrase) and as Thutmose III is distinctly stated in the preceding clause, to have already thrown himself down "before" the god, it is almost certain that we are to understand that "his majesty" refers to Thutmose I. This conclusion is further confirmed by the syntax of the next phrase, explained in the next note.

(23) *s'ḥ·kwj* "I was stationed", denotes that he is now given a new position; he has hitherto been standing in the "northern hypostyle" where the god before "stationed" him. Where the new position is, is indicated by the phrase: "at the 'Station of the King'". We are luckily able to identify the exact place designated by this term. In the Amada Stela, the following account of the location of the stela is given (l. 15):   "His majesty caused that this stela should be made and set up in this temple in the place: 'The Station of the King'". The stela stands in the holy of holies "against the back wall" (Baedeker, p. 368), thus determining clearly the position of the "Station of the King". A duplicate[b] of the Amada Stela at Elephantine uses the same words showing that there was also a "Station of the King", of course in the same place, in the Elephantine temple. In the building inscription of Amenhotep III (Petrie, Six Temples XII, l. 5) he speaks of his mortuary temple behind the socalled Memnon colossi as:  "equipped with a 'Station of the King', wrought with gold and many costly stones". As the determinative of *'ḥ·w* shows, the "Station of the King" is here the stela[c] itself. This monument has survived, being the enormous stela lying overthrown some hundreds of feet behind the Memnon colossi. It is about 30 feet high and 14 feet wide and contains an inscription dedicating the temple to Amon. Judging from its present position and the analogy of the Amada stela, there is no doubt that it stood in the holy of holies against the back wall. — We have then in the temples at Amada, Elephantine, Thebes (behind the Memnon colossi) and Karnak a "Station of the King" in the holy of holies and marked in the case of the first three by a stela against the back wall, which contained the votive inscription dedicating the temple to the god. It was of course socalled because it marked the place in the sanctuary chamber, before which the king stood, in the

a Compare a similar action in the building inscription (Mar. Kar. 12, l. 8):  "He (the god) placed his majesty (the king) before him".

b The upper portion of this stela is in Vienna (No. 141); it was published by Bergmann in Rec. IV 33 ff. The lower portion (containing the duplicate of the above words) is in Gizeh (No. 158); it is still unpublished, but I was able to use a copy kindly loaned me by Steindorff.

c) Cf. the two stelae in the same inscription (l. 22) written .

performance of the sacred ceremonies of the ritual; hence its great significance in our inscription. It is at this place that the god now stations Thutmose III, thus practically installing him as king. Whether we understand *ḥm-f* in the preceding clause to be Thutmose I or the god, does not alter the undeniable meaning of the second member of the parallelism; but it is to be noted that syntactically *s'ḥ'·kwj* "I was stationed" is a pseudoparticiple belonging to "me" in the first clause and practically expresses the resulting condition, thus: he set me before his majesty (so that) I was stationed at the „Station of the King". If we think of Thutmose I as having taken up his position at this "station", it will be seen that the act of placing Thutmose III before Thutmose I would at the same time put Thutmose III at the "Station of the King"; and this is exactly in accordance with the syntax of the two clauses.

(24) This clause is grammatically simple, but remains doubtful in meaning owing to the uncertainty in the subject, and in the meaning of the verb: we can refer it to the god and render: "he wrought a wonder for my sake", or "he was astonished at me"; or we can refer it to Thutmose I deposed by the act just narrated, and render: "he was astonished at me". But the admiration of the god is clearly expressed, in the record of a foundation festival (Mar. Karn. 12, l. 8): 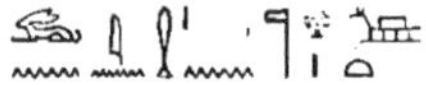 "The majesty of this god marveled".

(25) This sentence is very doubtful; "they substituted (*jdn*) me" (in the place of Thutmose I) is very tempting, but this leaves *štȝ·w* "mysteries" isolated and without construction. There seems to be an antithesis between: "in the faces of the people", and: "in the hearts of the gods". We may guess: They revealed ?? in the faces of the people, the mysteries in the hearts of the gods". "They", are doubtless the gods themselves, and in the "mysteries" there is clearly a reference to the plans of the gods toward their royal protegé. These gods play a prominent part in all the coronations preserved to us. In that of Harmhab "Nekhbet, Buto, Neith, Isis, Nephthys, Horus and Set" are mentioned (l. 16). In the coronation of Hatshepsut she is presented by Amon to all the gods (Nav. Derelb. III 56): the same thing occurs in the coronation of Amenhotep III (Gayet, Luxor, 73 [65], fig. 190). They predict a magnificent future for the new ruler; these plans are the "mysteries" of the gods. The same thing was doubtless designated by the last noun in the next clause: "who know these his (Amon's) —?" This conclusion is further supported by the fact that on her way to Heliopolis, Hatshepsut receives the most splendid promises from all the gods, exactly as these "mysteries" are here mentioned just before Thutmose III visits Re.

(26) This clause is concessive and we are to understand "although" before it: "although there was none who knew them &c." The antecedent of  *st* "them" is "mysteries" or the lost noun in the preceding clause.

(27) The restoration is to be safely based on the parallelism.

(28)  without any determinative, is a doubtful writing for Re. It looks as if some verb for flying might be in it, in corrupted form, to which  is determinative.

(29) To fly to heaven is the usual expression indicating the death of a king, but this is of course not the case here, where the king himself narrates the incident to his court! Its connection becomes clear by a comparison of the other coronations. The third incident in the

series of reliefs recounting the coronation of Hatshepsut represents her as making a journey to the north (Nav. Derelb. III 57). This journey is primarily in order to visit Heliopolis, there to be acknowledged and crowned by Atum, as is shown by the fact that the inscription recounting it is terminated by a relief in which we see her crowned in Atum's presence.[a] The same incident occurs in the coronation series of Amenhotep III.[b] It is not distinctly mentioned in the coronation of Harmhab unless we see it in the journey "down stream" from Thebes (l. 22); but the acknowledgement of Re is implied at the close of the narrative (ll 25—26).[c] What the kings did on this visit to Heliopolis is clearly shown by the visit of Piankhi[d] to the shrine of Re, which was likewise solely actuated by the desire to be acknowledged as king by the ancient state-god. He went through the preliminary ceremony of purification as did Hatshepsut before her coronation (Nav. Derelb. III 56; also Amenhotep III, Gayet, Luxor 75 [64] fig. 186) and as Re himself had once done (l. 102). He then proceeded to the sanctuary, broke the seal of the holy of holies, opened the doors of the shrine and saw the god. This was exclusively a royal privilege, so that when he had again closed and sealed the shrine with his own seal, he commanded the priests that no other king should be permitted to break the seal. The acquiescence of the priests was his recognition as sole legitimate king and such recognition was an indefeasible title to the kingship. This is acknowledged by the priests when they address the king as "Horus, beloved of Heliopolis" (l. 105), and in the prayer on his behalf as king (l. 103). This custom was of course in accordance with the state fiction everywhere recognized in the royal titles, that the king is the son of Re. The visit to Heliopolis was simply the visit of the newly crowned son to obtain the recognition of his divine father, the ancient state-god.

We might therefore expect a similar visit by Thutmose III at his coronation. But by a superb stroke of imagination quite in accordance with the remarkable character of the man, the new king is not content to visit the earthly dwelling of the sun-god, but the god opens the gates of the heavens and thither his newly-enthroned son flies, to behold the splendors of his father, to be crowned and recognized there as king, and to receive his five royal names (See below).

(30) "Mysterious" does not fully translate this word; it also means "difficult" and "inaccessible." A concrete example of its meaning as applied to a way or a road is to be found in the description of the colossus transport at Bersheh (ed. Newberry, I pl. XIX, l. 1): 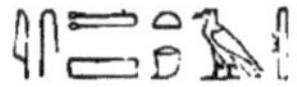  "Behold, very difficult was the way, upon which it (the colossus) came." This is the road across the desert back of Amarna, and down the face of the cliffs to the plain and the river (Petrie, Amarna, Map. pl. 34). The mysteries, uncertainties, and difficulties of a mountainous and desert road are in our text transferred to the celestial road of the sun-god.

(31) *śmn* is the word regularly used in the coronation scenes for establishing as king:

a) Nav. Derelb. III 57—58 which is here so badly destroyed that it must be supplemented by the corresponding scene in Luxor (Gayet 73 [66], fig. 191 and 74 [65] fig. 188) where the fact that it is a coronation scene before Atum is also made certain by the inscriptions.

b) See preceding note.

c) The lack of express mention of the visit to Re is another evidence to the fact that Harmhab owed his crown exclusively to the priests of Amon; it was of no political importance.

d) Great inscription, ll. 101—105.

thus of Hatshepsut (Nav. Derelb. III, pl. 64) Horus says:  "Established for thee is thy dignity of king."

(32) These two sentences describe the act of putting the crown upon his head. That this act was performed by the gods before the actual formal coronation in presence of the court, is a fiction accepted also in the coronation of Hatshepsut (Nav. Derelb. III p. 4), where the goddesses Nekhbet and Buto, appear bearing the two crowns of North and South.[a] The same is true of Amenhotep III (Gayet, Luxor 75 [64] fig. 184 incomplete! = LD III 75c), and of Harmhab (ll. 17—18).

(33) As might be expected from the meaning of *šš3*, the rare word *š3r·t* indicates some sort of food. It appears among the food of the gods in the pyramids as  (N 624 = T 90 = W. 205).

(34) This is a reference to some unknown incident in the Horus-myth, possibly the 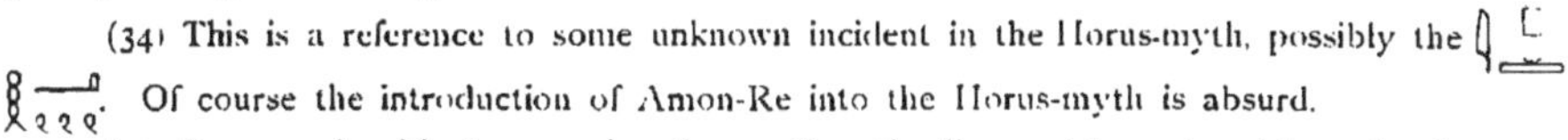. Of course the introduction of Amon-Re into the Horus-myth is absurd.

(35) Some verb with the meaning "present" or the like must be restored here, but I cannot recall such a verb ending in *n*.

(36) *wd* means "to affix" a name; compare the "affixing" (*wd*) of Hatshepsut's name to buildings and seals (p. 20) or again:

"I landed (lit. I drove in the mooring stake) at Abydos, I affixed my name at the place where Osiris *Hntj-jmntjw* was" (Stela. Brit. Mus. 574, Publ. Sharpe I 79 and Piehl Insc. III, XV—XVI, I have collated with Berlin squeeze 1067). — Where the royal titulary was affixed is explained by the Hatshepsut passage below (p. 20). Having crowned him and proclaimed him king, Re now confers upon him his five names. These are said to have formed the titulary of Re himself; the same statement is made in the coronation of Harmhab: it is quoted below. This conferring of the royal names by the gods took place in the other coronations also. In Hatshepsut's series there is a scene[b] (Nav. Derelb. III p. 4) now almost totally destroyed, representing the reception of the names conferred upon her by the gods. The fragmentary inscription shows only the third and fourth names, thus:

which are written by *Sfh·t-ˁb·wj* and Thoth. The actual conferring of her names is narrated in the account of her coronation before the court. The passage still awaits explanation and as it is important for our own inscription we will reproduce it here (Nav. Derelb. III 62, ll. 31—35):

a) It is also referred to by her father in announcing her coming coronation (Nav. Derelb. III 60, l. 7).

b) This scene is omitted in Amenhotep III's coronation at Luxor.

c) The plural strokes are a mistake; "her dignity of king" is a common expression in these texts, und as the dignity is a royal one, the word is often determined with the double crown, e. g. pl. 60, ll. 2 & 4; without the crown in the example quoted above.

"His majesty commanded that the ritual-priests should be brought, to proclaim[b] (?) her great names for receiving her dignity of king, and (for) affixing on buildings and on every seal of the Unitress of the Two Lands -- — — — — — They proclaimed (?) her royal names[c] since the god had caused it to be in their hearts to make her names according to the form, in which he had made them before."

The priests therefore declared the form of the names which was to be engraved on monumental works and on official seals. Similarly in his coronation announcement, Thutmose I prescribes the form of name to be used in the ritual and the oath (ÄZ 29, 117). — The compiler of Hatshepsut's coronation record is now struck with the incongruity of having the priests prescribe her names when this has ostensibly already been done by the god! Hence he adds the naïve explanation that the god revealed to the priests the same names which he had before conferred.[d] The four names themselves now follow and they are accompanied by a further assurance (Nav. Derelb. III pl. 63  "It is her real name which the god had made before."

In the same way the coronation of Harmhab was the occasion of declaring his royal names; for his inscription says:[e] 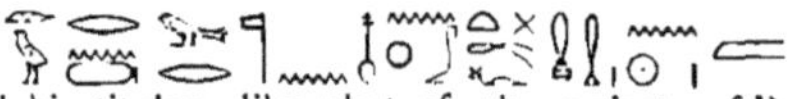 "Let the great name of this Good God be made, and his titulary like (that of the majesty of Re, as follows:" (the five names follow). These words conclude the rejoicing addressed by the gods to Amon. The actual official proclamation of a king's titulary was worded in practically the same way, for in his coronation proclamation (ÄZ 29, 117), Thutmose I says:  "Let my titulary be made as follows:" (the fivefold titulary follows).

It will be seen that the Egyptian term technically designating the fivefold titulary and names was ; more rarely [f] This explains the statement so often met in the building inscriptions that the 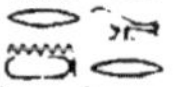 upon it (the monument) was of such and such work,[g] and throws further light on the phrase: "for putting on buildings" in Hatshepsut's

—

a) The  on the back of  has been misread as above it in the publication, and the determinative is given as ; but  is an impossible form for *dj* "give"; there is no doubt about the proper reading as given above, for it occurs in our inscription (l. 12) used in the same way, of affixing the titulary or name; see the other example above, p. 19.

b) This word is used four times in this text (twice above and twice in l. 22), but I do not know it elsewhere.

c) Lit. "her names of king".

d) See also Lefebure, Sphinx I, 100—101.

e) Brugsch, Thes. V, 1077, l. 19. I have collated the original at Turin and the Berlin squeeze (No. 1253) which is more clear than the original. Brugsch's text is very inaccurate; there is no lacuna before  as he indicates.

f) See Lefebure Sphinx I, 100.

g) E. g. l. 34 of our inscription.

inscription quoted above. Although the full *rn-wr* contains five names, only the first four of these are really conferred at coronation, for the fifth is the name which was already borne by the incumbent before his accession. Hence Hatshepsut records only four names as conferred by the gods at coronation, whereas the inscriptions of Harmhab and Thutmose III give all five as received at coronation. The conferring of these names in our inscription is accompanied by full explanations[a] of their meaning which are of unusual interest and show what was, at least at this time, one of the functions of these names. Each statement that the god gave the king some desirable quality: strength, beauty, durability or the like is followed by the same words: by this his (the king's) name of "Strong, Beautiful, Enduring" &c. The *m* in this reiterated phrase: *m rn·j pwj* introduces the instrument and should be fully rendered: "by means of." Hence the means, by which the god endowed the king with the said quality, was the name indicating it. It would carry us too far from the proper subject of this essay to adduce the considerable cognate material;[b] the same usage in the pyramids and other religious texts is of course well known. But it should be noted that our inscription offers the real explanation and etymology of the names, which are therefore not to be compared with the absurd etymologies of early names often given in Ptolemaic texts.

(37) It would seem that *śrḫ* may also be used loosely to designate the royal titulary as a whole; thus in the coronation of Amenhotep II as described by Amenemhab l. 39): "NN is established upon the throne of his father,  he assumed the *śrḫ*, i. e. his titulary. On *śrḫ*, see also Schaefer ÄZ 34, 167.

(38a) On the reading of  see Piehl, PSBA XX, 198—201; Daressy, Rec. XVII 113, and Naville, ÄZ 36, 132—135, where it is shown to be *nbtj*, probably meaning the "wearer of the two diadems", which is practically the same idea as that of the old rendering.

(38b) *kd·n·f wj* refers to the birth of the future king. The phrase occurs verbatim (with necessary changes of person) as the words of Khnum in the scene in the birth reliefs, where he forms the child:[c] 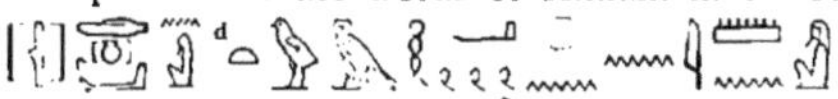

(39) This phrase shows that  in  is not merely a standard, but that we are correct in rendering: "Golden Horus."

(40) On this phrase see Thoth's words in Hatshepsut's coronation quoted below (p. 22, note b).

(41) It is not safe to attempt a restoration here, as the exact rendering of *Mn-ḫpr-Rˁ* is uncertain.

(42) The speech of the king is followed by the reply of the courtiers exactly as in the building inscription of Senwośret I (ÄZ 1874, 85 ff. II l. 1). In this reply the courtiers revert especially to the king's account of his accession.

a) Brugsch noted this in his translation long ago; it is remarkable that the inverted order of the names in his re dering did not suggest to him the proper order of the lines of the inscription.

b) See the interesting essay by Lefebure, "importance du nom chez les Égyptiens", Sphinx I, 92—112, to which the material from our inscription may now be added.

c) Hatshepsut: Naville Derelb. II, 48; Amenhotep III: Gayet. Luxor 63 (71) fig. 202. The text can only be reconstructed from both combined.

d) Derelb.: *tn*.

43) They refer expressly to the oracle by which the god designated Thutmose III as king on the day of the feast.  of our inscription is to be compared with the words describing the oracle which charged Hatshepsut to make her Punt expedition (Nav. Derelb. III, 84, l. 5):  "There was heard a command from the Great Throne, an oracle of the god himself". There cannot be much difference between *n ḫw' t-r3*, and *tp' t-r3*, in these two passages. It can hardly be an accident that Thutmose III makes use of the very same expression (only using the verb instead of the noun) in the Wadi Halfa inscription[a] of the year 23; 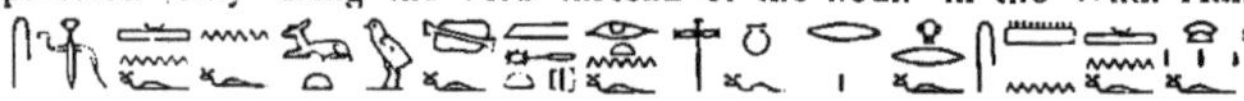 sic  "To whom he (Horus of *Bhn*) has assigned his inheritance, being a body which he begat; on whose behalf he uttered an oracle that his coronation should be established for him (as) king upon the Horus-throne of the living" (ll. 3—4). This oracle is lost in our inscription in the lacuna at the beginning of l. 7 (see above § 19, p. 15).

44) See Pap. Ebers, I 8.

45) This sounds as if it were the reply to the official announcement of coronation, so similar is it to the actual form employed by Thutmose I in his coronation announcement: "Behold this royal edict is brought to thee to inform thee,[b] that:  my majesty LPH. has been crowned (lit. appeared) as king upon the Horus-throne." Compare also the words of Thutmose III himself in the Wadi Halfa inscription quoted above also (l. 18).

In attempting to reconstruct the events which are less narrated than suggested in the above document, it must be remembered that half of every line in the king's address and the response of the court, is lost. Imagination must therefore build carefully upon the facts furnished by the fragmentary lines remaining. Furthermore, remarkable as are the facts narrated in our fragmentary document we must bear in mind, that we have a not less remarkable record of the coronation of Harmhab, in which he narrates his past as a state official, without the slightest reluctance. Three basic facts are unquestionably furnished by our inscription, which must form the foundation of any reconstruction. In inverted order they are as follow:

1) No one familiar with the other coronation stories (Hatshepsut, Amenhotep III, Harmhab) will doubt for a moment that the king's narrative concludes with his succession to the throne.

2) A careful study of the event as narrated shows clearly that another king, not Thutmose II, was present and officiating as king until succeeded by Thutmose III.

3) Before his coronation, Thutmose III had been a priest in the Amon-tempel at Karnak.

[c]Thutmose III was the son of a woman named Isis, who was not of royal blood;[d] hence

a) Unpublished; I am indebted for it, to a photograph kindly placed at my disposal by Steindorff.

b) ÄZ 29, 117, restored from the duplicate in Berlin (No. 13725, unpublished), which I have collated. The passage in our inscription is probably slightly different from the similar phrase in the words of Thoth at the coronation of Hatshepsut: 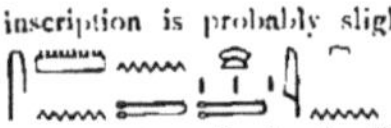 "Established for thee are these thy diadems" Nav. Derelb. III, 60) where *smn* "established" means set on the head. The same in Harmhab (l. 18).

c) As Sethe has exhaustively examined the documents of this period we shall be brief and refer to his data. Lest there should be any confusion between fact and theory, the theoretical statements in the following reconstruction (in the remainder of this chapter) are all printed in Italics, unless expressly stated as only probable.

d) See Sethe ÄZ 36, 29—30.

whoever may have been his father, he had no legitimate claim to the throne. In early youth he entered the temple of Amon at Karnak as priest and became a "prophet" (*ḥm-ntr*). *He now married* the powerful princess of the royal blood, the daughter of Thutmose I, Hatshepsut. *Her father was ruling only by right of his marriage* with the royal princess Ahmose, the mother of Hatshepsut, and *at this juncture Ahmose died.*[a] In spite of his obscure birth, *Thutmose III's union with Hatshepsut now gave him a better claim to the throne than that of Thutmose I.* The fact of Thutmose III's claim is of course evident: and that his marriage with the daughter of the reigning king was the basis of his claim, is rendered almost certain by the parallel case of Harmhab, whose union with the royal princess Mutnozmet[b] is referred to as occurring at the coronation. His succession was thus rendered legitimate. Thutmose III lost no time in pressing his claim, and in this he had managed to gain the favor of the Amonite priests who supported his cause. It was through them indeed that he finally gained his object, by a dramatic coup unparalleled in Egyptian history, and furnishing an unexpected proof of the power of the Amonite priesthood already at the close of Thutmose I's reign. On the occassion of some great feast, the priests make all preparations beforehand for the public installation of Thutmose III. They station[c] him in the northern wing of the first colonnaded hall in the Amon-temple probably in his usual place among the lines of priests ranged about the hall for the coming ceremonies. The splendid procession, with the god borne along in his shrine, moves toward the temple, amid the acclamations of the people. The king, Thutmose I, probably entirely unsuspicious of the surprising developments in store for him, raises the censer before the god, offers the sacrifice of cattle at the altar, and proceeds with the duties of the ritual incumbent upon the king. Meanwhile the god in his shrine makes the ceremonial circuit of the hall, all the time searching for Thutmose III, and on finding him, the wily priests, who bear the shrine, halt. The god then utters an oracle[d] proclaiming Thutmose III king, and immediately proceeds to station him in the place ceremonially reserved for the king in the duties of the ritual, *while Thutmose I looks on in astonishment.* The five names of the king's official titulary are now announced.[e] Thutmose I[f] perforce withdraws, and the reign of Thutmose III begins.

---

a See Sethe, Untersuchungen I 20.

b) She is not mentioned by name in the coronation inscription of Harmhab, but is called "his (Amon's) august daughter" (l. 15); but as the inscription occurs on the back of a group representing Harmhab and Mutnozmet, there can be no doubt who is meant in the inscription.

c) The inscription of course attributes all this to the god, precisely as in the case of Harmhab; but through this transparent phraseology, the real conditions and the real actors are unmistakable.

d) Lost at beginning of l. 7, but distinctly referred to by the courtiers in their response (l. 23. see §§ 19 & 43).

e) Just as in the account of Hatshepsut's coronation (§ 36); the splendid imaginary account of the conferring of Thutmose III's names is but a veiling of the more prosaic reality, like the attribution of the whole coronation to the god. The actual form of announcing the names is preserved to us in the coronation announcement of Thutmose I (ÄZ 20, 117).

f) This fact bears powerfully upon the question of the insertion of Thutmose I's name over that of Hatshepsut. Thutmose III could not possibly insert over Hatshepsut's name the name of Thutmose I, whom he had dethroned, upon buildings with which Thutmose I had nothing to do.

III. Hatshepsut and Thutmose II.

There is no trace of Hatshepsut at Thutmose III's coronation. He begins his difficult reign alone: as Sethe on the basis of other evidence has shown. Hence the data of our inscription, as every reader will see, are in irreconcilable contradiction with the account of Hatshepsut's coronation given in her Derelbaḥri inscriptions; and it is therefore neccessary to determine which of the two documents is to be accepted. There is no more deadly means of testing the historicity of a document than a comparison of its dates with those of external sources known to be authentic and accurate. The application of this test to Hatshepsut's coronation record produces a very conclusive result.

Her coronation by her father before the assembled court is said to have occurred on New Year's Day. The first of Thoth is mentioned,[a] so that this cannot be interpreted as merely a poetical designation of the beginning of her reign.[b] On the contrary, although the fact has not before been noticed, Thutmose I is stated to have deliberately selected New Years's Day as an especially fitting day for the coronation. The statement is as follows:

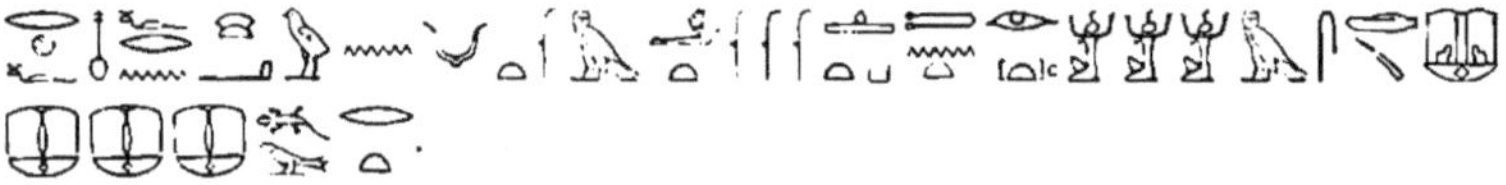

"He recognized the advantage of a New Year's Day coronation, at the beginning of the peaceful years, and of passing millions of years, with very many *śd*-jubilees."[d]

As Naville's rendering of the passage is totally different, we must examine it carefully. He translates it (Derelb. III p. 7 ll. 3) as follows (regarding it as a temporal modification of the preceding context: "in the festival day of her coronation; when the first day of the year and the beginning of the seasons should be united, when should be given her millions of Sed periods in great number." Sethe has already shown that this rendering of the second clause is impossible (ÄZ 36 p. 67 note); further the term "peaceful years" is very old. It occurs on first dynasty vessels, found by Petrie at Abydos, in the title or ephitet: 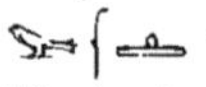 "great in peaceful years" (Petrie, Royal-Tombs, pl. IX, 1; again without *wr* in pl. IX, 2); the singular of *rnp-t* is troublesome, but it is doubtless a loose writing for the plural in this archaic orthography. The third clause is not of moment for our discussion and we confine ourselves therefore to the first clause. There are several serious objections to Naville's rendering:  does not mean "in" with nouns of time, but "until"; ○ (which I read ○, producing ), Naville reads "day."[e] It is clear however that ○ does not mean day, in spite of the well known phrase *hrw-nfr* "a festival day." For it has no ı, whereas the word "day" occurs twice in the neighboring lines, (27 & 29), both times written 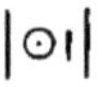 with the disk at one side to make room for ı,

a) Nav. Derelb. III, pl. 63.

b) Sethe (ÄZ 36, p. 67 note); this actually happened in Ptolemaic times, see Brugsch, Thes. 1125, below.

c) Publication shows  which is certainly an error for .

d) Nav. Derelb. III, pl. 62, ll. 33–34.

e) Even accepting ○ as = "day", the rendering is incorrect; for ○ has a following  and  can only mean: "*his* festival day of coronation" not "the festival day of *her* coronation".

thus proving that I has not been omitted by an error of Carter's in copying our passage. For Carter's sketch has  with  *directly in the middle.* Moreover  is the usual construction of *nfr* with a following noun (see Sethe Verbum II § 761, 4. 931) and this alone is sufficient to show that it is not an adjective belonging to a preceding noun. It is therefore certain that Thutmose I is affirmed to have selected Newyear's Day for Hatshepsut's coronation, because of its auspicious character. This has of itself an artificial sound, which awakens suspicion. But as a matter of fact: did Hatshepsut actually reckon her regnal years from Newyear's Day to Newyears Day? The record of her erection of her Karnak obelisks over 15 years later shows unequivocally that the beginning of her regnal year falls somewhere between the first of the 6th month and the 30th of the 12th month, and *not* on Newyear's Day.[a] (Base Insc. North side, l. 8). The whole coronation inscription therefore, false in its date and contradicted by our inscription, is unquestionably an artificial product later fabricated like the birth reliefs, to give color to the queen's pretensions.[b] Hatshepsut therefore did not succeed Thutmose I, and only eventually gained the throne, after her great husband had succeeded in thrusting her father aside, and had himself ruled alone for some time. This result is again in striking corroboration of Sethe's reconstruction.

Of the subsequent course of the complicated family struggle for the throne our document says nothing. By determining for us however the fact and the manner of Thutmose III's overthrow of Thutmose I, as we have seen above pp. 14—15, our document shows that the succession of Thutmose III at Thutmose II's death, as narrated by Inni, is *a second accession* of Thutmose III; proving the correctness of Sethe's contention that the ephemeral reign of Thutmose II falls within the reign of Thutmose III, which it therefore interrupts for a short time, probably within the period from the 6th to the 8th year of Thutmose III. All this is long since past when Thutmose III addresses his court rehearsing the manner of his coronation, and he of course ignores it as an illegal interruption of his reign, and regards only his first accession as the legitimate beginning of his reign. The vexatious rule of Hatshepsut is also ignored by the king in all his description of his own power (ll. 15—23). This brings up the question of the date of our document. A safe *terminus a quo* is furnished by the reference to offerings of the 15th year (l. 37). The Asiatic campaigns, which began in the year 22—23, are still in the future, for the Annals are really the record of the feasts and offerings[c] resulting from the resources acquired on these campaigns, and our document is a similar record for the period *before* the campaigns. These form a safe *terminus ad quem.* When we remember that Hatshepsut's latest date is her 16th year, we are probably not too bold in concluding that the king delivered his remarkable reminiscent speech after her death, at some time between the year 16 and the year 22.

---

a) Sethe has rendered almost certain, and in view of the facts furnished by our inscription, I think we may now regard it is as entirely certain, that Hatshepsut assumed the regnal years of Thutmose III, when she gained the throne. With this reckoning, which began the regnal year on the 4th of the 10th month, the poetic version of a coronation on New year's Day could not be made to agree.

b) The same conclusion was reached by Sethe on entirely different evidence.

c) The record of feasts and offerings (LD III 30b) on the back of the *south* wing of the VIth Karnak Pylon is in unbroken continuation of the Annals, which are usually supposed to be concluded on the back of the *north* wing. The Annals are little more than a long introduction to this record of offerings giving the source from which they came. The record of the Karnak *buildings* begun after the beginning of the wars is on a broken stela published by Mariette (Kar. 12).

IV. Relations of Egypt and Syria Before the Wars of Thutmose III.

Our inscription contains nothing later than the year 22: hence two references which it offers throw important light upon the relations with Syria of which we know practically nothing during this period in the reign of Thutmose III preceding his Asiatic campaigns.

It will be necessary, in order to understand the data of our inscription to briefly outline the course of the Asiatic wars before Thutmose III's accession: especially so, because the material for this period contains a number of significant facts not hitherto noted. The Syrian conquest, although so much was left for Thutmose III to do, was much further advanced when he began his campaigns, than has heretofore been supposed. In the first place the final struggle with the Hyksos concluded some 50 years before the accession of Thutmose III had been a very decisive preliminary trial of strength between the rising New Kingdom and the forces of Asia. The final seige of Avaris had lasted years, so long that a rebellion of one of the still unreconciled local princes, arose in far upper Egypt,[a] which forced Ahmose to leave Avaris temporarily, and possibly even to raise the seige for a time, to be resumed after he had proceeded southward and quelled the rebellion. The stubbornness of the Hyksos defense at Avaris is continued by their equally stubborn defense at Sharuhen, in southern Palestine, whither they retreated (l. 15).[b] For six years they sustained the persistent seige of the indomitable Ahmose, but were finally forced to abandon their stronghold and again flee: this time still further northward: whither they were pur-

a The story of the seige of Avaris in the inscription of Ahmose, son of Abana (LD III, 12 a ll. 8—14) at El Kab, is interrupted (l. 11) by a battle which took place in . Because of the demonstrative before 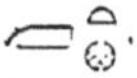, it has been inferred that it cannot mean "Egypt" here, and a new locality *T3 km·t* never mentioned elsewhere, is made out of it and supposed to be in the locality of Avaris. Why a word should change its meaning or lose its identity because it receives the demonstrative is not evident. There can be no doubt that *km-t* means here as always elsewhere, "Egypt" (see Piehl, PSBA XV, 256 f.); the demonstrative becomes clear when we render with the following adjective: "in this southern Egypt", "this city" is then of course El Kab where the inscription is. The whole phrase can be properly rendered only in a language like Greek or German thus: "in diesem südlich von dieser Stadt befindlichen Ägypten". The writer uses both demonstrative and adjective to make it clear that he is not speaking of "that northern Egypt". This rebellion is of course similar to the two later ones narrated in the same inscription (ll. 19—24).

b) The inscription does not mention the Hyksos and of course does not refer to their retreat to Sharuhen, but the sequence of events is too clear to be mistaken.

c LD III, a, l. 10 has "5" which has been generally accepted; two other independent sources (Champollion's text Not. Descr. I 656, l. 14); and Brugsch's translation, Gesch. p. 232) have "6". I have collated the entire inscription with the Berlin squeeze (No. 172) and repeatedly examined the numeral; it is clearly and unmistakably "6". The correctness of the rendering of 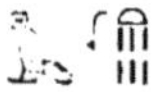 as "for 6 years" rather than "in the year 6" has been clearly shown by Piehl (PSBA XV, 258). To his remarks, which are confined to the rendering of , we may add that *m* is the regular preposition for "during" or "for" with periods of time, e. g. in the career of Bokenkhonsu (Bib. Eg. IV 284—288) each period of years, "during" which he held his successive offices, is introduced by *m* "during".

sued by Ahmose at least as far as Phoenicia.[a] This was all achieved late in the reign of Ahmose, so that he probably was not able to accomplish much more in Syria before his death; particularly in view of the fact that after his Asiatic war he was obliged to make a campaign far into upper Nubia and to subdue two rebellions in Egypt itself.[c] But the spectacle of an Egyptian army beseiging an Asiatic city for six years, and finally capturing and plundering it, must have produced a profound impression among the petty dynasts of Syria.[d] Concluded by a campaign into Phoenicia, Ahmose's Asiatic war therefore well paved the way for the operations of his successors.

No record of Amenhotep I's war or wars in Asia has survived, but there is little doubt that he successfully continued the conquests of Ahmose, enabling his successor Thutmose I already in his second year and *before his own Asiatic campaign* to boast that his dominion extended from upper Nubia on the south to Euphrates on the north.[e] Such a boast could certainly not be based upon the known extent of Ahmose's conquest. Hence it was that Thutmose I on advancing into Asia, was able on his first, and as far as we know his only campaign, to carry his arms into Naharin and to set up his boundary tablet on the banks of the Euphrates.[f] Even Thutmose II during his ephemeral reign of two or three years at most was able to reach Niy on the Euphrates.[g] Thus it becomes evident that the subjugation of the country as far as the

a) Inscription of Ahmose-pen-Nekhbet of El Kab of which we possess three originals.

1. Statue base belonging to Mr. Finlay (ÄZ 1883 pp. 77—78);
2. Statue base in Louvre (Leps. Ausw. XIV A. Prisse, Mon. Eg. IV);
3. Ahmose's tomb wall at El Kab (LD III 43a, lower left hand corner; Sethe, Untersuch. I, 85, collated with copy by Lepsius and a squeeze).

I have collated all these.

b) This is shown by the fact that in his 22 nd year (highest known date) he is using oxen in his quarry operations, which he had captured on his campaign in Asia. Two inscriptions in Turra quarry (Champ. Not. Descr. II, 488 = Ros. Mon. stor. I, 15 = Vyse, Operations III, 99 = LD III 3a; the second, LD III. 3b).

c) Ahmose, son of Abana ll. 16—24.

d) This is strikingly shown in the case of Sharuhen itself; when the great revolt broke out in the 22 nd year of Thutmose III, from Yeraza to the Euphrates, Sharuhen would not join the revolt. It had received one lesson, and was too uncomfortably near Egypt to risk another. This is what is meant by the obscure references to fighting there (LD III, 31b ll. 9—12) occasioned by the revolters trying to force Sharuhen into the rebellion.

e) Tombos inscription l. 13. This is too early in the XVIIIth dynasty to be an empty conventional boast and too detailed in character also. It refers to some definite conquest, and has universally been applied to Thutmose I's Asiatic campaign narrated by Ahmose son of Abana (ll. 35—38) and Ahmose-pen-Nekhbet (ll. 9—11); but both documents furnish proof positive that the Asiatic campaign had not yet taken place, when the Nubian campaign occurred. After narrating the Nubian campaign Ahmose son of A. says:  (l. 35). "*After* these things one journeyed to *Rtnw*" (account of Syrian campaign follows). Again Ahmose-p-N. after finishing the Nubian campaign says: 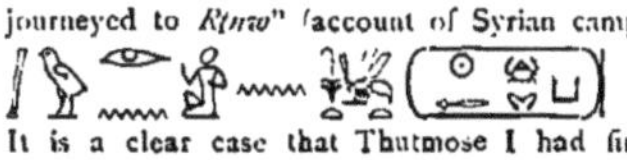 "*Again* I served for king Thutmose I": (account of Syrian campaign follows). It is a clear case that Thutmose I had finished his Nubian campaign and erected the Tombos stela *before* he went to Naharin. The Nubian campaign was in his second year and unless the known Syrian campaign was a *second* campaign (the first implied in the Tombos inscription, having been in the year 1) we must infer that Amenhotep I had made good the Egyptian conquest as far as the Euphrates.

f) When we note that when Syria was once stirred into general revolt again, it took ten years of fighting (8 campaigns) on Thutmose III's part to penetrate to the Euphrases, it will be evident that much campaigning must have preceded Thutmose I's invasion of Naharin, to enable him to reach and subdue it in one campaign.

g) Mar. Derelb. 7 = Düm. Hist. Ins. II, 17 = Sethe, Untersuch. I pp. 40 and 102 = Nav. Dèrelb. III, 80. Sethe was the first to note the meaning of the inscription. Since Mariette and Dümichen's time the name of the king has become

Euphrates had already been effectually accomplished at the accession of Thutmose III. How far it had been organized into the loose system of dependencies later constituting the Egyptian empire in Asia, and how fully Egyptian authority may have been recognized as far north as Naharin, are questions which our scanty material will not permit us to answer: but two data in our document afford some light upon them. The lands with which the king endowed Amon are said to be:
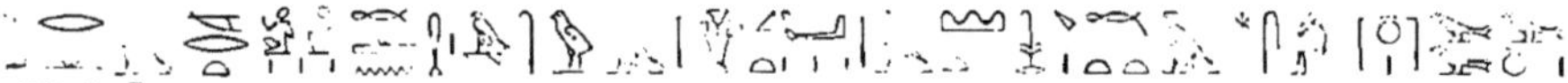
 "Equipped with serfs: my majesty filled them with the captivity from the southern and northern countries, with children of the princes of *Rṯnw*" ll. 39—40. This would indicate that some of Syria at least was already under the system later outlined in the Annals viz. that of bringing the young Syrian princes to Egypt to serve as hostages, and at the same time to learn something of Egyptian civilization, that they might afterward be installed in the petty Syrian princedoms to rule unmolested as long as they paid the annual tribute promptly.

The second reference furnishes some indication of the geographical extent of this control. The king states that the great door of one of his buildings was made 
 "of cedar[a] wood of the royal domain"[b] l. 34. The kind of wood shows clearly where this "royal domain" was located: for such wood came from a definite locality. Thutmose IV on the Lateran obelisk says that his sacred barque of Amon was: 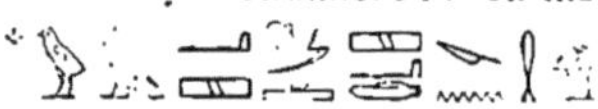
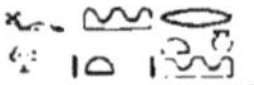 shaped of new cedar, which his majesty cut in the country of *Rṯnw*.[c] Likewise Amenhotep III states that his great barque of Amon was made "of new cedar which his majesty cut in *T'-nṯr* 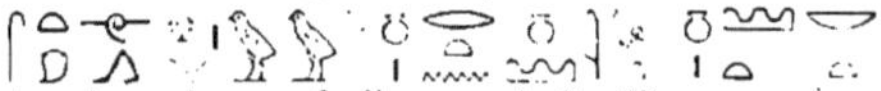 "which was dragged over the mountains of *Rṯnw* by the princes of all countries". These passages clearly place the '*š*-wood district in the mountains of Syria. The wood for these barques regularly came from this region[d] and

unreadable: hence Naville's remark (Deir b. III p. 17): "it seems to be that of Thutmose I", but Mariette and Dümichen both read Thutmose II.

a '*š* was probably a general designation for the pitchy wood of coniferous and similar trees, prevailingly cedar. Hence Spiegelberg's identification with express may be quite possible (Rechnungen 54 ff.). Hence also the attempt to define it more closely in the text cited by Brugsch, W. B. Suppl. 282. See Müller, Stud. z. Vorderas. Gesch. II, 18 n. 3.

b *Ḥnt* denotes a domain belonging to the royal house. It was prevailingly a wooded domain furnishing an income in timber. Thus, in addition to our above passage, *Ḏ'w* states in his tomb (VIth dyn.) that he requested from the king materials for the burial of his father and 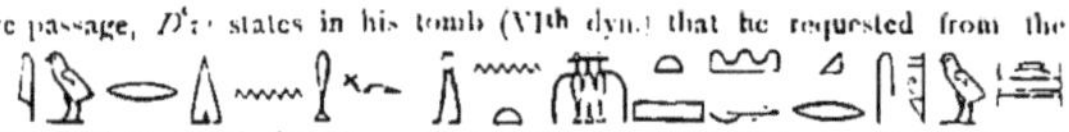 "his majesty caused to be brought a coffin of wood of the royal domain" (Rec. XIII, 66). Similarly in Harris (I 7, 5) the sacred barque is made of  "great cedar trees of the royal domain, of remarkable size". In the old kingdom the income of a *ḥnt* served to maintain each pyramid and even a private tomb might be endowed from it, thus the tomb of *S'bnj* at Assuan (Morg. Cat. Mon. I, 148 l. 19: the publication is unusable, I have collated Berlin squeeze), his son *Mḫw* says: "There were given to me lands 30 [*stꜣ·t*?] in the land north and south 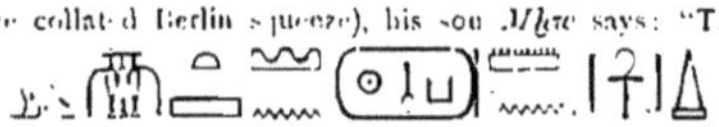 in the domain of the pyramid 'Pepi II remains living'." Unless otherwise specified, like the *ḥnt* of Amon, the *ḥnt* is probably always a royal domain, hence its mention in gifts to private individuals often.

c) Marrucchi, Gli Obelischi Tav. II, east side, left side-line.

d) The narrative of Unu-Amon (Golénischeff, Rec. XXI) concerning his voyage to Phoenicia for wood for an Amon-barque in the time of Smendes distinctly states that it had been customary to bring wood for this purpose from this region for generations before (II, 4—5).

the exact locality is defined by Seti I in his Karnak reliefs, where he represents the "princes of Lebanon" cutting down '*ꜣ*-wood trees[a] "for the great barque of the 'Beginning of the River'". Ramses III brought '*ꜣ*-wood for his great sacred barque (Harris I, 7, 5) from a domain which must have been in the same region, and the unfortunate Unu-Amon, the messenger of Smendes and Hrihor made his ill-starred voyage thither to bring '*ꜣ*-wood for the same purpose. That the home of '*ꜣ*-wood was on the Syrian mountains is also in harmony with the not infrequent phraze:  "cedar of the top (?) of the terraces",[b] that is, of the slopes of the Syrian mountains. Like Ramses III (infra p. 28 n. b) Thutmose III therefore, maintained a forest domain in the Lebanon region, and it is exceedingly probable that during the period preceding his Asiatic wars, the authority of Egypt was recognized as far north as the Lebanon-region. It is significant that he immediately marched thither on his first campaign after the fall of Megiddo, and built a fortress there. How much further north the recognized sway of Egypt extended at this time, it is impossible to say. The long period of inactivity in Syria during the dominance of Hatshepsut in Egyptian affairs is doubtless responsible for the vast revolt involving all the Asiatic conquests from the Negeb to the Euphrates, which cost Thutmose III seventeen campaigns and nearly twenty years of constant warfare to subdue.

a) Champ. Not. Descr. 87 SS Champ. Mon. 290. 2 = Ros. Mon. stor. 46. 1 = Guieysse, Rec. XI, 56—57 Read: "Inspection of the chiefs of] Lebanon, who are cutting down ['*ꜣ*- trees for] the great barque of the 'Beginning of the River'." All the great barques of the Beginning of the River" (Thutmose IV, Amenhotep III, Ramses III &c) are made of '*ꜣ*-wood and there can be no question about the restoration in Seti I's case. His inscription continues: "likewise for the great flagstaves of Amon" and in the Inni passage (l. 8) quoted below such flagstaves are of '*ꜣ*-wood.

b) Eg. Inni (l. 8, Rec. XII 106) and often. It is an error to suppose that this designates the wood as coming from the Punt-terraces (Spiegelberg Rec. XX 52). *Ḥtjw* was a term applied to any mountainous or hilly slope rising in terraces, and was not confined to Punt, as is usually supposed. Thus in Wadi Maghara the assistant treasurer *Ḥpj* was sent with a royal commission  "to the malachite terraces" (LD II, 116a). Again in another tablet in the same place (Birch, AZ 1869 p. 26; very corrupt, but may be emended from the preceding example). It is evident therefore that the mountain slopes of Sinai were also called *ḥtjw*. Hence it is only logical to conclude that the occurrence of terraces as the source of '*ꜣ*-wood does not show that *ꜣ*-wood came from the Punt terraces, but that the terraces mentioned are to be identified with the known source of '*ꜣ*-wood viz. the Lebanon slopes.

Addenda.

1. Since writing the above commentary, I find an important passage illustrating the priestly office held by Thutmose III before he was king. The High Priest of Memphis, Ptahmose states on his Florentine statue (Schi. Cat. No. 1505, p. 200): "He (the king) appointed (*rdjnf*) me to be (*r*) High Priest of Memphis and to the function of 'Pillar of his Mother'" (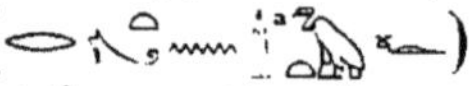). This explains the difficult phrase discussed above in § 8 (p. 12) and at the same time disposes of the conjecture (§ 9a) that the office of *jn-mwt·f* may have been confined to the royal family. The passage reinforces the reality of Thutmose III's priestly office, which he must likewise have received by royal appointment, having been promoted from *ḥn-nṯr* to *jn-mwt·f*; for the latter office is the higher in rank as is shown by its being held by the High Priest of Memphis.

2. My attention has been called by Sethe to an article by Piehl on the colonnaded hall, which we have discussed above as the place where Thutmose III was stationed by the god. This essay[b], which I much regret having overlooked, offers new material on the history of the hall. It consists of an inscription of Thutmose I[c] recording the renewal[d] of the two northernmost columns in the northern hypostyle; and of another inscription[e] of Thutmose III recording the erection of four columns in the same hypostyle. As the latter inscription is important to our discussion I will append a translation, as follows[f]:

"He (Thutmose III) made it as his monument to his father Amonre, erecting for him 4 columns of sandstone set up (*smn*) in the hypostyle, as a renewal of that which his [father had made][g], the Good God[h], Lord of Offering (viz. Thutmose I), shaped[i] of cedar. My majesty [added][k] 4 columns to the two in the north side, together 6; wrought with . . . . . established with . . . . . . 2 and that which was brought because of the fame of my majesty, being impost of all countries, which my father Amon Re assigned to me; shaped of sandstone. The height thereof was made 30 cubits[l] on both sides of the great august portal[m] . . . . throughout. They illuminated Karnak like . . . . of sandstone, painted with figures of my father Amon, together with figures of my majesty and figures of my father, the Good God (viz. Thutmose I). Behold, as for that which was[n]

a) ⌓ is omitted in the publication; I have collated the original.

b) Actes du 6me congrès international des orientalistes tenu en 1883 à Leide, IVme partie, section 3, pp. 203—219.

c) In the "northern hypostyle" on the northernmost column in the western row. Piehl p. 208.

d) Renewal because the phrase in the inscription: "which his majesty found", indicates that they were already there, and that Thutmose I was renewing two of his own columns.

e) In the "northern hypostyle" on the southernmost survivor of the eastern row of columns. Piehl p. 203.

f) Everything in smaller type is uncertain.

g) Supply in the lacuna: [*jmj-ʾwj irt·n it·f*]. Suggested by Sethe.

h) Apposition with "father".

i) *šḳḥ*: it refers to "that which his father had made".

k) Suggested by Piehl.

l) Over 51 feet.

m) This must be the northern portal; see plan, p. 13.

n) Perhaps read *gmj·t* "that which was found" instead of *pšj·t* and the same in the inscription Piehl p. 210. Suggested by Sethe.

going to ruin among them, my majesty established it with sandstone, in order that this temple might be established . . . **3** . . . . . like the heavens abiding upon their four columns, as a monument, great, excellent and splendid for the Lord of Eternity, of granite, ivory, of sandstone . . . . silver of the Beautiful-faced (Ptah). I swear as Re loves me, as my father Amon favors me[a], I made it anew in the north side, being an increase of that which my father had made".

It will be seen (from l. 1) that the columns *originally* erected by Thutmose I were of cedar[b]! The subsequent history of the hall is as follows. Before Thutmose I's reign ended, he was obliged to replace the two northernmost columns by stone ones. This is the only alteration in the hall of which we know, before Thutmose III's time; and as we have shown (pp. 12—14) it was completed and in use at his accession. Then came the removal of the columns for the insertion of Hatshepsut's obelisks as explained above (p. 13)[c]. This left only four of Thutmose I's old *wooden* columns still standing, north of the northern obelisk. Thutmose III then replaced these with *sandstone* columns like the two before inserted by Thutmose I and then still standing at the extreme north end of the hall; thus making as Thutmose III says "together 6". The south side of the hall was still without its columns, and these were finally erected of stone by Amenhotep II.

a) The usual form of the royal oath; see e. g. Hatshepsut's obelisk inscr. base, north, ll. 2—3.

b) There seems to me, no other possible explanation of the phrase: "shaped of cedar". To what else can it apply in l. 1, beside the columns, the *only* monuments mentioned in the context? It is of course well known that Egyptian columns were originally of wood. Petrie found them in XIIth dynasty houses at Illahun, and the fact that they have never been found in temples has of course no significance in view of the perishable nature of the material. Practically the same thing is true of Greek temples, in which wood was originally the material of the columns. May we conjecture that the total disappearance of old and middle kingdom temple colonnades may be due not only to rebuilding in the new kingdom but also to the fact that many were of wood(??).

c) We can of course suppose that she removed also all but the two northernmost columns of the northern hypostyle, and hence, the restoration by Thutmose III. Piehl's conclusion apparently is that Thutmose I erected in all only two of the columns in the northern hypostyle, but this does not agree with our coronation inscription, in which the hall is roofed and in use at the accession of Thutmose III (infra p. 14).

Florence, Oct. 17. 1900.

J. H. B.

UNTERSUCHUNGEN
ZUR
GESCHICHTE UND ALTERTUMSKUNDE AEGYPTENS
HERAUSGEGEBEN VON
KURT SETHE
II. BAND, HEFT 3

Druck von August Pries in Leipzig.

Dodekaschoinos, das 12 Meilen (σχοῖνοι) lange Land, hiess nach dem Geographen Ptolemaeus (IV 5, 74) ein Gebiet oberhalb von Syene, dem heutigen Assuan. Es ist damit offenbar die Strecke des Nillaufs von Syene bis Takompso gemeint, die nach Herodot (II 29) 12 σχοῖνοι lang war und die in den ägyptischen Inschriften aus griechisch-römischer Zeit als „Feld von 12  jr auf dem West- und auf dem Ostufer von Syene bis Ta-kem-so" oft erwähnt wird. Dieses „Feld" pflegten die Könige — wir wissen es von Ptolemäus Philadelphus[1], Ergamenes[1a], Ptolemäus Philometor[2], Ptolemäus Euergetes II[3], Ptolemäus Memphites oder Soter II[4], Augustus oder Tiberius[5], einem der Antonine[6]) und einem unbekannten Kaiser[7], — der Isis von Philae und dem Osiris von der „heiligen Insel" (Ἄβατον) mit allem was darin war zu schenken, „wie es die früheren Könige gethan hatten"[8]. Aus diesem Verhältnis erklärt sich, dass in einer griechischen Inschrift aus der Zeit des Augustus die Bewohner von Philae und der Dodekaschoinos als Stifter eines Tempels auf Philae erscheinen[9].

Aus den Angaben bei Ptolemaeus hat man nun, obwohl sie augenscheinlich in Unordnung sind, bisher allgemein geschlossen, dass sich die Dodekaschoinos von Syene bis nach Hierasykaminos erstreckt habe und dass die von Herodot genannte Insel Takompso, die bei Ptolemaeus als Μετακομψώ erscheint, gegenuber der Stadt Pselchis (heute Dakke) zu suchen sei. Die Dodekaschoinos wurde also mit demjenigen Gebiet Unternubiens identifiziert, das die Römer beherrschten, bis es von Diokletian preisgegeben wurde.

Bestätigt schien diese Auffassung durch eine Inschrift von Kalabsche zu werden, in der nach Wilckens Deutung gesagt wäre, dass Talmis, das heutige Kalabsche, zur Dodekaschoinos gehört habe[10].

Dieser gegenwärtig herrschenden, aus Ptolemäus hergeleiteten Auffassung von dem Zwölfmeilenlande stehen aber ganz erhebliche Bedenken entgegen[11].

1) Ohne Angabe des Masses erwähnt bei Bénédite Philae I 10. 31, vgl. unten Anm. 8.

1a) Brugsch Dict. géogr. 844 - Siebenjahre der Hungersnot 81 (Dakke).

2) LD IV 27b (Philae).

3) LD IV 38d (Philae). Piehl A. Z. XXI 131 = Brugsch Siebenjahre der Hungersnot 80 (Philae). Champ. Not. I 114 (Dakke).

4) LD IV 42c = Brugsch Siebenjahre der Hungersnot 79 (Philae).

5) Brugsch Rec. de mon. ég. II 70, 1 (Philae, Tiberius) = Bénédite Philae I 87 (Augustus).

6) De Morgan Cat. des mon. I 47 (Assuan).

7) Mitteilung von Steindorff (Maharraka). Brugsch Siebenjahre der Hungersnot 83 (Dakke).

8) Dieser Satz findet sich bereits in der Schenkungsinschrift des Ergamenes und beweist also auch, dass die Schenkung schon einige Zeit vor ihm bestanden hatte.

9) Sitz. Ber. d. Berl. Akad. 1896, 496 Anm.

10) Hermes 23, 595.

11) Isidore Lévy (L'atoure et le schène im Rec. de trav. XV 162 ff) hat versucht, die Schwierigkeiten der Dodekaschoinosfrage durch die Annahme verschiedener alter und neuer Missverständnisse zu beseitigen. Seine Ausführungen sind voll innerer Widersprüche (er nimmt 2 Takompso und 2 Zwolfmeilenländer an, die verwechselt seien) und ignorieren wichtige inschriftliche Zeugnisse zu der Frage. Sie dürften durch meine Arbeit hinlänglich widerlegt sein.

1. Takompso.

Wenn die Dodekaschoinos nach Süden bis Hierasykaminos reichte, Metakompso aber gegenüber von Pselchis lag, so stände schon dies in Widerspruch zu dem klaren Wortlaut Herodots und der ägyptischen Inschriften, die beide ausdrücklich Takompso selbst als Südgrenze des Zwölfmeilenlandes nennen.

Herodots Beschreibung der 12 *σχοῖνοι* langen Fahrt von Syene bis Takompso (II 29) lässt aber, sieht man zunächst mal von den Angaben über die Entfernung und die Dauer der Fahrt ab, keinen Zweifel daran, dass er nur die Fahrt durch das Gebiet des letzten Nilkatarakts, des *μικρὸς καταρράκτης* der Alten, meint: *Ἀπὸ Ἐλεφαντίνης πόλιος ἄνω ἰόντι ἄναντές ἐστι χωρίον, ταύτῃ ὦν δεῖ τὸ πλοῖον διαδήσαντας ἀμφοτέρωθεν κατάπερ βοῦν πορεύεσθαι· ἢν δὲ ἀπορραγῇ, τὸ πλοῖον οἴχεται φερόμενον ὑπὸ ἰσχύος τοῦ ῥόου. Τὸ δὲ χωρίον τοῦτο ἐστὶ ἐπ' ἡμέρας τέσσερας πλόος, σκολιὸς δὲ ταύτῃ κατάπερ ὁ Μαίανδρος ἐστὶ ὁ Νεῖλος· σχοῖνοι δὲ δυώδεκα εἰσὶ οὗτοι, τοὺς δεῖ τούτῳ τῷ τρόπῳ διεκπλῶσαι. Καὶ ἔπειτα ἀπίξεαι ἐς πεδίον λεῖον, ἐν τῷ νῆσον περιρρέει ὁ Νεῖλος. Ταχομψὼ οὔνομα αὐτῇ ἐστι. Οἰκέουσι δὲ τὰ ἀπὸ Ἐλεφαντίνης ἄνω Αἰθίοπες ἤδη καὶ τῆς νήσου τὸ ἥμισυ, τὸ δὲ ἥμισυ Αἰγύπτιοι. Ἔχεται δὲ τῆς νήσου λίμνη μεγάλη, τὴν πέριξ νομάδες Αἰθίοπες νέμονται.* Hierauf folgt die weitere Stromfahrt bis Korusko). Die Insel Tachompso, bei der man wieder in ruhiges Fahrwasser gelangt, würde man danach, wie schon Wiedemann richtig bemerkt hat, nur unmittelbar oberhalb des Kataraktes, also bei der Insel Philae suchen können. So ist denn Herodot auch im Altertum verstanden worden[1]. Was er von der Insel sagt, dass sie halb von Ägyptern, halb von Äthiopen bewohnt werde, ist in der That dasselbe, was Strabo (I 40, XVII 818) von Philae sagt (*κοινὴ κατοικία Αἰθιόπων τε καὶ Αἰγυπτίων*)[2]. Es wäre daher nicht undenkbar, dass Herodot hier Takompso und Philae verwechselt hatte. Wenn dies aber auch der Fall sein sollte, so kann doch seine Ansetzung von Takompso am Ende des Kataraktengebietes nicht auch auf einer Verwechslung beruhen. Denn die Nachrichten, die wir sonst bei den Alten über die Lage von Takompso finden, stimmen mit seiner Ansetzung oberhalb des letzten Kataraktes überein. **Aristagoras** von Milet (erste Hälfte des 4. Jahrh.) nannte nach Steph. Byz. im ersten Buche seiner *Αἰγυπτιακά*: *Τάκομψος κώμη ἐν τοῖς ὁρίοις Αἰγυπτίων καὶ Αἰθιόπων πρὸς τῇ Φίλῃ νήσῳ*, also eine Ortschaft, nicht eine Insel, an der ägyptisch-äthiopischen Grenze bei der Insel Philae. Eine Abhängigkeit dieser Nachricht von Herodots Angabe erscheint bei der Verschiedenheit beider in Namensform und Inhalt ausgeschlossen. Dasselbe gilt auch von **Juba** und **Bion** von Soloi, die beide mit Takompsos die Beschreibung der Städte

1) Pomponius Mela I 9, 2 (*Inde* scil. der Nil von Meroe an) *partim asper partim navigia patiens in immanem lacum devenit, ex quo praecipiti impetu egressus et Tachompso, alteram insulam, amplexus usque ad Elephantinen, urbem Aegyptiam, atrox adhuc fervensque decurrit. Tum demum placidior et iam bene navigabilis* fliesst er durch Ägypten. — Steph. Byz.: **Χομψώ· νῆσος ἐν τῷ Νείλῳ μέση Αἰθιοπίας καὶ Αἰγύπτου, ὡς Ἡρόδοτος δευτέρᾳ.** Er hat offenbar bei Herodot **τὰ Χομψώ** gelesen, vielleicht weil er wusste, dass der Name auch ohne das ägyptische Demonstrativum *ta* gebraucht wurde (s. u.).

2) Steindorff, der mich hierauf aufmerksam machte, bemerkte richtig, dass Herodots Angabe nicht etwa, wie man denken könnte, auf Elephantine bezogen werden kann, weil Herodot dieses **πόλις**, nicht **νῆσος**, nennt.

am Nilufer von Syene aufwärts begannen (Plin. n. h. VI 178—180). Bion, der selbst Nubien bereist hatte, nannte auf dem östlichen Ufer nach den bei Syene wohnenden Katadupoi und den Syenitai die Orte (*oppida*) Tacompson (Akkusativ), das von manchen Thatice genannt worden sei, Arama, Sesamos, dann eine Reihe von 11 unbekannten Namen, alsdann Kemni, Nups, Direa, Pattiga u. s. w. Juba nannte zuerst einen Ort auf dem Gebirge zwischen Ägypten und Äthiopien (*oppidum in monte inter Aegyptum et Aethiopiam*), Namens Megatichos, von den Arabern d. h. den Beduinen, Mirsion genannt; er meint offenbar die grosse Mauer *μέγα τεῖχος* bei Syene, die die ägyptische Südgrenze schützen sollte; dann (*dein*) folgen bei ihm wie bei Bion Tacompson, Aramum, Sesamum, hierauf 19 unbekannte Namen, dann die Orte Primi, Nups, Dicelin, Patingan, die auch Bion nannte, u. s. w. Die Aufzählung der Orte auf dem westlichen Nilufer begann bei demselben Verfasser nach Plinius ebenfalls mit Tacompsos mit dem Zusatz *altera sive pars prioris*, der die auffallende Doppelnennung des Namens Tacompsos auf beiden Ufern erklären soll (s. u.). Während in diesen Angaben Takompso als Ort am Ufer genannt ist, ist es in einer weiteren uns bei Steph. Byz. erhaltenen Nachricht wie bei Herodot als eine Insel bezeichnet: *Ταχεμψώ· νῆσος Αἰθιοπίας πρὸς τῇ Λιβύῃ*. Die Namensform und die ganze Fassung dieser Angabe zeigen zur Genüge, dass wir es auch hier mit einer von Herodot unabhängigen Quelle zu thun haben, und zwar nach den Worten *πρὸς τῇ Λιβύῃ* zu urteilen, einer recht alten. Diese Worte stehen augenscheinlich für *πρὸς τῇ Αἰγύπτῳ*, und wir haben hier eines der vielen Citate bei Steph. Byz., in denen sich *Ἀραβία* oder *Λιβύη* für *Αἴγυπτος* findet. Nach A. von Gutschmids feiner Bemerkung[1]) sind diese Citate meist aus Hekatäus von Milet oder dessen nächsten Nachfolgern entnommen, die Ägypten östlich vom Nil zu Arabien, westlich vom Nil zu Libyen gerechnet und als Ägypten selbst nur das eigentliche Delta bezeichnet hatten (vgl. Herod. II 15. 16). Dazu stimmt die Namensform *Ταχεμψώ* mit *ε*, die älter als die mit *ο* bei Herodot und den Späteren zu sein scheint, und jedenfalls der ägyptischen Form besser entspricht (s. u.). Bei einem jener alten ionischen Logographen war also Takompso als Insel an der Grenze von Äthiopien und Ägypten erwähnt und zwar in der Beschreibung des westlichen Nilufers, das zu Libyen gerechnet war.

Wie man sieht, stimmen all diese Nachrichten hinsichtlich der Lage von Takompso mit Herodot darin überein, dass es an der Grenze von Ägypten und Äthiopien, unmittelbar oberhalb des letzten Nilkatarakts lag. Diese Übereinstimmung muss umso bedeutsamer erscheinen, als auch bei Ptolemaeus (IV 5, 74), aus dem man gerade eine andere Lage für Takompso erschliessen will, die Namen *Φίλαι Μετακομψώ* sich unmittelbar folgen. Und noch mehr; was wird man in dem sonderbaren *με*, mit dem hier der Name anzufangen scheint, anderes erkennen können, als den Anfang der Präposition *μετὰ*, deren Ende *τα* mit dem Anfang von *Ταχομψώ* zusammengefallen ist: *μετὰ (Τα)χομψώ*, falls Ptolemaeus nicht einfach *μετὰ Κομψώ* (ohne das ägyptische Demonstrativum *ta*, s. u.) geschrieben hatte. Ptolemäus wird seine Beschreibung Unternubiens mit Philae begonnen haben mit der Bemerkung, dass es „nach Takompso" d. h. dem ägyptischen Grenzort komme. Doch darüber weiter unten.

1) Kleine Schriften I 41 (Anm.) 211.

Aus den ägyptischen Inschriften ist über die Lage des Ortes *T-km-s* oder *Kms* (ohne das demonstrative *t*) gesprochen etwa *Ta-kem-sô*[1], der als südliche Grenze des „Feldes von 12 *ỉr*" genannt wird, sonst nichts zu ermitteln. Wenn ein Beamter des Isistempels von Philae in einer Inschrift zu Dakke (Pselchis) in Nubien den Titel eines „Fürsten der Länder von *Ta-kem-so*" führt[2], so beweist das für die Lage des Ortes nur, dass es an der Grenze lag.

Kann über die Lage von Takompso im allgemeinen nach den übereinstimmenden Angaben der Griechen, die wir eben besprochen haben, kein Zweifel sein, so bleibt doch seine genaue Lokalisierung ungewiss. Die einen nennen es eine Insel (Herodot, Hekatäus), die anderen eine Ortschaft (Aristagoras, Juba, Bion), die einen lassen es am östlichen Nilufer (Bion, Aristagoras), die anderen am westlichen (Hekatäus) oder endlich (Juba) auf beiden Ufern liegen. Vielleicht sind alle diese Nachrichten zu vereinen und bezeichnete Takompso einfach die ägyptische Südgrenze sowohl auf den Ufern als auf den Inseln des Flusses. Dazu würden dann gut die Worte passen, mit denen das Plinius'sche Exzerpt aus Juba Takompsos auf dem Westufer nennt, nachdem es vorher schon einmal gegenüber auf dem Ostufer genannt war: *Tacompsos altera sive pars prioris* (s. ob. S. 5.) Der Name Takompso, der die gräzisierte Form eines ägyptischen *Ta-kem-sô* (vergl. die Var. *Ταχεμψώ*) ist[3], erinnert, wenn man das weibliche Demonstrativum oder den weiblichen Artikel *ta* weglässt, wie es ja schon im Altertum nicht selten geschah (*Χομψώ, μετὰ Κομψώ*, äg. *Kms*) auffallend an den heutigen Namen der Insel Konosso, nördlich von Philae, die im Altertum, speziell unter den Psammetichiden in der That die ägyptische Grenze gebildet hat[4]. Der Name hat zwar nubisches Aussehen (*kol* „Fels", *nosso* „gross"), doch könnte dies wohl wie so oft auf einer falschen Etymologie des Volkes beruhen (vergl. z. B. *Abu-sir* = *Βούσιρις*, *Abu-tig* = *Ἀποθήκη*, *Ἄβυδος* = *Ebôt*, *Φίλαι* = *Pilak*) und es könnte doch vielleicht an dieser kleinen Insel, die einst zu dem alten Takompso gehörte, der alte Name haften geblieben sein. Ganz ähnlich ist ja der Name Elephantine, der ursprünglich das ganze Kataraktenland bezeichnete, später auf die eine Insel beschränkt worden. Dass es die gräzisierte, nicht die rein ägyptische Namensform ist, die sich so erhalten hätte, ist nicht bedenklich; das ist bei anderen Namen auch der Fall, vergl. *Abu-sir* für *Βούσιρις* äg. *Pusîre Kom Ombo* für *Ὄμβοι* äg. *Embô*, *Kuft* für *Κόπτος* äg. *Keblô*.

---

1) Aus den phonetischen Schreibungen 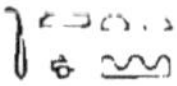 Brugsch Rec. de mon. II 70, 1.  Brugsch Siebenjahre der Hungersnot 81 (vgl. LD IV 42 c.) ergiebt sich der Konsonantenbestand *T-km-s*, die Gruppe  ist Variante des Determinativs . Nach den Schreibungen 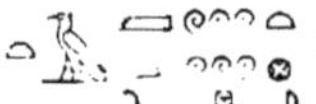 Brugsch Dict. géogr. 844.  LD IV 27 b.  Brugsch Thes. V 1024, demotisch 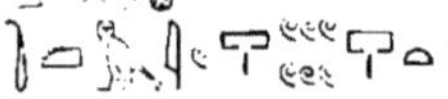 ebenda, besteht der Name aus einer Form des fem. Demonstrativums *t* (*ta*), das, wie wir sahen, auch weggelassen werden kann, einem weiblichen Worte *km-t*, das im stat. constr. stehend seine Endung verloren hat und selbst als Ortsbezeichnung determiniert wird (ⲕⲏⲙⲉ „Ägypten"?) und einem uns sonst nicht bekannten Zahlwort 600, das augenscheinlich *so* lautete.

2) Brugsch, Thes. V 1024.

3) ψ für *s* nach *m* ist regelmässig s. Sethe Verbum I § 253, 10. Die Assimilation des Hilfsvokals *ĕ* an den *o*-Laut der folgenden Silbe ist ebenfalls eine regelmässige Erscheinung in griechischen Formen ägyptischer Namen; vgl. *Ὄμβοι* für äg. *'Embô*, *Κόπτος* für äg. **Keblô*, *Ὄνουφις* für äg. *'En-hôr*, *Ὀσορόηρις* für äg. **Usar-uêr*, Ptolomaeus für Ptolemaeus, *Ἁρποχράτης* für äg. *Har-pe-chrôd* (mit Übergang des *o* in *a*).

4) Baedeker Ägypten 1897, S. 300.

Erkennt man unser Ergebnis für die Lage von Takompso auf Grund sämtlicher griechischer Nachrichten als richtig an, so ergiebt sich daraus als notwendige Folge, dass das Zwölfschoinosland entsprechend Herodots Beschreibung mit dem Gebiete des letzten Nilkataraktes zwischen Syene und Philae zu identifizieren ist, und dass also die aus dem verderbten Wortlaut des Ptolemaeus hergeleitete bisherige Auffassung von der Ausdehnung der Dodekaschoinos bis nach Hierasykaminos falsch sein muss. Es fragt sich nun: wie lässt sich dies Ergebnis mit dem, was wir sonst über die Dodekaschoinos ermitteln können, vereinen?

2. Die Wegemasse *σχοῖνος* und *jr.*

Wir haben oben, als wir uns mit Herodots Beschreibung der Fahrt von Syene nach Takompso beschäftigten, einen Punkt darin, der nicht ganz im Einklang damit zu stehen scheint, zunächst ausser Betracht gelassen, Herodots Angaben über die Länge der Fahrt. Er sagt, dass man zu der Kataraktenfahrt 4 Tage gebrauche, und dass es 12 *σχοῖνοι* seien, die man so zurückzulegen habe. Die Zeitangabe von 4 Tagen ist für die Kataraktenfahrt, die in einem Tage, ungünstigenfalls in zweien bequem bewerkstelligt werden kann, viel zu gross; doch wird man darauf kaum Gewicht legen können, zumal Herodot die Fahrt nicht selbst gemacht hat; es wäre wohl möglich, dass Herodot seine Zeitangabe für die Kataraktenfahrt erst seinerseits aus der ihm mitgeteilten Entfernung von 12 *σχοῖνοι*, die er viel zu hoch schätzte (s. u.), berechnet hätte[1]. Anders steht es mit dieser Entfernungsangabe von 12 *σχοῖνοι* selbst, auf der ja die Identifikation mit der Dodekaschoinos des Ptolemäus beruht. Sie ist hierdurch und durch die parallele Angabe der ägyptischen Inschriften, die die Strecke von Syene bis Takompso als „Feld von 12 *jr*" bezeichnen, gesichert. Es fragt sich nun, wie lassen sich diese Angaben über die Entfernung zwischen Takompso und Syene mit dem aus Herodot und den andern griechischen Quellen zu erschliessenden Ergebnis, dass Takompso bei der Insel Philae zu suchen ist, in Einklang bringen? Auf den ersten Blick scheint dies in der That unmöglich. Herodot setzt, wie er selbst ausdrücklich sagt (II 9), den *σχοῖνος* überall 2 persischen Parasangen = 60 Stadien (zu 198 m) d. i. 11,88 km gleich[2]. Die 12 *σχοῖνοι*, die Takompso von Syene entfernt sein soll, müssten demnach nach Herodots Rechnung 720 Stadien oder 142,56 km entsprechen. Die Entfernung von Assuan bis zur Insel Philae beträgt dagegen nur etwa 10 km. Hier scheint sich nun eine glänzende Bestätigung für die bisherige Auffassung von der Ausdehnung der Dodekaschoinos bis Hierasykaminos zu bieten. Denn dieser Ort ist von Syene auf dem Wasserwege mindestens 136 km entfernt, was den oben postulierten 142,56 km gut entsprechen würde.

Herodots Berechnung des *σχοῖνος* zu 60 Stadien beruht aber auf einem Irrtum. Wie wir von Artemidor erfahren, war der *σχοῖνος* in Ägypten ein ebenso unbestimmtes Wegemass

---

1) Dies nimmt auch Lévy an (Rec. de trav. XV 168), obwohl er vorher (ib 167) einen Zusammenhang von Herodot's *δυώδεκα σχοῖνοι* mit den 12 *jr* der ägyptischen Inschriften geleugnet hat und nachher die *δυώδεκα σχοῖνοι* aus einer Verwechslung des Kataraktengebiets mit der angeblich wirklich 12 *σχοῖνοι* langen Strecke Syene — Hierasykaminos erklärt.

2) Zu den Folgendem vergl. die gründliche und grösstenteils überzeugende Arbeit von W. Schwarz über den Schoinos in den Berliner Studien für klassische Philologie XV Heft 3 (Berlin 1894).

wie etwa unsere „Meile" (vergl. römische, englische, deutsche, schwedische, geographische, See-Meilen); man rechnete ihn zu 30, 40, 60 oder 120 Stadien. Wie die Untersuchung von Schwarz gelehrt hat, wurde der σχοῖνος zu 30 Stadien (resp. 32 ptol.-römischen oder 33⅓ attischen Stadien) = 5,94 km am häufigsten, in späterer Zeit fast ausschliesslich angewandt, nächst ihm der zu 40 Stadien = 7,92 km. Der zu 120 lässt sich in der ganzen griechischen Litteratur überhaupt kein einziges Mal in Gebrauch belegen. Der σχοῖνος zu 60 Stadien = 11,88 km, den Herodot überall annahm, findet sich bei ihm an folgenden Stellen:

1. Herod. II 6 (benutzt von Joseph. bell. Iud. IV 10, 5): Länge der Deltaküste vom plinthinischen Meerbusen bis zum sirbonischen See 60 σχοῖνοι = 3600 Stadien, d. i. 712,8 km. Die wirkliche Länge beträgt etwa 370 km. Gemeint hatte Herodots Gewährsmann 60 σχοῖνοι zu 30 Stadien = 1800 Stadien oder, wie Diodor (I 31) rechnete, zu 33⅓ attischen Stadien = 2000 attischen Stadien = 356,4 km[1]).

2. Herod. II 7 (Diod. I 57): Entfernung zwischen Pelusium und Heliopolis = 1500 Stadien = 297 km, d. i. berechnet aus 25 σχοῖνοι zu 60 Stadien. Gemeint waren aber 25 σχοῖνοι zu 30 Stadien = 750 Stadien = 148,5 km, wie Artemidor (bei Strab. XVII 803) und Diodor an anderer Stelle (I 34) richtig haben[2]). Die wirkliche Entfernung ist ca. 165 km.

3. Herod. II 9: Nilfahrt von Heliopolis nach Theben 81 σχοῖνοι = 4860 Stadien = 962,28 km; in Wahrheit 722,5 km. Gemeint waren vielleicht 81 σχοῖνοι zu 40 Stadien = 3240 Stadien = 641,52 km.

4. Herod. II 9: Entfernung zwischen Theben und Elephantine 1800 Stadien = 356,4 km, d. i. berechnet aus 30 σχοῖνοι zu 60 Stadien; in Wahrheit ca. 220 km. Gemeint waren wohl 30 σχοῖνοι zu 40 Stadien = 237,6 km.

5. Herod. II 9: Entfernung zwischen Theben und dem Mittelmeer 6120 Stadien = 1211,76 km, d. i. berechnet aus 102 σχοῖνοι zu 60 Stadien; in Wahrheit ca. 890 km. Gemeint waren also vielleicht 102 σχοῖνοι zu 40 Stadien = 807,84 km.

6. Herod. II 15: Länge der Mittelmeerküste von der sogenannten Perseuswarte, die nach Strab. XVII 801 an der bolbitinischen Mündung lag, bis Pelusium 40 σχοῖνοι, das wäre nach Herodots Umrechnungsweise 2400 Stadien = 475,2 km. In Wahrheit sind es ca. 270 km. Gemeint waren vielleicht 40 σχοῖνοι zu 30 Stadien = 237,6 km.

7. Herod. II 15: Umfang von Theben 6120 Stadien = 1211,76 km, offenbar berechnet aus 102 σχοῖνοι. Weil diese Zahl für die Stadt Theben viel zu gross ist, hat man sie auf die ganze Thebais beziehen wollen, nach dem Wortlaut Herodots schwerlich mit Recht, zumal Herodot einen Θηβαϊκὸς oder Θηβαῖος νομὸς kennt.

8. Herod. II 41: Umfang der νῆσος Προσωπῖτις 9 σχοῖνοι. Nicht kontrollierbar.

9. Herod. II 149 (Diod. I 51, Mucianus bei Plin. n. h. V 50) Umfang des Moerissees 60 σχοῖνοι = 3600 Stadien, d. i. 712,8 km. Gemeint muss ein viel kleineres Mass sein, da der See nach der Natur des Ortes keinenfalls mehr als 170 km Umfang gehabt haben kann; der heutige Birket el Kerun wird etwa 120 km Umfang haben.

1) Schwarz a. a. O. S. 38.

2) Schwarz a. a. O. S. 39. 40.

Ausserhalb Herodots findet sich die Umrechnung des σχοῖνος zu 60 Stadien nach Schwarz vielleicht noch in den folgenden 5 Fällen:

10. **Strab.** XVII 795 giebt die Entfernung zwischen Alexandria und Nikopolis auf 30 Stadien = 5,94 km an, **Josephus** (Bell. Iud. IV 11, 5) auf 20 Stadien = 3,96 km, was der Wirklichkeit entspricht. Gemeint könnte die Hälfte eines σχοῖνος gewesen sein, den die Quelle des Strabo zu 60, die des Josephus richtig zu 40 Stadien annahm[1].

11. **Poseidonios** (bei Strab. XI 491. XVII 803): Breite der Landenge von Suez weniger als 1500 Stadien = 297 km; das könnte aus 25 σχοῖνοι zu 60 Stadien berechnet sein, während der Gewährsmann vielleicht 25 σχοῖνοι zu 40 Stadien = 1000 Stadien = 198 km gemeint hatte. Denn dieses Mass geben Herodot (II 158)[2], Strabo (XVII 803) und Agrippa (bei Plin. n. h. V 56) dafür an. Die wahre Breite ist etwa 113 km[3].

12. **Plutarch** Anton. 69, 2 giebt als Breite derselben Landenge 300 Stadien an. Nach Schwarz beruhte diese viel zu niedrige Ansetzung auf irriger Umrechnung von 10 σχοῖνοι, die Plutarch zu 30 Stadien annahm, während sie zu 60 Stadien gemeint gewesen wären. 600 Stadien = 118,8 km entspräche in der That der Wirklichkeit — etwa 113 km — gut[4].

13. **Artemidoros** (bei Plin. n. h. V 59) gab die Entfernung von der Insel Philae bis zur Deltaspitze auf 4800 Stadien = 950,4 km an, was ziemlich genau der Wirklichkeit 940 km entspricht. **Juba** (ibid.) gab stattdessen nur 3200 Stadien = 633,6 km an. Nach Schwarz gingen beide Angaben auf ein Mass von 80 σχοῖνοι zurück, das Artemidor richtig zu 60 Stadien, Juba irrig zu 40 Stadien umgerechnet hätte[5]. — Da aber Herodot für die nur ca. 20 km kürzere Strecke Heliopolis-Elephantine eine andere Zahl von σχοῖνοι überliefert (81 + 30 = 111), so könnten auch Juba und Artemidor verschiedene Zahlen vorgelegen haben.

14. Im **Periplus mar. erythr.** ist die Breite der Strasse von Ormuz zu 600 Stadien angegeben, während sie nach Agathemeros nur 400, nach einer Version bei Plinius (n. h. VI 108) sogar nur 320 Stadien (40 milia) betragen haben soll. Alle diese Angaben gingen nach Schwarz auf ein ägyptisches Mass zurück, nämlich 10 σχοῖνοι, das einmal zu 60 Stadien (600 = 118,8 km), einmal zu 40 Stadien (400 = 79,2 km), einmal zu 32 ptolemäisch-römischen Stadien (320 = 59,4 km) berechnet worden wäre. Die letzte Umrechnung würde als die richtige zu bezeichnen sein, da sie der Wirklichkeit, ca. 63 km, ziemlich nahe kommt[6].

Wie man sieht, ist unter den 9 Entfernungsangaben, die wir Herodot entnommen haben, keine einzige, bei der sich Herodots Umrechnung des σχοῖνος in 60 Stadien als richtig erwiese. Soweit sie sich kontrollieren liessen, d. h. in 8 von den 9 Fällen, war es vielmehr evident, dass dem σχοῖνος eine bedeutend geringere Länge zukam, nämlich 30 Stadien (Nr. 1. 2. 4. 6), 40 (Nr. 3. 5) oder weniger als 30 (Nr. 7. 9). Auch unter den 5 Fällen, in denen Schwarz bei anderen Schriftstellern den σχοῖνος zu 60 Stadien vermutet, sind 3, in denen diese Bewertung auf einem Irrtum des betreffenden Schriftstellers beruhen würde (Nr. 10. 11. 14), in einem würde

1) Schwarz a. a. O. S. 63.

2) Diese 1000 Stadien können nicht von Herodot aus σχοῖνοι berechnet sein, da 1000 nicht durch 60 ohne Rest teilbar ist.

3) Schwarz a. a. O. S. 22. 4) Schwarz a. a. O. S. 75. 5) Schwarz a. a. O. S. 53.

6) Schwarz a. a. O. S. 71.

der *σχοῖνος* zu 60 Stadien verkannt und irrtümlich zu 30 Stadien berechnet sein (Nr. 12), nur in einem einzigen Beispiel würde wirklich eine richtige Umrechnung des *σχοῖνος* zu 60 Stadien vorliegen (Nr. 13) und dieses Beispiel scheint keineswegs ganz sicher zu sein. Nach dieser Feststellung über den *σχοῖνος* zu 60 Stadien wird man es kaum noch als Bestätigung der bisherigen Auffassung von der Dodekaschoinos ansehen können, wenn die Entfernung von Syene bis Hierasykaminos annähernd 12×60 Stadien entspricht. Man wird vielmehr annehmen müssen, dass der *σχοῖνος* auch in diesem Falle, wie stets bei Herodot, und wie es fast scheint, auch sonst überall eine geringere Länge als 60 Stadien gehabt hat, mit anderen Worten, dass auch aus diesem Gesichtspunkt betrachtet die Dodekaschoinos sich kaum bis Hierasykaminos erstreckt haben kann, wie man bisher dachte. Es mag noch erwähnt werden, dass der Geograph Ptolemaeus, aus dem man dies gerade geschlossen hat, wie die Schriftsteller der römischen Kaiserzeit fast durchgehends, den *σχοῖνος* als konstante Grösse von 30 Stadien rechnete. 12 *σχοῖνοι* zu 30 Stadien würden 71,28 km entsprechen, die Dodekaschoinos würde bei Zugrundelegung eines solchen *σχοῖνος* also von Syene bis Talmis (heute Kalabsche) gereicht haben. Da die Messung des Zwölfschoinoslandes aber, wie wir aus Herodot ersehen, weit älter ist, so kann Ptolemäus' Ansetzung des *σχοῖνος* nicht ins Gewicht fallen, wenn man nicht an der Identität des Dodekaschoinos mit der 12 *σχοῖνοι* langen Strecke Syene-Takompso zweifeln will.

Wie bereits erwähnt, wird uns von Artemidoros nur die Verwendung von *σχοῖνοι* zu 30, 40, 60 oder 120 Stadien bezeugt, von denen wir nur die beiden ersten richtig in Gebrauch nachweisen können. Dass es auch *σχοῖνοι* von weniger als 30 Stadien gegeben hat, oder richtiger gesagt, dass man das Wort *σχοῖνος* auch für kleinere ägyptische Wegemasse gebraucht hat, ist vielleicht aus zwei der oben mitgeteilten Entfernungsangaben bei Herodot zu entnehmen, den Angaben über den Umfang Thebens (Nr. 7) und über den Umfang des Moerissees (Nr. 9), von denen die letztere nur zu einem *σχοῖνος* von höchstens 15 Stadien passen würde. Wenn Herodots Identifikation des Zwölfschoinoslandes mit dem Kataraktengebiet zwischen Syene und Philae aber richtig ist, so würden hier 12 *σχοῖνοι* etwa 10 km entsprechen, wir würden hier also in dem *σχοῖνος* ein noch kleineres Mass haben, von nur etwa 833 m, d. h. etwas mehr als 4 Stadien (792 m).

Ein solches kleineres Wegemass war nun in der That auch das ägyptische Mass  *jr* [1], das in der ägyptischen Benennung des Zwölfmeilenlandes von Syene bis Takompso dem griechischen *σχοῖνος* entspricht. Dieses Mass, das in älterer Zeit *jtr-w* hiess und  [2], 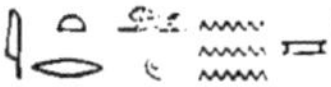 [3] oder 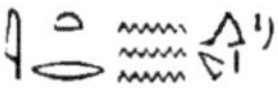 [4] geschrieben wurde, hängt mit dem Worte *jr*, alt *jtr-w*

1) LD IV 27 b. 38 d. Ä. Z. XXI 131. Varr. Brugsch Rec. II 79,1 (mit Ligatur von  und ); 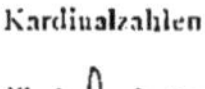 , 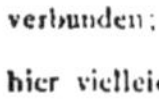  Dict. geogr. 844. 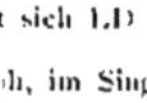  Champ. Not. I 114 LD IV 42 c, überall der Singularis, da mit Kardinalzahlen verbunden; der Pluralis findet sich LD IV 27 b in der Schreibung 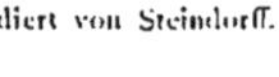  *3r-w*. Der erste Radikal  hatte hier vielleicht den Wert Aleph, im Singularis den Wert Jod (ⲉⲓⲟⲟⲣ, wie bei ⲓⲟⲙ „Meer," plur. ⲁⲙⲁⲓⲟⲩ).

2) Grenzstelen von El Amarna Rec. de trav. XV 56, revidiert von Steindorff.

3) Siegesdenkmal Amenophis' III aus Semne in London.

4) Inschrift Ramses' III nach Brugsch, Wort. Buch. Suppl. 164.

„Fluss" kopt. ειοορ zusammen und ist ursprünglich wohl ein Wegemass für die Schiffahrt gewesen[1]). Für die Bestimmung seiner Länge haben wir zwei Anhaltspunkte. In den Grenzstelen von El Amarna, der Residenz Amenophis' IV, wird die Entfernung „zwischen der südlichen und der nördlichen Stele" auf dem Ostufer ebenso wie auf dem Westufer auf genau „6 *jtr-w* und 179 Ellen" angegeben[2]). Leider wissen wir nicht bestimmt, welche von den zahlreichen Grenzstelen gemeint waren. Die Entfernung zwischen der südlichsten und der nördlichsten Stele auf dem Ostufer (V und P oder I des Petrie'schen Planes) beträgt etwa 11 km; die beiden äussersten Stelen im Süden und Norden des Westufers (A und F) sind dagegen etwa 14 km von einander entfernt. Bei dieser Verschiedenheit der Entfernungen, der Ungewissheit, ob wirklich die hiergenannten äussersten Stelen gemeint waren, und bei der Ungenauigkeit der modernen Messungen ist eine genaue Bestimmung des *jtr-w* hiernach natürlich nicht möglich. Immerhin sieht man aber, dass nur ein Mass von höchstens $1\frac{2}{3}$ bis $2\frac{1}{6}$ km gemeint sein kann. Einen noch weniger sicheren Anhalt giebt uns eine Inschrift der Ptolemäerzeit zu Edfu, die leider nicht klar ist und in grossenteils unverständlichem Zusammenhang steht (Brugsch Thes. III 604). Es scheint da die Länge des Nilthals von Elephantine bis . . . . . auf 106 *jr*, seine Breite auf 14 *jr* (geschrieben beide Male ), der daraus resultierende Flächeninhalt auf 100270[3]) Aruren () angegeben zu sein. Hiernach würden 1484 □ *jr* = 100270 Aruren, also 1 □ *jr* = etwas mehr als 67,5 Aruren[4]) oder 67,5 × 10000 □ Ellen sein. Der *jr* würde also etwa 821 Ellen = 431 m messen. Das für die Breite des Nilthals angegebene Mass von 14 *jr* würde demnach etwa 6034 m gleichkommen, was für das südliche Oberägypten eine zutreffende Durchschnittsbreite ergäbe. Die Längenausdehnung von 106 *jr* würde 45686 m betragen und ziemlich genau der Entfernung von Elephantine bis Ombos (43 km) entsprechen.

Zwischen dem ersten Mass von $1\frac{2}{3}$ bis $2\frac{1}{6}$ km, das wir in Inschriften der 18. Dynastie für den *jtr-w* gefunden haben, und dem letzteren Mass von 431 m, das freilich recht unsicher für den *jr* in der Ptolemäerzeit belegt ist, würde das Mass des *jr*, nach dem die Strecke von Syene bis Takompso bereits zu Herodots Zeit als Feld von 12 *jr* = δυώδεκα σχοῖνοι bezeichnet wurde, in der Mitte stehen, wenn diese Strecke dem Kataraktengebiet zwischen Assuan und Philae entspricht. Der *jr* würde hier etwa 833 m lang sein (s. ob. S. 10). Es verdient, bemerkt zu werden, dass in einer der Schenkungsinschriften ausdrücklich gesagt ist, dass die 12 *jr*, die das Feld auf beiden Ufern lang sein solle, zusammen 24 *jr* „an ganzen *ỉtr-w* der Isis" ausmachen sollen[5]). Danach würde der *jr* (σχοῖνος) von ca. 833 m ein speziell lokales Wegemass des Gebietes von Philae gewesen sein.

1) Vergl. was Hieronymus zu dem Wort σχοῖνος bei Joel 3 sagt: *in Nilo flumine sive in rivis eius solent naves funibus trahere certa habentes spatia, quae appellant funiculos, ut labori defessorum recentia trahentium colla succedant.*

2) vgl. Griffith Proc. Soc. bibl. arch. XV 303. Die Zahl von 179 Ellen ist ausgedrückt in 1 ⟨Zeichen⟩ = 100 Ellen, 1 ⟨Zeichen⟩ = 50 Ellen, 1 × = 25 Ellen, 4 ⟨Zeichen⟩ = 4 Ellen.

3) so, nicht 270 × 100000, wie Griffith Proc. Soc. Bibl. arch. XIV 403 meinte.

4) 67,5 × 1484 giebt genau 100170. Sollte die von Brugsch überlieferte Zahl 200 etwa in 100 zu verbessern sein?

5) LD IV 27b, vgl. Bénédite Philae I 87.

Das Ergebnis dieser Betrachtung über die Entfernungsangaben von 12 *σχοῖνοι* = 12 *jr* für die Strecke Syene-Takompso, das Zwölfschoinosland, kann man wohl dahin zusammenfassen:

1. die Ausdehnung der Dodekaschoinos bis Hierasykaminos oder auch nur über Talmis hinaus ist nach den Werten, die der *σχοῖνος* bei Herodot und den griechischen Schriftstellern sonst hat, sehr wenig wahrscheinlich,

2. die für das ägyptische Mass *jr* sonst zu ermittelnden Werte sind so klein, dass das der Isis von Philae gehörige Feld von 12 *jr* nur im Einklang mit den obigen Feststellungen über die Lage von Takompso, in dem Kataraktengebiet zwischen Syene und Philae wiedererkannt werden kann.

3. Die ägyptischen Nachrichten über das der Isis von Philae gehörige Gebiet von 12 *jr*.

Wie passen nun die Nachrichten, die uns die ägyptischen Inschriften über das Zwölfmeilenland der Isis geben, zu unseren bisherigen Ergebnissen?

Bezeichnet wird das der Isis von Philae geschenkte Gebiet in den Schenkungsinschriften gewöhnlich als „Feld ( *sḫ-t* ⲥⲱϣⲉ) von 12 *jr* auf dem westlichen und 12 *jr* auf dem östlichen Ufer, macht zusammen 24 *jr*"[1]; zweimal heisst es stattdessen „Feld von 12 *jr* auf dem westlichen und östlichen Ufer und auf dem Wasser"[2], einmal kurzweg „Feld von zweimal 12 *jr*"[3]. Was zunächst die Bezeichnung „Feld" angeht, so wird man diese begreiflicher finden, wenn damit ein 10 km langer, an der breitesten Stelle vielleicht 7 km breiter Landstreifen, wie es das Kataraktengebiet ist, gemeint ist, als die 136 km lange Strecke von Syene bis Hierasykaminos. Dass bei der Angabe der Ausdehnung dieses Feldes nur die Länge von 12 *jr* angegeben wird, ebenso wie in den griechischen Angaben *δυώδεκα σχοῖνοι, δωδεκάσχοινος*, ist bei den ägyptischen Verhältnissen ganz natürlich. Die Breite hatte ihre natürlichen Grenzen in der Wüste. Auffallender könnte namentlich solchen, die mit der Redeweise der ägyptischen Inschriften nicht vertraut sind, erscheinen, dass die Länge des Gebietes für jedes der beiden Ufer besonders angegeben und sogar addiert wird[4]. Beides ist echt ägyptisch und hat nur den Zweck, die Ausdehnung des Gebietes juristisch genau zu bestimmen, um jede falsche Auslegung auszuschliessen. Das ganze Kataraktengebiet in einer Länge von 12 *jr* auf beiden Ufern soll der Isis gehören. So erklärt es sich auch, dass das öde und besitzensunwerte Westufer ausdrücklich genannt ist. Es wird damit auch der Fluss mit seinen Inseln ausdrücklich in die Schenkung einbegriffen; gehörte doch nach ägyptischem Brauche seine eine Hälfte zum östlichen, seine andere Hälfte zum westlichen Ufer[5]. Die Nennung des Flusses in der kürzeren Fassung „Feld von 12 *jr* auf dem westlichen und östlichen Ufer und auf dem Wasser" bestätigt das.

1) LD IV 27b. 38d. Ä. Z. XXI, 131. Brugsch Rec. de mon. II 70, 1. Siebenjahre der Hungersnot 83. Maharraka (nach Steindorff).

2) LD IV 42c. de Morgan, Cat. des mon. I 47, Zeile 1—3.

3) Champ. Not. I 114 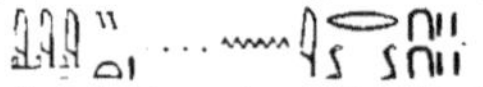

4) Levy hat denn auch deshalb die 12 *jr* mit Unrecht als Breite des Gebietes auf jedem Ufer auffassen wollen, obgleich auch er nachher Herodots Längenangabe von 12 *σχοῖνοι* den 12 *jr* gleichsetzt.

5) Das lehrt die Inschrift des Chnemhotep zu Benihassan, nach der die Mitte des Flusses als Grenze der durch den Fluss getrennten Gaue galt.

Eine andere, wie es scheint, nichtoffizielle Bezeichnung für das 12 Meilen lange Gebiet der Isis von Philae ist  (Varr.  und ) *tš-s r-ˁw tš-pdt(j)* „ihre Grenze bis an das Bogenland (d. i. der gewöhnliche alte Name für Nubien)“. Wir finden diese Bezeichnung zuerst in einem Prädikat, das sich Ptolemäus Philadelphus in den Inschriften des Isistempels von Philae mehrmals beilegt: „der gute Gott, der den Unterhalt (*kš-w*) gab seiner Mutter Isis, indem er ihr schenkte (*ḥnk-f*) ihre Grenze bis an das Bogenland“ (Bénédite Philae I 31. 64). Dieselbe Bezeichnung begegnet uns dann ausnahmsweise auch statt des oben besprochenen offiziellen Ausdrucks „Feld“ einmal in einer Schenkungsinschrift, nämlich in der des nubischen Königs Ergamenes, der dabei zu der Göttin sagt: „ich schenke dir deine Grenze bis an das Bogenland, (reichend) von Syene bis Takompso (in einer Länge) von 12 *jr* auf dem Westufer, 12 *jr* auf dem Ostufer“ (s. u. S. 18). Endlich nennt sich der Kaiser Augustus (nach Brugsch Tiberius) in der Darstellung, wo er der Isis das „Feld von 12 *jr* überreicht[1]), mit Bezug auf diese Schenkung: 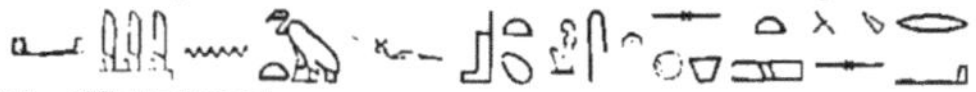 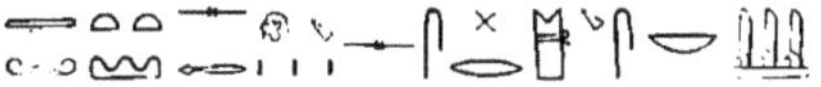 (Augustus) „der seiner Mutter Isis das Feld (von 12 *jr*) schenkte, der ihre[2]) Grenze bis an das Bogenland weitmachte, der ihre *tp-w*-Ländereien gross machte, der ihre *ḥn-wt*-Ländereien viel machte, der Herr des Feldes Augustus“. (Bénédite Philae I 87).

Das Wort 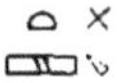 *tš*, altäg.  *tšš*, kopt. ⲧⲟϣ, das wir hier für das Zwölfmeilenland der Isis gebraucht finden, hatte, wie die demotischen Kontrakte lehren, in ptolemäischer Zeit bereits wie im Koptischen die Bedeutung „Gau“ „Bezirk“ erlangt, die sich aus der alten Bedeutung „Grenze“ ganz natürlich entwickelt hatte[3]). In der obigen Bezeichnung des Zwölfmeilenlandes bezeichnet das Wort ja gleichfalls ein Gebiet, aber es ist damit doch noch die alte Grundbedeutung „Grenze“ verbunden; das ist nicht sowohl aus der Verbindung mit dem Verbum *swsḫ* „weit machen“ die als alte Redewendung für das Erweitern der Grenze bekannt ist, als aus der Verbindung mit dem folgenden *r-ˁw* zu entnehmen. Denn dieser präpositionelle Ausdruck bedeutet ein exklusives „bis“ („bis an“ „bis zu“ „reichend bis“ „bis zum Anfang von“)[4]) und findet sich nicht selten gerade mit dem Worte *tš* in seiner alten Bedeutung „Grenze“ verbunden, z. B.:  „der seine Grenze machte bis zum Himmel“ (Bénédite Philae I 64). Demnach wird man das Wort 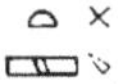 *tš* auch in der obigen Bezeichnung des Zwölfmeilenlandes als „Grenze“ auffassen müssen, aber in dem Sinne von „Grenzland“ „Grenzstreifen“ „Grenzgebiet“, wie das ja wohl auch in den meisten anderen Sprachen vorkommt.

1) Bénédite Philae I 87. Vgl. Brugsch Rec. de mon. ég. II 79, 1.

2) Dass das Suffix 3f. sg. hier und im folgenden auf die Isis und nicht etwa das Feld (*sḫ-t*) zu beziehen ist, wird abgesehen von den anderen Beispielen für die Bezeichnung *tš-s r-ˁw tš-pdt j* auch dadurch wahrscheinlich gemacht, dass Isis zu dem Kaiser sagt: „ich schenke dir die *tp-w* [und die *ḥn-wt*-Ländereien“ wie Horus: „ich schenke dir das Feld“.

3) Vgl. unser Mark (Feldmark, Grenzmark).

4) Ein Beispiel: „ich gebe dir den Süden bis an das Land *Kš*“ „ich gebe dir den Norden bis an den Himmel“ s. u. S. 15. Vgl. auch Breasted, Sonnenhymnen aus der Zeit Amenophis' IV S. 23.

Für die Frage nach der Ausdehnung der Dodekaschoinos ist die hier besprochene Bezeichnung des Gebietes der Isis als „ihre Grenze bis an (d. h. gegen) das Bogenland" naturgemäss von grosser Wichtigkeit; geht doch daraus deutlich hervor, dass das Gebiet nicht zu dem, was man damals das „Bogenland" nannte, gerechnet wurde. Es kommt nunmehr darauf an festzustellen, was unter diesem Namen zu verstehen ist.

Aus der Thatsache, dass die Listen der ägyptischen Gaue seit dem alten Reiche mit dem Namen von Nubien „Bogenland" zu beginnen pflegen, schliesst man, dass dieser Name nicht nur das heutige Nubien, das Land oberhalb des Katarakts von Syene, bezeichnet habe, sondern auch der Name des ersten oberägyptischen Gaus vom Katarakt bis Silsile gewesen sei, den dieser Gau aus einer Zeit, in der er zu Nubien gehörte, beibehalten hätte. Dies scheint indes keineswegs so sicher zu sein, wie man allgemein glaubt. Wenn im Tempel Ramses' II zu Abydos die Liste der ägyptischen Städte, die mit den südlichsten Elephantine, Ombos, Silsile beginnt, durch die nubischen Landschaftsnamen 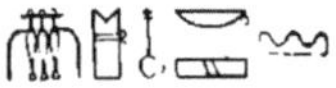 und unser 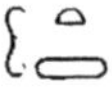 eröffnet wird (Mar. Abyd. II 12), so ist nicht einzusehen, warum der Name 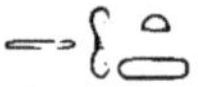 ebenda in der Liste der ägyptischen Gaue etwas anderes bezeichnen muss, als das eigentliche „Bogenland" d. i. Nubien, das man ebenso den Gauen wie den Städten Ägyptens vorangehen liess. In der That erscheint die Stadt  die z. B. Bénédite Philae I 88 als Hauptstadt des angeblichen ersten oberägyptischen Gaus „Bogenland" genannt wird, in einer Liste nubischer Städte wieder (LD IV 23 c. f.) und unter den Gaben, die dieser angebliche Gau bringt, sind „alle kostbaren Steine von *Ḥnt-ḥn-nfr*" und „Gold aus der Wüste der Matoi" (Brugsch Siebenjahre der Hungersnot 140). Zudem vermisst man gerade in den älteren ägyptischen Inschriften jede überzeugende Bestätigung dafur, dass die Gegend von Elephantine bis Silsile einen Gau mit demselben Namen wie das anstossende Fremdland Nubien gebildet habe. Was man dafür anführt, beweist nichts. Wenn die Fürsten von Elephantine unter der 12. Dynastie „grosses Oberhaupt des Bogenlandes" heissen, so kann sich das sehr wohl daraus erklären, dass ihnen die Verwaltung des wirklichen „Bogenlandes" Nubien übertragen war. Ebensowenig ist daraus, dass die Kataraktengötter Chnum, Satis und Anukis „Herren des Bogenlandes" heissen, zu schliessen, dass das Gebiet des Kataraktes zu einem ägyptischen Gau dieses Namens gehörte, sondern diese Gottheiten sind, wie wir ja wissen, ebenso zu Gottheiten des anstossenden Nubiens geworden, wie später der Amon von Theben und die Isis von Philae[1]). Will man aber trotz aller dieser Bedenken den Namen „Bogenland" als Benennung des ersten oberägyptischen Gaus weiter gelten lassen, so könnte eine solche Bedeutung doch vernünftigerweise in der Bezeichnung „Grenze gegen das Bogenland", die wir oben für das Zwölfmeilenland gefunden haben, wohl nicht in Frage kommen[2]). Gesetzt, das Zwölfmeilenland wäre zu Nubien gerechnet worden — was ja bei der bisherigen Auffassung, dass es bis Hierasykaminos reichte, zu rechtfertigen wäre ,

1) Dass der Name an einer Stelle mit den Determinativen 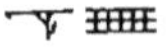 versehen ist, besagt in ptolemäischer Zeit nichts, vgl. die Schreibungen 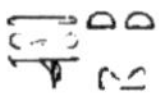 und  Bénédite Philae I 4, wo sicher das eigentliche Nubien gemeint ist, und u. S. 15.

2) Sie heisst z. B. „Fürstin" von *Ḥnt-ḥn-nfr*" Bénédite Philae I 107.

so würde man es gewiss nicht als Grenze gegen den ersten oberägyptischen Gau, sondern als Grenze gegen Ägypten bezeichnet haben, zumal wenn jener Gau denselben Namen führte wie das Land Nubien, zu dem das Zwölfmeilenland dann ja gehören würde. Dies gilt in verstärktem Masse, wenn gerade der nubische König Ergamenes das Zwölfmeilenland in seiner Schenkungsinschrift als „Grenze gegen das Bogenland" bezeichnet (s. u.) Meines Erachtens kann unter dem „Bogenland" hier nur das wirkliche Nubien im Gegensatz zu Ägypten verstanden werden.

Ist nun aber das Zwölfmeilenland als Grenze gegen das eigentliche „Bogenland" Nubien bezeichnet, so liesse sich die bisherige Auffassung, dass es bis Hiersykaminos reichte, damit nur vereinen, wenn man annähme, dass die Strecke Philae-Hierasykaminos, die geographisch und historisch zu Nubien gehörte, nicht zu Nubien, sondern zu Ägypten gerechnet worden sei, weil sie in ptolemäischer Zeit politisch vom übrigen Nubien losgelöst war und unter der Herrschaft der ägyptischen Könige stand. Die Unwahrscheinlichkeit eines solchen Auswegs liegt aber auf der Hand, da nicht nur alle griechischen Quellen samt und sonders den Katarakt von Syene die Grenze von Ägypten und Äthiopien nennen[1], sondern auch die ägyptischen Inschriften der Ptolemäerzeit Philae als das Ende oder den Anfang von Ägypten bezeichnen[2], vor allem aber, da auch der nubische König Ergamenes, der die Strecke Philae-Hierasykaminos wieder mit dem übrigen Nubien vereinigt hatte, das Zwölfmeilenland als Grenze gegen Nubien bezeichnet (s. hierzu weiter unten). Dass gerade das den Ptolemäern und Römern botmässige Unternubien von Hierasykaminos bis Philae, in dem man bisher die Dodekaschoinos erkennen wollte, damals mit dem Namen „Bogenland" d. i. Nubien bezeichnet wurde, wie von den Griechen als *Αἰθιοπία*, ist wohl aus den folgenden beiden parallelen Anreden zu ersehen, die die Isis von Philae an Ptolemaeus Philadelphus richtet[3]:

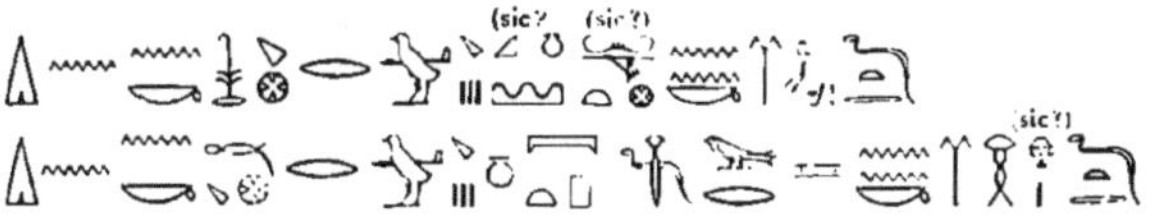

„ich gebe dir den Süden bis an das Land *Kɜs*, indem das Bogenland sich dir beugt ewiglich",
„ich gebe dir den Norden bis an den Himmel, in dem das Meer dir tributpflichtig[4] ist ewiglich".
Hier entspricht dem „Meere", das die nördlich von Ägypten gelegenen Besitzungen des Königs im Mittelmeer bezeichnet, „das Bogenland" als Bezeichnung für die südlichen Besitzungen ausserhalb Ägyptens, d. i. eben Unternubien bis Hierasykaminos. Das Land *Kɜs*, bis zu dem diese reichen sollen und dem der Himmel als nördliche Grenze entspricht, ist also das obere Nubien von Hierasykaminos aufwärts[5].

1) Strab. I 40. XVII 787. 817 ff. Diod. I 22. 32. Tacit. Ann. II 61. Heliod. Aeth. VII 29. Strack Dynastie der Ptolemäer Nr. 140.

2) Bénédite Philae I 152. Brugsch Dict. géogr. 1284.

3) Bénédite Philae I 62. Ich habe oben von einer Verbesserung der offenbaren Fehler abgesehen und diese durch ein sic? bezeichnet.

4) Lies *wɜḥ-dɜdɜ*.

5) Vgl. dazu Bénédite Philae I 3. 4, wo seltsamerweise die Städte und Bezirke des oberen, den Ptolemäern nicht unterworfenen Nubiens wie Napata, Meroe, und als südlichstes das Ende von *Kɜs* dem Könige Ptolemaeus Philadelphus ihre Gaben bringen.

So ist denn unter dem „Bogenlande" in der Bezeichnung des Zwölfmeilenlandes als „Grenze gegen das Bogenland" gewiss Nubien in seiner alten geographischen und historischen Ausdehnung d. h. südlich vom Katarakt bei der Insel Philae endigend, zu verstehen. Das Zwölfmeilenland, das die Grenze Ägyptens gegen dieses Land gebildet haben soll, kann dann nur in Übereinstimmung mit unsern bisherigen Ergebnissen in dem Kataraktengebiet zwischen Syene und Philae erkannt werden, das übrigens bei griechischen Schriftstellern ganz entsprechend als *τὰ μεθόρια τῆς Αἰθιοπίας καὶ τῆς Αἰγύπτου* (Diod. I 32) u. ä. bezeichnet wird[1]).

Für dieses auf dem Flusse gemessen etwa 10 km lange, in der Luftlinie von Norden nach Süden nur etwa 7,5 km messende Stückchen Land passt übrigens wohl auch die Bezeichnung „Grenze" besser als für die fast 140 km lange Strecke Syene-Hierasykaminos.

Mit dem Gebiet selbst, das der Isis von Philae zum Geschenk gemacht wird, wird ihr in den Schenkungsurkunden ausdrücklich auch alles, was darin ist, geschenkt, alle seine Felder, Steine, Bäume, Tiere, Fische, Vogel, Tempel, alle Dinge, die darin sind; „alle Menschen, die darin wohnen, sollen ihr als Unterthanen gehören, Männer und Frauen, wie es ihre Eltern vordem gethan haben"[2]). Dieser Besitz an sich kann nun bei der geringen Ausdehnung und der natürlichen Armut des Kataraktengebietes nicht allzu begehrenswert gewesen sein, und man könnte sich mit Recht wundern, dass einem so dürftigen Geschenk eine solche Bedeutung beigemessen worden sein soll, dass es immer wieder in Inschrift und Bild verewigt wurde. Dies könnte in der That gegen die Identifikation der Dodekaschoinos mit dem Kataraktenland geltend gemacht werden. Dem gegenüber ist aber auf zweierlei hinzuweisen: einmal auf den Zweck der Schenkung, der mehrfach in den Inschriften genannt wird, „um der Isis Libation (*kbḥ*) damit zu machen an jedem zehnten Tage"[3]). Das Gebiet wird ihr also gewissermassen als grosses Weihwasserbecken geschenkt; das erinnert sogleich an die alte Benennung  *Kbḥ-w* „Libationsland", die das Kataraktengebiet oberhalb Assuan seit uralter Zeit hatte, wohl weil es nach dem alten, noch bei Herodot zum Ausdruck gebrachten Glauben der Ägypter die Quellen des Nils enthielt. Die Heiligkeit, die diesem Gebiet deswegen zukam, ist doch wohl nicht gering anzuschlagen, sie wog seine mangelhafte Nutzbarkeit für die Menschen gewiss reichlich auf.

Sodann war das Geschenk, das die Könige der Isis mit dem Zwölfmeilenlande machten, mit einem Rechte verbunden, das der Göttin recht erhebliche Einkünfte sicherte, nämlich „einem Zehnten von allen Dingen, die aus  dem ‚Bogenlande' (Nubien) kommen (*ij*)"[4]) resp. „gebracht werden (*ìn-tw*)"[5]). Dieser Bestandteil des Geschenkes ist für die Frage, wieweit sich die Dodekaschoinos erstreckte, von Bedeutung. Wenn die Isis von Philae das Feld von 12 *jr* von Syene bis Takompso mit allem, was darin ist, zum Eigentum und ausserdem das Recht erhält, von allen Dingen, die aus dem „Bogenlande" kommen, einen Zehnten zu nehmen, so ist es mehr als wahr-

1) Vgl. Strab. XVII 787. 817ff. Strack Dynastie der Ptolemäer Nr. 140.

2) LD IV 27b. 38b. Ä. Z. XXI, 131. Brugsch Rec. de mon. II 79, 1. Dict. géogr. 844.

3) de Morgan Cat. des mon. I 47. Brugsch Rec. de mon. II 79, 1. LD IV 27b. — An der letztgenannten Stelle ist das Wort *kbḥ* mit dem Ortsdeterminativ geschrieben: 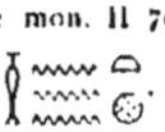.

4) de Morgan Cat. des mon. I 47. Ä. Z. XXI, 131.

5) LD IV 27b.

scheinlich, dass eben jenes Gebiet nicht mehr zu dem „Bogenlande“ gehörte, wie ja auch aus der Bezeichnung „Grenze gegen das Bogenland“, die wir oben für das Zwölfmeilenland gefunden haben, zu schliessen war. Nach dem Zusammenhange kann auch hier unter dem „Bogenlande“ nicht etwa der angeblich so benannte erste oberägyptische Gau, sondern nur Nubien verstanden werden, was der Name ja eigentlich bezeichnet, denn mit den Dingen, die aus dem Bogenlande kommen (*ỉj* oder geschrieben) oder gebracht werden (*ỉn-t-w*) ist doch augenscheinlich die Einfuhr nach Ägypten gemeint, die beim Eintritt in das ägyptische Grenzgebiet, die Dodekaschoinos, einen Eingangszoll in Gestalt eines Zehnten an die Isis von Philae, die Herrin dieses Gebietes zu entrichten hatte. Lässt man die Dodekaschoinos bis Hierasykaminos reichen, so müsste man annehmen, dass mit dem Namen „Bogenland“ hier nur der südlich von Hierasykaminos gelegene, der Herrschaft der ptolemäischen Könige und der Römer nicht unterworfene Teil von Nubien gemeint sei. Wie oben ausgeführt, ist eine solche Einschränkung des Namens „Bogenland“ sehr wenig wahrscheinlich. Sieht man dagegen in dem Zwölfschoinoslande das Kataraktengebiet zwischen Syene und Philae, so stände der Name „Bogenland“ hier in seiner eigentlichen Bedeutung für Nubien von Philae an aufwärts und der Zehnt, der der Isis mit dem Zwölfschoinosland geschenkt wurde, war dann von allen Dingen, die bei der Insel Philae die ägyptische Grenze passierten, zu erheben.

Ein Punkt, der auf den ersten Blick für die Ausdehnung der Dodekaschoinos bis nach Hierasykaminos zu sprechen scheint, ist der Umstand, dass die Schenkung des Landes von Syene bis Takompso an die Isis von Philae auch mehrfach in Tempeln Unternubiens dargestellt ist, nämlich dreimal im Tempel von Dakke (Pselchis), einmal in dem von Maharraka (Hierasykaminos). Wenn diese Orte, wie man bisher annahm, zu dem Zwölfschoinoslande gehörten, wäre eine solche Nennung der Schenkung in jenen Tempeln allerdings gut motiviert. Als ein ernstlicher Grund gegen die Identifikation des Zwölfschoinoslandes mit dem Kataraktengebiet kann sie aber wohl doch nicht angesehen werden. Wie die alten Gottheiten des Katarakts Chnum, Satis und Anukis und der ganz junge Gott „Pharao von *Snm-t* (Bige)“ erscheinen auch die Isis von Philae und der Osiris von „der heiligen“ Insel in fast allen Tempeln Nubiens als Gäste neben den einheimischen Gottheiten mitverehrt, wie umgekehrt die zu Nubien gehörige Insel Philae ein allgemeiner Wallfahrtsort für die Nubier wie für die Ägypter war. Zu den Gaben, die die ägyptischen Gottheiten in den Tempeldarstellungen von den Königen zu erhalten pflegen, gehört auch das Feld d. h. ihr Grundbesitz. So erhält die Isis von Philae, wo ihr ein König seine Verehrung bezeugt und sie beschenkt, auch ihr Feld bei Philae, das wegen der Rechte, die damit verbunden waren, wohl das kostbarste Geschenk war, das ihr die Könige machten.

Bedeutsamer für die Frage nach der Ausdehnung der Dodekaschoinos ist es, dass auch der nubische König Ergamenes, der Zeitgenosse des Philopator, in einer Darstellung im Tempel von Dakke der Isis von Philae das „Feld von 12 *ỉr*“ zum Geschenk macht. Das scheint dafür zu sprechen, dass dieses Gebiet unter seiner Herrschaft stand. Wenn sich die Dodekaschoinos, wie es die bisherige Auffassung wollte, bis Hierasykaminos erstreckte, wäre das in der That auch der Fall gewesen; denn die Herrschaft des Ergamenes erstreckte sich, wie wir wissen, stromabwärts sicher bis auf Philae. Umfasste dagegen das Zwölfschoinosland nur das Kataraktengebiet unterhalb Philae, worauf unsere Ergebnisse führten, so würde es ganz und gar ausserhalb des eigentlichen Nubiens gelegen und von Rechts wegen zu Ägypten gehört haben, was ja auch in den oben besprochenen Angaben über das Verhältnis des Gebietes zu dem „Bogenlande" d. i. Nubien augenscheinlich zum Ausdruck kam. Dass Ergamenes seine Herrschaft auch über die historische Grenze Nubiens bis nach Syene ausgedehnt hätte, ist zwar bisher nicht erwiesen, bei der Lage, in der sich die Herrschaft seines Zeitgenossen Philopator über Oberägypten befand, aber keineswegs unmöglich[1]. Immerhin wäre es auch wohl denkbar, dass Ergamenes, ohne das heilige Gebiet der Isis thatsächlich selbst zu beherrschen, ihr doch damit ein Geschenk zu machen glaubte, wenn er ihr den weiteren Besitz des Landes von seinen ägyptischen Nachbarn so oder so erwirkt hatte. Die ungewöhnliche Stellung des Ergamenes bei der Schenkung der Dodekaschoinos an die Isis kommt in den Worten, mit denen er ihr das Geschenk darbringt, in einer Weise zum Ausdruck, die wohl keinen Zweifel daran lässt, dass die Dodekaschoinos in der That ausserhalb Nubiens lag. Er sagt nämlich (Brugsch Dict. géogr. 844):

u. s. w.

„ich schenke dir deine Grenze gegen das Bogenland, reichend von Syene bis Takompso, von 12 *jr* auf dem Westufer, 12 *jr* auf dem Ostufer" u. s. w.

Hier ist die Dodekaschoinos also nicht, wie in den Inschriften der ägyptischen Herrscher, einfach mit dem offiziellen Ausdruck „Feld" bezeichnet, sondern mit der ungewöhnlichen Bezeichnung „Grenze gegen das Bogenland", die wir sonst nur ohne die Angaben der Länge (12 *jr*) und der Endpunkte (von Syene bis Takompso) in inoffizieller Weise für das Gebiet der Isis gebraucht fanden. Die Wahl dieses Ausdrucks, der eine Angabe über die Lage des Gebietes zu Nubien enthält, durch den nubischen König ist gewiss beabsichtigt; er soll offenbar eine Begründung dafür geben, dass der nubische König der Isis das Zwölfmeilenland schenkt. Dieses Gebiet wird demnach kein selbstverständlicher, integrierender Bestandteil des Reiches des Schenkers gewesen sein, wie in den anderen Fällen, wo es die ägyptischen Könige verschenkten. Die Strecke Philae-Hierasykaminos, die, wenn sie auch in griechisch-römischer Zeit politisch vom übrigen Nubien losgelöst war, doch geographisch dazu gehörte und einen wesentlichen Bestandteil desselben bildete, würde Ergamenes, der sie thatsächlich beherrschte, gewiss nun und nimmer als Grenzmark gegen Nubien, also als einen fremden, seinem Reiche nur äusserlich angegliederten Landesstrich bezeichnet haben. So scheint denn auch die Schenkung des Zwölfschoinoslandes an die Isis von Philae durch Ergamenes wegen des Wortlautes, mit dem sie erfolgt, nicht gegen, sondern für die Identität desselben mit dem Kataraktenlande zu sprechen.

1) Mahaffy, A History of Egypt. 136ff. Epiphanes liess die Namen des Ergamenes auf Philae ausmeisseln, als er die Herrschaft über diese Insel, die Ergamenes also wohl dem Philopator abgerungen haben wird, wieder erlangt hatte.

4. Die Schenkung des Zwölfmeilenlandes an den Chnum von Elephantine durch König Dośer.

Eine sehr merkwürdige, bisher übersehene Nachricht über die Dodekaschoinos haben wir in der bekannten Inschrift von den „sieben Jahren der Hungersnot"[1] auf der Katarakteninsel Sehêl. Dass die Schenkung, die nach dieser Inschrift der alte König Dośer aus der 3. Dynastie dem Chnum von Elephantine gemacht haben soll, manche Ähnlichkeit mit der Schenkung des „Feldes von 12 *jr* von Syene bis Takompso" an die Isis von Philae aufweist, wie wir sie aus den Inschriften der ptolemäischen und römischen Zeit kennen, ist bereits Brugsch aufgefallen. Seltsamerweise ist aber weder er noch auch Pleyte, Maspero und de Morgan, die sich nach ihm mit der Inschrift befasst haben, auf den Gedanken gekommen, dass wir es überhaupt in beiden Fällen mit demselben Gegenstand zu thun haben. Nach der übereinstimmenden Lesung sämtlicher Herausgeber wäre die Ausdehnung des Gebietes, das der Chnum erhält, auf ∩∩ 20 *jr* angegeben (Zeile 23), sodass wir eine Eikosaschoinos hätten. In Wahrheit steht aber, wie die von Wilbour, dem Entdecker der Inschrift, aufgenommene sehr gute Photographie, auf der die Publikationen beruhen, deutlich erkennen lässt, nicht 20 ∩∩, sondern 12 ∩ıı da (s. die Abbildung hierneben[2]). Die beiden Striche ıı, die man irrtümlich ∩ las, sind wie sonst in der Inschrift kürzer und dicker als die beiden Pfosten des ∩. Das, was man für den Bügel des ∩ ansah, ist nichts als ein Riss im Stein, der sich auf der Originalphotographie deutlich durch sein matteres Aussehen von den grell weiss leuchtenden Strichen ıı abhebt. Er beginnt über dem rechten Strich ı und zwar etwa in der Mitte seiner Breite, erhebt sich bei Weitem nicht so hoch wie der Bügel des ∩ und endigt oberhalb des linken Striches ı, ohne diesen zu erreichen. Das Gebiet des Chnum hatte also dieselbe Ausdehnung an Meilen wie das der Isis: dass es mit ihm identisch ist, geht aus der Angabe seiner Grenzen hervor. Die Worte, mit denen der König dem Chnum das Geschenk ankündigt, lauten nämlich:

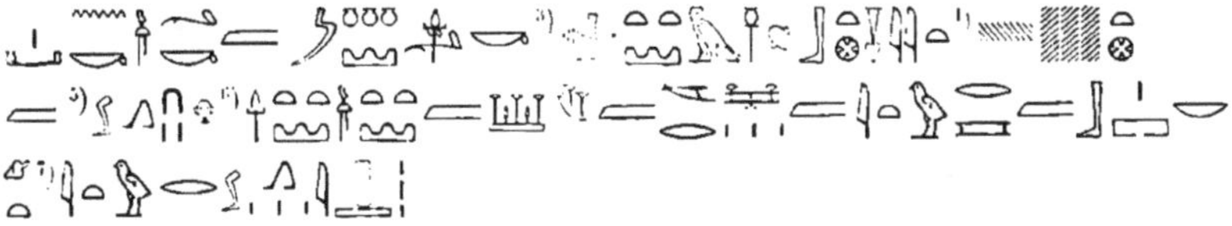

1) Brugsch, Die biblischen sieben Jahre der Hungersnot. Pleyte in Verslagen en Mededeelingen d. Kon. Akad. van Wetensch., Afd. Letterkunde, 3de Reeks, VIII (1892). de Morgan, Catalogue des mon. et. inscr. de l'Égypte I 78ff. Vergl. Maspero, Histoire I 240ff. Mir stand zur Kontrolle und Berichtigung der bisherigen Lesungen die Wilbour'sche Photographie des Berliner Museums (Ph. 2179. 2180) zur Verfügung.

2) nach der Wilbour'schen Photographie des Berliner Museums.

3) ausgelassen.

4) lies : das zerstörte Zeichen dahinter kann sehr wohl gewesen sein, wie der Sinn erfordert, keinesfalls aber , das zu wenig Zacken haben würde.

5) *m* steht wohl, wie in der Spätzeit so oft, für den Genitivexponenten *n*.

6) so richtig Brugsch. 7) so richtig Pleyte, de Morgan.

„ich schenke dir deine Westseite vom (?) Ma-nun-Gebirge und deine Ostseite vom (?) Bh-Gebirge, von Elephantine bis [Takompso], von 12 Meilen auf dem Ostufer und dem Westufer, im Vegetationsland, in den Wüstenstrecken, auf dem Flusse und an jedem Orte innerhalb dieser Meilen."

Hier ist das Gebiet, das der Chnum erhält, im allgemeinen als seine Westseite und seine Ostseite bezeichnet (s. dazu weiter unten). Die westliche und die östliche Grenze, die bei der Schenkung der Isis als selbstverständlich nicht besonders angegeben waren, scheinen hier durch die bekannten Namen der beiden Gebirgszüge, die das Nilthal einfassen, ausgedrückt zu sein, wenn auch die grammatische Verbindung dieser Namen mit den Worten „deine Westseite" und „deine Ostseite" nicht völlig klar ist. Die nördliche und die südliche Grenze sind wie bei dem Feld der Isis mit den Worten „von . . . . bis . . . ." angegeben. Statt des jüngeren Syene ist hier wie bei Herodot das alte, dieser Stadt gegenüber liegende Elephantine als Anfang des Gebietes im Norden genannt, der Ortsname, der das Ende im Süden bezeichnete und also dem späteren Takompso entsprach, ist leider bis auf das Determinativ zerstört[1]. Die juristische Sicherung, dass nichts von dem geschenkten Gebiet dem Chnum vorenthalten werden könnte, ist ganz ähnlich wie bei der Schenkung des Zwölfmeilenlandes an die Isis abgefasst. Der Angabe der Länge des Gebietes „12 Meilen" folgt wie dort die Bemerkung, dass dies auf beiden Ufern des Stromes, sowie auf dem Strome selbst gelten und dass jeder Ort innerhalb der 12 Meilen zu der Schenkung gehören soll. Wir haben hier in dem Ausdrucke „diese Meilen"[2] gewissermassen eine Bezeichnung für das geschenkte Gebiet, die sogleich an die Benennungen „Feld von 12 Meilen", Dodekaschoinos und die δυώδεκα σχοῖνοι bei Herodot erinnert. Derselbe Ausdruck kehrt in dem weiteren Texte der Schenkungsurkunde noch zweimal in gleicher Anwendung wieder: „jeder Acker, der innerhalb dieser Meilen ist" (Zeile 24), „alle Kälber, die die Kuhe innerhalb[3] dieser Meilen gebaren" (Zeile 25). Weiterhin wird dann das geschenkte Land auch einmal wie das Land der Isis als „Feld" bezeichnet: „ich schenke dir „jenes Feld mit den Steinen und dem guten Nutzboden" (Zeile 27). Durch das Ortsdeterminativ erscheint diese Bezeichnung „jenes Feld" als eine namenähnliche Benennung gekennzeichnet; das Demonstrativum *tfj* „jenes", das man wohl in dem Sinne von „jenes bekannte" aufzufassen hat, vertritt dabei die genauere Angabe „von 12 Meilen".

Über die Rechte, die mit der Schenkung dieses Landgebietes an den Chnum von Elephantine verknüpft sein sollten, enthält unsere Inschrift weit eingehendere Bestimmungen, als die meist sehr kurzen Inschriften, die die Schenkung der Isis betreffen. Im wesentlichen sind es die folgenden:

1. Von den Ackerleuten, die das Feld bestellen innerhalb der 12 Meilen, wird ihre Ernte

1) Nach der Photographie von Wilbour erscheint es nicht ausgeschlossen, dass auf dem Original noch mehr zu erkennen ist.

2) Das Wort hat nichts mit dem Verbum *ip* „zählen" zu thun, wie Brugsch meinte, sondern ist eine missverständliche Schreibung für das alte längst ausser Gebrauch gekommene Demonstrativum „diese".

3) richtig Pleyte.

ganz ohne jeden Abzug für den Speicher des Gottes[1]) eingezogen (Zeile 24. 25), weil ihm nämlich das gesamte Fruchtland gehörte (s. u. Nr. 6).

2. Die Fischer, Vogelsteller und Löwenjäger werden mit einem Zehntel ihres Ertrages besteuert (Zeile 25).

3. Von allen Kälbern, die in dem Gebiete geboren werden, soll, wie es scheint, ein Zehntel für die Opfer abgeliefert werden (Zeile 25. 26).

4. Dem Gotte wird ein Zehntel gegeben von dem Gold, dem Elfenbein, dem Ebenholz, verschiedenen Pflanzenprodukten, dem Holz von Bäumen jeder Art[2]) 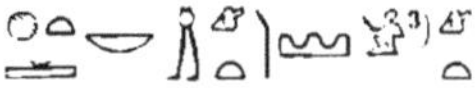 sic 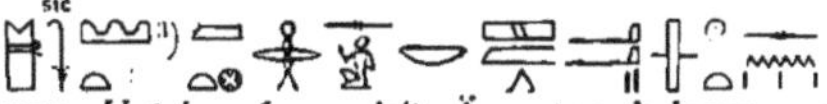 „und von allen übrigen Dingen, die die Nubier von *Ḥnt-ḥn-nfr* nach[4]) Ägypten bringen und jeder Ägypter, der unter ihnen . . . . geht" (Zeile 26. 27).

5. Es soll kein Beamter an diesen Stätten befehligen[5]) und etwas als Abgaben von ihnen einziehen zum Schaden(?)[6]) der Dinge, die „in das Haus des Chnum gegeben werden[7])" (Zeile 27).

6. Der Gott erhält das Gebiet mit den Steinen und den Strecken Fruchtland, die es enthält. Es soll nichts davon genommen werden, die Schreiber des Gottes und die Kontrolleure des Südens d. h. Oberägyptens[8]) sollen alles gehörig registrieren. Alle Künstler und Handwerker, die die genannten Steine verarbeiten, sollen „von dem Gold, Silber, Kupfer, Blei, ... Kleidern(?), Holz, Federn und allen übrigen Dingen, die einem jeden für die Arbeit, die er thut, als Bezahlung gegeben werden"[9]), ein Zehntel als Abgabe zahlen (Zeile 27—29).

7. Von den kostbaren Mineralien (*ʿ3-t*), die aus dem oberhalb von dem Gebiete gelegenen Lande (*gs-s ḥrj*) und aus den Steinen auf dem Ostufer des Gebietes kommen, erhält der Gott ein Zehntel[10]). Eine Wägemeister soll bestellt werden, um die Werte der Minerale festzustellen. Von der Abgabe befreit soll aber sein, was davon für die Götterbilder gebraucht wird (Zeile 30. 31).

Unter diesen Punkten beanspruchen zwei ein besonderes Interesse. Der Zehnt von allen

---

1) Lies *wḏ3-t-k* „dein Speicher"; es steht da statt (vgl. u. Anm. 7. S. 22. Anm. 5). Davor ist die Präposition *r* ausgelassen, wie öfter (vgl. u. Anm. 4. S. 23 Anm. 3).

2) Es scheint 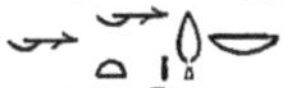 dazustehen.

3) steht wie oft für , wie man mit Recht annimmt, in Folge einer falschen Transskription des Hieratischen. In unserer Inschrift findet sich ebenso noch einmal:  „Nubier" in Zeile 1.

4) Vor *Km-t* ist die Präposition *r* ausgelassen, vgl. oben Anm. 1.

5) 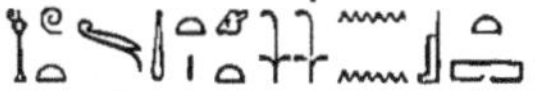. 6) .

7) Lies *rdj r pr-k*; es steht da statt (vgl. oben Anm. 1).

8) .

9) . Zu der eigentümlichen Stellung des vgl. Zeile 28. (s. Anm. 10.) 30. 32.

10) .

Dingen, die aus Nubien nach Ägypten eingeführt werden (Nr. 4), war, wie oben ausgeführt worden ist, auch mit der Schenkung des Zwölfmeilenlandes an die Isis von Philae verbunden. Die Auffassung, die oben für den weniger bestimmten Wortlaut der ptolemäisch-römischen Schenkungsinschriften vorgeschlagen wurde, erfährt durch die bestimmtere Fassung unserer Schenkungsinschrift von Sehêl eine gewisse Bestätigung. Der andere Punkt, der als wichtig hervorzuheben ist, ist die Steuerfreiheit, die der König Došer dem Zwölfmeilenlande zugesichert haben soll (Nr. 5): sie ist ein Vorrecht, dem wir noch weiter unten begegnen werden.

In der Frage nach der Ausdehnung der Dodekaschoinos ist die Inschrift „von den sieben Jahren der Hungersnot" wohl von ausschlaggebender Bedeutung. Das dem Chnum von Elephantine geschenkte Gebiet von 12 Meilen von Elephantine bis . . . . . . kann nach dem ganzen Zusammenhang nur das sein, was die Dodekaschoinos nach unseren Ergebnissen sein musste, das Gebiet des letzten Nilkatarakts oberhalb Assuan. Um dies zu zeigen, wird es nötig sein, dass wir uns die Situation, in der die Schenkung nach der Inschrift erfolgt sein soll, vergegenwärtigen, zumal die früheren Erklärer an manchen Stellen nicht das Richtige getroffen zu haben scheinen[1]). Dem „Grafen (*ḥ'tj*), Beherrscher der Städte des Südens und Vorstehers der Nubier in Elephantine (d. h. der im Kataraktengebiet wohnenden Nubier) *M'dir*(?)" wird ein königlicher Befehl überbracht, der ihm Folgendes mitteilt: Als der König und sein Hof in grösster Sorge waren, weil der Nil sieben Jahre lang nicht gekommen war und infolgedessen die grösste Not im Lande herrschte, wandte sich der König an den weisen I-em-ḥotep, denselben, der später zum Gott der Heilkunst erhoben wurde, und fragte ihn nach der „Geburtsstätte des Nils" und dem Gotte, der dort walte (Zeile 1—4).

Der Weise, der, wie es scheint, die Fragen des Königs nicht aus dem Stegreif in genügender Weise beantworten konnte, bat um Urlaub, damit er die heiligen Bücher deswegen einsehe (Zeile 4. 5). Er ging von dannen (*šʒs pw irj-n-f*), um baldigst wieder zum König zurückzukehren (*'n-f sw r-f*) und ihm „die verborgenen Wunder zu enthüllen, zu denen seit undenklichen Zeiten keinem König der Weg gewiesen worden" (Zeile 5. 6). Sein Bericht lautete (*tm-f n-f*): Es gebe ein Stadtgebiet[2]) inmitten des Wassers, in dem der Nil zu Tage trete; es heisse Elephantine und sei der 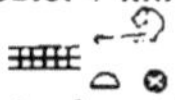 Anfangsgau" (ein Name, der auch für den Ort von Philae öfter vorkommt) gegen das Land *Wʒwʒ-t* (das nördliche Unternubien); das Wasser heisse „die beiden Löcher" (*ḳr-tj*, die Nilquellen), das sei die Schlafstätte des Nils (Zeile 8. 9). Chnum walte dort als Gott[3]); sein Tempel öffne sich nach Südosten. Sein Wasser sei schlecht (*nšn*) an seiner südlichen Seite auf eine Meile (?)[4]); eine Mauer sei unter den *Kns-tjw* (Nubiern) bewacht Nacht und Tag[5]) (Zeile 9—11). Es seien Massen von Bergen in seiner Nachbarschaft auf dem

1) Die früheren Erklärer haben vor allem nicht beachtet, dass in der ganzen Inschrift, von der Anrede an den Fürsten von Elephantine in Zeile 1 bis zu Ende, der König redend bleibt, und dass also das Ganze der Wortlaut des diesem Fürsten übersandten königlichen Befehls sein soll.

2)  im Folgenden als Maskulinum behandelt, also vielleicht *dmj* (kopt. ϯⲙⲉ) zu lesen, das ja auch gerade das Gebiet einer Stadt bezeichnete (Inschrift des *Imnj* zu Benihassan).

3) Lies *wn Hnm îm m nṯr*.

4) 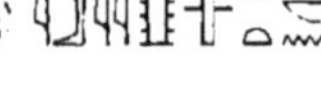

5) (ganz deutlich

Ostufer mit allerlei festen und über alles kostbaren Mineralien (*ʿ3-t*)[1], die man[2] suche für[3]) alle Tempelbauten in Ober- und Unterägypten, für den Grabbau des Königs[4]) und für allerei Statuen. Man pflege dabei dem Chnum Opfer zu bringen, sowie Frisches von allen Blumen, die es von Elephantine bis zu [den Sümpfen des Deltas] gebe. Es sei eine Wohnstätte für Jeden, der an diesen Steinen arbeite auf den Ufern des . . . des Flusses angesichts dieser Stadt Elephantine selbst[5]). Es sei ein Granit dort, der „Stein von Elephantine" der *Syenites* der Alten) genannt werde (Zeile 11—14). Die Namen der Götter, die in dem Tempel des Chnum noch verehrt würden, seien Sothis (Satis), Anukis, der Nil, Schu, Geb, Nut, Osiris, Horus, Isis und Nephthys (Zeile 14). Die Namen der Steine, die sich dort ausserdem auf dem Ost- und dem Westufer, zwischen beiden Ufern und inmitten des Flusses fänden, seien: der Basanites (*bḫn*), der *mmj*, der *mtbḥb*, der *rʿgs*, der weisse *wtšj* auf dem Ostufer; der *prdn*(?) auf dem Westufer; der *tšj* auf dem Westufer und inmitten des Flusses (Zeile 14. 15). Die Namen der kostbaren Minerale, die in dem oberhalb davon gelegenen Gebiete (*gs ḥrj nn*) wären und die sich unter ihnen (den oben genannten Steinen) fänden[6]), seien: Gold, Silber, Kupfer, Eisen, Lapislazuli, Malachit, Topas, Rubin, *gʿj*-Stein *mnw*-Stein, ..., *tmj*-Stein, diese seien es, die aus dem Innern des Landes (Nubien?) kämen[7]); *mḥj*-Stein, *m3-kjj*-Stein, *ibh-tj*-Stein, Eisen, *ḳs-ʿnḫ*-Stein, grüne Schminke (*w3dj*), schwarze Schminke (*msdm-t*), Quartz, *shj*, *mm* und *st3-pn* seien  „innerhalb jenes Stadtgebiets"[8]) (Zeile 16. 17). Als der König diesen Bericht vernommen hatte, wurde sein Herz froh und er liess ein Opfer darbringen „den Göttern und Göttinnen von Elephantine, deren Namen oben genannt worden sind" (Zeile 16. 17).

In der Nacht, die diesen Begebenheiten folgte, hatte der König einen Traum: Er sah den Gott (Chnum) vor sich stehen[9]); als er ihm seine Ehrfurcht bezeugt, offenbarte sich ihm der Gott und sprach: Ich bin Chnum, dein Schöpfer und Beschützer (Zeile 18. 19). „Ich schenke dir die Gruben mit den Mineralien, die seit alter Zeit nicht aufgefunden worden sind und in denen nicht gearbeitet worden ist, um die Tempel zu bauen und, was verfallen ist, zu erneuern. Denn ich bin der Schöpfer, der sich selbst geschaffen hat, der grosse Nun (Ocean), der zuerst entstanden ist, der Nil, der steigt nach seinem Belieben, ... der jeden

---

1) 

2) 3 plur. des Aktivs wie im Koptischen.

3) Vor *ḥws* ist die Präposition  *r* ausgelassen, vgl. ob. S. 21 Anm. 1.

4) 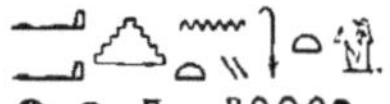

5) 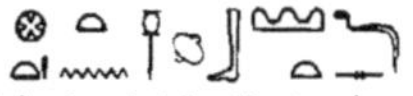 also  „Stadt" weiblich. Das Wort  (für *d3-t*) soll angeben, dass hier die „Stadt", nicht das Gebiet Elephantine gemeint ist. Denn es handelt sich ja um die Granitbrüche bei dem späteren Syene.

6) 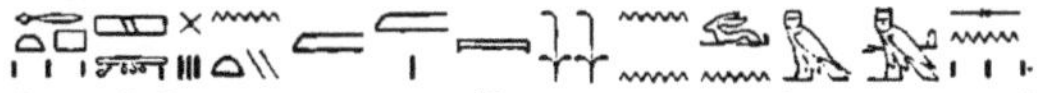

7)  Die Gruppe 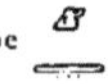 könnte für  „Nubien" (so geschrieben de Morgan Cat. gen. I 120e) stehen, vgl. oben S. 21 Anm. 3.

8) also  „Stadt" weiblich.

9) 

Menschen zu seiner Thätigkeit leitet, *Tm*, der Vater der Götter, Schu, der Grosse, der über dem Boden (*ỉdb*) ist (Zeile 19—20). Ich habe die beiden Quelllöcher in meinem Besitz, ich kenne den Nil, wenn er sich einstellt in dem Felde (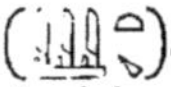), so stellt er(?) sich ein, um alle Nasen zu beleben, wie er sich einstellte in dem Felde[1]). Ich werde dir den Nil schwellen und er soll kein Jahr ausbleiben. Die Pflanzungen (*š3-w*) werden sich beugen unter der Frucht und die Menschen wieder froh werden mehr als vorher" (Zeile 20—22). Bei diesen Worten erwachte der König[2]). Freudigen Herzens über die Verheissungen des Gottes erliess er das Dekret[3]), in dem er seinem Vater Chnum „dem Herrn des Libationslandes (*Ḳbḥ*), der vor dem Bogenlande (Nubien) ist" zum Dank für das, was er ihm zu thun versprochen, das Zwölfmeilenland schenkte (Zeile 22. 23).

Auf die Mitteilung des Schenkungsdekretes folgt dann, als Schluss des königlichen Befehles an den Fürsten von Elephantine, die Verordnung, dass das Dekret auf einem Denkstein verewigt werden solle, damit es den Priestern und allen Tempelleuten[4]) bekannt werde und der Name des Königs in dem Tempel des Chnum von Elephantine bleibe bis in Ewigkeit (Zeile 32).

Dies ist die Situation, in der König Doser die Schenkung an den Chnum von Elephantine ausspricht. Dass das Land „von 12 Meilen von Elephantine bis Takompso", das der Chnum erhält, identisch ist mit dem Kataraktengebiet von Elephantine, das der weise I-em-ḥotep dem Könige so genau beschrieben hat, ist an sich wahrscheinlich. Nur unter dieser Voraussetzung ist es zu verstehen, dass der König das Land am Eingang seiner Schenkungsrede an Chnum als „deine Westseite und deine Ostseite" bezeichnet (s. ob. S. 19); das von I-em-ḥotep beschriebene Kataraktenland, das dem Chnum als Gott bereits ideell gehörte, wird ihm nun auch materiell zu Eigentum und Nutzung gegeben. Wenn der König dann weiterhin sagt: „ich schenke dir jenes Feld mit den Steinen und dem guten Nutzboden" (s. ob. S. 20) und daran die oben (S. 21 Nr. 6 und 7) mitgeteilten Bestimmungen über die Besteuerung der Handwerker, die die Steine bearbeiten, und über die Abgaben von den kostbaren Mineralien, die aus dem oberhalb davon belegenen Lande (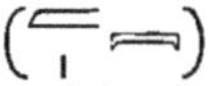) und aus den Steinen auf dem Ostufer kommen, knüpft, so liegt hier die Bezugnahme auf den Bericht des I-em-ḥotep über den Mineralreichtum des Kataraktenlandes (s. ob. S. 22. 23) schon durch den teilweisen Gebrauch der gleichen Ausdrücke offensichtlich zu Tage. Das Wort „Feld", das wir hier in dem Ausdruck  „jenes Feld" für das Zwölfmeilenland, entsprechend dem für das Kataraktenland gebrauchten Ausdrucke  „jenes Stadtgebiet" haben, findet sich in den Worten, die der Chnum im Traume an den König richtete, auch für das Kataraktenland: wenn der Nil sich in dem „Felde" einstelle, so stelle er sich auch für ganz Ägypten ebenso ein (s. ob.).

1) Dies muss etwa der Sinn der Worte 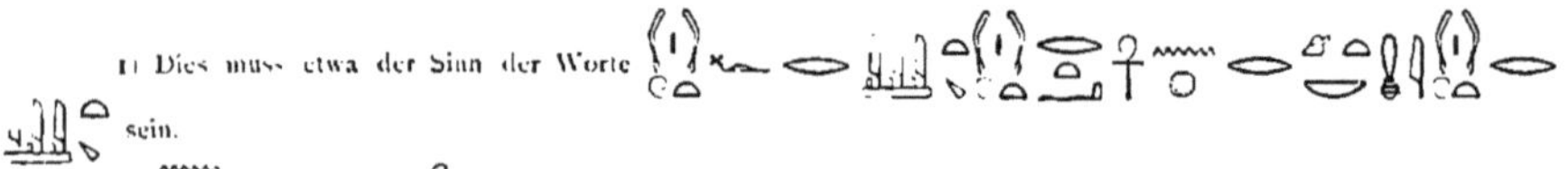 sein.

2) 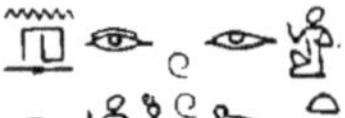

3) 

4)

Für die Geschichte der Dodekaschoinos wäre es naturgemäss von hohem Interesse, wenn sich die Schenkung des Königs Doser als authentisch erweisen liesse. So wie sie uns vorliegt, ist sie das nicht. Die Inschrift von Sehêl, die sie uns überliefert, ist, wie der Stil der Schriftzeichen, die Orthographie und zahlreiche sprachliche Erscheinungen zeigen, nicht vor der späteren Ptolemäerzeit in den Felsen der Insel gegraben worden. Brugsch und Maspero haben daher die Inschrift für eine Fälschung der Priestergenossenschaft von Sehêl erklärt, mit dem Zwecke, sich dadurch einen Anspruch auf eine besondere Dotation seitens der Krone zu schaffen, die zum Schaden der alten Kataraktengötter ihre Gunst der Isis von Philae zugewandt hätte. Diese Annahme fusst im wesentlichen darauf, dass, wie wir aus griechischen Inschriften wissen, gerade in der Ptolemäerzeit der Kult dieser alten Götter auf der Insel Sehêl (Σῆτις) lebendig war und durch eine *σύνοδος*, der auch Griechen angehörten, ausgeübt wurde[1]. Seltsamerweise wollte man hierin aber nicht einen Erfolg jener angeblichen Fälschung sehen, sondern den Anlass zu ihr. Gegen die Annahme einer Fälschung spricht aber wohl manches: zunächst, dass in der ganzen Inschrift der Name der Insel Sehêl 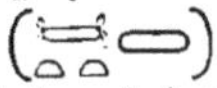 kein einziges Mal genannt ist, was die Fälscher gewiss nicht unterlassen hätten. Sodann heisst es der Leichtgläubigkeit der ptolemäischen Könige doch wohl zuviel zumuten und die natürliche Eifersucht der anderen Heiligtümer unterschätzen, wenn man glaubt, dass eine derartige, leicht zu erweisende Fälschung Erfolg versprechen konnte. Überdies ist in der Inschrift manches, das den Stempel der Altertümlichkeit zu tragen scheint. Hierher gehörten das alte Demonstrativum  „diese", das man irrig  geschrieben hat (s. ob. S. 20, Anm. 2), die Schreibung  „Meile" mit dem längst verlorenen mittleren Konsonanten *t* statt der damals üblichen ohne *t* (s. o. S. 19), das Wort 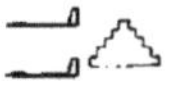 für Königsgrab[2] (s. ob. S. 23, Anm. 4), der Ausdruck *wd-mdw* für „befehligen" (s. ob. S. 21, Anm. 5), der alte Nomarchentitel 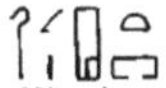 „Beherrscher der Städte" in Zeile 1 (s. ob. S. 22), endlich der Gebrauch des Namens „Elephantine", der in unserer Inschrift einerseits in seiner ursprünglichen Bedeutung für das ganze Kataraktenland gebraucht erscheint (s. ob. S. 22), andererseits in seiner engeren Bedeutung die Insel und Stadt Elephantine bezeichnet und dabei z. T. das jüngere Syene vertritt (s. ob. S. 20. 23). So scheint es denn durchaus nicht undenkbar, dass die uns vorliegende Inschrift aus griechisch-römischer Zeit auf Grund von älterem urkundlichen Material verfasst worden ist; dass sie also keine Fälschung sein muss, sondern sehr wohl die Wiederauffrischung alter, halb in Vergessenheit geratener Thatsachen sein kann. Eine Bestätigung für diese Auffassung werden wir im nächsten Abschnitt kennen lernen. Der Anlass, aus dem die Inschrift von Sehêl zur Erinnerung an die alte Schenkung des Königs Doser gesetzt worden ist, könnte wohl der Besuch des Königs Ptolemäus' X Soter II gewesen sein, den

1) Strack, Dynastie der Ptolemäer Nr. 95 (Zeit des Philometor), 108 (Zeit des Euergetes II).

2) Dass das Königsgrab der ältesten Zeit, die „Mastaba" , „das aufsteigende" (scil. Grab wegen der schräg ansteigenden Aussenwände) hiess, ist wohl aus der Schreibung des Wortes  „aufsteigen" im alten Reich zu schliessen. Denn das Determinativ stellt die Mastaba dar, Mar. Mast. D 11. vgl. Ä. Z. XXVII 112.

dieser im 2. Jahre seiner Regierung dem Kataraktengebiet abstattete[1]). Bei dieser Gelegenheit besuchte der König auch die Löcher(?) „in denen die sogenannte Nilquelle" sein sollte (. . . ἐν αἷς ἡ τοῦ Νείλου πηγὴ ὀνομαζομένη) und brachte dem Nil ein Opfer dar[2]; da war es denn nicht unangebracht, die Geschichte von den sieben Jahren der Hungersnot unter König Došer und dem Dank des Königs gegen den Chnum von Elephantine, der als Hüter der Nilquelle ihm den Nil wieder hatte schwellen lassen[3] und damit dem Elend ein Ende gemacht hatte, wieder in Erinnerung zu bringen. Es ist gewiss kein Zufall, dass derselbe Ptolemäus X Soter II auch der König ist, unter dem der jetzt fast ganz zerstörte Tempel auf der Insel Sehêl erbaut worden ist[4].

5. Eine Nachricht über das Zwölfmeilenland aus dem neuen Reich.

Nach der im vorstehenden Abschnitt behandelten Inschrift von Sehêl würde die eigentümliche Stellung, die die Dodekaschoinos in griechisch-römischer Zeit als heiliges Gebiet der Isis von Philae einnahm, in weit ältere Zeiten, in den Anfang des 3. vorchristlichen Jahrtausends zurückreichen. In der That lässt ja auch wohl Herodots Angabe der Länge der Strecke von Elephantine bis Takompso auf 12 σχοῖνοι schon annehmen, dass diese Strecke bereits damals als „Feld von 12 Meilen (*jr*)" bezeichnet wurde und eine besondere Stellung einnahm, also zu einer Zeit, als die Isis von Philae noch keine Rolle spielte und jedenfalls den alten Kataraktengöttern den Rang noch nicht streitig machen konnte. Damals könnte also noch der Chnum von Elephantine, der alte Gott des Kataraktenlandes, im Besitz des heiligen Feldes von 12 Meilen gewesen sein, das er seit der Zeit des Königs Došer besessen haben sollte.

Eine Spur, die nach dieser Richtung zu weisen scheint, haben wir augenscheinlich in einem Inschriftfragment aus dem neuen Reich, aller Wahrscheinlichkeit nach aus der Zeit Ramses' III[5], das in der Ufermauer der Insel Elephantine verbaut ist und also aus den zerstörten Tempelbauten dieser Insel kommen wird (de Morgan Catal. des mon. et inscr. I 118c). Da den 11 Zeilen, die das Fragment bietet, sämtlich sowohl Anfang als Ende fehlt und zudem das

1) Bruchstück einer Inschrift von Assuan. Strack Dynastie der Ptolem. Nr. 140. Wie wichtig für die Topographie und Geschichte des Kataraktenlandes der vollständige Besitz dieser Inschrift wäre, lassen die folgenden auf dem erhaltenen Bruchstück noch vorkommenden Worte erkennen: θεοκτίστου πόλιν Ἐλεφαντίνην (Z. 4), περὶ τῶν κατὰ τὴν Σῆ[τιν νῆσον (Z. 35), ... ς ἱερᾶς γῆς νήσου Φιλῶν ἱερω. . . . Z. 43), τὸ κατὰ Συήνην ὄρος (Z. 41. 55), ἐπὶ τῆς συνορίας τῶν Αἰθιόπων Z. 18), ... ς καὶ ἀνατηροῖς τόποις παρορίοις τῇ Αἰθιοπίᾳ (Z. 58).

2) Ebenda Zeile 9. 10.

3) Vgl. hierzu die Bezeichnung des Chnum als „der, welcher den Nil aus den Quelllöchern bringt" (de Morgan Cat. des mon. I 56) und als ὑδραγωγός (Euseb. praep. evang. III 12).

4) Nach den spärlichen Überresten, die sich von diesem Tempel noch gefunden haben, zu schliessen, s. de Morgan Cat. des mon. I 83. Der erste (Ring- oder Schild-)name des Königs hat eine bisher, wie es scheint, noch unbekannte Variante.

5) Nach der z. T. rein neuägyptischen Orthographie und Sprache sowie nach zwei andern gleichartigen Fragmenten mit dem Namen des Königs, die ebenda verbaut sind, zu schliessen (de Morgan Cat. des mon. I 119d = 121i = ib. 120e), s. hierzu unten S. 27 Anm. 4). Auf einem dritten Fragment, das nach dem Inhalt wohl zu derselben Inschrift gehören dürfte, wie das oben zu besprechende, ist der Name eines Königs Amenophis, aber wohl als Name eines früheren Königs genannt (ib. 120f).

Erhaltene nur in einer von Fehlern nicht freien Publikation vorliegt, so ist es vielfach unmöglich, einen Zusammenhang zwischen den einzelnen Zeilenstücken herzustellen. Was man mit einiger Sicherheit erkennen kann, ist folgendes.

Nach dem Datum, das verloren ist, und den üblichen Phrasen zur Verherrlichung des regierenden Königs begann in Zeile 3 der eigentliche Inhalt der Inschrift[1]: [3] „Erlass, der bei Hofe an diesem Tage erlassen wurde an den Vezier, die Grossen, die Freunde, die Gerichtsbehörden, die Grafen (*ḥ'-tjw*), die die Stämme kommandieren [und alle anderen königlichen Behörden. Es wird hiermit befohlen, dass die Bewohner des Feldes nicht zu irgendwelchen Leistungen für den Hof herangezogen werden sollen durch] [4] einen Offizier (*w'w*) des Königshauses oder irgend jemand, der in einem Auftrage zu dem Felde (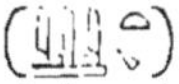) gesandt wird; dass ihre Schiffe auf dem Flusse nicht angehalten (*šn'*) werden sollen durch irgend einen Wächter[2]; dass ihre Schiffe nicht genommen (*itj*) werden sollen, und sei es auch in gesetzlicher Weise[3], um irgend einen Auftrag auszuführen für den Pharao, durch irgend jemand, der in einem Auftrage gesandt wird [zu dem Felde] [5] .... dass [irgend ein Stück Vieh (?, *tp n i3w-t*), das ihnen gehört, [nicht genommen werden soll], sei es in gesetzlicher Weise (*m nḥm*), sei es in räuberischer Weise (*m hwr'*) oder ...... (*n wstn*) durch irgendwelche Grafen (*ḥ'-tjw*), irgend einen Kontrolleur (*rd*), irgend einen Offizier (*w'w*), der in einem Auftrage gesandt wird zu dem Felde (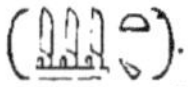). Jeder, der das thun wird, von dem wird das Stück Vieh (?) das er genommen (*itj*) hat, wieder eingezogen (*šdj*) werden [und er wird so und so bestraft werden] [6] .... die Fischer, die Vogelfänger, die Natronsucher, die Salzsucher und alle, die ihr Gewerbe verrichten für die Tempel des Vaters aller Götter und Göttinnen[4], nicht soll ihnen etwas in den Weg gelegt werden (?, *d3j r3 r-sn*) durch irgend[jemand ..... [7] .... jedweder Mensch von einem Tempel[5], an dem man sich vergehen (*thj r-f*) wird, der sage: „der und der Kontrolleur (*rd*) oder der und der Offizier (*w'w*) ist es, der sich an mir vergangen hat" und er sorge dafür (?, *nwj*), dass der entstandene (*ḫpr*) Schaden (*3k*) wiederhergestellt (*irj*) werde und dass das Erste (?), das heimlich dem Tempel (*r3 ḥt-ntr*) genommen (*itj*) wird, dem Gotte (*p3 ntr*) wieder zugestellt (*irj*) werde. Und es soll nicht gesammelt werden [was sie arbeiten, für den Hof [8] .... [sondern es soll] alles Ihrige nebst (?) dem, was sie für sich (?) auf dem Acker gearbeitet haben[6], genommen werden zu

1) Im Folgenden sind alle Ergänzungen verlorner Worte in eckige Klammern gesetzt.

2) .

3) 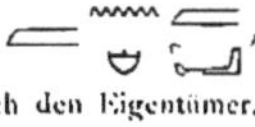 *m nḥm*; *nḥm* bezeichnet das berechtigte Wegnehmen, wie z. B. das eines gestohlenen Gegenstandes durch den Eigentümer.

4) 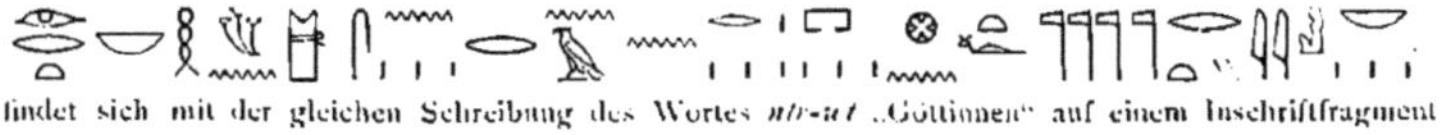. Derselbe Göttertitel findet sich mit der gleichen Schreibung des Wortes *ntr-wt* „Göttinnen" auf einem Inschriftfragment mit dem Namen Ramses' III (de Morgan Cat. des mon. I 120e, s. ob. S. 26 Anm. 5). Den Titel „Vater der Götter" legte sich der Chnum auch oben (S. 24) in seiner Rede an den träumenden König Doser bei.

5) 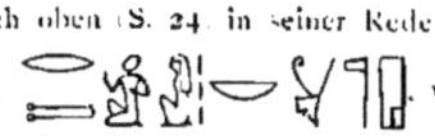, vgl. ob. S. 24, Anm. 4.

6) .

ihren Tempeleinkünften (*wsj-sn ḥtp-nṯr*); und es soll kein . . noch irgend jemand [es nehmen], um es jemand anders zu geben im Tausch (?, *m šb-t*) oder auf räuberische Art (*m sḫr n ḥwr'*) . . . . 9 . befohlen hat (?) seine Majestät, dass nicht irgend ein zukünftiger Vezier, . . . (*nḥs*) soll irgend etwas wegen irgend eines Propheten der Tempel[1]) an Silber, Gold, Leder, Kleidern, Salben (*sgnn*) . . . 10 . . . . sondern es sollen alle Leute der Tempel in ihnen stehen bleiben und ihr Gewerbe für ihre Götter weiter verrichten darin[2]) . . . ."
-- Die Reste der 11. Zeile sind unverständlich.

So lückenhaft der Text auch ist, so ist doch klar, worum es sich handelt. Ein Bezirk, der wiederholt einfach das „Feld" genannt ist, soll von allen Leistungen für den Hof befreit sein, die königlichen Beamten, die dienstlich dorthin kommen, sollen nicht befugt sein, irgend welche Requisitionen in irgend einer Form darin auszuführen, sondern die Bewohner dieses „Feldes" sollen ihren Geschäften, die sie für die Tempel des Landesgottes verrichten, ungestört nachgehen. Da sich die Inschrift auf der Insel Elephantine befindet, kann dieser Gott nur der Chnum sein, auf den in der That auch der Titel „Vater aller Götter und Göttinnen" passt (s. ob. S. 27, Anm. 4): das „Feld", das ihm gehört, kann nichts anderes sein als das „Feld von 12 Meilen (*jtr*)", „jenes Feld", das er von König Doser mit den gleichen Privilegien der Befreiung von Beamteneingriffen und Steuererhebungen erhalten haben soll (s. ob. S. 21, Nr. 5). Auch was in der oben besprochenen Inschrift Ramses' III über die Thätigkeit der Feldarbeiter, der Vogelsteller, Fischer u. dgl. für die Tempel des Landesgottes gesagt wird, erinnert an das, was in der Schenkung des Königs Doser bestimmt war. So lehrt unsere Inschrift denn, das die Schenkung des Königs Doser, deren Echtheit man bezweifeln wollte, im neuen Reich, etwa ein Jahrtausend, bevor die Inschrift von Sehêl in den Felsen gemeisselt wurde, in der That schon bestanden hat. Nach dem, was uns von dem Erlass Ramses' III erhalten ist, braucht es sich dabei keineswegs um Bestimmungen zu handeln, die erst von ihm herrührten, sondern der Erlass kann sehr wohl nur eine Erneuerung oder Bestätigung einer alten Schenkung bezweckt haben.

6. Ptolemaeus' Angaben über die Dodekaschoinos.

Die Stelle des Ptolemaeus IV 5[3]), in der die *Δωδεκάσχοινος* genannt wird und auf der im Grunde allein die bisherige, mit unsern Ergebnissen im Widerspruch stehende Auffassung von der Ausdehnung dieses Landstriches bis Hierasykaminos beruht, ist, wie bereits oben angedeutet wurde, offenbar nicht in Ordnung. Aber auch das, was uns im Text jetzt überliefert ist, ist meiner Überzeugung nach nicht richtig aufgefasst worden.

1
2

3) Benutzt wurde die Ausgabe mit kritischem Apparat von Wilberg und Grashoff, die beste, die wir bis jetzt für diese Teile besitzen.

Ptolemaeus bespricht, nachdem er die Heptanomis besprochen hat, die Gaue und Städte der Thebais und zwar zunächst die auf dem Westufer gelegenen: *Τὰ δὲ ἔτι μεσημβρινώτερα τῶν Ἑπτὰ νομῶν καλεῖται Θηβαΐς καὶ ἄνω τόποι. Εἰσὶ δὲ ἐνταῦθα ἀπὸ μὲν δύσεως τοῦ ποταμοῦ Λυκοπολίτης νομός .... Ὑψηλίτης νομός .... Ἀφροδιτοπολίτης νομός .... Θινίτης νομός .... Διοπολίτης νομός .... Τεντυρίτης νομός ....* und endlich:

Ἑρμωνθίτης νομός		
καὶ μητρόπολις Ἑρμωνθίς	61° 50′ L.	25° 20′ Br.
καὶ ἐφεξῆς Λάτων πόλις	61° 45′	25°
Ἀπόλλωνος πόλις μεγάλη	61° 50′	24° 40′
εἶτα κώμη μεσόγειος Φθοῦνθις	61° 40′	24° 20′.
καὶ νῆσος Ἐλεφαντίνη	61° 30′	23° 55′

Hierauf folgt dann das Ostufer der Thebais: *Ἀπ' ἀνατολῶν δὲ τοῦ ποταμοῦ Ἀνταιοπολίτης νομός .... Πανοπολίτης νομός .... Κοπτίτης νομός ....* und endlich:

Θηβῶν νομός		
καὶ μητρόπολις Διὸς πόλις μεγάλη	62° L.	25° 30′ Br.
εἶτα Τούφιον	62°	25° 20′
εἶτα Χνοῦβις	62°	25°
εἶτα Εἰλειθυίας πόλις	62° 5′	24° 45′
εἶτα Τόου μεσόγειος	62° 15′	24° 20′
εἶτα Ὄμβοι	62°	24° 5′
εἶτα Συήνη	62°	23° 50′

εἶτα[1] *Δωδεκάσχοινος ἧς ἀπ' ἀνατολῶν εἰσιν Ἄραβες καλούμενοι Ἀδαῖοι*
ἀπ' ἀνατολῶν τοῦ ποταμοῦ μετὰ τὸν καταρράκτην τὸν μικρόν. οὗ θέσις 61° 50′ L. 23° 45′ Br.

Ἱερὰ Συκάμινος	61° 45′ L.	23° 40′ Br.
Φίλαι	61° 40′	23° 30′
Μεταχομψώ	61° 40′	23° 5′
ἧς ἀντικρὺς ἀπὸ δυσμῶν τοῦ ποταμοῦ		
Ψέλκις	61° 30′	23° 5.

Man hat dies allgemein so verstanden, dass die Beschreibung des Ostufers der Thebais, speziell des letzten Gaus auf diesem Ufer, des *Θηβῶν νομός* mit der Stadt Syene schliesse, wie vorher die Beschreibung des Westufers, speziell des letzten Gaues desselben, des *Ἑρμωνθίτης νομός* mit der Syene gegenüberliegenden Insel Elephantine. Die Worte *εἶτα Δωδεκάσχοινος* fasste man demgemäss als Überschrift eines neuen Abschnittes auf, der auf die Beschreibung der Thebais folgte und die Beschreibung des unter römischer Herrschaft stehenden Unternubiens enthielte. Diese Auffassung ist schon älter, wie daraus ersichtlich ist, dass manche Handschriften statt des Nominativs *Δωδεκάσχοινος* den Genitiv *Δωδεκασχοίνου* haben: „zur Dodekaschoinos gehören (die folgenden Orte)". Nichts desto weniger ist sie falsch, wie das Wort *εἶτα* vor *Δωδεκάσχοινος* zeigt. Ptolemaeus pflegt mit *εἶτα* immer nur neue Glieder einer fortlaufenden Aufzählungsreihe

1) So haben die besseren Hss. statt des gewöhnlich rezipierten *ἔπειτα*.

einzuführen, nicht neue Hauptabschnitte; in der oben auszugsweise mitgeteilten Beschreibung der Thebais findet es sich sogar immer nur vor den Städtenamen, keinmal vor den Gaunamen, die Unterabschnitte bezeichnen[1]. Der Name *Δωδεκάσχοινος* scheint demnach wie die vorhergehenden Städte *Τούφιον, Χνουβίς, Εἰλειθυίας πόλις, Τόου, Ὄμβοι, Συήνη* als ein Ort des *Θηβῶν νομός* genannt zu sein. Dies muss übrigens bereits früher einmal empfunden worden sein, da sich in einer Handschrift hinter dem irrigen *Δωδεκασχοίνου* das Wort *πόλεως* zugefügt findet.

Dass Ptolemaeus unter *Δωδεκάσχοινος* nicht wirklich etwa, was an sich denkbar wäre, eine Stadt, die 12 *σχοῖνοι* von Syene entfernt war (vgl. *Πεντάσχοινος* 5 *σχοῖνοι* von Pelusion) meinte, sondern die 12 *σχοῖνοι* lange Strecke Syene-Takompso, ist wohl aus dem Zusatz *ἧς ἀπ' ἀνατολῶν τῶν Ἄραβες καλούμενοι Ἀδαῖοι*, dem Fehlen einer Ortsbestimmung in Längen- und Breitengraden und schliesslich auch aus der analogen Bezeichnung *Τριακοντάσχοινος* beim grossen Katarakt[2]) zu schliessen. Dass Ptolemaeus die Dodekaschoinos auf dem Ostufer nennt, während das der Isis von Philae und vorher dem Chnum von Elephantine gehörige „Feld von 12 *jr*" ausdrücklich beide Seiten des Flusses umfassen sollte, würde daraus zu erklären sein, dass die Westseite öde und unbewohnt war und nur die Ostseite und die Inseln Ortschaften enthielten (s. ob. S. 12).

Ptolemaeus schloss also die Beschreibung der Thebais auf dem Westufer mit der Insel Elephantine, auf dem Ostufer mit Syene und der Dodekaschoinos, in der man nunmehr nur im Einklang mit unseren Ergebnissen das Kataraktengebiet oberhalb Philae erkennen kann. Mit den folgenden Worten *ἀπ' ἀνατολῶν τοῦ ποταμοῦ μετὰ τὸν καταρράκτην τὸν μικρόν* beginnt nun nicht, wie man wähnte, die Detailbeschreibung der Dodekaschoinos, sondern überhaupt erst die Beschreibung des oberhalb des Katarakts und der Dodekaschoinos gelegenen, von den Römern beherrschten Unternubiens und zwar zunächst des östlichen Nilufers. In den Worten „Östlich vom Fluss nach dem kleinen Katarakt (liegen)" ist die allgemeine Überschrift zu der Beschreibung von Unternubien durch die Worte *μετὰ τὸν καταρράκτην τὸν μικρόν* ausgedrückt, ähnlich wie bei der Beschreibung von Obernubien (s. u.); sie ist zugleich mit der speziellen Überschrift zur Beschreibung des östlichen Ufers in diesem Landstrich *ἀπ' ἀνατολῶν τοῦ ποταμοῦ* verbunden. Diese etwas knappe Ausdrucksform genügte wohl so, wie sie uns überliefert ist, als Überschrift zu der folgenden, sehr summarischen Beschreibung, und es wäre wohl nicht nötig, deswegen eine Verderbnis der Überlieferung anzunehmen, wie sie in der folgenden Aufzählung von Orten des östlichen Ufers vorliegt. Hier werden uns drei Namen genannt, nämlich

1) In der Beschreibung der Heptanomis, die weniger streng disponiert ist und von einem Nilufer zum andern hin- und herspringt, findet es sich jedoch auch vor Gaunamen.

2) Der Name Hiera Sykaminos, den Ptolemaeus hier nur auf dem Ostufer nennt, scheint nach dem Itin. Anton. 162. 164 die Südgrenze des römischen Nubiens auf beiden Flussufern bezeichnet zu haben. Vgl. dazu Philostrat. vita Apollon. 6,2: *τὰ Αἰθιόπων τε καὶ Αἰγυπτίων ὅρια, Συκάμινον δὲ αὐτὰ ὀνομάζουσι.* Aus den Stellen, an denen der Name sich sonst noch findet, Itin. Antonin. 124 (762 mil. pass. von Alexandria) und Plin. n. h. VI 184 (54 mil. pass. von Syene) ist nichts in dieser Hinsicht zu ersehen. Die Tempelruinen von Maharraka liegen auf dem West-, der Ort Maharraka selbst auf dem Ostufer.

zunächst die beiden Endpunkte dieses Landstriches Philae und Hierasykaminos[2] und zwar in verkehrter Reihenfolge, denn, da Ptolemäus das Nilthal von Norden nach Süden beschreibt, muss er den nördlichen Endpunkt Philae vor dem südlichen Hierasykaminos genannt haben. In dem dritten Namen verbirgt sich, wie bereits oben (S. 5) gesagt, offenbar der Name *Ταχομψώ*, indem das überlieferte *Μεταχομψώ* vermutlich in *μετὰ* (*Τα*)*χομψώ* aufzulösen und dies mit dem vorhergenannten *Φίλαι* in Beziehung zu setzen ist, das als erster Ort Nubiens in der That „nach Takompso", dem südlichen Endpunkt der Dodekaschoinos, mit der Ptolemäus die vorhergehende Beschreibung der Thebais geschlossen hatte, folgen musste. Wenn man nun die Reihenfolge der drei überlieferten Namen umdreht, wie es bei den beiden in der Überlieferung zuerst genannten Hierasykaminos und Philae notwendig ist, so erhält man: 1) *μετὰ* (*Τα*)*χομψώ* 2) *Φίλαι* 3) *Ἱερασυκάμινος*. Die Worte *μετὰ* (*Τα*)*χομψώ* wären danach dem Namen *Φίλαι*, mit dem die Aufzählung der Orte begann, vorangegangen. Sie sind gewiss mit den vorhergehenden Worten *μετὰ τὸν καταρράκτην τὸν μικρὸν* unter Hinzufügung eines *καὶ* zu verbinden: *ἀπ' ἀνατολῶν τοῦ ποταμοῦ μετὰ τὸν καταρράκτην τὸν μικρόν, οὗ θέσις* 61° 50′ L. 23° 45′ Br., (*καὶ*) *μετὰ* (*Τα*)*χομψώ*. Die Überschrift erhält dadurch eine bis in die Einzelheiten entsprechende Fassung wie die Worte, mit denen Ptolemäus (IV, 7) seine Beschreibung des Nilthals oberhalb vom zweiten Katarakt bis zur Insel Meroe einleitet: *μετὰ τὸν Ψέλχιν καὶ τὸν μέγαν καταρράκτην, οὗ ἡ θέσις ἐπέχει μοίρας* 60° 30′ L. 22° 30′ Br., *ἀπὸ μὲν δυσμῶν τοῦ ποταμοῦ κεῖνται κῶμαι αἵδε*. Abgesehen von der etwas weniger knappen Ausdrucksform unterscheidet sich diese letztere Überschrift von der obigen nur darin, dass die beiden von *μετὰ* abhängigen Glieder, der Name des Ortes, mit dem die vorhergehende Beschreibung geschlossen hatte (mit Pselchis endigt die Beschreibung des unteren Nubiens), und der Katarakt in anderer Reihenfolge genannt sind. Dass die Worte *μετὰ* (*Τα*)*χομψώ* nicht wie die entsprechenden *μετὰ τὸν Ψέλχιν* vor den Worten *μετὰ τὸν καταρράκτην τὸν μικρὸν* gestanden haben, lässt sich noch aus zwei Punkten erkennen. Die doppelte Setzung des *μετὰ* vor beiden Gliedern hat nur Sinn, wenn diese durch den Relativsatz *οὗ θέσις* u. s. w., der die geographische Lage des Katarakts angiebt, getrennt waren. Sodann wäre es unverständlich, wie die Worte *μετὰ* (*Τα*)*χομψώ* unter die Ortsnamen des östlichen Ufers geraten konnten, wenn sie diesen nicht unmittelbar vorangingen. Die letztere Thatsache beweist zugleich, dass auch die Verbindung der Überschrift des östlichen Ufers (*ἀπ' ἀνατολῶν τοῦ*

2) Die einzige genauere Angabe über die Lage der Triakontaschoinos finden wir bei Ptol. IV 7, wo er in der Aufzählung der südlich von der Linie Bazion akron — Grosser Katarakt ansässigen Völkerschaften Äthiopiens *οἱ τὴν Τριακοντάσχοινον κατανεμόμενοι* als erstes Volk westlich vom Nil nach dem grossen Katarakt nennt, auf das dann weiter südlich die *Εὐωνυμῖται* folgen. Wenn Ptolemäus an anderer Stelle (I 9) von *οἱ τὴν ἐκτὸς Συήνης Τριακοντάσχοινον οἰκοῦντες* redet, so darf das nicht so verstanden werden, dass die Triakontaschoinos bei Syene begann, sondern nur so, dass sie südlich vom Wendekreis des Krebses lag; Ptolemäus führt an dieser Stelle die Bewohner als Beispiel dafür an, dass die schwarze Hautfarbe erst südlich vom Wendekreise allmählich beginne, und deutet die Lage ihres Wohnsitzes mit den Worten *ἐν τοῖς οὐ πολλῷ τούτων τῶν ὑπὸ τὸν θερινὸν τροπικὸν τόπων νοτιωτέροις* zwar unbestimmt, aber doch so an, dass die Auffassung, die Triakontaschoinos beginne bei Syene, auch hier ausgeschlossen erscheint. In der Inschrift des Cornelius Gallus ist die Triakontaschoinos als einzige *τοπαρχία* in Äthiopien bezeichnet, die die Römer durch einen von ihnen eingesetzten *τύραννος* beherrschen liessen (Sitz. Ber. Berl. Akad. 1896, 469 ff.) Sonst wird sie noch in einer Inschrift aus der Zeit des Ptolemäus Philometor (Strack Dynastie der Ptolemäer Nr. 95) erwähnt, wo von der Gründung zweier Städte *Φιλομητορίς* und *Κλεοπάτρα* in der Triakontaschoinos die Rede gewesen zu sein scheint.

ποταμοῦ) mit der allgemeinen Überschrift (*μετὰ τὸν καταρράκτην* u. s. w.), wie sie in der Überlieferung vorliegt, ursprünglich sein muss. Ptolemäus nannte also, wie es scheint, von den Orten des östlichen Nilufers in Unternubien nur die beiden äussersten Endpunkte Philae und Hierasykaminos. An dieses letztere sind nun wohl die Worte anzuknüpfen, die die Beschreibung des westlichen Ufers enthalten: *ἧς ἀντικρὺς ἀπὸ δυσμῶν τοῦ ποταμοῦ Ψέλκις* (ihr gegenüber westlich vom Flusse (liegt) Pselchis', wenn auch Pselchis über 20 km nördlicher liegt als Hierasykaminos. Auf die Ortsbestimmungen in Längen- und Breitengraden ist, wie so oft bei Ptolemaeus, nichts zu geben; sie sind, wie überall, so gut es ging mit dem Text, wie er jetzt vorliegt, in Einklang gebracht worden. Sieht man von ihnen ab, so dürfte der Text des Ptolemaeus für die in Verwirrung geratene Beschreibung Unternubiens folgendermassen herzustellen sein:

Ἀπ' ἀνατολῶν τοῦ ποταμοῦ μετὰ τὸν καταρράκτην τὸν μικρόν, οὗ θέσις . . . . .
(καὶ) μετὰ (Τα)κομψώ
Φίλαι . . . . .
Ἱερὰ Συκάμινος . . . . .
ἧς ἀντικρὺς ἀπὸ δυσμῶν τοῦ ποταμοῦ
Ψέλκις . . . . .

Nimmt man die hier vorgeschlagene Interpretation an, die meines Erachtens in der Hauptsache kaum zweifelhaft sein kann, so besteht zwischen dem, was Ptolemaeus über die Dodekaschoinos sagt, und dem, was wir aus Herodot und den anderen Nachrichten über die 12 *σχοῖνοι* oder *jr* lange Strecke Syene-Takompso ermittelt hatten, kein Widerspruch mehr.

7. Anderweitige Angaben über die Dodekaschoinos.

Ausser bei Ptolemaeus ist der Name *Δωδεκάσχοινος* noch einmal belegt in der Weihinschrift eines zur Zeit des Augustus errichteten Tempels auf Philae, in der als Weihende *οἱ ἀπὸ Φιλῶν καὶ Δωδεκασχοίνου* erscheinen[1]. Diese Stelle ist interessant, weil sie uns die Dodekaschoinos in Verbindung mit Philae nennt und die Existenz des Namens für die Zeit des Augustus bezeugt[2]; für die Frage nach der Ausdehnung der Dodekaschoinos beweist sie aber im übrigen nichts.

Ein zweites Beispiel enthält nach Wilcken die Inschrift CIG. III 5069 im Tempel von Kalabsche (Talmis), die nach der verbesserten Lesung von Lepsius (Denkm. VI 95, 379) und der Deutung von Wilcken (Hermes 23, 595) so lautet:

1. *Αὐρήλ(ιος) Βησαρίων ὁ καὶ Ἀμμώνιος*
2. *στρ(ατηγὸς) Ὀμβ(ίτου) Ἐλεφ(αντίνης) Τοῦ κρατ(ίστου) Μέσορος δια-*
3. *δεχομέν(ου) τὴν ἀρχιερωσύνην, δι' ὧν μοι ἔγραψ(ε)*
4. *κελεύσαντος πάντας τοὺς χοίρους ἐξελασθῆναι*
5. *ἀπὸ ἱεροῦ κώμης Τάλμεως τῆς ιβ σχοί(νου)*[3] *παραγγέλλε-*

1 Sitz. Ber. d. Berl. Akad. 1896, 469 Anm.

2 Isidore Levy's unbegründete Hypothese, dass Ptolemaeus den Namen erfunden habe, fällt damit.

3 Der Querstrich über dem ι schneidet, wie mir Schäfer mitteilt, nach dem Berliner Abklatsch das ι und ist so dünn, dass er wohl als unbeabsichtigt anzusehen ist.

6. τια πᾶσι τοῖς κεκτημένοις χοίρους τούτ^{ους} ἐξε-
7. λάσαι ἐντὸς πέντε καὶ δέκα ἡμερῶν ἀπὸ τῆς προ-
8. κειμένης κώμης πρὸ ὀφθαλμῶν ἔχοντι τὰ περὶ τούτου
9. κελευσθέντα πρὸς τὸ δύνασθαι τὰ περὶ τὰ ἱερὰ θρησ-
10. κια κατὰ τὰ νενομισμένα γίνεσθαι
11. / τῶν κυρίων ἡμῶν Σεβαστῶν.

Wenn Wilcken's Lesung *ἀπὸ ἱεροῦ κώμης Τάλμεως τῆς Δωδεκασχοίνου* richtig wäre, so würde daraus hervorgehen, dass Talmis zur Dodekaschoinos gehörte. Dies würde in direktem Widerspruch zu unsern obigen Ergebnissen stehen, nach denen die Identität der Dodekaschoinos mit dem Kataraktengebiet zwischen Syene und Philae wohl kaum noch zweifelhaft sein kann. Es fragt sich nun, ist Wilcken's Lesung so unzweifelhaft sicher, dass sie diese auf den positiven Angaben der Quellen beruhenden und bis jetzt in nichts erschütterten Ergebnisse in Frage stellen kann. Bedenkt man, dass das Wort Dodekaschoinos nicht ausgeschrieben ist und dass Wilcken's Deutung von der alten Voraussetzung ausging, dass die Dodekaschoinos bis Hierasykaminos reichte, so wird man die Stelle nicht als Gegenbeweis gelten lassen können. Wie ist sie dann aber zu verstehen? Den Schlüssel hierzu giebt uns wohl eine Stelle in der bekannten Inschrift des nubischen Königs Silko, die sich in demselben Tempel von Kalabsche befindet. Man liest da: *ἀπὸ Πρίμ- ἕως Τελήλεως* für *ἀπὸ Πρίμεως ἕως Τελήλεως* „von Primis bis Telelis". Wie hier die Endung des Genitivs *Πρίμεως* vor der gleichlautenden Präposition *ἕως* weggelassen ist, so wohl auch in unserer Inschrift. Statt *Τάλμεως* ist zu lesen *Τάλμ(εως) ἕως*. Damit hängt dann vermutlich auch zusammen, dass das *μ* von *Τάλμ(εως)* über die Zeile gesetzt ist. Das Wort war abgekürzt, wie die meisten Namen in der Inschrift, ursprünglich nur *Ταλ* geschrieben; das *μ* ist dieser Abkürzung dann nachträglich zur Verdeutlichung zugefügt worden, gerade wie weiterhin in Zeile 6 das Wort *τούτους* ursprünglich abgekürzt *τουτ* geschrieben war und nachträglich durch Darübersetzung von *ους* zu *τούτους* vervollständigt worden ist, weil der Steinmetz einsah, dass die Abkürzung hier leicht missverstanden werden könnte. Durch die Einschiebung eines *ἕως* in die Wilcken'sche Lesung fällt der Widerspruch mit unseren obigen Ergebnissen weg, es entsteht aber dafür eine andere Schwierigkeit: wie sind dann die Worte *ἱεροῦ κώμης* zu verstehen. Dass der Präfekt Myron die Entfernung der Schweine „von dem Heiligtum des Dorfes Talmis bis zur Dodekaschoinos" befohlen habe, ist nicht recht wahrscheinlich, selbst wenn man annehmen will, dass der Tempel von Talmis südlich vom Orte gelegen habe und so ausdrücklich mit in die für die Strecke von Talmis bis zur ägyptischen Grenze erlassene Verordnung einbegriffen werden sollte. Besser stände es, wenn man in *ἱεροῦ κώμης* eine inkorrekte Form für *ἱεροκώμης* statt *ἱερᾶς κώμης*[1]) sehen könnte: die Verordnung wäre dann erlasssen für die Strecke „von dem heiligen Dorfe Talmis bis zur Dodekaschoinos", doch fragt es sich, ob eine solche appellativische Verwendung der Zusammensetzung *ἱεροκώμη* überhaupt möglich wäre[2]). Gegen die Auffassung

1 Vgl. *Κερκήσεως κώμης ἱερᾶς* Äg. Urk. d. Berl. Mus. I Nr. 301, 10.

2 Franz scheint dies für möglich gehalten zu haben, da er im Corpus inscr. graec. *ἱεροκώμης* las. Sonst sind die Formen *Ἱεροκώμη* Stadt Kleinasiens, *Ἱεράπολις*, *Ἱερόπολις*, *Ἱερόνησος* nur als Namen belegt.

der Worte ἀπὸ ἱεροῦ κώμης Τάλμεως als Grenzangabe und ihre Beziehung auf das folgende ἕως τῆς ιβ σχοίνου spricht aber noch etwas anderes. Wenn nachher der Stratege Besarion, der Verordnung seines Vorgesetzten nachkommend, die Besitzer von Schweinen auffordert, τούτους ἐξελάσαι . . . ἀπὸ τῆς προκειμένης κώμης „diese von dem genannten Dorf zu entfernen", so würde man auch in der vorher mitgeteilten Verordnung des Myron die Worte ἀπὸ ἱεροῦ κώμης Τάλμεως lieber mit dem vorhergehenden πάντας τοὺς χοίρους ἐξελασθῆναι verbinden als mit dem folgenden ἕως τῆς ιβ σχοίνου), sodass also gesagt wäre „es seien alle Schweine von dem Heiligtum des Dorfes Talmis zu entfernen". Thut man dies, so ist natürlich die Lesung ἕως τῆς ιβ σχοίνου unmöglich, und es bleibt, will man nicht auf Wilcken's Lesung Τάλμεως τῆς ιβ σχοί(νου) ohne ἕως zurückgreifen und damit den Widerspruch mit unsern Ergebnissen wieder herbeiführen, nur übrig, die Zeichen σχοι anders zu ergänzen. Da kann dann aber wohl nur die Ergänzung in Frage kommen, die bereits Franz im Corpus inscriptionum gegeben hat: τῆς ιβ τοῦ Χοι(άκ) „des 12. Choiak". Dieser Lesung steht nur das eine, recht erhebliche Bedenken entgegen, dass in der Inschrift, wie eine von meinem Freund Schäfer angestellte Vergleichung mit dem Abklatsch des Berliner Museums bestätigt hat, vor dem χοι ein deutliches σ statt des zu erwartenden τοῦ steht. Andererseits spricht für die Lesung von Franz, dass sie zu dem Inhalt der Inschrift aufs beste passen und ihr eigentlich erst eine Pointe geben würde. Der 12. Choiak ist nämlich der Tag, an dem die Trauerfeier um den von seinem Bruder Set ermordeten Osiris begann; dieser Tag wurde, wie uns ausdrücklich bezeugt wird, gerade auch in Nubien festlich begangen[1]). Das Schwein galt aber als Tier des Set, in das er sich selbst einmal verwandelt haben sollte (Plut. de Is. et Os. 8); daher wurde es von den Ägyptern für unrein gehalten und war allgemein gehasst (Herod. II 47). Es wäre daher ganz natürlich, wenn die Bewohner von Talmis, die anscheinend das Schwein mehr schätzten, angewiesen worden wären, die anstössigen Tiere bis zum Beginn der Trauerfeier aus der Nähe des Tempels zu entfernen, damit der Gottesdienst ungestört vollzogen werden könnte, was die Inschrift ja ausdrücklich als Zweck der Massregel bezeichnet (πρὸς τὸ δύνασθαι τὰ περὶ τὰ ἱερὰ θρήσκια κατὰ τὰ νενομισμένα γίνεσθαι). Die Angabe eines bestimmten Termines, bis zu dem die Entfernung der Schweine zu erfolgen hat, ist in dem Erlass des Präfekten nicht nur an sich, sondern auch deshalb erwünscht, weil der Stratege in seiner Bekanntmachung die Entfernung zwar „binnen 15 Tagen" verlangt, in dem Datum der Inschrift aber nur das Jahr, weder Monat noch Tag angegeben hat. Liest man in dem Erlass des Präfekten πάντας τοὺς χοίρους ἐξελασθῆναι ἀπὸ ἱεροῦ κώμης Τάλμεως ἕως τῆς ιβ (τοῦ) Χοι(άκ), so entspricht das dann genau dem τούτους ἐξελάσαι ἐντὸς πέντε καὶ δέκα ἡμερῶν ἀπὸ τῆς προκειμένης κώμης in der Bekanntmachung des Strategen. Die Lesung ἕως τῆς ιβ (τοῦ) Χοι(άκ) bietet ausserdem aber noch den Vorteil, dass man in dem Erlass des Präfekten dann eine Verordnung erblicken kann, die nicht das Halten von Schweinen in Talmis überhaupt verbot, sondern lediglich ein für alle Male verordnete, dass bis zum 12. Choiak die Tiere aus dem Bereich der Stadt zu entfernen und während der Dauer der Trauerfeierlichkeiten um Osiris fern zu halten seien: πρὸς τὸ δύνασθαι τὰ περὶ τὰ ἱερὰ

1) Loret in Rec. de trav. IV. V.

θρέμματα κατὰ τὰ νενομισμένα γίνεσθαι. Ein generelles Verbot des Haltens von Schweinen würde eine harte Massregel gewesen sein, die der Indifferenz der Römer gegenüber den Sitten der ihnen unterworfenen Völker wenig entsprochen hätte.

Ich denke, die Lesung *ἔτους τῆς ιβ (τοῦ) Χοιάκ)* hat soviel für sich dass sie auch der Wilcken'schen Lesung *τῆς ιβ σχοί(νου)* gegenüber, die dem Buchstabenlaut der Inschrift genau entspricht, Anspruch auf Beachtung machen kann. Freilich bleibt dann das störende *σ* vor *Χοι(άκ)* zu erklären. Das einfachste ist wohl anzunehmen, dass es auf einem Versehen des Steinmetzen beruht, der in seiner handschriftlichen Vorlage das Wort *τοῦ* abgekurzt oder undeutlich fand und nun falsch durch *σ* wiedergab. Sonst könnte man noch daran denken, dass das *σ* den Endungskonsonanten des Wortes *δωδεκάτης* bezeichne, wie in *ξς* für *ἑξηκοστά* (Gardthausen Palaeogr. 255) oder dass hier *Σχοι(άκ)* für *Χοι(άκ)* geschrieben sei infolge des vorhergehenden *σ* von *δωδεκάτης*, wie man in griechischen Inschriften öfter *μόσ-σχος* für *μόσχος* u. ä. findet (Reinach, Traité d'épigraphie grecque 257). Das Wort *τοῦ* müsste dann aber ganz ausgelassen gewesen sein wozu ja aber das artikellose *ἀπὸ ἱεροῦ* statt *ἀπὸ τοῦ ἱεροῦ* wohl ein Gegenstück bilden würde.

8. Eine Nachricht über die Dodekaschoinos aus dem 19. Jahrhundert nach Chr.

Über das Gebiet des letzten Nilkatarakts zwischen Assuan und Philae, in dem wir nach unsern Ergebnissen die Dodekaschoinos, das Zwölfmeilenland von Syene bis Takompso, erkennen müssen, lesen wir in J. L. Burckhardt's Beschreibung seiner ersten nubischen Reise vom Jahre 1813 unserer Zeitrechnung Folgendes[1]:

„*The small village opposite Philae is called Birbe, and is the boundary of Egypt. The different hamlets, from hence down the river, as far as Assouan, form part of the territory of Birbe; which, in consequence of old firmans from the Porte, enjoys an entire exemption from all kinds of land tax. On the south side of Birbe commences the territory of the Nubian princes, to which Philae belongs. The natives, in the environs of the Cataract, are an independent race, and boast of the security which the nature of the ground affords to their homes; many of them inhabit the islands, and support their families principally by fishing inthe river*".

Aus diesen Bemerkungen ergiebt sich die merkwürdige Thatsache, dass das Kataraktenland oder, wie es nach Burckhardt damals offiziell geheissen zu haben scheint, das „Territorium Birbe" unter der türkischen Herrschaft eine ähnlich bevorrechtigte Stellung eingenommen hat, wie sie das Zwölfmeilenland des Chnum angeblich schon von König Doser erhalten haben sollte und im neuen Reich in der That bereits besass. Ist diese seltsame Übereinstimmung natürlich auch kein Beweis für die Identität der Dodekaschoinos mit dem Kataraktenlande, so darf sie doch wohl als eine indirekte Bestätigung unseres, von so vielen verschiedenen Punkten gewonnenen Ergebnisses angesehen werden.

Fassen wir das Ergebnis unserer Untersuchung zusammen, so haben wir Folgendes gefunden:

1 Travels in Nubia p. 5. Den Hinweis auf diese interessante Stelle verdanke ich Steindorff.

1. Die 12 *σχοῖνοι* lange Strecke von Syene bis Takompso, die in den ägyptischen Inschriften der ptolemäischen und römischen Zeit als Feld von 12 *jr* im Besitz der Isis von Philae bezeichnet wird und vordem, angeblich seit der Zeit des Königs Doser, dem Chnum von Elephantine gehört hat, entspricht dem Gebiete des letzten Nilkatarakts zwischen Assuan und Philae, wie die Beschreibung bei Herodot, die übereinstimmenden Angaben der griechischen Schriftsteller über die Lage von Takompso, die für das Wegemass *jr* sonst belegten Längen, der Zusammenhang der angeblichen Schenkungsinschrift des Königs Doser, die Bezeichnung des Gebietes als „Feld" und als „Grenze bis an das Bogenland (Nubien)", sowie seine auch sonst zu beobachtende Unterscheidung von Nubien zeigen.

2) Die Angaben des Ptolemäus über die *Δωδεκάσχοινος* südlich von Syene erweisen sich bei näherem Zusehen durchaus im Einklang mit dem vorstehenden Ergebnis, sodass an der Identität der Dodekaschoinos mit der Strecke Syene-Takompso und dem Kataraktengebiet nicht wohl zu zweifeln ist. Ptolemäus schliesst mit der Dodekaschoinos, die er wie Syene zum *Θηβῶν νομός* rechnet, die Beschreibung der Thebais und geht dann zur Beschreibung des Landes „nach dem kleinen Katarakt und nach Takompso" d. h. des von den Römern beherrschten Unternubiens von Philae bis Hierasykaminos über. Von den anderen uns noch vorliegenden Nachrichten über die Dodekaschoinos besagt die eine nichts für die Frage; die andere, die für die Ausdehnung der Dodekaschoinos bis mindestens nach Talmis zu sprechen schien, ist zweifelhaft und lässt sich durch eine andere Lesung des Textes, sei es mit, sei es ohne Änderung des Buchstabenlautes der Inschrift mit dem obigen Ergebnis in Einklang setzen[1].

Berichtigung zu Seite 15.

Die Bemerkung, dass „alle griechischen Quellen samt und sonders den Katarakt von Syene die Grenze von Ägypten und Äthiopien nennen" trifft nur für die älteren Quellen, der Ptolemäerzeit und der ersten Kaiserzeit zu. In späterer Zeit, im 2. Jahrh. n. Chr., scheint man das römische Unternubien von Philae bis Hierasykaminos in der That zu Ägypten gerechnet zu haben; wenigstens ist es bei Ptolemäus im Kap. 5 seines 4. Buches mit Ägypten zusammen behandelt, während das obere Nubien besonders in Kap. 7 erledigt wird; auch das Itinerarium Antonini führt die römischen Heerstrassen Ägyptens bis nach Hierasykaminos hinauf, ohne bei Philae abzusetzen. Im Apollonios-Roman des Philostratos, der allerdings an geographischen Ungenauigkeiten reich ist, ist *Συκάμινος* dementsprechend ungenau als die Grenze zwischen Ägyptern und Äthiopen bezeichnet. Für die oben (auf S. 15) erörterte Frage kommt nur die ältere Auffassung in Betracht, da die Benennung „Grenze gegen Nubien" für das Zwölfmeilenland der Isis nur in Inschriften aus der Zeit des Ptolemäus Philadelphus, des Ergamenes und des Augustus belegt ist.

1 Ich will diese Zeilen nicht schliessen, ohne allen denen meinen herzlichen Dank ausgesprochen zu haben, die mich bei dieser Arbeit mit Rat und That unterstützt haben, in erster Reihe meinem Freunde Georg Steindorff, dem ich für seine rege Anteilnahme, seine mannigfachen Anregungen und seine vielfache Unterstützung zu ganz besonderem Dank verpflichtet bin, sodann meinen Freunden und Kollegen Adolf Erman, Heinrich Schäfer, Wilhelm Schubart, Wilhelm Schulze, Ulrich Wilcken, die mich in einzelnen Punkten in verschiedener Weise unterstützt haben.

IMHOTEP

DER ASKLEPIOS DER AEGYPTER

EIN VERGÖTTERTER MENSCH

AUS DER ZEIT DES KÖNIGS DOSER

VON

KURT SETHE

UNTERSUCHUNGEN

ZUR

GESCHICHTE UND ALTERTUMSKUNDE AEGYPTENS

HERAUSGEGEBEN VON

KURT SETHE

ZWEITER BAND, HEFT 4

1. Imhotep eine späte Erscheinung in der aegyptischen Götterwelt.

Dass der zu Memphis verehrte Heilgott der Aegypter Imhotep richtiger Imhutep, griechich Ἰμούθης)[1]) den die Griechen dem Asklepios gleichsetzten[2]), eine junge Erscheinung in der aegyptischen Götterwelt ist, ist jetzt wohl eine allgemein anerkannte Thatsache[3]). Der Gott begegnet uns zuerst in der sogenannten Spätzeit der aegyptischen Geschichte, in der Zeit von 700 v. Chr. bis 332 v. Chr., aus der sich uns zahlreiche Bronzefiguren von ihm erhalten haben[4]). Das älteste annähernd datierbare Denkmal, das den Gott erwähnt, dürfte die Statue eines seiner Priester Amasis (*Iʿḥ-ms*) im Berliner Museum (Nr. 14765) sein, die aus der Perserzeit stammt[5]). Nach den Inschriften dieses Denkmals hatte schon der Urgrossvater des Amasis, ein gewisser Nefer-'eb-reʿ, das Amt eines „dritten Propheten vom Hause des Imhotep, des Sohnes des Ptah", versehen; da dieser Nefer-'eb-reʿ mit dem Thronnamen des Königs Psammetich's II. (Psemet-Nepher-phreus, 594—589 v. Chr.) benannt ist und daher spätestens unter der Regierung dieses Königs geboren sein kann, so würde der Kult des Gottes Imhotep damit frühestens für die Regierung des Königs Amasis (570—525 v. Chr) zum ersten Male bezeugt sein.

1 Der Name  oder  geschrieben, lautet in seinem Konsonantenbestand ursprünglich *Ij-m-ḥtp* und bedeutet „gekommen in Frieden". Die allgemein gebräuchliche und daher auch in der obigen Arbeit beibehaltene Vokalisation für diesen Namen ist Imhōtep; sie beruht auf der Vokalisation, die das Wort *ḥtp* „Frieden" im Koptischen (ϩⲱⲧⲡ) und in den griechischen Transskriptionen der Namen *Nfr-ḥtp* (Νεφώτης) und *Imn-ḥtp* (Ἀμενώθης) hat. Dieses ō, das das Wort *ḥtp* somit in ptolemäischer wie in koptischer Zeit gehabt hat, geht aber hier wie in allen Worten derselben Bildung auf ein älteres *u* zurück, das in älteren griechischen Transskriptionen durch *ε* wiedergegeben ist und sich im Koptischen noch regelmässig nach *m* und *n* erhalten hat (Sethe, Verbum I §§ 43. 44.). Aus der griechischen Transskription Ἰμούθης (zuerst belegt in der Ptolemäerzeit) ist nun ersichtlich, dass sich das ursprüngliche *u* in dem Namen *I-m-ḥutep* erhalten hat und nicht wie in jenen andren Namen (*Amen-hotep, Nefer-hotep*) in ō übergegangen ist. Natürlich wird auch hier das vorhergehende *m* die Erhaltung des *u* veranlasst haben; das *ḥ*, das die beiden Laute ursprünglich trennte, wird also, wie das ja oft zu beobachten ist, weggefallen sein (Sethe, Verbum I § 250) und der Name wird, wenigstens in seiner gebräuchlichen Form, *Imutep* gelautet haben (vgl. dazu u. Abschn. 6). Daneben mag sich ja allenfalls auch aus der alten Form *Imḥutep* unter Beibehaltung des *ḥ* eine jüngere Form *Imḥōtep* mit *o* entwickelt haben, aber so gebräuchlich wie die Form *Imūtep* kann diese Form, wenn sie überhaupt existiert hat, nicht gewesen sein.

2 *Ij-m-ḥtp* = Ἀσκληπιός Lepsius, Denkm. (im Folgenden abgekürzt LD) IV 18. Ἀσκληπιός ὁ Ἰμούθης Stob. ecl. phys. I 41, 44. Ἀσκληπιός ὅ ἐστιν Ἰμούθης Papyrus Salt (Brunet de Presle in Not. et extraits des manuscrits XVIII 2, p. 236, ungenau citirt von Letronne Rec. d'inscr. I 91). ὁ ἐν Μέμφει Ἀσκληπιός Kenyon, Catalogue I 104; öfter in den Serapeumpapyrus (s. u. S. 7 Anm. 3). Hieronym. vita Hilarionis II p. 23 Vall. *Memphis urbs frequens praesentiaque numinis Aesculapii clara* Amm. Marc. 22, 14.

3) Ein Relief im Ptahtempel von Karnak, das König Thutmosis III. den Imhotep mit Ptah und Hathor zusammmen anbetend zeigt, ist nach Lepsius' unbefangenem Urteil ptolemäische Arbeit (Denkm. Text III 7).

4 Vergl. Ausführliches Verzeichnis des Berliner Museums[2] S. 203.

5) Erman, A. Z. XXXVIII 115 ff.

Dieses späte Auftreten des Gottes Imhotep ist verschieden erklärt worden. Früher nahm man an, dass Imhotep identisch mit dem Gotte Nefertem sei und nur einen anderen Namen für diese alte memphitische Gottheit darstelle[1]. Für diese Annahme machte man zweierlei geltend, einmal dass Imhotep wie Nefertem als Sohn des Gottes Ptah (Hephaistos) von Memphis galt[2], und zweitens, dass zwischen der Heilkunst und der löwenköpfigen Göttin Sechmet, der Gemahlin des Ptah und Mutter des Nefertem, augenscheinlich Beziehungen bestanden[3]. Beide Gründe sind aber nicht stichhaltig. Warum sollte es nicht zwei Söhne des Ptah gegeben haben? In der That findet sich nirgends eine Spur von der Identität des Imhotep mit dem Nefertem; beide werden ganz verschieden dargestellt, Imhotep in menschlicher Gestalt ohne weitere Abzeichen, Nefertem als Mensch, der auf dem Kopf oder auch statt des Kopfes eine Lotusblume trägt, die ursprünglich sein Fetisch, der Gegenstand, in dem er verehrt wurde, gewesen war[4]. Ausserdem — und das widerlegt den zweiten der obigen beiden Gründe — haben beide Söhne des Ptah verschiedene Mütter. Die Mutter des Imhotep ist „die Gottesmutter Chredu-ʿonch (*Hrdw-ʿnḫ*)“; sie wird menschenköpfig mit Geierhaube und Doppelfedern dargestellt[5]) und hat mit der löwenköpfigen Sechmet, der Mutter des Nefertem, augenscheinlich nichts gemein.

Neuerdings hat sich Maspero dahin ausgesprochen, dass Imhotep ursprünglich nur ein Beiname des Ptah gewesen sei, der sich später zu einer besonderen Gottheit verdichtet habe[6]. Dieser Gedanke ist nichts als eine Vermutung, für die es an jeder Bestätigung fehlt.

2. Menschliches in der Erscheinung des Gottes Imhotep.

Die richtige Erklärung für das verspätete Auftreten des Gottes Imhotep hat Erman gegeben, indem er Imhotep als einen Halbgott bezeichnete, der als Arzt und Verfasser alter Schriften galt[7]. Erman wies dabei darauf hin, dass der Gott in den Bronzefiguren der sogen. Spätzeit, den ältesten Darstellungen, die wir von ihm haben, noch ganz als Mensch dargestellt ist, gekleidet wie ein Priester, mit kahlem Haupt, Sandalen an den Füssen, eine Buchrolle in den Händen haltend oder darin lesend; er hat noch nicht, wie in den Darstellungen der Ptolemäerzeit, das idealisierte Gesicht der alten Götter, den Götterbart und das Götterkleid.

Erman's Erklärung des Imhotep als Halbgott, d. h. als vergötterter Mensch, wird auch durch eine Anzahl anderer Anzeichen bestätigt, die die Erscheinung des Gottes Imhotep in der griechisch-römischen Zeit aufweist. In dieser Zeit wird er zwar ganz als Gott dargestellt mit dem Kleid

1) Brugsch, Geschichte Aegyptens 45. 414. Dictionnaire Géographique 234.

2) *Ij-m-ḥtp sꜣ Ptḥ* LD IV 15 d. 18. 32 c. Text III 6. 118. — Piehl, Inscr. hiérogl. I 140, α) IV 136. Brugsch Thes. V 923. Ä. Z. XXXVIII 115 ff. Bronze zu Berlin 2518. Ἀσκληπιὸς ὁ Ἡφαίστου Stob. ecl. phys. I 41 — Fabric. bibl. graec. p. 59). Ἀσκληπιὸς ὅ ἐστιν Ἰμούθης υἱὸς Ἡφαίστου. Brunet de Presle in den Not. et extraits XVIII 2, p. 236.

3) Die Priester der Göttin waren Aerzte und Aerzte nannten sich nach der Göttin. Erman, Aegypten II 477.

4) An dieser Lotusblume sollte der Sonnengott Re selbst gerochen haben, vgl. Ä. Z. XXXII 10.

5) in Philae LD IV 18 und im Tempel von Der el Medine im westlichen Theben (LD Text III 118). Piehl, Inscr. hiérogl. I 140, β). Im Ptahtempel von Karnak erscheint Imhotep hinter Ptah und Hathor, die hier also seine Mutter zu vertreten scheint (LD Text III 6. 7).

6) Maspero, Histoire ancienne de l'Orient I (Les Origines) 106.

7) Erman, Aegypten II 477; Ausführl. Verzeichnis des Berl. Mus.[2] S. 298.

und dem Bart der Götter, die Symbole für Leben und Glück in den Händen haltend[1], mit geschlossenen Füssen dasitzend[2]). Auch wird er in dieser Zeit gewöhnlich mit dem Beiwort  *nṯr mnḫ* „wohlthätiger Gott" (d. i. *θεὸς εὐεργέτης*) bezeichnet, das, wie es bei solchen Göttertiteln die Regel, seinem Namen nachgesetzt wird[3]). Seine halbgöttliche Natur zeigt sich aber wohl schon darin, dass er mit Vorliebe als Gegenstück zu dem erst in ptolemäischer Zeit, vermutlich unter Philometor I. oder Euergetes II., vergötterten Weisen Amenhotep, dem Sohne des Hapu, aus der Zeit Amenophis' III.[4]) gestellt wird[5]). Wie dieser Halbgott erhält Imhotep denn auch nicht selten noch menschliche Titel vor seinem Namen  *ḥrj-ḥb ḥrj-dȝdȝ* „oberster Vorlesepriester"[6]) und  *rḫ-ḫt* „Gelehrter"[7]), die noch deutlich verraten, dass er ein Mensch gewesen ist. Ebenso verräterisch sind die Verwandtschaftsbezeichnungen, die in ptolemäischer Zeit seine Mutter und seine Schwester, gemeint ist natürlich seine Gemahlin[8]), ebenso vor ihrem Namen erhalten; seine Gemahlin Ronpet-nofret heisst so 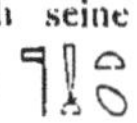 *snt-nṯr* „Gottesschwester"[9]), seine Mutter Chredu-ʿonch  *mwt-nṯr* „Gottesmutter"[10]) und  *rrt nfrt* „gute Wärterin"[11]), Titel, die auch *Itj*, die Mutter des vergötterten Amenhotep, Sohnes des Hapu, in gleicher Weise vor ihrem Namen bekommt[12]). Bei einer richtigen Göttin werden solche Verwandtschaftsbezeichnungen, ebenso wie alle Ehrentitel, nach dem Namen gesetzt; es heisst stets „Isis, die Grosse, die Gottesmutter" und „Isis, die königliche Gemahlin des Osiris" u. ä., gerade so wie es stets „Horus von Edfu, der grosse Gott, der Herr des Himmels" heisst, niemals umgekehrt mit Voraustellung der Titel vor den Namen des Gottes. So stehen denn auch die eigentlichen Ehrentitel, die die beiden weiblichen Angehörigen des Imhotep erhalten, regelrecht nach Götterart hinter den Namen (s. u.). Die Voraustellung der Verwandtschaftsbezeichnungen vor die Namen ist menschliche Sitte; sie verrät in unserem Falle, obwohl die Bezeichnungen selbst (Gottesmutter, Gottesschwester) schon auf die göttliche Natur des Imhotep Bezug nehmen, doch noch, dass ihre Trägerinnen als menschliche Persönlichkeiten gedacht wurden, als man ihnen diese Titel gab, also noch nach der Vergötterung des

1) LD IV 15 d. 18. 32 c. Dümichen, Hist. Inschr. II 7 d.

2) LD IV 32 c (Text III 186/7), im Unterschied zu dem erst damals vergötterten Amenhotep, dem Sohn des Hapu.

3) „Imhotep, der Sohn des Ptah der wohlthätige Gott" LD IV 15 d. 18. 32 c. Text III 118 = Piehl, Inscr. hiérogl. I 140, *α*.

4) Ueber diesen s. meine Arbeit in Aegyptiaca, Festschrift für Georg Ebers, S. 107 ff.

5) LD IV 32 c. (Text III 186 7). Text III 118 9 = Piehl, Inscr. hiérogl. I. 140 I. Düm. Hist. Inschr. II 7. Mariette, Papyrus de Boulaq No. 3, Seite 3,23. 4,1. Vgl. Aegyptiaca a. a. O.

6) LD IV 18. Dümichen, Hist. Inschr. II 7 d.

7) LD IV 18.

8) „Schwester" ist in den jüngeren Zeiten der aegyptischen Geschichte eine Bezeichnung für „Gattin", vgl. Sethe, Unters. I 7.

9) LD Text III 118 = Piehl Inscr. hiérogl. I 140, *δ*.

10) LD IV 18 (Text IV 137).

11) LD Text III 118 = Piehl, Inscr. hiérogl. I 140, *β*. Die Lesung *rrt* und die Bedeutung „Wärterin" ergiebt sich aus den Darstellungen der sogen. „Geburtshäuser" *per-miset* (früher irrig Typhonia genannt). Vergl. meine Bemerkungen bei Garstang, Bet Khallaf zu pl. VIII, K. 1, 3a.

12) LD Text III 118 = Piehl Inscr. hiérogl. I 141, *ε*.

Imhotep. Auch unter den eigentlichen Titeln, die die Gemahlin des Imhotep Ronpet-nofret wie die richtigen Gottheiten hinter ihrem Namen erhält: [1]) sind nur die letzten beiden Titel „Tochter des Ptah und Fürstin der beiden Länder" Göttinnentitel, die vorhergehenden Titel *rp'tt wrt ḥts wrt ḥswt* sind dagegen menschliche Titel, die wir einerseits bei den Königinnen des neuen Reiches, andererseits, wenigstens in ptolemäischer Zeit, auch genau ebenso bei den Frauen der Oberpriester von Memphis finden[2]). So ist wohl auch in diesen Titeln die menschliche Herkunft der Gemahlin des Imhotep noch deutlich zu erkennen. Dass endlich auch die Namen der beiden Frauen ganz irdisches Gepräge haben, werden wir weiter unten sehen.

3. Der Gott Imhotep als ein Verstorbener behandelt.

Durchaus ungewöhnlich ist sodann die Art, wie die ptolemäischen Könige, wo sie den Imhotep verehren, zu dem Gotte sprechen. Ptolemäus V. Epiphanes redet ihn in dem kleinen Tempel, den er ihm auf der Insel Philae errichtet hat, so an[3]): „Imhotep, du Grosser, du Sohn des Ptah, du fliegst zum Himmel als ein Sperber, du gehst als eine ehrwürdige Seele, du kommst als ein göttlicher Sperber in Gesellschaft der Ruhelosen (Sterne[4]), du empfängst das . . . in der Sonnenbarke in Gesellschaft der Wandellosen (Sterne), dein Gesicht wird schön geöffnet auf deinem Wege, die Schlange . . . . . . bereitet dir Licht, sie öffnet dir die Thüren beim Durchschreiten der *imḥ-t*-Halle (in der Unterwelt), indem du eintrittst . . . ., Osiris freut (?) sich . . . . . indem du kommst aus dem grossen Palaste (*ḥt-'-t*), du empfängst . . . . . vor ihm (Osiris) alle Tage wie Horus . . . ." So luckenhaft der Text auch ist, das sieht jeder Kundige sofort: es ist die Sprache der alten Totentexte, die wir hier hören. Imhotep wird hier nicht wie ein Gott, sondern wie ein seliger Toter von dem Könige angeredet.

Ähnlich sind die Worte, die Ptolemaeus IX. Euergetes II. im Tempel von Derelbahri an den Gott richtet:[5]) „. . . . . . . du weilst am unterirdischen Himmel, dein Glanz dringt in seine vier Ecken, du ehrwürdiger Gott, Amon spendet dir seinen Hauch, Re' hat dir deine Gestalt geschaffen . . . . . Chons von Theben, das grosse Kind des Gottes mit verborgenem Namen (*Imn-rnf* d. i. Amon) giebt dir Opfergaben, wenn er (Chons, d. i. der Mond) das westliche Gebirge durchfährt, alle Tage, o Imhotep, du Grosser, du Sohn des Ptah . . . . . ." Auch das ist wieder der Stil der Totentexte.

Diesen Anreden, die die Könige der Ptolemäerzeit an den Gott Imhotep richten, entspricht nun wohl auch der Spruch auf der Buchrolle, die Imhotep in seinen Statuen aus der Spätzeit zu halten pflegt: „Wasser aus dem Napfe jedes Schreibers für deinen Ka, o Imhotep."[6]) Das ist die Formel, mit der man den Verstorbenen Opfer darzubringen pflegt.

1) LD IV 18.
2) Brugsch, Thes. V 919.
3) LD IV 18.
4) Lies  statt .
5) Dümichen, Hist. Inschr. II 7c, zweite wagerechte Zeile.
6) Schäfer, Ä. Z. XXXVI 147.

Alle diese Anreden, in denen wir den vergötterten Imhotep nicht wie einen Gott, sondern wie einen Verstorbenen angeredet werden hören, stammen wohl aus einer Zeit, in der der weise Imhotep noch nicht zum Gotte erhoben war, aber eine gewisse Verehrung genoss, wie man sie berühmten Männern der Vorzeit, deren Andenken in Ehre stand, zu erweisen pflegte. Diese Verehrung berühmter Männer aus vergangenen Zeiten bestand eben in der Pflege ihres Totenkults [1], der bei minder berühmten Menschen nicht allzu lange nach ihrem Tode einzuschlafen pflegte.

Dass der Kult des Gottes Imhotep zu Memphis an die Grabstätte des Menschen Imhotep geknüpft war, scheint durch die Worte bestätigt zu werden, die der Gott Imhotep an den Oberpriester von Memphis P-scher-en-ptah (unter Kleopatra und Caesarion) im Traume gerichtet haben soll:

imj ir-tw kꜣt ꜥꜣt m ḥ-dsr nt ꜥnḫ-tꜣwj ḥ ḫꜣp dt-(j) im

„lass einen grossen Bau ausführen an dem heiligen Orte *(ḥw dsr)* in ʿAnche-tewej (Teil von Memphis), an dem Orte, an dem mein Leib verborgen ist; ich werde dir dafür als Belohnung einen Sohn schenken" [2].

In der That lag der Tempel des Asklepios von Memphis, also des Imhotep (*τὸ Ἀσκληπιεῖον*, auch *τὸ πρὸς Μέμφιν μέγα Ἀσκληπιεῖον* oder *Ἀσκληπιοῦ θεοῦ τέμενος*) nach dem Zeugnis der griechischen Papyrus [3]) nicht in Memphis, sondern bei Memphis (*πρὸς Μέμφιν*) in nächster Nähe des Serapeums (*τὸ Σαραπιεῖον*), in dem z. T. dieselben Personen den Gottesdienst versahen. Der Tempel befand sich somit aller Wahrscheinlichkeit nach, wie das Serapeum, die Grabstätte der Apisstiere (*Ὀσοράπις = Σαράπις*), im Gebiet der memphitischen Totenstadt [4]) und wird wie jenes ursprünglich ein Grabtempel, der dem Totenkult diente, gewesen sein.

4. Asklepios (Imhotep) und Hermes (Thoth-Teephibis) als vergötterte Menschen in der hermetischen Litteratur.

In bemerkenswerter Übereinstimmung mit diesen Spuren, die einen Zusammenhang zwischen dem Kultus des Gottes Imhotep und dem Grabe des Menschen Imhotep, aus dem der Gott erwachsen war, erkennen lassen, steht nun auch, was wir in dem Buche *Ἀσκληπιός* oder *Τέλειος λόγος* des „Hermes Trismegistos" über den Asklepios der Aegypter hören. In dieser Schrift, die uns nur

1) Wir können dies z. B. auch für den in ptolemäischer Zeit vergötterten Amenhotep, den Sohn des Hapu, sehen, dessen Totentempel *(ḥt-kꜣ)* die Inschrift Inscr. in the hierat. and demot. char. 29 aus ebendieser Zeit betrifft, vgl. Aegyptiaca, Festschrift für G. Ebers 110/111.

2) Brugsch, Thesaurus V 923.

3) Papyrus aus dem Serapeum: B. Peyron in Memorie della Acad. delle scienze di Torino Ser. II. Tom. III 1841, p. 70. 99. Leemans Papyri graeci mus. Lugd. Bat. I. 31. 55. 77. Brunet de Presle in den Not. et extraits des manuscr. de la biblioth. impér. XVIII 2, p. 275 ff. Kenyon, Catalogue I 25. 27.

4) vgl. dazu auch Leemans, Pap. graec. mus. Lugd. Bat. I 77, wo die Balsamierer aus dem Asklepiostempel erwähnt werden (*τῶν ἐκ τοῦ πρὸς Μέμφιν μεγάλου Ἀσκληπιείου ταριχευτῶν*). Es geht aus dieser Stelle zugleich wohl hervor, dass das Balsamieren als ein Zweig der ärztlichen Kunst galt.

in einer lateinischen, unter dem Namen des Apulejus gehenden Uebersetzung erhalten ist[1]), kommt der weise Hermes im Gespräch mit seinem Schüler Asklepios auch darauf zu sprechen, dass sich die alten Aegypter (*proavi nostri*), in ihrem Irrtum über die wahren himmlischen Götter, selbst künstliche Götter geschaffen hätten, indem sie heilige Bilder und Mysterien zum Sitz von überirdischen Kräften (*animae daemonum vel angelorum*) machten. Als Beispiele solcher irdischen Götter (*dii terreni et mundani*), zu denen er die sämtlichen Lokalgottheiten der ägyptischen Städte (*civitates*) rechnet, nennt er ausser Isis, der Gemahlin des Osiris, besonders seinen eigenen Ahnen, den Gott Hermes, und den Ahnen seines Schülers Asklepios, den Gott Asklepios. Von diesem, unserem Imhotep, sagt er Folgendes: „dein Ahne, o Asklepios, der erste Erfinder der Heilkunst, hat einen Tempel im libyschen Gebirge in der Gegend des Gestades der Krokodile (d. h. des Niles), in dem sein irdischer Teil, das ist sein Körper, liegt, während der übrige bessere Teil von ihm oder besser er ganz und gar, wenn die Lebenskraft (*sensus vitae*) den ganzen Menschen ausmacht, zum Himmel zurückgekehrt ist, von wo er noch jetzt durch sein göttliches Wirken den schwachen Menschen alle die Hülfe leistet, die er vorher auf Erden durch seine ärztliche Kunst zu bieten pflegte."[2])

Die Auffassungen, die wir in den Werken der sogen. hermetischen Litteratur über aegyptische Gottheiten finden, begegnen mit Recht dem grössten Misstrauen; die hermetische Litteratur giebt ja nicht alte nationalaegyptische Anschauungen wieder, sondern vertritt die Lehren einer griechisch-aegyptischen Philosophie, die Elemente aus den verschiedensten Religionen und philosophischen Systemen enthalten. Das hindert natürlich aber nicht, dass sich unter dem internationalen Mischmasch hier und da auch echtaegyptische Anschauungen finden. Ein solcher Fall liegt nun offenbar bei den oben mitgeteilten Angaben über den aegyptischen Asklepios vor, die auffallend übereinstimmen mit dem, was sich uns aus den aegyptischen Inschriften und den griechischen Papyrus der Ptolemäerzeit ergab.

Die Stelle des hermetischen Buches, die uns diese augenscheinlich gute Nachricht über den Gott Imhotep gab, nennt nun neben ihm als vergötterten Menschen auch den Hermes, dem bekanntlich der aegyptische Gott Thoth entspricht, ein Gott, an dem schlechterdings nichts Menschliches zu entdecken ist. Die Nebeneinanderstellung des Gottes Hermes mit dem wegen seiner Weisheit zum Gotte erhobenen Imhotep-Asklepios kehrt in der hermetischen Litteratur oder in der von deren Anschauungen beeinflussten anderen Litteratur noch öfter wieder. So werden in einem Horoskop vom Jahre 138 nach Chr. „unser Herr Hermes (ὁ κύριος ἡμῶν Ἑρμῆς) und Asklepios d. i. Imuthes, der Sohn des Hephaistos" als astrologische Autoritäten nebeneinander genannt[3]). Auch Clemens Alexandrinus, der etwa von 150—210 nach Chr. lebte, nennt in seinen Stromateis (I 21, p. 399 P.) ganz im Einklang mit der obigen Stelle des Buches

1) vgl. Menard, Hermes Trismégiste 2me éd. p. XCVI ff.

2) Pseud.-Apul. Asclep. c. 37: *avus enim tuus, Asclepi, medicinae primus inventor, cui templum consecratum est in monte Libyae circa litus crocodilorum, in quo eius iacet mundanus homo id est corpus, reliquus enim vel potius totus, si est homo totus in sensu vitae, melior remeavit in caelum omnia etiamnunc hominibus adiumenta praestans infirmis numine nunc suo, quae ante solebat medicinae arte praebere.*

3) Papyrus Salt, publ. von Brunet de Presle in den Not. et extraits des manuscrits XVIII 2, p. 236. Die Stelle ist unten in Abschnitt 10 im Wortlaut wiedergegeben.

Ἀσκληπιός als Beispiele von Menschenvergötterung bei den Aegyptern (τῶν παρ' Αἰγυπτίοις ἀνθρώπων ποτέ, γενομένων δὲ ἀνθρωπίνῃ δόξῃ θεῶν) den „Hermes von Theben" (Ἑρμῆς ὁ Θηβαῖος) und „Asklepios von Memphis" (Ἀσκληπιὸς ὁ Μεμφίτης) und zwar nur diese beiden. Auffallend ist hierbei aber, dass dem Hermes als Heimat Theben zugewiesen ist statt Hermopolis (Schmun); das muss den Verdacht erwecken, dass wir es vielleicht doch nicht mit dem alten Gotte der Weisheit Thoth selbst zu thun haben, sondern mit einem jüngeren Gotte, der diesem gleichgesetzt wurde und der wirklich wie sein Genosse Imhotep ein vergötterter Mensch gewesen sein könnte. Einen solchen Gott kennen wir nun in der That; es ist der Thoth, dem ein kleiner Tempel aus der Zeit Ptolemaeus' IX. Euergetes' II bei Medinet Habu, also auf dem Gebiete des alten Thebens geweiht ist [1]). Dieser thebanische Thoth, der dem Ἑρμῆς ὁ Θηβαῖος des Clemens wohl entsprechen könnte, erhält hinter seinem göttlichen Namen Thoth (Hermes) noch den menschlichen Personennamen *De-ḥô* ( ) oder ( ), griech. Τεώς, der der Spätzeit angehört und als Name eines Königs der 30sten Dynastie bekannt geworden ist; diesem menschlichen Namen des thebanischen Thoth folgt dann stets das Prädikat *p-hib* „der Ibis" ( ) oder ( ), das sogleich an den Titel *hib* „Ibis" erinnert, den die beiden vergötterten Weisen Imhotep und Amenhotep, der Sohn des Hapu, in der Ptolemäerzeit bekommen (s. u. S. 12). Statt dieser Benennung „Teos der Ibis", die uns übrigens als Personenname in der Form Τεεφῖβις (d. i. *Deḥe-phib*) in thebanischen Papyrus der Ptolemäerzeit begegnet [2]), erhält der thebanische Thoth in seinem Heiligtum oft einfach den Titel *stm*, der speziell den Hohenpriester von Memphis bezeichnete und gerade in diesem Sinne auch allein ohne den zugehörigen Personennamen gebraucht wurde; so in dem bekannten demotischen Roman vom Prinzen Chaʿmwese für diesen zauberkundigen Sohn Ramses' II., so bei Herodot für den unbekannten Oberpriester von Memphis, der zur Zeit des Sanherib im Amte war [3]), und so endlich auch in unserem Falle. Der thebanische Thoth, dessen Tempelchen bei Medinet Habu steht, scheint also ein vergötterter Hoherpriester von Memphis Namens Teos zu sein, wie wir einen solchen in der That im Amte nachweisen können [4]). Dieser Teos oder, wie er genannt wurde, Teephibis ist, als er in Theben zum Gott erhoben wurde, mit dem alten Gott der Weisheit Thoth identifiziert worden; nicht anders wird auch der thebanische Heilgott Chons-Neferhotep, der seit dem neuen Reich so hohes Ansehen genoss, ursprünglich ein berühmter Arzt Namens *Nfr-ḥtp* gewesen sein, der dann vergöttert und mit dem Gotte Chons identifiziert wurde.

Dürfen wir demnach wohl in dem vergötterten Hohenpriester von Memphis Teos, der in Theben unter den Namen „Thoth der *stm*" oder „Thoth-Teos der Ibis" (Thoth-Teephibis) verehrt wurde, den Ἑρμῆς ὁ Θηβαῖος erkennen, den Clemens Alexandrinus und die hermetischen Schriften dem Imhotep an die Seite stellten, so erweist sich die Behauptung dieser Quellen, dass Beide,

1) LL. auf dem Plane Lepsius Denkm. I 73. 93. Die Belege für die folgenden Ausführungen findet man in der Beschreibung des Tempels bei Lepsius Denkm. Text III 186 ff.

2) Parthey, Aeg. Personennamen 116. — In dem analog gebildeten Namen Σενοσορφῖβις (ib. 104) liegt eine Zusammensetzung von Σεν „die Tochter des" und einem Personennamen Ὀσορφῖβις vor, der unserm Τεεφῖβις entspricht, aber statt des vergötterten Teos den Osiris als „den Ibis" bezeichnet.

3) s. Griffith, Stories of the High priests of Memphis, Kap. I.

4) Grabstein in Wien: Brugsch, Thes. V 912 ff.

vergötterte Menschen seien, in vollem Umfange als zutreffend, nicht nur, wie wir oben festgestellt haben, für den Imhotep. Erwähnt mag hier noch werden, dass auch der thebanische Thoth in seinem Tempel bei Medinet Habu einmal in Gesellschaft des Imhotep, seines Gefährten in den hermetischen Schriften, dargestellt erscheint[1].

5. Imhotep als Mensch in dem „Lied aus dem Hause des Königs *Intf*“.

Wir können aber nicht nur dem Gotte Imhotep noch deutlich den einstigen Menschen ansehen, er begegnet uns auch noch geradezu als Mensch auf den Denkmälern. So zunächst in dem sogenannten „Lied aus dem Hause des Königs *Intf*“, das nach seinem Titel und seiner Sprache zu schliessen wohl aus dem mittleren Reich (2200—1800 v. Chr.) stammt, uns aber nur in zwei Abschriften aus dem neuen Reich (1600—1100 v. Chr.) erhalten ist[2]. In diesem Lied, das unter Hinweis auf die Vergänglichkeit alles Irdischen zum Genuss des Lebens ermuntert, heisst es: „die Götter, die vordem gewesen sind (d. i. die alten Könige), ruhen in ihren Pyramiden, die Edlen und die (gewöhnlichen) Verstorbenen desgleichen, begraben in ihren Pyramiden. Die, welche sich Häuser erbaut haben, haben keine Stätte mehr; was wird mit ihnen gemacht?[3]) Ich habe die Worte des Imhotep und Hardadaf gehört, man spricht von ihnen noch viel[4]), wo sind (aber) ihre Stätten?[5]: ihre Mauern sind zerfallen, sie haben keine Stätte mehr, sie sind, als ob sie nie gewesen wären. Nicht giebt es einen, der von dort (aus dem Jenseits) zurückgekommen wäre, damit er erzähle von ihrem Ergehen, damit er erzähle von ihren Angelegenheiten, damit er unser Herz stärke(?), bis wir uns nahen (?) dem Orte, wohin sie gegangen sind“.

Dass der hier genannte Imhotep, geschrieben 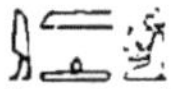 und 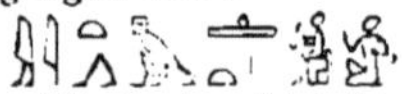, kein anderer als der spätere Gott Imhotep ist, hat man längst erkannt. Wenig beachtet ist aber worden[6], dass dieser Imhotep nicht als Gott gedacht erscheint, sondern wie sein Genosse Hardadaf, der bekannte Prinz der vierten Dynastie, als ein weiser Mensch, dessen Worte, wohl in seinen Schriften, noch bei der Nachwelt fortlebten. Nachdem nun einmal die menschliche Herkunft des Gottes Imhotep erkannt worden ist, werden wir aus der Erwähnung des Imhotep im „Lied aus dem Hause des Königs *Intf*“ entnehmen, dass die Vergötterung des Imhotep zur

1 LD IV 32 c.

2 Papyrus Harris 500, 14. Inschrift im Museum von Leiden, K 6g (Leemans Monum. III 12); s. Maspero, Études égyptiennes I 178 ff.

3  *ptj irt im-sn*. *ptj* ist wohl, trotz seiner Schreibung mit dem Deutzeichen des Auges das Fragewort *ptj* „was?“, das gerade der Sprache des mittleren Reiches angehört. *irt* ist nach seiner Schreibung Participium imperf. passivi fem. sing. Der ganze Satz bedeutet also wörtlich: „was ist das, was gethan wird mit ihnen“.

4 So fasst Maspero gewiss richtig die Worte  *sdd-tj m sddt-sn r-j* auf; zu den Verbalformen vgl. Sethe, Verbum II §§ 191. 568a. Erman (Aegypten II 510) übersetzt die Worte anders: „die Imhotep und Hardadaf da sprechen in ihren Sprüchen beide“ und fasst das Folgende als Wortlaut dieser Sprüche auf. Doch sollte man dann wohl *dd* statt *sdd* erwarten. Maspero's Auffassung scheint mir übrigens auch einen besseren Sinn zu geben als die Erman's.

5  *ptj iswt irj* mit dem in Anm. 3 genannten Fragewort *ptj* (entstanden aus *ptr*), hier richtig mit dem sprechenden Mann geschrieben. Wörtlich: „was sind die Stätten dazu?“

6 Meines Wissens nur von Piehl (Ä. Z. XXV, 117), der deshalb nicht an die Identität des Imhotep mit dem Gotte Imhotep glaubte, sondern nur eine Verwechslung beider annahm.

Zeit der Abfassung dieses Liedes, also im mittleren Reich, noch nicht erfolgt war. Dass sie es auch im neuen Reich, in der Zeit, aus der unsere Abschriften des Liedes stammen, noch nicht war, werden wir weiter unten erfahren.

6. Imhotep als Zeitgenosse des Königs Ḍoser in der „Inschrift von den sieben Jahren der Hungersnot".

Während uns der spätere Gott Imhotep in dem „Lied aus dem Hause des Königs *Intf*" als ein Weiser der Vorzeit begegnete, erscheint er als lebende Persönlichkeit, als ein Mensch von Fleisch und Blut in der sogenannten „Inschrift von den sieben Jahren der Hungersnot". Diese von Brugsch zuerst behandelte, aber ebenso wie von seinen Nachfolgern Maspero und Pleyte vielfach missverstandene Inschrift[1] enthält, wie ich in meiner Arbeit über die Dodekaschoinos gezeigt habe[2], einen Erlass des Königs Ḍoser (Tosorthros) der dritten Dynastie an den Fürsten von Elephantine, betreffend die zum Dank für das Aufhören einer siebenjährigen Hungersnot beschlossene Schenkung der sogenannten Dodekaschoinos an den Gott Chnum von Elephantine. Der Gedankengang dieses königlichen Schreibens ist, unter Beibehaltung der Redeformen des Textes, kurz dieser[3]: „Dass du wissest: ich war mit meinem Hofe in grösster Sorge, weil der Nil sieben Jahre lang nicht gekommen war und das ganze Land infolgedessen in der grössten Not war. Da richtete ich mein Herz wiederum nach vorn (?)[4] und ich fragte[5] den weisen Imhotep um Rat, wo sich die Geburtsstätte des Niles befinde und wer der Gott sei, der dort walte. Da antwortete er (Imhotep) mir[6]: „„ich bedarf[7], dass ich mich an den Gott von . . . . wende, dass ich in das Bücherhaus gehe und die heiligen Bücher (*b3w-r*ʿ) nachschlage"". Da ging er von dannen; er kehrte alsbald zurück zu mir, er liess mich wissen das Schwellen des Nils und alle Dinge, die damit zusammenhängen, er enthüllte mir die Wunder, zu denen noch keinem Könige seit der Urzeit der Weg gewiesen worden ist. Er berichtete mir folgendes": . . . . Hier folgt nun der ausführliche Bericht des Imhotep über das Gebiet der Nilquelle, das Kataraktenland von Elephantine; alsdann fährt der König in seinem Schreiben so fort: „Als ich dies vernommen hatte, wurde ich wieder froh. Ein Opfer wurde dargebracht den Göttern von Elephantine, die mir in dem Bericht als Hüter der Nilquelle bezeichnet waren. In der folgenden Nacht sah ich im Traume den Gott Chnum von Elephantine vor mir stehen; er versprach mir,

1 Brugsch, Die biblischen sieben Jahre der Hungersnot. Pleyte in Verslaagen en Mededeelingen d. Kon. Ak. van Wetensch., Afd. Letterkunde 3de Reeks VIII 1892. de Morgan, Catalogue des mon. et inscr. de l'Egypte I 78 ff. Maspero, Histoire ancienne de l'Orient I 240 ff.

2) Untersuch. z. Gesch. u. Altertumsk. Aegyptens II 75 ff.

3 Die in den folgenden Anmerkungen gegebenen Lesungen sind wieder nach der Wilbour'schen Photographie des Berliner Museums kontrolliert und vielfach berichtigt.

4 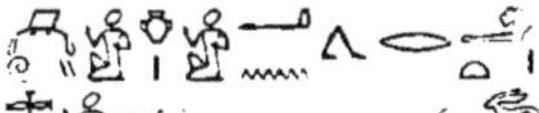 *3wj-j ỉh-j ʿn r ḥt.* Im Kopt. bedeutet **ⲟⲛ ⲥⲟⲛ** „weiter" Zoega 312 3.

5  *nd-j.*

6 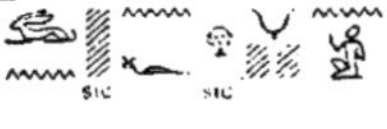 lies *wn-in-j ḥr wp(t) n-j.*

7 In dem 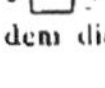 *ʿḥʿ-k* mit folgendem Tempus *sdm-f* erkenne ich die 1. sing. des Pseudopartizips von dem Verbum *ʿḥʿ* „bedürfen", von dem die 3 m. sing. derselben Verbalform in dem kopt. **ⲁϩⲉ** erhalten ist.

den Nil in Zukunft wieder regelmässig steigen zu lassen und dem Elend des Landes dadurch ein Ziel zu setzen. Da erwachte ich frohen Herzens und erliess den folgenden Schenkungserlass zu Gunsten meines Vaters Chnum von Elephantine". Hierauf folgt dann der Wortlaut dieses Erlasses, durch den der König dem Gotte das Kataraktenland, die Dodekaschoinos, schenkt, und schliesslich die Anweisung an den Fürsten von Elephantine, das königliche Dekret in gehöriger Weise zur allgemeinen Kenntnis zu bringen.

Der weise Imhotep, an den sich der König in seiner Not wendet, ist bezeichnet als

Der erste Titel *ꜥn-im-ist* „der . . . . . . der Mannschaft" ist mir unbekannt[1]); der zweite *hb* „Ibis" findet sich auch als Titel des vergötterten Weisen Amenhotep, Sohnes des Hapu[2]), und bezeichnet wohl den Gelehrten als eine Art Inkarnation des ibisköpfigen Gottes der Weisheit Thoth; der dritte Titel *ḥrj-ḥb ḥrj-tp* „oberster Vorlesepriester" ist der alte Titel, den schon im alten Reich die weisen Ratgeber des Königs trugen[3]) und den wir oben auch als Titel des vergötterten Imhotep fanden (S. 5).

Es folgt alsdann der Name Imhotep, der hier ohne das Wortzeichen für *ḥtp* nur *Ij-m-tp* geschrieben ist, eine Schreibung, die mehr als ein blosser Schreibfehler sein könnte und vielleicht die spätere Aussprache *Imutep* ohne das *h* (s. o. S. 3 Anm. 1) wiedergeben soll.

Auf den Namen folgt dann schliesslich die Angabe des Vaters; Imhotep heisst: „Sohn des Ptah, der südlich von seiner Mauer ist" d. i. des Ptah von Memphis; er hat hier also die göttliche Abstammung, die er als Gott überall hat. Und das ist wohl der Grund gewesen, der Brugsch und seine Nachfolger garnicht auf den Gedanken hat kommen lassen, dass es sich um das Auftreten eines lebenden Zeitgenossen des Königs Doser handelt. Ausgehend von der Annahme, dass es sich um eine Erwähnung des Gottes Imhotep handle, hat Brugsch, und mit unwesentlichen Abweichungen auch Pleyte und Maspero, die in Betracht kommende Stelle der Inschrift so übersetzt: „Es gedachte meine Seele, sich an die Vorzeit wendend, des Retters, welcher (einst) an meinem Platze war zur Zeit der Götter, des Ibisgottes, des obersten Schriftweisen, des Gottes Imhotep, des Sohnes des Ptah von Memphis". Diese Uebersetzung beruht aber teils auf falschen Lesungen[4]), teils setzt sie grammatische Unmöglichkeiten voraus[5]). Vor allen Dingen passt sie aber ganz und gar nicht in den Zusammenhang, denn die folgenden Formen in 3ter Person (da antwortete er mir . . . . da ging er von dannen . . . . er kehrte zurück zu mir . . . . er liess mich wissen . . . . er enthüllte mir . . . . er berichtete mir . . . .) können nur auf den eben genannten Imhotep bezogen werden, nicht, wie die Erklärer in ihrer Verlegenheit annehmen

1) Ob aus einer hieratischen Schreibung von 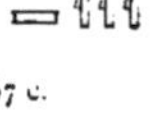 *ꜥnḏ-mr ỉꜣwt*, eines Titels der 3ten Dyn. Berlin 13502. Louvre B. 1, verlesen?

2) Dümichen, Hist. Inschr. II 7 c = LD IV 67 c.

3) vgl. Erman, Die Märchen des Papyrus Westcar I 21.

4) Brugsch las  statt  und  statt 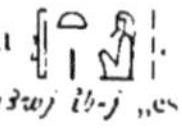.

5) Brugsch lässt gegen alle Regeln zwischen die Worte *mꜣwj ỉb-j* „es gedachte meine Seele" und deren Objekt *nḏ* „des Retters", wie er liest, einen ganzen Satz *ꜥn r ḥꜣt* „sich an die Vorzeit wendend" treten. Die Worte *wn ỉm-j* könnten doch auch nie und nimmer „welcher an meinem Platze war" bedeuten, und ebenso könnte 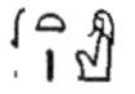 wohl allenfalls „das Jahr der Götter", aber nicht „zur Zeit der Götter" bedeuten.

mussten, auf den Adressaten des königlichen Schreibens, den Fürsten von Elephantine; denn da der König erst in diesem Schreiben, nicht vorher das Wort ergriffen hat, so müssen die obigen Sätze in 3ter Person, in denen der König von sich ebenso wie vorher in 1ter Person spricht, auch noch zu dem Schreiben gehören, ebenso wie auch der ganze Rest der Inschrift. Auf den Fürsten von Elephantine, der als Adressat dieses Schreibens in der 2ten Person auftreten müsste (wie am Anfang und am Ende der Inschrift), können sie also nicht bezogen werden. Ganz abgesehen hiervon müsste aber, wenn es möglich wäre, der Fürst, der in dem Schreiben seit dem einleitenden „dass du wissest“ nicht wieder erwähnt worden ist, doch wohl etwas näher bezeichnet sein als durch ein einfaches „er“.

Der Widerspruch, der zwischen dem Auftreten des Imhotep als lebender Mensch und der göttlichen Abstammung, die ihm gegeben ist, zu bestehen scheint, ist aber nur scheinbar. Die Inschrift ist ja nicht ein Original aus der Zeit des Königs Doser, sondern stammt erst aus ptolemäischer Zeit [1]), also aus einer Zeit, in der der weise Imhotep längst vergöttert war. Sie giebt ihm daher mit der göttlichen Abstammung lediglich das, was ihm inzwischen bei seiner Vergötterung zuerkannt worden war.

Das Wichtige an der Erwähnung des Imhotep in der „Inschrift von den sieben Jahren der Hungersnot“ ist, dass sie uns den König nennt, unter dem Imhotep gelebt haben soll. Ein authentisches Zeugnis aus der Zeit des Imhotep selbst ist das freilich nicht, da die Inschrift ja aus der Ptolemäerzeit stammt. Wir lernen daraus aber jedenfalls, was man in dieser Zeit über die Zeit des zum Gotte erhobenen Weisen wusste oder dachte, selbst wenn die Inschrift, wie uns Brugsch glauben machen wollte, eine Fälschung der Priester von der Insel Sehêl sein sollte. Ich bin dieser Annahme von Brugsch, die wie seine ganze Auffassung der Inschrift die ungeteilte Zustimmung seiner Nachfolger gefunden hat, bereits in meiner Arbeit über die Dodekaschoinos entgegengetreten und habe daselbst ausgeführt, dass der Inhalt der Inschrift sehr wohl auf alter Ueberlieferung beruhen kann, zumal der Hauptgegenstand, die Schenkung der Dodekaschoinos an den Gott Chnum von Elephantine keineswegs, wie Brugsch meinte, eine Fiktion ist, sondern eine Thatsache, die sich bis in das neue Reich zurückverfolgen lasst. Dasselbe Mindestalter lässt sich, wie wir gleich sehen werden, wohl auch für die Ansetzung des Imhotep unter König Doser nachweisen.

Mit der Rolle, die Imhotep in der Inschrift von den sieben Jahren der Hungersnot unter König Doser spielt, hängt es vielleicht zusammen, dass ihm nach seiner Vergötterung in ptolemäischer Zeit ein Tempel auf der Insel Philae errichtet worden ist [2]), derselben Insel, deren Herrin, die Göttin Isis, die Erbin des Chnum von Elephantine im Besitze des Kataraktenlandes geworden war. In diesem Tempel, dessen Skulpturen aus der Zeit Ptolemaeus' V. Epiphanes stammen, scheint Imhotep übrigens einmal auch als „das ehrwürdige Bild des Chnum von Elephantine“ bezeichnet zu sein [3]).

1) Wahrscheinlich aus der Zeit Ptolemaeus' X. Soter II., s. Sethe, Untersuchungen II 81.

2) E auf dem Plane Leps. Denkm. I 104; beschrieben im Text IV 136 ff.

3) *sḫm šps n Ḥnmw ḥrj-ib 3bw*; vorher geht *s3 Ptḥ* „Sohn des Ptah“ auch mit Voranstellung des Gottesnamens in der Schrift. LD IV 18.

7. Imhotep in der Genealogie des Oberbaumeisters Chnem-ʾeb-reʿ.

Im Wadi Hammamat, dem Thale der arabischen Wüste, durch das die alte Strasse von Koptos zum Roten Meer führte, hat uns der Oberbaumeister Chnem-ʾeb-reʿ, der dort vom 26sten bis zum 30sten Jahre Darius' I. (also in den Jahren 495—491 v. Chr.) Steine für die öffentlichen Bauten zu holen hatte[1], eine Inschrift hinterlassen, in der er uns seinen Stammbaum mitteilt[2]. Dieser Stammbaum nennt zunächst 22 Vorfahren, die sich in direkter Abstammung von Vater und Sohn gefolgt sind und alle ebenfalls das Amt des Oberbaumeisters oder, wie es aegyptisch heisst, des „Vorstehers aller Bauten" bekleidet haben sollen. Der älteste dieser 22 Vorfahren, die mit Chnem-ʾeb-reʿ noch in ununterbrochener Abstammungsfolge verbunden waren, ist ein „Prophet des Amon-reʿ, Königs der Götter, Geheimrat des Hauses des Reʿ (*Pr-reʿ* Heliopolis), Vorsteher der Bauten des Süd- und des Nordlandes, Vorsteher der Hauptstadt und Vezier Raʿ-hotep (*Rʿ-ḥtp*)". Nach seinen Titeln und nach dem Generationsabstand, der ihn von dem Zeitgenossen des Darius trennt, muss dieser Ahne im neuen Reich gelebt haben. Er ist gewiss identisch mit dem Oberpriester von Memphis und von Heliopolis, Geheimrat im Hause der Neit, im „Hause der Sistren" (Stadt der Hathor), und vom Königshause, Vorsteher der Bauten, Oberrichter, Vorsteher der Hauptstadt und Vezier usw. Raʿ-hotep „aus Memphis"[3], dessen Denkstein sich uns erhalten hat[4] und der etwa zur Zeit der 19ten Dynastie gelebt haben wird[5].

In der Genealogie des Oberbaumeisters Chnem-ʾeb-reʿ sind nun dem Namen des Raʿ-hotep, des letzten Ahnen, auf den Chnem-ʾeb-reʿ seinen Stammbaum zurückführen konnte, folgende Worte zugefügt:

die wörtlich so zu übersetzen sind: „seine Stimme reicht bis zu[6]) dem Vorsteher der Bauten des Süd- und des Nordlandes, Vorsteher der Hauptstadt und Vezier, obersten Vorlesepriester des Königs von Ober- und Unteraegypten Došer, Imhotep, dem Sohne des Vorstehers der Bauten des Süd- und des Nordlandes Ka-nofer".

Diese Worte nennen uns zwei weitere Ahnen, auf die sich offenbar jener Raʿ-hotep, der Vorfahre des Chnem-ʾeb-reʿ, zurückgeführt hatte, vielleicht ohne seine Abstammung von ihnen in lückenloser Folge oder gar überhaupt nachweisen zu können. Der Mann der Vorzeit, von

1) LD III 283. 2) LD III 275 a.

3) 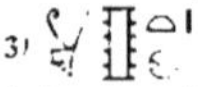 *n Sbt* oder *n Drt*. Solche Heimatsangaben mit dem Genitivexponenten *n* nach dem Eigennamen finden sich im neuen Reich häufig (vgl. Anm. 5).

4) Im Museum von Kairo. Brugsch, Thes. V 950. Piehl, Inscr. hiérogl. III 81.

5) Mit dem „Vorsteher der Hauptstadt und Vezier Raʿ-hotep aus der Stadt Ramses II. (Per-Raʿ-messu-miamun, determiniert mit ⊗)" scheint er nicht identisch zu sein, da ihm ausdrücklich eine andere Heimat (Memphis) gegeben wird.

6) *ḫrw-f r*, so nach Lepsius' Lesung, die nach Mitteilung meines Freundes Heinrich Schäfer durch den Berliner Papierabdruck bestätigt wird. Brugsch (Thes. VI 1235) wollte  *nfr* lesen und dies mit dem Namen Raʿ-hotep zu Raʿ-hotep-nofer verbinden, es fehlte ihm dann aber an jeder Verbindung zwischen diesem Raʿ-hotep-nofer und dem Oberbaumeister Imhotep. Wäre seine Lesung *nfr* richtig, so müsste man eben in diesem *nfr* die Abstammungsangabe erblicken und es als Schreibung für *nfrjt* (alt *nfrjt r*) „bis" ansehen.

dem abzustammen Raʿ-hotep sich rühmte, war ein Oberbaumeister Imhotep, der der Sohn eines Oberbaumeisters Ka-nofer gewesen war, unter König Doser von der 3ten Dynastie gelebt und u. a. auch das Amt eines „obersten Vorlesepriesters" versehen haben sollte. Dieser alte und, wie uns der Anspruch des Raʿ-hotep zeigt, berühmte Oberbaumeister Imhotep ist nun augenscheinlich niemand anders als der „oberste Vorlesepriester" Imhotep, der in der Inschrift von den sieben Jahren der Hungersnot unter demselben König Doser auftrat und sich durch seine Bezeichnung als Sohn des Ptah identisch mit dem zum Gotte erhobenen Weisen Imhotep erwies.

Wir haben somit in der Genealogie des Chnem-'eb-reʿ ein Zeugnis, das die Ansetzung des späteren Gottes Imhotep unter König Doser schon für das neue Reich belegt. Der Zeitgenosse des Königs Doser ist hier nun aber noch ganz als Mensch behandelt, er hat sogar noch seinen menschlichen Vater, nichts weist darauf hin, dass er vergöttert worden ist. Wir werden daraus schliessen, dass die Vergötterung erst nach der Zeit des Raʿ-hotep, also nach dem neuen Reich erfolgt sein kann. Ja, man möchte noch weiter gehen und voraussetzen, dass dem Chnem-'eb-reʿ, der unter Darius lebte, die Identität seines berühmten Ahnherrn aus der Zeit der 3ten Dynastie mit dem vergötterten Weisen nicht unbekannt und nicht gleichgültig hätte sein können. In diesem Falle wäre aus dem rein menschlichen Auftreten des Imhotep in der Genealogie des Chnem-'eb-reʿ sogar zu schliessen, dass die Vergötterung erst nach der Zeit des Chnem-'eb-reʿ, also nach 490 v. Chr. erfolgt sein müsste. Dazu würde dann auch stimmen, dass Herodot, der bald danach um 460 Aegypten bereist und seine Informationen vornehmlich im Tempel des Ptah zu Memphis gesammelt hat, den Imhotep nicht nur nicht erwähnt, sondern ausdrücklich bemerkt, dass die Aegypter keinerlei Heroenkulte kennten[1]. Dem steht jedoch das oben (S. 3) erwähnte älteste Zeugnis für den göttlichen Kult des Imhotep, Sohnes des Ptah entgegen, das, wenn Erman's Datierung der Statue des Priesters Amasis richtig ist, diesen Kult schon für die Zeit des Königs Amasis belegt. So müssen wir wohl annehmen, dass Chnem-'eb-reʿ seinen Ahnherrn Imhotep in seiner Genealogie einfach so namhaft gemacht hat, wie es ihm von seinen Vorfahren aus dem neuen Reich überliefert war.

8. Imhotep als Gründer des Tempels von Edfu.

Durch die Genealogie des Chnem-'eb-reʿ haben wir den vergötterten Imhotep von einer neuen Seite kennen gelernt, nämlich als Oberbaumeister und zwar augenscheinlich als einen Oberbaumeister, der bei der Nachwelt in hohem Ansehen stand. Imhotep ist hierin ein genaues Gegenstück zu dem vergötterten Weisen Amenhotep, dem Sohne des Hapu, mit dem er in ptolemäischer Zeit so gern zusammengestellt wird. Auch dieser war, wie wir aus seiner Originalselbstbiographie wissen, Oberbaumeister gewesen. Dass diese beiden grossen Weisen der Aegypter, die später zu Göttern erhoben worden sind, im Leben das Amt des Oberbaumeisters versehen haben, ist bezeichnend für die Bedeutung, die die Baukunst im Leben der alten Aegypter hatte.

Als ein Baumeister der Vorzeit tritt uns der vergötterte Imhotep nun wohl auch entgegen in einer Inschrift des Tempels von Edfu[2]. Auf der innern Nordwand der Umfassungsmauer,

1 Herod. II 50: *νομίζουσι δ' ὦν Αἰγύπτιοι οὐδ' ἥρωσι οὐδέν.*

2 Dümichen, Tempelinschr. I 97 = de Rougé, Inscr. et not. du temple d'Edfou II 89.

die dieses Heiligtum umgiebt und die von den Königen Ptolemäus X Soter II und Ptolemäus XI Alexander I erbaut ist, heisst es, dass der König den Tempel, den er als einen Bau seiner Väter (der früheren Ptolemäer) vorgefunden, durch Zufügung des Hofes und des Pylonen erweitert und mit der Umfassungsmauer ringsum umgeben habe:

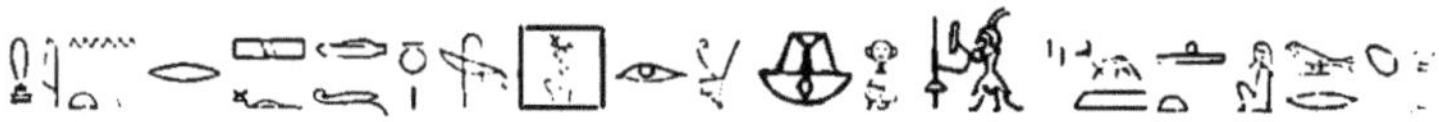

mj ntj r šfd n ssm ḥt-Ḥr irj-n ḫrj-ḥb ḥrj-d³ [1] Ij-m-ḥtp wr s³ Ptḥ

„wie es entsprach [2]) der Schrift [3] von der Anlage [4]) des Horustempels, die der oberste Vorlesepriester Imhotep, der Grosse, der Sohn des Ptah, verfasst hatte [5]).“ Wir haben in diesem Imhotep, nach dessen Anweisung der Bau des Tempels oder eines Teiles von ihm ausgeführt sein soll, nicht, wie man gedacht hat, den Baumeister der ptolemäischen Zeit zu erblicken [6]), sondern den vergötterten Imhotep, der ja einst als Mensch in weit zurückliegenden Zeiten das Amt des Oberbaumeisters bekleidet haben soll. Das geht aus den Praedikaten „der Grosse, der Sohn des Ptah“ hervor, die dem Imhotep hier, gerade so wie in der etwa gleichzeitigen Inschrift von den sieben Jahren der Hungersnot, beigelegt sind, weil er inzwischen zum Gott erhoben war. Was die Inschrift besagen will, ist offenbar etwas Aehnliches, wie uns für den Tempel von Dendera gemeldet wird, die verschiedenen einander ablösenden Neubauten dieses Heiligtums aus dem alten Reich (Phiops I), aus dem neuen Reich (Thutmosis III) und endlich aus der Ptolemäerzeit seien nach demselben alten Bauplan errichtet worden der im alten Reich in einer Aufzeichnung aus der Zeit der „Horusdiener“, d. h. der Vorgänger des Menes aufgefunden worden wäre [7]). Aehnlich soll nun wohl nach unserer Inschrift auch der ptolemäische Neubau des Tempels von Edfu, resp. der von Ptolemäus X. erbauten Teile, nach einer alten Aufzeichnung errichtet sein, die seiner Zeit der alte Baumeister Imhotep, angeblich unter König Ḏośer, für den damaligen Bau des Tempels verfasst hatte, und zwar wohl nach älteren Aufzeichnungen, die er mittels seiner Schriftgelehrsamkeit ermittelt hatte. Das scheinen nämlich die Worte anzudeuten, mit denen Horus in der nächsten Zeile derselben Inschrift zu den anderen Göttern von den oben genannten Anlagen des Königs Ptolemaeus' X spricht: sie seien ausgeführt:

mj s³ʿ-n tpjwʿ r-sn mj wn ḥr sntj wr n dmdt tn ḥ³j n [8]) pt mḥtj [9]) Sbtj-ḥd

1) So nach de Rougé: ein Priester, der ein Buch und einen Stab hält, gekleidet in ein Pantherfell, wie in der unten zu besprechenden Darstellung. Dümichen giebt statt dessen wohl ungenau: . Das Zeichen ist wohl als Determinativ zu dem Titel *ḫrj-ḥb ḥrj-d³ds* anzusehen (oder ist es etwa *s³ dmdt ntr* zu lesen?).

2) *mj ntj r* statt *mj ntt r* „wie das was ist gemäss . . .“

3) *Šfd*, eig. die Papyrus- oder Lederrolle.

4) *m*, wörtlich „Art und Weise“, „Beschaffenheit“.

5) wörtlich „gemacht hatte“.

6) Naville, Mythe d'Horus, Text zu Tafel XI. Bénédite im Guide Joanne, Egypte III 553.

7) Dümichen, Baugeschichte des Denderatempels, Taf. 1.

8) *n* wie so oft für die alte Praeposition *m*. 9) f. *m mḥti*

„wie sie die Vorfahren das erste Mal gemacht hatten[1]), wie es (angegeben) war auf dem grossen Plane dieses Buches, das vom Himmel herabgekommen war nördlich von Memphis".

Also eine Schrift, die nördlich von Memphis etwa da, wo das Grab des Imhotep und die Stufenpyramide des Doser lagen[2]), vielleicht von ihm selbst aufgefunden sein sollte, soll Imhotep wohl zu seiner Aufzeichnung benutzt haben. Man könnte übrigens auch denken, dass das vom Himmel gekommene Buch identisch mit der Aufzeichnung des Imhotep sein sollte und dass diesem Werke des Imhotep deshalb die himmlische Herkunft zugeschrieben sei, weil er selbst inzwischen zum Gott erhoben worden war. Doch würde das wohl zu der Art, wie oben von der Aufzeichnung des Imhotep die Rede war, nicht recht passen.

Mit dem Anteil, den der vergötterte Imhotep nach der hier besprochenen Inschrift an dem Bau des Tempels von Edfu gehabt haben soll, hängt nun, wie bereits Naville erkannt hat, auch eine Darstellung zusammen, die sich auf derselben Umfassungsmauer des Tempels, aber auf der inneren Westseite findet und die dort befindliche Bilderreihe vom Triumph des Horus über seinen Feind, das Nilpferd, beschliesst[2]). Wir sehen hier vor Horus von Edfu und seiner Mutter Isis erst den König Ptolemaeus X Soter II, einen gefesselten Feind erstechend; dann folgt einer von den *msḥtw* genannten Dienern des Horus, ein Nilpferd mit einem Messer schlachtend; hinter ihm steht Imhotep, wie oben in der Inschrift (S. 16) angethan mit dem Pantherfell, das die hohen Priester tragen, und aus einem Buche vorlesend. Er heisst hier:  *ḥrj-ḥb ḥrj-d d(?) sš dmḏt-ntr Ij-m-ḥtp wr s Ptḥ* „der oberste Vorlesepriester und Schreiber des Gottesbuches Imhotep, der Grosse, der Sohn des Ptah". Der Titel „Schreiber des Gottesbuches", den Imhotep hier zu seinem gewöhnlichen Titel „oberster Vorlesepriester" bekommt, ist ein Titel, den gerade im alten Reich die „obersten Vorlesepriester" gewöhnlich führen[4]). Dem Priester Imhotep folgt dann schliesslich nochmals ein König, der einer Gans Körner in den geöffneten Schnabel schüttet[5]). Wenn Naville's Publikation richtig ist, wären die Namensringe dieses zweiten Königs beide unausgefüllt, im Unterschied zu dem vorher dargestellten Ptolemäer, bei dem nur der erste Ring leer, der zweite dagegen ausgefüllt ist.

Die Erläuterung zu diesem Bilde giebt uns die Inschrift, die links dahinter folgt. Sie beginnt mit einem Text, der den Triumph des Horus über seinen Feind, das Nilpferd, verkündet und vielleicht die Fortsetzung der vorhergehenden Texte bildet. Dann lesen wir folgende Bemerkung: „Herbeigebracht wird das Nilpferd aus Kuchen für den mit erhobenem Arm (*f' j-'*, d. i. der Horus), geschlachtet wird es durch den *msḥtw*, vorgelesen (*šdj*) wird dieses Buch (*dmḏt tn*) durch den Vorlesepriester (*ḥrj-ḥb*) am 21sten Tage des 2ten Monats der Winterjahreszeit (Mechir)". Alsdann folgt ein Jubelhymnus, den die Priester aus Anlass des

1) *33'*, eig. „etwas zuerst thun", „zu Anfang thun".

2) Naville, Mythe d'Horus pl. 10. 11. Beide Darstellungen gehören augenscheinlich zusammen, da sich die Personen auf pl. 11 alle nach rechts (also nach pl. 10) wenden, wie der König auf pl. 10.

3) Vgl. Brugsch, Wörterb.

4) Vgl. Erman, Die Märchen des Papyrus Westcar I 21.

5) In der Publikation scheint der Kopfschmuck des Imhotep und des Königs vertauscht zu sein. Der „Kriegshelm", den Imhotep trägt, gehört dem Könige (vgl. die andern Tafeln), die gewöhnliche Götterhaartracht, die der König hat, dem Imhotep (vgl. die Darstellungen LD IV 15 d. 18. 32 c).

Sieges des Horus anstimmen. Danach „wird die Gans herbeigebracht und Körner in ihren Mund geschüttet". Endlich wird — von wem ist nicht mehr ersichtlich — der Triumph des regierenden Königs Ptolemaeus X über seine Feinde verkündet, ähnlich wie vorher der des Horus.

Das Bild stellt demnach, wie Naville richtig bemerkt hat, eine Reihe von Zeremonien dar, die dem Horus von Edfu zur Feier seines Sieges vollzogen wurden am 21sten Mechir, einem seiner Hauptfesttage, der als das  *ḥb ḳn't* „Fest der Stärke" (oder „des Sieges"?) im ganzen Lande gefeiert wurde [1]. Zu den Zeremonien dieses Tages gehörte nun auch die Rezitation „dieses Buches", vermutlich desselben, von dem oben mit den gleichen Worten (*dmdt tn*) die Rede war: „dieses Buch", das „nördlich von Memphis vom Himmel gekommen" und nach dessen Plan der alte Tempel von Edfu erbaut gewesen sein sollte. Möglicherweise enthielt dieses geheimnisvolle Buch ausserdem auch, wie Naville vermutete, die Texte, die den Triumph des Horus feiern. Statt eines beliebigen „Vorlesepriesters", der die Rezitation besorgt, ist in dem Bilde der vergötterte „oberste Vorlesepriester und Schreiber des Gottesbuches Imhotep" dargestellt, der das Buch einst wohl selbst aufgefunden und in dem nach seinen Angaben erbauten Heiligtum zum ersten Mal verlesen haben mochte. In dem König, der in dem Bilde hinter dem Imhotep und nach Aussage der Inschrift nach ihm die Zeremonie der Fütterung der Gans vollzieht, könnte man seinen derzeitigen Landesherrn vermuten, falls sich seine vollständige Namenlosigkeit bestätigen sollte.

Ob der ältere Tempel des Horus von Edfu, an dessen Stelle die Ptolemäer den jetzigen Tempel erbaut haben, nun wirklich, wie die obigen Inschriften vorgeben, nach einer Anweisung des Imhotep erbaut und von ihm noch mit eingeweiht worden war, oder ob das nur eine fromme Fiktion ist, um die Vortrefflichkeit der ptolemäischen Tempelanlage in's rechte Licht zu setzen, es kann uns gleich sein. Wir sehen aus den obigen Angaben jedenfalls, dass der vergötterte Weise in der Zeit der Ptolemäer für einen alten Tempelbaumeister galt. So erscheint er denn auch in einem Praedikat, das er in dieser Zeit als Gott einmal erhält und das, da es vor seinem Namen steht, zu seiner menschlichen Titulatur zu rechnen ist (s. ob. S. 5): „welcher den Grundriss feststellte für die Heiligtümer der Götter" [2].

9. Imhotep bei Manethos und sein dreifacher Beruf.

Die Nachricht, dass der Gott Imhotep sich im Leben auch auf dem Gebiet der Baukunst rühmlich bethätigt hat, ist für uns nun aber noch in einer anderen Hinsicht von Interesse: im Verein mit der Ansetzung des Imhotep unter König Doser, die wir oben schon zum zweiten Male gefunden haben, lässt sie uns eine weitere Nachricht, die wir über den Asklepios der Aegypter überkommen haben, in neuem Lichte erscheinen. In den Auszügen aus dem Werk des Manethos

1 Naville, Mythe d'Horus pl. 17. Brugsch, Drei Festkalender von Apollinopolis magna, S. IV. 4. 20. 25. Taf. II. 12.

2 *smn snṯ n ḥmw-sn* (Dümichen, Hist. Inschr. II, 7 Tempel von Der-elbahri). Kurz vorher sind „die Götter" *nṯrw* genannt, auf die sich das Suffix *sn* bezieht.

lesen wir zu dem Könige der 3ten Dynastie Tosorthros, d. i. eben dem König Doser, unter dem der vergötterte Imhotep gelebt haben soll, Folgendes[1]:

bei Africanus:

Τόσορθρος ἔτη κθ΄· οὗτος Ἀσκληπιὸς Αἰγυπτίοις κατὰ τὴν ἰατρικὴν νενόμισται, καὶ τὴν διὰ ξεστῶν λίθων οἰκοδομίαν εὕρατο, ἀλλὰ καὶ γραφῆς ἐπεμελήθη.

bei Eusebius:

Σέσορθος, ὃς Ἀσκληπιὸς παρὰ Αἰγυπτίοις ἐκλήθη διὰ τὴν ἰατρικήν· οὗτος καὶ τὴν διὰ ξεστῶν λίθων οἰκοδομὴν εὕρετο, ἀλλὰ καὶ γραφῆς ἐπεμελήθη.

Wir werden diese Worte nicht, wie man bisher gethan hat, einfach so, wie sie überliefert sind, hinnehmen und daraus schliessen, dass der König Doser von den Aegyptern Imhotep oder gar Asklepios genannt worden ist[2], sondern wir werden vor dem Worte *οὗτος* bei Africanus, resp. *ὃς* bei Eusebius, die Worte *ἐφ' οὗ Ἰμούθης* einfügen und erhalten dann einen Text, der auf das beste mit dem übereinstimmt, was wir über den Asklepios der Aegypter Imhotep ermittelt haben: „Tosorthros (Doser), unter dem Imuthes (Imhotep) lebte, der den Aegyptern in Bezug auf seine Heilkunst als Asklepios gilt; dieser erfand auch den Bau mit behauenen Steinen und bethätigte sich auch eifrig im Schreiben".

a) Imhotep bei Manethos als Arzt und die sonstigen Nachrichten über seine ärztliche Thätigkeit.

Dem Zeitgenossen des Königs Doser, der später zum Asklepios der Aegypter geworden ist, wird hier eine dreifache Wirksamkeit zugeschrieben. Zuerst die des Arztes, der er die Gleichsetzung mit Asklepios zu verdanken hat. Der Wortlaut des Textes geht hier bei Africanus und Eusebius nicht unwesentlich auseinander. Abgesehen vielleicht von dem *ὃς* des Eusebius, das besser als das *οὗτος* des Africanus sein könnte, ist aber der Text des Africanus offenbar der bessere[3]. Dass Imhotep von den Aegyptern Asklepios genannt worden sei (*Ἀσκληπιὸς παρὰ Αἰγυπτίοις ἐκλήθη* = *Aesculapius ab Aegyptiis vocatus est* in der armenischen Uebersetzung), wie uns der Text des Eusebius meldet, ist ja offenbar Unsinn; nicht die Aegypter, sondern die Griechen haben ihn Asklepios genannt. Dagegen ist der Ausdruck bei Africanus „er gilt den Aegyptern als Asklepios" (*Ἀσκληπιὸς Αἰγυπτίοις νενόμισται*) ganz zutreffend, er ist so zu verstehen, dass Imhotep den Aegyptern für das galt, was der Asklepios den Griechen, d. h. für einen Gott der Heilkunst, für eine Art Asklepios. Auch die Angabe des Grundes, weshalb Imhotep zu dieser Geltung gelangt war, ist bei Africanus wohl besser überliefert als bei Eusebius. Während nach dem Text des Eusebius Imhotep schlechtweg „wegen seiner Heilkunst" (*διὰ τὴν ἰατρικήν* = *ob medicam artem*) Asklepios genannt worden sein soll, galt er nach dem Text des Africanus als Asklepios „in Bezug auf seine Heilkunst" (*κατὰ τὴν ἰατρικήν*). Dieses einschränkende *κατά* „in Bezug auf" ist echt manethonisch; wir finden es genau so in den Worten, mit

1) Dass zwischen der Erwähnung des Königs Doser in der Genealogie des Chnem-'eb-re' und den Manethosnotizen über Tosorthros ein Zusammenhang besteht, ist schon von Lauth (Manetho und der Turiner Königspapyrus 144 ff.) erkannt worden, wiewohl er die Angaben der Genealogie ganz und gar missverstand.

2) Lauth, Manetho und der Turiner Königspapyrus 144 ff. Brugsch, Die biblischen sieben Jahre der Hungersnot 9. 10. Ders., Aegyptologie 408. Maspero, Histoire ancienne de l'Orient I 238/9. Wiedemann, Aeg. Gesch. 172.

3) Der entgegengesetzten Ansicht war Lauth (a. a. O.).

denen Manethos (bei Josephus c. Apionem I 26) von dem später vergötterten Weisen Amenhotep, dem Sohne des Hapu (*Ἀμενώφις Παάπιος*), dem Gegenstück zu unsern Imhotep, spricht *θείας δοκοῦν μετεσχηκέναι φύσεως κατὰ σοφίαν τε καὶ πρόγνωσιν τῶν ἐσομένων*)[1]. In unserem Falle ist dieses einschränkende *κατά* aber ganz besonders am Platze, da gleich darauf von zwei anderen Wirkungsgebieten des Imhotep die Rede ist, die mit seiner Geltung als Asklepios nichts zu thun haben.

Worin die Verdienste des Imhotep auf dem Gebiet der Heilkunst bestanden haben sollten, sagt uns Manethos nicht. Wir erfahren es auch von anderer Seite nicht.

Die göttlichen Prädikate, die Imhotep als Gott in den hieroglyphischen Inschriften bekommt, bezeichnen ihn meist nur ganz allgemein als einen „wohlthätigen Gott"[2], „der die Bitten erhört" und „der Leben giebt allen Menschen an allen Orten durch seinen Schutz"[3] (d. i. fast wörtlich übersetzt: *omnia hominibus adiumenta praestans infirmis numine suo*, wie es in dem hermetischen Buche *Ἀσκληπιός* des Ps.-Apulejus von dem ägyptischen Asklepios heisst, s. ob. S. 8, Anm. 2); sie nennen ihn einen „Gott, der die Menschen am Leben erhält"[4]), „der kommt zu dem, der ihn ruft, und Leben giebt allen Menschen"[5]), „der Leben giebt dem, der auf seinem Wasser geht" d. h. ihm gehorsam ist[6]; nur selten kommt dabei sein spezieller Beruf als Gott der Heilkunst zum Ausdruck, wie z. B. deutlich in den Praedikaten „der sorgt für alle Kranken"[7]) und wohl auch in der Bezeichnung als „dieser ehrwürdige Gott, der Wunderreiche . . . . . der einen Sohn giebt dem, der keinen hat"[8]; s. auch u. S. 25.

Ebenso lässt von den wenigen Nachrichten, die den Kultus des Imhotep betreffen, nur eine seinen ärztlichen Beruf erkennen, nämlich die, dass zu seinem Tempel bei Memphis Einbalsamierer gehörten[9]. Auch diese Nachricht wirft aber auf die ärztliche Thätigkeit, die Imhotep als Mensch entfaltet hatte, kein Licht.

Auch an der bekannten Stelle des hermetischen Buches *Κόρη κόσμου*, die des Imhotep als Gottes der Heilkunst gedenkt, werden seine Beziehungen zu dieser Kunst nicht näher bestimmt; sondern es heisst dort nur ganz allgemein, dass „Asklepios der Sohn des Hephaistos" (*ὁ Ἀσκληπιὸς ὁ Ἡφαίστου*), „d. i. Imhotep der Sohn des Ptah" als eine Art König über die Heilkunst gebiete, wie Osiris über die Seelen, wie der Fürst eines jeden Volkes über die Körper der Men-

1) Aegyptiaca, Festschrift für G. Ebers, S. 116. 2) *ntr mnḫ* s. ob. S. 5.

3) 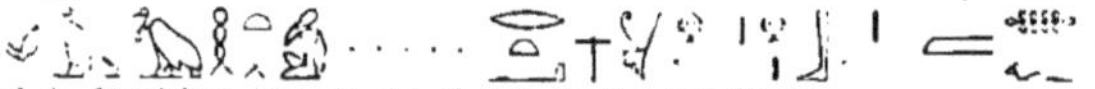 *sdm nḥt . . . rdj ʿnḫ n ḥr-nb r ḫ-nb m s3-f.* Dümichen, Hist. Inschr. II 7 d; ähnlich LD IV 32 c.

4) 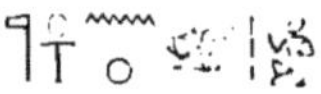 *ntr sʿnḫ* (oder *dj ʿnḫ*) *rḫjt* Maspero, Rec. de trav. XIII 123.

5) 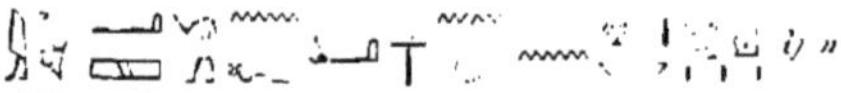 *ij n ʿš n-f dj ʿnḫ n ḥr-nb* LD IV 15 d.

6) 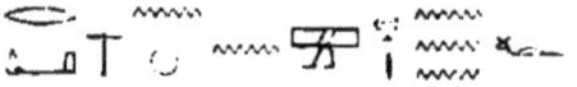 *rdj ʿnḫ n šm ḥr mw-f* LD III 118.

7) 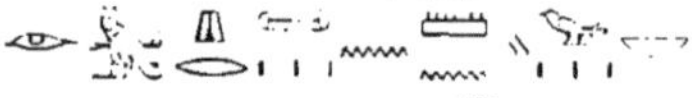 *ir mḥrw n mnw nb* LD IV 32 c.

8)  *ntr pn šps ʿš3 bj3t . . . dj s3 n iwtj n-f* Brugsch, Thes. V 923; vgl. dazu ib. 943 4.

9) s. ob. S. 7. Anm. 1.

schen, wie Hermes der dreimal grosse über den Rat, wie wiederum Osiris und nach ihm Horus über Kraft und Stärke, wie Harnebaskenis über die Philosophie, und wiederum Asklepios-Imuthes (Ἀσκληπιὸς ὁ Ἰμούθης) über die Dichtkunst [1]).

Bestimmter äussert sich der Verfasser einer anderen hermetischen Schrift, des Ἀσκληπιός, über das Verhältnis des Imhotep zur Heilkunst. In diesem Buche wird an der oben zitierten Stelle Imhotep (Asklepios) als der erste Erfinder der Heilkunst (*medicinae primus inventor*) bezeichnet (S. 8). Gerade dies kann aber Imhotep nicht gewesen sein und er hat auch zur Zeit des Manethos noch nicht dafür gegolten. Nicht nur, dass Manethos dann sicherlich ein Wort darüber verloren hätte; er selbst bezeugt vielmehr an anderer Stelle, dass die Heilkunst in Aegypten schon lange vor der Zeit des Königs Ḏoser und seines Dieners Imhotep geübt worden sein sollte und dass es sogar medizinische Bücher gab, die auf einen König der 1sten Dynastie, Athothis, den Sohn des Menes zurückgeführt wurden. In der That haben sich uns medizinische Schriften erhalten, die den Anspruch auf solches Alter erheben, und noch mehr, die diesen Anspruch allem Anschein nach mit Recht erheben. Das alte medizinische Buch, das unter König Usaphais von der 1sten Dynastie „in einer alten Schrift" aufgefunden und später dem Könige Sethenes von der 2ten Dynastie überbracht worden sein soll [2]), weist in seiner Sprache Altertümlichkeiten auf, die z. T. nur noch die Sprache des alten Reiches (3te bis 6te Dyn.), z. T. auch diese nicht mehr aufweist [3]).

So wissen wir denn über die ärztliche Thätigkeit des Imhotep nichts weiter, als eben das, dass er nicht der Erfinder, sondern nur der Förderer seiner Kunst gewesen sein wird.

b) Imhotep bei Manethos als Baumeister.

Was Manethos dem Imhotep an zweiter Stelle zuschreibt, die Erfindung des Baus mit behauenen Steinen (τὴν διὰ ξεστῶν λίθων οἰκοδομίαν εὕρατο = *sectis lapidibus aedificandi modum invenit* in der armenischen Übersetzung des Eusebius), hängt offenbar mit seinem Ruf als Oberbaumeister zusammen, von dem die Genealogie des Chnem-ʾeb-reʿ im Wadi Hammamat und die Bauinschrift von Edfu Zeugnis ablegten. Was die Glaubwürdigkeit der angeblichen Erfindung des Imhotep anbetrifft, so ist die Kenntnis des Baus mit behauenen Steinen zwar schon vor der Zeit des Ḏoser in Ägypten nachweisbar; im Grabe des ebengenannten Königs Usaphais (mit Horusnamen *Dn*) von der 1sten Dynastie hat sich bereits ein Estrich aus Granitplatten gefunden [4]) und aus der Zeit des Königs *Ḥtp-sḫm-f* (mit Horusnamen *Ḫʿ-sḫmwj*), wahrscheinlich eines der letzten Vorgänger des Königs Ḏoser, haben sich uns steinere Thürpfosten im Tempel von Hierakonpolis und eine unterirdische Kammer, deren Wände mit behauenen Steinen bekleidet sind, in dem Grabe des Königs erhalten [5]); im Uebrigen herrscht aber bekanntlich in den beiden

1) Stob. ecl. phys. I 41 = Fabricius bibl. graec. p. 59, wo Isis zu Horus sagt: ψυχῶν μὲν Ὄσιρις ὁ πατήρ σου· σωμάτων δὲ ἑκάστου ἔθνους ἡγεμών· βουλῆς δὲ ὁ πατὴρ πάντων καὶ καθηγητὴς ὁ Τρισμέγιστος Ἑρμῆς· ἰατρικῆς δὲ ὁ Ἀσκληπιὸς ὁ Ἡφαίστου· ἰσχύος δὲ καὶ ῥώμης πάλιν Ὄσιρις, μεθ' ὃν lies ὃν ὦ τέκνον αὐτὸς σύ· φιλοσοφίας δὲ Ἀρνεβασκῆνις· ποιητικῆς δὲ πάλιν ὁ Ἀσκληπιὸς ὁ Ἰμούθης.

2) Papyrus Ebers 103–110 (daraus auch ib. 36, 4–43, 2). Berliner medicin. Papyrus P. 3038, Seite 15, 1 ff.

3) Sethe, Verbum II §§ 41. 49. 976.

4) Petrie, Royal tombs II p. 9.

5) Quibell, Hierakonpolis I pl. 2 (vgl. dazu Sayce im Archaeological report 1900/01 von Griffith, S. 22). Petrie, Royal tombs II p. 13.

ältesten Dynastieen durchaus noch der Ziegelbau und das erste grössere Gebäude in Aegypten, das ganz aus behauenen Steinen errichtet ist, ist die Stufenpyramide von Sakkara, das Grabmal eben des Königs Ḏoser, unter dem Imhotep gelebt haben soll. Es ist nicht unwahrscheinlich, dass es mit dieser Thatsache zusammenhängt, wenn Manethos die Erfindung des Baus mit behauenen Steinen dem Manne zuschreibt, der als Oberbaumeister des Königs Ḏoser vermutlich an dem Bau der Stufenpyramide von Sakkara beteiligt gewesen sein musste.

c) Imhotep bei Manethos und sonst als Schriftsteller.

Die Worte des Manethos, die den dritten Zweig der Thätigkeit des Imhotep betreffen *γραφῆς ἐπιμελήθη* (*literis exarandis curam impendit* in der armenischen Uebersetzung des Eusebius), sind allgemein so verstanden worden, dass Imhotep sich um die Vervollkommnung der Hieroglyphenschrift Verdienste erworben habe[1]. Gewiss mit Unrecht; wäre dies gemeint, so würde es ohne Zweifel *τῆς γραφῆς ἐπιμελήθη* mit dem bestimmten Artikel heissen. So wie der Text bei Africanus und Eusebius übereinstimmend lautet, kann er nur bedeuten, dass Imhotep das Schreiben eifrig ausgeübt habe, wie es denn auch die armenische Uebersetzung des Eusebius richtig verstanden hat, denn *literas exarare* heisst nicht die „Buchstaben verbessern", sondern einfach „schreiben". Imhotep soll also nach Manethos viel geschrieben haben, mit andern Worten er soll sich schriftstellerisch bethätigt haben. Diese Schriften des Imhotep werden sich nicht nur auf die Heilkunst, der er seine Gleichsetzung mit Asklepios verdankte, und die Baukunst wie die oben erwähnte Schrift über die Anlage des Tempels von Edfu bezogen haben, sondern werden auch allgemeineren Inhalts gewesen sein, wie doch gewiss die Sprüche, auf die das „Lied aus dem Hause des Königs *Intf*" anspielte. Solche Sprüche waren aber, wie nicht anders denkbar, in wohlgesetzten Worten, in volltönenden Phrasen, in fein ausgesuchten Antithesen und Parallelismen abgefasst, wie sie die alten Aegypter so sehr liebten; sie waren für ägyptische Begriffe Poesie. Und so erklärt sich denn wohl, dass Imhotep (ὁ Ἀσκληπιὸς ὁ Ἰμούθης) in der oben (S. 20) zitierten Stelle des hermetischen Traktats *Κόρη κόσμου* nicht nur als Herr der Heilkunst, sondern auch als Herr der Dichtkunst (ποιητική) bezeichnet wird.

10. Imhotep als Astrolog in der hermetischen Litteratur.

Wenn wir den Angaben der sogenannten hermetischen Litteratur trauen dürften, hätte sich die Thätigkeit des Imhotep auch noch auf ein anderes Gebiet erstreckt, als die Heilkunst, die Baukunst und die Dichtkunst, auf ein Gebiet, das einem altägyptischen Weisen von der Art des Imhotep nahe genug gelegen haben wird, die Beobachtung der Gestirne, Astronomie und Astrologie. In dem mehrfach zitierten Buche *Κόρη κόσμου* heisst es an einer anderen Stelle[2], der Begründer der Wissenschaften sei Hermes gewesen, der alles wusste und es schriftlich niederlegte, sein Nachfolger sei sein Sohn und Schüler Tat gewesen, dann: *οὐκ εἰς μακρὰν δὲ καὶ ὁ Ἀσκληπιὸς ὁ Ἰμούθης, Πανὸς καὶ Ἡφαιστοβούλης*[3] *καὶ ἄλλοι, ὅσοι τῆς οὐρανίας θεωρίας πιστὴν*

1 Maspero, Histoire ancienne de l'Orient I 238. Wiedemann, Aegyptische Geschichte 172. Lauth, Manetho und der Turiner Königspapyrus 140.

2 Stob. ecl. phys. I 41, 44 (= Fabricius Bibl. graec. I 59).

3) *Πανὸς καὶ Ἡφαιστοβούλης* sind doch wohl als Namen zweier Kollegen des Imuthes aufzufassen, nicht als Prädikate des Imuthes, wie man gedacht hat.

ἀκρίβειαν ἔμελλον βουλομένης τῆς πάντων βασιλίδος ἱστορῆσαι προνοίας. Hier erscheint Imhotep unter denen genannt, die sich nach dem Gotte Hermes (hier offenbar der alte Gott Thoth von Hermopolis) und seinem Sohne Tat um die Erforschung der Himmelskunde bemüht haben sollen.

Im Einklang mit dieser Stelle der hermetischen Schriften wird unser Imhotep (*Ἀσκληπιὸς ὅ ἐστιν Ἰμούθης υἱὸς Ἡφαίστου*) denn auch in einem griechischen Horoskop vom Jahre 138 nach Chr. neben dem Gotte Hermes (s. ob. S. 8) als eine alte astrologische Autorität genannt, bei der sich berühmte Astrologen wie Petosiris und König Necho Rat geholt hätten[1].

11. Glaubwürdigkeit der Ueberlieferung über die Zeit des Imhotep.

Wir haben oben drei verschiedene Nachrichten gefunden, die den Imhotep übereinstimmend als Zeitgenossen des Königs Dośer bezeichneten, eine aus der Perserzeit, die aber aus dem neuen Reich stammte (Genealogie des Chnem-'eb-re'), eine aus der Ptolemäerzeit, die möglicherweise auf alte Urkunden aus der Zeit des Königs Dośer zurückging (Inschrift von den sieben Jahren der Hungersnot) und endlich drittens eine aus der Ptolemäerzeit, die aus unbekannten Quellen geschöpft war (Manethos). Es fragt sich nun, verdient diese Ueberlieferung, dass Imhotep unter König Dośer gelebt habe, Glauben? Ich denke, man wird dies bejahen dürfen. Es weist schon manches darauf hin, dass Imhotep in die Periode des alten Reiches (Dyn. 3—6), der König Dośer angehört, zu setzen ist. Da er im „Lied aus dem Hause des Königs *Intf*", das aus dem mittleren Reich stammt, bereits mit dem Weisen der 4ten Dynastie Har-dadaf zusammen als ein weiser Mann der Vorzeit zitiert wird, muss er vor dem mittleren Reich gelebt haben. Da es Memphis ist, wo sein Kult zu Hause war und wo sich, wie es scheint, auch sein Grab befand, so wird er aller Wahrscheinlichkeit nach auch in Memphis gewirkt haben; seine Lebenszeit wird also gewiss in eine Zeit gefallen sein, in der Memphis die Residenz des königlichen Hofes war, also in die Zeit der 3ten bis 8ten Dynastie. Auch die Eigennamen des Imhotep und seiner Angehörigen haben Formen, wie sie im alten Reich gebräuchlich waren. Der Name des Imhotep selbst  *Ij-m-htp* ist als männlicher Personenname mehrfach im alten Reich belegt[2]; der Name seines Vaters  *K'-nfr*, den uns die Genealogie des Chnem-'eb-re' nennt (s. ob. S. 14), findet sich ebenfalls in dieser Zeit in den Schreibungen [3] und [4]; Ebenso auch der Name der Frau des Imhotep 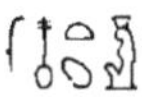[5]) oder 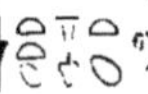[6]) *Rnpt-nfrt*, die in ptolemäischer Zeit nach der Vergötterung ihres Gemahls zeitgemäss als „Gottesschwester" bezeichnet

1) Papyrus Salt, publ. von Brunet de Presle in den Not. et extraits des manuscrits XVIII 2. p. 236: *σκεψάμενος ἀπὸ πολλῶν βίβλων ὡς παρεδόθη ἡμῖν ἀπὸ σοφῶν ἀρχαίων, τουτέστι Χαλδαϊκῶν καὶ Πετόσιρις, μάλιστα δὲ καὶ ὁ βασιλεὺς Νεχεύς, ὥσπερ καὶ αὐτοὶ συνήδρευσαν ἀπὸ τοῦ κυρίου ἡμῶν Ἑρμοῦ καὶ Ἀσκληπιοῦ ὅ ἐστιν Ἰμούθου, υἱὸς Ἡφαίστου, κατὰ τὸν δοθέντα μοι χρόνον* (folgt das Datum und dann die Beobachtungen).

2) Mar. Mast. 198. Davies, Ptahhetep II pl. 18. 26 (Dyn. 5). LD II 113 d. e (Dyn. 6) und endlich als Name des rätselhaften Königs *Ij-m-htp* LD II 115 h (der Name hat wohl mit der übrigen Inschrift nichts zu thun).

3) Mar. Mast. 430. Davies, Ptahhetep II pl. 32. LD II 115 h. Louvre, Statuengruppe Nr. 724 (nach einer Kopie von Crum).

4) Louvre C. 155 (Pierret Rec. d'inscr. II 56). 5) LD Text III 118.

6) So irrig mit  statt  wie in der „Hungersnotinschrift" (s. Unters. II 75). LD IV 18, zu berichtigen nach Text IV 137.

wird (s. ob. S. 5) und mit Bezug auf ihren Namen „gutes Jahr“ [1]) mit der Hieroglyphe für Jahr auf dem Haupte dargestellt wird [2]); ihr Name findet sich im alten Reich in den Schreibungen  [3]),  [4]) und  (so mit Umdrehung des Zeichens  wie oben) [5]) als Name von Personen beiderlei Geschlechts. Den Namen der Mutter des Imhotep  [6]),   [7], 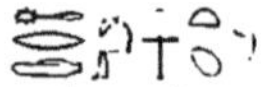 [8]) *Hrdw-ʿnḫ* „die Kinder leben“ vermag ich zwar für das alte Reich ebensowenig nachzuweisen, wie für die folgenden Perioden der ägyptischen Geschichte, in denen Imhotep noch nicht zum Gotte erhoben war, das mittlere Reich, das neue Reich und die libysche Zeit. Dagegen ist der Name nach der Vergötterung des Imhotep in griechisch-römischer Zeit zweimal als Frauenname in Gebrauch zu belegen [9]); da in dem einen Falle aber die so benannte Frau Chredu-ʿonch einen Enkel hat, der den Namen Imhotep trägt, so ist es wohl evident, dass hier eine Bezugnahme auf die bekannte Mutter des vergötterten Imhotep vorliegt und dass also aus diesem Vorkommen des Namens Chredu-ʿonch in so später Zeit nichts für die zeitliche Ansetzung des Imhotep zu erschliessen ist. Ebenso heisst auch die Mutter eines Imhotep-Priesters dieser Zeit, offenbar mit Bezugnahme auf die Gattin des vergötterten Imhotep, Ronpet-nofret [10]). Im Uebrigen hat der Name *Hrdw-ʿnḫ* eine Form, die im alten Reich bei Personennamen ganz gewöhnlich ist [11]), und drückt einen Gedanken aus, der den Aegyptern zu allen Zeiten bei der Namengebung ebenso geläufig war wie allen Menschen, nämlich, dass das zu benennende Kind der Ersatz für andere verstorbene Angehörige sein solle [12]).

Lassen es die hier besprochenen Punkte nun nicht nur sehr wohl glaubhaft, sondern sogar recht wahrscheinlich erscheinen, dass Imhotep in der Zeit des alten Reichs gelebt hat, so passt die Ueberlieferung, dass er der Zeitgenosse des Königs Došer gewesen ist, gut zu der Thatsache, dass sich sein Tempel in nächster Nähe des Serapeums von Memphis befand (s. ob. S. 6) und also auch in der Nähe der Stufenpyramide von Sakkara, des Grabbaus des Königs Došer

1) Ein analoger Name, der gleichfalls dem alten Reich angehört, ist  *Hrw-nfr* „guter Tag“, Davies, Ptahhetep II 5.

2) LD Text III 118.

3) LD II 95 e (Frau).

4) Dümichen, Resultate I 8 (Mann).

5) LD Text I 126 (Frau, dieselbe, die LD II 95 e in anderer Schreibung genannt ist).

6) LD IV 18 auf dem Architrav.

7) LD IV 18 links von der Thüre.

8) So natürlich zu lesen statt 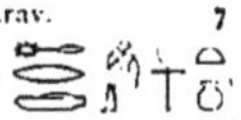, wie Lepsius (Denkm. Text III 118), und statt 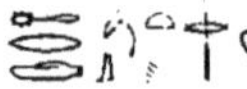, wie Piehl (Inscriptions hierogl. I 160 ζ) hat; genannt im Tempel von Der el Medine.

9) Als Name der Mutter eines abydenischen Gelehrten Pete-har-pe-chrod, Vaters eines Imhotep, genannt auf den vier Stelen Louvre C. 232. 244. 302 (Lieblein, Dictionn. des noms. 1179. 2383); v. Bergmann, Hierogl. Inschr. VI/VII (Lieblein a. a. O. 2412). Eine zweite Person dieses Namens nennt die sehr schlechte Totenstele Turin 15.

10) Sarg des Teos im Louvre, D 9 (Brugsch, Dictionnaire geogr. 1038).

11) Vgl.  *Ḫwfw-ʿnḫ* „Cheops lebt“ u. ä.,  *Sn-nw-ʿnḫ* „der zweite lebt“ Mar. Mast. 317.  *Rḫw-ʿnḫ* „die Menschen leben“ belegt im mittleren Reich, aber gewiss älter, da das Wort *rḫw* ein altertümliches Wort ist.

12) Vgl. Erman, Aegypten I 220, der die genau entsprechenden Namen *Śnw-ʿnḫ* „die Brüder leben“ und *Itf-ʿnḫ* „der Vater lebt“ zitiert.

liegen musste[1]). Wie wir oben weiter konstatiert haben, scheint sich der Kult des Gottes Imhotep an das Grab des Menschen Imhotep geknüpft zu haben. Ist das richtig, so würde das Grab des Imhotep, der unter König Dośer gelebt haben soll, in der Nähe von dessen Pyramide gelegen haben, entsprechend der Sitte des alten Reichs, nach der sich die Diener und Zeitgenossen des Königs um dessen Grab begraben liessen. Bei dieser Sachlage wird man es dann auch für mehr als einen blossen Zufall halten, wenn der oben S. 3 erwähnte Priester vom Tempel des Imhotep Amasis zugleich Priester des Königs Dośer war.

Ein Beweis für die Richtigkeit der alten Ueberlieferung, dass Imhotep unter König Dośer gelebt habe, ist alles das, was wir hier über die Nachbarschaft ihrer Gräber festgestellt haben, natürlich nicht, immerhin ist es aber wohl geeignet, die Glaubwürdigkeit der Ueberlieferung, an der zu zweifeln wir vorläufig keinen Grund haben, noch zu erhöhen.

12. Imhotep als Zauberer und Alchemist?

Dürfen wir demgemäss die Ueberlieferung, die den Imhotep einen Zeitgenossen des Königs Ḏośer sein lässt, für alt und glaubwürdig halten, so werden wir auch nicht länger im Unklaren darüber sein, wie der „oberste Vorlesepriester" des Königs Ḏośer geheissen hat, dessen Wunderthat am Anfang des „Papyrus Westcar" dem Könige Cheops erzählt wurde[2]). Es wird niemand anders als unser Imhotep gewesen sein, der nach der Ueberlieferung als „oberster Vorlesepriester" unter jenem Könige gewirkt haben soll. Bestätigt sich das, so sehen wir den Imhotep hier in einer neuen Thätigkeit, der des Zauberers, die für ägyptische Begriffe aber gewiss nur eine selbstverständliche Vorbedingung für den Beruf als Weiser, Arzt und Astrolog, ja vielleicht auch als Baumeister gewesen sein wird.

Mit der Thätigkeit, die dem weisen Imhotep auf den verschiedenen Gebieten der geheimen Künste (Heilkunst, Astrologie, Zauberei) zugeschrieben wurde, hängt es nun offenbar auch zusammen, wenn der Alchemist Zosimos, der im 3ten Jahrhundert nach Chr. lebte, einem seiner Werke den Titel Ἰμούθ gegeben hat[3]); denn das ist nichts anderes als der Name des Imhotep, der bei den Griechen sonst mit der griechischen Endung ης versehen als Ἰμούθης erscheint (s. ob. S. 3 Anm. 1). Es scheint danach, dass auch die Schwarzkünstler, die der Veredelung der Metalle nachgingen, den vergötterten alten Weisen aus der Zeit des Königs Dośer als einen der Ihren betrachtet haben; ob mit Grund, vermögen wir ebenso wenig zu sagen, wie bei allen anderen Nachrichten, die sein Wirken auf Erden betrafen[4]).

1) Dieser Nachbarschaft hat König Ḏoser es zu verdanken, wenn er auf einer Apisstele des Serapeums aus der 22sten Dynastie verewigt worden ist (Mariette, Serapeum III 28). Ebenso ist ja auch der König *Ttj* von der 6ten Dynastie, dessen Pyramide gleichfalls in der Nähe lag, im Serapeum als *Ttj-mr-n-ptḥ* verewigt worden.

2) Seite 1; vgl. Erman, Die Märchen des Papyrus Westcar I S. 22.

3) s. Pauly-Wissowa, Realenzyklopädie I 1339.

4) Auf den Titel der Schrift des Zosimos, wie auf die in den folgenden Nachträgen erörterten Stellen, hat mich mein Freund Heinrich Schäfer freundlichst aufmerksam gemacht, der mir bei dieser Arbeit auch sonst verschiedentlich Material, das mir unzugänglich oder unbekannt war, verschafft hat. Für diese wertvolle Unterstützung möchte ich ihm auch an dieser Stelle meinen herzlichen Dank aussprechen; desgl. habe ich auch Herrn stud. G. Roder zu Berlin für freundliche Auskunft zu danken.

Nachträge.

Zu S. 5. Die menschliche Titulatur, die der Gott Imhotep im Tempel von Debôt in Unternubien in einem Relief aus der Zeit des Königs *Idḫr-imn*, des Zeitgenossen Ptolemäus' V Epiphanes, vor seinem Namen erhält[1], beginnt mit dem Titel 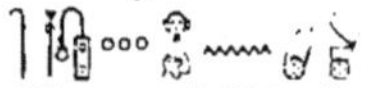, der den Imhotep als „obersten königlichen Schreiber (des Getreides?) von Ober- und Unterägypten" zu bezeichnen scheint. Alsdann folgten, wie es scheint, verschiedene Praedikate, die die Thätigkeit des Imhotep rühmten, ähnlich den göttlichen Prädikaten, die er nach seinem Namen erhält (S. 20); was davon erhalten ist, ist unverständlich. Dann folgt das bekannte Praedikat  *dj ʿnḫ mj Rʿ dt*, das die Könige nach ihrem Namen zu erhalten pflegen und das hier gewiss, wie wohl allgemein in späteren Zeiten, missverstanden ist und „Leben spendend wie Reʿ ewiglich" bedeuten soll. Das Erscheinen dieses Praedikates in der menschlichen Titulatur des Imhotep ist umso auffallender, als es dem Anschein nach am Schluss seiner göttlichen Titulatur nach dem Namen noch einmal genannt war. Dem Praedikat folgen endlich die Worte 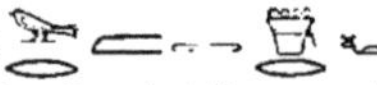 *wr m tꜣ drf* „gross im ganzen Lande", die wir im neuen Reich so oft als Attribut bei Beamtentiteln finden.

Zu S. 20: Zu den göttlichen Praedikaten des Gottes Imhotep sind noch die folgenden, die auch auf seinen Beruf als Heilgott Bezug nehmen, nachzutragen:   *ij n ʿš n-f . . . . mnt snb* (für *ssnb*) *ḥʿ* „der kommt zu dem, der ihn ruft (vgl. ob. S. 20, Anm. 5), der die Krankheit bannt und den Körper gesund macht" Vatikan 93 (Marucchi).

Zu S. 24. Die Mutter des Imhotep Chredu-ʿonch wird auch im Tempel von Debôt sowohl in der oben erörterten Inschrift aus der Zeit des *Idḫr-imn* wie in einer anderen aus der Zeit des Augustus oder Tiberius[2], erwähnt.

1) LD V 18 m. 2) Nach Lepsius' Notizen.

Untersuchungen

zur

Geschichte und Altertumskunde

Aegyptens

herausgegeben von

Kurt Sethe

Register zu Band I und II

Leipzig
J. C. Hinrichs'sche Buchhandlung
1902

Register zu Band I und II.

Unvokalisierte ägyptische Worte

(nach der üblichen Ordnung des ägyptischen Alphabets).

Druck von August Pries in Leipzig.

Untersuchungen

zur

Geschichte und Altertumskunde

Aegyptens

herausgegeben von

Kurt Sethe

Dritter Band

UNTERSUCHUNGEN

ZUR

GESCHICHTE UND ALTERTUMSKUNDE AEGYPTENS

HERAUSGEGEBEN VON

KURT SETHE

DRITTER BAND

1. Die „Horusdiener".

Seit E. de Rougé in seiner klassischen Arbeit uber die sechs ersten Dynastieen die Aufmerksamkeit der Aegyptologen auf die  *Šmśw-Ḥr* gelenkt hat[1], die im Turiner Königspapyrus als die unmittelbaren Vorgänger des Menes genannt waren und die uns auch sonst einige Male in den Inschriften als Vertreter der ältesten Vorzeit begegnen, haben diese Wesen nicht aufgehört, den Gegenstand des allgemeinen Interesses zu bilden. Dabei ist dann eingetreten, was wir so oft in der Aegyptologie bemerken müssen; je mehr man sich mit der Sache beschäftigte, desto mehr kam man von den ersten durchaus verständigen und treffenden Feststellungen ab. So wird es eines der Hauptziele dieser Arbeit sein, die von de Rougé bereits gewonnenen, von den Späteren wieder verlorenen Kenntnisse wieder zur Geltung zu bringen.

1. Der Name *Šmśw-Ḥr* und seine Bedeutung.

Der Name *Šmśw-Ḥr*, der nach den analog gebildeten koptischen Ausdrucken wie ϣⲁⲙϣⲉⲛⲟⲩⲧⲉ u. a. vielleicht *Schamśew-Ḥôr*, *Schamśu-Ḥôr* zu vokalisieren ist, bedeutet wörtlich „dem Horus folgende". Wie de Rougé annahm, könnte der Sinn dieses Namens an sich sowohl „Horusnachfolger" als „Horusdiener" sein. Obwohl sich de Rougé (wie wir sehen werden, richtig) für die letztere Deutung entschied, hat dennoch in der Folgezeit zunächst die erstere Deutung „Horusnachfolger" allgemein den Vorzug erhalten[2]. Die *Šmśw-Ḥr* sollten demnach die „Nachfolger des Gottes Horus" sein, der nach der mythischen Chronologie der Aegypter einst als letzter Gott der ersten Götterdynastie, der sogenannten „grossen Götterneunheit", das Land beherrscht haben sollte. Es wären danach unter den *Šmśw-Ḥr* alle Wesen zu verstehen, die nach der ersten Götterdynastie und vor Menes regiert haben sollten; der Name würde also nicht nur die zweite Götterdynastie, die sogenannte „kleine Götterneunheit", sondern auch die Dynastieen der Halbgötter und der halbgöttlichen Verstorbenen einbegriffen haben. Wenn Eduard Meyer[3] dagegen die „Horusnachfolger" mit de Rougé nur in der letzten vorgeschichtlichen Dynastie des Manethos, den halbgöttlichen Verstorbenen wiedererkannte, so hat er den Widerspruch, der

1) Recherches sur les monuments qu'ou peut attribuer aux six premières dynasties de Manéthon, in den Mémoires de l'Académie des inscriptions et belles lettres tome 25 (Paris 1866), pp. 235. 374.

2) Brugsch, Gesch. Aeg. 34; Wiedemann, Aeg. Gesch. 159; Eduard Meyer, Gesch. des Altert. I § 48.

3) Gesch. des Altert. I § 48.

darin läge, dass „die Nachfolger des Horus" durch zwei Dynastieen von Horus getrennt wären, offenbar ganz übersehen.

Von dieser Erklärung des Namens *Šmśw-Ḥr* als „Nachfolger des Gottes Horus", die lange Zeit hindurch in Geltung blieb, ist man dann später zurückgekommen, als man einsah, dass das Wort *šmś* „folgen" nie von der zeitlichen, sondern nur von der räumlichen Folge gebraucht wird und zwar ganz speziell von der ehrfurchtsvollen Folge, die der Untergebene dem Höherstehenden leistet. Wir finden es vom Gefolge des Herrschers gebraucht, wenn jemand sich rühmt, seinem Herrn gefolgt zu sein auf allen seinen Wegen, wir finden es, wenn die Statue eines Gottes oder Verstorbenen an einem Festtage zum Tempel oder ein Verstorbener zu seinem Grabe geleitet wird. Das Wort *šmś* bedeutet dann geradezu „dienen" und in dieser Bedeutung hat es sich auch noch im Koptischen erhalten (ϣⲙ̄ϣⲉ). Die *Šmśw-Ḥr* mussten demnach Wesen sein, die dem Gotte Horus räumlich folgten und ihm dienten, also „Horusdiener", wie de Rougé ihren Namen schon deutete. Und diese Erklärung ist denn heute auch wohl allgemein angenommen.

Unter den „Horusdienern", die nach dem Turiner Königspapyrus vor Menes regiert haben sollen, stellt man sich nun allgemein das persönliche Gefolge des Gottes vor, das ihn nach dem Mythus bei seinen Kämpfen gegen Set und während seiner langen Regierung umgeben haben soll[1] und das in der That wiederholentlich ebenso als „seine Diener" (*šmśw-f*) resp. als die „Horusdiener" (*Šmśw-Ḥr*) bezeichnet wird[2]. Wenn man die „Horusdiener", die uns als Vorgänger des Menes genannt werden, in diesen persönlichen Dienern des Gottes Horus aus dem Mythus wiedererkennt, so kommt man aber zu ganz seltsamen Konsequenzen. Es hätte dann nach der Vorstellung der Aegypter eine grössere Anzahl von Zeitgenossen des Gottes Horus nicht nur diesen ihren Herrn mit seinem langen Götterleben überlebt, sondern sie hätten auch noch nach seinem Ableben einer nach dem anderen auf seinem Throne gesessen. Es wäre sich also eine ganze Reihe von Regierungen etwa gleichaltriger Personen gefolgt, von denen eine die andere überlebte und unter denen die erste, der grosse Gott Horus, das kürzeste Leben gehabt hätte. Das ist aber wohl ein Ergebnis, das selbst für eine Götterchronologie anstössig erscheinen muss. Man könnte nun ja noch annehmen, dass die ganze Schar der „Horusdiener" zugleich in einer Gesamtregierung dem Gotte gefolgt sein sollte. Doch ist dieser Ausweg schon an sich wenig wahrscheinlich und beseitigt überdies den Hauptanstoss, dass der Gott von seinen Dienern überlebt worden sein sollte, auch nicht. In beiden Fällen müsste übrigens die Regierung der persönlichen Diener des Horus vernünftigerweise unmittelbar auf die seinige gefolgt sein, wenn die Anachronismen nicht noch ärger werden sollen. Sie müsste somit ebenso wie oben bei der Deutung des Namens *Šmśw-Ḥr* als „Nachfolger des Horus" die ganze Zeit zwischen Horus und Menes ausgefüllt haben und sie würde also der zweiten Götterdynastie, der Dynastie der Halbgötter und der Dynastie der halbgöttlichen Verstorbenen bei Manethos entsprechen, also drei Dynastieen ganz verschiedenen Ranges. Es wäre aber nicht zu verstehen, weshalb die persönlichen Diener des Gottes Horus bei Manethos in diese drei verschiedenen Dynastieen geschieden sein sollten, und ebensowenig wäre andererseits einzusehen, wie diese drei Dynastieen etwa von den Aegyptern unter

---

1 Eduard Meyer, Gesch. Aeg. 47; Maspero, Histoire ancienne de l'Orient I 182.

2 Sall. IV 23, 10; Naville, Textes relatifs au mythe d'Horus pl. 6 13, 8; 14. 17, 9. 11 22. 22. 25.

der Sammelbezeichnung *Šmśw-Ḥr* zusammengefasst werden konnten, wenn dieser Name „Horusdiener" und nicht „Horusnachfolger" bedeutete. Eduard Meyer hat freilich in seiner Geschichte Aegyptens[1] die *Šmśw-Ḥr*, in denen er das halbgöttliche Gefolge des Gottes Horus sieht, wieder nur der manethonischen Dynastie der halbgöttlichen Verstorbenen gleichsetzt; er hat diese Gleichsetzung wohl einfach aus seinem früheren Werke übernommen, ohne sich den Anachronismus, der darin liegt, klar zu machen. Wenn dieser Anachronismus nun ja schliesslich auch kein unüberwindliches Hindernis böte, so werden wir das Ergebnis der vorstehenden Erörterungen immerhin dahin zusammenfassen können, dass die Auffassung der „Horusdiener", die vor Menes regiert haben sollen, als persönliche Diener des Gottes Horus nur mit grossen Anachronismen, die selbst für eine Götterchronologie anstössig erscheinen müssen, möglich und mit der manethonischen Chronologie der vorgeschichtlichen Zeit vereinbar wäre.

Der Name „Horusdiener" kann nun aber, was seltsamerweise niemandem in den Sinn gekommen zu sein scheint, noch eine ganz andere Bedeutung haben, bei der alle diese Schwierigkeiten wegfallen. Das Wort *šmś* „folgen", „dienen" wird gerade mit Beziehung auf göttliche Wesen oft gebraucht, um den Gottesdienst, die Gottesverehrung zu bezeichnen. „O ihr Lebenden auf Erden, die ihr im Dienste (*m šmś*) des Osiris seid, sprecht eine Opferformel für mich an jedem Orte, an dem ihr im Dienste (*m šmś*) dieses Gottes seid", so bittet z. B. ein Verstorbener auf seinem Grabstein die Vorübergehenden[2], und ein Lebender spricht in einem Proskynema zu den Göttern des Ortes „ich komme zu euch, damit ich in eurem Dienste (*m šmś-tn*) sei, gebt mir eure Gunst"[3]. Aehnliches findet man in den Inschriften auf Schritt und Tritt. Und auch im Koptischen hat sich das Wort *šmś* gerade in diesem speziellen Gebrauch erhalten. Den koptischen Ausdrücken ϣⲁⲙϣⲉ-ⲛⲟⲩⲧⲉ „gottesfurchtig", ϣⲁⲙϣⲉ-ⲉⲓⲇⲱⲗⲟⲛ und ϣⲁⲙϣⲉ-ⲓⲇ „Götzendiener" könnte der Name *Šmśw-Ḥr* „Horusdiener", der den Vorgängern des Menes gegeben wird, nicht nur der Form, sondern auch dem Inhalt nach entsprechen. Die „Horusdiener" vor Menes würden dann also nicht mit den „Horusdienern", die den Gott Horus im Mythus begleiten, identisch sein, sondern wären Wesen, die den Horus als Gott verehrten, also vermutlich Menschen.

2. Die Nachrichten über die „Horusdiener".

Dass man sich unter den „Horusdienern", die vor Menes geherrscht haben sollten, Menschen vorzustellen habe, nahm seiner Zeit auch de Rougé an. Der Beweis, den er dafür zu erbringen meinte, erwies sich aber als nicht stichhaltig. In der Inschrift von Tombos, die die Horusdiener als Vertreter der ältesten Zeit erwähnt[4], ist ihr Name nicht, wie de Rougé behauptete, mit dem Bilde des Menschen , sondern mit dem des Gottes  determiniert und im Turiner Königspapyrus ist der Name das eine Mal allerdings nur 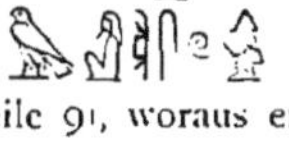 geschrieben (Fragm. 1, Zeile 10), das andere Mal aber  (ib. Zeile 9), woraus ersichtlich ist, dass das Bild des Menschen hier nur Determinativ zu dem Appellativum *šmśw* „Diener", nicht zu dem ganzen Namen *Šmśw-Ḥr* „Horusdiener" sein soll; dieser ist vielmehr das eine Mal gar nicht besonders determiniert, das andere Mal ebenso wie in der Inschrift von Tombos durch

1) S. 47. 2) Brugsch, Thes. V 1231. 3) Brugsch, Thes. V 1217g. 4) LD. III 5a, 15.

das Zeichen 𓀭, das Determinativ des Gottes. Dieses Determinativ entkräftet zwar de Rougé's Beweisführung, beweist aber gegen die Richtigkeit seines Gedankens selbst nichts; denn auch die menschlichen Könige erhalten dieses Determinativ.

Dass de Rougé's Gedanke, der ja mit dem Ergebnisse der oben mitgeteilten Ausführungen zusammentrifft, in der That richtig ist und dass man sich unter den „Horusdienern" vor Menes wirklich Menschen vorgestellt hat, dürfte sich schon aus der Art und Weise ergeben, wie von ihnen die Rede ist, wo sie als Vertreter des hohen Altertums erscheinen.

Wenn in einer Inschrift des Königs Raʿ-ḥotep aus der Zeit zwischen dem mittleren und dem neuen Reich[1] zu dem Könige von einem Ereignis gesprochen wird, das geschehen sei

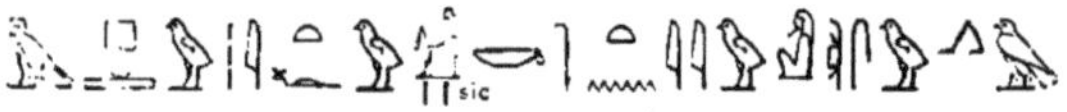

m hꜣw itfw-k stnjw Šmsw-Ḥr

„zur Zeit deiner Väter der Könige (von Oberägypten?) Horusdiener", so klingt das ganz, als ob von alten menschlichen Königen die Rede ist. Von den Göttern würde man, obwohl auch sie einst Aegypten beherrscht haben sollten, kaum so als *stnjw* „Könige" reden, sondern man würde einfach das Wort *ntrw* „Götter" ohne weitere Königstitel gebrauchen.

In der Inschrift von Tombos[2] wird von König Thutmosis I. gerühmt: „man schwört bei seinem Namen in allen Ländern, weil der Ruhm seiner Majestät so sehr gross ist"

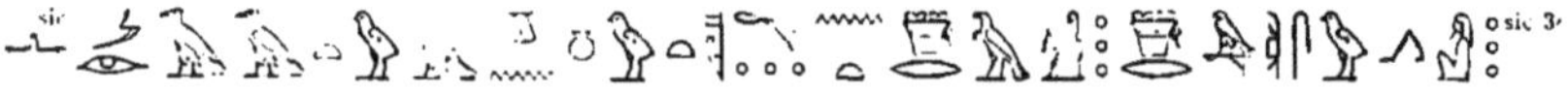

n mꜣꜣ-tw m gnwt nt drtjw dr Šmsw-Ḥr[4]

„nicht wird es (d. h. Derartiges) gesehen in den Annalen der Vorfahren seit den Horusdienern". Hiernach scheint es, dass die alten Königsannalen bis in die Zeit der „Horusdiener" zurückgingen.

Noch deutlicher erscheinen die „Horusdiener" als reale Wesen aber in der bekannten Bauinschrift von Dendera, die den Neubau des Tempels durch Thutmosis III. betrifft[5]; dort heisst es:

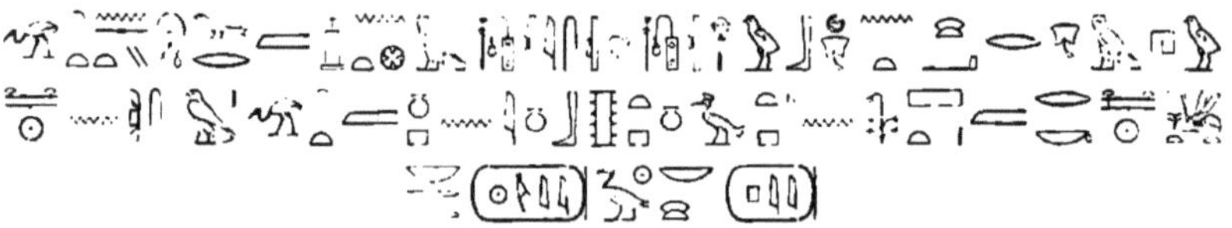

gm-tw snṯj wr m Iwnt m sš is sš ḥr wbḫ nt ḥʿr m hꜣw n Šmsw-Ḥr gm-tw m ḥnw n inb n db-t n pr-stnj(?) m rk stnj-bjtj nb-tꜣwj Mrjj-rʿ sꜣ-Rʿ nb-ḫʿw Pjj[7]

„gefunden wurde der grosse Plan in Dendera in einer alten Schrift, die geschrieben war auf das Leder eines Tierfells zur Zeit der Horusdiener; gefunden wurde er im Innern einer Ziegelmauer des Königshauses (?) zur Zeit des Königs *Mrjj-rʿ Ppjj* I (Phios)". — Hier hören

1 Petrie Koptos 12, 3. 2 L.D. III 5a. 14 5.

3) Nach dem Berliner Abklatsch berichtigt von Schäfer.

4 𓅃 für 𓅃 hat die Inschrift auch in Zeile 16.

5 Dümichen. Baugeschichte des Denderatempels Taf. 1. 6 lies ▭ statt ▭.

7 Diese Schreibung giebt wohl eine Aussprache des Namens *Ppjj* ohne das zweite *p* wieder, wie Φιώς bei Manethos, *Phius* bei Plinius (n. h. 36. 67).

wir also gar von einer alten Schrift aus der Zeit der „Horusdiener", die noch unter der sechsten Dynastie aufgefunden worden sein soll.

Wie die „Horusdiener" an diesen Stellen als Menschen der Urzeit erscheinen ohne irgend welche mythologische Beziehung zu dem Gotte Horus, für dessen persönliches Gefolge man sie erklären wollte, so erscheinen sie auch sonst, wo sie in nicht mythologischen Texten vorkommen, ohne jede Beziehung zum Horusmythus.

Der Papyrus Prisse[1] scheint die Horusdiener als Muster belohnter Tugend hinzustellen: „ein Sohn, der hört (auf die Worte seines Vaters), ist wie ein Horusdiener (*šmś-Ḥr*) es geht ihm gut infolge seines Hörens; er wird alt und erreicht die Würde des Greisenalters". Auch hier wird man in dem „Horusdiener" unbefangen eher ein menschliches als ein göttliches Wesen vermuten.

Als Muster von Glückseligkeit begegnen uns die Horusdiener denn auch oft in den Gräbertexten des neuen Reiches, in denen sich oft in der verschiedensten Fassung der Wunsch wiederholt, der Tote möge unter den „Horusdienern" und wie sie sein Dasein führen[2]. Die „Horusdiener" erscheinen hier als eine besonders ausgezeichnete Gruppe der seligen Bewohner des Totenreiches, der *šʿḥw*[3] oder *ḥsjw*, wie sie im neuen Reich, der *ꜣḫw* oder *mwtw*, wie sie in älterer Zeit genannt werden. Wie diese Bewohner des Totenreiches stehen wohl auch die „Horusdiener" unter der Herrschaft des mit Osiris identifizierten letztverstorbenen Königs (später bekanntlich auch auf alle anderen Menschen übertragen): sie erweisen ihm daher allerlei Dienste, sie reinigen ihn[4] und geben ihm was er zum Leben braucht[5]; er stellt sie zufrieden[6] wie das ein guter König mit seinen Unterthanen thut[7]. So oft wir den „Horusdienern" auch in den Gräbertexten begegnen, nirgends findet sich dabei eine Spur von irgend welchen mythologischen Beziehungen zwischen ihnen und dem Gotte Horus, der dabei überhaupt nur ausnahmsweise einmal gelegentlich und ohne ersichtlichen Zusammenhang mit ihnen zusammen genannt wird[8]. Nichts findet sich auch, was dafür sprechen könnte, dass die „Horusdiener" eine höhere Rolle im Totenreich spielten, als z. B. die verstorbenen Könige, die uns in manchen Totentexten als eine besondere Gruppe der Toten begegnen[9] und dem Verstorbenen gleichfalls gewisse Dienste leisten sollen[10]. Es hindert schlechterdings nichts, in ihnen verstorbene menschliche Wesen zu sehen, wie das schon de Rougé gethan hat.

Was sich hier für die „Horusdiener" der Gräber- und Totentexte als wahrscheinlich ergab,

1) 17, 10 ff.

2) Pyr. W. 17 = N. 241. M. 408. Rougé, Inscr. hiérogl. 23. Paheri 9, 12. Berlin 7290. Louvre C. 55. 63. Brugsch, Thes. V 1141. Hannover 18.

3) Vergl. Brugsch, Thes. V 1141, wo die „Horusdiener" und die *šʿḥw* sich entsprechen.

4) Pyr. P. 175 = N. 947. P. 462 = M. 518 = N. 1099.

5) Totb. ed. Naville 101, 9.

6) Pyr. P. 166 = M. 319 = N. 832.

7) Pyr. P. 213 „Horus stellte zufrieden seine Unterthanen (*rḫjt*)".

8) Pyr. P. 166 = M. 319 = N. 832 „du stellst zufrieden die Horusdiener, Horus rächt dich, Horus stellt dich zufrieden".

9) Pyr. P. 649. 665. Maspero, Études de mythologie et d'archéologie II 90.

10) z. B. in dem Totenpapyrus Berlin P. 3064, wo drei Könige mit oberägyptischer und drei mit unterägyptischer Krone den Toten rudern. Mitteilung des Hrn. Dr. Möller.

wird nun für die „Horusdiener“ vor Menes zur Gewissheit durch den Turiner Königspapyrus. Wie schon erwähnt, werden sie hier zweimal hintereinander genannt; dabei sind sie das zweite Mal einfach mit ihrem Namen als *Šmsw-Ḥr* „Horusdiener“ bezeichnet, das erste Mal dagegen vollständiger als *Ꜣḫw Šmsw-Ḥr* „die Geister (*Ꜣḫw*) Horusdiener“. Das Wort *Ꜣḫ* „Geist“ (kopt. boh. ⲓϧ ist aber ganz speziell die gewöhnliche Bezeichnung für die wesenlosen Bewohner des Totenreiches, die Geister der Verstorbenen, die im Glauben der Aegypter eine Zwischenstellung zwischen Göttern und Menschen einnahmen. Die Horusdiener sind hier also, was de Rougé entgangen war, ganz im Einklange mit ihrem Auftreten in den Totentexten als „Verstorbene“ bezeichnet.

Nicht als „Geister“ (*Ꜣḫw*), wie hier, sondern als „Götter“ (*nṯrw*), die in Gestalt von Schakalen verehrt wurden, erscheinen die „Horusdiener“ in einem Titel, den ein Gaufürst von Siut (Lykopolis) und Vorsteher der Propheten des Schakalgottes *Wpj-wꜣwt* im mittleren Reich führt: *db ḥwt sꜣbw nṯrw Šmsw-Ḥr* „der bekleidet die Leiber der Schakale, der Götter Horusdiener“[2]. Dass hier wirklich die uns beschäftigenden „Horusdiener“, nicht etwa das göttliche Gefolge des Horus aus seinem Mythus, gemeint sind, geht gerade aus der Beziehung zu dem Schakal hervor, der wir unten noch in anderen Spuren begegnen werden (s. u. Abschnitt 7). Wenn den „Horusdienern“, die oben als „Geister“ (*Ꜣḫw*) bezeichnet waren, hier die höhere Bezeichnung „Götter“ (*nṯrw*) gegeben wird und sie wie Götter in heiligen Tieren verehrt erscheinen, so finden wir ganz dasselbe auch bei den sogenannten „Horuskindern“ (*mśw-Ḥr*) *Imśtj, Ḥpj, Dwꜣ-mwt-f* und *Ḳbḥ-śnw-f*. Auch sie sind „Geister“[3], werden aber bisweilen auch als „Götter“ bezeichnet[4], und drei von ihnen haben Tiergestalt (Affe, Schakal, Sperber). Es zeigt sich in diesen Erscheinungen eben die halbgöttliche Stellung zwischen Menschen und Göttern, die die „Geister“ im Glauben der Aegypter einnahmen. Ueberdies wäre die Bezeichnung „Götter“ für die „Horusdiener“, wenn es sich bei ihnen um verstorbene K ö n i g e handelte, auch schon deshalb gerechtfertigt, weil die ägyptischen Könige selbst als solche im Leben wie im Tode göttlichen Rang besassen, im Leben als „guter“ oder „grosser Gott“ und als Horus, im Tode als Osiris.

3. Manethos' Dynastie der Verstorbenen (νέκυες) und ihre Stellung unter den anderen vorgeschichtlichen Dynastieen.

Die Thatsache, dass die „Horusdiener“ im Turiner Königspapyrus direkt als „Geister“ oder „Verstorbene“ bezeichnet sind, weist ihnen nun auch ihre Stelle unter den vorgeschichtlichen Dynastieen des Manethos' mit Gewissheit an. Es kann kein Zweifel sein, dass die „Geister Horusdiener“, die der Turiner Königspapyrus als Vorgänger des Menes nennt, wirklich, wie das

---

1) An dieser Stelle ist nach der treffenden Bemerkung von Erman: *Š.-Ḥ.* „bis zu den Horusdienern“ zu lesen.

2) Griffith, Siut I 173. 238. — Die Worte „Leiber der Schakale“ sind hier wohl wörtlich zu nehmen, nicht wie bei Brugsch, Reise zur grossen Oase Taf. 25. 9 als „Rudel (eig. Körperschaften) der Schakale“; vgl. u. Abschnitt 8 gegen Ende.

3) Vgl. Chassinat, Rec. de trav. 19, 23 ff.

4) z. B. Pyr. P. 673. 706 und in dem Ausdruck „Götterneunheit“ für sie und die „Kinder des *Ḫntj-ḥtj*“ s. u. S. 9.

schon de Rougé nach dem Auftreten der „Horusdiener“ in den Totentexten vermutet hatte, mit den *νέκυες οἱ ἡμίθεοι* „halbgöttlichen Verstorbenen“ identisch sind, auf die Manethos den Menes folgen lässt.

Diese Dynastie der „Verstorbenen“ scheint in Manethos' Chronologie der Urzeit, die uns genauer nur durch Eusebius bekannt ist[1], die vierte Stelle eingenommen zu haben. Die erste Dynastie bildeten bei ihm die grossen Götter von Hephaistos-Ptaḥ bis Horus (*Aegyptii primi hi dominati sunt*), d. i. die „grosse Götterneunheit“ von Heliopolis, wie sie in Memphis verehrt wurde, mit dem dortigen Lokalgott Ptaḥ an der Spitze; dieselben Götter nannte auch der Turiner Königspapyrus (Fragm. 1).

Auf diese erste Götterdynastie folgte dann eine zweite bis Bidis (*post quos per successionem protractum est regnum usque ad Bidin in spatio annorum 13900*, von Hephaistos an), in der man mit Maspero die zweite oder „kleine Götterneunheit“ von Heliopolis zu erkennen hat. Diese Dynastie scheint bei Manethos mit der ersten zusammengefasst gewesen zu sein, wie im Turiner Königspapyrus, wo sie sich ebenso unmittelbar an die erste anschloss, wie die zweite geschichtliche Dynastie thinitischer Könige an die erste.

Auf die zweite Götterdynastie, die „kleine Götterneunheit“ folgten dann als dritte Dynastie die *ἡμίθεοι* „Halbgötter“ (*post deos regnavit gens semideorum annis 1255*)[2]; in ihnen hat man gewiss die dritte Götterneunheit von Heliopolis zu erkennen, deren Zusammensetzung Chassinat[3] vor einigen Jahren nachgewiesen hat und die er den „Verstorbenen“ des Manethos gleichsetzen wollte. Die „Kinder des Horus“ und die „Kinder des Gottes *Ḏḥwtj-ḥtj*“, die nach Chassinat's Feststellungen diese dritte Götterneunheit bilden, werden in den Texten in der Regel als „Geister“ (*ꜣḫw*) bezeichnet, bisweilen aber auch als „Götter“ (*ntrw*)[4]. Sie scheinen also in der That keine vollen Götter gewesen zu sein, sondern eine Zwischenstellung zwischen Göttern und Menschen eingenommen zu haben wie die „Geister“ der Verstorbenen, die wir ja oben in dem Falle der „Horusdiener“ gleichfalls einmal als „Götter“ bezeichnet fanden und die Manethos auch „Halbgötter“ nennt (*νέκυες οἱ ἡμίθεοι*).

Die genannten drei ersten vorgeschichtlichen Dynastieen des Manethos werden zusammen die „Zeit der Götterneunheiten“ ( *hꜣw psḏwt*[5]) oder die „Götterzeit“ ( *rk-ntr*) gebildet haben, denen wir in den ägyptischen Inschriften öfter als Bezeichnungen für die älteste Urzeit begegnen.

Auf die Dynastie der Halbgötter sollen bei Manethos nach der Ueberlieferung des Eusebius erst noch drei „andere“ Dynastieen gefolgt sein (*atque rursus alii reges dominati sunt annis 1817, post quos alii 30 reges Memphitae annis 1790, post quos alii Thynitae 10 reges annis 350*), erst danach endlich die letzte vorgeschichtliche Dynastie der „halbgöttlichen Verstorbenen“ (*ac deinde manium et semideorum regnum annis 5813*), auf die unmittelbar die erste geschichtliche Dynastie

1 ed. Schöne I 134 ff.

2 Diese Worte zeigen deutlich, dass die vorher genannten Nachfolger des Horus bis Bidis noch zu den Göttern, nicht zu den Halbgöttern gehören, wie man gedacht hat (Maspero, Études de mythologie et d'archéologie II 279 ff. Proceed. Soc. bibl. archeol. 12, 419 ff.).

3 Rec. de trav. 19, 23 ff.

4 s. ob. S. 8.

5 Rougé, Inscr. hierogl. 177 2 „nicht ward solches gehört seit der Zeit der Götterneunheiten“.

mit Menes an der Spitze folgt *μετὰ νέκυας τοὺς καὶ ἡμιθέους πρώτην δυναστείαν καταριθμοῦσι* = *post manes et semideos primam dynastiam percensent*. Die drei Dynastieen, die hier die Dynastie der Halbgötter und die Dynastie der halbgöttlichen Verstorbenen trennen, müssten nach ihrer Stelle gleichfalls Halbgötter gewesen sein, wie ihre Vorgänger. Das ist denn auch Eusebius' Auffassung, wie daraus hervorgeht, dass er die sämtlichen vorgeschichtlichen Dynastieen am Schlusse seiner Aufzählung als *dei et semidei et manes* zusammenfasst[1]. Auch lassen das Sothisbuch, das *χρονογραφεῖον σύντομον* und die aus Afrikanus stammenden Excerpta Barbari die Dynastie der „halbgöttlichen Verstorbenen" direkt auf die „Halbgötter" folgen. Im Unterschied zu Eusebius scheinen diese indirekt gleichfalls aus Manethos schöpfenden Quellen aber nur eine Dynastie von Halbgöttern anzunehmen und das ist gewiss das richtige; denn die ganze Erscheinung der drei Dynastieen *alii reges*, die bei Eusebius der *gens semideorum* folgen, ist so ganz und gar nicht halbgöttlich. „Andere Könige aus Thinis" und gar „andere Könige aus Memphis", das ja erst von Menes gegründet sein soll, gehören trotz der mythischen Zeiträume, die sie regiert haben sollen, ganz gewiss nicht unter die Halbgötter und vor die halbgöttlichen Verstorbenen ohne Heimatsangabe; sie werden wer weiss durch welches Versehen aus der geschichtlichen Zeit hierher verschlagen und dann mit der erforderlichen übernatürlichen Regierungsdauer ausgestattet worden sein.

Wie dem auch sei, jedenfalls folgte die Dynastie der „Verstorbenen", in denen wir oben die „Horusdiener" erkannt haben, bei Manethos unmittelbar auf die „Halbgötter". Manethos gab ihnen sogar, wie mehrfach bezeugt ist, den gleichen Rang wie diese ihre Vorgänger, er nannte auch sie „Halbgötter"[2]; und das mit vollem Recht; denn die „Horusdiener" wurden, wie wir fanden, von den Aegyptern ganz in derselben Weise bald mit dem Ausdruck „Geister" (*ꜣḫw*, d. i. *νέκυες*) bald mit dem Ausdruck „Götter" (*nṯrw*, d. i. *ἡμίθεοι*) belegt, wie die „Halbgötter" der dritten vorgeschichtlichen Dynastie, die dritte Götterneunheit. Sie waren als „Verstorbene" nach dem Glauben der Aegypter eben höhere halbgöttliche Wesen, gerade wie diese Halbgötter.

4. Der Wechsel in den Vorstellungen über die „Horusdiener" im Altertum.

Wenn Manethos die Vorgänger des Menes nun als „Verstorbene" (*νέκυες*) bezeichnet und ihnen dazu das Prädikat „Halbgötter" (*ἡμίθεοι*) giebt, das ihnen als solchen in der That zukam, so hat er sie sich ohne Zweifel wirklich als eine Dynastie von übersinnlichen Wesen, von Geistern vorgestellt, die nach den Göttern und Halbgöttern Aegypten beherrschten, ehe es den Menschen überliefert wurde. Er dachte sie sich also schon als Verstorbene zur Zeit ihrer Herrschaft. Dieselbe Auffassung ist vielleicht auch schon vorauszusetzen, wenn der Turiner Königspapyrus die Vorgänger des Menes als „die Geister (*ꜣḫw*) Horusdiener", also gleichfalls als Verstorbene bezeichnet und ihnen die mythische Zeitdauer von über 13420 Jahren zu geben scheint.

1 Dies hob bereits Boeckh (Manetho, S. 100 ff.) mit Recht hervor.

2 *μετὰ ταῦτα* nach den *ἡμιθέοις τῶν νεκύων βασιλείας ἐξηγήσατο* (Manethos), *ἡμιθέους καλῶν καὶ αὐτοὺς* (Afrikanus), von Boeckh (Manetho, S. 101) aus den Worten der Excerpta Barbari „*post hec Ecyniorum reges interpraetavit, Imitheos vocans et ipsos*" rekonstruiert. (*manium et semideorum regnum* Eusebius Armen. (Schöne, S. 137). — *μετὰ νέκυας τοὺς ἡμιθέους πρώτην βασιλείαν καταριθμοῦνται* Afrikanus bei Synkell. *μετὰ νέκυας τοὺς καὶ ἡμιθέους πρώτην δυναστείαν καταριθμοῦσι* Eusebius bei Synkell (von v. Gutschmid emendiert (Schöne, S. 138)). *post manes et semideos primam dynastiam percensent* Eusebius Armen.

Dieser Auffassung steht nun aber die Auffassung gegenuber, in der wir die „Horusdiener" in den geschichtlichen Inschriften der älteren Zeit fanden, wie auch die Deutung „Horusverehrer", die wir für ihren Namen ermittelt haben. Beides liess sie uns als reale menschliche Wesen erscheinen; und dazu stimmte auch ihr Auftreten in den Gräber- und Totentexten, in denen sie zwar auch als Verstorbene erschienen, aber nicht im Diesseits als Herrscher über Aegypten, sondern im Jenseits als eine Gruppe unter dessen zahllosen Bewohnern. Sie erschienen also in allen diesen Fällen nicht als die „Konige Verstorbene" *βασιλεῖς νέκυες*, wie sie das falsche Sothisbuch nach Manethos nennt, sondern als „verstorbene Konige", als Konige der Vorzeit.

Beide Auffassungen lassen sich aber wohl gut vereinen; die eine ist auf ganz naturlichem Wege aus der anderen entstanden. Wenn man in den Anfängen der geschichtlichen Zeit die Vertreter der verflossenen, durch irgend ein wichtiges Ereignis, wie etwa die Vereinigung Aegyptens (s. u. Abschnitt 6) abgeschlossenen Periode der Geschichte als „Verstorbene" bezeichnete und im Reich der Toten eine besonders ausgezeichnete Gruppe bilden liess, so war das ganz natürlich. Man bezeichnete sie damit gewissermassen als die hochseligen Ahnen der gegenwärtig regierenden Dynastie. Im Laufe der Zeit musste diese Bezeichnung aber immer unverständlicher werden, je mehr Könige verstarben, ohne doch zu jenen speziellen „Verstorbenen" gerechnet zu werden. Man musste so schliesslich auf den Gedanken kommen, dass jenen Verstorbenen die Eigenschaft der Verstorbenen (*νέκυες*), der Geister (*ἡμίθεοι*) in hoherem Masse eignete als den später verstorbenen Königen von Menes an und dass sie daher „Verstorbene", „Geister" bereits gewesen sein müssten, als sie auf Erden weilten und Aegypten regierten.

In gleichem Masse konnte natürlich auch das Verständnis für die Bedeutung des Namens *Šmśw-Ḥr* „Horusdiener", unter dem uns die Vorgänger des Menes entgegentreten, allmählich verschwinden. Und es scheint wohl denkbar, dass man diesen Namen später, als seine Träger zu übersinnlichen Wesen geworden waren, in ahnlicher Weise erklärte, wie es die Aegyptologen bisher gethan hatten.

5. Die „Horusdiener" und die zwei Reiche von Hierakonpolis und Buto.

Wenn wir nun in den „Horusdienern" der ägyptischen Inschriften und den Verstorbenen des Manethos die **menschlichen** Vorgänger des Menes erkennen, die ursprünglich als verstorbene Könige einer vergangenen Zeit eine hervorragende Rolle im Totenreich spielten und erst allmählich zu Geisterkönigen geworden sind, so müssen wir uns fragen, ob das, was wir über sie erfahren, auch zu dem stimmt, was wir sonst uber die Zeit vor Menes noch aus den ägyptischen Denkmälern erschliessen können.

Unter Menes und seinen Nachfolgern, den Konigen der ersten geschichtlichen Dynastie, tritt uns die ägyptische Kultur vollständig entwickelt, ja auf einem gewissen Hohepunkt stehend entgegen. Insbesondere ist die Schrift völlig ausgebildet; um sich aus den Anfängen einer reinen Begriffsbilderschrift bis zu ihrem damaligen Stande als phonetische Schrift zu entwickeln, muss sie Jahrhunderte lang in Uebung gewesen sein. Es hat danach durchaus nichts Verwunderliches, wenn wir aus der Bauinschrift des Tempels von Dendera hören, dass unter der sechsten Dynastie eine alte Schrift aus der Zeit der „Horusdiener" aufgefunden worden sei, die den Plan des alten, damals bereits verfallenden Tempels enthielt und bei dem deshalb unternommenen Neubau benutzt wurde. In der religiösen und wissenschaftlichen Litteratur der alten Aegypter wird sich uns aus der vorgeschichtlichen Zeit gewiss noch Manches bis heute erhalten haben, ohne dass wir es wissen. Ein glücklicher Ausnahmefall ist es, wenn wir einmal die vorgeschichtliche Herkunft eines Textes noch so deutlich zu erkennen vermögen, wie bei jenem „Pyramidentext", der von dem Schrecken im Herzen der *bjtjw imjw P* „unterägyptischen Könige, die in Buto sind" spricht. Es leuchtet ohne weiteres ein, dass dieser Text, der sich unter den alten Königstotentexten in der Pyramide des Königs *Ppjj* I (Phios) der sechsten Dynastie aufgezeichnet findet, in Oberägypten vor der Vereinigung der beiden Länder, auf der der Staat der geschichtlichen Zeit schon unter Menes beruhte, entstanden sein wird[1].

Nach der Inschrift von Tombos schien es, dass die Annalen der ägyptischen Könige noch bis in die Zeit der „Horusdiener", also über Menes zurückreichten. Auch das ist, nachdem die Bedeutung des Steins von Palermo erkannt ist, kein Wunder mehr. Dieses Annalenbruchstück aus der fünften Dynastie[2] nennt uns in seiner ersten Zeile noch die Namen von Königen, die nur die rote unterägyptische Krone trugen und also Unterägypten vor seiner Vereinigung mit Oberägypten beherrschten. Bemerkenswerterweise war in diesen Annalen für die Zeit vor Menes nichts überliefert als die Namen der Könige, während für die geschichtliche Zeit der ersten bis fünften Dynastie jedes einzelne Jahr mit gewissen Ereignissen, die sich in ihm zugetragen hatten, verzeichnet war. Diese Thatsache erklärt uns einerseits, wie es möglich war, dass die in den Annalen geführten Könige vor Menes zu übersinnlichen Wesen mit einer mythischen Zeitdauer werden konnten, andererseits wie Manethos noch die Namen dieser Vorgänger des Menes aufzählen konnte. Denn dass er dies that, scheint wohl aus den Worten des Afrikanus *μετὰ ταῦτα τὰς νεκύων βασιλείας ἐξηγήσατο* (s. ob. S. 10, Anm. 2) zu entnehmen. Manethos hatte eben allem Anschein nach noch Annalen wie die des Palermosteins vor sich, als er sein Werk verfasste (vgl. u. den dritten Aufsatz).

In den beiden soeben besprochenen Fällen fanden wir, dass das, was uns die Inschriften über die „Horusdiener" der Urzeit melden, entsprechend auch für die Zeit zu belegen ist, in der Ober- und Unterägypten noch nicht, wie in der ersten geschichtlichen Dynastie, zu einem Reiche vereinigt waren, sondern noch unter ihren eigenen Königen, den *ṡtnjw* und den *bjtjw*, nebeneinander standen. Diese Uebereinstimmung ist kein Zufall; die vorgeschichtliche Zeit der zwei Reiche ist ohne Zweifel identisch mit der Zeit der „Horusdiener".

Wie wir oben ermittelt haben, bedeutete der Name „Horusdiener" wahrscheinlich Horusverehrer; das waren aber, wie es scheint, die Könige, die die beiden Reiche nebeneinander vor ihrer Vereinigung beherrschten, in der That. Die eigentlichen Hauptstädte der beiden Reiche in dieser Zeit, *Nḫb* Eileithyiaspolis (Elkab) und *Dp* Buto hatten freilich selbst nicht den Gott Horus zum Ortsgott, sondern die Geiergöttin *Nḫbjt* Eileithyia und die

1) Ä. Z. 38, 64, wo es noch unentschieden gelassen ist, ob der Text aus Ober- oder Unterägypten stammt. Ein Text, der überhaupt an den Schrecken im Herzen der Könige von Unterägypten zu denken wagt, kann aber wohl nur in dem Reiche des Gegners entstanden sein, wie der Zusammenhang auch gewesen sein mag.

2) Herausgegeben von Schäfer in dem Anhang zu den Abh. d. Berl. Akad. 1902.

Schlangengottin *W₫dyt* Buto, die infolge dessen zu Schutzgottinnen der beiden Reiche wurden und mit denen sich der *šnj bjtj* „König von Ober- und König von Unterägypten" der geschichtlichen Zeit unter dem Titel *nbtj* „die beiden Herrinnen" identifizierte[1]. Aber jeder dieser beiden Hauptstädte gegenüber lag eine zweite Stadt, die, wie es scheint, speziell die Residenz des Königs bildete, *Nḫn* Hierakonpolis (Kom el Ahmar) in Oberägypten und *P* Buto in Unterägypten[2]. Diese Königsstädte hatten beide als Ortsgott denselben Gott Horus, das alte Vorbild der ägyptischen Könige, mit dem sich diese unter ihrem ersten und in älterer Zeit vornehmsten Titel „Horus" identifizierten. Daneben standen in beiden Städten gewisse Wesen, die unter dem Namen der *b'w* „Seelen" von *Nḫn* und von *P* bezeichnet wurden und auf die noch unten zurückzukommen sein wird. Diese gleichartige Ordnung der Ortsgottheiten in den beiden Königsstädten sieht künstlich aus und weist wohl auf ein gemeinsames Muster hin, vermutlich die alte Krönungsstadt Heliopolis, die nach verschiedenen Anzeichen in noch früherer Zeit einmal die Hauptstadt eines geeinten Aegyptens gewesen sein muss[3] und die gleichfalls ihre „Seelen von Heliopolis" hatte.

Die Könige, die in diesen, anscheinend nach dem Muster von Heliopolis eingerichteten Horusstädten residierten, waren natürlich Horusdiener in dem Sinne, den wir oben für den Namen *Šmšw-Ḥr* ermittelt haben, d. h. Horusverehrer. Auf sie haben wir ohne Zweifel diesen Namen, der uns für die Vorgänger des Menes überliefert wird, zu beziehen.

6. Die geschichtliche Bedeutung des Menes als Vereiniger der beiden Reiche.

Wenn die „Horusdiener" demnach wahrscheinlich in den oberägyptischen Königen von Hierakonpolis und den unterägyptischen von Buto zu erkennen sind, so steht das in bestem Einklang mit den Vorstellungen, die man sich von der geschichtlichen Bedeutung des Menes macht.

Aus der Thatsache, dass Menes nach übereinstimmender Ueberlieferung die Reihe der ägyptischen Könige eröffnet, schloss man mit Recht, dass er der erste König von Aegypten gewesen sein müsse, von dem die Aegypter noch Kunde besassen. Als Grund dafür vermutete man dann, dass Menes es gewesen sei, der den ägyptischen Staat der geschichtlichen Zeit geschaffen habe, indem er die Vereinigung der beiden Länder Oberägypten und Unterägypten, der Reiche von Hierakonpolis und Buto vollzogen habe, und dass er somit thatsächlich der erste *šnj-bjtj* und *nbtj* gewesen sei, von dem die späteren Aegypter wissen konnten. Diese Vermutung, dass Menes der Vereiniger der beiden Reiche gewesen sei, war, obwohl durch kein urkundliches Zeugnis unterstützt, doch in hohem Masse wahrscheinlich. Dazu passte zunächst die Angabe, dass Menes zu Thinis in Oberägypten residierte[4], denn von Oberägypten muss die Ver-

---

1 Wie mit Horus und Set unter dem Titel *nbwj* „die beiden Herren", vgl. unten Aufsatz 2, Nr. 10.

2 Als spezielle Königsstädte erscheinen diese beiden Orte u. a. durch die Titel *irj Nḫn* und *irj P*, die noch im alten Reich am Hofe eine Rolle spielen; direkt als Residenz der unterägyptischen Könige erscheint *P* in der oben S. 12 angeführten Stelle der Pyramidentexte.

3 Hierüber gedenke ich noch an anderer Stelle zu handeln.

4 Ob er auch aus Thinis stammte, ist aus dem Ausdruck *Μήνης Θινίτης* nicht sicher zu ersehen.

einigung ausgegangen sein, da Oberägypten in den Königstiteln  *śtnj-bjtj* und  *nbtj* den Vorrang hat und der oberägyptische Titel  *śtnj* zum gewöhnlichen Ausdruck für König geworden ist. Das wird ja auch durch die Denkmäler von Hierakonpolis aufs deutlichste bestätigt (s. u.)[1]. Dafür sprach weiter die Nachricht, dass Menes die Stadt Memphis gegründet habe; denn diese lag an der Grenze der beiden Länder und ihr alter Name „die weissen Mauern" scheint sie deutlich als eine oberägyptische Festung, bestimmt zur Niederhaltung des unterworfenen Unterägypten, zu kennzeichnen (s. u. Aufsatz 6). Vor allem aber war angesichts der Beweise für das Vorhandensein schriftlicher Aufzeichnungen aus der Zeit vor Menes (s. ob. S. 12) kaum eine andere Erklärung für seine epochale Stellung denkbar, als eben die Annahme, dass er durch die Vereinigung der beiden Länder thatsächlich eine neue Zeit für Aegypten eröffnet habe.

Sind nun die Könige der zwei Reiche von Hierakonpolis und Buto identisch mit den „Horusdienern" oder *νέκυες*, so bestätigt sich, was man bisher nur vermuten konnte. Menes, der nach dem Turiner Königspapyrus und Manethos unmittelbar auf die „Horusdiener" oder *νέκυες* gefolgt sein soll, war demnach in der That der unmittelbare Nachfolger der Könige von Hierakonpolis und Buto und der erste König, der die beiden Reiche unter seinem Szepter vereinigte.

7. Die ältesten geschichtlichen Dynastieen als Nachfolger der „Horusdiener" von Hierakonpolis.

Durch die Identifikation der „Horusdiener" mit den oberägyptischen Königen von Hierakonpolis und den unterägyptischen von Buto wird nun auch manche Erscheinung aus den Zeiten der ersten geschichtlichen Dynastieen in ein helleres Licht gerückt.

In den Ruinen der Stadt Hierakonpolis, der vorgeschichtlichen Residenz der oberägyptischen Könige, haben sich zahlreiche Denkmäler aus der ältesten geschichtlichen Zeit gefunden, die bezeugen, dass der Tempel des Horus von Hierakonpolis auch nach der Vereinigung der beiden Länder noch lange ein Gegenstand besonderer Fürsorge seitens der Könige des geeinten Reiches geblieben ist. Unter diesen Denkmälern, meist Gebrauchsgegenständen, die wohl als Weihgeschenke in dem Tempel niedergelegt worden sind, beziehen sich mehrere auf Siege, die die Könige über verschiedene Feinde, nach ihrer Meinung mit Hilfe des Gottes Horus, davongetragen hatten.

So hat König , einer der ältesten geschichtlichen Könige, vermutlich der Nachfolger des Menes (s. Aufsatz 2, Nr. 13), einen Sieg über die  *Thnw* „Libyer" im Tempel von Hierakonpolis durch einen Siegelcylinder[2] verewigt, auf dem er selbst, als Horus dargestellt durch einen Sperber, die gebundenen Feinde erschlagt, in Gegenwart des Sperbers des Gottes Horus und des Geiers der Göttin *Nhbjt* von der gegenüberliegenden Stadt Elkab. Derselbe König hat nach einem Siege über die aufständischen Nordägypter, insbesondere den „libyschen Gau" der Harpune  im Westen des Delta, eine prächtige Schieferpalette, wohl zur Verwendung im Dienste

1) Ebenso wohl auch die Thatsache, dass die unterägyptische Nationalfarbe „rot" als Unglücksfarbe gilt.

2) Quibell, Hierakonpolis I pl. 15, 7.

des Gottes, in den Tempel von Hierakonpolis gestiftet[1]. Darauf ist u. a. der Gott Horus in Gestalt eines Sperbers dargestellt, wie er dem Könige die unterägyptischen Gefangenen gebunden überliefert.

Mehrere Jahrhunderte später hat dann ein König, der der dritten Dynastie anzugehören scheint (s. u. Aufsatz 2, Nr. 15), bei einem ähnlichen Anlass dem Tempel zwei Königsstatuen und eine Anzahl von Gefässen geschenkt, die einen Sieg über unterägyptische „Rebellen“ (*šbiw*) verherrlichten. Die Statuen[2] stellen den König der Gelegenheit entsprechend dar in der Tracht eines oberägyptischen Königs, mit der weissen Krone geschmückt; die Gefässe[3] zeigen den Horusnamen des Königs, dem die Geiergöttin von Elkab symbolisch in der üblichen Weise die beiden Länder vereinigt.

Die Könige der ältesten Dynastieen, die in dieser Weise dem Gotte von Hierakonpolis huldigten, die ihre Siege über ihre widerspenstigen unterägyptischen Unterthanen in seinem Tempel verewigten, fühlten sich augenscheinlich noch vorwiegend als oberägyptische Könige, als Nachfolger der „Horusdiener“ von Hierakonpolis. Wie diese ihre Ahnen, wenn sie einen Sieg über ihre Nachbarn davongetragen hatten, ihrem Gotte, dem Horus von Hierakonpolis ihren Dank dafür abgestattet haben werden, so haben das in den oben besprochenen Fällen auch noch geschichtliche Könige in entsprechender Weise gethan. Sie haben sich damit selbst noch als „Horusdiener“ bewiesen.

Die Fortsetzung des „Horusdienstes“ der alten „Horusdiener“ durch die Könige der geschichtlichen Zeit wird uns aber noch direkter bezeugt. Auf dem Palermostein finden wir in der zweiten, vierten und fünften Zeile, die wahrscheinlich der ersten und zweiten Dynastie des Manethos gehören (s. u. Aufsatz 3), regelmässig jedes zweite Jahr als  *rnpt šmś-Ḥr* „Jahr des Horusdienstes“ bezeichnet. Dieselbe Jahresbezeichnung kehrt auch auf den Gedenktäfelchen der ersten Dynastie, die sich in den Königsgräbern von Abydos gefunden haben, wiederholentlich wieder. Das Wort *šmś-Ḥr* „Horusdienst“ ist hier mit dem Bilde einer Festbarke determiniert, wie das auf dem Palermostein auch verschiedene andere Feste sind. Wir haben es bei diesem „Horusdienst“ der Könige der ersten und zweiten Dynastie also offenbar mit einer festlichen Zeremonie zu thun, die die thinitischen Könige als Nachfolger der alten „Horusdiener“ alle zwei Jahre zu vollziehen pflegten, etwa einer Fahrt nach der Stadt des verehrten Gottes Horus oder einer Prozession, in der seine Götterbarke wie üblich umhergetragen wurde (s. u. Abschnitt 8). Nach dem, was wir oben gefunden haben, werden wir aber kaum fehl gehen, wenn wir diesen „Horusdienst“ der beiden ersten Dynastieen ausschliesslich auf den Horus von Hierakonpolis, den Gott der oberägyptischen „Horusdiener“ beziehen. In der dritten Dynastie, mit der Verlegung der Residenz von Thinis, der oberägyptischen Hauptstadt des Menes, nach Memphis scheint denn auch diese ein um das andere Jahr wiederholte, vermutlich oberägyptische Zeremonie des „Horusdienstes“ ausser Gebrauch gekommen zu sein.

Als Nachfolger der „Horusdiener“ zeigen sich die Könige der geschichtlichen Zeit endlich auch noch in einem Feld- oder Wappenzeichen, das sie führen. Auf Denkmälern der sechs

1) Quibell, Hierakonpolis I pl. 29 = Ä. Z. 36, Taf. 12. 13.
2) Quibell, Hierakonpolis I pl. 39—41.
3) Quibell, Hierakonpolis I pl. 26—28.

ersten Dynastieen sehen wir öfters bei dem Könige, namentlich wo er im Kampfe begriffen oder zum Kampfe gerüstet erscheint, eine Standarte stehen, die das altertümliche Bild eines stehenden Schakals trägt[1]. Dieses Zeichen, das bekanntlich das alte Götterbild des Gottes *Wpj-wȝwt* darstellt[2], findet sich nun in den alten Pyramidentexten wiederholentlich als Determinativ des Namens der „Horusdiener", wobei ihm dann regelmässig die Bilder eines Bogens und eines Wurfholzes folgen: [3]. Wir haben in diesen Determinativen offenbar die kriegerische Ausrustung der „Horusdiener" zu erkennen: Bogen und Wurfholz werden ihre Waffen, die Standarte mit dem Schakal ihr Feldzeichen gewesen sein. Dabei wird man sich denn sogleich der oben S 8 erörterten Stelle erinnern, wo ein Fürst der Schakalstadt Siut (Lykopolis) und Prophet des Schakalgottes *Wpj-wȝwt* sich als Bekleider „der Schakale, der Götter Horusdiener" betitelte.

Wenn die Könige der geschichtlichen Zeit als Nachfolger der alten „Horusdiener" deren Standarte mit dem Bilde eines Schakals beibehalten haben, so werden wir nach den oben gemachten Erfahrungen von vornherein annehmen dürfen, dass diese Standarte speziell das Feldzeichen der oberägyptischen „Horusdiener", der Könige von Hierakonpolis gewesen sein wird. Diese Annahme erfährt eine gewisse Bestätigung durch die Thatsache, dass wir den Schakal auch sonst noch in Beziehung zu der Stadt Hierakonpolis nachweisen können. Die sogenannten „Seelen von Hierakonpolis", die oben bereits einmal erwähnt wurden, werden, jedenfalls vom neuen Reich an, als menschengestaltige Wesen mit Schakalskopf dargestellt und gleichen also ganz dem Gotte *Wpj-wȝwt*, dessen altes Götterbild uns in der Standarte der „Horusdiener" entgegentrat. Die entsprechenden „Seelen von Buto" werden dagegen sperberköpfig dargestellt und gleichen in ihrem Aussehen also dem Gotte Horus. Bei dieser Uebereinstimmung zwischen den „Horusdienern" und den „Seelen von Hierakonpolis" wird es auch nicht auf Zufall beruhen, dass dem oben genannten Titel eines Fürsten von Siut beide Male, wo er vorkommt, unmittelbar ein anderer leider unverständlicher Titel vorangeht, der die „Seelen von Hierakonpolis" betrifft:  *skr b w Nḫn* „der . . . . . . macht die Seelen von Hierakonpolis"[4].

8. Die „Seelen" von Hierakonpolis und Buto und die „Horusdiener".

Die Beziehung, die wir hier zwischen den „Horusdienern" von Hierakonpolis und den „Seelen von Hierakonpolis" zu erkennen glaubten, gewinnt nun ein höheres Interesse durch eine Angabe, die uns gelegentlich einmal über diese „Seelen" und ihre Partner von Buto gemacht wird. Ein Bild, das in den ägyptischen Tempeln des neuen Reichs und der griechisch-römischen Zeit oft wiederkehrt, stellt die „Seelen" der beiden Städte dar, wie sie zu je dreien den neugekrönten König in einem tragbaren Thronsessel zum Palaste tragen[5]. In einigen Beispielen, die sich uns

1 Unter König *Dr* KT. II 15. 108. 109. unter Usaphais KT. I 10, 13. 14. A. Z. 35. 8; unter Cheops LD II 2b. unter *Sȝḥu-rec* LD II 39 f.

2 Vgl. meine Bemerkungen zu Garstang, Bet Khallâf K. 1, 1.

3 Pyr. P. 462. N. 947. P. 175. M. 518.

4) Das Wort *skr* mit dem gleichen Determinativ oder Wortzeichen findet sich noch Siut I 232 in den Titeln „Prophet des *Wpj-wȝwt*,  *skr ḥrj-dȝdȝ ist-f* der . . . . . macht den der auf seinem Tragegestell ist (d. i. ebenfalls den *Wpj-wȝwt*)".

5) Gayet, Louksor I pl. 75. Mariette, Abydos I 31b. de Rochemonteix, Edfou I pl. 46c. LD IV 87a. de Morgan, Catalogue des monuments II 64.

von diesem Bilde aus griechisch-römischer Zeit erhalten haben [1], bezeichnet eine besondere Beischrift die drei schakalsköpfigen Träger als:

b3w Nḫn šms Ḥr m t3-šmʿ f3 stnj mj Ḥr m wi3

„die Seelen von Hierakonpolis, die dem Horus dienen in Oberägypten und den oberägyptischen König tragen wie den Horus in der Festbarke".

Und dementsprechend werden die drei sperberköpfigen Träger in ihrer Beischrift genannt:

b3w P šms Ḥr m t3-mḥj wts bjtj mj itf-sn

„die Seelen von Buto, die dem Horus dienen in Unterägypten und den unterägyptischen König tragen wie ihren Vater (d. i. den Horus)".

Hier sind die „Seelen" von Hierakonpolis und Buto mit demselben Ausdruck (*šmś Ḥr*) als Diener des Gottes Horus von Hierakonpolis und Buto bezeichnet wie die „Horusdiener", die in denselben Städten zu Hause waren und, wenigstens in Hierakonpolis, mit demselben heiligen Tiere, dem Schakal, in Verbindung standen. Unwillkürlich drängt sich da der Gedanke auf: sind jene „Seelen" von Hierakonpolis und Buto nicht vielleicht einfach identisch mit den „Geistern Horusdienern" oder *νέκυες*? Sind es also nicht einfach die Seelen der abgeschiedenen Könige von Hierakonpolis und Buto, die nach ihrem Tode in ihrer Residenz als *θεοὶ σύνναοι* des Gottes Horus, dem sie zu ihren Lebzeiten gedient hatten, eine halbgöttliche Verehrung genossen?

Diese Frage wäre unbedingt verneinend zu beantworten, wenn die Auffassung der „Seelen" von Hierakonpolis und Buto, die wir im Totenbuch Kap. 112 und 113 finden, für den obigen Fall zuträfe und ursprünglich wäre. Nach dieser Auffassung bestand die Gemeinschaft der „Seelen" beider Städte nicht aus einer grösseren Anzahl von Individuen, sondern nur aus je drei Personen, nämlich dem Ortsgotte Horus und je zwei von den vier „Horuskindern" (*mśw-Ḥr*), denselben Wesen, die zusammen mit den „Kindern des Gottes *Ḫntj-ḥtj*" (*mśw-Ḫntj-ḫtj*) die dritte Götterneunheit, die manethonische Dynastie der „Halbgötter" bildeten (s. ob. S. 8. 9). Von diesen vier „Horuskindern" sollen nach der Angabe der beiden Totenbuchkapitel die beiden ersten, der menschenköpfige *Imśtj* und der affenköpfige *Ḥpj* mit ihrem Vater Horus die „Seelen von Buto", die beiden letzten, der schakalköpfige *Dw3-mwt-f* und der sperberköpfige *Ḳbḥ-śnw-f* ebenfalls mit ihrem Vater die „Seelen von Hierakonpolis" bilden.

Auf den ersten Blick scheint diese Auffassung auch zu dem oben erörterten Tempelbilde zu passen, das die „Seelen" von Hierakonpolis und Buto den König tragend zeigte. Denn was die „Seelen" hier mit dem Könige thun, das sollen sie nach den begleitenden Inschriften ebenso auch mit Horus resp. mit „ihrem Vater" gethan haben und dasselbe sollen nach den alten Pyramidentexten auch die „Horuskinder" mit ihrem Vater thun. So scheint denn in dieser Hinsicht die schönste Uebereinstimmung zwischen den Angaben des Totenbuches und dem Tempelbilde zu bestehen. Und doch ist das nur trügerischer Schein. Wenn man näher zusieht, stellt

1) LD IV 87a. (de Morgan, Catalogue des monum. II 64 zerstört).

sich heraus, dass im Gegenteil die Angaben des Totenbuches mit diesem Bilde und seinen Beischriften durchaus unvereinbar sind. Wenn diese Beischriften die „Seelen" von Hierakonpolis und Buto dem Gotte Horus dienen lassen, so kann dieser nicht unter ihnen sein, wie es die Auffassung des Totenbuches ja erforderte. Und ebenso konnten die „Seelen" von Hierakonpolis nicht den Horus und die von Buto nicht ihren Vater tragen sollen, wenn sie nach der Auffassung des Totenbuches aus Horus und zweien seiner Söhne beständen. Kann somit in dem Bilde der Gott Horus unmöglich unter die „Seelen" von Hierakonpolis und Buto einbegriffen sein, so ist es andererseits auch unwahrscheinlich, dass die „Horuskinder" darunter gemeint sind. Denn es wird kaum zufällig sein, dass der Gott Horus in der Beischrift der sperberköpfigen „Seelen von Buto" „ihr Vater" genannt ist, in der sonst ganz entsprechenden Beischrift der schakalköpfigen „Seelen von Hierakonpolis" stattdessen aber unter seinem Namen Horus auftritt. Danach muss es scheinen, dass hier nur die ihm im Aussehen gleichenden „Seelen von Buto" seine Kinder sein sollen.

Dem Bilde der „Seelen" von Hierakonpolis und Buto, die den neugekrönten König zum Palast tragen, und die in der Beischrift als „Horusdiener" bezeichnet sind, liegt also offenbar nicht die Auffassung des Totenbuches zu Grunde, sondern eine andere, und zwar wohl ältere. Dass die Auffassung des Totenbuches nicht ursprünglich ist, liegt ja auf der Hand. Die Verteilung der zusammengehörigen vier „Horuskinder" auf die beiden Städte macht schon einen unnatürlichen Eindruck. Zudem stimmt das Aussehen der „Seelen" der beiden Städte nicht mit dem Aussehen der Gottheiten, die das Totenbuch darunter verstanden haben will, überein; die „Seelen von Hierakonpolis" haben sämtlich Schakalsköpfe, Horus und *Dwꜣ-mwt-f* aber Sperberköpfe und nur *Kbḥ-snw-f* hat gleichfalls Schakalskopf; die „Seelen von Buto" haben alle Sperberköpfe, *Imśtj* hat aber Menschen-, *Ḥpj* Affenkopf und nur Horus hat hier gleichfalls Sperberkopf.

Dass die Identifikation der „Seelen" von Hierakonpolis und Buto mit Horus und den „Horuskindern" aber in der That sekundär ist, das geht mit Evidenz aus einer Stelle der Pyramidentexte hervor. In Kapitel 340 der Schack'schen Zählung ist von der Zerstücklung die Rede, die an dem Mörder des Osiris vorgenommen wird, und von der Verteilung seiner Glieder unter die Götter. Dabei heisst es dann: „das was in ihm ist (d. h. seine Eingeweide) bekommen jene vier Götter, die Kinder des Horus, die von ihm geliebt sind, *Ḥpj*, *Imśtj*, *Dwꜣ-mwt-f* und *Kbḥ-snw-f*; seinen Kopf, seinen Schwanz, seine Arme, seine Beine bekommt Anubis; was die Götter von ihm übrig gelassen haben, bekommen die Seelen von Hierakonpolis und die Seelen von Buto"[1]. Die „Seelen" von Hierakonpolis und Buto erhalten hier, was die Götter, darunter auch die vier „Horuskinder", übrig gelassen haben; sie sind also deutlich von den „Horuskindern" unterschieden und scheinen im Unterschied zu diesen selbst nicht zu den Göttern gerechnet zu werden, wiewohl sie an anderer Stelle auch als die „Götter Seelen von Hierakonpolis" und die „Götter Seelen von Buto" bezeichnet vorkommen[2].

Diese ältere, von der des Totenbuches verschiedene Auffassung der „Seelen" von Hierakonpolis und Buto wird nun auch in dem Bilde, von dem wir oben ausgingen, vorliegen. Wenn

1) Pyr. P. 706. 2) Pyr. W. 585.

dort, ebenso wie auch in allen anderen Darstellungen, die „Seelen" von Hierakonpolis und Buto zu je dreien dargestellt erscheinen, so wird daraus nicht mit dem Verfasser der beiden Totenbuchkapitel zu schliessen sein, dass die Gemeinschaft jener „Seelen" aus je drei Personen bestand; sondern wir werden darin ein Beispiel jener alten Sitte erkennen, die Mehrzahl durch dreimalige Wiederholung des Gegenstandes zu bezeichnen, wie wir das nicht nur in der Hieroglyphenschrift, sondern auch noch in den Grabbildern des alten Reiches so oft beobachten können[1]. Unter dieser Voraussetzung stände dann aber nichts im Wege, in den „Seelen" von Hierakonpolis und Buto, „die dem Horus in Oberägypten und in Unterägypten dienten", wirklich verklärte Könige der beiden Städte zu erkennen, wie es die „Geister Horusdiener" oder „Götter Horusdiener", die *νέκυες*, deren Nachfolger Menes war, gewesen zu sein scheinen.

Für eine solche Erklärung der „Seelen" von Hierakonpolis und Buto als Seelen menschlicher Könige spricht vielleicht auch noch ein Punkt in jenem Tempelbilde, der von uns bisher noch nicht näher in Betracht gezogen worden ist. Es wird dort von den „Seelen von Hierakonpolis" gesagt, sie trügen den König „wie den Horus in der Festbarke". Das kann doch nur auf eine festliche Prozession bezogen werden, bei der die Götterbarke aus dem Tempel ins Freie getragen wurde; man könnte sogar vermuten, dass dieselbe Festlichkeit des  *šmś Ḥr* „Horusdienstes" gemeint sei, nach der die thinitischen Könige ein um das andere Jahr ihrer Regierung benannten (s. o. S. 15). Die „Seelen von Hierakonpolis" scheinen demnach hier in der Ausübung einer Kulthandlung für den Gott Horus aufzutreten. Das macht es noch wahrscheinlicher, dass der „Horusdienst" (*šmś Ḥr*), der ihnen und den „Seelen von Buto" ebenda zugeschrieben wird, in der That so zu verstehen ist, wie wir den Horusdienst der „Horusdiener" (*Šmśw-Ḥr*) verstanden haben, als gottesdienstliche Verehrung des Gottes Horus.

Als eine Bestätigung dafür, dass unter den „Seelen" von Hierakonpolis und Buto verstorbene Könige der Vorzeit zu verstehen sind, darf es ferner vielleicht gelten, wenn das Wort 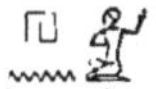 *ḥnw* „zujauchzen" einmal, wo es von den „Seelen" von Buto und Hierakonpolis gebraucht ist, mit dem Bilde eines jauchzenden Königs von Unterägypten determiniert erscheint:  *ḥnw n-k bꜣw P Nḫn* „dir jauchzen zu die Seelen von Buto und Hierakonpolis"[2]. Dass dieses Determinativ wirklich auf die zujauchzenden „Seelen"[3] Bezug nimmt, wird durch eine andere Stelle bestätigt, wo dafür ein schakalköpfiges Wesen, allerdings irrig statt eines sperberköpfigen, als Determinativ des Wortes *ḥnw* erscheint, mit Bezug auf die „Seelen" von Buto:

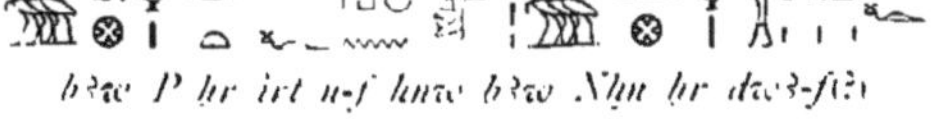

bꜣw P ḥr irt n-f ḥnw bꜣw Nḫn ḥr dwꜣ-f(?)

„die Seelen von Buto jauchzen ihm zu, die Seelen von Hierakonpolis preisen ihn"[4].

Die obigen Feststellungen haben eine so weitgehende Uebereinstimmung zwischen den „Seelen" von Hierakonpolis und Buto einerseits und den „Horusdienern", in denen wir die

1) z. B. LD II 102 a. 104 a (Rinder). Davies, Ptahhetep II 22 (Menschen).

2) Brugsch, Reise zur grossen Oase Taf. 25. 10.

3) Vgl. dazu die häufige Darstellung in den Tempeln, die die „Seelen" von Hierakonpolis und Buto dem neugekrönten König zujauchzend zeigt.

4) Petrie, Six temples 12 = Rec. de trav. 20, 42.

vorgeschichtlichen Konige von Hierakonpolis und Buto erkannt haben, andererseits ergeben, dass ein Zusammenhang zwischen beiden wohl als gewiss, ihre Identitat als in hohem Grade wahrscheinlich bezeichnet werden darf.

Für die Frage der Identitat der „Seelen" von Hierakonpolis und Buto mit den „Horusdienern" ist nun noch die mehrfach erwähnte Titelfolge eines Gaufursten von Siut besonders in Betracht zu ziehen: sie lautet (s. ob. S. 8, 16): *skr b'w Nḫnjw, db ḥwt s'bw ntrw Šmsw-Ḥr* „der .... macht die Seelen von Hierakonpolis und bekleidet die Leiber der Schakale, der Götter Horusdiener". — Da hier die „Seelen von Hierakonpolis" und die „Schakale, die Götter Horusdiener" (also die von Hierakonpolis) nebeneinander genannt sind, so scheint das zwar für einen Zusammenhang zwischen ihnen zu sprechen, könnte aber zugleich auch als ein Beweis gegen ihre Identität geltend gemacht werden. Da ist nun aber wohl zu beachten, dass es nicht die „Horusdiener" uberhaupt sind, die hier den „Seelen von Hierakonpolis" gegenüberstehen, sondern die „Leiber der Schakale, der Gotter Horusdiener". Den „Seelen von Hierakonpolis", die ja schakalkopfig dargestellt werden, entsprechen also die „Leiber" der heiligen Tiere, in denen man sie sich inkarniert dachte. Gerade dieser Gegensatz von Seele und Leib zeigt, dass es sich um ein und dasselbe Wesen handelt und dass die „Seelen von Hierakonpolis" und die „Gotter Horusdiener" in der That identisch sind.

Ergebnis.

Die Ergebnisse der vorstehenden Untersuchung stellen sich kurz zusammengefasst so dar:

1. Die „Horusdiener" (*Šmsw-Ḥr*), die uns als Vertreter der Urzeit und Vorgänger des Menes genannt werden, scheinen menschliche Wesen, die den Gott Horus im Kult verehrten, gewesen zu sein.

2. Sie entsprechen aller Wahrscheinlichkeit nach den oberagyptischen Konigen von Hierakonpolis und den unteragyptischen von Buto, die beide in besonderen Residenzstadten mit dem Ortsgotte Horus ihren Wohnsitz hatten.

3. Menes, ihr Nachfolger, wird demnach, wie man schon immer vermutete, in der That der oberagyptische Konig gewesen sein, der die beiden Reiche vereinigte.

4. Die Konige der ersten geschichtlichen Dynastieen, die ihre Herrschaft uber Unteragypten noch mit Waffengewalt aufrecht erhalten mussten, fuhlten sich als Nachfolger der oberagyptischen „Horusdiener" von Hierakonpolis und bewiesen sich vielfach selbst noch als besondere Verehrer des Gottes dieser Stadt.

5. In der sechsten Dynastie besass man noch direkte Ueberbleibsel aus der Zeit der Konige von Hierakonpolis und Buto, der „Horusdiener". Bis auf diese Konige gingen auch noch die altägyptischen Königsannalen zurück.

6. Als verstorbene Könige einer vergangenen Zeit spielten die „Horusdiener" nach dem Glauben der Aegypter eine besondere Rolle im Totenreich. Wie alle Toten waren sie „Geister", die eine Zwischenstellung zwischen Gottern und Menschen einnahmen, und wurden, sei es als solche, sei es als einstige Konige, bisweilen auch geradezu als „Gotter" bezeichnet. Dabei scheint dann im Laufe der Zeit die Vorstellung entstanden zu sein, dass sie diese übersinnliche,

halbgöttliche Natur schon wahrend ihrer Regierung auf Erden gehabt hatten. Sie sind so aus verstorbenen, vergeisterten Königen zu Geisterkönigen geworden, die den Uebergang von der Götterzeit zur geschichtlichen Zeit der Menschen gebildet haben sollen. Sie haben dann auch wie die Götter und Halbgotter eine mythische Regierungsdauer von Jahrtausenden bekommen.

7. Bei Manethos erscheinen die „Horusdiener“ demgemass unter der Bezeichnung *νέκυες οἱ ἡμίθεοι* als die vierte, wie es scheint, und letzte vorgeschichtliche Dynastie.

8. Die sogenannten Seelen von Hierakonpolis und Buto scheinen ursprünglich nichts anderes gewesen zu sein als die Seelen der abgeschiedenen „Horusdiener“, der Könige von Hierakonpolis und Buto. Sie genossen in diesen Städten eine halbgöttliche Verehrung, und zwar wurden sie in Hierakonpolis in Gestalt von Schakalen, in Buto in Gestalt von Sperbern verehrt. In Buto galten sie als Kinder des Ortsgottes Horus, in Hierakonpolis vermutlich als Kinder des Schakalgottes *Wpj-wȝwt,* dessen Oberpriester auch ihnen diente und dessen Bild das Feldzeichen der oberägyptischen „Horusdiener“ gewesen zu sein scheint.

9. Wie die „Geister Horusdiener“, sind auch diese „Seelen“ von Hierakonpolis und Buto spater das Opfer eines Missverstandnisses geworden und es sind der Ortsgott der beiden Stadte Horus und je zwei seiner vier „Kinder“, *Imśtj*, *Ḥpj*, *Dwȝ-mwt-f* und *Ḳbḥ-śnw-f* darunter verstanden worden.

Nachtrag.

Wie ich nachtraglich sehe, hat gleichzeitig mit de Rougé und unabhängig von ihm auch Goodwin über die „Horusdiener“ gehandelt in einer Arbeit über das Alter des Denderatempels[1], in der er auf Grund des gleichen Materials zu denselben Schlüssen gelangte, wie de Rougé. Auch er erkannte in den „Horusdienern“, die nach dem Turiner Königspapyrus vor Menes regiert haben sollen, und die in den Totentexten eine Rolle spielen, die manethonische Dynastie der *νέκυες* und hielt sie wegen der Angaben der Inschriften von Tombos und Dendera für geschichtliche Wesen („the earliest period of recorded history“). Im Unterschied zu de Rougé übersetzte er den Namen *Šmśw-Ḥr* sogar richtig mit „Horusverehrer“ („worshippers of Horus“), bezog das aber auf die Thätigkeit der Verstorbenen, die man sich in der Unterwelt mit der Verehrung und dem Dienste des Horus und Osiris beschäftigt gedacht hatte („The *νέκυες* were the deified dead supposed to be perpetually engaged in the worship and service of Horus and Osiris in the underworld“).

1) A. Z. 5, 49 ff. vgl. ib. 84. — Diese treffliche Arbeit, die ich leider übersehen hatte, scheint auch bei den älteren Aegyptologen ganz in Vergessenheit geraten zu sein. Hätte Brugsch sie z. B. noch gekannt, als er seine „Aegyptologie“ schrieb, so würde er die unrichtigen Bemerkungen auf S. 428 dieses Werkes gewiss nicht gemacht haben.

2. Die auf den Denkmälern der ältesten geschichtlichen Dynastieen vorkommenden Könige.

Die Königsnamen der ältesten geschichtlichen Zeit, die uns in den letzten Jahren durch die Denkmäler von Abydos, Negade, Hierakonpolis bekannt geworden sind, sind von Petrie im Anschluss an seine Untersuchungen der Königsgräber von Abydos geordnet und mehr oder weniger bestimmt mit den Namen der späteren Königslisten von Abydos und bei Manethos identifiziert worden. Da diese Ergebnisse kürzlich von Naville[1] in ihrer ganzen Grundlage angefochten worden sind, dürfte es angebracht sein, die Petrie'schen Resultate einer eingehenden Prüfung zu unterziehen.

Die von Petrie in seinen Royal Tombs[2] aufgestellte und nach seinem Abydos I zu ergänzende Königsliste stellt sich so dar:

	Name mit Horustitel	Name mit anderen Titeln	Abydosliste Sethos I	Manethos	besprochen unter Nr.
Könige vor Menes (Dyn. 0)			—	—	12
		—	—	—	9
	—		—	—	10
	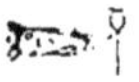	—	—	—	13
	—		—	—	11
Dyn. 1			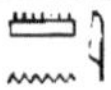	Menes	1
			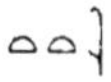	Atothis	6
				Kenkenes	7
	 I.			Uenephes	8

1 Rec. de trav. 24, 109 ff.

2 Dieses Werk von Petrie (The Royal Tombs of the earliest dynasties) ist im Folgenden durchweg in der Ab-

	Name mit Horustitel	Name mit anderen Titeln	Abydosliste Sethos' I.	Manethos	besprochen unter Nr.
Dyn. 1	II.			Usaphais	2
				Miebis	3
				Semempses	4
				Bieneches	5
Dyn. 2		—		Boethos	16
		—		Kaiechos	17
				Binothris	18
				Tlas	19
		—		Sethenes	14
	—		—	Chaires	15
		—		Nephercheres	20

Von diesen 20 Königen können als absolut sicher identifiziert und fixiert gelten:

1. = *Mn.*

gesichert durch die Aufeinanderfolge beider Namen auf dem bekannten Täfelchen von Negade. Die Identifikation des Königs mit dem -*Menes* der späteren Listen beruht auf der vollkommenen lautlichen Uebereinstimmung dieses Namens mit dem Eigennamen des Königs *Mn(j)*[1], der auf dem Täfelchen nach der Sitte seiner Zeit mit dem Titel verbunden erscheint (vgl. Nr. 4, 5, 10, 19). Die Altertümlichkeit des Stiles, die die Denkmäler des Königs von denen der sicher fixierten Könige (Nr. 2), (Nr. 3) und (Nr. 4) deutlich scheidet und besonders in der eigentümlichen Form des Horussperbers klar vor Augen liegt, würde auch ohnedies dazu nötigen, ihn vor diese Könige anzusetzen.

2. *Wdj-mw* = [2] *Ḥ3šltj.*

Diese Gleichsetzung ist gesichert durch das Nebeneinandervorkommen beider Namen auf dem

1) Die alte Schreibung ohne verhält sich zu der später üblichen Schreibung mit genau wie die alten Schreibungen RT. I 20, 16. 34, 23. RT. I 32. 27. RT. I 21, 29. 32, 20 usw. für die im a. R. üblichen , usw.

2) Dies die korrekte Schreibung, die sich an allen unverletzten Stellen findet (A. Z. 35, 3 ist nach der Photographie bei Amelineau, Nouvelles Fouilles d'Abydos pl. 42 zu berichtigen).

Siegel des Königs[1], auf anderen Siegeln[2] und auf den offiziellen Gedenktäfelchen des Königs[3], wie endlich auch dadurch, dass die in dem Grabe des Königs T1 gefundenen Gegenstände fast ausschliesslich einen dieser beiden Namen nennen, die man daher beide dem Eigentümer des Grabes zuerkennen muss. Die Identifikation des Königs mit dem oder der späteren Inschriften, der wenigstens nach seiner Stellung in der Dynastie dem Usaphais des Manethos entspricht, beruht auf der dualischen Schreibung beider Namen und der Aehnlichkeit der hieratischen Zeichen für und [4] und ist durch die von Griffith beigebrachte Variante bestätigt worden[5]. Als Vorgänger des Königs Miebis (Nr 3) erweist sich der König auch dadurch, dass sich der Name des Miebis auf einer Anzahl Gegenstände nachträglich neben den seinigen gesetzt findet[6].

Zu der Lesung des Horusnamens *Wḏj-mw* s. u. den Anhang.

3. *ʿnd-ib* = [7] = [8] = [9] *Mrj-pi-bi-s*.

Die Gleichsetzung ist gesichert durch die Aufeinanderfolge beider Namen auf einem Siegel[10] und erfährt eine gewisse Bestätigung dadurch, dass sich beide Namen in gleicher Weise auf Denkmälern des vorigen Königs zugefügt finden. Die Identifikation des mit dem *Miebis* der späteren Listen[11] beruht auf der Uebereinstimmung in den drei Bestandteilen des Namens *mr*, *bi* und [12] und ist die sichere und unbestrittene Grundlage für die ganze älteste Geschichte.

4. *Smr-ht* = [13] = [14].

Die Gleichsetzung beruht auf einem Siegel, das erst den Horusnamen und dann den Eigennamen mit dem Titel in dem Namen eines Hauses nennt[15]; dass der König, dessen Haus hier genannt wird, mit dem regierenden Könige, dessen Horusname die Inschrift eröffnet, identisch und nicht etwa ein früherer König ist, wird wahrscheinlich durch eine andere analoge Siegelinschrift, die nach dem Namen des regierenden Königs den Namen eines Hauses mit dem nämlichen Königsnamen nennt[16]:

Uebereinstimmend damit hat sich denn auch eines der offiziellen Gedenktäfelchen des Königs in dem Grabe des Königs gefunden[17].

Was hiernach, wenn auch nicht sicher, so doch recht wahrscheinlich ist, dass die

1) RT. II 7, 6. Naville will hier in der Gruppe nicht den Namen des Königs, sondern das Wort für die „Fremdvölker" sehen, die der König in dem Bilde bezwingt; dem widerspricht aber die zweimalige Setzung des , die dann sinnlos wäre, und der Umstand, dass der König auf dem Siegel nicht menschliche Feinde, sondern Krokodil und Nilpferd bezwingend dargestellt ist.

2) RT. II 10, 151. 152. 3) RT. I 11, 4. 14. 15. 16. 18. 4) Ä. Z. 35, 3.

5) Ä. Z. 36, 142. 6) RT. I 5, 9. 11. 12. 7) RT. I 6, 9. 26, 57–60; II 8 a, 1.

8) RT. II 8 a, 2. 9) RT. I 5, 12. 6, 4. 8. 10) RT. I 26, 57. 11) Ä. Z. 35, 2.

12) Das Zeichen oder des alten Namens ist nicht etwa, wie Maspero und Naville meinen, nur irrtümlich später für gehalten worden, sondern thatsächlich ein in der Form, die es in der ersten Dynastie auch sonst hat; vgl. das Wort RT. I 11, 1; vgl. II 7, 11), die Namen im a. R. geschrieben) RT. I 20, 16; 34. 23; II 20, 160. RT. II 5, 1.

13) RT. I 28, 72. 14) RT. I 12, 1; II 8, 5. Ä. Z. 35, 3. 4.

15) RT. I 28, 72. 16) RT. I 20, 58–60. 17) RT. I 12, 1. Text S. 14.

beiden von Petrie zusammengestellten Namen wirklich zusammengehören, wird weiter bestätigt durch das, was sich über ihre zeitliche Stellung ermitteln lässt. Der Name des Königs findet sich, ebenso wie der des Miebis (s. ob.) auf Denkmälern des Usaphais nachträglich zugefügt[1]; der König wird daher einer der nächsten Nachfolger des Usaphais sein. Er entspricht in der That offenbar dem , der in der Abydosliste dem Miebis folgt[2], und dem Semempses des Manethos. In ähnlicher Weise findet sich auch der Horusname auf Denkmälern des Miebis[3] und der Königin (Nr. 8), der mutmasslichen Gemahlin des Usaphais (s. u.)[4] zugefügt, nur mit dem Unterschiede, dass dabei die Namen dieser beiden Personen ausgekratzt sind, während der des Usaphais verschont war. Der König mit dem Horusnamen erweist sich hierdurch nicht nur gleichfalls als ein Nachfolger des Miebis, sondern sein Verfahren gegen diesen König lässt ihn als dessen unmittelbaren Nachfolger erscheinen, der ihm den Thron streitig machte. Es kann danach wohl kein Zweifel mehr sein, dass er wirklich, wie oben bereits als sehr wahrscheinlich ermittelt wurde, ein und dieselbe Person ist wie der König , der Semempses des Manethos; zeigte sich doch auch dieser im Gegensatz zu Miebis, wenn er seinen Namen neben den des Usaphais setzte und sich damit als dessen Nachfolger dokumentierte, wie das Miebis, der wirkliche Nachfolger des Usaphais zuvor in gleicher Weise gethan hatte. Ueber einige weitere Folgen, die diese dynastischen Differenzen gehabt zu haben scheinen, wird unten zu sprechen sein.

Der Name Semempses, den der Nachfolger des Miebis bei Manethos hat, könnte wohl auf den Horusnamen zurückgehen, der mit Griffith *Śmr-ḫt* (gesprochen etwa **Semer-chet*) zu lesen sein wird[5]. Die Auflösung des Eigennamens wird dagegen in dem zerstörten Namen des Turiner Königspapyrus zu suchen sein.

5. = [6] – – [7] *Ḳ3j-ʿ* = var. *Śn-mw*[6].

Die Gleichsetzung ist mehr als wahrscheinlich durch die Gegenüberstellung beider Namen auf mehreren offiziellen Gedenktäfelchen[8]. Dass der König bald seinen Eigennamen , bald seinen Horusnamen zu dem Titel führt, ist auffallend, kann aber gegen die Gleichsetzung kaum etwas beweisen, da gerade der Gebrauch des Eigennamens bei diesem Titel für die ersten Dynastieen öfter belegt ist, als der des Horusnamens. Die Identifikation des Königs mit dem

1) A. Z. 35, 3 = Amélineau Nouvelles fouilles d'Abydos pl. 42. 2) A. Z. 35, 4.

3) RT. I 6, 9—11. Text S. 5. 20. 4) RT. I 5, 5. Text S. 19.

5) RT. I Text S. 39 auf Grund der alten Schreibung des Titels *śmr*, vgl. RT. I 22, 34. 36. 40. 48.

6) RT. I 8, 5. 9. 12 nach dem Wort *śm* „Priester“.

7) RT. I 8, 1. 9. 10. 14; 9, 3. 8. 10. A. Z. 35, 5.

8) RT. I 12, 2; II 8, 2. 3. Naville's Annahme, dass der Name eines Beamten sei, ist gewiss nicht richtig, da der Beamte auf den Gedenktäfelchen stets am Schluss der Inschriften genannt zu werden pflegt und so auch auf den vorliegenden Täfelchen, wo er heisst.

der späteren Königslisten und dem Bieneches des Manethos stutzt sich auf verschiedene Thatsachen, die ihn als den nächsten Nachfolger des vorigen Königs = Semempses erscheinen lassen. Die Gräber beider Könige (Q und U) liegen so unmittelbar hintereinander, dass ein Zusammenhang zwischen ihren Erbauern anzunehmen ist: dieser kann aber, da die Stellen vor Semempses besetzt sind, nur darin gefunden werden, dass der König mit dem Horusnamen sein Nachfolger war, der die Dynastie beschloss. In der That ist denn auch die unregelmässige Anlage des Eingangs auf der Nordwestseite des Gebäudes offenbar daraus zu erklären, dass bei ihm die Nordostseite, die bei den Gräbern des Usaphais (T), des Miebis (X) und des Semempses (U) den Eingang enthält, durch das unmittelbar davorliegende Grab des Semempses verbaut war.

Noch bestimmter lasst den König als den unmittelbaren Nachfolger des Semempses eine andere merkwürdige Thatsache, die Petrie beobachtet hat, erscheinen. Es ist eine öfter zu beobachtende Erscheinung, dass sich in dem Grabe eines Konigs oder in den dazugehörigen Privatgräbern seines Hofstaates auch einzelne Weinkrüge finden, die nicht mit einem Siegel des betreffenden Königs, sondern mit dem eines früheren Konigs verschlossen sind. So haben sich beispielsweise Siegel aus der Zeit des Usaphais in Gräbern aus der Zeit seines Nachfolgers Miebis [1] und Siegel eines Beamten der Könige (Nr. 6) und (Nr. 7) in den Grabern des Königs Usaphais und der Königin (Nr. 8) gefunden [2]. Für dieses Vorkommen von Abdrucken alterer Siegel giebt es wohl nur eine plausible Erklarung, nämlich dass sich unter den Weinen, die dem Toten mit ins Grab gegeben wurden, auch ältere Jahrgange aus fruheren Regierungen befanden. Auch im Grabe des Königs haben sich so Weinkrugsiegel seiner Vorganger Miebis [3] und Semempses gefunden; dabei zeigt sich nun ein merkwürdiger Unterschied. Wahrend der Name des Miebis auf den Siegeln unverletzt ist, weist der Abdruck des Siegels des Semempses an Stelle des Namens eine leere Fläche auf [4]. Der Name des Königs, der, wie wir sahen, den Namen seines Vorgängers Miebis auskratzen liess, ist hier also seinerseits unter seinem Nachfolger getilgt worden. Diese Tilgung ist aber gewiss nicht, wie Petrie annimmt, auf dem Siegelstempel vorgenommen worden, um diesen auch unter dem neuen Herrn weiter gebrauchen zu können, bis ein anderes Siegel beschafft wäre; sondern auf dem Siegelabdruck, mit dem der Krug alten Weines seiner Zeit unter dem vergangenen König verschlossen worden war. Bei dem Nilschlamm der ägyptischen Weinkrugverschlusse wird eine solche nachträgliche Tilgung ja durch Befeuchtung der zu tilgenden Stelle leicht zu bewerkstelligen gewesen sein. Man wird in der Tilgung also eine politische Massregel zu erkennen haben und darin einen Akt der Wiedervergeltung für das, was Semempses dem Miebis gethan hatte, vermuten durfen. Dieser von Semempses als Usurpator behandelte König ist ja in der That von seinem mutmasslichen Rächer auf den Wein-

---

1) RT. I 23, 39 (mit dem Horusnamen); 21, 29.

2) Zeitgenosse des (RT. II 16, 121—124) und des (RT. I 10, 10) im Grabe des Usaphais (RT. I 19, 10) und der (RT. I 20, 20, II 17, 132).

3) RT. I 26, 57.

4) RT. I Text S. 26, 77

krugsiegeln geduldet worden und kann in seinen Augen jedenfalls kein Usurpator gewesen sein. Bei diesem Ergebnis mag denn auch daran erinnert werden, dass der König Semempses, der sich so im Gegensatz zu seinem Vorgänger und zu seinem Nachfolger stehend gezeigt hat, in der Königsliste von Sakkara übergangen ist. Diese lässt, als ob sie im Sinne des Königs handelte, auf den d. i. den von Semempses befeindeten Miebis-, gleich den d. i. dessen Rächer . folgen. Dass die Regierung des Semempses bei den späteren Aegyptern nicht in gutem Andenken stand, ist wohl auch aus den Worten des Manethos zu entnehmen (*ἐφ' οὗ πολλὰ παράσημα ἐγένετο καὶ μεγίστη φθορά* nach Eusebius, *ἐφ' οὗ φθορὰ μεγίστη κατέσχε τὴν Αἴγυπτον* nach Afrikanus, wenn es auch zweifelhaft erscheinen muss, ob die moralische Deutung dieser Worte in der armenischen Uebersetzung des Eusebius (*sub quo plurima facinora facta sunt maximaeque corruptiones*) zutreffend ist.

Dass der König und sein Vorgänger Semempses sich zeitlich sehr nahe stehen müssen, wird zum Ueberflusse endlich wohl auch noch durch ein Gedenktäfelchen bestätigt, das sich im Grabe des Königs gefunden hat[1]. Es nannte den Horusnamen des Königs, von dem noch der Rest des zu erkennen ist, und einen Beamten *Ḥnw-kꜣ*, der uns auch auf den Gedenktäfelchen des Semempses begegnet[2] und der demnach beiden Herrschern gedient zu haben scheint.

Der Name oder , den die späteren Königslisten dem Nachfolger des Semempses geben, könnte vielleicht aus dem alten Namen entstanden sein, zumal das auf den Denkmälern des Königs öfters eine Form mit verlängertem Oberarm hat, die es einem ähnlich sehen lässt[3]. Las man einen so geschriebenen Namen *kb* und schrieb ihn nach der mutmasslichen Etymologie , so konnte sich daraus wohl die weitere falsche Lesung *ḳbḥ* entwickeln, da später sowohl *kb* als *ḳbḥ* bezeichnet. — Zu der Lesung des Eigennamens *Smw-...* s. u. den Anhang.

Ueber die Könige, die Petrie ausser diesen fünf sicher fixierten noch der ersten Dynastie zugewiesen hat, lässt sich Folgendes feststellen:

6. *Dr?*[4],

der König des Osirisgrabes (O), wird von Petrie mit Recht zwischen Menes (Nr. 1) und Usaphais (Nr. 2) angesetzt sein, weil sich unter ihm der Uebergang von dem alten Stil der Menes-Zeit zu dem neuen Stil der späteren Zeit, den wir von der Zeit des Usaphais an ausnahmslos antreffen, vollzogen zu haben scheint. Während einzelne Denkmäler des Königs noch den Horussperber im alten Stil aufweisen (z. B. das Siegel RT. II 15, 205 und die Türkisglieder des Goldschmuckes RT. II 1), erscheint er auf den meisten schon im späteren Stil (z. B. RT. II 5, 1. 2. 7; 5a, 4. 5; 6a, 1. 4; 25, 107—109 und auf den goldenen Gliedern des Schmuckes).

1) RT. I 11, 12. Text S. 23. 28. 2) RT. I 12, 1. II S. 5.

3) RT. I 8, 9. 10. 14. 12, 2.

4) So ist mit Quibell vermutlich das Zeichen des Namens zu lesen.

Darf es danach wohl als sicher gelten, dass der König dem zweiten, dritten oder vierten König der Abydosliste und der manethonischen Liste entspricht, so ist seine Identifikation mit dem zweiten Könige dieser Listen doch durch nichts begründet. Das oder , das auf einem Siegel dem Horusnamen folgt[1], braucht, wie Griffith mit Recht betont hat[2], nicht der Name des Königs zu sein, sondern wird, wie in ähnlichen Fällen[3], der Name des königlichen Beamten sein, der das Siegel führte. Der Name ist zudem wohl nicht *Tj* (Petrie: *Ta*) zu lesen, sondern *Jt*; das wird, wie so gern in alter Zeit, vor das grössere Zeichen, hinter dem es zu lesen ist, gesetzt sein (vgl. für *tıt*, für *ʾt*, für *śtnj*, für *bt*, für *jt* usw.); und der Name wird gewiss nichts als eine defektive Schreibung des bekannten alten Namens *Itj* sein, der RT. I 18, 2. 3 in voller Schreibung als erscheint. Will man in ihm aber trotz alledem einen Königsnamen sehen, so würde eher an *Itj*, den dritten, oder *Itjw*, den vierten König der Abydosliste zu denken sein. In der That scheint der König dem ersteren zu entsprechen, wie wir unten sehen werden.

7. *Dt.*

Gegen Petrie's Ansetzung dieses Königs scheint zunächst ein wesentlicher Umstand zu sprechen. Die Reihe der Privatgräber Z. 1—3, W. 1—9, die zu seinem Grabe (Z) gehören, scheint in ihrer unregelmässigen Richtung auf das benachbarte Grab (X) des Königs Miebis Rücksicht zu nehmen, dem sie zudem seinen Zugang zu verbauen scheinen. Man möchte hieraus mit Zuversicht schliessen, dass der König jünger als der sicher fixierte Miebis sein müsse und, da wir dessen nächste beide Nachfolger, die die erste Dynastie beschliessen, kennen, in die zweite Dynastie hinabzurücken sei. So einleuchtend dieser Schluss auch scheint, so wird man dennoch Petrie's Ansetzung des Königs zwischen den Königen (Nr. 6) und Usaphais (Nr. 2) wohl als richtig annehmen müssen. Der Stil, den die Werke seiner Zeit aufweisen, verbietet in der That wohl, den König weiter hinabzurücken, und weist ihn bestimmt an die Stelle, die ihm Petrie angewiesen hat. Die altertümlichen Siegelinschriften RT. I 19, 8—10; II 16, 121—124; 17, 128 zeigen, dass der König vor Usaphais gehört, und stellen ihn in engen Zusammenhang mit dem Könige (s. ob. Nr. 6), unter dem sich dieselben eigentümlichen Zeichenformen für , , mit ausgespreizten Fingern finden[4]. Dass diese beiden Könige zusammengehören, geht überdies auch daraus hervor, dass sich in den Gräbern beider nicht nur dieselben altertümlichen Siegel gefunden haben[5], sondern dass wir unter beiden Königen auch dieselben Personen im Amt antreffen[6]. Welcher von beiden Königen der ältere ist, zeigt uns der Stil des Horussperbers, der unter stets die

1 RT. II 25, 109.

2 RT. II Text S. 51 2.

3 de Morgan, Origines fig. 558; RT. II 14, 99; RT. I 18, 4; I 21, 26; RT. II 13, 93; RT. II 12, 3.

4 RT. II 5, 1. 13, 14. 12, 3. 15, 111. Vgl. damit die Schreibungen aus der Zeit des Usaphais RT. I 20.

5) RT. I 19, 10 (unter) — RT. II 16, 123 (unter).

6) unter RT. II 16, 121—124, unter RT. I 19, 10; unter RT. II 12, 3, unter RT. I 18, 5 (vgl. ib. 4), 6, 19 (7), II 17, 129.

jüngere Form hat, während er unter zum Teil noch in der älteren Form vorkam wird daher mit Petrie nach anzusetzen sein. Dass diese beiden Könige aber auch dem Usaphais, der jünger als sie sein muss, zeitlich nahe stehen, ist daraus zu entnehmen, dass sich in den Gräbern aus der Zeit des Usaphais noch vereinzelt Abdrücke der Siegel jener beiden Könige gefunden haben [1]. Auch scheint es, als ob ein Beamter, der ihnen beiden gedient hat, auch noch unter Usaphais eine Zeit lang im Amte gewesen ist, falls es sich nicht um einen anderen Mann gleichen Namens handelt [2].

Petrie's Identifikation des Königs mit dem der Abydosliste beruht auf dem gleichen Schluss wie oben die Identifikation des (Nr 6) mit dem derselben Liste, nämlich darauf, dass auf einem Siegel der Horusname des Königs zusammen mit dem Namen erscheint [3], in dem man aber wahrscheinlich wie dort den Namen eines Beamten des Königs zu erkennen hat.

8.

wie Petrie liest, ist, wie Borchardt [4] und Naville [5] richtig bemerkt haben, überhaupt kein Königsname, da ihm nirgends, auch nicht einmal auf dem Grabstein, ein Königstitel vorangeht. Der Name ist in Wahrheit mit Naville oder noch richtiger wohl *Mrjt-Nt* zu lesen [6] und ist wie alle Eigennamen der älteren Zeit, die mit dem Namen der Göttinnen Neit oder Hathor gebildet sind, ein Frauenname [7]. Die Frau, der er gehört, muss nach der Anlage und Ausstattung ihres Grabes eine ganz ausserordentliche Stellung eingenommen haben; sie wird die Mutter oder die Frau eines Königs gewesen sein, und zwar wohl eine, der der König die Krone zu verdanken hatte und die deshalb nicht wie die gewöhnlichen Königinnen [8] unter dem Hofstaat in einem der bescheidenen Kämmerchen, die das Grab des Königs in Reihen umgeben, bestattet wurde, sondern wie ein König ein selbständiges grosses Grabgebäude erhielt, das selbst eine Schar von Reihengräbern für ihren Hofstaat um sich versammelte.

In welche Zeit diese bedeutende Persönlichkeit gehörte, kann wohl mit Sicherheit bestimmt werden. Schon die Lage ihres Grabes (Y) zwischen dem des Königs Usaphais (T) und dem seines unmittelbaren Nachfolgers Miebis (X) weist sie diesen beiden oder einem dieser beiden Herrscher zu. Die Siegelabdrücke, die sich in ihrem Grabe und in den Gräbern ihres Hofstaates

1) RT. I 10. 10 (im Grabe des Usaphais). 20. 20 (im Grabe der); II 17. 132 (desgl.).

2) RT. I 20, 12—15. 18. 19 (im Grabe der), Siegel im neuen Stil.

3) RT. I 18. 2. 3. 4) Nach mündlicher Mitteilung im Herbst 1901. 5) Rec. de trav. 24. 116.

6) Die volle Schreibung mit der Femininalendung findet sich auf dem Grabstein (RT. I. Frontispiece) und auf den Gefässbruchstücken RT. I 5. 3. 7. Wo das fehlt, kann es meist weggebrochen sein (RT. I 5. 1. 2; II 5 a, 21); sicher zu fehlen scheint es nur einmal (RT. II 5, 6); eine solche Weglassung der Femininalendung ist übrigens in den ältesten Inschriften auch ganz gang und gebe, s. meine Bemerkungen zu den Inschriften von Bet Khallâf in Garstang's Publikation.

7) Naville's Annahme, dass es der Name eines Gebäudes sei, scheint mir verfehlt zu sein. Da der Name auf dem Grabstein steht, muss er, wie in allen anderen Fällen, den Eigentümer des Grabes nennen. Dass es ein Personenname ist, ist auch daraus zu sehen, dass er von Semempses ebenso wie der Name des Miebis ausgekratzt worden ist.

8) RT. II 27. 96; 30, 128. 129, kenntlich an dem Titel „die den Horus-Set schaut“.

gefunden haben, gehören, abgesehen von einzelnen älteren aus der Zeit der vorhergehenden Könige (Nr. 6) und (Nr. 7)[1], soweit datierbar, sämtlich der Zeit des Usaphais (Nr. 2) an. Sein Horusname, der auf ihnen häufig erscheint[2], ist der einzige Königsname, der sich überhaupt im Grabe der Königin gefunden hat; er ist daher von Petrie für den Horusnamen des angeblichen Königs *Merneit* erklärt worden. Der Name des einen Spezialweinbergs des Königs Usaphais begegnet uns auf den Siegelabdrücken im Grabe der Königin öfter[3] und unter den Beamten, die auf den Siegeln genannt werden, finden wir mehrere, die uns als Beamte des Königs Usaphais auch sonst bekannt sind[4]. So kann es denn nicht zweifelhaft sein, dass die ganze Grabausstattung der Königin unter Usaphais besorgt worden ist und dass die Königin unter diesem gestorben ist. Andererseits teilt die Königin mit dem Nachfolger des Usaphais, dem Miebis das Schicksal, dass ihr Name von dem Könige Semempses ausgekratzt worden ist (s. ob. S. 25). Danach wird man vermuten dürfen, dass sie eine Gemahlin des Usaphais und die Mutter des Miebis war, die diesem vor anderen Söhnen des Usaphais ein Vorrecht auf den Thron gab und daher, als später einer dieser minderberechtigten Prinzen Semempses dennoch den Thron erlangte, dafür mitzubüssen hatte. — Eine Bestätigung für diese Vermutung scheint der Palermostein zu geben (s. u. Aufsatz 3).

Wie sich aus den vorstehenden Ausführungen ergiebt, sind von den acht Königen, die die erste Dynastie enthalten haben soll, nicht weniger als fünf sicher identifiziert, nämlich der erste und die vier letzten Könige der Dynastie, während es Petrie gelungen ist, für zwei weitere Könige, die uns bisher nur unter ihrem Horusnamen begegneten und daher nicht bestimmt zu identifizieren waren, ihre relative Stellung zu ermitteln, die Könige (Nr. 6) und (Nr. 7), die in dieser Folge zwischen den ersten und fünften Herrscher der Dynastie gehören. Es fehlt somit nur noch ein König, um die Dynastie voll zu machen, und auch dieser fehlt nur, weil die von Petrie zu Unrecht als König angesehene Person der (Nr. 8) ausgeschieden ist. Für die dadurch freigewordene Stelle in der Dynastie fehlt es aber nicht an einem Bewerber, verdankt doch die von Petrie aufgestellte Dynastie von Königen vor Menes ihr Dasein im Grunde nur dem Umstande, dass Petrie in der ersten Dynastie keinen Platz mehr für sie hatte.

Von den fünf Königen, die Petrie dieser seiner Dynastie 0 zugewiesen hat, scheiden zunächst drei von vornherein aus:

9.

Dieser König *K*' soll sich nach Petrie zunächst auf einem Siegelabdruck, im Stile der Zeit des Menes, finden, der in mehrfacher Wiederholung neben- und übereinander die Gruppe

1) KT. I 20 (20); II 17, 132. 2) KT. I 21 (21–23. 26. 27); 22, 36; 23, 37—39; II 17, 131. 135.
3) KT. I 21 (22. 23); vgl. KT. I 25 (52—55); II 19, 150. 154. 155; 20, 156, z. T. mit dem Namen des Beamten , der auf den Gedenktäfelchen des Königs Usaphais öfter vorkommt (KT. I 11 (14. 15)).
4) KT. I 21 (28), vgl. KT. I 11, 6 (16); II 22, 157. KT. I 20 (17). 21 (24. 25); II 17, 134; vgl. KT. I 25, 50. KT. I 21 (29), vgl. KT. II 19, 149. 153. 5) s. Petrie, Abydos I Text S. 4.

zeigt[1]. In der Verbindung des sperberähnlichen Vogels mit dem in dieser Gruppe den Horusnamen eines Königs zu sehen liegt schlechterdings kein Grund vor. Ja eine solche Annahme ist sogar recht unwahrscheinlich, weil die Horusnamen in der ältesten Zeit, wo sie mit dem Titel Horus verbunden sind, ausnahmslos in dem charakteristischen Thürrahmen erscheinen; ohne diesen finden sie sich nur, wo sie ohne Königstitel oder mit anderen Königstiteln gebraucht sind. Ueberdies braucht aber der Vogel auf dem nicht notwendig der Sperber zu sein, sondern könnte sehr wohl auch das Zeichen *wr* sein, das auf den Denkmälern der ersten Dynastie jenem oft zum Verwechseln ähnlich sieht[2], wir hätten dann in dem , auf dem der Vogel sitzt, das phonetische Komplement dazu zu erblicken. Wie dem aber auch sei um einen Königsnamen handelt es sich in der vorliegenden Gruppe gewiss ebensowenig wie bei den Zeichen , die sich ähnlich auf dem gleichaltrigen Siegel RT. II 13, 95 wiederholen. — Nicht besser steht es mit den anderen Belegen die Petrie für den angeblichen Königsnamen beibringt: roh eingekratzte kursive Zeichen auf Thongefässen aus einem Grabe (B. 1), das der Zeit des Königs (Nr. 13) anzugehören scheint[3]. Sie zeigen einen Sperber ein Zeichen haltend das ebenso gut alles andere als sein kann. Auch hier liegt für die Annahme, dass darin ein Königsname stecke, kein Grund vor.

10.

Dieser König *Dśr* ist kein anderer als der bekannte König der dritten Dynastie gleichen Namens Dośer, Manethos' Tosorthros. Sein Vorkommen auf einem Fundstück in einem Grabe der ersten Dynastie, dem des (Nr. 7) ist um nichts wunderbarer, als das Vorkommen des der zweiten Dynastie angehörigen Königs (Nr. 10) in dem Grabe der Königin (Nr. 8)[4] und in dem Grabe W. 30, das zu den Gräbern aus der Zeit des (Nr. 7) gehört[5]. Der Titel , der dem Namen vorangeht, beweist gleichfalls nicht das Mindeste gegen die Identifikation mit dem beglaubigten Dośer der dritten Dynastie. Das Wort, das *nbwj* „die beiden Herren" zu lesen ist und „Horus und Set" bezeichnet, begegnet uns in derselben Schreibung noch am Ende der fünften Dynastie in der Pyramide des *Wnis* neben dem analogen Ausdruck *nbtj* „die beiden Herrinnen" (d. i. Eileithyia und Buto[6]) und ist in den Schreibungen und [7] noch viel später anzutreffen. Dass es ebenso wie sein Synonym und das analoge als Königstitel gebraucht wird, ist neu, wie so Manches auf den ältesten Denkmälern; zu der Annahme, dass dieser Gebrauch auf die erste Dynastie oder gar die dieser vorhergehende Zeit beschränkt gewesen sei, liegt schlechterdings kein Grund vor. Dass der Königsname nicht in den Namensring eingeschlossen ist, wird sich, wenn Dośer überhaupt schon von Anfang an den Ring gebrauchte, daraus erklären, dass der Name

1) RT. II 13. 96. 2) vgl. *wr* RT. I 9. 1. 2. 11. 17 mit *Ḥr* RT. I 11. 12. 14; II 3 a. 5. 6.
3) RT. I 4. 3. 4) RT. I 4, 7. 5) RT. I 29, 87. 88.
6) W. 38: . . . . *shtp-f n-k nbwj . . . . ḥtp n-k nbtj.*
7) In dieser Schreibung findet sich das Wort als Königstitel vor dem Namen des Miebis (s. ob. Nr. 3) und vielleicht auch vor dem Eigennamen des Königs (s. u. Nr. 20).

nicht dem Titel folgte. Im Uebrigen weist für mein Gefühl auch der feine klassische Stil der Hieroglyphe nicht auf die Zeit vor Menes, sondern auf eine spätere Periode.

11. [1].

Dieser scheinbare König *Sm*·, der überall, wo er vorkommt, denselben Titel zu haben scheint, wie in dem eben besprochenen Falle König Doser, ist, wie schon Griffith gesehen hat, offenbar nichts als eine Variante des späteren Königinnentitels *smȝ*·*t nbtj* „die mit dem König (*nbtj*) vereinigte" und ist, wenn nicht ebenso, *sm*·*ȝt nbwj* zu lesen. Die Gruppe findet sich dementsprechend denn auch einmal mit dem Namen der *Nt-ḥtp* verbunden[2], in der Petrie scharfsinnig die Gemahlin des Menes vermutet, weil sich verschiedene Gegenstände mit dem gleichen Namen im Grabe des Menes bei Negade gefunden haben[3].

Von den beiden danach noch verbleibenden Königen der angeblichen Dynastie o ist:

12. *K*· — *Ipj*.

wie Petrie liest, eine in jeder Hinsicht recht problematische Erscheinung. Der Name ist nur belegt in einer Anzahl Gefässaufschriften in roher Kursive[4]. Der Thürrahmen, der den Horusnamen enthält, und den Horussperber trägt, soll seltsamer Weise die Linien, welche die eigentliche Thür vertreten, über statt unter dem Namen haben. Petrie sieht in dieser Abnormität ein Zeichen besonderer Altertümlichkeit; angesichts der Faksimiles in seinem Abydos I scheint

es übrigens noch zu erwägen, ob nicht in diesen Strichen doch eine Hieroglyphe zu erkennen ist; diese könnte, wie zuweilen[5] das Zeichen, das den Horusnamen des Königs des Osirisgrabes (s. ob. Nr. 6) bildet und das nur unsicher als gedeutet worden ist, unmittelbar mit der oberen Leiste des Thürrahmens, der den Horusnamen einschliesst, verbunden sein. Was nun das Zeichen anbetrifft, das unter diesen eben erörterten Strichen steht und von Petrie gelesen wird, so ist diese Lesung alles andere als sicher; eine Deutung der unregelmässigen wechselnden Formen dieses scheinbaren Zeichens wird fürs erste kaum möglich sein. Wie der Name nun aber auch zu lesen sein mag, dass es ein Horusname ist, ist wohl nicht zu bezweifeln. Dagegen ist in der Gruppe, die Petrie liest und als *štnj Ipj* „König *Ipj*" erklärt, gewiss kein Königsname zu erkennen. Das erste Zeichen, das auch von den Zeichen getrennt vor-

1) RT. II 2, 8—11. Abydos I 4, 1. 2.
2) RT. II 2, 12.
3) Petrie will dieses stattliche, eines Menes würdige Grabgebäude daher dieser Frau *Nt-ḥtp* und dem Menes selbst statt dessen ein gänzlich unbedeutendes kleines Grab bei Abydos (B. 19) zuweisen. Seine Gründe dafür können mir aber nicht einleuchten.
4) Petrie, Abydos I 1—3. RT. II 13. Das Siegel RT. II 2, 1, das die Hieroglyphe in einem viereckigen Rahmen ohne den Titel Horus zu nennen scheint, gehört wohl nicht hierher, sondern wird, wie Naville mit Recht vermutet, das Wort *ḥt-kȝ* „Totentempel" enthalten.
5) RT. II 15, 105, 106.

kommt und bald über, bald hinter ihnen steht, ist nicht die Hieroglyphe , sondern deutlich das Zeichen *ḳmꜥw* „Oberägypten". Ihm entspricht offenbar das Zeichen *mḥj* „Unterägypten", in der Gruppe oder , die sich mehrmals statt jener Gruppe findet und die Petrie als „*Ḥꜣt*, die Frau[1] des" (Königs Horus *Kꜣ*) erklärt hat. Wenn in den Zeichen oder , wie einmal dafür steht, ein Name zu erkennen ist, so wird es wie in den oben erörterten Fällen (S. 28. 29) ein Privatname sein. – Nach dem Fundort der Inschriften mit dem rätselhaften Horusnamen zu schliessen, müssen sie etwa in die Zeit der Könige Menes oder (Nr. 13) gehören. Der Horusname mag daher, wenn er sich nicht mit einem der bekannten Horusnamen der ersten Dynastie identisch erweisen sollte, wirklich, wie Petrie annimmt, einem der letzten Vorgänger des Menes, die das oberägyptische Reich beherrschten, angehört haben. Dieser König würde dann aber auch der einzige Vertreter dieser „Dynastie 0" sein, da der letzte von Petrie ihr noch zugewiesene König ebenso wie die drei oben behandelten ausscheidet:

13. , auch bloss (mit und ohne Thürrahmen geschrieben)[2]
Nꜥr-mr[3] oder *Wḥꜥ-mr*(?)[4],

der durch seine prächtigen Weihgeschenke im Tempel von Hierakonpolis bekannt ist. Die Denkmäler dieses Königs gehören im Stil eng mit denen des Menes zusammen[5] und sind um nichts altertümlicher als sie. Unter beiden Königen hat der Horussperber, dieses oben wiederholt angewandte Kriterium, noch stets die altertümliche Form; unter beiden findet sich, was später nie wieder zu belegen ist, zuweilen der Rahmen des Horusnamens oben wie von der Last des darauf stehenden Horussperbers eingebogen[5]. Der König ist denn auch seiner Zeit von Petrie eingestandenermassen nur deshalb vor Menes gesetzt worden, weil Petrie für ihn in der ersten Dynastie keinen Platz mehr hatte[6]. Nachdem dieser äusserliche Grund weggefallen ist, werden wir den König, der auf seinen Denkmälern von Hierakonpolis als König von Ober- und Unterägypten erscheint, unbedenklich unter die Nachfolger des Menes einreihen. Und zwar wird er aus den oben erörterten stilistischen Gründen unmittelbar hinter Menes und vor den König (Nr. 6) anzusetzen sein, unter dem die neue Form des Horussperbers aufkam. Die Könige und (Nr. 7) rücken dann in die dritte und vierte Stelle der Dynastie ein und werden damit die Vorgänger des Usaphais (Nr. 2), und das stimmt ja auch zu den oben gemachten Wahrnehmungen (S. 29).

1) Das Zeichen ist nicht *ḥm*.

2) Hierakonpolis I 15, 7; 29.

3) So nach Naville (Rec. de trav. 24, 114). Der Fisch *wḥꜥ*, auch *ḥwꜥ* geschrieben (vgl. Verbum I § 253, 4) findet sich Mar. Mast. 346. 350. LD II 23.

4) Naville's Identifikation des Königs mit dem ersten Könige der zweiten Dynastie Boethos ist schon deshalb unmöglich.

5) RT. II 2, 3. 6; 3, 1. 2; 3a, 5. 6; 13, 91. 93; 14, 97. 99. Hierakonpolis I 26 B. Nicht eingebogen RT. II 2, 4. 5; 3, 4. 5; 13, 92.

6) RT. I Text S. 6.

Wir können die erste Dynastie nunmehr wohl mit ziemlicher Sicherheit so herstellen:

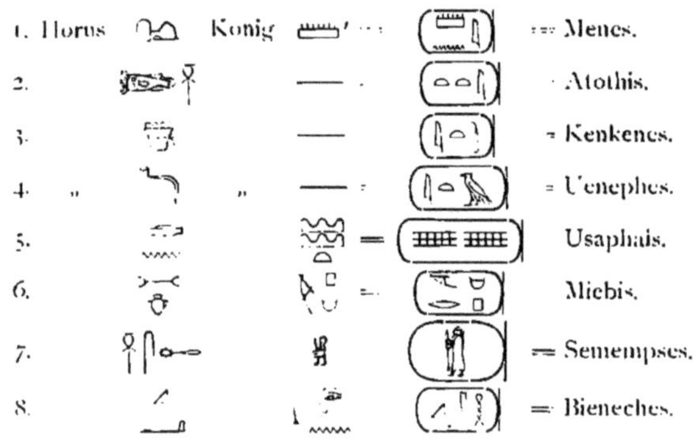

Für die zweite Dynastie stehen uns bei weitem nicht so reiche Hilfsmittel zur Verfügung wie für die erste, aus dem einfachen Grunde, weil erst zwei Gräber von Königen dieser Dynastie bekannt geworden sind. Es ist daher nicht zu verwundern, dass Petrie's Ergebnisse hier nicht so sicher sind, wie bei der ersten Dynastie.

Von den 7 Königen, die Petrie der zweiten Dynastie zugewiesen hat, sind zunächst wieder zwei auszuscheiden:

14. *Uʿj-sḫm*,

der König, von dem sich verschiedene Siegesdenkmäler (Statuen und Gefässe) im Tempel von Hierakonpolis gefunden haben. Petrie setzt ihn vor den König (Nr. 20), weil sein Horusname eine einfachere Form als der dieses letzteren Königs hat. Naville sieht dagegen in den beiden Königen ein und dieselbe Person und nimmt an, dass der König ursprünglich (mit dem Singularis *sḫm*) geheissen und diesen Namen in (mit dem Dualis *sḫm-wj*) geändert habe, als er durch die Besiegung der Nordägypter, von der seine Denkmäler von Hierakonpolis Zeugnis ablegen, Herr der beiden Länder geworden sei. Dieser Gedanke dürfte aber, so verlockend er scheinen mag, kaum die Probe bestehen. Die Nordägypter, die der König schlug, waren *sbjw* „Rebellen"[1], die sich gegen die vermutlich von Menes begründete Herrschaft des oberägyptischen Königs auflehnten, wie das in älterer Zeit noch öfter geschehen ist[2]. Der König war also gewiss schon vor seinem Siege Herr von Unterägypten. Und selbst, wenn Naville's Gedanke richtig wäre, so sollte man doch erwarten, dass der König auf den Siegesdenkmälern, die er errichtete, auch schon den Siegesnamen führte. Ganz abgesehen hiervon ist aber sowohl die Gleichsetzung des Königs mit dem wie seine Ansetzung in der zweiten Dynastie wohl aus einem anderen Grunde ausgeschlossen. In den Zeichen , die in dem von der Göttin von Elkab gehaltenen Ringe stehen, kann man doch nur mit Quibell[3] den

1) So auf den Basen der Königsstatuen genannt.

2) Z. B. unter und unter dem Necherophes Manethos', vgl. ob. S. 14 ff.

3) Ä. Z. 36, 83.

Eigennamen des Königs erkennen. Ist das richtig, so ist der König in die dritte Dynastie zu setzen, in der der Namensring zuerst in Gebrauch kommt[1]; der König hat ihn noch nicht, sein Eigenname, der auch nicht lautet (s. u. Nr. 20), wird ebenso wie der des (Nr. 19) noch in den rechteckigen Rahmen der Horusnamen eingeschlossen.

15.

das von Sayce auf einem Siegelcylinder von Elkab entdeckte angebliche Aequivalent des manethonischen Chaires, kann so, wie es vorliegt, überhaupt nicht darauf Anspruch erheben, für einen Königsnamen gehalten zu werden[2]. Sollte wirklich damit gemeint sein, so könnte dieser Name aus dem eben erörterten Grunde nicht vor die dritte Dynastie gesetzt werden.

Von den fünf anderen Königen, die Petrie mit Recht in die zweite Dynastie setzt, ist die relative Reihenfolge der drei ersten (Nr. 16—18) durch die Kairiner Statue Nr. 1, die einen ihrer Zeitgenossen darstellt, gegeben:

16. *Ḥtp-sḫmwj*[3] = *Ḥtp.*

Die Gleichsetzung beruht auf einem Siegel, das erst den Horusnamen des Königs, dann den Eigennamen mit den obigen Königstiteln in dem Namen eines Hauses nennt[4], wie wir das oben bei Miebis und Semempses gefunden haben (s. S. 24).

17. *Rʿ-nb.*

18. *Ntrj-mw.*

Die beiden ersten Könige (Nr. 16 und 17) hat sowohl Maspero auf Siegelabdrücken zu Sakkara[5] als Petrie in Gefässinschriften im Grabe des [6] wiedergefunden: das darf wohl als eine Bestätigung für ihre Zusammengehörigkeit angesehen werden. Auch den dritten (Nr. 18) scheint Petrie ebenda wiedergefunden zu haben, und zwar unter Umständen, die ihn übereinstimmend mit der Kairiner Statue als den Nachfolger des Königs erscheinen lassen. Auf einem Gefässbruchstück, das den Namen eines Hauses des Königs nannte, ist dieser Name weggekratzt und daneben eine andere Inschrift gesetzt worden, die den Königsnamen mit den Titeln statt (also wie oben der Königsname) zu nennen scheint[7]. Der Name, mit dem das Bruchstück abbricht, ist hier möglicherweise nicht vollständig erhalten, sondern zu zu ergänzen, wie auf einem anderen Gefässbruchstück mit denselben Königstiteln zu lesen ist[8]. Petrie will freilich das in dieser Inschrift nicht mit zur Königstitulatur rechnen, sondern als selbständiges Wort für „Schiff" ansehen, wie es sich in In-

1) Zuerst belegt für auf den Berliner Steinen Nr. 1141 2 und vermutlich für denselben König auf einem Siegel von Bet Khallâf (Garstang pl. 19, K. 2. 7).

2) Ä. Z. 35, 137.

3) Die eigentümliche Form des *sḫm*, die Petrie zu der Lesung *Ḥtp-ʿḥʿwj* veranlasste, findet sich auch in den Inschriften von Bet Khallâf häufig (s. die Publikation von Garstang) und im Namen des *Ḫʿj-sḫmwj* auf dem Palermostein.

4) Maspero, Bulletin de l'Institut égyptien 4me sér. No. 2, pp. 187 ff.

5) Maspero a. a. O.

6) RT. II S. 8. 12.

7) RT. II S. 12.

8) RT. II S. 13.

schriften des Königs mehrmals nach der Königstitulatur zu finden scheint [1]. Gewiss ist diese Auffassung möglich; indess ist doch auch mit der Möglichkeit zu rechnen, dass im vorliegenden Falle das dennoch zur Titulatur des Königs gehört. Ist dem aber so, so kann das , das dem Doppeltitel folgt, entweder ein Horusname sein (wie oben , Nr. 5) oder ein Eigenname (wie Nr. 19 und Nr. 4) oder aber aus dem Horusnamen und dem Eigennamen des Königs bestehen (wie unten Nr. 20). In den beiden letzten Fällen bliebe dann auch die Identität des Königs mit dem Könige (Nr. 18) weiter möglich.

Zu der Lesung des Horusnamens *Ntrj-mw* s. u. den Anhang.

Petrie hat die drei Könige der Kairiner Statue (Nr. 16—18) den ersten drei Königen der zweiten Dynastie gleichgesetzt, wohl weil er in (Nr. 19) den -Tlas der späteren Königslisten erkannte und aus dem Vorkommen jener Könige in seinem Grabe schloss, dass sie ihm vorangegangen sein müssten. Beide Gründe sind zwar nicht beweiskräftig. Die Identifikation des ist nichts als eine Vermutung und der Schluss, dass jene drei Könige älter sein mussten, weil sie in seinem Grabe vorkommen, ist nicht zwingend; wie bereits oben gezeigt wurde (S. 31), ist es keineswegs, wie Petrie meint, ein unverbrüchliches Gesetz, dass nur die Namen vergangener Könige in den alten Königsgräbern gefunden werden. Dennoch wird Petrie's Identifikation der Könige wohl richtig sein. Was dafür spricht, ist, dass der König dann dem Binothris der Königslisten entspräche, also einem Könige, dessen Name die gleichen Elemente aufweist. Dazu scheint denn auch die Stelle, die der mutmassliche Binothris auf dem „Palermostein" einnimmt, zu passen (s. u. Aufsatz 3).

19. *Sḫm-ib* [2] = *Prj-ib-sn* (Name im Rahmen der Horusnamen) [3]

 (ohne Rahmen) [4] (desgl.) [5].

Die Gleichsetzung beider Namen beruht darauf, dass sich im Grabe des ausschliesslich Siegelabdrücke mit diesen beiden Namen gefunden haben; sie darf daher wohl für so gut wie sicher gelten. Petrie's Identifikation des Königs mit dem vierten Könige der späteren Listen *W'd-ns*-Tlas beruht wohl darauf, dass er im Grabe des zu Sakkara mit *Sndj*, dem fünften Könige der späteren Listen *Snd*-Sethenes, zusammen genannt wird [6]. In der That wäre es wohl nicht undenkbar, dass der Name aus dem alten verderbt sein könnte [7].

20. (im Rahmen der Horusnamen) *Hˁj-sḫmwj*[1] = *Nbwj-ḥtp-wn-f* (desgl.)[2] = (ohne Rahmen)[3].

Wenn wir in dem Namen, wie die Vergleichung der Horusnamen und wahrscheinlich macht, den Horusnamen des Königs zu erkennen haben, so muss in den Worten, um die dieser Name so oft vermehrt erscheint, insbesondere auch, wo ihm die Titel vorangehen, der Eigenname des Königs gesucht werden. Hierauf führt, wie ich schon auf dem Pariser Orientalistenkongress bemerkt habe, die analoge Sitte des a. R., den Eigennamen des Königs mit dem Horusnamen in dessen Rahmen und unter dessen Titel Horus) zu vereinigen:

[4]. Die Lesung des Namens bleibt in einem Punkte ungewiss, ob *nbwj* zum Namen gehört oder der oben (S. 31) erörterte Königstitel ist; dagegen ist das vorletzte Zeichen, das bisweilen wie *imj* aussieht, nach den Petrie'schen Faksimiles und nach der Photographie in Quibell's Hierakonpolis sicher *wn*, das ja auch sonst öfter durch vertreten wird. Der Name ist also *Nbwj-ḥtp-wnf* oder *Ḥtp-wnf* zu lesen.

Der König ist von Petrie gewiss mit Recht an das Ende der zweiten Dynastie gesetzt worden. Der Stil der Denkmäler und der Inhalt der Inschriften, die sich uns aus seiner Zeit erhalten haben, weisen ihm deutlich diesen Platz an der Schwelle des alten Reichs von Memphis an, dem er näher steht als der ersten Dynastie[5]. In der Königin *N-mȝˁt-ḥp*, deren Name sich im Grabe des Königs auf Siegelabdrücken gefunden hat[6] und deren Totentempel noch die Inschrift des *Mtn* erwähnt[7], hat Petrie die Ahnmutter der dritten Dynastie vermutet. Garstang's Funde bei Bet Khallâf scheinen diese Vermutung und die Ansetzung des Königs vollauf zu bestätigen, indem sie ihn als den Vorgänger des Doser-Tosorthros erscheinen lassen. Die Inschriften der amtlichen Siegel sind unter beiden Königen dieselben (bis auf den Nemen des Königs)[8]. Und die Königin *N-mȝˁt-ḥp*, die unter ebenso wie später im Grabe des *Mtn* den Titel einer „Mutter der Königskinder" hat[9], heisst stattdessen unter Doser „Mutter des Königs"[10] und scheint daher die Mutter dieses Königs gewesen zu sein. — Zu der Ansetzung des Königs am Ende der zweiten Dynastie scheint schliesslich auch die Stelle zu passen, an der er auf dem Stein von Palermo genannt ist (s. u. Aufsatz 3).

1) RT. II 23, 200—24, 206.

2) RT. II 23, 191—199. Quibell, Hierakonpolis I 2 mit Umstellung von *ḥtp* und *wn-f*.

3) RT. II 23, 201.

4) Vgl. Lepsius, Königsbuch 16 a. 30 a. Denkm. Text I 126. Berlin 15304.

5) Wie Naville angesichts dieses augenfälligen Thatbestandes hat auf den Gedanken kommen können, dass der König mit dem Miebis identisch sein könne, ist mir unverständlich. Es ist das ein lehrreiches Gegenstück zu seiner Datierung der Namenseinsetzungen auf den Denkmälern der Hatschepsowet.

6) RT. II 24, 210. 7) LD II 6.

8) Vgl. Garstang, Bet Khallâf pl. 9, 5. 6 mit RT. II 23, 193; 24, 202—204.

9) Zu der seltsamen Schreibung von *mwt-ḫrdw* mit statt im Grabe des *Mtn* (LD II 6) vgl. Mariette, Mastabas 250.

10) Garstang, Bet Khallâf pl. 10, 7.

Königsnamen der dritten Dynastie sind uns bisher durch gleichzeitige Denkmäler erst wenige bekannt geworden. Zunächst die beiden von oben hierher gewiesenen Könige:

21.  *Dšr* (s. ob. Nr. 10),

der Dośer der Listen, der Tosorthros des Manethos[1], der auf den Denkmälern von Bet Khallâf unter denselben Namen erscheint, die er auf der Thür aus der Stufenpyramide von Sakkara[2] und mit dem Namen Dośer verbunden in der „Inschrift von den sieben Jahren der Hungersnot"[3] hat: 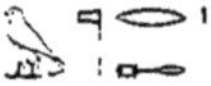[4] *Ntrj-r-ht* und 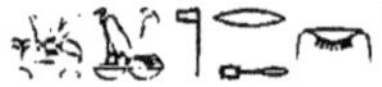[5].

Zur Lesung des Horusnamens *Ntrj-r-ht* s. u. den Anhang. — Das , das dem Horusnamen folgt, wo er mit dem Doppeltitel *śtnj-bjtj nbtj* verbunden ist, entspricht dem späteren Goldhorusnamen; auf der Thür aus der Stufenpyramide und in einer späten Serapeumstele[6] steht dafür , in der Hungersnotinschrift . In der vorliegenden alten Titulatur soll vielleicht der Horusname des Königs das Wort „Horus" vertreten, so dass das Ganze „*Ntrj-r-ht*, der den Gott von Ombos (*Nbtj*) überwunden hat" bedeutete, übereinstimmend mit der Uebersetzung ἀντιπάλων ὑπέρτερος, die die Inschrift von Rosette für den Titel  d. i. „Horus über dem " giebt (s. u. Aufsatz 9).

22.  *Ḥ'j-śḫm* mit dem Eigennamen 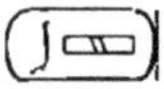 *Bš(?)* (s. ob. Nr. 14).

Ausser diesen beiden Königen sind es nur noch zwei, die mit Sicherheit hierher gehören:

23. 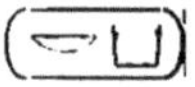 *Nb-k'*

auf den Berliner Steinen Nr. 1141/2 aus einem Grabe von Abusir, die zwar nur den Totenkult des Königs erwähnen, aber nach den Titeln des Grabeigentümers und dem Stil der Inschriften zu schliessen, noch in die dritte Dynastie gehören. Der König, der in der Königsliste von Abydos, im Turiner Königspapyrus und bei Manethos (Necherophes) vor Doser (Tosorthros) steht und die Dynastie eröffnet, dürfte in Wahrheit mit dem Papyrus Westcar und der Königsliste von Sakkara nach diesen König zu setzen sein, der auch im Turiner Papyrus noch richtig als Dynastiehaupt bezeichnet ist.

24.  *S'-nht.*

Horusname auf einem Siegel von Bet Khallâf[7], möglicherweise der des 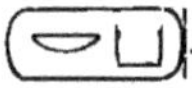, dessen Name auf demselben Siegel genannt gewesen zu sein scheint.

Diesen sicher in die dritte Dynastie gehörigen Namen ist schliesslich vielleicht noch zuzufügen der sonst nicht gut unterzubringende, augenscheinlich recht alte Name:

1) Vgl. Untersuch. II 114 ff. 2) Berlin 1185. LD II 2 ff.
3) Brugsch, Die bibl. sieben Jahre der Hungersnot.
4) Garstang, Bet Khallâf pl. 8. 9. 10. 26. Bénédite, Rec. de trav. 16. 104.
5) Garstang, Bet Khallâf pl. 8. 1. 6) s. Erman, Ä. Z. 38. 120.
7) Garstang, Bet Khallâf pl. 19.

25 *Nfr-s-Ḥr*

Petrie, Hist. I 106. Mariette, Pap. de Boulaq I 39 (gelesen von Devéria).

An eine Ordnung dieser wenigen Königsnamen ist bei der Verworrenheit (und Lückenhaftigkeit?) der späteren Nachrichten über diese Dynastie zur Zeit nicht zu denken.

Anhang.

Zur Lesung einiger Königsnamen der ältesten geschichtlichen Dynastieen.

Für die Horusnamen , und , die man gewöhnlich *Dn*, *Ntr-n* und *Ntr-ḥt* zu lesen pflegt, sind oben die abweichenden Lesungen *Wḏj-mw*, *Ntrj-mw* und *Ntrj-r-ḥt* vorgeschlagen worden, die einer Begründung bedürfen.

Durchmustert man die uns bis jetzt bekannt gewordenen Horusnamen der sechs ersten manethonischen Dynastieen auf ihre Bildung, so bemerkt man, dass unter ihnen überhaupt nur zwei Hauptbildungstypen vertreten sind, nämlich erstens Namen, die aus einer einzigen nominalen Wortform bestehen, und zweitens Namen, die aus der Verbindung zweier solcher Wortformen bestehen.

Der erstere, nur aus einem Worte bestehende Namenstypus ist nur in 6 Beispielen belegt, die sämtlich zwei ganz bestimmt begrenzten, zeitlich weit auseinander liegenden Perioden angehören, nämlich der ersten Hälfte der ersten Dynastie und der vierten Dynastie. Auch in späterer Zeit ist, soweit bekannt, dieser einfache Typus nie wieder für Horusnamen verwandt worden. Die bekannten sechs Beispiele dieses Typus sind:

aus der ersten Dynastie:

ʿḥ3 „der Kämpfer", Menes.

Dr(?).

Dt „die Schlange".

aus der vierten Dynastie:

Mḏdw, Cheops.

Ḫprr „der Käfer", Dedef-reʿ.

K3 „der Stier", Mencheres.

Die übrigen 24 Horusnamen, die wir, ausser den in Frage stehenden drei Namen, aus den sechs ersten Dynastieen kennen, weisen sämtlich den zweiten Typus auf, der aus zwei nominalen Wortformen besteht. Dieser Typus ist bekanntlich auch später der gewöhnliche Typus für die Horusnamen geblieben. Die Beispiele aus den sechs ersten Dynastieen sind:

aus der ersten Dynastie:

Wḥʿ-mr(?).

ʿnd-ib, Miebis.

Śmr-ḫt, Semempses.

K3j-ʿ, Bieneches.

aus der zweiten Dynastie:

Ḥtp-sḫmwj.

Rʿ-nb.

Śḫm-ib. *Prj-ib-śn*.

Ḫʿj-sḫmwj.

aus der dritten Dynastie:

S3-nḫt.

Ḫʿj-sḫm, *Bś*.

Nb-m3ʿt, Snefru.

aus der vierten Dynastie:
Wśr-ib, Chephren.

aus der fünften Dynastie:
'Irj-m-'t, User-ke-f.
Nb-ḥ'w, Śahu-re'.
Wśr-ḥ'w, Nefer-'er-ke-re'.
Nfr-ḥ'w, Nefru-f-re'?
Ist-ib-tȝwj, Ne-user-re'.
Mn-ḥ'w, Men-ku-ḥor.
Ddj-ḥ'w, Dad-ke-re'.
Wȝd-tȝwj, *Wnjś*.

aus der sechsten Dynastie:
Śḥtp-tȝwj, *Ttj*.
Mrjj-tȝwj, Phiops I
'nḫ-ḥ'w, Merjen-re'.
Ntrj-ḥ'w, Nefer-ke-re' Phiops II.

Bei diesem Befunde muss es von vornherein wahrscheinlich sein, dass auch die beiden Namen und , die mit je zwei Hieroglyphen geschrieben sind, diesen gewöhnlichen Typus aufweisen und aus zwei Worten bestehen. In diesem Falle müsste das Zeichen also ein selbständiges Wort darstellen. Es ist denn in der That auch wohl nichts anderes als eine altertümliche Schreibung für das Wort *mw*[1] „Wasser“, dessen Bild es ja darstellt. Eine solche einfache Schreibung für die spätere pluralische Schreibung mit dreimaliger Wiederholung desselben Zeichens liegt ganz im Sinne der ältesten Schreibweise, die den Pluralis auch sonst oft unbezeichnet lässt[2].

Der Name ist dann nach Analogie von *Ntrj-ḥ'w* „göttlich in Bezug auf die Krönung“ (fem. *Ntrjt-ḥ'w* „Goldhorus“name der Ḥatschepśowet) und anderen Namen[3] *Ntrj-mw* zu lesen und bezeichnet seinen Träger als „göttlich in Bezug auf den Samen“, d. h. wohl göttlicher Abkunft, entsprechend der Bezeichnung *mw ntrj* „göttlicher Same“, die wir später so häufig für Personen von göttlicher Abstammung gebraucht finden[4].

Der Name dagegen wird in seinem ersten Bestandteil das Verbum *wdj* „legen“, „werfen“ in seiner gewöhnlichen defektiven Schreibung enthalten[5] und also *Wdj-mw* zu lesen sein. Ein Ausdruck *wdj mw* „Wasser ausgiessen“ oder „spenden“ kommt in der That in den Pyramidentexten neben *wdj š'j* „Sand ausschütten“ vor, beides Handlungen, die hinter und vor dem toten Könige gemacht werden, wenn er zum Himmel aufsteigt[6].

Durch die Lesung *Ntrj-mw* für den Namen ergiebt sich dann auch die Lesung für den Horusnamen des Dośer . Das , mit dem dieser Name in alter Zeit ausnahmslos

1) Vgl. die Variante für dasselbe Wort *mw* „Wasser“ Pyr. N. 355.

2) Vgl. z. B. die Schreibung von *msw-śtnj* „Königskinder“ RT. II 24, 210 und die herkömmlichen Schreibungen so mancher Titel.

3) Vgl. die Namen *Ntrj-ḫprw* (Leps. Königsb. 182), *Ntrj-mswt* (ib. 182), *Ntrj-ḥdt* (ib. 162), *Ntrj-śtnjt* (ib. 344), in denen das Adjektiv *ntrj* „göttlich“ gleichfalls nur geschrieben zu werden pflegt, sowie die Namen *Ntrj-kȝ-r'* (Königsliste von Abydos) und *Ntrj-ḫpr-r'* (Leps. Königsb. 523), in denen das Verbum *ntrj* „göttlich sein“ in der gleichen Schreibung erscheint.

4) Leps. Königsb. 425. Denkm. Text III 5. Dum. Hist. Inschr. II 7c, u. o.

5) An die Möglichkeit dieser Lesung dachte seiner Zeit schon Spiegelberg, Ä. Z. 35, 9 Anm. 1.

6) Pyr. P. 642.

geschrieben wird[1], wird kaum das phonetische Komplement zu dem Worte *ntrj* sein können, da dieses Wort, wie gesagt, nicht nur in den alten Namen *Ntrj-mw* und *Ntrj-ḥʿw*, sondern auch später in analog gebildeten Namen fast ausnahmslos einfach ohne geschrieben zu werden pflegt (s. ob. S. 40, Anm. 3). Das wird hier vielmehr die Präposition *r* sein in der Bedeutung „mehr als" und das Wort *ẖt*, das ihm folgt, wird hier dieselbe Bedeutung „Körperschaft" (der Götter)[2] haben wie in den Namen *Šmr-ẖt* „Freund der Körperschaft" (Semempses) und *Mrjj-ẖt* „geliebt von der Körperschaft" (*nbtj*-Name Phiops' I). Der ganze Name wird demnach *Ntrj-r-ẖt* zu lesen sein und „göttlicher als die Körperschaft" bedeuten. Er bestände danach aus drei Worten, einem nominalen Wort *ntrj* mit folgendem präpositionellen Ausdruck *r ẖt*, und wiese also eine Bildung auf, die für die ältesten Dynastieen zwar sonst noch nicht belegt ist, die aber späterhin neben dem gewöhnlichen Typus der aus zwei nominalen Formen zusammengesetzten Horusnamen häufiger vorkommt[3].

Dass die späteren Aegypter die alten Namen und, nach den Formen und[1] zu schliessen, nicht *Ntrj-mw* und *Ntrj-r-ẖt*, sondern *Ntr-n* und *Ntrj-ẖt* gelesen haben, ist nicht weiter auffällig und kann für die ursprüngliche Lesung der Namen nichts beweisen.

Wenn das Zeichen in den Horusnamen und das Wort *mw* „Wasser" darstellt, so bietet sich auch die Möglichkeit, den Eigennamen oder des Königs nicht, den späteren Schreibungen des alten Reichs entsprechend[4], einfach *Šn*, sondern *Šn-mw* zu lesen, zumal die Worte *šn* „küssen" und *mw* „Wasser" in der That miteinander verbunden vorkommen[6]. Der Name würde dann nicht „küssend" oder „geküsst", sondern „vom Wasser geküsst" bedeuten. Petrie's Vermutung, dass das des Namens später durch wiedergegeben worden sei und mit zu der späteren Namensform *Ḳbḥw* veranlasst habe[7], würde dadurch an Wahrscheinlichkeit gewinnen und es wäre denkbar, dass seine Vermutung mit der oben (S. 27) geäusserten Vermutung zu kombinieren wäre, sodass der spätere Name *ḳbḥw* aus der Verbindung der beiden Namen und entstanden wäre.

1) Sowohl in den Inschriften von Bet Khallâf als auf der Thür aus der Stufenpyramide als auch in der Inschrift auf der Sinaihalbinsel (Rec. de trav. 16, 104).

2) Vgl. Pyr. P. 468 = M. 533 = N. 1111; N. 1230. Vgl. auch den Ausdruck *ḳjtj-ẖt* „andere Körperschaft" für „Andere".

3) *Ḥkn-m-mȝʿt* (Leps. Königsb. 180), *Ḥʿj-m-wȝst* (ib. 349), *Ḥʿj-m-mȝʿt* (ib. 373. 512), *kȝ-ḥr-ḫpš-f* (ib. 420 w), *Ḥʿj-m-mȝʿt* (ib. 474), *Ḥʿj-m-bjtj* (ib. 484), *ʿnḫ-m-mȝʿt* (ib. 504), *ʿn-m-tni* (ib. 510).

4) Ä. Z. 38, 120.

5) Die Schreibung mit derselben ungewöhnlichen Stellung des findet sich für *šn* „küssen" Rougé, Inscr. hiérogl. 80.

6) Pyr. N. 909: *šn-tj rdwj-fj in mw* „geküsst werden seine Füsse von dem Wasser" (Samen).

7) RT. I p. 23, 29.

3. Die Einrichtung des Steines von Palermo.

Hierzu die Tafeln 1 und 2.

Nachdem uns Schäfer eine getreue Wiedergabe des Palermosteins gegeben und die Bedeutung dieses wichtigen Denkmals gezeigt hat[1], wird man nun wohl auch den Versuch machen dürfen, die Einrichtung des Steines zu ermitteln und festzustellen, wie die manethonischen Dynastieen darauf verteilt waren und welchen Königen der ältesten Dynastieen die uns erhaltenen anonymen Stücke angehört haben werden. Es bedarf wohl kaum eines Hinweises, dass ein solcher Versuch nur unter allem Vorbehalt gemacht werden kann und dass alles, was hier gegeben wird, nicht mehr als ein Versuch, ein Vorschlag sein soll.

1. Die ursprüngliche Breite des Steines.

Während die Ermittelung der ursprünglichen Höhe des Steines, die für die vierte und fünfte Dynastie wichtig wäre, nach Lage der Dinge ausgeschlossen ist, bieten sich für die ungefähre Ermittelung der ursprünglichen Breite, auf die es für alle auf dem Stein behandelten Dynastieen, insbesondere aber die ältesten ankommt, einige wenn auch unsichere Anhaltspunkte in den erhaltenen Jahresangaben der Rückseite[2] (Tafel 2).

In Zeile 3 der Rs. finden wir ein Jahr des Königs Śaḥu-reʿ, das als „Jahr nach dem zweiten Male der Zählung" bezeichnet ist und das, da diese Zählungen in der Regel alle zwei Jahre stattzufinden pflegten, das fünfte (resp. vierte[3]) Jahr der Regierung des Königs gewesen sein wird. Ziemlich genau unter der Stelle, wo die erste Hälfte dieses Jahres endigt, erscheint nun in der nächsten Zeile 4 das Ende eines anderen Jahres desselben Königs Śaḥu-reʿ, das als das „Jahr nach dem siebenten Male der Zählung" bezeichnet ist und daher das funfzehnte (resp. vierzehnte) Regierungsjahr gewesen sein wird. Es sind hier also in dem Raum einer Zeile des Steines (teils in der linken Hälfte von Zeile 3, teils in der rechten von Zeile 4) $10\frac{1}{2}$ Regierungsjahre des Königs Śaḥu-reʿ behandelt gewesen. Was uns in Zeile 3 links ausser dem „Jahre nach dem zweiten Male der Zählung" noch erhalten ist, wird ungefähr dem gleichkommen, was rechts am Anfange dieses Jahres verloren sein wird, sodass von Zeile 3 (oben gemessen) ungefähr etwa

1 Im Anhang zu den Abhandlungen der Berliner Akad. der Wiss. 1902.

2 Im folgenden abgekürzt Rs.

3 Dies ist weniger wahrscheinlich, da das „erste Jahr", wie es scheint, nicht nach einer Zählung benannt, sondern als „Jahr der Vereinigung der beiden Länder" bezeichnet zu werden pflegte, s. u. Aufsatz 4.

die Breite eines Jahres erhalten ist. Wenn die anderen Jahre des Ṡaḥu-reʿ durchschnittlich annähernd die gleiche Breite hatten, was naturlich durchaus problematisch ist, so würde die ursprüngliche Breite des Steines hiernach etwa $10\frac{1}{2}$ mal so gross als das erhaltene Stück von Zeile 3 (oben gemessen) zu schätzen sein, das also etwa $\frac{2}{21}$ davon darstellen würde.

Aehnlich endigt in Zeile 5 der Rs. das „Jahr des fünften Males der Zählung)" also vermutlich das zehnte (resp. neunte) Regierungsjahr des Konigs Nefer-ʾer-ke-reʿ fast genau unter der Stelle, wo druber in Zeile 4 das erste Regierungsjahr desselben Königs anfängt. Es sind also auch hier im Raume einer Zeile des Steines etwa 10 (resp. 9) Regierungsjahre behandelt gewesen; diese können demnach nur wenig mehr Durchschnittsbreite gehabt haben, als die Jahre des Ṡaḥu-reʿ. Was nun in Zeile 4 erhalten ist, ist (oben gemessen) etwa $\frac{15}{17}$ von dem, was in Zeile 3 (oben gemessen) erhalten war und wird etwa $\frac{5}{6}$ eines Regierungsjahres des Nefer-ʾer-ke-reʿ gleich zu achten sein. Es würde danach also $\frac{15}{17} \cdot \frac{2}{21} = \frac{5 \cdot 2}{17 \cdot 7} = \frac{10}{119}$, d. i. annähernd $\frac{1}{12}$ der ursprünglichen Zeilenbreite oder $\frac{5}{6} \cdot \frac{1}{10} = \frac{5}{60} = \frac{1}{12}$ $\left(\text{resp. } \frac{5}{6} \cdot \frac{1}{9} = \frac{5}{54} = \frac{1}{11}\right)$ der ursprünglichen Zeilenbreite darstellen.

Nach den von Schäfer veröffentlichten Photographieen von A. Salinas, nach denen unsere Tafeln 1 und 2 durchgezeichnet sind[1], entspricht nun Zeile 3 der Rs. oben ziemlich genau Zeile 4 der Vorderseite[2] oben, und Zeile 4 der Rs. oben ziemlich genau Zeile 5 der Vs. mitten. Da in Zeile 4 der Vs. oben 15 gleich grosse Jahresfelder erhalten sind, so würde diese Zeile nach dem obigen Schätzungsergebnis ursprünglich etwa $10\frac{1}{2} \cdot 15 = 157\frac{1}{2}$ solcher Jahresfelder enthalten haben. Und Zeile 5 der Vs., von der mitten 11 gleich grosse Jahresfelder erhalten sind, würde ursprünglich deren etwa $12 \cdot 11 = 132$ (resp. $11 \cdot 11 = 121$) enthalten haben.

2. Die Scheidung der Dynastieen und Regierungen auf dem Stein.

Was Jedem, der die Vorderseite des Steines (Tafel 1) aufmerksam betrachtet, sogleich in die Augen fallen muss, ist, dass in den 5 ersten Zeilen die Felder mit den kurzen annalistischen Notizen innerhalb derselben Zeile zwar alle gleich gross sind, in den verschiedenen Zeilen aber verschiedene Breite haben. 4 Felder von Zeile 2 der Vs. nehmen ziemlich genau den gleichen Raum ein wie 5 Felder von Zeile 3 und wie 6 Felder von Zeile 4; desgleichen sind 5 Felder von Zeile 4 so breit wie 4 Felder von Zeile 5, und 4 Felder von Zeile 1 sind gleich 3 Feldern von Zeile 2. Infolge dieser Ungleichheit der Felderbreiten mussten die verschiedenen Zeilen auch verschieden viele Felder enthalten, wie das sich ja auch oben bei der Schätzung der ursprünglichen Breite des Steines herausstellte. Die Anzahl der Felder musste sich in den genannten Zeilen annähernd verhalten wie 4 zu 5 zu 6, wie 5 zu 4 und wie 4 zu 3. Wenn Zeile 2 x Felder enthielt, musste

$$\text{Zeile 3 etwa } \frac{5}{4}x,$$

$$\text{Zeile 4 etwa } \frac{6}{4}x = \frac{3}{2}x,$$

1 Es sei hier darauf hingewiesen, dass die beiden Tafeln bei Schäfer und daher auch hier nicht genau im gleichen Massstab gegeben sind. Die Rs. (Taf. 2) ist in der Photographie von Salinas etwas stärker verkleinert als die Vs. (Taf. 1).

2 Im folgenden abgekürzt Vs.

$$\text{Zeile 5 etwa } \frac{4}{5} \cdot \frac{3}{2}\,x = \frac{6}{5}\,x,$$
$$\text{Zeile 1 etwa } \frac{4}{3}\,x$$

Felder im Ganzen enthalten. Da nun die Jahresnotizen in den Zeilen 2 bis 5 ganz gleichen Charakter haben, da die Notizen in den Zeilen mit breiteren Feldern um nichts ausführlicher sind, als in denen mit schmäleren Feldern, so kann der Grund fur die Ungleichheit in den Abmessungen und in der Anzahl der Felder in den verschiedenen Zeilen nur darin gesehen werden, dass man in den einzelnen Zeilen bestimmt abgegrenzte Perioden von verschiedener Grösse unterzubringen hatte und daher den gegebenen Raum in verschieden viele Jahresfelder einteilen musste[1], mit anderen Worten, dass man die einzelnen Regierungen nicht teilen wollte, sondern als ein Ganzes in einer Zeile zu geben wünschte; ein Prinzip, das sich bei der so viel ausführlicher zu behandelnden fünften Dynastie natürlich nicht durchführen liess (vgl. Zeile 3 und 4 der Rs.).

Wenn man aber schon darauf bedacht war, in dieser Weise die einzelnen Regierungen zu scheiden, so wird man vermutlich die Dynastieen erst recht geschieden und in besonderen Reihen behandelt haben. Darauf führt ja auch schon die oberflächlichste Betrachtung des Steines.

Von diesen Erwägungen ausgehend wird man nun folgendes feststellen können.

3. Die erste Dynastie.

Wenn in Zeile 1 der Vs., wie Schäfer dargelegt hat, vorgeschichtliche Könige aus der Zeit vor der Vereinigung der beiden Länder behandelt waren, so werden in Zeile 2 Könige der ersten geschichtlichen Dynastie behandelt gewesen sein, zumal die Jahresnotizen in dieser Zeile denselben Charakter haben, wie die aus der Zeit der zweiten Dynastie in Zeile 4 und wie die Notizen auf den Gedenktäfelchen der Könige der ersten Dynastie von Abydos. Die erste Dynastie bestand nun nach Manethos aus 8 Königen, die zusammen 253 Jahre geherrscht haben sollten. Allzu hoch wird diese Zahl nicht sein, zumal die aussergewöhnlich hohe Zahl des Menes (62 Jahre) auch bei Eratosthenes überliefert ist. Nehmen wir immerhin, da Manethos' Zahlen sonst meist zur Uebertreibung neigen, vor der Hand an, dass die wirkliche Regierungsdauer der Dynastie kürzer gewesen sei, so werden wir sie doch kaum niedriger als 200 Jahre ansetzen können[2].

Wäre nun die ganze erste Dynastie mit diesen 200 Jahren in Zeile 2 der Vs. behandelt gewesen, so würden nach dem oben Ermittelten

$$\text{Zeile 3 etwa } \frac{5}{4} \cdot 200 = \frac{1000}{4} = 250 \text{ Jahresfelder,}$$
$$\text{Zeile 4 etwa } \frac{3}{2} \cdot 200 = \frac{600}{2} = 300 \text{ Jahresfelder,}$$
$$\text{Zeile 5 etwa } \frac{6}{5} \cdot 200 = \frac{1200}{5} = 240 \text{ Jahresfelder,}$$

die 3 Zeilen zusammen also etwa 790 Jahresfelder

enthalten haben. Diese 790 Jahre würden, da in Zeile 6 erst die Regierung des Śnefru behandelt erscheint, nur auf die zweite und dritte Dynastie kommen, die auch nach Manethos zusammen

1) Das schliesst in sich, dass die Zeilen 2 bis 5 der Vs. ganz mit Inschriften gefüllt waren und keinen freien Raum wie Zeile 1 der Rs. aufwiesen.

2) Die 8 Könige der zwölften Dynastie haben zusammen 213 Jahre regiert, die 8 ersten preussischen Könige einschl. Friedrich III., der nur 88 Tage regiert hat, genau 200 Jahre (1688—1888).

nicht mehr als 516 Jahre regiert haben sollen. Das Missverhältnis wird noch ärger, da in Zeile 5 erst die „Geburt des Königs 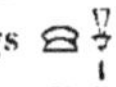 *H'j-šḫmwj*" (s. ob. S. 37) erwähnt erscheint und wir also mit dem erhaltenen Stück dieser Zeile noch in der zweiten Dynastie stehen, der demnach, wenn die Dynastieen auf dem Stein geschieden waren, die oben berechneten 790 Jahre allein, andernfalls aber mindestens 600 davon gehören würden. Dies Ergebnis nötigt zu dem Schlusse, dass in Zeile 2 der Vs. keinesfalls 200 oder gar 253 Jahre der ersten Dynastie gestanden haben können.

Abgesehen von diesen chronologischen Gründen wird Zeile 2 der Vs. aber auch aus einem materiellen Grunde kaum 200 Jahresfelder enthalten haben können. Auf Grund der Jahresangaben auf der Rs. des Steines haben wir oben (S. 43) Zeile 4 und 5 der Vs. auf annähernd $157^1/_2$ und 132 (resp. 121) Jahresfelder geschätzt. Wenn dies auch nur problematische Approximativzahlen sind, die eine gewisse Dehnbarkeit haben müssen, so sind die Zahlen 300 und 240, die sich bei einer Anzahl von 200 Feldern in Zeile 2 statt dessen ergeben, doch so unverhältnismässig viel höher, dass sie mit jenen Approximativzahlen auf keine Weise zu vereinen sind und daher wenig glaubwürdig erscheinen müssen.

Diesen Approximativzahlen von $157^1/_2$ Jahresfeldern für Zeile 4 und 132 (resp. 121) Jahresfeldern für Zeile 5, die untereinander annähernd in dem richtigen Verhältnis von 5 zu 4 stehen ($157^1/_2 : 126 = 5 : 4$), entspräche nach dem, was wir oben (S. 43/4) ermittelt haben:

für Zeile 2: $\frac{2}{3} \cdot 157^1/_2 = \frac{315}{3} = 105$ oder $\frac{5}{6} \cdot 132 = \frac{660}{6} = 110$,

Zeile 3: $\frac{5}{4} \cdot 105 = \frac{525}{4} = 131^1/_4$ oder $\frac{5}{4} \cdot 110 = \frac{550}{4} = 137^1/_2$,

Zeile 4: die obigen $157^1/_2$ oder $\frac{3}{2} \cdot 110 = \frac{330}{2} = 165$,

Zeile 5: $\frac{6}{5} \cdot 105 = \frac{630}{5} = 126$ oder die obigen 132.

Wenn nun die erste Dynastie nur in Zeile 2 behandelt gewesen wäre, so würden wir für sie nur eine Approximativdauer von 105 oder 110 Jahren haben, für die zweite Dynastie aus den Zeilen 3 bis 5 dagegen eine Approximativdauer von 414 oder 434 Jahren oder, falls noch ein Teil von Zeile 5 der dritten Dynastie gehört haben sollte, von mindestens etwa 340 Jahren. Beide Zahlen stehen in offenbarem Missverhältnis zu einander: 105 bis 110 Jahre sind für die erste Dynastie viel zu wenig, 418 bis 434 oder auch nur 340 Jahre für die zweite Dynastie, der auch Manethos nur 302 Jahre giebt, entschieden zu viel. Und da wir die erstere Zahl nicht höher setzen können, ohne dass sich zugleich die letztere erhöhte, so kommen wir zu dem notwendigen Schluss, dass die erste Dynastie nicht ganz in Zeile 2 behandelt gewesen sein kann, sondern auch noch bis in Zeile 3 hineingereicht haben muss.

Wenn nun aber, wie oben vermutet wurde, auf dem Stein die Dynastieen in ähnlicher Weise als ein Ganzes behandelt waren, wie die einzelnen Regierungen, so musste die erste Dynastie, wenn sie noch Zeile 3 in Anspruch nahm, diese auch ganz für sich beansprucht haben und die zweite Dynastie erst in Zeile 4 begonnen haben. Sehen wir nun zu, zu welchen Ergebnissen eine solche Annahme führen würde.

Geben wir der ersten Dynastie nur etwa 200 Jahre, so würden diese nach den oben (S. 43) angestellten Ermittelungen so auf die beiden Zeilen zu verteilen sein, dass Zeile 2 ca.

Zeile 3 etwa $\frac{5}{4}x$ Jahre enthielt. $\frac{9}{4}x$ wären also gleich 200, x also gleich $\frac{4}{9} \cdot 200 = \frac{800}{9} = 88{,}88$. In Zeile 2 würden also etwa 89, in Zeile 3 etwa 111 Jahre gestanden haben. Auf die folgende Zeile 4 würden dann etwa $\frac{3}{2} \cdot 89 = \frac{267}{2} = 133\frac{1}{2}$ oder rund 133 Jahre, auf Zeile 5 etwa $\frac{6}{5} \cdot 89 = \frac{534}{5} = 106\frac{4}{5}$ oder rund 107 Jahre entfallen. Es sind das Zahlen, die von den oben ermittelten Approximativzahlen 105 oder 110 (statt 89), 131 oder 137 (statt 111), 157 oder 165 (statt 133), 126 oder 132 (statt 107) immer noch um 16, 20, 24, 19 oder um 21, 26, 32, 25 Jahre differieren. Wenn bei der problematischen Natur jener Approximativzahlen eine solche Differenz an sich auch keine ernstlichen Bedenken haben könnte, so ist sie immerhin doch so gross, dass die Breite des Steines um etwa $1\frac{1}{2}$ bis 2 Breiten des erhaltenen Stückes hinter den oben angestellten Schätzungen zurückbleiben würde und dass die beiden grösstenteils erhaltenen Jahre des Śaḥu-reʿ und Nefer-ʾer-ke-reʿ in Zeile 3 und 4 der Rs. bedeutend mehr als die Durchschnittsbreite der 9 verlorenen Jahre gehabt hätten, für die zusammen nur etwa $7\frac{1}{2}$ mal soviel Raum zur Verfügung gestanden hätte, als jene beiden erhaltenen Jahre einnehmen.

Geben wir nun aber der ersten Dynastie statt der willkürlich gewählten 200 Jahre, die nur als Minimaldauer gelten können, die ihr von Manethos zugeschriebenen 253 Jahre, so würden davon wieder x auf Zeile 2, etwa $\frac{5}{4}x$ auf Zeile 3 zu verteilen sein; also: $\frac{9}{4}x = 253$, $x = \frac{4}{9} \cdot 253 = \frac{1012}{9} = 112\frac{4}{9}$, oder rund 112. Zeile 2 würde also etwa 112, Zeile 3 dagegen etwa 141 Jahre enthalten haben. Die folgende Zeile 4 würde dann etwa $\frac{3}{4} \cdot 112 = \frac{336}{2} = 168$, Zeile 5 dagegen etwa $\frac{6}{5} \cdot 112 = \frac{672}{5} = 134\frac{2}{5}$ oder rund 134 Jahre enthalten haben. Zeile 4 und 5 würden somit zusammen 302 Jahre enthalten haben, d. h. genau soviel wie Manethos der zweiten Dynastie gegeben hat, der in der That die in diesen Zeilen erwähnten Könige *Ntrj-mw* und *Hʿj-sḫmwj* angehören.

Sehen wir jetzt aber fürs erste von diesem gewiss bemerkenswerten Zusammentreffen ab, so kommen die Zahlen, welche bei Annahme der manethonischen Zahl 253 für die erste Dynastie auf die einzelnen Zeilen des Steines entfallen, den oben erschlossenen Approximativzahlen 105 oder 110 (statt 112), 131 oder 137 (statt 141), 157 oder 165 (statt 168), 126 oder 132 (statt 134) sehr viel näher als die Zahlen, die sich bei der Ansetzung der ersten Dynastie mit nur 200 Jahren ergaben. Die Differenz beträgt nur 7, 10, 11, 8 oder gar 2, 4, 3, 2 statt 16, 20, 24, 19 Jahre in den einzelnen Zeilen; nur 17 (253 gegen 236) und 19 (302 gegen 283) oder gar nur 6 (253 gegen 247) und 4 (302 gegen 298) Jahre in den Dynastieensummen statt 36 (200 gegen 236) und 43 (240 gegen 283) Jahre. Eine Differenz von 17 und 19 oder 6 und 8 Jahren auf eine Dynastie von über 200 Jahren ist für jene alten Zeiten so klein, dass sie chronologisch garnicht in Betracht käme. — Für die einstige Breite des Steines ergäbe sich dagegen, dass sie in Zeile 4 und 5 der Vs. um $\frac{11}{15} = \frac{121}{161}$ resp. $\frac{8}{11} = \frac{120}{161}$ also etwa $\frac{3}{4}$, oder nur um $\frac{3}{15}$ resp. $\frac{2}{11}$, also etwa $\frac{1}{5}$ der Breite des erhaltenen Stückes grösser gewesen wäre, als sie oben geschätzt wurde, und dass die in Zeile 3 und 4 der Rs. verlorenen 9 Jahre des Śaḥu-reʿ und Nefer-ʾer-ke-reʿ durchschnittlich etwa $\frac{1}{9} \cdot \frac{3}{4} = \frac{3}{36} = \frac{1}{12}$ oder $\frac{1}{9} \cdot \frac{1}{5} = \frac{1}{45}$ breiter gewesen wären, als die beiden erhaltenen Jahre.

Dürfen wir auf Grund dieses Befundes wohl annehmen, dass die Jahreszahlen, die der Stein von Palermo den beiden ersten Dynastieen gab, den manethonischen Zahlen 253 und 302 jedenfalls sehr nahe kamen und sich zueinander ebenso verhielten wie diese beiden Zahlen 253 und 302, so wird es nicht ungerechtfertigt sein, wenn wir bei den weiteren Feststellungen über die Einrichtung des Steines von diesen annähernd zutreffenden Zahlen ausgehen und auch die Zahlen, die Manethos für die einzelnen Regierungen der beiden Dynastieen überliefert, auf dem Stein zur Anwendung zu bringen versuchen.

Wenn die erste Dynastie in Zeile 2 und 3 der Vs. des Steines mit einer Gesamtzahl von etwa 253 Jahren behandelt gewesen wäre, so mussten, wie oben festgestellt wurde, davon etwa 112 auf Zeile 2, etwa 141 auf Zeile 3 entfallen sein. Nun waren aber die Regierungen in diesem Teil des Steines augenscheinlich ungeteilt als ein Ganzes gegeben; es müssten sich demnach die Regierungen der ersten Dynastie in zwei Gruppen geschieden haben, von denen die erste etwa 112, die zweite etwa 141 Jahre im Ganzen regierte. Und das passt in der That annähernd zu Manethos. Die beiden ersten Regierungen des Menes (62) und Atothis (47) machen bei ihm zusammen 109, die sechs folgenden Regierungen 144 Jahre aus, Zahlen, die nur um 3 von den oben berechneten Zahlen 112 und 141 differieren. In Anbetracht der verschiedenen Fehlerquellen in der oben angestellten Berechnung der Zeilenverhältnisse[1] ist diese Differenz wohl so gering, dass sie an und für sich kaum ins Gewicht fallen könnte.

Wenn nun in Zeile 2 nur die Regierungen des Menes und Atothis behandelt gewesen wären, so müssten die beiden letzten Jahre einer Regierung, mit denen das erhaltene Stück von Zeile 2 beginnt, dem Menes, die folgenden Jahre einer, wie Schäfer ausgeführt hat, auf mindestens 26 Jahre zu berechnenden Regierung dem Atothis gehört haben. Es müssten vorn also die ersten 60 von den auch durch Eratosthenes bezeugten 62 Jahren des Menes, hinten die letzten Jahre des Atothis ($37\frac{1}{2}$ nach Manethos, $40\frac{1}{2}$ nach dem Stein) verloren sein.

Hiernach liesse sich dann auch für Zeile 3 berechnen, dass vorn etwa $\frac{5}{4} \cdot 60 = 75$ Jahre, hinter den 14 erhaltenen also etwa 52 (nach dem Stein) bis 55 (nach Manethos) fehlten. Den ersten 75 Jahren würden dann die manethonischen Regierungen des Kenkenes (31), Uenephes (23) und Usaphais (20), sowie das erste Jahr des Miebis entsprechen, den letzten 52 bis 55 Jahren die Regierungen des Semempses (18) und Bieneches (26), sowie das Ende der Regierung des Miebis, während die erhaltenen 14 Jahre dazwischen ganz der Regierung des Miebis angehören müssten.

Und in der That gehören diese 14 Jahre sämtlich einem und demselben Könige, dessen Mutter  hiess. Ergänzt man diesen Namen zu , so erhält man den Namen jener Königin, die wir oben als Mutter des  Miebis erkannt haben (s. ob. S. 30). Dass in dem Könige des Steines wirklich Miebis zu erkennen ist, dafür spricht wohl noch ein anderer Umstand. Unter den erhaltenen 14 Jahren des Königs findet sich kein einziges Mal die Zeremonie des  *šmś Ḥr* „Horusdienstes" erwähnt, die sowohl in Zeile 2 in den beiden dort z. T. erhaltenen Regierungen der ersten Dynastie (vermutlich des Menes und Atothis) als in Zeile 4 und 5 unter den Königen der zweiten Dynastie regelmässig alle zwei Jahre wiederkehrt. Nun kennen wir aber Gedenktäfelchen, die das „Jahr des Horusdienstes" nennen, von den Königen 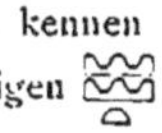 (RT. I 16, 22. II 7a, 6; 39. 54),  (RT. I 12, 1. II 8, 5) und 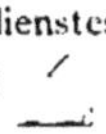 (RT. I 12, 2), die dem

1 Die Felder brauchen im Verlauf einer Zeile nur um eine Kleinigkeit weiter oder enger gezogen zu sein, um einen Fehler von mehreren Feldern für die ganze Zeile zu verursachen.

Usaphais, Semempses und Bieneches der manethonischen Königsfolge entsprechen. Wir werden daher mit grosser Wahrscheinlichkeit behaupten dürfen, dass keiner von diesen drei Königen in dem König des Steines zu erkennen ist. Es könnten dafür ausser Miebis nur noch die beiden Könige in Betracht kommen, die dem Kenkenes und Uenephes des Manethos' entsprechen. Diese beiden Vorgänger des Usaphais würden aber mit ihren 54 Jahren nicht bis auf das erhaltene Stück reichen, das ja das 76. bis 89. Jahr von Zeile 3 enthalten müsste, wenn anders in Zeile 2 am Anfang 60 Jahre verloren sind. So bliebe also wieder nur Miebis als einziger, der ernstlich in Betracht kommen könnte.

In einem Punkte freilich könnten der Palermostein und Manethos hier kaum übereingestimmt haben. Während Manethos dem Miebis nur 26 Jahre giebt, würde der König auf dem Steine, wie Schäfer ausgeführt hat, mindestens 32 Jahre gehabt haben, falls die Ueberschrift mit seinem Namen genau in der Mitte des für seine Regierung aufgewendeten Raumes gestanden haben sollte. In diesem Falle würde der König von den am Anfang verlorenen (etwa 75) Jahren mindestens 18 für sich beanspruchen, so dass für die vorhergehenden Regierungen nur höchstens etwa 57 übrig blieben anstatt der 74, die Manethos dem Kenkenes (31), Uenephes (23) und Usaphais (20) giebt. Und wenn die Ueberschrift vielleicht auch nicht ganz genau in der Mitte gestanden[1] und der König thatsächlich nur 26 Jahre gehabt hätte, so würde doch immer ein Unterschied von der manethonischen Liste bestehen bleiben. Denn die 14 erhaltenen Jahre können auf keinen Fall das zweite bis fünfzehnte Jahr der Regierung des Miebis gewesen sein, wie es nach Manethos der Fall sein müsste, sondern müssen der zweiten Hälfte der Regierung des Königs angehört haben. Und es könnte dieser also, wenn sie nur 26 Jahre gehabt haben sollte, von den Jahren, die auf die 14 erhaltenen Jahre folgten, nichts mehr gehört haben, wie es nach Manethos der Fall sein müsste.

Eine Uebereinstimmung zwischen Manethos und Zeile 3 des Steines in den einzelnen Regierungszahlen liesse sich nur auf Kosten der Uebereinstimmung von Zeile 2, insbesondere in der Zahl des Menes herbeiführen. Nähme man an, dass in Zeile 3 rechts soviel Jahre verloren wären, als Manethos dem Kenkenes, Uenephes und Usaphais giebt (31 + 23 + 20 = 74), und ausserdem die ersten 12 Jahre des Miebis, so würde sich der Verlust am Anfang dieser Zeile auf etwa 86 Jahre, in Zeile 2 also auf $\frac{4}{5} \cdot 86 = \frac{344}{5} = 68\frac{4}{5}$, oder rund 69 Jahre belaufen. Für die Regierung des Menes erhielten wir dann 71 Jahre statt der bei Eratosthenes und Manethos überlieferten 62, so dass für die des Atothis nur etwa 41 statt der überlieferten 47 blieben. Eine solche Erhöhung der Zahl des Menes, die so schon hoch genug ist, ist an sich unwahrscheinlich und würde zu Zeile 4 der Vs. schlecht passen, die dann am Anfang nicht 90, sondern $\frac{3}{2} \cdot 69 = \frac{207}{2} = 103\frac{1}{2}$ Jahre verloren hatte (s. u.).

Wir werden aus diesem Thatbestand schliessen müssen, dass die in Zeile 3 der Vs. des Steines behandelten Regierungen z. T. andere Zahlen gehabt haben müssen, als sie in der manethonischen Ueberlieferung vorliegen, wenn anders Zeile 2 am Anfang 60 Jahresfelder verloren haben soll.

1 Bei den Regierungs- und Jahresüberschriften und den Nilstandsangaben der Rs. lässt sich mehrfach konstatieren, dass sie nicht genau symmetrisch in der Mitte angebracht sind.

4. Die zweite Dynastie.

In Zeile 4 musste bei der Verteilung der Zeilen 2 und 3 auf die erste Dynastie, wie sie hier angenommen worden ist, die zweite Dynastie begonnen haben. Erhalten sind in dieser Zeile 15 Jahre des Königs Horus *Ntrj-mw* (s. ob. S. 35), die das dritte bis zehnte Mal einer regelmässig alle zwei Jahre wiederholten Vermögenszählung[1] umfassen. Das erste erhaltene Jahr, in dem diese Zählung zum dritten Male vorgenommen wurde, würde somit das sechste (resp. fünfte) Regierungsjahr des Königs sein, wenn die Zählungen mit der Thronbesteigung begonnen haben, andernfalls würde es das $6 + x$te (resp. $5 + x$te) sein. Aus dem Umstande, dass die Ueberschrift mit dem Namen des Konigs erst nach dem Jahre des achten Males der Zählung, also dem $16 (+ x)$ten resp. $15 (+ x)$ten Regierungsjahre beginnt, ist, wie Schäfer ausgeführt hat, weiter zu schliessen, dass der Ueberschrift, die sich über etwa 6 Jahresfelder erstreckt haben mag, noch annähernd ebensoviel Jahre gefolgt sein werden, wie vor der Ueberschrift standen, also etwa 16 oder 15, so dass die Regierung des Königs auf etwa $38 (+ x)$ resp. $36 (+ x)$ Jahre zu schätzen wäre.

Wenn nun am Anfang von Zeile 2 etwa 60 Jahre fehlten, so liesse sich daraus nach dem oben Ermittelten der Verlust am Anfang von Zeile 4 auf etwa $\frac{3}{2} \cdot 60 = 90$ Jahre berechnen. So viel Jahre wären also seit dem Anfang der zweiten Dynastie bis zu dem ersten erhaltenen Jahre des Königs , vermutlich seinen sechsten, verflossen gewesen, so dass auf seine Vorgänger in der Dynastie nur 85 Jahre etwa kämen (resp. noch weniger, wenn die Zählungen nicht mit der Thronbesteigung des Königs anfingen). Nach Manethos sollen nun in der That die beiden ersten Könige der zweiten Dynastie Boethos (38) und Kaiechos (39) zusammen schon 77 Jahre regiert haben. Das 86. bis 123. Jahr der Dynastie, die 38 Jahre, die auf dem Palermostein sicher dem Könige gehören, fallen bei Manethos sämtlich in die 47jährige, mit dem 124. Jahre der Dynastie endigende Regierung des dritten Konigs Binothris, also eben des Königs *B'-ntr-n*, den Petrie der Namensähnlichkeit wegen dem gleichgesetzt hat. Das ist ein Zusammentreffen, das gewiss als eine Bestätigung für die oben angenommene Einrichtung des Steines von Palermo angesehen werden darf, insbesondere dafur, dass Zeile 2 vorn etwa 60 Felder und nicht mehr verloren hat. Denn wollte man den Verlust am Anfang von Zeile 4 nach den manethonischen Zahlen des Boethos und Kaiechos ($38 + 39 = 77$) und den 5 Jahren, die von der Regierung des Binothris sicher verloren sind, auf nur 82 Jahre annehmen statt 90, so würde sich daraus für Zeile 2 ein Verlust von $\frac{2}{3} \cdot 82 = \frac{164}{3} = 54\frac{2}{3}$ Jahren anstatt 60 ergeben, also nur unbedeutend weniger, als auf Grund der bei Eratosthenes und Manethos überlieferten Zahl des Menes angenommen wurde.

Wenn nun Zeile 2 etwa 112 und Zeile 3 etwa 141 Jahre enthielt, so müsste nach dem oben festgestellten Verhältnis Zeile 4 im Ganzen etwa $\frac{3}{2} \cdot 112 = 168$ Jahre enthalten haben. Davon wären etwa 44 für die Nachfolger des oder Binothris verfügbar. Manethos lässt den Nachfolger des Binothris Tlas 17, den nächsten König Sethenes dagegen 41 Jahre regieren, Zahlen, von denen sich nur die letztere allenfalls mit den 44 Jahren des Steines in Einklang setzen liesse.

1) Hierzu siehe u. Aufsatz 4.

In Zeile 5 mussten am Anfang, wenn in Zeile 2 etwa 60 Jahre fehlten, etwa $\frac{6}{5} \cdot 60 = 72$ Jahre fehlen. Erhalten sind in dieser Zeile die 6 letzten vollen Jahre eines Königs und die 5 ersten Jahre eines zweiten Königs. Die Regierungsdauer des ersteren wird, nach den regelmässig alle zwei Jahre wiederholten Vermögenszählungen zu schliessen, 17 (resp. 16) Jahre betragen haben. Regierungen von 17 Jahren verzeichnet Manethos in der zweiten Dynastie in der That bei zwei Königen, Tlas und Chaires, die aber eine andere Stellung in der Dynastie einnehmen. In dem drittletzten vollen Jahre des betreffenden Königs, also seinem fünfzehnten (resp. vierzehnten) Regierungsjahre, soll der spätere König  *Ḫʿj-sḫmwj*, der letzte der zweiten Dynastie (s. ob. S. 37) geboren sein[1]. Das lehrt uns nicht nur, dass wir noch in der zweiten Dynastie stehen, sondern dass auch der ganze Rest der Zeile noch dieser Dynastie gehört haben wird. Nach den oben ermittelten Verhältniszahlen müsste Zeile 5 im Ganzen etwa $\frac{6}{5}$ der Jahre von Zeile 2 enthalten haben, also etwa $\frac{6}{5} \cdot 112 = 134$ Jahre, so dass links etwa 51 Jahre verloren wären. Die Geburt des 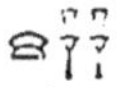 fällt nun in das vierte erhaltene Jahr, und dieses würde nach der obigen Berechnung etwa das 76. der ganzen Zeile gewesen sein. Das letzte 134. Jahr dieser Zeile wäre danach das 59. seit der Geburt des 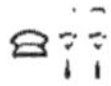 und könnte somit sehr gut sein Todesjahr gewesen sein, mit dem die Dynastie schloss.

Für die zweite Dynastie würde sich somit, wie schon oben erwähnt, eine Gesamtdauer von etwa 168 + 134 = 302 Jahren ergeben, die ebenso genau mit der von Manethos überlieferten übereinstimmte, wie die von uns zum Ausgangspunkt genommene Zahl der ersten Dynastie (253). Eine Uebereinstimmung mit Manethos in den Zahlen der einzelnen Regierungen ist dagegen hier ebensowenig wie in Zeile 3 herzustellen, ohne eine Aenderung der Folge der Regierungen.

5. Die dritte Dynastie.

Wenn hiernach Zeile 5 ebenso noch ganz der zweiten Dynastie angehört zu haben scheint, wie oben Zeile 3 der ersten, so musste die ganze dritte Dynastie in Zeile 6 behandelt gewesen sein. Von dieser Zeile sind uns nur 3 Jahre des Śnefru vollständig erhalten, die unverhältnismässig ausführlicher behandelt sind, als die Jahre in den vorhergehenden Reihen. Der Raum, den die Notizen dieser Jahre einnehmen, ist daher auch nicht bei allen von ganz gleicher Grösse; das eine Jahr ist um eine senkrechte Schriftzeile breiter als die beiden anderen. Das zweite und dritte dieser vollständig erhaltenen Jahre des Śnefru sind als Jahre „des siebenten und achten Males der Zählung" bezeichnet. Vor dem ersten vollständig erhaltenen Jahre müssen also jedenfalls mindestens noch 6 Jahre des Königs verloren sein; vermutlich werden es aber mindestens noch 8 sein, falls unter der Regierung des Königs regelmässig, wie in dem erhaltenen Stück, alle drei Jahre zwei Zählungen stattfanden; es könnten aber sogar 12 Jahre gewesen sein, wenn die Zählungen wie sonst üblich, nur jedes zweite Jahr wiederholt wurden.

Was in dieser Zeile 6 vor dem ersten vollständig erhaltenen Jahr gestanden hat, würde, wenn in Zeile 2 am Anfang 60 Jahresfelder fehlten, etwa 61 solchen Feldern entsprechen. Die

1) Diese Angabe der Geburt eines späteren Königs in den Annalen giebt uns die Erklärung dafür, dass der Turiner Königspapyrus z. T. nicht nur die Regierungs-, sondern auch die Lebensdauer der Könige angeben konnte.

drei erhaltenen Jahre des Śnefru nehmen nun zusammen die Breite von 6½ solchen Feldern von Zeile 2 ein. Nehmen wir danach als Durchschnittsbreite für ein Jahr des Śnefru 2⅙ Felder von Zeile 2 an, was natürlich durchaus problematisch ist, so würden auf die vermutlich verlorenen 8 Jahre des Śnefru etwa 17⅓ Felder von Zeile 2 zu rechnen sein. Es würde somit etwa der Raum von 61 — 17⅓ = 43⅔ Feldern von Zeile 2 für die Vorgänger des Śnefru bleiben. Wenn die Jahre dieser Könige in Feldern wie die in Zeile 4, den engsten, die der Stein bietet, behandelt waren, so würden es doch nicht mehr als $\frac{3}{2} \cdot 43\frac{2}{3} = \frac{131}{2}$ = 60 bis 61 Jahre gewesen sein statt der 214, die Manethos der dritten Dynastie ausser Śnefru-Soris zuschreibt. So ungewiss die hier angestellte Berechnung auch ist, so ist das daraus ermittelte Missverhältnis zwischen den Zahlen des Manethos und dem Raum, in dem die dritte Dynastie auf dem Palermostein behandelt gewesen sein müsste, doch wohl unzweifelhaft. Selbst wenn von dem verlorenen vorderen Teil des Steines auf Śnefru nur 6 Jahre gekommen wären und diese nur je 1 Felderbreite von Zeile 2 eingenommen hätten, würden auf die dritte Dynastie vor Śnefru nur 54 solcher Felderbreiten und also $\frac{3}{2} \cdot 54 = 81$ Jahre in der Felderbreite von Zeile 4 gekommen sein.

Dieses Ergebnis würde an sich gewiss zu Bedenken gegen die oben angenommene Einrichtung des Steines von Palermo berechtigen, schiene sich nicht eine ähnliche Differenz in den Nachrichten über die dritte Dynastie auch zwischen den uns überkommenen ägyptischen Königslisten und Manethos zu zeigen. Die Liste von Abydos nennt statt der 9 Könige des Manethos nur deren 5, die von Sakkara gar nur 4 und auch der Turiner Königspapyrus scheint der Dynastie nicht mehr als 4 oder 5 Könige gegeben zu haben, und, was das wichtigste, gleichfalls mit niedrigen Regierungszahlen (19 + 19 + 6 + 6 = 50, sowie vielleicht noch einmal 24?)[1]. So wird denn auch die Kürze der dritten Dynastie wohl nichts gegen die oben angenommene Einrichtung des Palermosteines beweisen.

Was am Ende der Zeile 6 verloren ist, lässt sich auf etwa 112 — 66½ (Summe der am Anfang der Zeile verlorenen 61 und der erhaltenen 6½) = 45½ Felder von Zeile 2 schätzen. Das würde bei der oben angenommenen, allerdings unsicheren Durchschnittsbreite eines Jahres des Śnefru (gleich 2⅙ solcher Felder von Zeile 2) noch für etwa 21 Jahre des Śnefru reichen, der danach im Ganzen 32 (resp. 30) Jahre von durchschnittlich je 2⅙ Felderbreite von Zeile 2 gehabt hätte. Durch Höhersetzung der durchaus problematischen Durchschnittsbreite würde diese Zahl sich eventuell etwas herabsetzen lassen. Jedenfalls darf man wohl annehmen, dass die Regierung des Śnefru in Zeile 6 noch zu Ende geführt war und dass die Regierung des Cheops, von der höchstens ein oder zwei Jahre noch in der Zeile 6 Platz gefunden haben könnten, erst in der nächsten Zeile 7 zur Behandlung gelangte. Ist das richtig, so würde Śnefru hier als letzter König der dritten Dynastie erscheinen.

6. Die vierte Dynastie.

Die vierte Dynastie, beginnend mit Cheops, wird in Zeile 7, sowie in den etwa noch folgenden Zeilen der Vs. behandelt gewesen sein; sie schloss in Zeile 1 der Rs., wo noch der Anfang der Regierung des Schepśeś-ke-f erhalten ist.

1) Erinnert sei auch daran, dass der Papyrus Westcar die Könige Doser und Neb-ke wie unmittelbare Vorgänger des Śnefru und Cheops behandelt.

Von Zeile 7 der Vs. ist nur noch der Schluss des Namens einer Königsmutter 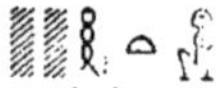 aus der Ueberschrift einer Regierung erhalten. Dieser Name endigt etwa unter dem dritten erhaltenen Jahresfeld von Zeile 2 der Vs., das nach der oben angenommenen Einrichtung des Steines das 63. der Zeile gewesen wäre und noch von etwa 49 Feldern gefolgt gewesen wäre. Die Ueberschrift, zu der der Name gehörte, würde somit ungefähr in der Mitte der Zeile begonnen und den Anfang der zweiten (linken) Hälfte der Zeile eingenommen haben. Sie könnte also zur Regierung des Cheops, mit der die Zeile 7 begonnen haben wird, wohl nur dann gehört haben, wenn diese die ganze Zeile eingenommen hätte; in diesem Falle würde sie nicht genau in der Mitte gestanden haben. Andernfalls müsste sie zu einer der folgenden Regierungen gehört haben.

Was wir von Zeile 1 der Rs. noch besitzen, ist:

a) ein unbeschriebenes Stück;

b) die Angabe der Monate und Tage, die das letzte unvollständige Jahr einer Regierung ausmachten; aber ohne das Zeichen für „Jahr" {, ohne jede Angabe der offiziellen Bezeichnung und der Begebenheiten des betr. Jahres.

c) das erste Regierungsjahr des Königs Schepśeś-ke-f, oben und links abgebrochen.

Die seltsame Thatsache, dass vor dem ersten Jahre des Schepśeś-ke-f nur eine solche karge Angabe über die Dauer des letzten unvollständigen Jahres seines Vorgängers ganz isoliert dastehend erscheint, im Uebrigen der Raum davor aber unbeschrieben ist, lässt wohl nur eine befriedigende Erklärung zu. Die vierte Dynastie war in der letzten Zeile der Vs. soweit behandelt, dass nur noch die kurze Regierung des Schepśeś-ke-f für Zeile 1 der Rs. übrig blieb. Da man die Dynastieen aber, wie wir oben ermittelt haben, auf dem Steine konsequent schied, so wollte man die fünfte Dynastie nicht in derselben Zeile anfangen lassen und setzte deshalb die kurze Regierung des Schepśeś-ke-f, die die ganze Zeile nicht füllte, der Symmetrie halber in die Mitte der Zeile, indem man rechts und links den Raum frei liess. Die Zahl der überschüssigen Monate und Tage, mit denen die Regierung des vorhergehenden Königs in der letzten Zeile der Vs. des Steines geschlossen hatte, wiederholte man, sei es um Missverständnisse zu vermeiden, sei es aus einem anderen Grunde, noch einmal auf der Rs. vor der Regierung des Schepśeś-ke-f.

Ist diese Erklärung richtig, so müsste der freigelassene Raum rechts und links von der Regierung des Schepśeś-ke-f gleich gross gewesen sein; und da der freie Raum rechts noch auf das erhaltene Stück reicht, links aber nicht, so musste links mehr als rechts von der Zeile verloren sein. Und das wäre bei der oben angenommenen Einrichtung der Vs. des Steines in der That der Fall. Nach den von Schäfer publizierten Faksimiles entspricht Zeile 1 der Rs. (unten gemessen) Zeile 2 der Vs. (oben gemessen). Was von der Zeile erhalten ist, entspricht demnach $11^1/_2$ Jahresfeldern von Zeile 2 der Vs. Was rechts am Anfang weggebrochen ist, würde also den etwa $40^1/_2$ Jahresfeldern entsprechen, die in Zeile 2 der Vs. links fehlen sollten; und was in Zeile 1 der Rs. links vom Stein fehlt, würde den 60 Feldern entsprechen, die dort rechts fehlen sollten.

Da der unbeschriebene Raum auf dem erhaltenen Stück der Zeile (unten gemessen) etwa $\frac{1}{5}$ der erhaltenen Breite einnimmt und also etwa $\frac{1}{5} \cdot 11^1/_2 = \frac{1}{5} \cdot \frac{23}{2} = \frac{23}{10} = 2^3/_{10}$ solcher Jahresfelder von Zeile 2 der Vs. gleichkommt, so würde der frei gelassene Raum rechts im Ganzen etwa $40^1/_2 + 2^3/_{10} = 42^1/_5$ solcher Felder breit gewesen sein. Nimmt man die gleiche Breite auch für den freien Raum links an, so blieben von den etwa 112 Jahresfeldern von Zeile 2 der Vs., die der Stein im Ganzen breit gewesen sein sollte, nur etwa $112 - 2\,(42^2/_3) = 112 - 85^1/_3 = 26^2/_3$ für die ganze Regierung des Schepsés-ke-f. Wenn man das erste Jahr des Königs nach dem, was davon erhalten ist, auf etwa $6^9/_{10}$ solcher Felderbreiten schätzen dürfte, so würde dieser Raum für etwa 4 Jahre von derselben Breite ausgereicht haben, doch könnte das erste Jahr noch breiter und die übrigen Jahre schmaler oder breiter als das erste gewesen sein.

7. Die fünfte Dynastie.

Wenn die Scheidung der Dynastieen auch auf der Rückseite des Steines durchgeführt war, wie es nach dem soeben festgestellten Befund ja in der That schien, würde die fünfte Dynastie in Zeile 2 der Rs. begonnen haben müssen.

Was von dieser Zeile erhalten ist, ist:

a) der Schluss eines Jahres des Königs Uśer-ke-f, das dasselbe 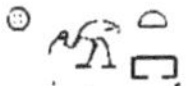 *sp 3 ṯnwt pr* nennt, wie das „Jahr nach dem zweiten Male der Zählung" des Königs Sahu-reʿ in Zeile 3, das vermutlich sein fünftes (resp. viertes) Regierungsjahr gewesen sein wird;

b) ein vollständiges Jahr desselben Königs, das die Bezeichnung „Jahr des dritten Males der Viehzählung" trägt und das demnach, in Uebereinstimmung mit dem eben Festgestellten vermutlich das sechste (resp. fünfte) Regierungsjahr des Königs gewesen sein wird;

c) der Anfang eines Jahres, der nichts weiter ergiebt.

Nach den von Schäfer veröffentlichten Photographieen entspricht Zeile 2 der Rs. (an der breitesten Stelle gemessen) Zeile 3 der Vs. (oben gemessen). Das erhaltene Stück (einschliesslich der Stellen, wo die Schrift verloren ist), entspricht also in seiner Breite etwa 14 Jahresfeldern von Zeile 3 der Vs. Was weggebrochen ist, würde nach der oben angenommenen Einrichtung der Vs. des Steines rechts etwa 52, links etwa 75 solchen Feldern von Zeile 3 der Vs. gleich gekommen sein. Das vollständig erhaltene Jahr des Uśer-ke-f vermutlich sein sechstes (resp. fünftes), nimmt nun etwa $\frac{4}{5}$ der Breite des erhaltenen Stückes ein, entspricht also etwa $\frac{4}{5} \cdot 14 = \frac{56}{5} = 11^1/_5$ Jahresfeldern von Zeile 3 der Vs.

Die fünf (resp. vier) ersten Regierungsjahre des Königs Uśer-ke-f würden demnach, wenn sie durchschnittlich die gleiche Breite gehabt hätten (was natürlich nicht notwendig ist), den Raum von etwa 56 (resp. $44^1/_5$) solchen Feldern eingenommen haben, d. h. ungefähr soviel, wie thatsächlich nach unserer Annahme dafür verfügbar wäre (etwa 52 Felder weggebrochen und das erhaltene Endstück des fünften resp. vierten Jahres gleich etwa $^2/_3$ eines Feldes, also etwa $52^2/_3$ Felder). Es ist das ein Ergebnis, das trotz seiner problematischen Natur wohl als eine Bestätigung für die oben angenommene Einrichtung des Steines im allgemeinen angesehen werden darf, wie auch im besonderen dafür dass die fünfte Dynastie erst in Zeile 2 der Rs. begonnen habe.

Der links von dem vollständigen sechsten (resp. fünften) Jahre des Uśer-ke-f erhaltene Anfang des folgenden Jahres nimmt etwa $\frac{1}{6}$ der Breite des erhaltenen Stückes der Zeile ein, kommt also $\frac{1}{6} \cdot 14 = 2^1/_3$ Jahresfeldern von Zeile 3 der Vs. gleich. Mit den etwa 75 Feldern, die links davon weggebrochen sein sollten, wäre somit ein Raum von etwa $77^1/_3$ solchen Feldern für die folgenden Jahre des Uśer-ke-f verfügbar gewesen. Das würde annähernd für 7 Jahre von der Breite des erhaltenen sechsten (resp. fünften) Jahres reichen, das $11\frac{1}{5}$ solche Felder einnahm ($7 \cdot 11\frac{1}{5} = 78\frac{2}{5}$).

Es könnten also in Zeile 2 der Rs. etwa 13 (resp. 12) Jahre des User-ke-f von annähernd gleicher Grösse gestanden haben.

In Zeile 3 der Rs. ist erhalten:

a) ein bis auf den Anfang vollständiges Jahr des Königs Śaḥu-reʿ, das dasselbe  nennt wie das dem sechsten (resp. fünften) Jahre des User-ke-f vorhergehende Jahr und ausserdem als das „Jahr nach dem zweiten Male der Zahlung" bezeichnet ist, also vermutlich das fünfte (resp. vierte) Regierungsjahr des Königs sein wird;

b) der Anfang eines Jahres.

Wie schon oben S. 43 bemerkt, entspricht Zeile 3 der Rs. (oben) Zeile 4 der Vs. (oben). Das erhaltene Stück von Zeile 3 der Rs. kommt also 15 Jahresfeldern von Zeile 4 der Vs. gleich; was rechts davon verloren ist, entspräche den etwa 63 Feldern, die in Zeile 4 der Vs. nach der angenommenen Einrichtung des Steines links fehlten; was links verloren ist, dagegen den etwa 90 Feldern, die in Zeile 4 der Vs. rechts fehlen sollten.

Wie bereits oben (S. 42 3) ausgeführt worden ist, lässt sich die ursprüngliche Breite des nahezu vollständig erhaltenen fünften (resp. vierten) Jahres des Śaḥu-reʿ auf annähernd die Breite des erhaltenen Zeilenstücks schätzen, also auf etwa 15 Felderbreiten von Zeile 4 der Vs., wovon etwa 2 Felderbreiten am Anfang verloren wären.

Die vier (resp. drei) ersten Regierungsjahre des Śaḥu-reʿ würden somit, wenn sie durchschnittlich etwa dieselbe Breite gehabt hätten (was selbstverständlich nicht nötig ist), etwa $4 \cdot 15 = 60$ (resp. $3 \cdot 15 = 45$) Felder von Zeile 4 der Vs. beansprucht haben. Von den etwa 63 Feldern, die in Zeile 3 der Rs. rechts verloren sein sollten, gingen 2 etwa für den Anfang des fünften (resp. vierten) Jahres ab, und es verblieben also für die vorhergehenden Jahre noch etwa 61 Felder. Das ist aber eine Zahl, der die für vier Jahre erforderlichen 60 Felder so nahe kommen, dass auch hierin wohl eine Bestätigung der gewählten Einrichtung des Steines zu erblicken ist. Das „Jahr nach dem zweiten Male der Zahlung" würde hiernach wirklich das fünfte und nicht das vierte Regierungsjahr des Königs sein.

Das Stück, das in Zeile 3 der Rs. links verloren ist, müsste an Breite, wie gesagt, etwa 90 Jahresfeldern von Zeile 4 der Vs. gleich gekommen sein. Zusammen mit dem erhaltenen Anfang des sechsten (resp. fünften) Jahres würde es etwa 92 solche Felder ausgemacht haben. Das würde annähernd für sechs Jahre von durchschnittlich der gleichen Breite wie das erhaltene fünfte (resp. vierte) Jahr passen, dessen Breite auf 15 Felderbreiten von Zeile 4 der Vs. geschätzt wurde ($6 \cdot 15 = 90$).

In Zeile 3 der Rs. wurden somit die ersten 11 Jahre des Śaḥu-reʿ untergebracht werden können, wenn sie etwa dieselbe Breite hatten wie das erhaltene fünfte Jahr.

In Zeile 4 der Rs. sind erhalten:

a) das Ende des letzten Jahres des Königs Śaḥu-reʿ, das nach den Zeichenresten als 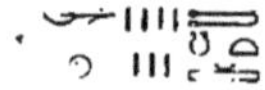 *rnpt ? ḥt sp 7 tnwt* „das Jahr nach dem siebenten Male der Zählung" bezeichnet gewesen zu sein scheint, und also das 15. (resp., was nach dem obigen Befunde weniger wahrscheinlich, das 14.) Regierungsjahr sein würde; wie unter der Jahresbezeichnung angegeben, betrug dieses letzte Jahr des Königs nur 9 Monate und 6 Tage.[1]

b) der grössere Teil des ersten Regierungsjahres des Königs Nefer-ʾer-ke-reʿ.

Wie bereits oben bemerkt (S. 43) entspricht Zeile 4 der Rs. (oben) etwa Zeile 5 der Vs. (mitten). Was von ihr erhalten ist, kommt also 11 Jahresfeldern dieser Zeile an Breite gleich. Was von ihr verloren ist, würde bei der von uns angenommenen Einrichtung des Steines rechts etwa 51 (soviel sollten in Zeile 5 der Vs. links fehlen), links etwa 72 solche Felder (soviel sollten dort rechts fehlen) betragen haben. Da nun ein Jahresfeld von Zeile 5 der Vs. $= \frac{5}{4}$ Jahresfeld von Zeile 4 der Vs. ist, so wären in Zeile 4 der Rs. also rechts etwa $\frac{5}{4} \cdot 51 = \frac{255}{4} = 63\frac{3}{4}$, links etwa $\frac{5}{4} \cdot 72 = 5 \,.\, 18 = 90$ Jahresfelder von Zeile 4 der Vs. verloren, dazwischen $\frac{5}{4} \cdot 11 = \frac{55}{4} = 13\frac{3}{4}$ solcher Felder erhalten.

Was von dem letzten, vermutlich fünfzehnten Jahre des Königs Śaḥu-reʿ erhalten ist, hat oben gemessen etwa $\frac{2}{5}$ der Breite des erhaltenen Stücks, kommt also etwa $\frac{2}{5} \cdot 13\frac{3}{4} = \frac{27\frac{1}{2}}{5} = 5\frac{1}{2}$ Jahresfeldern von Zeile 4 der Vs. gleich, so dass in Zeile 4 der Rs. vorn im Ganzen ein Raum von etwa $63\frac{3}{4} + 5\frac{1}{2} = 69\frac{1}{4}$ solchen Feldern für die letzten Jahre des Śaḥu-reʿ zur Verfügung gestanden hätten. Es würden darin vier Jahre von der gleichen Breite, wie das erhaltene fünfte Jahr in Zeile 3 der Rs., Platz haben ($4 \,.\, 15 = 60$) mit einem Ueberschuss von etwa $9\frac{1}{4}$ Feldern, der auf die vier Jahre verteilt die Durchschnittsbreite von 15 auf $17\frac{5}{16}$ Felderbreiten erhöhen würde. Wenn das letzte Jahr des Śaḥu-reʿ wirklich das fünfzehnte wäre, so würden hier das zwölfte bis fünfzehnte Jahr gestanden haben können, was zu dem Ergebnis bei Zeile 3 stimmen würde, nach dem diese die ersten elf Jahre des Königs enthalten haben sollte.

Von dem ersten Jahre des Königs Nefer-ʾer-ke-reʿ ist oben soviel erhalten, wie etwa $\frac{3}{5}$ der Breite des erhaltenen Stückes gleich kommt, also $\frac{3}{5} \cdot 13\frac{3}{4} = \frac{3}{5} \cdot \frac{55}{4} = \frac{3 \cdot 11}{4} = \frac{33}{4} = 8\frac{1}{4}$ Jahresfeldern von Zeile 4 der Vs. Nach der Stellung der Nilstandsangabe zu urteilen, wird etwas weniger als die Hälfte des Jahres verloren sein, dem man daher mit einiger Wahrscheinlichkeit ungefähr die gleiche Breite wird geben dürfen, wie sie für die vorhergehenden Jahre des Śaḥu-reʿ als Durchschnittsbreite angenommen wurde. Mit den etwa 90 Feldern, die links fehlen sollten, würden die $8\frac{1}{4}$ Felder, die von diesem ersten Jahre des Nefer-ʾer-ke-reʿ erhalten sind, zusammen etwa $98\frac{1}{4}$ Jahresfelder von Zeile 4 der Vs. ausgemacht haben. Das würde für sechs Jahre mit der Durchschnittsbreite, die oben in Zeile 3 für die Jahre des Śaḥu-reʿ angenommen wurde, reichen ($6 \,.\, 15 = 90$) mit einem Ueberschuss von etwa $8\frac{1}{4}$ Felderbreiten, der dem Ueberschuss von $9\frac{1}{4}$ Felderbreiten im vorderen Teil derselben Zeile 4 entsprechen und auf die sechs Jahre verteilt die Durchschnittsbreite von 15 auf $16\frac{3}{8}$ Felderbreiten erhöhen würde. Wir würden dann in Zeile 4 der Rs. eine etwas höhere Durchschnittsbreite für das Jahr ($17\frac{5}{16}$ und $16\frac{3}{8}$) als in Zeile 3 der Rs. erhalten, ein Ergebnis, zu dem wir auf anderem Wege schon oben (S. 43) gekommen waren.

Es würden somit in Zeile 4 der Rs. die letzten vier Jahre des Śaḥu-reʿ und die ersten sechs Jahre des Nefer-ʾer-ke-reʿ untergebracht gewesen sein.

1) Schäfer hat diese Angabe wohl mit Unrecht auf ein besonderes (16.) Jahr bezogen, das dann aber ohne Namen und ohne Inhaltsangabe dastehen würde, s. hierzu n. Aufsatz 4, Abschnitt 5, Anm.

In Zeile 5 der Rs. sind erhalten:

a) das Ende eines Jahres des Königs Nefer-ˀer-ke-reʿ, das als das „Jahr des fünften Males der Zählung)" bezeichnet ist und daher vermutlich das zehnte (resp. neunte) Regierungsjahr des Königs sein wird;

b) der Anfang eines Jahres.

Das erstere von diesen beiden Jahren endigt auf dem Stein fast genau an derselben Stelle wie drüber in Zeile 4 das letzte Jahr des Śaḥu-reʿ. Es haben demnach das zehnte (resp. neunte) Jahr des Nefer-ˀer-ke-reʿ und die Jahre, die ihm in derselben Zeile vorangingen, den gleichen Raum eingenommen wie in Zeile 4 die letzten Jahre des Śaḥu-reʿ. Dieser Raum, der bei unserer Einrichtung des Steines etwa $69\frac{1}{4}$ Felderbreiten von Zeile 4 der Vs. gleichkäme, reichte für vier Jahre aus, die eine etwas grössere Durchschnittsbreite gehabt hätten ($17\frac{5}{16}$ Felder von Zeile 4 der Vs.), als für die Jahre des Śaḥu-reʿ in Zeile 3 (15 Felder) auf Grund des einen daselbst erhaltenen Jahres angenommen wurde. Annähernd die gleiche Durchschnittsbreite ($16\frac{3}{4}$ Felder von Zeile 4 der Vs.) ergab sich dann auch für die ersten sechs Jahre des Nefer-ˀer-ke-reʿ, die in derselben Zeile untergebracht werden sollten. Es würden demnach in dem Raum, der am Anfang von Zeile 5 für das zehnte (resp. neunte) Jahr des Nefer-ˀer-ke-reʿ und die vorhergehenden Jahre verfügbar wäre, gleichfalls vier Jahre unterzubringen sein, die etwa die gleiche Durchschnittsbreite (von $17\frac{5}{16}$ Feldern) gehabt hätten. Entsprechend dem obigen Ergebnis, dass 6 Jahre des Nefer-ˀer-ke-reʿ in Zeile 4 anzunehmen wären, würden es das siebente, achte, neunte und zehnte Regierungsjahr sein müssen, von denen das letzte dem „Jahre des fünften Males (der Zählung)" entsprechen würde, ganz wie es nach den früheren Ergebnissen zu erwarten war.

Da das folgende Jahr, dessen Anfang erhalten ist, fast genau da beginnt, wo drüber das erste Jahr des Königs begann, so lassen sich in den Rest der Zeile ebenso viel Jahre von der Durchschnittsbreite unterbringen, wie dort, also sechs, von denen das erste noch sicher dem Nefer-ˀer-ke-reʿ gehörte und vermutlich sein elftes Regierungsjahr darstellte; die übrigen könnten auch einem anderen Herrscher gehört haben.

8. Die vorgeschichtlichen Könige.

Es bleibt uns nun schliesslich noch zu untersuchen, wie sich bei der oben angenommenen Einrichtung des Steines von Palermo die erste Zeile der Vs., die die Namen vorgeschichtlicher Könige enthält, dargestellt haben würde.

Wie oben (S. 43) festgestellt wurde, sind vier Felder dieser Zeile 1 etwa gleich drei Feldern von Zeile 2. Die Gesamtanzahl der Felder von Zeile 1 würde somit, wenn diese Zeile ganz beschrieben gewesen wäre, $\frac{4}{3}$ der Anzahl der Jahresfelder in Zeile 2 betragen haben; also wenn Zeile 2, wie oben angenommen, etwa 112 Felder enthalten hätte, etwa $\frac{4}{3} \cdot 112 = \frac{448}{3} = 149\frac{1}{3}$ Felder. Was rechts am Anfang der Zeile verloren ist, würde, wenn in Zeile 2 vorn 60 Felder fehlten, $60\frac{1}{2}$ Feldern von Zeile 2 gleich kommen, und also für $\frac{4}{3} \cdot 60\frac{1}{2} = \frac{4}{3} \cdot \frac{121}{2} = \frac{2 \cdot 121}{3} = \frac{242}{3} = 80\frac{2}{3}$, oder rund 81 Felder reichen. Die mehr oder weniger erhaltenen Namen von 13 unterägyptischen Königen, die auf dem erhaltenen Stück der Zeile stehen, würden also den Raum des 82. bis 94. Feldes der Zeile einnehmen und somit der zweiten Hälfte der Zeile angehört haben. Das wäre ein recht befriedigendes Ergebnis, denn damit wäre die Möglichkeit gegeben, dass auch die

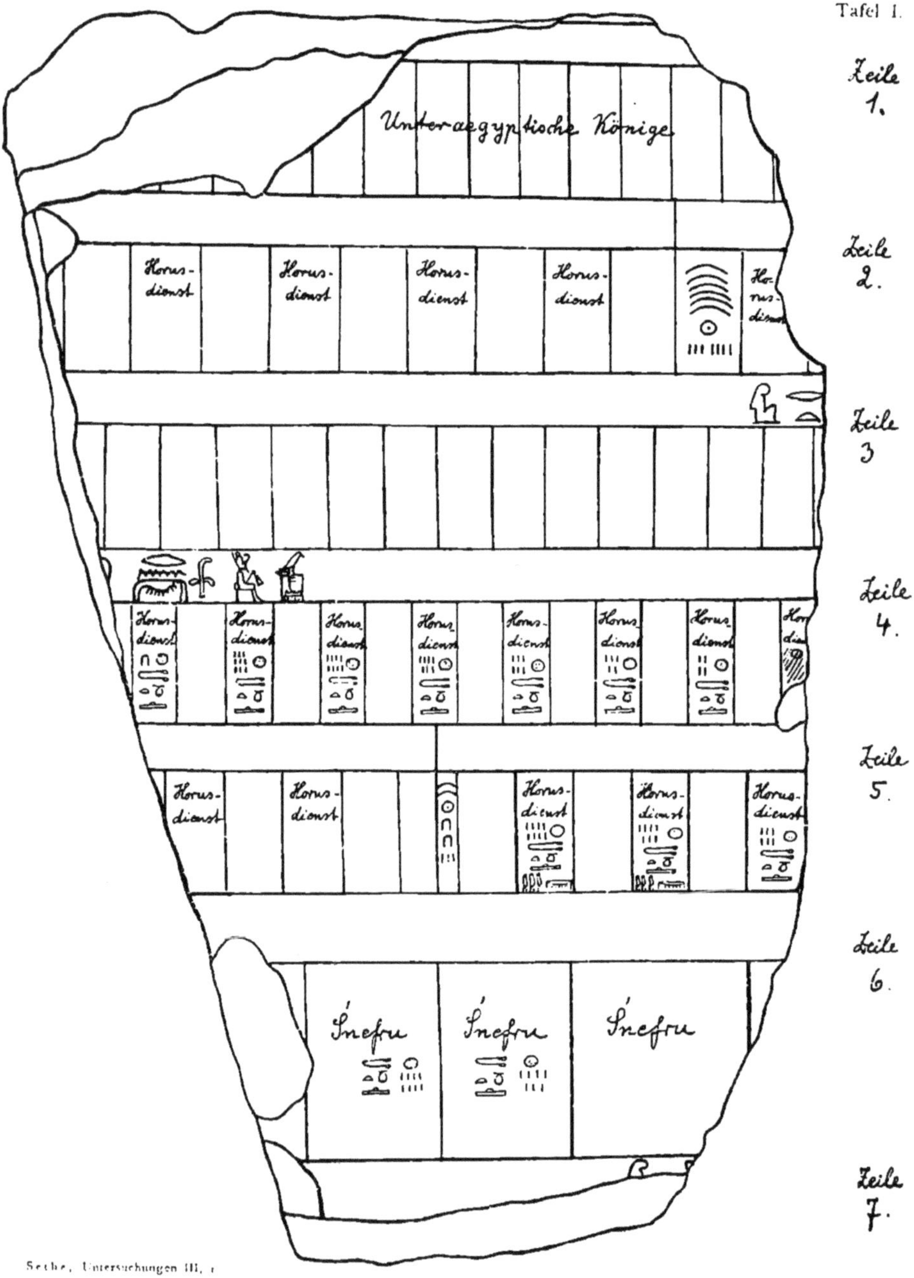

Sethe, Untersuchungen III, 1

Die Vorderseite des Steins von Palermo
nach der Photographie von A. Salinas.

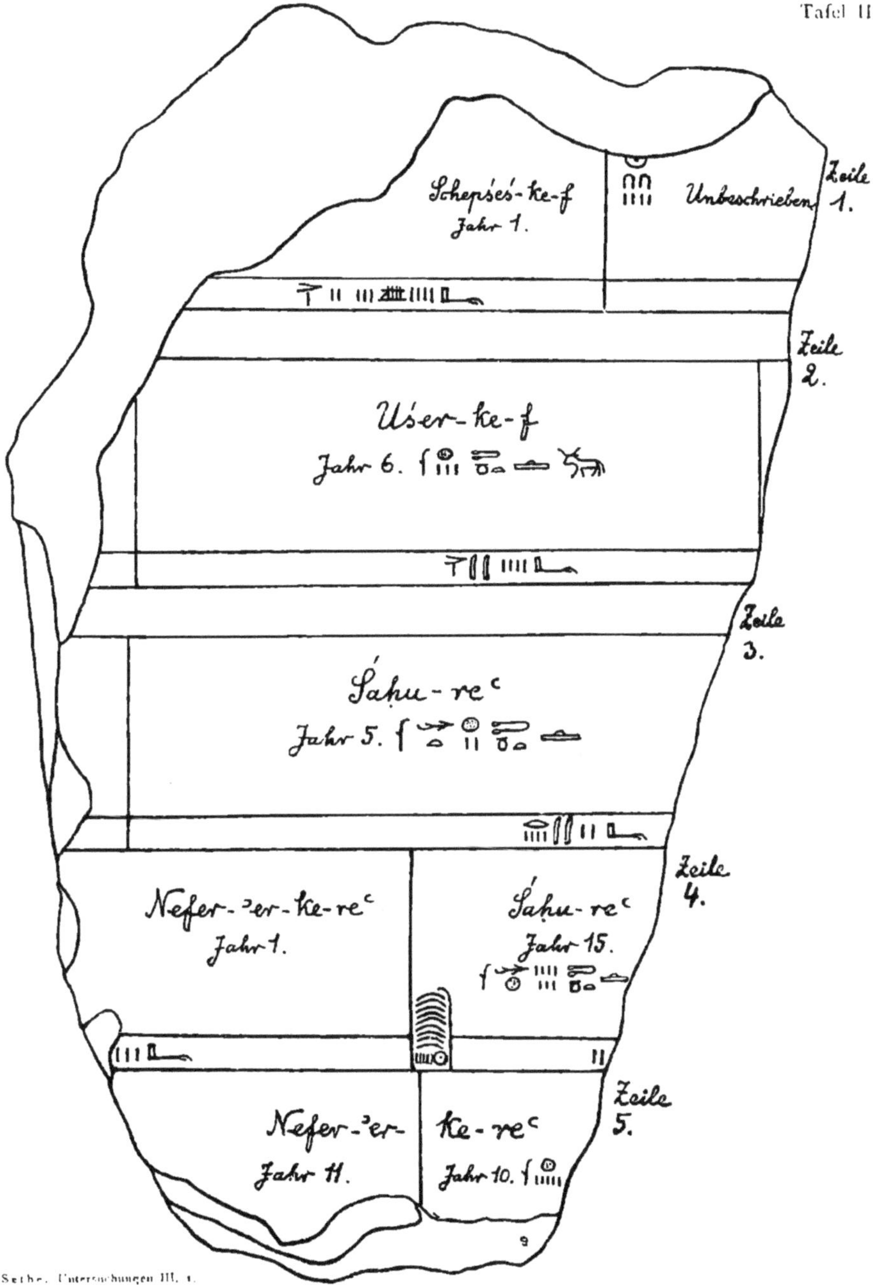

Sethe, Untersuchungen III, 1.

Die Rückseite des Steins von Palermo
nach der Photographie von A. Salinas

Namen der gleichzeitigen oberägyptischen Könige in dem verlorenen vorderen Teil der Zeile aufgeführt gewesen wären.

Wenn die Zeile wirklich ebenso, wie es bei den folgenden Zeilen 2 bis 5 die wechselnde Breite der Jahresfelder bei gleichem Inhalt voraussetzen liess, ganz beschrieben gewesen wäre und also wirklich ebenso viel Namen enthalten hätte, wie sie fassen konnte, so wären in ihr etwa 75 Könige von Ober- und 75 Könige von Unterägypten genannt gewesen. Das würde, wenn man auf je 4 Regierungen 100 Jahre rechnete, etwa 1875 Jahre bedeuten. Wie die Dinge aber liegen, ist es durchaus nicht gesagt, dass die Zeile 1 vollständig beschrieben war. Es ist vielmehr sehr wohl denkbar, dass man nur eine kleinere Zahl von Namen darin unterzubringen hatte, die die Zeile nicht füllen konnten, und dass man sie daher in die Mitte der Zeile setzte mit gleichem Abstand von den beiden Enden, wie das oben bei der Regierung des Schepśeś-ke-f der Fall zu sein schien.

Ergebnis.

Das Ergebnis der vorstehenden Untersuchung kann wohl dahin zusammengefasst werden, dass sich die Einrichtung des Palermosteines, wie sie oben zunächst für die beiden ersten manethonischen Dynastieen angenommen wurde, trotz mancher Unsicherheit im Einzelnen, im Ganzen bewährt hat, indem sie fast überall zu befriedigenden Ergebnissen führte; sie darf deshalb wohl als sehr wahrscheinlich bezeichnet werden Insbesondere haben sich bei der Anwendung dieser Einrichtung auf die anderen Teile des Steines aber die beiden Annahmen bestätigt,

dass die Dynastieen auf dem Stein sorgfältig geschieden waren

und dass auch die ausführlicheren Jahresnotizen, die wir von Snefru ab finden, innerhalb einer Zeile zwar nicht, wie die kurzen Notizen der beiden ersten Dynastieen, genau, aber doch annähernd gleiche Breite gehabt zu haben scheinen, so dass man die Breite der erhaltenen Jahresnotizen als annähernde Durchschnittsbreite annehmen konnte, um zu im Wesentlichen übereinstimmenden Resultaten zu gelangen.

Um die wesentlichen Punkte, die sich für die Einrichtung des Steines im Einzelnen ergeben haben, zusammenzufassen, so darf wohl Folgendes als gesichert angenommen werden:

1. Die vorgeschichtlichen Könige vor Menes waren in Zeile 1 der Vs. in der Weise behandelt, dass die unterägyptischen Könige auf der zweiten Hälfte standen, so dass die oberägyptischen die erste Hälfte eingenommen haben könnten. Im Ganzen können nicht mehr als rund 150 Namen in dieser Zeile Platz gehabt haben.

2. Die erste geschichtliche Dynastie war in Zeile 2 und 3 der Vs. mit einer Gesamtzahl von Jahren behandelt, die der manethonischen Zahl 253 jedenfalls sehr nahe kam, wenn nicht mit ihr übereinstimmte. In Zeile 2 standen die ersten Regierungen mit etwa soviel Jahren wie Manethos dem Menes und Atothis giebt. Erhalten sind davon zunächst die beiden letzten Regierungsjahre eines Königs, die vom Anfang der Zeile um etwa 60, vom Ende der Zeile um etwa 50 Jahre entfernt gewesen sein werden und daher dem Menes gehören dürften, für den Eratosthenes und Manethos übereinstimmend 62 Jahre überliefern. Die folgenden zehn ersten Jahre seines Nachfolgers dürften mit dem Rest der Zeile der beinahe 50jährigen Regierung des Atothis angehört haben. In Zeile 3 sind 14 Jahre der zweiten Hälfte einer Regierung erhalten,

die nach ihrer Stellung auf dem Stein, nach dem gänzlichen Fehlen der Zeremonie des „Horusdienstes“ in ihr und nach den Resten des Namens der Königsmutter zu schliessen wahrscheinlich die Regierung des Miebis, Sohnes der 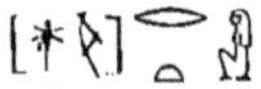 gewesen sein wird.

3. Die zweite geschichtliche Dynastie war in Zeile 4 und 5 der Vs. mit einer Gesamtzahl von Jahren behandelt, die gleichfalls der manethonischen Zahl 302 sehr nahe kam und, falls der Stein der ersten Dynastie mit Manethos 253 Jahre gab, genau mit ihr übereinstimmte. In Zeile 4 waren mindestens die ersten vier Regierungen der Dynastie mit etwa 168 Jahren behandelt, in Zeile 5 mindestens die letzten drei mit etwa 134 Jahren. Erhalten sind in Zeile 4 ein grosser Teil der ersten Hälfte der Regierung des dritten Königs  *Ntrj-nw*-Binothris, in Zeile 5 das Ende der Regierung des letzten oder vorletzten Vorgängers des Königs  *H'j-šḫmwj* und der Anfang der darauf folgenden Regierung.

4. Die dritte Dynastie war in Zeile 6 ganz, mit Einschluss des Śnefru, behandelt und zwar mit einer bedeutend kleineren Zahl von Jahren, als ihr Manethos giebt, im Ganzen höchstens 100 bis 110.

5. Die vierte Dynastie begann in Zeile 7 der Vs. und schloss in Zeile 1 der Rs. anscheinend mit der nur einige Jahre zählenden Regierung des Schepśeś-ke-f, die allein in der Mitte dieser Zeile gestanden zu haben scheint.

6. Die fünfte Dynastie, die den Rest der Rückseite einnahm, war wahrscheinlich so behandelt,

dass Zeile 2 der Rs. ganz die Regierung des Uśer-ke-f mit etwa 13 Jahren von annähernd gleicher Grösse enthielt, wovon das sechste Jahr ganz, das fünfte und siebente z. T. erhalten sind,

dass Zeile 3 der Rs. die ersten elf Jahre des Śaḥu-re' enthielt, wovon das fünfte Jahr fast vollständig und vom sechsten der Anfang erhalten ist;

dass Zeile 4 der Rs. das zwölfte bis fünfzehnte Jahr des Śaḥu-re', sowie die ersten sechs Jahre des Nefer-'er-ke-re' enthielt, wovon das fünfzehnte Jahr des Śahu-re' und das erste des Nefer-'er-ke-re' z. T. erhalten sind;

dass Zeile 5 der Rs. das siebente bis elfte Jahr des Nefer-'er-ke-re' sowie noch fünf weitere Jahre von annähernd derselben Breite enthielt, wovon das 10. und 11. Jahr des Nefer-'er-ke-re' z. T. erhalten sind.

Auf die wichtigen historisch-chronologischen Konsequenzen, die sich aus diesem Ergebnis unserer Untersuchung ergeben, braucht wohl eigentlich kaum hingewiesen zu werden. Dass Manethos' Königsliste der ältesten Dynastieen nach Schäfer's Erklärung des Palermosteines in einem ganz anderen Lichte erscheinen würde, als man bisher zu denken geneigt war, war ja vorauszusehen. Wenn sich uns bis heute ein Bruchstück altägyptischer Königsannalen aus dem alten Reich erhalten konnte, das die Jahre der alten Könige bis in die fünfte Dynastie Jahr für Jahr verzeichnete, so müssen wir uns sagen, dass der ägyptische Priester Manethos vor mehr als 2000 Jahren, zu einer Zeit, da das alte Aegypten noch lebendig war, sicherlich gleichartige oder gleichwertige Quellen benutzen konnte. Die obige Untersuchung hat nun ergeben, dass der Annalenstein aus der Zeit der fünften Dynastie fast genau, wenn nicht genau ebenso viel Jahre für die beiden ersten Dynastieen verzeichnete wie Manethos, sich dagegen in den Zahlen der Einzelregierungen wiederholentlich und in der Summe der dritten Dynastie sogar wesentlich von ihm trennte. Das weist darauf hin, dass es zu Manethos' Zeit Traditionen über die alte Geschichte Aegyptens gab, die in manchen Punkten von den alten Ueberlieferungen, wie sie der Stein von Palermo giebt, abwichen, während sie in andern (wie z. B. in den Dynastieensummen der beiden ersten Dynastieen) mit ihnen übereinstimmten. Ob diese Abweichungen auf Missverständnissen oder Verderbnissen besserer alter Ueberlieferungen oder aber auf gleichwertigen alten Ueberlieferungen anderer Herkunft und anderer Auffassung beruhten, vermögen wir nicht zu entscheiden.

So müssen wir uns denn auch bescheiden, ein für die älteste Chronologie sehr wichtiges Ergebnis der vorstehenden Untersuchung ohne Kritik hinzunehmen, nämlich dass der Stein von Palermo für die Zeit von Menes bis Śnefru einschliesslich etwa 650 Jahre verzeichnete. Nur das wird man schon heute dazu sagen können, dass wir bei der Zahl sicher verschiedener Könige, die uns bis jetzt schon auf Denkmälern der drei ersten Dynastieen begegnet sind (etwa 20), kein Recht haben, diese Zahl ohne weiteres für zu hoch zu halten.

4. Die Entwicklung der Jahresdatierung bei den alten Aegyptern.

Mit einem Beitrag von Prof. Dr. Eduard Meyer.

1. Die Zeitrechnung der Aegypter.

Es kann jetzt wohl als ausgemacht gelten, dass die Aegypter vor der diokletianischen Martyrerära und der arabischen Aera der Hegra niemals eine feste Zeitrechnung mit einer fortlaufenden Aera besessen haben. Das „Jahr 400 des Königs von Ober- und Unterägypten *Št-ʿꜣj-pḥtj* des Sohnes des Reʿ *Nbtj*", das uns auf einem Denkstein aus der Zeit Ramses' II. begegnet[1] und in dem man eine, im Uebrigen nicht weiter zu belegende Aera eines Hyksoskönigs erkennen wollte, bezieht sich, wie Maspero richtig erkannt hat, auf Niemand anders als den Gott Set, der ja das Beiwort *ʿꜣj-pḥtj* „gross an Stärke" zu führen pflegt und seit Alters mit der Heimatsbezeichnung *Nbtj* „der von Ombos" bezeichnet wurde. Das 400. Regierungsjahr dieses Gottes, den die Könige der 19. Dynastie als ihren Ahnherrn betrachteten und nach dem so viele Mitglieder ihrer Familie Sethos d. i. „der dem Set gehörige" genannt waren, sollte nach einem uns unbekannten Gedankengang in die Zeit Ramses' II. fallen. Das dürfte der Sinn des Datums sein. Eine im praktischen Leben gebrauchte Aera ist jedenfalls nicht darin zu erkennen.

Statt einer festen Zeitrechnung haben die Aegypter im ganzen Verlauf ihrer alten Geschichte nach den Regierungsjahren ihrer Herrscher datiert, d. h. im Allgemeinen nach den Regierungsjahren der Könige, zeitweilig aber auch nach denen der Gaufürsten, als diese sich in den Zeiten zwischen dem alten und dem mittleren Reich dieses wie so manches andere königliche Vorrecht angemasst hatten[3].

Die Wirrnisse, die eine solche eines festen Ausgangspunktes entbehrende Zeitrechnung mit sich bringen musste, wurden noch dadurch erhöht, dass die Berechnung der Regierungsjahre keineswegs dauernd in einheitlicher Weise erfolgte. In gewissen Zeiten rechnete man das Regierungsjahr, unbekümmert um das Kalenderjahr, von Thronbesteigungstag zu Thronbesteigungstag. In diesem Falle war das letzte Regierungsjahr in der Regel unvollständig, indem es vom Thronbesteigungstag des Königs bis zu seinem Todestag lief, der ja nur durch einen seltenen Zufall mit jenem zusammenfallen konnte. Diese Berechnung finden wir unter der ersten Dynastie,

1. Mariette, Rev. arch. nouv. ser. XI 160 ff.; Chabas, Ä. Z. 3, 29 ff.
2. Maspero, Hist. anc. de l'Orient classique II 53, Anm. 1 a. E.
3. Blackden-Fraser Hatnub. Inschrift des *Imnj* von Benihassan.

sowie unter der vierten und fünften Dynastie in Gebrauch[1]; sie ist dann später wieder unter der 18. Dynastie üblich gewesen[2]. Zu anderen Zeiten liess man das Regierungsjahr mit dem Kalenderjahr zusammenfallen und stets mit dem ersten Tage des Monats Thoth beginnen. Das unvollständige erste Jahr eines Königs bildete dann mit dem unvollständigen letzten Jahre seines Vorgängers zusammen ein Jahr. In dieser Weise wurden die Regierungsjahre, wie Eduard Meyer unten nachweist, unter der zweiten Dynastie gerechnet[3]. Dieselbe Rechnungsweise ist dann vielleicht vorübergehend auch unter der sechsten Dynastie in Uebung gewesen[4], sodann sicher unter der zwölften Dynastie[5] und endlich unter der 26. Dynastie wie in der ganzen Folgezeit[6]; sie liegt bekanntlich auch dem Kanon des Ptolemäus zu grunde.

Aber auch die Bezeichnung der Jahre selbst, nach denen man datierte, hat im Lauf der Zeit manigfache Wandlungen durchgemacht. Während in späterer Zeit, sicher seit dem mittleren Reich, die Regierungsjahre gezählt wurden, so dass eine jede Regierung gewissermassen ihre eigene Aera besass, haben die Aegypter in den ältesten Zeiten ihrer Geschichte nicht einmal diesen unbequemen Ersatz einer festen Zeitrechnung besessen. Die neuerdings aufgefundenen Denkmäler der ältesten Dynastieen und der erst kürzlich von Schafer in seiner wahren Bedeutung erkannte Stein von Palermo haben uns gelehrt, dass auch die Aegypter ursprünglich, wie die alten Babylonier, die Jahre, nach denen datiert wurde, nicht zählten, sondern nach gewissen Ereignissen, die sich in ihnen zugetragen hatten, benannten. Aufgabe der folgenden Untersuchung wird es sein, die Entwicklung dieser beiden so grundverschiedenen Arten der Jahresbezeichnung zu verfolgen und ihr Verhältnis zu einander zu ermitteln.

2. Die einfache Datierung nach Ereignissen auf den Denkmalern der ersten Dynastie.

Die ältesten ägyptischen Inschriften, die sich bisher überhaupt gefunden haben, die Inschriften aus dem Anfang der ersten Dynastie weisen eigentliche Jahresdatierungen, d. h. Datierungen mit Nennung des Wortes „Jahr" noch nicht auf. Die Gedenktäfelchen des Menes und der Könige, in denen wir oben seine nächsten Nachfolger erkannt haben, nennen statt eines Jahresdatums, wie es die Gedenktäfelchen der späteren Könige der Dynastie fast ausnahmslos zu tragen pflegen, einfach gewisse Ereignisse, die teils in Bildern teils in Worten ausgedrückt den Horusnamen des Königs begleiten. Unter diesen Angaben, die augenscheinlich die später übliche Jahresdatierung vertreten und vermutlich selbst zur Datierung dienen sollen, finden sich nicht selten solche, die in Form oder Inhalt an die kurzen Jahresnotizen in Zeile 2 bis 5 der Vs. des Palermosteines erinnern oder gar geradezu mit ihnen übereinstimmen.

Beispiele derartiger Datierungen scheinen die folgenden Gedenktäfelchen aus den vier ersten Regierungen der ersten Dynastie zu bieten:

I. Von Horus ʿḥʿ-Menes (S. 23):

1. RT. II 3, 2. nennt drei Ereignisse:

a) „Schlagen der Nubier" (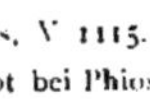); das Wort „schlagen" ausgedrückt durch eine ge-

1) Nach Ausweis des Palermosteines, s. dazu die Bemerkungen von Eduard Meyer in Abschnitt 5.

2) Brugsch, Gesch. Aeg. 290; Thes. V 1115.

3) s. u. Abschnitt 5.

4) Der Turiner Königspapyrus giebt bei Phios (*Ppjj* I) und seinen beiden Söhnen nur volle Jahre an, keine überschüssigen Monate und Tage.

5) Borchardt, Ä. Z. 37, 92.

6) Wiedemann, Gesch. Aeg. von Psamm. I 117 ff.

schwungene Keule hinter dem Sperber des Horusnamens, offenbar weil es der Horus „Kämpfer", d. i. König Menes, sein soll, der sie schwingt. Zu vergleichen ist damit die Jahresnotiz *šḳr Inw* „Schlagen der *Inw*-Nomaden" auf dem Palermostein Vs. Zeile 3, Nr. 2 und das Datum „Jahr des Kämpfens und Schlagens der Nordägypter" auf den Gefässen des Königs *Bš* von Hierakonpolis [1].

b) *mśwt Inpw* „Geburt des Anubis"; dasselbe auf dem Palermostein als Vs. Zeile 1, Nr. 1 (vielleicht Menes) und als ebenda Nr. 10 (vielleicht Atothis).

c) Ein Ereignis, ausgedrückt durch eine Befestigungsumwallung; darin ein Sperber, der auf einem spitzen Instrument sitzt, die Hieroglyphe und das Bild eines liegenden Rindes. Vermutlich handelt es sich um die Zerstörung einer Festung durch den Horus-König.

2. RT. II 3a, 5. 6 nennen in der obersten Reihe vor dem Königsnamen ebenfalls drei Ereignisse:

a) *mśwt Inpw* „Geburt des Anubis" s. ob. zu 1 b.

b) Eine Begebenheit, dargestellt durch zwei nebeneinander fahrende Schiffe.

c) *ʿḥʿ ḥt-nṯr Nt* „Einweihung (o. ä.) [2] des Tempels der Neit"; entsprechend den Jahresnotizen *ʿḥʿ Hnw-n-štnj š ḥt-nṯr Ḥrj-š-f* „Einweihung(?) des Sees des Tempels des Harsaphes von Herakleopolis" auf dem Palermostein (Vs. Zeile 3, Nr 9; vermutlich Miebis) und *ʿḥʿ ḥt-nṯr Ḥk* ..... „Einweihung(?) des Tempels des Gottes *Ḥk?* in der Stadt ....." (ebenda Nr. 1).

Die in den folgenden Zeilen desselben Täfelchen verzeichneten Ereignisse gehören wohl nicht mehr zur Datierung.

3. RT. II 3, 4. 6 nennen Folgendes:

a) *mśwt Inpw Śp?(?)* „Geburt des Anubis und *Śp?*" (vgl. oben unter 1 b), falls nicht schon zum Folgenden zu ziehen ist.

b) Eine Szene, die sich vor dem *ʿḥʿ* „Palast" abspielt: Ein Gefangener wird von einem vor ihm sitzenden Manne erdolcht oder als Sklave gezeichnet, während ein vornehmer Mann dabei steht und zusieht. Die Ueberschrift, die in anderer Richtung als die Worte von a läuft, lautet, was vielleicht *šsp ḳmʿw mḥj* „Empfangen von Ober- und Unterägypten" bedeutet.

4. Täfelchen von Negade (Sitz.-Ber. d. Berl. Akad. 1897, 1054 ff.) nennt in der obersten Reihe hinter den Königsnamen zwei Ereignisse:

a) wie es scheint über einer grossen Festbarke, also vermutlich eine Zeremonie, etwa vielleicht das „Fest des Sokar", das auf dem Palermostein mehrfach in Jahresnotizen vorkommt (Vs. Zeile 2, Nr. 7; Zeile 3, Nr. 6; Zeile 4, Nr. 6. 12).

b) Zerstört.

Die folgende Reihe des Täfelchens zeigte eine Darstellung, die an die soeben unter 3 b besprochene erinnert.

1) Quibell, Hierakonpolis I, 36—38.

2) Der Ausdruck hängt vielleicht mit dem von Breasted (Unters. II 40) behandelten Ausdruck *ʿḥʿw-n-nb* für die Hinterwand des Allerheiligsten zusammen.

II. Von Horus *Wḥʿ(?)-mr* (Atothis, S. 33):

5. RT. II 2, 4 nennt hinter dem Horusnamen des Königs eine Festungsumwallung, darin undeutliche Hieroglyphenzeichen. Es handelt sich also vermutlich wieder um die Eroberung oder Zerstörung einer Festung.

III. Von Horus *Dr*(?, Kenkenes, S. 27):

6. RT. II 5, 1; 6a, 2 zeigen gegenüber dem Horusnamen und durch einen starken Strich von ihm getrennt, eine liegende Kuh , die zwischen den Hörnern das Zeichen trägt, sowie ein unbekanntes Zeichen , das offenbar Pflanzen aus einem Wasserbecken hervorwachsend darstellt und an das bekannte Zeichen der Ueberschwemmung erinnert. In der Kuh mit dem Zeichen für „Jahr" wird man kaum etwas anderes als eine Darstellung der Sothis erkennen können. Der naheliegenden Vermutungen über den Zusammenhang zwischen diesem Bilde und dem Zeichen, in dem man das Zeichen der Ueberschwemmung erkennen könnte, wird man sich fürs Erste wohl besser enthalten.

7. RT. II 5, 2 zeigt hinter dem Horusnamen eine Festungsumwallung, darin die Hieroglyphen , die vielleicht den Horusnamen des Königs enthalten, darüber ein spitzes Instrument. Es wird sich wieder um die Gründung oder Zerstörung einer Festung handeln. Zu vergleichen ist die Jahresnotiz Zeile 4, Nr. 8 des Palermosteins:  „Gründung" oder „Zerstörung der beiden Städte Namens so und so".

8. RT. II 12, 3 nennt hinter dem Horusnamen den Namen eines Beamten *Sd-šḫm-k3*, der auch in Siegelinschriften aus der Zeit des Königs *Dt* öfter vorkommt (s. ob. S. 28, Anm. 6), und dann ein Ereignis: , das *kd ḥt-ḥtp* zu lesen ist[1] und „Bauen des Hauses des Ruhens" bedeuten dürfte, d. h. wohl des Hauses, in dem der König zur ewigen Ruhe gebettet werden sollte (s. dazu u. Nr. 13). Zu vergleichen ist damit die Jahresnotiz *kd inr Mn-nṯrt* „Bauen in Stein das Gebäude Namens ‚die Göttin bleibt'" auf dem Palermostein (Vs. Zeile 5, Nr. 2).

IV. Von Horus *Dt* (Uenephes, S. 28):

9. Petrie, Abydos I, 4, 12 nennt unter dem zerstörten Horusnamen des Königs:

a) , d. i. das auf dem Palermostein Vs. Zeile 2, Nr. 5 und ebenda Zeile 6, Nr. 1 genannte *mśwt s3tj bjtj* „Geburt des Königskinderpaares" (d. i. wohl Schu und Tafnet); das Wort *bjtj* war in der Schrift Ehrfurchtshalber dem *s3tj* vorausgestellt.

b) Nach der Lücke das Zeichen des Anubis, vermutlich mit dem Vorhergehenden zu verbinden „Geburt des Königskinderpaares und des Anubis"; vgl. oben 1 b und 2 a.

c) Den Schluss des Namens einer Festung .... *nṯrw*, wie solche Namen pflegen, in eine Umwallung eingeschlossen. Zu vergleichen sind damit auf dem Palermostein die Angaben über die Gründung von Festungen oder befestigten Gebäuden mit den entsprechend gebildeten Namen *Šmr-nṯrw* „Freund der Götter" Zeile 2, Nr. 7 (viell. Atothis), *Iśwt-nṯrw* „Stätten der Götter" Zeile 3, Nr. 6—8 (vermutlich Miebis) und *Kbḥw-nṯrw*

1) s. dazu unten Aufsatz 5.

„Erfrischung der Götter" Zeile 5, Nr. 11 (zweite Dyn.), bei denen das Wort *ntrw* „Götter" nur der Ehrfurcht halber vorangestellt sein dürfte. — Ein Name , der vielleicht *Ḥr-nṯrw* „Gesicht der Götter" zu lesen ist, begegnet uns auf einem anderen Denkmal desselben Königs *Dt* (dem Elfenbeinkästchen RT. I 10, 9) vor seinem Horusnamen. Ob darin etwa der obige Festungsname zu erkennen ist, wenngleich die übliche Festungsumwallung fehlt, muss dahingestellt bleiben.

Dass die Ereignisse, die in diesen Beispielen neben dem Königsnamen statt des zu erwartenden Jahresdatums genannt sind, wenigstens zum Teil zur Datierung des betreffenden Denkmals dienen sollten, darf wohl als sehr wahrscheinlich gelten, zumal in den Fällen, wo sich ganz entsprechende Angaben in den Jahresnotizen des Palermosteines belegen liessen. Und man wird in den angeführten Ereignissen mit grosser Wahrscheinlichkeit Begebenheiten vermuten dürfen, die gleichzeitig mit der Errichtung des Denkmals stattfanden oder in den Zeitraum eines und desselben Jahres fielen (s. dazu u. Abschnitt 4).

Natürlich muss es bei einer solchen Datierung der Denkmäler nach gleichzeitigen oder nahezu gleichzeitigen Ereignissen in vielen Fällen zweifelhaft sein, in wie weit diese Begebenheiten wirklich nur zur Datierung genannt sind. Es besteht hier die Möglichkeit, dass das aufgeführte Ereignis durch das betreffende Denkmal selbst verewigt werden sollte. Ein solcher innerer Zusammenhang zwischen dem Denkmal und dem Ereignis liegt ganz augenscheinlich vor in den Fällen, wo sich solche Datierungen nach Ereignissen noch in späterer Zeit finden, als die Datierung nach Jahren längst üblich war.

10. So vertreten die Worte *sp tpj śḳr ı bṯjw* „erstes Mal des Schlagens der Ostvölker" auf dem Gedenktäfelchen des Königs Usaphais in der Sammlung Mac Gregor[1] gewiss das Jahresdatum, das auf den Gedenktäfelchen dieser Zeit sonst nie zu fehlen scheint. Zugleich sind sie aber die Beischrift zu dem danebenstehenden Bilde, das den König einen Asiaten erschlagend zeigt; sie nennen also das Ereignis, das durch das Täfelchen verewigt werden sollte.

11. Ebenso sollen die kurzen Vermerke des *ḥb-śd*-Jubiläums, die sich auf Gefässen aus der Zeit des Semempses (RT. I 7, 5–8) und Bieneches (RT. I 8, 6–8) finden, nicht bloss das Gefäss datieren, sondern sie sollen dieses Fest zugleich verewigen und angeben, dass das Gefäss aus Anlass des Festes gestiftet worden ist[2].

12. Aehnlich wird auch der Vermerk  *ḳd ḥt-ḥtp* „Bauen des Hauses des Ruhens" aufzufassen sein, der sich auf einem Gefäss aus der Zeit des Königs Miebis hinter seinem Horusnamen findet. Das Gefäss wird beim Bau des betreffenden Gebäudes, vermutlich des Grabes des Königs selbst, in dem es aufgefunden wurde, zu einem Opfer oder als Gründungsdepositum gestiftet sein. Und es muss in Erwägung gezogen werden, ob nicht der gleichlautende Vermerk auf einem Gedenktäfelchen des Königs *Drt*(?) (s. ob. Nr. 8) einen ähnlichen Zweck hatte.

1) Ä. Z. 35, 8.

2) Auch später finden sich solche Jubiläumsvermerke wie zur Datierung häufig auf Denkmälern aller Art (Obelisken, Gefässe, Steinbruchinschriften). Sie haben dabei eine Fassung ganz, wie sie die Angaben von Ereignissen auf den ältesten Denkmälern so oft haben: *sp tpj* resp. *sp n-nw* *ḥb-śd* „erstes" resp. „zweites Mal des Jubiläums".

13. Auch der Vermerk über die „Vereinigung der beiden Länder“ , den wir auf einem Gefäss aus der Zeit des Miebis unter dem Horusnamen des Königs lesen[1], wird möglicherweise so aufzufassen sein. Wenn dort der König selbst, der hinter dem Namen stehend abgebildet ist, nur die oberägyptische Krone trägt, so ist das aus den oben S. 14 ff. erörterten Verhältnissen zu erklären[2].

Es ist sehr wahrscheinlich, dass die Jahre, in denen diese Ereignisse stattfanden, auch nach ihnen benannt waren. Aber dadurch, dass man in den bezüglichen Inschriften das Wort  „Jahr“ nicht, wie sonst in Datierungen, davor setzte, deutete man unmissverständlich an, dass ihre Nennung nicht bloss zum Zweck der Datierung erfolgte, sondern Selbstzweck des Denkmals war.

3. Die Datierung nach Jahren, die nach Ereignissen benannt sind, auf den Denkmälern der ältesten Dynastieen.

a) Erste Dynastie.

Die ältesten sicheren Beispiele richtiger Jahresdatierungen, in denen das Wort „Jahr“ ausdrücklich bezeichnet ist, gehören der Zeit des Königs  *Ḥ'śḥtj* an, der dem Usaphais des Manethos entspricht (S. 23). Die Gedenktäfelchen dieses Königs und seiner drei Nachfolger (Miebis, Semempses, Bieneches) sind fast ausnahmslos nach Jahren datiert, die nach Ereignissen benannt sind, wie sie uns oben auf den Gedenktäfelchen der früheren Könige selbst als Datierungen begegneten. Diese ältesten nach Jahren datierten Inschriften weisen folgende Anordnung auf:

a) rechts (also am Anfang der nach rechts gewendeten Inschrift) erscheint stets das Zeichen  „Jahr“, die ganze Höhe des Täfelchens einnehmend.

b) links dahinter sind gewisse Ereignisse genannt, die sich in dem betreffenden Jahre zugetragen haben und nach denen das Jahr benannt war. Diese Angaben sind auf den Täfelchen des Usaphais bisweilen in mehreren wagerechten Zeilen übereinander angeordnet, wie wir das auch auf den Gedenktäfelchen des Menes finden. Dabei pflegt in den untersten Zeilen dann der Eigenname des Königs mit dem zugehörigen Königstitel  *śtnj-bjtj Ḥ'śḥtj* einmal im Zusammenhang erwähnt zu werden, während das bei den beiden obersten Zeilen nicht der Fall ist[3]. Das macht es wahrscheinlich, dass wir die Ereignisse, nach denen das Jahr offiziell benannt war, in den untersten Zeilen nicht mehr zu suchen haben, sondern ausschliesslich in den beiden obersten, neben denen denn auch der zur Datierung zu ziehende Königsname (c) steht. Möglicherweise gehört aber auch von diesen beiden Zeilen nur die oberste, erste, wirklich zur Datierung (s. indess hiergegen u. Nr. 6). — Unter den Nachfolgern des Usaphais nehmen die angeführten Ereignisse nur eine senkrechte Zeile neben dem  ein; sie werden also wohl sämtlich zur Datierung gehören, zumal die Angaben hier auch sehr viel kürzer geworden sind.

c) dahinter folgt stets der Name des Königs, wodurch die Datierung erst vollständig wird. Unter Usaphais ist es noch ebenso wie unter den früheren Königen stets der Horusname, der

1) Amélineau, Les Nouvelles fouilles d'Abydos II (Mission Amélineau III), pl. 21, 4.

2) Umgekehrt erscheint LD II 116b König Merjen-rē' (aus der 6. Dyn.) mit der unterägyptischen Krone auf dem Zeichen , das dort vielleicht ebenfalls zugleich zur Datierung der Inschrift angebracht sein konnte.

3) RT. I 11, 4 = II 7, 11 und I 11, 14 = II 7a, 4.

hier als der offizielle Königsname erscheint. Unter Semempses tritt, wenigstens in dem uns vorliegenden einen Beispiel, dafür der Eigenname mit den Titeln *śtnj-bjtj nbtj* ein (Nr. 10). Unter Bieneches endlich erscheint zunächst wieder der Horusname allein (Nr. 11), späterhin aber beide Namen einander gegenübergestellt, der Eigenname wieder mit dem obigen Doppeltitel verbunden (Nr. 12—14).

Die bisher bekannt gewordenen Beispiele von Jahresdatierungen aus der ersten Dynastie sind:

I. Von König *Ḫ3śḫtj* = Horus *Wdj-mw* (Usaphais, S. 23).

1. RT. I 11, 14. 15; II 7a, 4: wie es scheint, vom Jahre der Thronbesteigung des Königs.

a) Das Ereignis, das der Palermostein überall für das erste Regierungsjahr der Könige notiert (Vs. Zeile 2, Nr. 3; Zeile 5, Nr. 7; Rs. Zeile 1, Nr. 2; Zeile 4, Nr. 3), lautet *sm3-t3wj pḫr ḥ3 inbwt* „Vereinigung der beiden Länder, Umzug um die Mauern". Wenn nicht alles täuscht, haben wir eine Wiedergabe dieses Ereignisses in den Darstellungen zu erkennen, die auf dem vorliegenden Täfelchen in der obersten Zeile neben dem Zeichen { „Jahr" erscheinen. Wir sehen hier den König als Vereiniger der beiden Länder mit der ober- und unterägyptischen Krone geschmückt, einmal sitzend in der Thronhalle, einmal laufend zwischen sechs Steinen, die wohl die „Mauern" darstellen sollen (wie unten in der zweiten Zeile).

b) Ob die Angaben in der zweiten Zeile auch noch zur Datierung gehören, muss fraglich erscheinen. Sie lauten, soweit lesbar und deutbar:

„Öffnen der Festung „Schöne Thur" — Zerhacken der Mauern .....
Herbeiführen des Königs(?) durch den *śm*-Priester vor den Tempel."

2. RT. I 11, 5; II 7a, 3: vom Jahre eines *ḥb-śd*-Jubiläums des Königs.

a) das in der obersten Zeile neben dem { genannt war: . Das Jubiläum erscheint hier, ebenso wie in den Gefässinschriften des Semempses (RT. I 7, 5—8) und Bieneches (RT. I 6, 6—8) nur durch das Wort *śd* und das Bild seiner Festhalle ausgedrückt. Was dem vorausging, wird vielleicht eine Angabe über die Wiederholung des Festes enthalten haben. Über der Gruppe glaubt man noch das Ende von zu erkennen (vgl. Petrie's Zeichnung RT. I 14, 12). Davor ist rechts der Rumpf eines grossen senkrechten Zeichens erhalten. Für die Zahl I „eins" ist es zu gross, so dass die Ergänzung *sp tpj* „erstes Mal" ausgeschlossen ist. Für in der üblichen Schreibung *sp tpj* ist das Zeichen zu gleichmässig breit und zu schlank gebaut. Gegen beide Lesungen spricht überdies, dass die erste Jubiläumsfeier auf dem Palermostein (Vs. Zeile 3, Nr. 3, vermutlich Miebis) und in den Inschriften des Bieneches (RT. I 8, 6—8) einfach als „das Jubiläum" schlechtweg bezeichnet ist, nicht, wie später üblich, als das erste „Mal des Jubiläums". Noch viel weniger als die Zahl „eins" passen aber alle anderen Zahlen, die in Betracht kommen könnten, zu dem langen strichartigen Zeichen. Und so bliebe denn wohl nichts weiter übrig, als an die phonetischen Zeichen *śn* (für *śn-nw*)[1]

1) Vgl. Garstang, Mahasna and Bet Khallâf Tafel IX, K. 1, 4. Text S. 21.

und *wḥm* („Wiederholung") zu denken, die beide für das Ordinalzahlwort „der zweite" vorkommen. Das letztere Wort *wḥm* ist in der That später für das „zweite Mal" des *ḥb-śd*-Jubiläums der übliche Ausdruck: *wḥm ḥb-śd*[1]. So ist denn vielleicht zu lesen, wenngleich man sich nicht verhehlen kann, dass der erhaltene Zeichenrest weder mit noch mit besondere Ähnlichkeit aufweist und die Genitivverbindung mit auffällig sein würde.

b) In der zweiten Zeile dieses Täfelchens erkennt man links die Worte *mśwt Dḥwtj* „Geburt des Thoth", wozu die oben S. 62 3 unter 1b, 2a, 3a, 9a besprochenen Parallelen zu vergleichen sind. Rechts davon, z. T. in umgekehrter Richtung, noch drei Zeichen, deren Deutung ungewiss ist. Ob der Inhalt dieser Zeile noch mit zur Datierung zu rechnen ist, ist zweifelhaft; auf dem Palermostein erscheint das *ḥb-śd*-Jubiläum unter Miebis in dem betr. Jahre allein als einziges Ereignis verzeichnet.

3. RT. I 16, 25 (Name des Königs nicht erhalten; aber in seinem Grabe gefunden), vom „Jahre 'der Geburt' des Min (*mśwt Mn*)". Dieselbe Angabe „Geburt des Min" auf dem Palermostein als in den Jahresnotizen Vs. Zeile 2, Nr. 9 und Zeile 5, Nr. 10.

4. RT. I 16, 22 (Name des Königs nicht erhalten; in seinem Grabe gefunden) vom „Jahre des Horusdienstes (*šmś-Ḥr*) . . . usw.", s. dazu u. Abschnitt 5.

5. RT. II 39, 54 (Name des Königs nicht erhalten; im Grabe der Königin Merjet-neit gefunden) vom „Jahre des Horusdienstes (*šmś-Ḥr*) und des Anfanges (*ḥ3t*) des . . . .".

6. RT. II 7a, 6 (Name des Königs nicht erhalten; in seinem Grabe gefunden). Neben dem Rest des Zeichens sind die Anfänge von zwei Zeilen erhalten:

a) nach Petrie's Lesung (Abydos I 11, 5). Wie es scheint, stand über dieser Zeile noch eine andere.

b) *šmś-Ḥr* . . . . . „Horusdienst usw." Wenn diese Angabe nach Analogie der Beispiele Nr. 4—5. 10. 12 zur Datierung zu ziehen ist, so würde hier anscheinend ein Fall vorliegen, in dem das oben (S. 65) für die Anordnung der Täfelchen des Usaphais Festgestellte nicht zutraf; denn es würde hier dann ja eine zur Datierung gehörige Angabe erst in der dritten oder gar einer noch späteren Zeile des Täfelchens erscheinen.

7. RT. I 11, 4; II 7, 11. Neben dem Reste des Zeichens zwei Zeilen, in denen beide Male der König genannt vorkommt und die daher nicht mehr zur Dartierung gehört haben werden (s. ob. S. 65). In der That gehört das Stück zu dem unteren Teil eines Täfelchens, da über der oberen Zeile noch Reste einer Zeile sichtbar sind und neben der unteren Zeile eine Angabe steht, die sonst auf den Gedenktäfelchen in der Regel zu unterst erscheint[2].

8. RT. II 7a, 2 zeigt neben dem Rest des Zeichens eine Festungsumwallung, darin drei Steine. Nach den danebenstehenden Angaben , und gehört das Stück

1 Brugsch, Thes. V 1127 ff.

2) Vgl. aus der Zeit des Menes RT. II 3a, 5. 6. Täfelchen von Negade; aus der des Usaphais RT. I 11, 6. 14; II 7a. 4.

wieder zu dem unteren Teil eines Täfelchens[1]. Die Angabe, die die Festung betraf, wird daher kaum noch zur Datierung gehört haben.

II. Von König *Mrj-pi-bi?* (Miebis, S. 24):

9. RT. II 42, 41 (im Grabe des Königs gefunden). Neben dem Zeichen sieht man noch hintereinander:

a) den Rest eines wagerechten Zeichens, mit dem die in einer senkrechten Zeile genannten Ereignisse begannen.

b) den Horusfalken, nach seiner langgezogenen Grundlinie zu urteilen, vom Horusnamen, der selbst weggebrochen ist.

c) die Hieroglyphe *t?* „Land" und einige unkenntliche Zeichenreste von einer Inschrift, die nicht zur Datierung gehörte, wie solche auch sonst auf den Gedenktäfelchen hinter dem Königsnamen erscheinen.

III. Von König (Semempses, S. 24):

10. RT. I 12, 1; II 8, 5 vom: „Jahr des Horusdienstes (*šmś-Ḥr*), ... der Grossen des Palastes (*wrw ʿḥ?*) . . . . . Sokar".

IV. Von Horus *Kȝj-ʿ* (Bieneches, S. 25).

11. RT. I 11, 12. Was in der senkrechten Zeile neben dem stand, ist bis auf wenige undeutliche Zeichenreste zerstört. Und zwar ist es dem Anschein nach absichtlich getilgt, was mit der oben S. 26 festgestellten Tilgung des Namens des Konigs zusammenhängen könnte. Da der Beamte *Ḥnw-k* der am Schluss der Inschrift genannt ist, schon unter Semempses im Amte gewesen zu sein scheint (s. ob. S. 27), wird das Täfelchen vermutlich aus dem Anfang der Regierung des Konigs stammen. Von den folgenden Täfelchen, die einen anderen Beamten nennen, unterscheidet es sich auch darin, dass auf ihm nur der Horusname, nicht auch der Eigenname des Konigs genannt war (s. ob. S. 65 b, c).

12. RT. I 12, 2 vom „Jahr des Horusdienstes usw."

13. RT. II 8, 3. 4 vom

14. RT. II 8, 1. 2 vom

Diese beiden Datierungen (Nr. 13 und 14), bei denen die Lesung der einzelnen Zeichen und die Folge der Zeichengruppen zum Teil zweifelhaft ist, nennen u. a. wie es scheint, zwei aufeinanderfolgende Wiederholungen, das „sechste Mal" (Nr. 13) und das „siebente Mal" (Nr. 14) einer unverständlichen Handlung. Entsprechende Angaben mit dem Worte *sp* „Mal" und einer Ordnungszahl haben wir in den Jahresnotizen des Palermosteines in dem „ersten" und „zweiten Male des *Dt*-Festes" (Vs. Zeile 2, Nr. 11; Zeile 3, Nr. 5), in dem „ersten" und „zweiten Male des Auslaufs(? o. ä.) des Apis" (Zeile 3, Nr. 12; Zeile 4 Nr. 10), dem „zweiten" und „dritten Male des Sokar-Festes" (Zeile 4, Nr. 6. 12), dem „ersten Male des Festes" (Zeile 4, Nr. 8), dem „vierten Male des " (Zeile 5, Nr. 6), sowie in dem „ersten", „zweiten" usw. Male der Vermögenszählung" (s. u.).

1) s. Seite 67, Anm. 2.

V. Von Vorgängern des Usaphais?

Beispiele solcher Datierungen nach Jahren, die nach gewissen Ereignissen benannt sind, sind wie gesagt sicher zu belegen erst für die Zeit des Usaphais. In Gräbern aus der Zeit der Könige *Dr* (?) und *Dt*, in denen wir oben S. 27 8) die beiden Vorgänger des Usaphais erkannt haben, haben sich zwar auch vereinzelt zwei Bruchstücke von Gedenktäfelchen gefunden, die möglicherweise das Zeichen „Jahr" am rechten Ende aufgewiesen haben; aber der Königsname ist in beiden Fällen nicht erhalten, sodass die Täfelchen nicht mit Sicherheit in die Zeit dieser Könige gesetzt werden können. Es sind dies folgende Täfelchen:

15. RT. II 5a, 13 (aus dem Grabe des Königs *Dr*). Das erhaltene Stück zeigt hinter dem Strich, der der Rest des Zeichens sein könnte, eine Festung, in der drei gefesselte Gefangene sitzen, es erinnert an das Bruchstück eines Gedenktäfelchens aus dem Grabe des Usaphais (RT. II 7a, 2, s. ob. S. 67, Nr. 8) und gehörte wie dieses vermutlich dem unteren Ende des Täfelchens an.

16. RT. I 10, 10 (aus dem Grabe Z. 3, einem der Reihengräber, die das Grab des Königs *Dt* umgeben). Das erhaltene Stück zeigt hinter dem mutmasslichen Strich des das Zeichen *'h'* in der altertümlichen Form, die es in dieser Zeit hatte (s. ob. S. 62, Nr. 2 c), dann das abgewandte Bild eines Mannes mit einer unkenntlichen Hieroglyphe darüber, und endlich das Bild eines bauenden Mannes , das Zeichen für *kwš* „bauen".

b) Zweite und dritte Dynastie.

Originaldaten aus der zweiten Dynastie haben sich uns nicht erhalten. Aus dem Anfang der dritten Dynastie wird nach dem, was oben S. 34 5 ausgeführt ist, das Datum auf den Gefässen, die der König *Bš* nach seinem Siege über die Nordägypter in den Tempel von Hierakonpolis stiftete (vgl. ob. S. 15), stammen. Es lautet:

17. „Jahr des Kämpfens und Schlagens der Unterägypter" (Quibell, Hierakonpolis I pl. 26—28).

4. Die Jahresbezeichnungen aus der Zeit der beiden ersten Dynastieen auf dem Palermostein.

Datierungen, wie die im Vorstehenden besprochenen, konnten ihren Zweck natürlich nur erfüllen, wenn man zugleich Annalen oder Jahreslisten führte, aus denen die zeitliche Stellung eines jeden Datierungsjahres zuverlässig zu ermitteln war. Ein Dokument, das u. a. solchen chronologischen Zwecken diente, war, wie Schäfer gezeigt hat[1], der Stein von Palermo. In den kurzen, gleichförmigen Notizen, die dieses Denkmal in Zeile 2 bis 5 der Vorderseite für die beiden ersten Dynastieen giebt, hat sich uns offenbar noch eine Reihe offizieller Jahresbezeichnungen aus jener Zeit erhalten, wie man sie damals zur Datierung gebraucht haben wird.

1) Ein Bruchstück altägyptischer Annalen, im Anhang zu den Abh. der Berl. Akad. 1902.

Dass diese kurzen Notizen nicht wie die ausführlichen Jahresnotizen, die der Stein für die Zeit von Snefru an gab, den annalistisch-historischen Zweck verfolgten, gewisse bedeutsame Ereignisse eines jeden Jahres zu verzeichnen, ist wohl aus verschiedenen Gründen anzunehmen. Die Ereignisse, die sie melden, sind grossenteils ohne jede historische Bedeutung; in ihrer Mehrzahl sind es Zeremonien, Festfeiern oder andere Bräuche, die sich von Zeit zu Zeit wiederholten und die zu verzeichnen kaum der Mühe lohnte. Die Jahresnotizen des Steines erweisen sich aber auch quantitativ als sehr dürftig im Vergleich mit den Angaben, die wir auf den grösseren Gedenktäfelchen der ersten Dynastie finden. Sie entsprechen in ihrer Kürze etwa den Täfelchen, die nur die zur Datierung bestimmten Jahresereignisse nennen (wie z. B. Nr. 6—9 ob. S. 63; Nr. 10—14 ob. S. 61 2), während die ausführlicheren Angaben der Täfelchen des Menes (S. 68, Nr. 1—4) und des Usaphais (S. 66 7, Nr. 1—8) sich wohl mit den so viel ausführlicheren Jahresnotizen vergleichen können, die der Stein erst für Snefru giebt. Die kurzen Jahresnotizen, die der Stein von Palermo für die beiden ersten Dynastieen giebt, werden demnach höchstens einen Auszug aus den wirklichen Annalen jener Zeit darstellen können.

Welchen Zweck dieser Auszug erfüllen sollte, ist wohl aus der Art zu entnehmen, wie die letzten unvollständigen Jahre der Regierungen in ihm behandelt sind. Für diese Jahre ist dort nämlich nur die Zahl der Monate und Tage, die sie umfassten, angegeben[1], kein Ereignis, obwohl doch sicherlich auch die unvollständigen Jahre nicht nur irgend welche Ereignisse zu verzeichnen hatten, sondern sogar selbst nach einem, wenn auch noch so unbedeutenden Vorfall, benannt gewesen sein werden. So ist z. B. in Zeile 2, Nr. 2 für das letzte Jahr eines Königs der ersten Dynastie (vielleicht des Atothis) nur seine Dauer „6 Monate, 7 Tage" angegeben; nichts von alledem, was sich in diesem halben Jahre zugetragen hatte, wird genannt, nicht einmal die Begebenheit, nach der man in dieser Zeit datierte. Das weist wohl deutlich darauf hin, dass die Jahresnotizen in erster Linie, wenn nicht ausschliesslich, einem chronologischen Zweck dienten. Sie sollten, wie es scheint, eine Zeittabelle abgeben, aus der man die Dauer der einzelnen Regierungen genau ermitteln konnte. Und so haben wir in ihnen denn wohl eine Liste der Regierungsjahre mit ihren offiziellen Benennungen zu erkennen, d. h. eben eine Jahresliste, wie man sie bei einer Zeitrechnung ohne feste Aera und ohne Zählung der Jahre notwendig führen musste[2].

Gegen diese Auffassung könnte nur eine von den uns erhaltenen 54 Jahresnotizen sprechen nämlich Zeile 5, Nr. 4. Wenn hier wirklich die „Geburt" des späteren Königs *Ḥ'j-śḫmwj* genannt ist, so wird das betreffende Jahr, als es lief, doch kaum so benannt gewesen sein können, sondern es müsste diese Benennung erst später nach der Thronbesteigung des Königs bekommen

1) Anders auf der Rs. des Steines bei dem letzten Jahre des Saḥu-re', s. oben S. 55 u. unten S. 73 Anm. 1.

2) Dass auf dem Annalenstein der fünften Dynastie für die ältesten Dynastieen nur eine solche Jahresliste gegeben wurde, kann verschiedene Gründe gehabt haben. Möglicherweise besass man damals die wirklichen Annalen jener alten Zeit nicht mehr und musste daher statt ihrer die Jahresliste, die aus chronologischen Gründen stets weiter überliefert worden war, geben. Denkbar ist aber auch, dass man bei der Abfassung des Steines unter der fünften Dynastie überhaupt gar nicht die Absicht hatte, annalistische Aufzeichnungen über die weiter zurückliegenden Zeiten zu geben, sondern dass man lediglich eine Zeittabelle geben wollte, aus der die Stellung der eigenen Zeit in der Geschichte zu erkennen war. Für die letztere Erklärung scheint wieder die Behandlung der letzten unvollständigen Regierungsjahre zu sprechen; in der eigentlichen Jahresliste, die man zum Verständnis der Datierungen fortführte, musste auch für diese Jahre ihre offizielle Benennung angegeben sein.

haben. Ein ernstlicher Hinderungsgrund ist das indessen wohl nicht. Es wäre denkbar, dass das Jahr zu seiner Zeit zwar nicht in der Form ebenso „Jahr der Geburt des Königs *Ḫ'j-šḫmwj*" benannt gewesen ist, aber doch dem Sinne nach, etwa: „Jahr der Geburt des Thronerben" oder „des Prinzen *Nbwj-ḥtp-jm-f*" (dies ist der Personenname des Königs, s. ob. S. 37) geheissen hat. Andererseits könnte hier auch die eigentliche Benennung des Jahres, die es zu seiner Zeit führte, später durch die für die Zeitrechnung wichtigere Angabe, dass in ihm der König *Ḫ'j-šḫmwj* geboren sei, ersetzt worden sein, etwa wie ja in der Jahresliste auch die Angaben, nach denen die Schlussjahre der Regierungen benannt waren, aus chronologischen Rücksichten durch die Angabe ihrer Dauer in Monaten und Tagen ersetzt sind.

Im Übrigen stimmen die Jahresnotizen in ihrem Charakter ganz mit den Datierungen überein, die uns aus der ältesten Zeit erhalten sind. Schäfer hat das bereits an einzelnen Beispielen dargelegt; auch oben ist verschiedentlich auf solche Übereinstimmungen hingewiesen worden. Dass es sich wirklich um die offiziellen Jahresbezeichnungen handelt, die zu ihrer Zeit in der Datierung gebraucht wurden, wird wohl über jeden Zweifel erhoben durch die regelmässigen Wiederholungen sowohl des „Horusdienstes", den wir des öfteren in den Jahresdatierungen der ersten Dynastie antrafen, als auch der „Zählung" des Vermögens, die wir in den Datierungen des alten Reiches finden werden (s. die beiden folgenden Abschnitte).

Wenn die in Zeile 2 der Vs. Palermosteins erhaltenen Jahresnotizen, wie im vorigen Aufsatze ausgeführt worden ist, die ersten Regierungen der ersten Dynastie betreffen und also nach dem eben Ausgeführten Jahresbezeichnungen dieser Zeit darstellen, so werden die Originaldatierungen aus dieser Zeit, die bloss Ereignisse ohne das Wort { „Jahr" nennen (s. ob. Abschnitt 2), dennoch auch „Jahresdatierungen" sein wie die späteren Datierungen mit „Jahr" (Abschnitt 3); d. h. sie werden eben Ereignisse nennen, die innerhalb desselben Jahres stattgefunden hatten. Und das ist ja auch die einzig vernünftige Erklärung, die für diese Ereignisdatierungen gedacht werden kann.

5. Die Datierung nach Jahren des Horusdienstes unter den beiden ersten Dynastieen.

a) Wesen und Schicksale dieser Datierung.

Bei der Benennung der Jahre nach den verschiedenartigsten Ereignissen ergab sich naturgemäss eine ungeheure Mannigfaltigkeit der Jahresbezeichnungen. Schon unter der ersten Dynastie können wir aber unter der Fülle mannigfaltig wechselnder Jahresbezeichnungen einen Ansatz zu einer einheitlichen Benennung der Jahre beobachten. Bereits in Zeile 2 der Vs. des Steins von Palermo finden wir in den dort teilweise erhaltenen beiden Regierungen der ersten Dynastie (wie oben S. 47 ausgeführt, vermutlich der des Menes und Atothis) regelmässig ein um das andere Jahr in gleicher Weise nach der oben (S. 15) erörterten Zeremonie des *šmś-Ḥr* „Horusdienstes" bezeichnet. Dieser gleichen Bezeichnung erscheint dann zur Unterscheidung der einzelnen Jahre noch eine zweite wechselnde Angabe zugefügt. So haben wir ein „Jahr des Horusdienstes und des roten Festes" (Zeile 2, Nr. 4), ein „Jahr des Horusdienstes und der Geburt der Göttin *Pmtt*" (ibid. Nr. 8), ein „Jahr des Horusdienstes und der Geburt des Anubis" (ibid. Nr. 1. 10) usw.

Derart benannte Jahre sind uns dementsprechend denn auch unter den erhaltenen Jahresdatierungen der ersten Dynastie verhältnismässig oft begegnet. Wir fanden sie mehrfach auf Gedenktäfelchen, die nach ihrem Fundort zu urteilen, der Zeit des Usaphais angehört haben werden (s. ob. S. 67, Nr. 4—6) sowie auf Gedenktäfelchen der Könige Semempses und Bieneches (s. ob. S. 68, Nr. 10. 12).

In Zeile 3 des Steins von Palermo, in der nach unseren Feststellungen die zweite Hälfte der ersten Dynastie behandelt gewesen sein wird, kommt bemerkenswerterweise unten den 14 erhaltenen Jahren einer Regierung das „Jahr des Horusdienstes" kein einziges Mal vor. Wir haben in dem Könige, dem diese Jahre gehörten, deshalb den Miebis vermutet, weil er der einzige König aus dieser Zeit ist, für den bisher kein solches „Jahr des Horusdienstes" belegt ist. Diese Vermutung stimmte auch zu den Resten des Namens der Königsmutter und zu der zeitlichen Stellung, die die Regierung in der Dynastie eingenommen hätte (s. ob. S. 47).

Wenn der Brauch, ein um das andere Jahr als „Jahr des Horusdienstes" zu bezeichnen, demnach unter diesem Könige vorübergehend aufgegeben war, so scheint er in der Folgezeit wieder dauernd zu Ehren gekommen zu sein. Nicht nur unter den beiden letzten Königen der ersten Dynastie finden wir, wie gesagt, wieder „Jahre des Horusdienstes"; auch unter der folgenden zweiten Dynastie scheint nach dem, was sich uns von dieser Dynastie auf dem Palermostein erhalten hat, diese Benennung der Jahre wieder regelmässig in Gebrauch gewesen zu sein. Sowohl in der Regierung des Königs (*Nṯrj-nw* Binothris) in Zeile 4, als in den beiden Regierungen, die uns in Zeile 5 des Steines zum Teil vorliegen, führt wieder regelmässig jedes zweite Jahr die Bezeichnung „Jahr des Horusdienstes". Hinsichtlich der unterscheidenden Zusätze ist dabei aber einer Änderung zu konstatieren, die uns im nächsten Abschnitt beschäftigen wird. In Zeile 6 des Steines ist dann unter Snefru die Benennung der Jahre nach der Zeremonie des „Horusdienstes" ganz verschwunden; dieser aus vorgeschichtlicher Zeit stammende Brauch der thinitischen Könige wird eben möglicherweise mit der endgültigen Verlegung der Residenz nach Memphis abgekommen sein (s. ob. S. 15).

b) Die Aufeinanderfolge der Jahre des Horusdienstes bei einem Thronwechsel abhängig von der Art, wie das Regierungsjahr unter den ersten Dynastieen gerechnet wurde.

Wie man mit der Benennung der Jahre des Horusdienstes nach einem Thronwechsel verfuhr, welches Jahr der neuen Regierung als erstes diese regelmässig wiederkehrende Bezeichnung erhielt, können wir wohl aus den beiden Beispielen eines Thronwechsels, die in Zeile 2 und Zeile 5 des Steines von Palermo vorliegen, erkennen.

In Zeile 2 des Steines war das vorletzte Jahr des alten Königs (sein letztes vollständiges) ein „Jahr des Horusdienstes"; es hätte also bei regelmässiger Einhaltung des Intervalls von einem Regierungsjahr das erste Jahr des neuen Königs wieder ein „Jahr des Horusdienstes" sein müssen. Es führt diese Bezeichnung aber nicht, sondern erst das folgende, zweite Jahr der neuen Regierung ist wieder ein „Jahr des Horusdienstes".

In Zeile 5 des Steines liegt die Sache dagegen anders. Hier war das drittletzte Jahr des alten Königs (sein vorletztes vollständiges) ein „Jahr des Horusdienstes". Es musste also das letzte (unvollständige) Jahr, für das der Stein nur die Zahl der Monate und Tage angiebt, ebenfalls diese Bezeichnung tragen. Unter dem neuen König führt nun aber nicht das erste und nicht das zweite Jahr die Bezeichnung „Jahr des Horusdienstes“, sondern, was man bei einer regelmässig jedes zweite Jahr sich wiederholenden Benennung nicht erwarten würde, erst das dritte.

Die Erklärung für diese auffallende Erscheinung ergiebt sich nun wohl aus einer scharfsinnigen Beobachtung Eduard Meyer's über die Art, wie man in der ältesten Zeit die Regierungsjahre rechnete. Seine Bemerkungen hierüber, die ich mit seiner gütigen Erlaubnis hier mitteilen darf, lauten:

„Mit vollem Recht hat Schäfer erkannt, dass die 6 Monate 7 Tage am Schluss der Regierung des ersten Königs in Zeile 2 des Steins von Palermo als die über die vollen Regierungsjahre überschiessenden Monate und Tage des betreffenden Herrschers aufzufassen sind. Hier wird also nach vollen, echten Regierungsjahren gerechnet, die mit dem Tage der Thronbesteigung des Herrschers beginnen und sich um das Kalenderjahr nicht kümmern, genau so wie gegenwärtig bei den Regierungsjahren der Urkunden des Papstes und des Königs von England gerechnet wird.

Dem entspricht es:

1. dass die für diese 6 Monate 7 Tage verwandte Kolumne genau so breit ist wie sonst ein volles Jahr und auch ebenso gut wie das folgende erste Jahr des nächsten Königs durch das Zeichen { als „Jahr“ bezeichnet ist:

2. dass der nächste König am 13. Tage des 4. Kalendermonats den Thron bestiegen hat. Sein Vorgänger ist also, wenn man die Epagomenen mitrechnet, am 11. Tage des 10. Kalendermonats auf den Thron gekommen.

Mithin sind hier, wenn man die Gesamtsumme der Regierungen einer Dynastie finden will, die überschüssigen Monate und Tage zu den Jahren hinzu zu addieren.

Anders liegt es dagegen in Zeile 5. Hier teilt der Trennungsstrich zwischen den beiden Regierungen ein einziges Jahr, und zwar so, dass die kleinere Hälfte auf die letzten „2 Monate 23 Tage“ des alten Königs, die grössere auf den Anfang des neuen Königs kommt.[1] *Danach scheint es mir zweifellos zu sein, dass hier die andere, spätere Rechnungsweise vorliegt, welche nicht vom Regierungsantritt, sondern vom bürgerlichen Neujahr an rechnet und als erstes Jahr eines Königs nur den Zeitraum von seiner Thronbesteigung bis zum nächsten 1. Thoth bezeichnet, so dass das letzte Jahr des früheren und das erste des folgenden Königs zusammen ein volles Jahr bilden.*

Hier braucht man also für chronographische Zwecke die überschüssigen Monate und Tage nicht und, wenn sie angegeben werden, so geschieht das nur um der historischen Genauigkeit.

1) Schäfer hatte hier ein Versehen vermutet; eine Annahme, die nun durch Ed. Meyer's Erklärung unnötig wird. Bei dieser Gelegenheit mag darauf hingewiesen werden, dass auch in dem andern Falle, wo Schäfer ein ähnliches Versehen zu bemerken glaubte, bei der Angabe der überschüssigen Monate und Tage am Ende der Regierung des Sahu-re' (Rs. Zeile 4, Nr. 1 2) wohl kein Versehen vorliegen wird. Wenn auch nach Borchardt's Kollation das Zeichen { davor stehen soll (Pellegrini und Naville geben es nicht), so werden die überschüssigen „9 Monate 6 Tage“ dennoch gewiss identisch sein mit dem 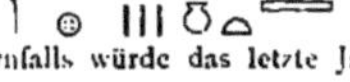 „Jahr nach dem siebenten Male der Zählung“, in dessen Raum sie hineingeschrieben sind. Andernfalls würde das letzte Jahr des Königs, das über 9 Monate umfasste, ohne seine Benennung (die dann vermutlich „Jahr des achten Males der Zählung“ sein müsste) und ohne jegliche Angabe der Ereignisse, die in ihm stattgefunden hatten, dastehen. Und das ist bei dem ganzen Charakter der Aufzeichnungen, die der Stein für die fünfte Dynastie, d. i. ja seine eigene Zeit, giebt, wohl ausgeschlossen. Sethe.

nicht aber um der Chronologie willen[1]. *Vielmehr ist für die Summierung der Regierungszahlen immer das letzte Jahr eines Königs nicht mitzurechnen.*

Dem entspricht es, dass hier eine Kenntnis des Thronbesteigungstages nicht nötig ist. Kennt man die überschüssigen letzten Monate und Tage des vorhergehenden Königs, so ergiebt sich das Datum von selbst. Daher fehlt denn auch hier auf dem Palermostein die Angabe des Thronbesteigungstages bei dem ersten Jahre des neuen Königs. Da sein Vorgänger 2 Monate 23 Tage überschüssig hat, hat er selbst am 24. Tage des 3. Kalendermonats den Thron bestiegen.

Wir werden also annehmen dürfen, dass man zwischen der in Zeile 2 des Palermosteines und der in Zeile 5 behandelten Zeit von der älteren Rechnung nach echten Königsjahren zu der neuen nach bürgerlichen Jahren übergegangen ist.

Unter der vierten und fünften Dynastie muss man dann wieder zu der älteren Ordnung zurückgekehrt sein. Denn der Vorgänger des Schepśeś-ke-f, vielleicht Mykerinos, hat nach dem Palermostein x Monate 23 Tage überschüssig. König Schepśeś-ke-f aber hat nicht am 24. Tage, sondern am 11. Tage des 4 + xten Kalendermonats den Thron bestiegen. Śaḥu-reʿ hat 9 Monate 6 Tage überschüssig, Nefer-ʾer-ke-reʿ hat aber am 7. Tage des 2. Kalendermonats den Thron bestiegen."

Dem Unterschied in der Berechnung der Jahre, den Eduard Meyer hier zwischen Zeile 2 und Zeile 5 des Steins von Palermo nachweist, entspricht nun offenbar auch die verschiedene Behandlung der „Jahre des Horusdienstes", die wir ebenda konstatiert haben.

In Zeile 2, also unter der ersten Dynastie, nahm der neue König bei der Rechnung der Jahre keine Rücksicht auf seinen Vorgänger, sondern machte einen Strich darunter und begann, unabhängig von ihm seine Jahre von seinem Thronbesteigungstage an zu rechnen. Und ebenso kümmerte er sich nicht darum, wann das letzte „Jahr des Horusdienstes" unter seinem Vorgänger gewesen war. Er gab die Benennung „Jahr des Horusdienstes", die jedes zweite Jahr zu erhalten pflegte, nicht dem Jahre zuerst, dass das zweite nach dem letzten so benannten Jahre seines Vorgängers war, sondern dem zweiten Jahre seiner Regierung, unbekümmert darum, dass dieses schon das dritte nach dem letzten vorhergehenden „Jahre des Horusdienstes" war. Verfuhren die Könige der ersten Dynastie alle so, so mussten es immer nur die geraden Jahre der Regierungen sein, die die Bezeichnung „Jahr des Horusdienstes" führten[2].

In Zeile 5, also in der zweiten Hälfte der zweiten Dynastie, rechnete dagegen ein König wie der andere die Jahre von dem gleichen Tage, vom Anfang des Kalenderjahres an, und das erste Regierungsjahr eines Königs füllte immer mit dem letzten seines Vorgängers zusammen nur ein ganzes Kalenderjahr. Mit dieser Unterordnung des einzelnen Königs unter eine allgemeine Sitte, die Jahre mit dem Kalenderjahr laufen zu lassen, steht im Einklang, wie man bei der Benennung der Jahre nach dem „Horusdienst" verfuhr. Wenn, wie in dem uns vorliegenden Fall in Zeile 5 des Steins von Palermo, das drittletzte Jahr des alten Königs diese Bezeichnung getragen hatte, so musste auch das letzte unvollständige Jahr, für das der Stein von Palermo

1 Sie vertreten hier auf dem Stein von Palermo ja auch die offizielle Jahresbezeichnung, die die Urkunden aus dieser kurzen Zeit in ihrer Datierung nennen mussten. Sethe.

2) In diesem Falle würde das letzte vollständige Regierungsjahr, mit dem Zeile 2 des Palermosteines beginnt, ebenfalls ein gerades Jahr gewesen sein. Wenn es, wie oben angenommen wurde, dem Menes gehörte und wenn dieser, wie bei Manethos und Eratosthenes, 62 Jahre hatte, konnte es also nur das 62. Jahr seiner Regierung gewesen sein, nicht das 61., wie oben angenommen wurde. Menes würde dann 62 Jahre 6 Monate 7 Tage regiert haben.

nur die Zahl der Monate und Tage angiebt, sie wieder tragen. Der neue König respektierte nun offenbar diese Thatsache und betrachtete sein erstes Jahr, das mit diesem letzten Jahre des „Horusdienstes" zusammen ein Kalenderjahr füllte, auch als ein „Jahr des Horusdienstes", wenn er diese Benennung selbst vielleicht auch nicht gebrauchte. Er nannte demgemäss denn erst sein drittes Regierungsjahr wieder nach dem Horusdienst. Die Jahre des Horusdienstes fielen hier also mit jedem zweiten Kalenderjahr zusammen und es konnten also nicht nur gerade, sondern, wie in dem vorliegenden Falle, auch ungerade Regierungsjahre die Bezeichnung „Jahr des Horusdienstes" tragen. In gerade Jahre fiel der Horusdienst unter einem König nur dann, wenn er unter der vorhergehenden Regierung zuletzt in das vorletzte Jahr gefallen war; denn dann musste er unter der neuen Regierung schon im zweiten Regierungsjahre wieder eintreten, das von jenem durch das eine aus dem letzten unvollständigen Jahre des alten und dem ersten unvollständigen Jahre des neuen Königs zusammengesetzte Jahr des Thronwechsels getrennt war.

6. Die Bezeichnung der Jahre nach Vermögenszählungen nach dem Palermostein.

a) Unter der zweiten Dynastie.

Liess sich unter der ersten Dynastie in dem Aufkommen der Bezeichnung „Jahr des Horusdienstes" ein erster Ansatz zu einer Vereinheitlichung der Jahresbenennungen beobachten, so ist ein weiterer und folgenschwererer Schritt in derselben Richtung unter der zweiten Dynastie zu konstatieren. Während es unter der ersten Dynastie (sowohl auf den Täfelchen von Abydos als in Zeile 2 des Palermosteines) immer noch Ereignisse der mannigfachsten Art waren, die wir der gleichartigen Benennung „Jahr des Horusdienstes" zur Unterscheidung zugesetzt fanden, kehrt in Zeile 4 des Palermosteines unter König *Ntrj-mw* (Binothris) und ebenso in Zeile 5 in der ersten Regierung, deren Ende dort erhalten ist, mit dem Horusdienst zusammen regelmässig ein und dasselbe Ereignis wieder: eine Vermögenszählung 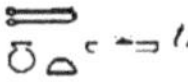 *tnwt*, die vermutlich zu Steuerzwecken in regelmässigen Abständen alle zwei Jahre veranstaltet wurde. Die einzelnen Wiederholungen dieser Zählung werden dabei selbst wieder in der Weise gezählt, dass man dem Worte *tnwt* „Zählung" jedes Mal die Angabe, zum wievielten Male ☉ *sp* sie in dem betr. Jahre wiederholt worden sei, zufügte. So folgen sich in dem erhaltenen Stück von Zeile 4 des Palermosteines, je durch ein anders benanntes Jahr getrennt: das „Jahr des Horusdienstes und des dritten Males der Zählung", das „Jahr des Horusdienstes und des vierten Males der Zählung" und sofort bis zum „Jahr des Horusdienstes und des zehnten Males der Zählung".

Es leuchtet sofort ein, welch einen Fortschritt diese Benennung jedes zweiten Jahres nach den Wiederholungen der Vermögenszählung mit fortlaufenden Ordnungsziffern bedeutet. Man war damit indirekt bereits zu einer Zählung zweijähriger Perioden gelangt, von der es zu dem Endziel, der Zählung der einzelnen Regierungsjahre selbst, wie sie später üblich ist, nur noch eines kleinen Schrittes bedurfte.

Verfolgen wir nunmehr die Entwicklung dieser neuen Benennung der Jahre auf dem Palermostein im Einzelnen weiter, so können wir zunächst schon am Ende der ersten Regierung in Zeile 5 des Palermosteines, also vermutlich noch innerhalb der zweiten Dynastie, eine kleine Veranderung konstatieren. Während die Vermögenszählung noch bei dem „sechsten Male der

Zählung" derselben Regierung, wie zuvor in Zeile 4 unter König *Ntrj-mw*, schlechtweg als „Zahlung" bezeichnet war, erscheint sie bei dem siebenten und achten Male als  „Zählung des Goldes und der Felder" spezialisiert.

Gleich nach dieser ersten Veränderung, die für die Entwicklung der Jahresdatierung im Allgemeinen ja belanglos ist, verschwindet die Vermögenszählung für einige Zeit überhaupt ganz aus den Jahresbezeichnungen. Von dem Jahre, das das „neunte Mal der Zählung des Goldes und der Felder" bringen musste, lebte der alte König nur noch 2 Monate und 23 Tage, die zu dem Thronbesteigungsjahr seines Nachfolgers gerechnet wurden (s. ob. S. 73). Dieser neue König aber gab, wenn nicht die Vermögenszählungen selbst, so doch die Benennung der Jahre des „Horusdienstes" nach ihnen wieder auf und kehrte wieder zu dem Brauch der ersten Dynastie zurück, indem er die Jahre des „Horusdienstes" durch verschiedenartige Ereignisse, wie z. B. die „Geburt des Min", das „Fest *D* . . . ." u. a., unterscheiden liess.

b) Unter König Śnefru.

Gerade wie in der ersten Dynastie der „Horusdienst", nachdem er unter Miebis zeitweilig aus den Jahresdatierungen verbannt gewesen war, nachher wieder Eingang in dieselben fand und sich um so fester darin einbürgerte, so erscheint denn auch die Vermögenszählung in Zeile 6 des Palermosteines unter Śnefru wieder, und zwar wiederum unter veränderten Umständen. Anstatt dass die Zählung, wie es in der zweiten Dynastie üblich war, alle zwei Jahre wiederkehrte, folgen sich hier unter Śnefru das „siebente Mal" und das „achte Mal" unmittelbar. Da auf dem Stein nur drei Jahre dieser Regierung vollständig erhalten sind, lässt sich nun leider nicht mehr ersehen, ob es sich bei dieser Aufeinanderfolge zweier Zählungen um eine regelmässige Erscheinung oder nur um eine Ausnahme handelt.

Die Notizen, die der Stein von Palermo für die einzelnen Jahre des Śnefru giebt, beschränken sich nun aber offenbar nicht mehr auf die blosse Wiedergabe der kurzen Jahresbezeichnungen, sondern sie verfolgen augenscheinlich schon annalistische Zwecke, wie die Notizen auf der Rückseite des Steines. Denn sie verzeichnen eine Fülle von Thatsachen, die nach ihrer Zahl und Art unmöglich sämtlich zu der offiziellen Jahresbezeichnung gehört haben und demgemäss in den Datierungen des bürgerlichen Lebens aufgeführt gewesen sein können. Die gebräuchlichen Jahresbezeichnungen mussten vielmehr notwendigerweise knapp gefasst sein und werden sich hier ebenso wie in früherer Zeit auf die Nennung eines oder höchstens zweier Ereignisse beschränkt haben. Die Vermögenszählung erscheint nun in den beiden erhaltenen Zählungsjahren des Śnefru ganz am Ende der Jahresnotiz, gerade wie später unter der fünften Dynastie, wo die Jahre nur noch nach Zählungen benannt waren; man wird darin wohl eine sichere Gewähr dafür erblicken dürfen, dass sie zum mindesten zu den Ereignissen gehörte, nach denen das betreffende Jahr benannt war. Und noch mehr: da die Ereignisse, die unmittelbar vorher genannt sind (Bau gewisser Schiffe, Anfertigung der Thüren des Königspalastes aus Cedernholz), nicht gerade danach aussehen, als ob sie für die kurze offizielle Benennung des Jahres in Betracht kommen konnten, so wird man mit ziemlicher Wahrscheinlichkeit annehmen dürfen, dass die Wiederholung der Vermögenszählung das einzige Ereignis gewesen sein wird, nach denen die betreffenden Jahre genannt waren.

Ist das richtig, so wird man aber auch für das Jahr, das dem Jahre des „siebenten Males der Zählung" vorangeht, und in dem selbst keine Zählung stattfand, einen ähnlichen Schluss ziehen müssen. Die Notizen für dieses Jahr enthalten zwar ein Ereignis, nach dem es wohl benannt gewesen sein könnte, die „Verwüstung des Negerlandes", aber dieses bedeutsame Ereignis erscheint mitten zwischen anderen minder bedeutenden Vorgängen, während am Schluss der Jahresnotizen, da, wo in den Zählungsjahren die Zählung erschien, wieder ein ganz belangloses Ereignis „das Bringen von 40 Schiffen aus Cedernholz" erscheint. Unter diesen Umständen wird man sich wohl die zählungslosen Jahre schon in ähnlicher Weise nach der letztvorhergehenden Zählung benannt vorstellen müssen, wie es später üblich war (s. u.). Dass wir am Schluss der Jahresnotizen keine daraufbezügliche Angabe finden, ist bei dem annalistischen Charakter dieser Notizen ganz natürlich. Eine Benennung des Jahres wie „Jahr nach dem sechsten Male der Zählung" enthält ja kein Ereignis, das für das betr. Jahr zu verzeichnen wäre, sondern nur eine Bezeichnung, die sich schon aus der Erwähnung des „sechsten Males der Zählung" bei dem vorhergehenden Jahre als selbstverständlich ergeben musste. Dementsprechend erscheint denn auch das „siebente" und „achte Mal der Zählung" zwar als das Namen gebende Ereignis des Jahres an hervorragender Stelle genannt, aber es ist doch immer noch lediglich als eines der Ereignisse des Jahres, daher ohne die Wiederholung des Wortes „Jahr", mit dem es doch in der Jahresbenennung verbunden war, verzeichnet.

c) Unter der fünften Dynastie.

Wesentlich anders tritt dagegen die Vermögenszählung auf der Rückseite des Palermosteines in den Jahresnotizen der fünften Dynastie auf. Hier finden wir sie in Zeile 2 bis 4 unter den Königen *Uśer-ke-f* und *Śaḥu-reʿ* am Schlusse eines jeden Jahres, soweit sie erhalten sind, nämlich:

1. in Zeile 2 am Schlusse des einzigen vollständig erhaltenen Jahres des Königs Uśer-ke-f:  „Jahr des dritten Males der Zählung der Kinder".

2. in Zeile 3 am Schlusse des ersten erhaltenen, nahezu vollständigen Jahres des Königs Śaḥu-reʿ: 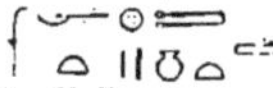 „Jahr nach dem zweiten Male der Zählung".

3. in Zeile 4 am Schlusse des ersten dort halb erhaltenen Jahres desselben Königs, das sein letztes gewesen zu sein scheint: 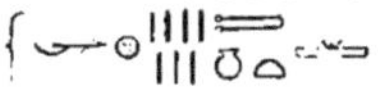 „Jahr nach dem siebenten Male der Zählung".

4. in Zeile 5 am Schlusse des ersten dort erhaltenen Jahres des Königs Nefer-ʾer-ke-reʿ:  „Jahr des fünften Males", wo, wie Schäfer richtig gesehen hat, das Wort  „der Zählung" zu ergänzen ist.

Wie man sieht, erscheint hier die Erwähnung der Vermögenszählung unter den Jahresnotizen an derselben Stelle wie unter Śnefru, d. h. stets ganz am Ende. Ausserdem unterscheidet sie sich hier aber von den übrigen Notizen, die ihr vorangehen, schon äusserlich dadurch, dass ihr stets das Wort  „Jahr" noch ausdrücklich vorgesetzt ist, während es bei keiner der anderen Notizen, auch nicht bei der so sehr ähnlichen Angabe 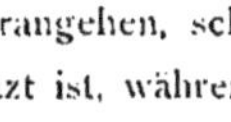 (s. ob. S. 53), wiederholt ist. Das zeigt uns zweierlei; einmal, dass wir in der That nur in diesen am Schluss erscheinenden Angaben über die Vermögenszählung die gebräuchliche Bezeichnung des betr. Jahres zu erkennen haben; und zweitens, dass diese Angaben hier unter den Aufzeichnungen der fünften Dynastie überhaupt nur als solche, d. h. eben als Namen des Jahres, genannt werden, nicht aber, um die Zählung als Ereignis des Jahres annalistisch zu verzeichnen, wie es noch bei Śnefru offenbar der Fall war. Das entspricht ja auch durchaus dem einseitigen Charakter, den die Aufzeichnungen der fünften Dynastie, der Abfassungszeit des Steines, zur Schau tragen. Sie wollen uns, darüber kann ja gar kein Zweifel sein, doch nur von den frommen Thaten der Könige Nachricht geben, dem, was sie für die Götter, ihre Tempel, ihre Feste in dem betreffenden Jahre gethan haben. Es sind nicht sowohl allgemeine Auszüge aus den Annalen der Könige, die wir hier vor uns haben, als solche aus den Annalen der ägyptischen Tempel. Für diese hatte die Vermögenszählung zu Steuerzwecken selbst keine unmittelbare Bedeutung, wohl aber die von ihr hergenommene Benennung des Jahres, dessen Ergebnisse für die Tempel in jenen Annalen verzeichnet werden sollten.

Was schon bei Śnefru für die Jahre, in denen selbst keine Zählung stattfand, zu vermuten war, erweist sich nun für die fünfte Dynastie als Thatsache durch die zweite und dritte der oben aufgeführten Jahresbezeichnungen des Palermosteines, in denen zwischen dem Worte für „Jahr" und der Angabe der Zählung das Wörtchen *ḥt* (oder geschrieben) erscheint. In diesem hat Schäfer bereits eine Abkürzung für die Präposition *m-ḥt* „nach" erkannt, die analoge Jahresdatierungen des alten Reichs stattdessen aufweisen. Wir haben es also mit einem „Jahr nach dem zweiten Male der Zählung" und einem „Jahr nach dem siebenten Male der Zählung" aus der Regierung des *Śaḥu reʿ* zu thun, die auf das „Jahr des zweiten" resp. „siebenten Males der Zählung" des genannten Königs folgen mussten. Aus der Art, wie diese Bezeichnungen der Jahre nach der Zählung des vorhergehenden Jahres hier auf dem Palermostein auftreten, geht aber wohl hervor, dass es nicht, wie Schäfer meinte, nur provisorische Bezeichnungen waren, die das laufende Jahr führte, bis es einen endgültigen Namen nach einem besonderen Ereignis erhielt; es sind vielmehr offenbar die endgültigen und die allein üblichen Bezeichnungen, die das betr. Jahr von Anfang bis zu Ende und auch später noch in den Annalen führte. Wäre das nicht der Fall, so müsste man unter den erhaltenen Daten des alten Reiches doch wohl öfter einer anderen Jahresbezeichnung für die zählungslosen Jahre begegnen, als es thatsächlich geschieht.

Dass die Bezeichnung der Jahre zur Zeit der fünften Dynastie so gut wie ausschliesslich nur noch nach den Vermögenszählungen erfolgte, dafür zeugt wohl auch die merkwürdige Abkürzung, die wir in dem vierten der oben angeführten Beispiele bei einem Jahre des Königs Nefer-ʾer-ke-reʿ kennen lernen: „Jahr des fünften Males" statt „Jahr des fünften Males der Zählung". Wenn hier ein so wesentliches Wort wie die „Zählung", nach der das Jahr doch eigentlich benannt war, weggelassen werden konnte, so zeigt das deutlich, wie selbstverständlich und wie abgegriffen diese Jahresbenennungen damals schon waren. Man gewinnt daraus den Eindruck, dass es eigentlich nur noch auf die Zahl, welche dem Worte *sp* „Mal" folgte, ankam.

7. Die Jahresdatierungen auf den Denkmälern des alten Reichs.

a. Zusammenstellung des vorhandenen Materials.

Diesem Befund auf dem Palermostein entsprechen nun auch durchaus die Originaldatierungen, die sich uns auf Denkmälern des alten Reichs erhalten haben. Es findet sich darunter nur eine, die nicht in der oben besprochenen Weise nach der Vermögenszählung benannt ist, nämlich das 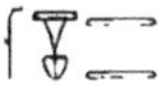 „Jahr der Vereinigung der beiden Länder", aus dem zwei Steinbruchinschriften eines unbekannten Königs der vierten Dynastie datiert sind[1]. Dieses Datum bezeugt uns, dass damals für das erste Jahr des Königs noch die uralte Benennung gebräuchlich war, die, vermutlich seit Menes, das Thronbesteigungsjahr bezeichnete. Es ist sehr wohl denkbar, daß sich diese besondere Bezeichnung des Thronbesteigungsjahres noch durch das ganze alte Reich hindurch neben der Bezeichnung aller anderen Jahre nach Vermögenszählungen in Gebrauch erhalten hätte (s. dazu u. Abschn. 8). Wenn wir bei einer Inschrift des Königs Merjen-re' (Dyn. 6) statt des Jahresdatums das Bild des auf dem Zeichen  stehenden Königs sehen, so ist es verführerisch, darin eine bildliche Andeutung auf das „Jahr der Vereinigung der beiden Länder", d. h. das erste Jahr des Königs zu vermuten[2] (s. dazu aber u. Abschn. 8 d).

Alle anderen uns bekannten Beispiele von Jahresdatierungen aus dem alten Reich (Dyn. 4 bis 6) weisen die Benennung nach den Vermögenszählungen in denselben Formen auf, die wir oben auf dem Palermostein für die fünfte Dynastie vorfanden. In zeitlicher Folge sind es die folgenden Daten:

1. 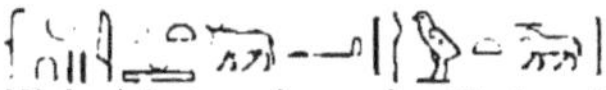 „Jahr des zwölften Males' der Zahlung der Rinder und des Kleinviehs" (vgl. u.): im Grabe eines Sohnes des Königs Chephren, neben der Aufzeichnung seines letzten Willens (LD II 15a = Urk. d aeg. Alt. I 16); also wohl aus dem Ende der vierten oder dem Anfang der fünften Dynastie. Bemerkenswert ist dabei die Ersetzung des Wortes 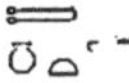 *tnwt* „Zählung" durch das gleichbedeutende  *ipt*.

2.  „Jahr des vierzehnten Males der Zählung der Rinder und allen Kleinviehs ...." Papyrus Naville Rec. de trav. 25, 73; nach Naville aus der Zeit des Königs Nefer-'er-ke-re', wenn die Kairener Bruchstücke wirklich, wie Borchardt behauptet, zu demselben Papyrus gehören (s. u. 5), wohl etwas später.

3. 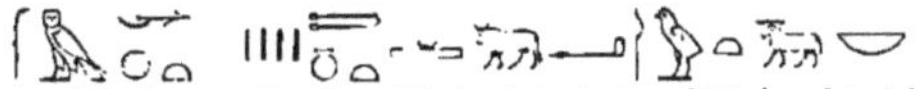 „Jahr nach dem vierten Male der Zählung der Rinder und allen Kleinviehs" des Königs Dad-ke-re' *Issj*. Inschrift im Wadi Mağara (Ä. Z. 7, 26 = Urk. d. aeg. Alt. I, 55).

4. 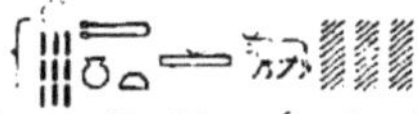 „Jahr des neunten Males der Zählung der Rinder" usw. desselben Königs Dad-ke-re'. Inschrift im Wadi Mağara (Weill, Urk. d. aeg. Alt. I, 56).

5. 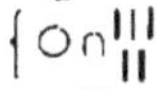 „Jahr des fünfzehnten Males" Papyrus im Museum von Kairo (Borchardt, Aegyptiaca. Festschrift f. G. Ebers 10) aus der Zeit des Königs Dad-ke-re' oder später. Das hieratische Zeichen für ○ *sp* sieht nach freundlichen Mitteilungen von Borchardt und Spiegelberg so aus: , also im Wesentlichen wie ⟳.

6. 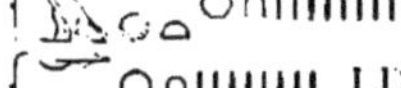 LD II 116a = Urk. d. aeg. Alt. I 91 } „Jahr nach dem achtzehnten
7.  LD II 115g = Urk. d. aeg. Alt. I 93 } Male" des Königs *Pjpj* I (Phios).

Inschriften im Wadi Mağara (Nr. 6) und im Wadi Hammamat (Nr. 7). In beiden folgt dem

1) Schäfer, Hierogl. Inschr. des Berl. Mus. I 71 (Urk. des aeg. Altert. I 10).
2) Leps., Denkm. II 116b = Urk. des aeg. Altert. I 111.

Namen des Königs der Vermerk über die Feier des „ersten Males des *ḥb-śd*-Jubiläums" (s. dazu u. Abschn. 8).

8. „Jahr nach dem xten Male" wohl desselben Königs. Inschrift im Wadi Hammamat (LD II 115k = Urk. d. aeg. Alt. I 94); z. T. von denselben Leuten gesetzt, wie die Inschrift mit dem Datum Nr. 7 ebenda, und also, wenn nicht aus demselben, so doch gewiss aus einem ihm nahe liegenden Jahre.

9. „Jahr des 25. Males" desselben Königs. Inschrift in den Alabasterbrüchen von Hat-nub (Blackden-Fraser, Hieratic graffiti 15, 1; Petrie, Amarna 42 = Urk. d. aeg. Alt. I 95). Hinter dem Namen des Königs wieder der gleiche Jubiläumsvermerk wie bei Nr. 6 und 7.

10. „Jahr des fünften Males" des Königs Merjen-reʿ. Inschrift am Katarakt von Assuan (Rec. de trav. 15, 147 = Urk. d. aeg. Alt. I 110). Sayce's Kopie hat ⌓ statt ◌ und dies ist auch von Borchardt bei seiner Kollation nicht beanstandet worden. Das Fehlen des ◌ wäre aber ebenso unerhört wie die Schreibung des ⌓, das sonst in den Jahresdaten des alten Reichs noch niemals dem Zeichen folgt. Und so darf die Emendation des ⌓ in ◌ wohl als durchaus gesichert gelten. Wenn Sayce's Kopie demnach hinsichtlich des Zeichens ◌, das ihm und seinem Nachvergleicher Borchardt unwesentlich erscheinen musste, nicht zuverlässig ist, so ist doch an der Zahl IIIII 5 gewiss nicht zu zweifeln, da Sayce wie Borchardt auf diese Zahl naturgemäss besonders geachtet haben werden[1].

11. (sic) „Jahr des (? fünften) Males" desselben Königs. Inschrift in den Alabasterbrüchen von Hat-nub (Blackden-Fraser, Hieratic graffiti 15, 2). Falls der freie Raum, der in der Publikation zwischen dem und dem IIIII erscheint, einst Schriftzeichen enthielt, könnte dort wohl nur das Wort gestanden haben. Da die Publikation hier aber kein Faksimile giebt, so ist auf die Lücke wohl nicht allzuviel zu geben. Dass das IIIII das „fünfte Mal" sein wird und nicht etwa als Tagesdatum „Tag 5" aufzufassen ist, macht der Mangel an Raum wahrscheinlich; senkrechte Einerstriche im Tagesdatum kommen sonst im a. R. in der That schon öfter vor[2].

12. „Jahr des zweiten Males der Zählung der Rinder und allen Kleinviehs von Unter- und Oberägypten" des Königs Nefer-ke-reʿ (*Ppj* II Phiops). Inschrift im Wadi Mağara (LD II 116a = Brugsch, Thes. VI 1496 = Urk. d. aeg. Alt. I 112)[3].

13. „Jahr des zweiten Males" desselben Königs in der Datierung seines Briefes an Har-chu-f (Urk. d. aeg. Alt. I 128).

14. IIII „Jahr des vierzehnten (oder sechsten?) Males" desselben Königs. Inschrift in den Alabasterbrüchen von Hat-nub (Blackden-Fraser, Hieratic graffiti 3 = Petrie, Amarna 42). Das hieratische sieht wie das so aus.

1) Das scheinbare Datum desselben Königs Merjen-reʿ bei Petrie, Season 81 gehört in Wahrheit, wie die Schreibung desselben mit ⌓, das ihm folgende und die zugehörige Inschrift zeigen, in das mittlere Reich. Der übrigens auch von Petrie und Griffith nur sehr zweifelnd gelesene Königsname ist also anders zu lesen.

2) So z. B. auf dem Palermostein und Urk. d. aeg. Alt. I, 93. 110.

3) Brugsch' Lesung statt ist, wie der Abdruck im Berliner Museum zeigt, falsch.

15. „Jahr [nach] dem 21 [+ x]ten Male" desselben Königs. Inschrift in den Alabasterbrüchen von Hat-nub (Blackden-Fraser, Hieratic graffiti 4). An der Stelle, wo bei der vorgeschlagenen Ergänzung das gestanden haben müsste, giebt die Publikation einen freilich sehr unbestimmten Zeichenrest an, der zu oder (lies ?) passen könnte, jedenfalls aber weder zu noch zu stimmt.

16. „Jahr des zweiten Males" eines ungenannten Königs in einer Felsinschrift bei Elkab LD II 117q), die von einem Manne namens genannt und seinem Bruder gesetzt ist. In der Ahnenreihe dieser beiden Brüder (1. – 2. – 3. – 4. – 5. genannt) kommt der Name des Königs *Ppj* I (Phios) zuerst in den Namen des Grossvaters (4) und des Vaters (5) vor, die demnach vermutlich noch unter jenem Könige geboren sein werden. Die Inschrift wird also wahrscheinlich in den Anfang der Regierung des Nefer-ke-reʿ (Phiops) zu setzen sein, da der Anfang der nächsten Regierung erst 94 Jahre später und etwa 100 Jahre nach dem Tod *Ppj*'s I. Phios) fiel. — Das *sp* in dem Jahresdatum sieht genau wie das so aus: ●.

17. „Jahr des ersten Males" des unbekannten Königs in einer Inschrift im Wadi Hammamat LD II 115f = Gol. Hamm. 7 = Urk. d. aeg. Alt. I 148).

18. „Jahr des zehnten Males der Zählung" eines ungekannnten Königs auf dem Ostrakon Leiden I. 429 (Leemanns, Monum. II 228, 1). Das sieht hieratisch nach freundlicher Mitteilung von Boeser so aus und ist vom und deutlich unterschieden.

19. „Jahr des sechzehnten Males" und „Jahr des 21. ? Males" eines ungenannten Königs auf Blöcken der grossen Steinpyramide von Daschur, die Manche dem Snefru zusprechen wollen LD II 1g Text I 206). Der Gebrauch der abgekürzten Form der Jahresbezeichnung ohne das Wort *tnwt* wäre für die Zeit dieses Königs aber wohl kaum zu erwarten. Das hieratische sieht genau wie so aus.

20. (das letzte Zeichen muss aus einer Zahl, vielleicht 13 o. ä. verlesen sein) „Jahr des dreizehnten ? Males" eines ungenannten Königs in einer Inschrift im Wadi Hammamat aus dem Ende des a. R. Gol. Hamm. 3, 1).

b) Die Erscheinung der Jahresdatierungen des alten Reichs.

In allen diesen Datierungen aus dem alten Reich ist das Wort „Jahr" noch ganz in der alten Weise, wie auf den Gedenktäfelchen der ersten Dynastie und den Gefässen des Königs *Bś* der dritten Dynastie, nur mit dem Ideogramm ohne die phonetische Bezeichnung der Femininalendung geschrieben. Wo diese in Datierungen des alten Reichs bezeichnet zu sein schien, stellte es sich heraus, dass dies auf einem Irrtum der modernen Kopisten beruhte oder dass das Datum in Wahrheit aus späterer Zeit stammte.

1) Das bei Petrie ebenda angeführte desselben Königs gehört nach Blackden-Fraser, pl. 10 dem Könige Sesostris I (12. Dyn.).

Dementsprechend ist denn auch das Wort *sp* „Mal", das dem , sei es unmittelbar, sei es durch die Präposition oder getrennt folgt, überall ebenfalls nur mit dem einen Wortzeichen resp. geschrieben. Wo dieses Zeichen, wie es in den meisten Inschriften geschieht, ohne die Details einfach oder gemacht ist[1], ist es von dem ähnlichen Zeichen , oft auch von und , nicht zu unterscheiden. Und so besonders auch in den hieratischen Formen, die ja auf die hieroglyphische Umrissform zurückgehen, und daher für , und dasselbe Aussehen haben[2]. Daher hat man denn auch die Gruppe in den Datierungen des alten Reichs, namentlich da, wo das Wort „Zählung" weggelassen ist, bis vor kurzem statt gelesen und in dem vermeintlichen das Determinativ der Zeit gesehen. Dass diese Auffassung falsch ist, beweisen nun ja die zahlreichen Varianten, wo das deutlich die charakteristischen Details von *sp* zeigt, und der Zusammenhang, der offenbar zwischen der Gruppe und dem Ausdruck „Jahr des xten Males der Zählung" besteht. Auch wäre der Gebrauch des Ordinalzahlwortes *tpj* „der erste" in der männlichen Form in (Beispiel Nr. 17) und das vorhin erörterte Fehlen der Femininalendung hinter dem , wenn das Determinativ des Wortes wäre, anstossig; beides ist dagegen, wenn da das Wort *sp* darstellte, gerechtfertigt.

Aller dieser Beweise hätte es aber gar nicht bedurft, um die Unmöglichkeit der Deutung des als Determinativ des Wortes „Jahr" zu erkennen. Das Bild der Sonne ist nämlich zur Zeit des alten Reichs überhaupt noch nicht zum allgemeinen Determinativ der „Zeit" geworden, sondern es ist in dieser Zeit noch ganz speziell das Determinativ für den „Tag", der ja eben von der Sonne abhangt. Wir finden es in *hrw* „Tag", *śśw* „Monatstag", *r'-nb* „jeder Tag", in *sf* „gestern", *dw3t*, *nhpw* „morgen", *bk3* „übermorgen" u. ä. Dagegen findet man es noch nicht bei den Worten für die „Nacht" (*grh*, u. a. , „Stunde" (*wnwt*, *nw*), „Monat" (*3bd*, *śmdt*), „Jahreszeit" (*tr*, *3ht*, *prjt*, *šmw*), „Zeit" (*h3w*, *rk*, *rr*; vor allem das Wort „Jahr" selbst wird ausserhalb der Datierungen niemals mit determiniert, sondern , oder geschrieben. Wie Piehl zuerst gesehen hat, gilt dies ja auch noch für die späteren Zeiten als eine Regel, von der sich Ausnahmen äusserst selten und, wie es scheint, erst in sehr jungen Texten nachweisen lassen.

Auch die Art, wie der Name des regierenden Königs in der Datierung genannt wird, ist im alten Reich noch ganz die alte wie auf den Gedenktäfelchen der ersten Dynastie. Gewöhnlich in einem besonders abgeschiedenen Raume daneben stehend, begleitet er das Datum, ohne jegliche Verbindungsformel. Weder die Worte „seitens der Majestät des", die seit dem mittleren Reich den Königsnamen mit dem Datum zu verbinden pflegen, noch die seltenere Form der Genitivverbindung werden im alten Reich für diesen Zweck gebraucht.

1) Beide Formen kommen in alten Inschriften für *sp* vor.

2) Im späteren Hieratisch werden die drei Zeichen , und indessen wieder unterschieden.

8. Die Aufeinanderfolge der Zählungsjahre im alten Reich.

Eine richtige Verwertung der uns überkommenen Daten aus dem alten Reich würde natürlich nur möglich sein, wenn wir wüssten, wie sich die Zählungen einander folgten und in welchem Regierungsjahre sie begannen. Das ist thatsächlich nun leider nicht der Fall, und wir sind auf Erwägungen der Zweckmässigkeit und Wahrscheinlichkeit angewiesen.

Dass sich die Zählungen, nach denen man im alten Reich fast ausschliesslich die Jahre benannte, in regelmässigen Zwischenräumen wiederholt haben werden, wie es bei der zweiten Dynastie auf dem Palermostein in der That zu beobachten war, ist wohl von vornherein wahrscheinlich. Nur dann bot die Benennung der Jahre nach den Zählungen wirklich den Vorteil, den wir in ihr zu erkennen glaubten, nämlich dass sie eine Numerierung gewisser Perioden enthielt, mit der es schon möglich sein musste, die zeitliche Stellung eines Jahres innerhalb der Regierung des Königs zu erkennen.

a) Unter König Śnefru.

Wenn wir auf dem Palermostein bei König Śnefru das siebente Mal und das achte Mal der Zählung in zwei aufeinanderfolgenden Jahren antreffen, die einem zählungslosen Jahre folgten, so haben wir es gewiss nur mit einer Ausnahmeerscheinung zu thun. Es wäre denkbar, dass König Śnefru gerade in den uns erhaltenen Jahren seiner Regierung von der ein um das andere Jahr wiederholten Zählung, wie wir sie unter der zweiten Dynastie fanden, zu der alljährlich wiederholten, wie wir sie unter der sechsten Dynastie aufkommen sehen, übergegangen wäre, so dass also auf das dritte der uns erhaltenen Jahre, das Jahr des achten Males der Zählung, gleich in ununterbrochener Folge die Jahre des neunten, zehnten, elften Males usw. gefolgt wären, dagegen dem ersten uns erhaltenen Jahre, dem Jahre vor dem siebenten Male der Zählung, das Jahr des sechsten Males der Zählung, dann wieder ein zählungsloses, dann das des fünften Males, dann wieder ein zählungsloses usw. vorangegangen wären.

b) Unter der fünften Dynastie.

Unter der fünften Dynastie scheint man jedenfalls wieder zu der alten Folge der Zählungen zurückgekehrt zu sein. Unter den 4 Jahresbezeichnungen, die sich uns auf dem Palermostein aus dieser Zeit erhalten haben, halten sich die Jahre, die nach ihrer eigenen Zählung benannt sind, und die, die nach der Zählung des Vorjahres benannt sind („Jahr nach dem xten Male der Zählung") das Gleichgewicht (2 zu 2). Dasselbe Verhältnis (4 zu 4) ergiebt sich auch für die Originaldatierungen, die uns die Denkmäler der fünften Dynastie und des Königs *Ppjj* I (Phios) überliefert haben.

In der That waren es denn auch recht befriedigende, unter sich übereinstimmende Ergebnisse, zu denen wir oben bei der Untersuchung über die Einrichtung des Palermosteines kamen, indem wir annahmen:

1. dass das erste Regierungsjahr als Thronbesteigungsjahr stets die Bezeichnung  „Jahr der Vereinigung der beiden Länder" geführt habe, die wir in der That in der vierten Dynastie in Gebrauch nachweisen können (s. ob. S. 79);

2. dass die erste Vermögenszählung im 2. Regierungsjahre stattfand und sich dann regelmässig nur in den geraden Jahren (dem vierten, sechsten, achten usw.) wiederholte, so dass man einfach die Wiederholungsziffer der Zählung zu verdoppeln hatte, um sogleich zu finden, das wievielte Jahr der Regierung man vor sich hatte;

3. dass demgemäss die ungeraden Jahre vom dritten anfangend als „Jahr nach dem so und sovielten Male der Zählung" bezeichnet waren.

c) Unter König *Ppj* I (Phios).

Bei einer solchen Ordnung der Jahre würde das „Jahr nach dem 18. Male der Zählung" des Königs *Ppj* I (Phios), das wir in zwei Inschriften erwähnt fanden (s. ob. S. 79, Nr. 6. 7), das 2 . 18 + 1 ste, also das 37. Jahr seiner Regierung gewesen sein. Dem scheint nun aber die Thatsache im Wege zu stehen, dass in den beiden Inschriften, die aus diesem Jahr datiert sind, ausdrücklich „das erste Mal des *hb-sd*-Jubiläums" genannt ist, das wir deshalb bisher, anscheinend mit gutem Recht, in dieses „Jahr nach dem 18. Male" verlegt haben. Wie ich vor Jahren bereits bemerkt habe[1] und später einmal näher auszuführen gedenke, scheint dieses Jubiläum der τριακονταετηρίς, wie es in der Inschrift von Rosette übersetzt ist, niemals nach dem 30. resp. 31. Jahre eines Königs gefeiert worden zu sein. Der obige Fall des Königs Phios wäre, wenn das Jahr das 37. seiner Regierung gewesen und in ihm zugleich das Jubiläum gefeiert worden wäre, die einzige Ausnahme; und diese wäre so unbegreiflich, dass man in der That wohl eher daraus schliessen müsste, dass es eben nicht das 37. gewesen sein könne und dass somit die oben aufgestellten Vermutungen über die Folge der Zählungsjahre irrig sein müssen. Thatsächlich ist nun aber aus der Nennung des Jubiläums hinter dem Namen des Königs nicht zu schliessen, dass er das Jubiläum in dem nämlichen Jahre gefeiert hat, sondern nur, dass er es damals bereits gefeiert hatte, wenn auch vielleicht schon 7 Jahre oder mehr seitdem verflossen waren. Der Jubiläumsvermerk, der in den beiden Inschriften dem Namen des Königs folgt, spielt die Rolle eines Prädikates, gerade wie die Prädikate 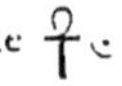 oder 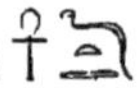 u. ä. (man vergleiche dafür nur Urk. d. aeg. Alt. I 91—97), und hat sein genaues Seitenstück in der für unsere Begriffe höchst seltsamen Zufügung des Pyramidennamens hinter dem Königsnamen, die sich im alten Reich nicht selten findet, wie z. B. wenn eine Prinzessin „Zeitgenossin des " heisst (Urk. d. aeg. Alt. I 80) oder wenn die Mutter des Königs Nefer-ke-reʿ Phiops „Königsmutter des  und Königsgemahlin des 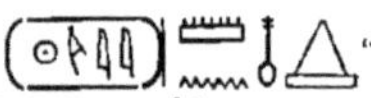" genannt wird (Urk. d. aeg. Alt. I 113). Wie hier offenbar mit der Zufügung des Pyramidennamens eine Bezeichnung des Königs gemeint ist: „König x., dem die Pyramide y. gehört", ebenso wird auch der Jubiläumsvermerk hinter dem Namen des Phios eine Bezeichnung für den König geben und es wird gemeint sein: „König Phios, der das erste Mal des Jubiläums gefeiert hat".

Dass diese Auffassung in der That richtig ist, geht daraus hervor, dass derselbe Jubiläumsvermerk in gleicher Weise den Namen des Königs auch in der Inschrift von Hat-nub begleitet, die aus dem „Jahre des 25. Males" datiert ist (s. ob. S. 80, Nr. 9). Selbst wenn man annehmen wollte, die Zahl 25 sei verlesen, so würde das Jahr, in dem hier das Jubiläum genannt ist, doch immer ein anderes Jahr bleiben (ein Jahr, in dem selbst eine Zählung stattfand), als dasjenige,

1) A. Z. 36, 64, Anm. 3.

in dem wir es oben antrafen (ein Jahr, in dem keine Zählung stattfand). Wir haben in dem Jubiläumsvermerk also nur einen *terminus post quem*, zugleich aber auch einen *terminus ante quem*. Der König hatte einerseits in dem „Jahre nach dem 18. Male", in dem wir das 37ste seiner Regierung vermuten würden, das erste Jubiläum bereits gefeiert, andererseits im „Jahre des 25. Males", in dem wir sein 50. Regierungsjahr vermuten würden, das zweite Jubiläum noch nicht gefeiert. Sein erstes Jubiläum würde also, ganz wie zu erwarten, vor sein 37., vielleicht in sein 30. oder 31. Jahr gefallen sein; sein zweites hätte er im Gegensatz zur Sitte des neuen Reichs, wo es spätestens im 34. Jahre gefeiert wurde, erst nach seinem 50. Jahre, also vermutlich 30 Jahre nach dem ersten, vielleicht im 60. Jahre gefeiert, wenn er es erlebte.

Gegen die Identifikation des „Jahres nach dem 18. Male" mit dem 37. und des „Jahres des 25. Males" mit dem 50. Jahre des Königs scheint nun aber noch ein anderes, direktes Zeugnis vorzuliegen in dem Turiner Königspapyrus, der dem Könige nur 20 Jahre (ohne Monate und Tage!) gab. Dieses Zeugnis wird ja aber schon durch das blosse Vorkommen des „Jahres des 25. Males" ohne weiteres entkräftet; es würde übrigens auch ohne dies schon mit dem „Jahre nach dem 18. Male" schwer in Einklang zu bringen sein. Haben wir somit dem Turiner Königspapyrus hier einmal sicher keinen Glauben zu schenken, so verdient dafür vielleicht Manethos, der dem Könige 53 Jahre giebt, umsomehr Vertrauen[1]. Das würde zu der Identifikation des „Jahres des 25. Males" mit dem 50. Jahre des Königs stimmen und würde dem Könige eine so lange Regierung geben, dass in ihr sehr wohl drei aufeinanderfolgende Generationen geboren werden konnten und die letzte davon bereits 7 Jahre nach dem Tode des Konigs erwachsen sein konnte, wie das in der oben, S. 81, Nr. 16, erörterten Inschrift der Fall zu sein schien[2].

Wenn das „Jahr nach dem 18. Male" das 37. Regierungsjahr des Königs gewesen wäre, so würde das auch dazu stimmen, dass in der einen aus diesem Jahre datierten Inschrift (Urk. d. aeg. Alt. I 93) als Leiter einer Expedition nach dem Wadi Hammamat ein hoher Beamter namens  mit seinem gleichnamigen erwachsenen Sohn erscheint. Wenn der Vater, wie anzunehmen ist, unter König Phios, dessen Namen er trug, geboren war, so musste dieser König zur Zeit, als jene Expedition stattfand, doch zum allermindesten schon 30 Jahre auf dem Thron gesessen haben.

d) Der Uebergang zur alljährlichen Wiederholung der Zählung unter König Merjen-rēʿ.

Ist demnach wohl mit ziemlicher Wahrscheinlichkeit anzunehmen, dass unter Konig *Ppj* I. (Phios) noch die alte Folge der Zählungen mit zweijährigem Abstand beobachtet wurde, so lässt sich für seinen Nachfolger und ältesten Sohn Merjen-rēʿ wohl leicht das Gegenteil nachweisen.

Wir kennen zwei Jahresdaten dieses Königs, die beide nach dem „fünften Male (der Zählung)" benannt sind. Das eine lautet sicher  „Jahr des fünften Males" (S. 80, Nr. 10), das andere

1) König Phios müsste freilich in recht jugendlichem Alter schon den Thron bestiegen haben, da sein jüngerer Sohn und zweiter Nachfolger Nefer-ke-rēʿ erst kurz vor, wenn nicht gar nach seinem Tode geboren sein muss (s. u.) König Phios muss also am Ende seiner langen Regierung noch zeugungsfähig gewesen sein oder doch dafür gegolten haben.

2) Wenn z. B. der Grossvater im 3. Jahre des Phios geboren war, konnte der Vater im 23., der Sohn im 43. Jahre des Königs geboren sein; im zweiten Jahre des Nefer-ke-rēʿ (s. u.) war er dann 17 Jahre alt. War der Generationsabstand in Wirklichkeit etwas kleiner, so war sein Alter noch hoher.

konnte möglicherweise nicht ebenso, sondern „Jahr nach dem fünften Male" gelautet haben (s. ob. S. 80, Nr. 11).

Nun soll König Merjen-reʿ nach dem Turiner Königspapyrus aber 4 Jahre[1] (Monate und Tage werden wieder nicht angegeben), nach Manethos 7 Jahre regiert haben. Und in der That kann er nicht wohl länger regiert haben, da sein Bruder Nefer-ke-reʿ *Ppjj* II (Phiops) ja nach Manethos sechsjährig auf den Thron gekommen und 100 Jahre alt geworden sein soll (ἑξέτης ἀρξάμενος διεγένετο μέχρις ἐτῶν ἑκατόν) und übereinstimmend damit auch im Turiner Königspapyrus über 90 Regierungsjahre hatte. Die 7 Jahre, die ihm Manethos giebt, könnte Merjen-reʿ also nur in dem Falle regiert haben, dass Nefer-ke-reʿ erst nach dem Tode seines Vaters Phios geboren wäre; andernfalls müsste seine Regierung weniger als 6 Jahre gedauert haben. In jedem Falle kann aber das „Jahr des fünften Males", das wir von ihm kennen, nicht sein 10. Regierungsjahr gewesen sein, sondern höchstens sein 7., mindestens sein 5tes. Die Vermögenszählungen, nach denen die Jahre benannt wurden, müssen also unter Merjen-reʿ mindestens mehrmals Jahr auf Jahr stattgefunden haben, wie es schon unter Śnefru vorübergehend geschehen war. Wenn Manethos mit seiner Zahl 7 Recht hätte, könnten höchstens zwei Jahre des Königs ohne Zählung geblieben sein; es könnte also das erste Jahr in diesem Falle eventuell noch als „Jahr der Vereinigung der beiden Länder" bezeichnet gewesen sein, worauf die oben S. 79 besprochene Darstellung gedeutet werden könnte, und es könnte dann auch das letzte, siebente Jahr das „Jahr nach dem fünften Male" gewesen sein, das möglicherweise das eine der beiden erhaltenen Daten nannte. Hätte dagegen der Turiner Königspapyrus mit seiner Jahreszahl 4 recht, so müsste das „Jahr des fünften Males" das fünfte und letzte Regierungsjahr des Königs gewesen sein, das entweder zu kurz war, um in den Annalen verrechnet zu werden, oder aber nach der Sitte der zweiten Dynastie mit dem Thronbesteigungsjahr seines Nachfolgers Nefer-ke-reʿ zusammen ein Kalenderjahr füllte, das diesem Könige angerechnet wurde[2]. In diesem Falle würde es ein „Jahr nach dem fünften Male" also nicht gegeben haben können, sondern die Vermögenszählungen müssten unter Merjen-reʿ ohne Ausnahme Jahr auf Jahr wiederholt worden sein und auch im Thronbesteigungsjahr des Königs schon begonnen haben.

Wenn es somit nach unserem Material den Anschein hat, dass der Uebergang von der ein um das andere Jahr wiederholten Vermögenszählung zu der alljährlichen erst unter König Merjen-reʿ erfolgte, so gewinnt eine Stelle in der bekannten Lebensgeschichte des Wenej ein besonderes Interesse. Wenej, der am Abend seines Lebens unter König Merjen-reʿ das hohe Amt

---

1 s. Erman Ä. Z. 31, 72. Der Punkt, der der Zahl vorangeht, kann nie und nimmer der Kopf einer 10 gewesen sein, wie Maspero (Étud. de mythol. et de archéol. II 441 u. A. wollen; dieses hätte sonst geradezu unter der Zeile stehen müssen. Ein solcher Punkt findet sich auch sonst vor den Einerzahlen 1 bis 4, um diese von dem oder zu scheiden, so z. B. im Papyrus Mallet Rec. de trav. I, pl. I, Zeile 3): worauf mich Breasted freundlichst hinweist. An unserer Stelle stand (ohne , wie in der ersten Zeile von fragm. 61).

2) Hieraus würde sich erklären, dass der Turiner Königspapyrus bei König Phios und seinen beiden Söhnen Merjen-reʿ und Nefer-ke-reʿ nur die vollen Jahre verzeichnet, nicht die überschüssigen Monate und Tage, wie er es bei dem Nachfolger des Nefer-ke-reʿ und an anderen Stellen thut.

des „Vorstehers von Oberägypten" bekleidete[1], erzählt uns von einer aussergewohnlichen Massregel, die er während seiner Amtsführung getroffen habe[2]:

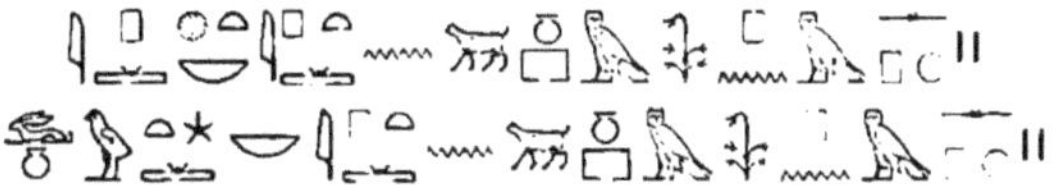

„ich zählte alle Dinge, die für den Fiskus in diesem Oberägypten gezählt werden, zu zwei Malen, alle Frohnden, die für den Fiskus in diesem Oberägypten gezahlt werden, zu zwei Malen."

Alsdann fährt er fort: „Ich fuhrte eine Regierung *(śrj-t)*, die ein Beispiel gab, in diesem Oberägypten. Niemals ist Gleiches in diesem Oberägypten zuvor gethan worden". Das, wie die ganze Art, in der Wenej von jener Massregel erzählte, zeigen uns, dass es sich dabei um etwas ganz Besonderes, bis dahin Unerhörtes handelte. Man darf daher in der Angabe, dass Wenej „zu zwei Malen" für den Fiskus zählen liess, nicht etwa eine versteckte Angabe seiner Amtsdauer (2 Zählungen, das wären unter Merjen-reʿ zwei Jahre) erkennen wollen. Was Wenej sagen will, ist vielmehr offenbar, dass er zweimal gezählt habe, wo sonst nur einmal gezählt worden war. Diese doppelte Zählung wird nun aber gewiss nicht darin bestanden haben, dass etwa zur Vermeidung von Irrtümern unmittelbar nach der einen Zählung eine Nachzählung veranstaltet wurde, sondern es werden zwei Zählungen in demselben Zeitraum vorgenommen worden sein, in dem man sonst nur eine vorzunehmen pflegte; d. h. während bisher nur in jedem zweiten Jahre der Stand des zu versteuernden Vermögens aufgenommen wurde[3], liess Wenej schon nach Ablauf eines Jahres eine neue Feststellung ausführen, was gewiss keine geringe Arbeit machte, aber dem Fiskus ermöglichte, seinen Nutzen aus der allmählichen Vermehrung des Nationalvermögens schon im nächsten Jahre, statt wie sonst erst im übernächsten Jahre zu ziehen. So haben wir denn in der neuen Massregel, die Wenej als „Vorsteher von Oberägypten" unter König Merjen-reʿ traf und die seine Amtsführung zum Beispiel für seine Nachfolger werden liess, wohl eben den Übergang von der alle zwei Jahre wiederholten Vermögenszählung zur alljährlichen zu erkennen, den das oben besprochene Jahresdatum voraussetzte.

Ob Wenej's mutmassliche Neuerung auch unter dem nächsten König Nefer-ke-reʿ Phiops beibehalten wurde, können wir nicht sagen. Jahresdaten, die auf die Zahlung eines vorhergehenden Jahres Bezug nehmen, wie das „Jahr nach dem 18. Male" unter seinem Vater Phios, sind unter ihm nicht sicher zu belegen; ein zweifelhaftes Beispiel (s. ob. S. 81, Nr. 15) steht vier anderen Beispielen gegenüber, in denen das Jahr nach seiner eigenen Zählung benannt ist; drei davon nennen aber ein und dasselbe Jahr (S. 80 f., Nr. 12, 13, 16). Jedenfalls ist aber die alljährlich wiederholte Zählung die Voraussetzung für die Form der Jahresbezeichnung, die wir in den späteren Zeiten der ägyptischen Geschichte allein üblich finden.

1) Er wird bei der Thronbesteigung des Königs etwa 70 Jahre alt gewesen sein und scheint die Regierung des Nefer-ke-reʿ nicht mehr erlebt zu haben, vgl. Mar., Cat. d'Ab. 529, 541.

2) Zeile 36 der Inschrift (Urk. d. aeg. Alt. I 106).

3) Gerade wie bei uns die Einschätzung zur Vermögenssteuer alle drei Jahre vorgenommen wird.

9. Die Datierung nach Jahren mit fortlaufenden Ordnungsziffern.

Vom mittleren Reich an finden wir die Vermögenszählung, die uns noch unter Nefer-ke-reʿ einmal ausdrücklich genannt begegnete, in den Jahresdatierungen nicht mehr. Man datiert nur noch nach Jahren, die vom Anfang bis zum Ende der Regierung durchgezählt werden[1].

Die so gezählten Regierungsjahre werden, wie das Piehl zuerst bemerkt hat, in der Schrift regelmässig durch die Gruppe [Hieroglyphen][2] seltener [Hieroglyphen][3] bezeichnet, während das Wort für „Jahr" *rnp-t* (ⲣⲟⲙⲡⲉ) sonst, wo es nicht im Datum erscheint, ohne das Zeichen ○ geschrieben zu werden pflegt [Hieroglyphen], ein Unterschied, der noch in griechisch-römischer Zeit in besseren Inschriften (wie z. B. dem Dekret von Kanopus und den grossen Bauinschriften von Edfu) streng beobachtet wird[4] und ja, worauf Hess aufmerksam gemacht hat[5], auch im Demotischen noch in augenfälliger Weise zum Ausdruck kommt.

Diese Schreibung [Hieroglyphen] für das Regierungsjahr las man bisher allgemein, des Unterschiedes von [Hieroglyphen] ungeachtet, gleichfalls *rnp-t* und erklärte das unterscheidende ○ für das Determinativ der Zeit ○. Durch ○ findet man es denn auch in fast allen Publikationen wiedergegeben, die nicht auf paläographische Genauigkeit Anspruch erheben.

Für diese Auffassung scheint in der That manches zu sprechen. So zunächst die Thatsache, dass das ○ auch bei dem Ausdruck für Regierungsjahr bisweilen, wenn auch nur selten, weggelassen wird, so dass der Ausdruck nur [Hieroglyphen] oder [Hieroglyphen] geschrieben ist wie das Wort *rnp-t* „Jahr" selbst[6].

1. [Hieroglyphen] „Jahr 30" Amenemmes' I und [Hieroglyphen] „Jahr 10" Sesostris' I Kairo 20516 (Mar. Abyd. II 22. — Rougé Inscr. hiérogl. 8).

2. [Hieroglyphen] „Jahr 20" Sesostris' I (LD Text III 29; zweimal).

3. [Hieroglyphen] „Jahr 6" Amosis' I (LD III 12a Zeile 16, berichtigt von Breasted, New chapter 26 Anm. c in diesen „Untersuchungen" II 50), das Jahr, in dem Scharuhen belagert wurde.

4. [Hieroglyphen] „Jahr 22" Amosis' I (LD III 3a = Champ. Not. II 488. Young, Hierogl. 88).

5. [Hieroglyphen] „Jahr 24" des Ptolemäus Philometor (LD IV 27b; mit Abdr. verglichen).

1 Beweise dafür finden sich allenthalben, für die 12. Dynastie z. B. in den Berliner Kahunpapyrus, für die 18. Dynastie z. B. in der Basisinschrift des Obelisken der Hat-schepsowet, den Annalen Thutmosis' III, den Pariser Rechnungen aus der Zeit desselben Königs u. s. w.

2) Die ältesten Beispiele für diese Schreibung werden die Jahresdatierungen der Gaufürsten von Hermopolis in den Alabasterbrüchen von Hat-nub sein. Sie werden zum grossen Teil noch in die Zeit zwischen dem alten und dem mittleren Reich gehören.

3) Leiden V. 4 (Dyn. 12). LD Text III 46 (Dyn 18). LD III 3 = Young Hierogl. 88 (Dyn. 18).

4) Der Ausdruck [Hieroglyphen], der in den Ptolemäertexten öfter vorkommt, wo von den „jährlichen" Abgaben die Rede ist, scheint stets mit ○ (sei es ○ oder ●gemacht) geschrieben zu werden (Mendesstele D. 18 = Urk. d. aeg. Alt. II 45,2, Pithomstele C 26. 27 = Urk. d. aeg. Alt. II 103, 15. 104, 4. 15) und scheint demnach auch den Ausdruck für „Regierungsjahr", nicht das gewöhnliche Wort für „Jahr" zu enthalten. Vgl. u. S. 92.

5) Der demotische Teil der Inschrift von Rosette S. 39.

6) So mögen auch die von mir Ä. Z. 36, 71 2 besprochenen Daten aus der Zeit Thutmosis' III von Spiegelberg richtig mit [Hieroglyphen] statt [Hieroglyphen] kopiert sein.

Hier scheint also das Zeichen ○, das den Ausdruck für Regierungsjahr von dem einfachen Wort *rnpt* „Jahr" zu unterscheiden pflegt, von den Aegyptern selbst für ein entbehrliches Zeichen, etwa wie ein Determinativ oder Komplement, gehalten zu sein.

Umgekehrt findet sich in späteren Texten auch das Wort *rnpt* „Jahr", wo es nicht in der Datierung mit der Bedeutung Regierungsjahr gebraucht ist, bisweilen geschrieben, wie der Ausdruck für das Regierungsjahr. Ein lehrreiches Beispiel ist:

„die 365 Tage des Jahres" (Brugsch, Thes. II 248).

Auch im Turiner Königspapyrus wechselt die Schreibung beständig mit den korrekteren oder in den Angaben über die Regierungsdauer der einzelnen Könige.

Hier kann man in dem ○ schlechterdings nichts anderes erkennen, als das Zeichen ☉, das ja vom neuen Reich an ganz allgemein das Determinativ für Zeit geworden ist. In der That findet sich denn auch mit deutlichem ☉: „26 Jahre" als Alter eines Apisstieres (Mar., Sérap. III 27; Dyn. 22).

Muss es schon hiernach sehr wahrscheinlich erscheinen, dass das in der Gruppe für das Regierungsjahr in der That als Zeitdeterminativ ☉ zu deuten ist, so scheint dies über jeden Zweifel erhoben zu werden dadurch, dass sich das in späteren Texten thatsächlich wiederholt deutlich als ☉ ausgeführt belegen lässt:

6. „Jahr 11" eines Scheschonk (Mar., Sérapéum III 31; ebenda auch).

7. „Jahr 28" desgl. (Mar., Sérap. III 24. 26).

8. „Jahr 34" des Amasis (Berlin 8439, nach Mitteilung von Schäfer).

In anderen Fällen ist das selbst zwar nicht deutlich mit dem Detail versehen, sieht aber genau so aus, wie dieses Zeichen ☉ selbst in dem betreffenden Texte gemacht wird, wogegen das Zeichen ◎ *sp* ebenda eine abweichende Gestalt hat. So gleicht das ○ von insbesondere fast überall im Hieratischen völlig dem ☉ (vgl. dazu ob. S. 82). Desgleichen wird es in den hieroglyphischen Inschriften der Ptolemäerzeit gewöhnlich wie das ☉ durch eine volle Kreisscheibe ● wiedergegeben[1], nicht durch einen leeren Ring ○, wie vielfach das ◎[2].

Die direkte Ersetzung des ○ in durch ☉, wie sie in den Beispielen Nr. 6—8 vorlag, findet sich aber nur in späteren hieroglyphischen Inschriften. In Inschriften des mittleren und neuen Reichs scheint sie nicht vorzukommen. Eine von Schäfer freundlichst vorgenommene Durchmusterung der zahlreichen datierten Denkmäler des Berliner Museums aus diesen Perioden ergab, dass sich kein einziges Mal ein sicheres belegen liess. Ebenso fand sich unter zahlreichen Beispielen, die wir in Abklatschen gesehen haben, kein einziges Mal diese Lesung. In der überwiegenden Mehrzahl der Fälle (und zwar aller Zeiten) ist das ○ einfach so ohne besondere Kennzeichen ausgeführt. In vielen Fällen unterschied es sich dabei deutlich von dem Zeichen

1) Deshalb ist in den Urk. d. aeg. Alt. II stets , nicht gegeben.

2) In älterer Zeit wird das ◎ *sp* auch in anderen Fällen, bald voll gemacht ●, bald leer ○ (s. ob. S. 82).

der Sonne, wo dieses sonst in derselben Inschrift vorkam. So sieht z. B. das ◯ in  in den folgenden Beispielen so aus:

9. ◯ im Unterschied zu ⊙ in den Inschriften LD II 136. 149c (aus dem m. R.).

10. ◠ im Unterschied zu ● (für ⊙) in einer Inschrift vom 41. Jahre Amenemmes' III (Survey of the Sinai III 3, nach Mitteilung von Breasted).

11. Desgl. in einer Inschrift vom 51. Jahre Psammetichs' I (Berlin 8438).

Zu diesen Beispielen, die der Identifikation des ◯ mit ⊙ zu widersprechen scheinen, gesellt sich nun eine grosse Anzahl von Beispielen, darunter namentlich auch manche aus älterer Zeit, in denen das ◯ der Gruppe  deutlich die Merkmale des Zeichens ⊗ *sp*, alt ⊙, zeigt:

aus dem mittleren Reich:

12.  „Jahr 14" Sesostris' I (Berlin 1192).

13. 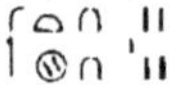 „Jahr 34" desselben Königs (Berlin 1199).

14.  „Jahr 24" Amenemmes' I (Louvre C. 1 nach Abschrift von Mr. Gardiner).

15.  „Jahr X" Sesostris' I (Newberry, Benihassan I 21, 3).

16.  „Jahr 3" Amenemmes' II (Brit. Mus. 828 = Sharpe, Eg. Inscr. I 83, nach Mitteilung von Mr. Gardiner).

17. 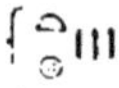 „Jahr 3" Amenemmes' III (Gol. Hamm. 10, 2).

18. 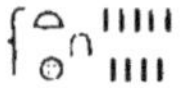 „Jahr 19" desselben Königs (Gol. Hamm. 4, 1).

19. 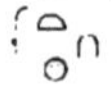 „Jahr 10" eines ungenannten Königs dieser Zeit (Sharpe, Eg. Inscr. I 13).

20.  „Jahr 1" des Königs Ner-ke-reʿ (Dyn. 13 ff.; LD II 150f.).

21. 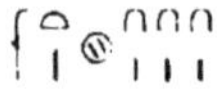 „Jahr 23" eines Hyksoskonigs Apophis (Math. Handb. Titel).

aus dem neuen Reich:

22. 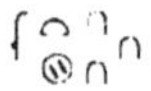 „Jahr 30" Amenophis' III (Petrie, Medum 36, 17).

23. 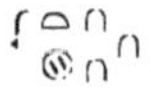 „Jahr 30" Ramses' II (Mar., Sérap. III 16).

24.  „Jahr 30", 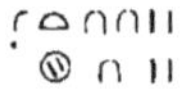 „Jahr 34", 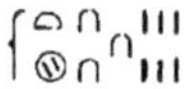 „Jahr 36",  „Jahr 40", 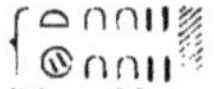 „Jahr 45" Ramses' II, die Jahre, in denen er seine *hb-śd*-Jubiläen feierte (Brugsch, Thes. V 1127 ff. = Champ. Mon. I 115—119).

25.  „Jahr 400" des Gottes Seth in der oben (S. 60) erwähnten Inschrift aus der Zeit Ramses' II.

26. 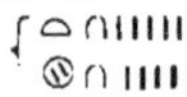 „Jahr 29" Ramses' III (Petrie, Koptos 18, 2).

aus späteren Zeiten:

27.  „Jahr 3" des Tahraka (Ann. du serv. IV 179).

28.  „Jahr 9" Psammetichs' I (Ä. Z. 35, 17, Zeile 7 nach Mitteilung von Mr. Gardiner auf Grund einer Photographie).

29. $\left\{\begin{array}{c}\cap\\\circledS\end{array}\mid\mid\mid\right.$ „Jahr 17" desselben Königs (Ä. Z. 34. 117, 41, wo statt des ⊗ gewiss irrig ⊗ mit sie gegeben ist, ein Irrtum, der deutlich zeigt, dass nicht das erwartete C oder ꜥ dasteht).

30. $\left\{\begin{array}{c}\cap\\\circ\end{array}\cap\equiv\equiv\right.$ „Jahr 17" des Apries (Berlin 15393).

31. $\left\{\begin{array}{c}\circledS\end{array}\text{sic}\begin{array}{c}\cap\cap\cap\\\mid\mid\mid\mid\end{array}\right.$ „Jahr 34" des Darius (Rec. de trav. 25, 55).

In dieser offenbar älteren und deshalb in saitischer Zeit wieder beliebten Schreibung $\left\{\begin{array}{c}\cap\\\circledS\end{array}\right.$ für das mit fortlaufenden Ordnungsnummern bezeichnete Regierungsjahr, namentlich aber in der Variante $\left\{\begin{array}{c}\cap\\\circ\end{array}\right.$ in Nr. 21 und 28, erkennt man unschwer die alte Verbindung $\left\{\circ\right.$ „Jahr des xten Males" wieder, die im alten Reich als Abkürzung für $\left\{\circ\text{ x.}\right.$ „Jahr des xten Males der Zählung" gebräuchlich war und mit dem Übergange zur alljährlichen Vermögenszählung unter König Merjen-reꜥ thatsächlich zum Ausdruck für das mit Nummern bezeichnete Regierungsjahr wurde.

In den oben erörterten Beispielen, die unzweifelhaft oder wahrscheinlich das Determinativ ꜥ statt des historischen ⊗ aufwiesen, und in den Beispielen, wo das ⊗ ganz weggelassen war, haben wir also jüngere Schreibungen zu sehen, die uns verraten, dass man sich wenigstens zu gewissen Zeiten über den Ursprung des alten Ausdrucks für das Regierungsjahr nicht mehr klar war oder vielleicht gar wirklich einen jüngeren Ersatz dafür hatte, der mit jenem alten Ausdruck thatsächlich in keinem Zusammenhang stand.

10. Die sprachliche Behandlung des Ausdrucks $\left\{\begin{array}{c}\cap\\\circledS\end{array}\right.$

Sobald der Ausdruck $\left\{\begin{array}{c}\cap\\\circledS\end{array}\right.$ von der Vermögenszählung einmal losgelöst und schlechtweg zum Ausdruck für das mit Ordnungsziffern bezeichnete Regierungsjahr geworden war, musste seine eigentliche Bedeutung naturgemäss bald in Vergessenheit geraten. Das scheint sich denn auch in seiner grammatischen Behandlung deutlich zu zeigen.

Während im alten Reich dem Ausdruck $\left\{\begin{array}{c}\cap\\\circ\end{array}\right.$ das zugehörige Zahlwort ganz sinnentsprechend in einer männlichen Form und zwar als Ordinalzahlwort folgte $\left(C\right.$ „Jahr des ersten Males" s. ob. S. 81. Nr. 17), wird der Ausdruck $\left\{\begin{array}{c}\cap\\\circledS\end{array}\right.$ (und seine Varianten) vom mittleren Reich an mit weiblichen Formen und zwar Kardinalzahlworten verbunden. Wie das bei Zahlen ja allgemein üblich ist, wird dabei die Femininalendung namentlich in älterer Zeit meist unbezeichnet gelassen; erst in späterer Zeit findet sich das ⌒ häufiger ausgeschrieben. Beispiele sind:

aus dem mittleren Reich:

32. $\left\{\begin{array}{c}\cap\cap\cap\\C\cap\cap\end{array}\mid\,\cap\right.$ „Jahr 41" des Königs Neb-chru-reꜥ Mentu-otep (Petrie, Season 213).

aus späteren Zeiten:

33. $\left\{\begin{array}{c}\cap\cap\mid\mid\\\circ\;\;\cap\end{array}\right.$ „Jahr 12" eines Scheschonk (Mar., Sérap. III 31).

34. $\left\{\begin{array}{c}\cap\\\cap\mid\mid\end{array}\right.$ „Jahr 2" des Schabaka (Ä. Z. 34, 114, Nr. 30).

35. $\left\{\begin{array}{c}\cap\mid\mid\mid\\C\;\cap\end{array}\right.$ „Jahr 3" des Schabataka (Ä. Z. 34, 115, Nr. 33).

36. $\left\{\begin{array}{c}\cap\mid\mid\mid\mid\mid\mid\\C\mid\mid\mid\cap\end{array}\right.$ „Jahr 9" des Tahraka (Ä. Z. 34, 116, Nr. 38).

37. „Jahr 7“ Alexander's II (Satrapenstele = Urk. d. aeg. Alt. II 12).

38. „Jahr 9“ des Ptolemäus Euergetes' I (Dekret von Kanopus 1. 14. 20 = Urk. d. aeg. Alt. II 125. 135. 139).

39. „Jahr 24“ des Ptolemäus Philometor (LD IV 27 b).

40. „Jahr 10“ (Brugsch, Thes. VI 1334, 5), „Jahr 30“ (ib. 1335, 1) in den grossen Bauinschriften von Edfu.

Dass das Zahlwort eine Kardinalzahl und nicht mehr eine Ordinalzahl war, ist wieder nur bei der Zahl 1 bisweilen zu erkennen. Beispiele für das „erste Regierungsjahr“ sind, abgesehen von der nichtssagenden gewöhnlichen Schreibung oder :

aus dem mittleren Reich:

41. des Königs Neb-chru-re' Mentuhotep (Petrie, Season 243).

aus späteren Zeiten:

42. des Königs Nektanebos (Naukratisstele).

43. und des Ptolemäus Euergetes' I (Dekret von Kanopus 14 = Urk. d. aeg. Alt. II 135).

44. des Kaisers Augustus (Inschrift des Cornelius Gallus).

Das Zahlwort richtet sich also, wie man sieht, hier nicht mehr nach dem Worte *sp* „Mal“, zu dem es eigentlich gehörte. Der Ausdruck erscheint in seiner Verbindung mit weiblichen Kardinalzahlen wie ein einfaches weibliches Wort für „Regierungsjahr“ behandelt. Er entspricht darin ganz den analogen Zeitbestimmungen des „Monatstages“ (*sśw*) kopt. ⲥⲟⲩ- mask. und der „Tagesstunde“ *dḫ't* kopt. ϫⲡ- : ϫⲡⲛ- fem., die ebenfalls mit Kardinalzahlen in ihrer Geschlechtsform verbunden werden (ⲥⲟⲩ-ⲥⲛⲁⲩ „2ter Tag“, ⲥⲟⲩ-ϥⲧⲟⲟⲩ „4ter Tag“, ϫⲡ-ϣⲟⲙⲧⲉ „3te Stunde“, ϫⲡⲛ-ⲯⲓⲧⲉ „9te Stunde“).

Als Femininum erscheint er auch da behandelt, wo ihm der Genitivexponent folgt; dieser hat dann, wenigstens in korrekten Texten, die überhaupt diesen Unterschied noch beobachten, die weibliche Form *nt*:

45. „Jahr 29 des Königs Amenemmes' I“ (Brugsch, Thes. V 1213).

46. „Jahr 1“, in dem er zum König gekrönt wurde[1] in der sogenannten Traumstele des äthiopischen Königs Tanut-amun (Zeile 3).

Dass der Ausdruck als ein einziges Wort aufgefasst wurde, setzt schliesslich wohl auch sein Gebrauch in der Redewendung „Etatsjahr“ o. ä. voraus, der wir in den Ptolemäertexten öfters begegnen, wo von den jährlichen Abgaben die Rede ist (vgl. ob. S. 88, Anm. 4):

47. was erhoben wird als Steuer (*ḥtr*) des „Etatsjahres“ (Pithomstele C. 26. 27 =

1) Zu dem Gebrauch des genitivischen Infinitivs an Stelle eines Relativsatzes s. Sethe, Verbum II §§ 554. 567.

Urk. d. aeg. Alt. II 103, 15. 104, 4. 15; dabei ist das ○ zweimal so gemacht ●, wie in den Jahresdaten und wie sonst das ○; einmal dagegen so ○, was vermutlich ◎ zu lesen ist);

48. „seine Majestät erliess dem Lande soundsoviel Pfund Silber ⌓ jedes Etatsjahr, die gesteuert wurden (*htr*) in das Königshaus" (Mendesstele D. 18 = Urk. d. aeg. Alt. II 45, 2; das ○ sieht hier wie sonst das ⊙ so ● aus).

Wenn der Ausdruck ⌓ ○ hier in den Beispielen Nr. 47 ohne Ordnungszahl erscheint, so läuft das seiner Grundbedeutung „Jahr des . . . . . Males" offenbar geradezu zuwider und ist nur daraus zu erklären, dass er bereits völlig erstarrt war. Auch in dem Beispiel Nr. 48 wird das Adjektiv ⌒ *nb* „jeder" nicht mehr zu dem Worte *sp*, sondern zu dem ganzen Ausdruck ⌓ ○ gehören.

11. Die Bedeutung der verschiedenen Schreibungen von ⌓ ◎ für die Auffassung dieses Ausdrucks.

Die Veränderung in der Auffassung des alten Ausdrucks für das Regierungsjahr, die wir hier aus seiner grammatischen Behandlung erkannt haben, scheint sich nun auch in der Entwicklung wiederzuspiegeln, die seine Schreibung durchgemacht hat.

Die alte Orthographie ⊙, die wir im alten Reich ausschliesslich in Gebrauch fanden, lässt sich auch später im mittleren und neuen Reich noch öfters belegen, z. B.:

49. ○ ∩∩|| ∩∩|| „Jahr 44" Sesostris' I, ○ || „Jahr 2" Amenemmes' II (Leiden V. 4).

50. ○ | ∩∩ | „Jahr 22" Amosis' I (LD III 3 b).

51. ○∩∩ ∩∩|| „Jahr 42" Thutmosis' III (Leps., Denkm. III 16 b = Text III 46 = Mar., Karn. pl. 38 b 2). Man beachte die eigentümliche Anordnung der Zeichen.

52. ○ |||| „Jahr 4" Amenophis' II (Leps., Denkm. Text I 20).

Sowie in den oben angeführten späteren Beispielen:

27. ⊙ ||| „Jahr 3" des Tahraka (S. 90).

42. ○ |⌓ „Jahr 1" des Nektanebos (S. 92

beide aus einer Periode, in der man ja allgemein das alte Reich bewusst kopierte.

Dieser alten Schreibung ⊙, in der das Wort für „Jahr" nur mit dem Ideogramm bezeichnet ist, steht als genaues Gegenstück in jüngerer Orthographie nur die in den Beispielen Nr. 21 und 28 belegte Variante ⌓ | ⊙ gegenüber, in der das Wort „Jahr", wie später üblich, mit der Femininalendung ⌓ und dem Strich | versehen ist (S. 90).

Während in dieser Schreibung die Bestandteile des Ausdrucks, ⌓ | „Jahr" und ⊙ „Mal", noch deutlich als zwei Worte unterschieden erscheinen, ist das bei der Schreibung ⌓ ◎ oder ⌓ ○, die schon im mittleren Reich die gewöhnliche ist und später ja fast ausschliesslich in Gebrauch ist, offenbar nicht mehr der Fall. Das Fehlen des Striches | hinter dem, nur mit einem Wortzeichen (die Femininalendung rechnet ja nicht mit) geschriebenen Substantiv würde bei der Regelmässigkeit, mit der es auftritt, sehr auffällig sein[1]. In der That bestätigt denn ja auch die Weglassung des Zeichens in der Schreibung (Beispiele Nr. 1 bis 5) und seine Ersetzung durch in der Schreibung (Beispiele Nr. 6 bis 8), dass man in dem nicht mehr das Wort *sp* „Mal" erkannte, sondern einen entbehrlichen Zusatz zu dem Zeichen für Jahr erblickte. Ob man es nun für ein Determinativ oder für ein phonetisches Komplement hielt, hängt davon ab, ob das *sp* des alten Ausdrucks in späterer Zeit noch gesprochen wurde oder nicht.

12. Der Lautwert von nach den phonetischen Schreibungen der Ptolemaerzeit und nach seiner koptischen Form.

a) Der Ausdruck *ḥ3(t)-sp* in ptolemäischen Inschriften.

In gewissen Inschriften des Tempels von Edfu, die der späteren Ptolemaerzeit entstammen, findet sich für den alten Ausdruck und neben ihm ein Ausdruck, der in den beiden Schreibungen und auftritt:

53. „Jahr 363" des Reʿ-Harmachis (Naville, Mythe d'Horus).

54. „Jahr 5" und „Jahr 30" (Dümichen, Ä. Z. 8, Tafel I. II = Brugsch, Thes. II 255 ff. VI 1334 ff.) neben den Daten „Jahr 10", „Jahr 19", „Jahr 30", „Jahr 46" und „Jahr 48" (ebenda).

55. „Jahr 25" (Dümichen, Ä. Z. 8, 12 = Brugsch, Thes. VI 1349, L. 1).

Wie die Beispiele Nr. 54 zeigen, ist dieses anscheinend neue Synonym des alten in gleicher Weise mit weiblichen Zahlworten verbunden. Es zeigt aber auch in seiner Form eine gewisse Uebereinstimmung mit diesem alten Ausdruck. Sein zweiter Bestandteil, der geschrieben ist, stellt, wie schon Brugsch erkannt hat, ebendasselbe Wort *sp* „Mal" dar, das wir als zweiten Bestandteil von erkannt haben; das Bild des Schakals ist ja in ptolemäischen Texten eine ganz gewöhnliche Schreibung für dieses Wort[2]. Der erste Bestandteil, der die eigentliche Jahresbezeichnung in vertritt, ist dagegen das alte fem. Wort *ḥ3-t* „Vorderteil", „Anfang" (kopt. ϩⲏ); es ist in der Variante mit dem Zeichen bezeichnet, das auch sonst in ptolemäischen Texten das Zeichen vertritt[3], offenbar weil es, wie dieses das Vorderteil eines Löwen, das Vorderteil eines Schakals darstellen sollte.

Der Ausdruck ist also *ḥ3t-sp* oder, wenn die Femininalendung, wie anzunehmen, weggefallen war, *ḥ3-sp* zu lesen. Mit dem alten hat dieser Ausdruck nun weiter auch das

1) In den Beispielen Nr. 1 bis 5 (S. 88), in denen das fehlt, ist das Fehlen des Striches | durch die unmittelbare Folge der Zahl gerechtfertigt. Aus demselben Grunde ist auch das ständige Fehlen des Striches hinter dem *sp* belanglos.

2) Dass man das Bild des Schakals *sb* (alt *s3b*) für ein Wort braucht, das auch im Kopt. noch ⲥⲟⲡ, ⲥⲡ- mit *p* lautet, wird sich einfach so erklären, dass das *b* von *sb* im Auslaut wie *p* gesprochen wurde, wie in ϩⲓⲡ für *hb* „Ibis" u. a. (s. Verbum I § 210). Beachtenswert ist, dass man in dieser Zeit auch umgekehrt für *sb* „Schakal" geschrieben findet (Leps. Denkm. Text II 237).

3) Z. B. für *ḥ3t* „Anfang" (Brugsch, Wörterb. VI 782). für *ḥ3tj* „Herz" (ibid. 784).

gemein, dass auch bei ihm der Bestandteil *sp* in der Schrift weggelassen wird, wie das in den Varianten und :

56. „Jahr 5" und „Jahr 19" (Brugsch, Thes. II 266 = VI 1330) neben „Jahr 30" und „Jahr 16" (ebenda).

b) Der koptische Ausdruck ⲁⲥⲫⲟⲩⲓ für das erste Regierungsjahr.

Während man aber bei im Zweifel sein konnte, wie diese Weglassung des *sp* in der Schrift zu deuten sei, ist das bei *ḥ3-sp* nicht möglich. Denn dieser Ausdruck hat sich uns, wie bereits **Brugsch** erkannt hat (Wörterb. VI 783), noch im Kopt. in der boh. Form ⲁⲥⲫⲟⲩⲓ erhalten, die das Element *sp* noch deutlich bewahrt hat.

Diese Form ⲁⲥⲫⲟⲩⲓ, die sich nur in der Stelle Daniel I 21 der boh. Bibelübersetzung belegen lässt:

ϣⲁ-ⲁⲥⲫⲟⲩⲓ ⲛ̄ⲧⲉ-ⲕⲩⲣⲟⲥ = ἕως ἔτους ἑνὸς Κύρου „bis zum ersten Jahre des Kyros"

bedeutet „das (so!) erste Regierungsjahr". Dem gleichbedeutenden ϯⲣⲟⲙⲡⲓ ⲛ̄ϩⲟⲩⲓϯ ⲛ̄ⲧⲉ-ⲕⲩⲣⲟⲥ (ibid. XI 1; ebenso VII 1 von Belsazar, IX 1 von Darius), das die gewöhnliche koptische Ausdrucksform für das Regierungsjahr (ⲣⲟⲙⲡⲉ „Jahr" mit bestimmtem Artikel und weiblichem Ordinalzahlwort)[1] enthält, steht sie offenbar als ein vereinzelter Ueberrest einer älteren Ausdrucksform gegenüber. Diese scheint der Uebersetzer an der einen Stelle absichtlich deshalb gewählt zu haben, weil die Septuaginta (Theodotion) dort ausnahmsweise das hebräische שנת אחת „Jahr 1" wörtlich mit ἔτος ἕν wiedergegeben hatte, statt frei in richtigem Griechisch mit τὸ πρῶτον ἔτος, wie sie an den anderen Stellen hat. Nach dem Fehlen des bestimmten Artikels zu schliessen, wird dieser ältere Ausdruck ⲁⲥⲫⲟⲩⲓ aus einer Zeit stammen, in der die äusserliche Determinierung noch nicht üblich war, er wird also nicht jünger als das mittlere Reich sein können.

Zerlegen wir den Ausdruck ⲁⲥⲫⲟⲩⲓ nunmehr in seine Bestandteile.

Das ⲁ- stellt offenbar das Wort *ḥ3(t)* „Vorderteil" (kopt. ϩⲏ) in seiner konstrukten Form dar; der Halbvokal *ĕ* ist vor dem *3* in ⲁ übergegangen (wie in ⲥⲁ- „Rücken" äg. *s3*, ⲡⲁ- „der von" äg. *p3*); das anlautende *ḥ* ist, wie so oft im Boh., weggefallen, würde aber in der sa'idischen Form, wäre diese erhalten, als ϩ erscheinen (vgl. ϩⲁⲧⲣⲉ : ⲁⲧⲣⲉ „Zwilling" äg. *ḥtrj*, ϩⲁⲙ-ϣⲉ : ⲁⲙ-ϣⲉ „Zimmermann" äg. *ḥm-ḥt*, ϩⲁⲑⲱⲣ : ⲁⲑⲱⲣ äg. *Ḥt-ḥr* usw.).

In dem folgenden ⲥⲫ- haben wir dagegen die konstrukte Form des Wortes *sp* „Mal" (kopt. ⲥⲟⲡ) zu erkennen, die in ihrer regelmässigen Gestalt in dem Ausdruck ⲥⲉⲡ-ⲥⲛⲁⲩ „zweimal" erscheint. Im vorliegenden Falle ist das *p* vor dem folgenden anlautenden *w* zu ⲫ aspiriert, genau wie in ⲧⲉⲫ-ⲟⲩⲱⲓ „Ackerbau", das im Boh. das sa'id. ⲧⲉⲛ-ⲟⲩⲟⲉⲓⲉ von ⲧⲱⲛⲉ „Arbeit" äg. *wpwt* und ⲟⲩⲟⲉⲓⲉ : ⲟⲩⲱⲓ „Landmann") vertritt.

Was schliesslich noch verbleibt, ist die weibliche Form ⲟⲩⲓ des Zahlworts ⲟⲩⲁ : ⲟⲩⲁⲓ äg. *w'w* „eins", die hier den weiblichen Zahlworten bei und in den Beispielen Nr. 54 und 56

1) Vgl. ϯⲙⲁϩ-ⲥⲛⲟⲩϯ ⲛ̄ⲣⲟⲙⲡⲓ ⲛ̄ⲧⲉ-ⲛⲁⲃⲟⲩⲭⲟⲇⲟⲛⲟⲥⲟⲣ ⲡⲟⲩⲣⲟ Daniel II 1; ϯⲙⲁϩ-ⲅ̄ ⲛ̄ⲣⲟⲙⲡⲓ ⲛ̄ⲧⲉ-ⲟⲙⲉⲧ-ⲟⲩⲣⲟ ⲛ̄ⲓⲱⲁⲕⲓⲙ ⲡⲟⲩⲣⲟ ib. I 1; desgl. das 3. Jahr ib. VIII 1, das 18. Jahr ib. III 1 usw.

und speziell der weiblichen Form *wʿ(-t)* bei in den Beispielen Nr. 42–44 genau entspricht.

c) Die Identität der Ausdrücke und **ḥasp-*.

In diesem Worte **ḥasp-*, das sich uns im Kopt. mit dem weiblichen Kardinalzahlwort für „eins“ erhalten hat, haben wir nun aber gewiss nicht allein das erst in ptolemäischen Texten belegte , , , sondern auch dessen Vorgänger , , , wieder zu erkennen. Dafür scheint nicht nur die auffallende Uebereinstimmung zwischen beiden Ausdrücken in Einzelheiten zu sprechen (1. *sp*; 2. Weglassung desselben; 3. Verbindung mit weiblichen Kardinalzahlen); auch die ganze Art und Weise, wie beide Ausdrücke in ein und derselben Inschrift sich ablösen, macht es wahrscheinlich, dass sie thatsächlich identisch sind. Dazu kommt, dass es an sich wenig wahrscheinlich wäre, dass das Aegyptische für einen Begriff wie „Regierungsjahr“ zwei besondere Ausdrücke besessen habe. Vor allem aber ist eine so sinnlose Benennung für das Regierungsjahr, wie es *ḥ3(t)-sp* „der Anfang des Males“ für die späteren Zeiten sein musste, überhaupt nur zu verstehen, wenn sie aus einer uralten Zeit überkommen war, aus deren Verhältnissen sie sich einst vernünftig erklärte. Dem entsprach denn ja auch der Befund bei ⲁⲥⲫⲟⲟⲩ, das wegen seiner Artikellosigkeit nicht später als das mittlere Reich anzusetzen zu sein schien.

Wenn wir demnach in den ptolemäischen Schreibungen und nur jüngere Varianten des älteren erkennen und dieses wie sein Prototyp (als Abkürzung von . . .) selbst ebenfalls *ḥ3-sp* resp. *ḥ3(t-sp* lesen und dem kopt. **ḥasp-* gleichsetzen, so nehmen wir für das Ideogramm des Jahres in dem Ausdruck für das Regierungsjahr einen besonderen Lautwert *ḥ3t* an, der von dem des gewöhnlichen Wortes für „Jahr“ *rnp-t* (kopt. ⲣⲟⲙⲡⲉ) verschieden ist. Die Sachlage ist dabei genau die gleiche, wie bei den analogen Bezeichnungen für den „Monatstag“ und die „Tagesstunde“. Auch diese werden in den älteren Zeiten nur ideographisch und geschrieben und treten uns erst in den ptolemäischen Schreibungen *šsw* und *dbʿ-t* in ihrem besonderen Lautwert entgegen, der von dem der gewöhnlichen Worte für Tag und Stunde *hrw* (kopt. ϩⲟⲟⲩ) und *wnw-t* (kopt. ⲟⲩⲛⲟⲩ) verschieden ist. Ihre kopt. Formen ⲥⲟⲩ- und ϫⲡ-:ⲁϫⲡ- entsprechen dem kopt. **ḥasp-*:**asp-* auch darin, dass sie gleichfalls konstrukte Formen sind und mit Kardinalzahlen in ihrem Geschlecht verbunden sind (s. ob. S. 92).

Wenn sich nun aber das Wort *sp* des Ausdruckes und seiner Nachfolger und noch im kopt. **ḥasp-* lebendig erhalten hat, wie war es dann möglich, dass es sowohl in den Varianten und für als in der Variante für unbezeichnet gelassen wurde? Die Antwort wird uns im ersten Falle wohl durch das, was sich oben aus dem Gebrauch und der Schreibung von für die Auffassung dieses Ausdrucks ergab, an die Hand gegeben. , so schien es, wurde von den Aegyptern nicht mehr als eine Zusammensetzung aus zwei Worten empfunden, sondern als ein einfaches weibliches Wort für „Jahr“; man wird also das Ideogramm des Jahres selbst **ḥasp-* gelesen und in dem , wo man es historisch schrieb, das phonetische Komplement dazu gesehen haben, das als solches auch weggelassen werden konnte.

So schrieb man denn schon im mittleren Reich unhistorisch einfach 𓆳 für *ḥasp-. Und später, sicher seit der 22. Dynastie, auch 𓆳, in dem man das 𓇳 der alten halbhistorischen Schreibung 𓆳 irrig für das Determinativ der Zeit 𓇳 hielt. Denkbar wäre übrigens auch, dass das alte *ḥasp- „Regierungsjahr" in späterer Zeit schon vielfach, wie im Koptischen, durch *rompe mit Ordinalzahlen ersetzt worden sei, und dass dies in den Schreibungen ohne 𓊗 zum Ausdruck komme.

Bei der Weglassung des 𓃥 von 𓆳𓃥 muss die Sache etwas anders liegen, da das übrig bleibende Zeichen 𓆳 ja selbst kein Ideogramm für „Jahr", sondern der Vertreter des phonetischen Zeichens 𓄂 ist. Hier erklärt sich die Weglassung des 𓃥, die möglicherweise durch das Beispiel des 𓊗 nahegelegt war, vielleicht aus einer jener Spielereien, die die Hieroglyphenschrift der Ptolemäerzeit so sehr liebt. Wenn 𓆳 als Vertreter des Zeichens 𓄂 gebraucht wurde, so geschah das offenbar, weil es das Vorderteil eines Schakals darstellen sollte (s. ob. S. 94). In diesem Falle hatte es also den Wert eines Ideogrammes für 𓄂𓃥 *ḥ3(t)-s(3)b* „Vorderteil des Schakals" und konnte somit allein als Ersatz für diese Gruppe, mit der man das „Regierungsjahr" *ḥ3(t)-sp* (gesprochen *ḥasp-) schrieb, eintreten.

Schwerer zu beantworten ist eine andere Frage, die sich uns hier zum Schluss noch aufwirft; wie ist es zu erklären, dass man das Regierungsjahr in der ältesten Zeit als den „Anfang" des Ereignisses bezeichnete, nach dem es benannt wurde? Ich kann mir nur eine Erklärung dafür denken, nämlich die, dass man ursprünglich die Jahre nur nach solchen Ereignissen zu benennen pflegte, deren Anfang mit dem Anfang des betr. Jahres zusammenfiel. Für das Thronbesteigungsjahr mit seinem alten Namen „Jahr der Vereinigung der beiden Länder" trifft das ja in der That zu. In den zahlreichen Fällen, wo ein Jahr nach einem der regelmässig wiederkehrenden Feste (wie „Geburt des und des Gottes") benannt war, würde eine solche Erklärung wohl aber nur möglich sein, wenn man eine stärkere Verschiebung zwischen zwei Jahren (etwa einem Mondjahr und dem ägyptischen Kalenderjahr von 365 Tagen) annehmen wollte.

12. Horapollon über das Wort *ḥasp-.

Brugsch[1], der die Schreibung 𓆳𓊗 mit deutlichem 𓊗 *sp* zuerst beachtet hat, hat in ihr und in der ptolemäischen Schreibung 𓄂𓃥 zwei verschiedene, aber gleichbedeutende Bezeichnungen für das natürliche Sonnenjahr von 365¼ Tagen erkennen wollen, im Unterschied zu 𓆳 (er meinte 𓆳), das er *rnp-t* las und dem beweglichen ägyptischen Kalenderjahr von 365 Tagen gleichsetzte. Bei dieser Annahme berief er sich auf eine Stelle des Horapollon (I 5), an der dieser bezeuge, dass sich die Aegypter zur Schreibung des „Jahres des Gottes" oder Sonnenjahres von 365¼ Tagen der Hieroglyphe für die Viertelarure bedient hätten, deren Name 𓎛𓋴𓊪 *ḥsp* ja in der That im Konsonantenbestand mit jenem ptolemäischen *ḥ3-sp* übereinstimme.

Stände bei Horapollon wirklich da, was Brugsch ihn bezeugen lässt, so würde er sich nicht gerade in besonderer Uebereinstimmung mit den Denkmälern befinden. Das Hieroglyphen-

1) Thes. II 250 f. Aegyptologie 349.

zeichen für die Viertelarure ist ×; dieses ist aber bisher nirgends mit der Bedeutung „Jahr" belegt. Sodann bezeichnet der Ausdruck *ḥꜣ-sp* überhaupt nicht einen astronomischen Begriff, wie es das Jahr von $365\frac{1}{4}$ Tagen wäre, sondern es ist ein Element der Zeitrechnung des bürgerlichen Lebens, das Regierungsjahr, nach dem man datierte und das niemals $365\frac{1}{4}$ Tage, sondern nur 365 Tage und höchstens alle vier Jahre einmal 366 Tage enthalten konnte. Ganz abgesehen davon, dass der Gebrauch einer solchen vierjährlichen Schaltung vor der Kalenderreform des Ptolemäus Energetes I noch zu erweisen wäre, ist es aber schlechterdings undenkbar, dass man des einen einzigen Tages wegen, um den das vierte Jahr länger war als die drei anderen, eine besondere Bezeichnung für das Regierungsjahr eingeführt haben sollte; denn nur für dieses sind ja die in Frage kommenden Schreibungen und, wie auch das kopt. **ḥasp-* in ⲁ-ⲥⲫ-ⲟⲩⲛ belegt.

Thatsächlich steht aber bei Horapollon ganz etwas anderes als Brugsch ihm zuschreibt. Horapollon sagt an der betr. Stelle (I 5):

βουλόμενοι δὲ ἔτος εἰπεῖν τέταρτον λέγουσιν, ἐπειδή φασι κατὰ τὴν ἀνατολὴν τοῦ ἄστρου τῆς Σώθεως μέχρι τῆς ἄλλης ἀνατολῆς τέταρτον ἡμέρας προστίθεσθαι ὡς εἶναι τὸ ἔτος τοῦ θεοῦ τριακοσίων ἑξήκοντα πέντε ἡμερῶν καὶ τετάρτου· ὅθεν καὶ διὰ τετραετηρίδος περισσὴν ἡμέραν ἀριθμοῦσιν Αἰγύπτιοι· τὰ γὰρ τέσσαρα τέταρτα ἡμέραν ἀπαρτίζει.

Wie man sieht, erwähnt Horapollon die Hieroglyphe für die Viertelarure mit keinem Worte. Er redet überhaupt nicht von einem Ausdruck für Jahr in der Schrift, sondern in der Sprache (*εἰπεῖν—λέγουσιν*). Was er sagt ist wohl so zu verstehen: die Aegypter besitzen ein Wort für „Jahr" (*ἔτος*), das zugleich auch das „Viertel" bedeutet; sie haben dafür eine etymologische Erklärung, nach der das Jahr deshalb so benannt sei, weil es den vierten Teil einer Periode von (4 · 365 + 1) = 1461 Tagen (*τετραετηρίς*) bilde, in der der Frühaufgang des Siriussternes auf denselben Tag fällt. Diese vierjährige Periode sollen denn die Aegypter, wie Horapollon an anderer Stelle bezeugt (II 89), selbst geradezu „Jahr" genannt haben (*ἔτος κατ' Αἰγυπτίους τεττάρων ἐνιαυτῶν*), offenbar als das Ganze, von dem das einzelne Jahr nur ein Viertel sein sollte.

Wenn Brugsch nun auch die Worte des Horapollon im einzelnen nicht richtig verstanden hat, so hat er doch in zwei Punkten seines Gedankenganges wohl das Rechte getroffen, nämlich darin, dass er Horapollon's Worte auf das *ḥꜣ-sp* bezog, und ferner darin, dass er den Namen der „Viertelarure" *ḥsp*[1] zur Erklärung dieser Worte heranzog. Denn wenn Horapollon auch nicht von der „Viertelarure" spricht, sondern allgemein von dem „Viertel", so macht es die Thatsache, dass das Zahlzeichen für $\frac{1}{4}$ im Hieratischen[2] dasselbe ist wie das Zeichen für die Viertelarure ×, wohl recht wahrscheinlich, dass beide Worte identisch waren, d. h. mit anderen Worten, dass die Viertelarure auch im Aegyptischen einfach als das „Viertel" (der Arure) bezeichnet wurde. War dem so, so konnte das Wort für das Regierungs- und Datierungsjahr **ḥasp-* in der That mit dem Worte für das „Viertel" *ḥsp* gleichlauten und die Aegypter, die die Entstehung dieses

1) So in späterer Orthographie. Ursprünglich wird das Wort wohl ein *s* gehabt haben, wie das mit ihm vermutlich zusammenhängende alte Wort *ḥsꜣ* (Pyr. T. 66 = M. 221 = N. 598).

2) Oft belegt im Papyrus Ebers.

**ḥasp-* aus *ḥ3(t)-sp-* „Anfang des Males" nicht mehr kannten, zu der falschen Etymologie verleiten, die uns Horapollon überliefert. Eine solche Etymologie ist echt ägyptisch und entspricht der seltsamen Bezeichnung der Monatstagesdaten durch Bruchteile eines Monats, wie sie Dumichen in den ptolemäischen Inschriften nachgewiesen hat[1]. Die Benennung der vierjahrigen Periode (τετραετηρίς) als Jahr (ἔτος), von der Horapollon gleichfalls Kunde giebt, wird eine Folge dieser falschen Etymologie, die das Wort **ḥasp-* für das Wort *ḥsp* „Viertel" nahm, gewesen sein.

Ergebnis.

Die Entwicklung der Jahresdatierung bei den alten Aegyptern, soweit wir sie auf ihren Denkmälern verfolgen können, stellt sich nunmehr kurz folgendermassen dar:

1. In der ersten Hälfte der ersten Dynastie datierte man einfach nach gewissen Ereignissen, die innerhalb oder genauer vielleicht am Anfang desselben Jahres stattgefunden hatten. Das Wort „Jahr" wird dabei nicht besonders ausgedrückt, ist aber, nach dem Palermostein zu urteilen, wahrscheinlich zu ergänzen.

2. Seit dem fünften Könige der ersten Dynastie *Ḥ3śtj*, dem Usaphais des Manethos, der auch in anderen Punkten eine neue Zeit zu eröffnen scheint (namentlich in der Kunst, s. ob. S. 23), datierte man nach Jahren, die nach solchen Ereignissen, wie man sie selbst bisher zur Datierung benutzt hatte, benannt waren. Als Bezeichnung für das „Jahr" scheint man das Wort *ḥ3·t* „Anfang" gebraucht zu haben, das man indess stets nur durch das Ideogramm in der Schrift bezeichnete.

3. Anscheinend schon vor dieser Neuerung, nach dem Palermostein vielleicht noch unter Menes, war es Sitte geworden, jedes zweite Jahr nach dem *šmś-Ḥr* „Horusdienst" zu datieren, einer Zeremonie, die die thinitischen Könige als Nachfolger der alten „Horusdiener" von Hierakonpolis ein um das andere Jahr zu vollziehen pflegten. Zur Unterscheidung der gleichbenannten Jahre des Horusdienstes wurde dieser Benennung noch ein zweites Ereignis des betr. Jahres zugefügt. Nachdem diese Sitte zeitweilig, anscheinend unter Konig Miebis, abgekommen war, scheint sie unter den beiden letzten Königen der ersten und unter der zweiten Dynastie regelmässig innegehalten worden zu sein.

4. Unter der zweiten Dynastie nimmt dann auch das zweite Ereignis, das die Jahre des Horusdienstes unterschied, gleichförmige Gestalt an. Man wählte dazu eine Vermögenszählung, die sich in demselben Abstand wiederholte, wie die Zeremonie des „Horusdienstes", und unterschied die verschiedenen Wiederholungen derselben durch das Wort *sp* „Mal" mit folgender Ordnungsziffer. Auch diese Neuerung ist unter der zweiten Dynastie vorubergehend wieder aufgegeben worden.

5. Unter Šnefru ist der „Horusdienst" verschwunden. Die Jahre wurden wahrscheinlich nur noch nach Vermögenszählungen benannt, die nicht immer nach alter Weise alle zwei Jahre, sondern zeitweise auch Jahr für Jahr wiederholt wurden.

6. Unter der vierten, fünften und sechsten Dynastie wurden die Jahre mit einziger Ausnahme des Thronbesteigungsjahres, für das seine alte Benennung *ḥ3·t sm3·t·t3wj*

1 Ä. Z. 3, 57 ff.

beibehalten wurde, nur noch nach den Vermögenszählungen benannt x. *ḥ·t sp* x. *tnwt* „Jahr des xten Males der Zählung“; die Jahre, in denen selbst keine Zählung stattfand, wurden nach der Zählung des vorhergehenden Jahres bezeichnet: x. *ḥ3t m-ḫt sp* x. *tnwt* „Jahr nach dem xten Male der Zählung“. Das Wort „Zählung“ wird schon oft weggelassen, so dass die Jahre einfach als x. *ḥ3t sp* x. „Jahr des xten Males“ und x. *ḥ3t m-ḫt sp* x. „Jahr nach dem xten Male“ bezeichnet sind. Die Zählungen folgten sich bis unter König Phiops wahrscheinlich wieder in zweijährigen Abständen, und zwar vermutlich so, dass sie stets in die geraden Jahre der Regierung fielen.

7. Unter König Merjen-rē᾽ ging man dazu über, die Zählungen alljährlich zu wiederholen, so dass bei regelmässiger Innehaltung dieser Folge das x.. „Jahr des xten Males“ zugleich auch das xte Regierungsjahr sein musste.

8. Damit war auf ganz natürlichem Wege aus der alten Jahresbezeichnung nach einem gewissen Ereignisse (dem soundsovielten Male der Vermögenszählung) ein Ausdruck für das einfach mit fortlaufender Ordnungsziffer bezeichnete Regierungsjahr geworden. Man behielt diesen Ausdruck *ḥ·t sp* x., in alter Orthographie x., in jüngerer x., auch in der ganzen Folgezeit, während der man die Regierungsjahre nur noch mit Nummern bezeichnete, bei, vom mittleren Reich bis zur griechisch-römischen Zeit. Da das Verständnis für den Ursprung des Ausdrucks sehr früh (allem Anschein nach schon im mittleren Reich) verloren gegangen war, betrachtete man ihn als ein weibliches Wort *ḥsp·t* für „Jahr“, dem man die Kardinalzahlen in der weiblichen Form folgen liess, und schrieb ihn im Unterschied zu *rnpt* „Jahr“, für gewöhnlich oder auch nur , späterhin auch .

9. Erst in ptolemaischer Zeit kommen auch die phonetischen Schreibungen , und dafür auf, wie bei den analogen Ausdrücken für den Monatstag und die Tagesstunde.

10. Nach Horapollon scheinen die Aegypter der Spätzeit in dem Ausdruck, der nur noch die Konsonanten *ḥsp* aufwies, das Wort *ḥsp* „ein Viertel“ erkannt zu haben und sich dafür eine seltsame Etymologie erdacht zu haben.

11. Im Koptischen hat sich das alte *ḥ·t -sp* als konstrukte Form **ḥasp-* : **asp-* mit folgendem weiblichen Kardinalzahlwort verbunden nur noch in dem altertümlich gebrauchten Ausdruck ⲁⲥⲫⲟⲩⲓ „erstes Jahr“ erhalten. Im übrigen gebraucht man statt dessen das gewöhnliche Wort für „Jahr“ ⲣⲟⲙⲡⲉ mit weiblichen Ordinalzahlen und dem bestimmten Artikel.

5. Die Chronologie der älteren ägyptischen Geschichte, kontrolliert durch Wasserstandsangaben und andere Nachrichten über Ereignisse, die von den Jahreszeiten abhängen.

Der Gedanke, aus dem Kalenderdatum einer chronologisch annähernd fixierten Begebenheit die Jahreszeit, in der sie stattgefunden hat, zu ermitteln, ist schon vor längerer Zeit von Lieblein für die syrischen Feldzüge Ramses' II und vor kurzem ebenso von Breasted für die Thutmosis' III mit Erfolg angewendet worden. Der umgekehrte Weg, aus dem Kalenderdatum eines Ereignisses, das durch die Natur der Verhältnisse an eine bestimmte Zeit des Jahres gebunden ist, die chronologische Stellung des Jahres zu bestimmen, ist bisher fast ausschliesslich bei den sogenannten Sothisdaten eingeschlagen worden, wo er ja auch stets zu einem positiven, ziemlich genauen Resultat führt. Andere Ereignisse sind m. W. nur zweimal in dieser Weise benutzt worden.

Petrie hat aus der bekannten Stelle in der Inschrift des , wo von dem niedrigen Wasserstand des Nils im Monat Epiphi die Rede ist, die Zeit des Königs Merjen-reʿ auf etwa 3350 vor Chr. bestimmen wollen; wir werden auf diese Stelle weiter unten noch zurückkommen. Jüngst hat dann Ed. Meyer eine datierte Wasserstandsangabe aus der Zeit des Schabataka benutzt, um die Ansetzung dieses Königs um 700 vor Chr. zu kontrollieren[2].

Die Kontrollmittel dieser Art, die wir für die ältere Geschichte besitzen, sind nach der Natur der Sache viel weniger zuverlässig, da wir für die Chronologie der Zeiten vor dem mittleren Reich, in Ermangelung eines Sothisdatums, lediglich auf Schätzungen angewiesen sind. Gerade dies macht andererseits aber solche Kontrollmittel, so mangelhaft sie auch sein mögen, umso wertvoller für uns.

1. Ungefähre Chronologie der ältesten ägyptischen Geschichte nach Schätzungen.

Der feste Punkt, von dem die Chronologie der älteren ägyptischen Geschichte auszugehen hat, ist der Anfang der zwölften Dynastie, der durch das Sothisdatum von Kahun ziemlich genau auf die Jahre 2004 1 bestimmt ist[3]. Rechnet man nun für die Zeit der 7. bis 11. Dynastie etwa 300 Jahre, so wird man voraussichtlich nicht zu hoch greifen, da für die vier Oberkönige der elften Dynastie namens Mentu-hotep (darunter Neb-chru-reʿ mit 50 Jahren) und ihre Unter-

1) Petrie, Season S. 20. 2) A. Z. 40, 124.

3) Diese Zahl ergiebt sich, wenn man das Sothisdatum von Kahun nach den Brandes'schen Tabellen berechnet; vgl. dazu meine Bemerkungen über die Benutzung von Sothisdaten A. Z. 41.

könige namens *Intf* (*Intf* der Grosse kurz vor der zwölften Dynastie unter Neb-chru-reʿ?) doch wohl 100 Jahre im Ganzen gerechnet werden müssen. Andererseits wird man nach dem Beispiel der ähnlichen Perioden zwischen dem mittleren und dem neuen Reich (Dyn. 13—17, etwa 1790—1570 vor Chr.) und zwischen dem neuen Reich und der saitischen Zeit (Dyn. 21—25, etwa 1100—700 vor Chr.) auch wohl nicht mehr dafür anzusetzen haben. Für die 16 Könige, die auf der Tafel von Abydos zwischen *Ntrj-kꜣ-reʿ* (Nitokris?) und Neb-chru-reʿ erscheinen, oder die 18 Könige, die der Turiner Königspapyrus zwischen der 6. und 11. Dynastie aufgeführt hat, sind 250 (wovon 50 mit der 11. gleichzeitig zu rechnen) resp. 200 Jahre in der That wohl ausreichend, wenn man berucksichtigt, dass diese Könige so gut wie kein Denkmal hinterlassen haben. Man wird das Ende der sechsten Dynastie also wohl um 2300 ansetzen dürfen.

Die Dauer der sechsten Dynastie aber wird man auf etwa 180 Jahre schätzen müssen, wenn Nefer-ke-reʿ Phiops und sein Bruder Merjen-reʿ zusammen etwa 100, ihr Vater Phios ungefähr 50 Jahr regierte, wie wir oben als wahrscheinlich ermittelten (s. S. 85); es würden dann etwa 30 Jahre für *Ttj* und die beiden kurzen Regierungen nach Nefer-ke-reʿ entfallen. Mit dem Anfang der Dynastie wurden wir also auf etwa 2480 kommen.

Die fünfte Dynastie wird mit ziemlicher Wahrscheinlichkeit auf etwa 150 Jahre zu schätzen sein. Die beiden ersten Konige scheinen nach dem, was wir oben über den Palermostein festgestellt haben, auf diesem Denkmal zusammen etwa 28 Jahre (13 + 15) gehabt zu haben (S. 53 4). Für die letzten drei Konige der Dynastie giebt der Turiner Königspapyrus etwa 66 Jahre (8 + 28 + 30); von den drei oder vier Konigen der Zwischenzeit sind Nefru-f-reʿ und *Ḥr-ik-ꜣw*, die vielleicht überhaupt identisch sind, augenscheinlich ganz ephemere Erscheinungen. Wenn wir für die beiden anderen, für Nefer-ʾer-ke-reʿ und *N-wśr-rʿ* (*La-usi-re*ʿ) zusammen etwa 50 Jahre rechnen, werden wir ihnen wohl vollauf gerecht werden. In der That wird man vom Anfang der Dynastie bis zum Anfang des *N-wśr-rʿ* nicht mehr als etwa 50 bis 60 Jahre rechnen können, da Schepśeś-ptah, der unter Mencheres geboren war, und unter seinem Schwiegervater Schepśeś-ke-f etwa 15 bis 20 Jahre alt sein musste, noch unter König *N-wśr-rʿ* an dessen Sonnenheiligtum (Abu Gorab) Priester war[1]. Falls die Angaben des Papyrus Westcar zuverlässig wären, würden die drei ersten Könige der fünften Dynastie noch unter Cheops geboren worden sein; es könnten dann also vom Ende des Cheops bis zum Ende des Nefer-ʾer-ke-reʿ höchstens etwa 90 Jahre verflossen sein, wovon etwa 50 Jahre auf die 4 letzten Könige der vierten Dynastie (Dedef-reʿ, Chephren, Mencheres, Schepśeś-ke-f) abgingen, so dass etwa 40 Jahre für die drei ersten Regierungen der fünften Dynastie übrig blieben. Nefer-ʾer-ke-reʿ würde demnach nur etwa 12 Jahre regiert haben können. Rechnet man für die ganze Dynastie etwa 150 Jahre, so würden für *N-wśr-rʿ* und seinen einen oder seine beiden ephemeren Vorgänger zusammen etwa 45 Jahre bleiben, was gewiss genug sein dürfte. Die Zeit der fünften Dynastie wird demnach auf etwa 2630—2480 zu schätzen sein.

Für die vierte Dynastie mit Ausschluss des Śnefru wird man etwa 80—90 Jahre rechnen mussen, da man den Erbauern der beiden grossen Pyramiden von Gize Cheops und Chephren doch wohl mindestens je 25 Jahre wird geben müssen. Andererseits wird man für die Zeit vom Tode des Cheops bis zum Ende der Dynastie auch nicht mehr als 50 bis 60 Jahre rechnen dürfen, da Śechem-ke-reʿ, ein ältester Sohn des Chephren, der möglicherweise noch unter Cheops

1) Mar. Mast. 112 3; vgl. dazu Urk. d. aeg. Alt. I 51—53.

geboren war (nach den Namen seiner Landgüter zu schliessen), noch unter Śahu-reʿ lebte[1]. Auch nach dem Papyrus Westcar, der die drei ersten Könige der fünften Dynastie noch unter Cheops geboren werden lässt, könnte die vierte Dynastie nur noch etwa 50 Jahre nach dem Tode des Cheops auf dem Thron gesessen haben. Die ganze Dynastie würde danach etwa von 2720—2630 anzusetzen sein.

Nehmen wir für die drei ersten Dynastieen die Zahlen an, die sich uns oben bei der Betrachtung des Palermosteines zu ergeben schienen, so wurde die dritte Dynastie, einschliesslich Śnefru, mit ihren 80 bis höchstens 90 Jahren etwa 2810—2720 fallen, die zweite Dynastie, mit ihren etwa 300 Jahren 3110—2810, die erste mit ihren 250 Jahren 3360—3110.

Die Zahlen, die wir so für die einzelnen Dynastieen gewonnen haben, bleiben um ein Beträchtliches hinter den gewaltigen Zahlen, die z. B. Petrie dafür annimmt, zurück. Sie treffen dagegen nahezu mit den Minimaldaten zusammen, die Ed. Meyer in seiner Geschichte des Altertums aufgestellt hat und die, wie das Sothisdatum von Kahun erwiesen hat, wenigstens bei der 12. Dynastie der Wahrheit näher kamen, als alle anderen Schätzungen, die bis dahin aufgestellt waren. Zum Vergleich mögen die oben gewonnenen Zahlen und die von Petrie und Meyer aufgestellten Zahlen, die letzteren auch in der Modifizierung, mit der sie Erman in der zweiten Auflage seines „Ausführlichen Verzeichnisses der äg. Altertümer des Berliner Museums" angenommen hat, in nachstehender Tabelle nebeneinandergestellt werden.

Dynastie	nach den Schätzungen von			
	Sethe	Ed. Meyer	Erman	Petrie
1	3360—3110	3180 Menes	—	4777—4514
2	3110—2810	—	—	4514—4212
3	2810—2720	2830 Śnefru	2800 Śnefru	4212—3998 3998—3969 Śnefru
4	2720—2630	—	2770 Cheops	3969—3721
5	2630—2480	—	—	3721—3503
6	2480—2300	2530 Phios	2500 Ende des a. R.	3503—3335
7—10	2300—2100	—	2500—2200	3335—3005
11	2100—2000	—	2200—2100	3005—2778
12	2000—1790	2130—1930	2100—1900	2778—2565

2. Die zu chronologischen Zwecken verwendbaren Nilhöhenangaben auf dem Palermostein.

Der Palermostein giebt bekanntlich unter den Aufzeichnungen für das einzelne Jahr regelmässig in einer besonderen Rubrik auch eine Angabe in Ellen und Ellenbruchteilen, die Borchardt und Naville gewiss mit Recht auf die Höhe der Ueberschwemmung des betr. Jahres

1) LD II 41 a.

bezogen haben[1]. Unter diesen Nilhöhenangaben sind nun einige wohl auch in gewissem Grade für chronologische Zwecke zu benutzen, nämlich die, welche sich auf ein unvollständiges Jahr bei einem Regierungswechsel beziehen. Denn wir können aus ihnen ersehen, in welchem Teil des ägyptischen Kalenderjahres damals die Nilschwelle ihren Höhepunkt erreichte, und, da das mit sehr seltenen Ausnahmen regelmässig in denselben Wochen unseres Kalenderjahres einzutreten pflegt, so lässt sich daraus mit grosser Wahrscheinlichkeit schliessen, dass eben diese bestimmten Wochen damals innerhalb der auf dem Palermostein als Grenzen des unvollständigen Jahres angegebenen Monatstage des ägyptischen beweglichen Kalenderjahres gefallen sein werden.

Um einen solchen Schluss aber ziehen zu können, müssen wir wissen, an welchem Orte des Nilthales die Nilstandsangaben des Steines genommen worden sind. Obwohl das auf dem Stein selbst nicht angegeben ist, so ist es doch wohl recht wahrscheinlich, dass sie alle an ein und derselben Stelle genommen sind. Dem scheint ja zunächst eine auffällige Thatsache zu widersprechen, die Erman bemerkt hat, dass nämlich, wenn man für jede Zeile der Vorderseite des Steines den Durchschnitt der erhaltenen Nilstandsangaben berechnet, dieser Durchschnitt von Zeile zu Zeile kleiner wird. In Zeile 2 beträgt er bei 8 Angaben (davon 7 aufeinander folgend) $5\frac{1}{3}$ Elle, in Zeile 3 bei 13 Angaben $4\frac{1}{2}$ Elle, in Zeile 4 bei 13 Angaben $3\frac{1}{2}$ Elle, in Zeile 5 bei 11 Angaben ebenfalls $3\frac{1}{2}$, in Zeile 6 bei 3 Angaben $3\frac{1}{3}$ Elle. Man könnte versucht sein, wenigstens zwischen Zeile 3 und 4 einen Wechsel des Ortes der Nilmessungen als Grund für das Sinken der Durchschnittshöhen in Betracht zu ziehen. Thatsächlich nötigt aber die von Erman wahrgenommene Verschiedenheit der Durchschnittszahlen wohl nicht zu einer solchen Annahme. Es lassen sich nämlich auch aus den urkundlich überlieferten Nilhöhen der letzten beiden Jahrhunderte unserer Zeitrechnung (1737—1800, 1825—1889)[2], obwohl sie sämtlich an dem nämlichen Pegel von Roda gemessen sind, entsprechende Serien zusammenstellen, die ganz ähnliche Unterschiede aufweisen. So geben die 7 aufeinander folgenden Nilhöhen von 1737 bis 1743 im Durchschnitt $23\frac{1}{4}$ Ellen, die 13 von 1877—1889 dagegen nur 22 Ellen, die 13 von 1781—1793 $20\frac{5}{8}$ Ellen, die 3 von 1837—1839, die ähnliche Verhältnisse wie die 3 in Zeile 6 des Palermosteines aufweisen[3], $20\frac{1}{6}$ Ellen. Es sind denn auch die Schwankungen zwischen 8 Ellen als Maximum (Zeile 3) und 1 Elle als Minimum (Zeile 4) mit den Zwischenstufen von 6 Ellen (3mal), 5 Ellen (8mal), 4 Ellen (14mal), 3 Ellen (10mal), 2 Ellen (11mal) durchaus nicht grösser als die Schwankungen zwischen den 129 Nilhöhen, die von 1737—1800 und 1825—1889 bei Roda gemessen wurden. Bei diesen ist als Maximum 26 Ellen (2mal), als Minimum 17 Ellen (1mal) beobachtet worden, dazwischen die Zwischenstufen von 25 Ellen (4mal), 24 Ellen (24mal), 23 Ellen (27mal), 22 Ellen (24mal), 21 Ellen (19mal), 20 Ellen (13mal), 19 Ellen (10mal), 18 Ellen (5mal).

Enthalten die Nilstandsangaben auf der Vorderseite des Palermosteines somit wohl nichts, was gegen die Annahme eines gemeinschaftlichen Messungsortes sprechen könnte, so fragt es sich, ob eine solche aus historischen Gründen wahrscheinlich ist. Berücksichtigt man, dass die

1) Borchardt nimmt Anstoss an der Genauigkeit der Angaben, die sogar noch $\frac{2}{3}$ und $\frac{3}{4}$ Finger unterscheiden. Demgegenüber ist darauf hinzuweisen, dass noch heute bei den Nilmessungen ausser den Ellen genau die *kirat* d. i. $\frac{1}{24}$ Elle angegeben werden und dass auf den altägyptischen Ellen der Finger sogar in 16 Teile geteilt erscheint.

2) Chélu, Le Nil, le Soudan et l'Egypte 88—90.

3) Die erste und dritte sind in beiden Fällen annähernd gleich und bedeutend niedriger als die zweite.

Nilstandsangaben auf dem Stein erst im Laufe der ersten Dynastie, nach der Vereinigung der beiden Länder und der Gründung von Memphis, aufkommen[1] und dass der Stein aller Wahrscheinlichkeit nach aus Heliopolis oder Memphis stammt, so wird man es in der That für wahrscheinlich erklären müssen, dass die Nilstandsangaben an ein und derselben Stelle gemessen sein werden und zwar sehr wahrscheinlich eben da, wo sich noch heute seit uralter Zeit der heilige Nilmesser des Landes befindet, auf der Insel Roda, dem alten 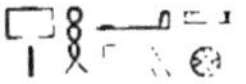 *Pr-ḥʿpj*, der „Nilstadt" (*Νείλου πόλις*), jenem Vororte von Heliopolis, der mit dem benachbarten  *Ḫrj-ʿḥꜣ* (*Βαβυλών*) zusammen der Schauplatz der grossen Nilfeste (im grossen Pap. Harris „Nilbücher" genannt) war, wie es noch heute Roda ist[2].

Am Nilmesser von Roda pflegt nun der höchste Wasserstand des Nils Ende September oder Anfang Oktober beobachtet zu werden. Am 27. September feiern, wie mir Steindorff mitteilt, die Kopten das *ʿîd eṣ-ṣalîb*, das mit der höchsten Nilschwelle zusammenhängt. Girard, der als Mitglied der französischen Expedition die Nilschwelle studierte, giebt übereinstimmend damit die Zeit zwischen dem 20. und 30. September als Periode des höchsten Wasserstandes an, doch tritt dieser sehr häufig auch erst in der ersten Hälfte des Oktobers ein. Von den drei Nilschwellen, die die Franzosen damals selbst beobachten konnten, erreichte nur die eine von 1799 ihren Höhepunkt am 23. Sept., die beiden anderen dagegen erst im Oktober, die von 1798 am 7., die von 1800 am 4. dieses Monats. Von 5 Nilschwellen, deren Verlauf Chélu in seinem Werk über den Nil graphisch dargestellt hat[3], erreichte die von 1885 ihren Höhepunkt am 24. Sept., die von 1874 am 5. Okt., die von 1878 am 11. Okt., die von 1888 am 14. Okt., die fünfte von 1877, die schlechteste, die seit 1737 registriert worden ist[4], erreichte ihre ungewöhnlich niedrige erste Höhe vom 25. Aug. beim zweiten Ansteigen am 30. Sept. nicht ganz wieder, so dass ihr sehr niedriges Maximum auf ein ganz ungewöhnlich frühes Datum fällt. Es ist das einer der seltenen Ausnahmefälle, die, wie Chélu sich ausdrückt, gegenüber der Regelmässigkeit, mit der die Nilschwelle seit tausenden von Jahren verläuft, nichts zu bedeuten haben. Der Fall ist für uns trotzdem lehrreich, weil er uns zeigt, dass die Nilhöhen zu chronologischen Zwecken nur unter dem Vorbehalt benutzt werden können, dass die betreffende Nilschwelle nicht durch einen seltenen Zufall gerade eine abnorme gewesen sei. Um dies festzustellen, wird es ratsam sein, die Höhenangabe selbst mit denen der anderen Jahre zu vergleichen. Stimmt sie mit diesen ungefähr überein, so wird man annehmen dürfen, dass die Nilschwelle in ihrer Stärke und, was damit zusammenhängt, auch in ihrem Verlauf normal gewesen sein wird.

Aber auch eine normale Nilschwelle kann zuweilen etwas früher oder später ihren Höhepunkt erreichen. Das lehrt die von de Morgan mitgeteilte Tabelle der Nilhöhen von 1846 bis 1878, die allerdings nicht überall mit den Angaben von Chélu übereinstimmt und daher vielleicht nicht ganz genau sein wird[5]. Danach fielen von diesen 33 Nilhöhen 26 in die Zeit

1) In den beiden Schlussjahren einer Regierung, mit denen Zeile 2 des Palermosteines beginnt, fehlen die Nilstandsangaben noch.

2) Auch Naville denkt an Memphis oder Heliopolis als Ort der Messungen.

3) Chélu, Le Nil, le Soudan et l'Égypte p. 87.

4) Chélu a. a. O. 88—90, wo die Nilhöhen von 1737—1800 und 1825—1889 nach den Akten im ägyptischen Wasserbauministerium zusammengestellt sind.

5) de Morgan, Recherches sur les Origines I 31.

vom 20. Sept. bis 20. Okt., 3 in die Zeit vom 5. bis 19. Sept. (je eine am 5., 10. und 15. Sept.; alle 3 in den vier Jahren von 1855—1858), 2 in die Zeit vom 21. bis 25. Okt. (beide am 25. Okt.). Ausserdem erreichten 2 abnorme Nilschwellen ihren Höhepunkt am 31. Aug. (die von 1877, für die Chélu den 25. Aug. angab, s. ob.) und am 31. Okt. (die von 1859, die gleichfalls sehr schwach war und den obigen drei Nilschwellen mit vorzeitiger Nilhöhe in der ersten Septemberhälfte folgte).

Als Zeitraum, in dem eine normale Nilschwelle zu Nilopolis (Roda) in der Regel ihren Höhepunkt zu erreichen pflegt, werden wir demnach die Zeit vom 20. Sept. bis 20. Okt. unserer Zeitrechnung (gregorianischen Kalenders) ansehen dürfen.

Auf dem Palermostein haben sich uns nun drei Fälle eines Thronwechsels erhalten, die chronologisch verwertet werden könnten. Zunächst am Anfang von Zeile 2 der Vs., wo, wie oben ausgeführt, wahrscheinlich die erste Hälfte der ersten Dynastie behandelt war. Hier erscheint das letzte unvollständige Jahr des alten Königs, das aus nur 6 Monaten und 7 Tagen bestand und vom 11. Tage des 10. Kalendermonats (Payni) bis zum 12. Tage des 4. Kalendermonats (Choiak) reichte (s. ob. S. 73), ohne Nilstandsangabe. Man könnte daraus also schliessen, dass innerhalb der 6 Monate und 7 Tage der Höhepunkt der Nilschwelle nicht eingetreten sei, und dass diese 6 Monate und 7 Tage also wahrscheinlich so gelegen haben, dass sie die Zeit vom 20. Sept. bis 20. Okt. gregor. mindestens nicht ganz umfassten. Thatsächlich darf dieser Schluss nun aber nicht gezogen werden, da nicht nur jenes unvollständige letzte Jahr des alten Königs, sondern auch das ihm vorangehende Jahr, das erste, das hier in Zeile 2 des Steines erhalten ist, und ebenso auch das zweite Jahr des neuen Königs gleichfalls ohne Nilhöhenangabe erscheinen. Es ist also möglich, dass das Fehlen dieser Angabe bei dem unvollständigen Jahre ebenso wie in diesen anderen Fällen auf Zufälligkeiten, mangelnder Ueberlieferung o. ä. beruhte und nicht auf wirklichem Fehlen einer Nilschwelle. In der That ergäbe sich, wenn man das Fehlen der Nilschwelle in jenen 6 Monaten und 7 Tagen als thatsächlich annähme, für die Bestimmung jener Zeit ein Resultat, das sich mit unseren Schätzungen nicht vereinigen liesse. In den julianischen Jahren 3476 3 vor Chr.[1], in denen der 1. Thoth des ägypt. Kalenderjahres auf den 9. Januar jul. fiel, entsprach der 11. Payni dem 16. Oktober jul., und also etwa dem 20. September greg. In diesen Jahren fiel also der ganze für die Nilhöhe in Betracht kommende Zeitraum 20. Sept. bis 20. Okt. greg. in die Zeit vom 11. Payni bis 12. Choiak. Desgleichen in den folgenden Jahren 3472 69 jul., wo der 11. Payni auf den 15. Okt. jul. = 19. Sept. greg. fallen musste und so weiter in allen folgenden Jahren bis zu den Jahren 2833 0 jul., in denen der 1. Thoth auf den 1. Aug. jul., der 12. Choiak also auf den 10. Nov. jul. oder 20. Okt. greg. fiel. In den folgenden Jahren 2829 6 jul. musste er auf den 9. Nov. jul. oder 19. Okt. greg. fallen und es konnte dann, wenn es der Zufall wollte, die Nilhöhe gerade auf den 20. Okt. greg. = 13. Choiak, und somit ausserhalb der

1) Zu Grunde gelegt sind die Tabellen von H. Brandes in seinen Abhandlungen zur Geschichte des Orients im Altertum. Die Sothisperiode ist also als konstante zyklische Periode von 1460 ägypt. Jahren angenommen, vgl. dazu meine Bemerkungen in A. Z. 41. Für die Berechnung der gregorianischen Daten ist die Thatsache zu Grunde gelegt, dass der julianische Kalender in je 400 Jahren dreimal einen Tag zu viel einschaltet und infolge dessen vor Christi Geburt dem natürlichen gregorianischen Kalender um ebenso viele Tage vorauseilt. Die gregorianischen Daten, die im Folgenden gegeben werden, werden möglicherweise nicht immer ganz genau sein, aber kaum um mehr als einen Tag von der Wahrheit abweichen.

bewussten Frist (von 6 Monaten 7 Tagen) fallen. Es würde also, wenn das Fehlen der Nilstandsangabe in unserem Falle ernst zu nehmen wäre, daraus hervorgehen, dass das betr. letzte Jahre eines Königs der ersten Dynastie, vielleicht gar des Menes selber (s. ob. S. 47), aller Wahrscheinlichkeit nach nicht in den Zeitraum von 3476/3 bis 2829/6 jul. gefallen sein könnte. Gerade in diese Zeit würde ja aber nach unseren Schätzungen die erste Dynastie fallen müssen (3360—3110).

Wie gesagt, kann dem Fehlen der Nilstandsangabe in dem vorliegenden Falle aber keine Beweiskraft zuerkannt werden, da eine solche Angabe auf diesem Teil des Steines auch bei anderen vollständigen Jahren, die eine Nilhöhe haben mussten, fehlt.

Anders liegt die Sache bei dem zweiten Thronwechsel, der uns auf dem erhaltenen Bruchstück desselben Annalensteines in Zeile 4 der Vs. vorliegt, und nach den oben (S. 50) angestellten Ermittlungen in das Ende der zweiten Dynastie und zwar etwa 56 Jahre vor deren Erlöschen zu setzen zu sein scheint. Bei diesem Thronwechsel haben wir es mit zwei unvollständigen Jahren zu thun, die, wie Ed. Meyer oben (S. 73) gezeigt hat, zusammen ein Kalenderjahr füllten. Von diesen beiden unvollständigen Regierungsjahren hat nun das erste, das vom 1. Thoth bis zum 23. Athyr reichte, keine Nilstandsangabe, wohl aber das zweite, das den Rest des Kalenderjahres (vom 24. Athyr bis zum 5. Epagomenentage) einnahm. Es ist also klar, dass damals der Höhepunkt der Nilschwelle in diesen grösseren Teil des Jahres gefallen sein muss.

Dass diese Nilschwelle aber eine normale war, macht ihre Höhe (4 Ellen 2 Palmen $2\frac{2}{3}$ Finger) wahrscheinlich. Sie ist von den Nilhöhen der beiden letztvorhergehenden Jahre (4 Ellen 2 Palmen $2\frac{2}{3}$ Finger und 4 Ellen 2 Palmen) und des nächstfolgenden Jahres (4 Ellen $1\frac{2}{3}$ Palme) kaum verschieden und übertrifft die Nilhöhen der übrigen in derselben Zeile des Steines behandelten 7 Jahre, so dass die Nilschwelle keine schlechte gewesen sein kann.

Nun fiel der 1. Thoth in den Jahren 3129/6 jul. auf den 14. Okt. jul. und also etwa auf den 20. Sept. greg. In diesen Jahren fiel also die Zeit, in der die Nilschwelle am höchsten zu steigen pflegt (20. Sept. bis 20. Okt. greg.), zum ersten Male ganz in denjenigen Teil des ägyptischen Kalenderjahres, den das unvollständige Jahr ohne Nilstandsangabe einnahm. Dasselbe war auch in den folgenden Jahren 3125/2 jul. der Fall, in denen der 20. Sept. bis 20. Okt. greg. dem 2. Thoth bis 2. Paophi entsprachen und so weiter bis zu den Jahren 2913/10 jul., in denen der 1. Thoth auf den 21. Aug. jul., der 23. Athyr also auf den 11. Nov. jul. oder den 20. Okt. greg. fiel. Während in diesen Jahren die Zeit für die Nilhöhe noch ganz innerhalb der Zeit vom 1. Thoth bis 23. Athyr lag, traf in der folgenden Tetraeteris 2909/6 jul. der 20. Okt. greg., den wir als letzten Termin für die regelmässige Nilhöhe angenommen haben, erst auf den 24. Athyr und es wäre also nicht unmöglich, dass der Höhepunkt der Nilschwelle erst an diesem Tage, dem ersten des neuen Herrschers, erreicht und daher für ihn, und nicht für seinen Vorgänger verzeichnet worden wäre.

Wir werden also mit grosser Wahrscheinlichkeit behaupten können, dass der uns vorliegende Thronwechsel nicht in den Jahren 3129—2910 jul. vor Chr. stattgefunden haben wird. Nach den oben angestellten Schätzungen würde er nun in der That etwa um das Jahr 2866 fallen müssen. In diesem Jahre fiel der 1. Thoth auf den 10. Aug. jul., der 23. Athyr also auf den 31. Okt. jul., der dem 9. Okt. greg. etwa entsprach. Die Nilschwelle musste damals also in den ersten Wochen des neuen Königs ihren Höhepunkt erreicht haben, während sie vermutlich bereits gegen Ende des vollständigen vorletzten Jahres des alten Königs begonnen und das ganze, aus noch nicht 3 Monaten bestehende, letzte Jahr desselben Königs hindurch angedauert hatte. Viel tiefer als das unseren Schätzungen entsprechende Jahr 2866 wird man den Thronwechsel nicht ansetzen können, da dann der Spielraum für die dritte bis sechste Dynastie zu knapp würde. Will man dagegen die andere Möglichkeit annehmen und mit der Ansetzung des Thronwechsels über das Jahr 3129 zurückgehen, so erhielt man als späteste Zeit für die zweite Dynastie etwa 3380—3080, wenn man den Thronwechsel fast unmittelbar vor dieses Grenzjahr ansetzte (3136). In diesem Falle würde das kurze Jahr, das ohne Nilhöhenangabe erscheint, am 16. Okt. jul. = 22. Sept. greg. (= 1. Thoth) begonnen haben und es müsste der Höchststand des Wassers gerade in den beiden vorhergehenden Tagen, die das vorletzte vollständige Jahr schlossen, eingetreten sein. Geht man 100 Jahre weiter zurück, und setzt den Thronwechsel etwa in das Jahr 3236, so wurde das kurze Jahr vom 1. Thoth bis 23. Athyr erst am 10. Nov. jul. = 17. Okt. greg. begonnen und also fast ganz ausserhalb der für die Nilhöhe in Betracht kommenden Zeit gelegen haben.

Falls das Datum des vorliegenden Thronwechsels in dieser Weise vor der Ausschlussfrist von 3129—2910 anstatt nachher anzunehmen wäre, würde die zweite Dynastie also allermindestens 260 Jahre früher regiert haben, als oben geschätzt wurde. Dass das möglich wäre, lasst sich naturlich nicht bestreiten, doch will es mir bis auf weiteres sehr wenig wahrscheinlich erscheinen.

Obwohl Petrie's Ansetzung der zweiten Dynastie auf 4514—4212 so ungeheuerlich ist, dass sie wohl kaum ein Eingehen verdiente, ist es doch vielleicht nicht ganz uninteressant, zu sehen, wie sie sich zu dem, was uns der Thronwechsel in Zeile 5 des Palermosteines mit seiner Nilstandsangabe offenbart, verhält. Dazu müssen wir um eine ganze Sothisperiode weiter zurückgehen. Was oben fur die Jahre 3129/6 jul. und 2913/10 jul. festgestellt wurde, galt in der vorhergehenden Sothisperiode infolge der Verschiebung des gregorianischen gegen den julianischen Kalender ebenso für die Jahre 4633/0, in denen der 1. Thoth auf den 20. Sept. greg. = 25. Okt. jul. fiel, und 4417/4, in denen der 23. Athyr auf den 20. Okt. greg. = 22. Nov. jul. fiel. Für diese Sothisperiode bilden also die Jahre 4633—4414 die Ausschlussfrist für den Thronwechsel, der uns in Zeile 5 des Palermosteines vorliegt. Da er bei Petrie's Ansetzung der zweiten Dynastie etwa um das Jahr 4268 fiele, so erfährt diese Ansetzung durch unsere Nilstandsangabe also keine Anfechtung, sondern könnte, wenn es nur von ihr abhinge, richtig sein.

Der dritte Thronwechsel, den wir auf dem Palermostein beobachten können, liegt nun in Zeile 4 der Rs. des Steines vor, wo die Regierung von König Śaḥu-reʿ auf seinen Nachfolger Nefer-ʾer-ke-reʿ ubergeht. Als Thronbesteigungstag des letzteren Königs finden wir dort den 7. Paophi angegeben, als Dauer des letzten unvollständigen Jahres des Śaḥu-reʿ dagegen 9 Monate 6 Tage. Die letztere Zahl ist leider nicht ganz sicher, doch lässt sich mit Sicherheit behaupten, dass sie jedenfalls kaum grösser war. Wenn Borchardt's Lesung zu berichtigen sein sollte, so kann es sich dabei nur um eine Herabsetzung der Zahl der Monate handeln, da der Platz fur 10 Monate zu knapp ist und auch Pellegrini statt der 9 nur 6 las, was nach der Photographie von Salinas aber jedenfalls zu wenig ist. Die Zahl der Tage durfte dagegen wohl richtig sein; was Pellegrini dafür gab, |||||/||||| kann ja auch nur eine beschädigte |||||| sein (12 wäre ja ∩||); jedenfalls überstieg die Zahl nicht 10. Das letzte Jahr des Śaḥu-reʿ begann demnach, wenn Borchardt's Lesung (9 Monate 6 Tage) richtig ist, am 6. Tybi, andernfalls frühestens am 3. Tybi (wenn 9 statt 6 Tage zu lesen sein sollte), oder aber einen oder zwei Monate später.

Für dieses letzte unvollständige Jahr des Śaḥu-reʿ war nun, wie bei seiner Länge nicht anders zu erwarten, auf dem Annalenstein u. a. auch eine Nilstandsangabe verzeichnet, von der leider nur wenige Zeichenreste noch erhalten sind. Wir können daraus also entnehmen, dass in dem Jahre dieses Thronwechsels der Höhepunkt der Nilschwelle zwischen dem 6. Tybi (resp. 3. Tybi) und dem 6. Paophi des nächsten Kalenderjahres (beide Tage einschliesslich) eingetreten sein muss; und dass also die Zeit vom 7. Paophi bis 5. Tybi, vorausgesetzt dass die Nilschwelle nicht eine selten schwache war, vermutlich nicht die Zeit vom 20. Sept. bis 20. Okt. greg. ganz umfasst haben wird. Es mag bemerkt werden, dass dieser Schluss auch in dem Falle seine Gültigkeit behält, dass Borchardt's Lesung hinsichtlich der Zahl der Monate zu berichtigen sein sollte; wogegen bei einer etwaigen Erhöhung der Zahl der Tage von 6 auf 9 die Ausschlussfrist nur um 3 Tage zu kürzen wäre und also vom 7. Paophi bis 2. Tybi (beide Tage einschliesslich) sich erstrecken würde.

Dem 20. Sept. greg. = 13. Okt. jul. entsprach der 7. Paophi in den julianischen Jahren 2981/78 vor Chr., in denen der 1. Thoth auf den 7. Sept. jul. fiel. In diesen Jahren reichte die Zeit des höchsten Wasserstandes (20. Sept. bis 20. Okt. greg.) also vom 7. Paophi bis 7. Athyr und fiel somit ganz in die genannte Frist, die mit dem 5. (resp. 2.) Tybi endete. Dasselbe war auch in der folgenden Tetraeteris 2977/4 jul. der Fall, wo der 20. Sept. greg. dem 8. Paophi, der 20. Okt. greg. dem 8. Athyr entsprach, und ebenso in allen folgenden Jahren bis zu den jul. Jahren 2741/38 (resp. 2753/50), in denen der 1. Thoth auf den 9. (resp. 7.) Juli jul., der 5. (resp. 2.) Tybi also auf den 10. Nov. jul. = 20. Okt. greg. fiel. Während in diesen Jahren die Zeit des höchsten Wasserstandes noch ganz in die Frist vom 7. Paophi bis 5. (resp. 2.) Tybi fiel, fiel in der nächstfolgenden Tetraeteris 2737/4 (resp. 2749/6) der 20. Okt. greg. bereits auf den 6. (resp. 3.) Tybi, also bereits innerhalb der Frist, in der nach dem Annalenstein thatsächlich die Nilschwelle ihren Höhepunkt erreicht haben muss.

Wir werden also mit grosser Wahrscheinlichkeit sagen können, dass der Tod des Śaḥu-reʿ und die Thronbesteigung des Nefer-ʾer-ke-reʿ wohl kaum in die Zeit von 2981—2738 (resp. 2750) vor Chr. gefallen sein können. Damit stimmt denn auch die Ansetzung der fünften Dynastie auf etwa 2630—2480 vor Chr., auf die wir oben durch Schätzung gekommen sind, überein. Wenn der Uebergang der Herrschaft von Śaḥu-reʿ auf Nefer-ʾer-ke-reʿ etwa 28 Jahre nach dem Beginn der Dynastie anzusetzen ist, so würde er ungefähr um das Jahr 2600 fallen. Damals (2601/2598) fiel der 1. Thoth auf den 4. Juni jul.; der 6. Tybi, an dem das letzte Jahr des Śaḥu-reʿ begann, fiel also auf den 7. Okt. jul. oder etwa den 17. Sept. greg.; der 7. Paophi des nächsten Kalenderjahres, an dem Nefer-ʾer-ke-reʿ den Thron bestieg, also auf den 10. Juli jul. oder etwa den 20. Juni greg. Die Nilschwelle musste dann voraussichtlich in den ersten fünf Wochen des letzten Jahres des Śaḥu-reʿ ihren Höhepunkt erreicht haben, der demgemäss für dieses Jahr in den Annalen verzeichnet wurde.

Wenn das letzte Jahr des Saḥu-reʿ vom 17. Sept. bis 19. Juni greg. etwa reichte, so stimmte das auch dazu gut, dass unter den Merkwürdigkeiten dieses Jahres zum Schluss auch „was aus dem Malachitlande und was aus *Pwnt* gebracht wurde" aufgeführt erscheint. Die Expedition nach dem Weihrauchlande könnte dann eben, wie es das Natürlichste ist, im Herbst ihre Ausreise angetreten haben und im Frühjahr wieder nach Aegypten zurückgekehrt sein; die nach der Sinaihalbinsel konnte dann in die Wintermonate gefallen sein, wie es in den beiden einzigen kontrollierbaren Fällen geschehen zu sein scheint (s. u. Abschnitt 7).

Dass der Tod des Saḥu-reʿ etwa vor 2981 anzusetzen wäre, ist wenig wahrscheinlich. Und so wird man denn in dem Ergebnis, dass er nach 2738 fiel, wohl eine Bestätigung dafür zu erblicken haben, dass die Ansetzung der fünften Dynastie um 2630—2480 annähernd richtig sein wird. Die Dynastie könnte nach diesem Ergebnis in der That wohl nur um eine Kleinigkeit heraufgerückt werden, jedenfalls nicht über 130 Jahre, da der Tod des Saḥu-reʿ damit schon die ihm durch die Nilstandsangabe gezogene Grenze von 2738 überschreiten würde. Andererseits ist ein Herabrücken der Dynastie wohl auch nicht angängig, da der Raum für die sechste bis elfte Dynastie bei unserer Schätzung so knapp wie möglich bemessen worden ist.

Interessant ist es nun, noch zu sehen, zu welchen Ergebnissen der Fall führte, dass das letzte Jahr des Saḥu-reʿ nicht, wie Borchardt las, 9 Monate, sondern nur 8 Monate gedauert hätte. Es würde alsdann, da der Endpunkt derselbe (6. Paophi) bleibt, einen Monat später, also erst am 6. Mechir begonnen haben und die Frist, in der die Nilschwelle nicht ihren Höhepunkt erreichte, würde sich somit vom 7. Paophi bis zum 5. Mechir erstreckt haben. Statt der Jahre 2741/38 würden wir die Jahre 2617/4 als Grenzjahre erhalten; in diesen Jahren fiel der 1. Thoth auf den 8. Juni jul., der 5. Mechir auf den 9. Nov. jul. oder 20. Okt. greg. Das Todesjahr des Saḥu-reʿ würde in diesem Falle demnach nach 2614 anzusetzen sein, also jedenfalls nicht viel früher und sicher nicht später als es nach unserer Schätzung angesetzt wurde. Denn wie gesagt würde man mit Rücksicht auf den Spielraum, der für die folgenden Dynastieen nötig ist, nur wenige Jahre unter dieses eventuelle Grenzjahr 2614 hinuntergehen können, ohne ins Gedränge zu kommen. Und das ist ein Ergebnis, das vielleicht für Borchardt's Lesung „9 Monate" spricht.

3. Die Wasserstandsangabe in der Inschrift des 

In der Selbstbiographie des  Wenej, der unter König Merjen-reʿ Vorsteher von Oberägypten war, findet sich gleichfalls eine Wasserstandsangabe mit ungefährem Datum, die, wie erwähnt, schon von Petrie zur Ermittlung der zeitlichen Stellung des Königs Merjen-reʿ benutzt worden ist.

An der betreffenden Stelle (Zeile 42 ff.) sagt Wenej wörtlich: „Seine Majestät sandte mich nach Hat-nub, um eine grosse Opfertafel aus Alabaster von Hat-nub zu holen. Ich brachte ihm in nur 17 Tagen diese Opfertafel herab, welche in Hat-nub gebrochen und in diesem Schiffe stromab gefahren wurde: ich zimmerte für sie ein Schiff aus Akazienholz, das 60 Ellen in seiner Länge und 30 Ellen in seiner Breite mass, und in nur 17 Tagen gebaut wurde, im 3. Monate der Sommerjahreszeit (Epiphi), obwohl kein Wasser auf den *tsw* war (
), wurde (dennoch) glücklich gelandet bei der Pyramide des Königs Merjen-reʿ".

Der Satz, der die Wasserstandsangabe enthält und mit  eingeleitet ist, ist ein Zustandssatz, der an sich ebenso gut mit dem Vorhergehenden (vgl. Zeile 12. 17—19. 31 der Inschrift) wie mit dem Folgenden (vgl. Zeile 2. 8. 21) verbunden werden könnte. Für das Letztere entscheidet wohl der Zusammenhang, da der Wasserstand wohl für die Landung des Blockes, nicht aber für den Bau des Schiffes Bedeutung haben konnte.

Leider ist der Bericht aber auch in anderen Einzelheiten nicht so klar und unzweideutig wie es für eine erfolgreiche Ausnutzung der Wasserstandsangabe, die er bietet, zu wünschen wäre. Wenej erzählt uns offenbar zuerst ganz allgemein, dass er den Auftrag ausgeführt und die Opfertafel stromab von Hat-nub, das ja bei Bersche liegt, nach Memphis (Sakkara) gebracht habe, und zwar, so sind seine Worte doch wohl zu verstehen, habe er für die Arbeit im Steinbruch und den Transport nur 17 Tage gebraucht. Bei diesem allgemeinen Bericht über die Erledigung des Auftrages erwähnt er nun auch, dass der Stein transportiert worden sei „in diesem Schiffe", d. h. einem Schiffe, von dem er eigentlich schon hätte berichten müssen, da es selbst eine nennenswerte Leistung darstellte, von dem er aber noch nicht berichtet hatte. Er holt dies nun nach und erzählt, dass er das Schiff für seinen Zweck erst selbst in Hat-nub habe bauen müssen, und auch das sei in nur 17 Tagen geschehen im Monat Epiphi. Nimmt man das wörtlich, so würden diese 17 Tage nur zum Bau des Schiffes nötig gewesen sein; diese Arbeit müsste also vor dem Beginn der Steinbruchsarbeit, die ja mit dem Transport zusammen auch nur 17 Tage in Anspruch genommen haben sollte, begonnen worden sein. Wäre Wenej's Bericht wirklich so zu verstehen, so wäre es gewiss wunderbar, dass er nicht eine einzige Zahl von Tagen, in denen er seinen Auftrag einschliesslich des Schiffsbaues ausführte, angäbe, sondern statt dessen erst die Zahl der Tage, die die Gewinnung und der Transport des Steines in dem Schiff dauerten, und dann die Zahl der Tage, die er zum Bau des Schiffes gebrauchte und die z. T. mit jenen Tagen zusammen gefallen sein werden, nennt. Der Umstand, dass die Zahl der Tage beide Male die gleiche ist und dass ihr das zweite Mal, wo vom Bau des Schiffes die Rede war, die Datierung „im Monat Epiphi" zugefügt ist, die für den Schiffsbau eigentlich gleichgültig ist, in Verbindung mit der gleichfolgenden Wasserstandsangabe aber für den Transport von Bedeutung wäre, macht es wohl sehr wahrscheinlich, dass wir Wenej's Worte nicht wörtlich zu nehmen haben, sondern dass wir in den zweimal erwähnten 17 Tagen ein und denselben Zeitraum zu verstehen haben, innerhalb dessen der Block gewonnen, das Schiff gebaut und der Transport glücklich ausgeführt wurde, obwohl die Jahreszeit ungünstig dafür war. In diesem Falle müssen wir an der zweiten Stelle „in den 17 Tagen" statt „in nur 17 Tagen" übersetzen.

Ist diese Auffassung richtig, so erheben sich aber noch einige neue Fragen, von deren Beantwortung die Verwertung der Angabe abhängt. Zunächst was sind die *tsw*, die ohne Wasser waren? Erman[1] vermutet, dass damit das bei der Ueberschwemmung überflutete Land gemeint ist, das, wenn es unter Wasser stand, den Verkehr mit Schiffen erlaubte, sonst aber ein Umladen der Last auf Schlitten nötig machte. Maspero denkt dagegen an die Sandbänke, die bei niedrigem Wasserstande die Schiffahrt hinderten[2]. Es fragt sich dann weiter:

1) Die Märchen des Papyrus Westcar I 57.

2) Maspero, Hist. ancienne I 423.

soll gesagt sein, dass die *šꜥ* überhaupt ganz trocken lagen oder aber dass nur so wenig Wasser auf ihnen war, dass sie zu befahren eine Kunst war? Nach dem Ausdruck „es wurde gelandet bei der Pyramide" ist der letzteren Deutung wohl der Vorzug zu geben. Und weiter: thut man das, so lassen uns die Worte des Wenej noch im Unklaren, ob der niedrige Wasserstand auf den *šꜥ* daher rührte, dass das Wasser diese noch nicht genügend überflutet oder schon wieder verlassen hatte, mit anderen Worten, ob es sich um die Zeit des steigenden oder sinkenden Wassers handelt. Endlich müssen wir bei den Umständen, unter denen der niedrige Wasserstand hier berichtet wird, auch mit der Möglichkeit rechnen, dass er dem Wenej unerwartet kam und dass es sich also um abnorme Wasserverhältnisse handelt.

Angesichts aller dieser Möglichkeiten wird von einer auch nur ungefähren Bestimmung der Zeit des Merjen-reʿ aus der vorliegenden Wasserstandsangabe allein vernünftigerweise nicht die Rede sein können. Dagegen kann die Angabe vielleicht zur Kontrolle unseres Schätzungsergebnisses für die zeitliche Ansetzung der sechsten Dynastie dienen. Wenn wir die sechste Dynastie, wie es oben geschehen ist, etwa um 2480—2300 ansetzen, so würde die kurze Regierung des Königs Merjen-reʿ ungefähr um das Jahr 2400 fallen. In diesem Jahr fiel nun der 1. Thoth auf den 15. April jul., der Monat Epiphi also vom 9. Febr. bis 10. März jul., was etwa dem 22. Jan. bis 21. Febr. greg. entsprach. Wenej hatte somit, wenn unsere Schätzung zuträfe, seine Arbeit in Hat-nub in den Wintermonaten ausgeführt und zwar zu einer Zeit, wo das Wasser noch im Fallen begriffen ist, aber doch noch dreimal so stark zu sein pflegt als zur Zeit des tiefsten Standes (Mai—Juni). Wie mir meine Freunde Schäfer und Möller freundlichst mitteilen, steht nach ihrer Erinnerung Ende Januar und Anfang Februar bei Abusir, also wenig unterhalb Sakkara, zurückgebliebenes Ueberschwemmungswasser in Lachen, aber nicht mehr in grösseren zusammenhängenden Flächen, fast noch bis an den Rand der Wüste. Die Wassermenge in den Kanälen wird also für den Transport von Lasten höchstens nur knapp ausreichen, während andererseits der Boden noch zu sumpfig ist, als dass auf ihm Schleifen mit Lasten transportiert werden konnten. Das würde also wohl zu Wenej's Schilderung passen können.

Nach Petrie's Ansetzung würde Merjen-reʿ um 3350 vor Chr. regiert haben. Damals fiel der 1. Thoth auf den 9. Dez. jul., der Monat Epiphi also in die Zeit vom 5. Okt. jul. bis 3. Nov. jul. oder vom 11. Sept. bis 10. Okt. greg. Was Wenej berichtet, würde also unter normalen Verhältnissen gerade in die Periode des höchsten Wasserstandes gefallen sein. Man müsste daher bei Petrie's Ansetzung schon annehmen, dass der niedrige Wasserstand im Monat Epiphi etwas Ungewöhnliches, von Wenej nicht Erwartetes gewesen sei. Und das wäre ja wie gesagt in der That nicht undenkbar. Doch ist Petrie's Ansetzung hier wieder augenscheinlich viel zu hoch, um ernstlich in Erwägung gezogen zu werden.

4. Die Wasserstandsangabe im Papyrus Westcar.

Eine Wasserstandsangabe, die der hier besprochenen ganz ähnlich ist und sich gleichfalls auf ein Ereignis aus der Zeit des alten Reiches beziehen soll, liegt uns nun auch im Papyrus Westcar (9, 14 ff.) vor. Dort kündigt der Weise Dedej dem Könige Cheops auf sein Verlangen an, dass die künftigen drei ersten Könige der fünften Dynastie zu *Šȝḫbw* am 15. Tybi das Licht der Welt erblicken werden. Als der König darauf die Absicht kundgiebt, sich persönlich nach *Šȝḫbw* zu begeben, und dabei gewisse Bedenken bezüglich des Wasserstandes auf den  *tsw* des Kanales des letopolitischen Gaues äussert, verspricht ihm Dedej, dass er „Wasser von 4 Ellen" auf diesen *tsw* entstehen lassen werde, um ihm die Ausführung seines Planes zu erleichtern. Nach dem Zusammenhang muss man wohl annehmen, dass der niedrige Wasserstand auf den *tsw*, von dem der König geredet zu haben scheint, eben mit dem Kalenderdatum, das ihm Dedej als Geburtstag der Kinder genannt hatte, zusammenhing, und dass es sich also um etwas ganz Analoges handelte, wie oben in der Inschrift des Wenej, nur mit dem Unterschied, dass hier der niedrige Wasserstand allem Anschein nach von König Cheops erwartet wird und also jedenfalls nicht abnorm gewesen sein kann.

War aber schon die urkundlich bezeugte Wasserstandsangabe in der Inschrift des Wenej infolge ihrer Unbestimmtheit zur chronologischen Bestimmung ungeeignet, so muss es diese nicht minder unbestimmte Angabe in einem Märchen, das seiner Sprache nach erst aus der Zeit zwischen dem mittleren und neuen Reich stammt, natürlich um so mehr sein. Es kann auch in diesem Falle nur ein Versuch gemacht werden, ob sich unsere schätzungsweise Ansetzung der alten Zeiten damit vielleicht kontrollieren lässt. Irgend welche Beweiskraft kann dem Ergebnis dieses Versuches natürlich nicht beigemessen werden.

Nach unseren Schätzungen würde nun das Ende des Königs Cheops etwa um 2680 fallen, also etwa 80 Jahre vor die Thronbesteigung des Nefer-ʾer-ke-reʿ, der danach, wenn er wirklich noch unter Cheops geboren sein sollte, erst hochbetagt, etwa 80 Jahre alt, König geworden wäre. Im Jahre 2680 fiel nun der 1. Thoth auf den 24. Juni jul.; der 15. Tybi entsprach also dem 5. Nov. jul. oder 16. Okt. greg. und fiel somit gerade in die Zeit des höchsten Wasserstandes. Da der Wassermangel am 15. Tybi für den Erzähler des Westcarmärchens aber wie gesagt etwas Normales zu sein scheint, so besteht zwischen unserer Zeitansetzung und der Wasserstandsangabe des Märchens ein unversöhnlicher Widerspruch.

Rückte man die Thronbesteigung des Nefer-ʾer-ke-reʿ bis zu der äussersten Grenze, die ihr durch die Nilhöhenangabe des Palermosteines gesteckt ist, zurück und setzte sie kurz nach dem Jahre 2738, also etwa um 2730 an, so würde das Ende des Cheops um 2810 fallen. Damals fiel der 1. Thoth auf den 27. Juli jul., der 15. Tybi auf den 8. Dez. jul. = 17. Nov. greg. Also auch in diesem äussersten Notfall fiel der 15. Tybi in eine Zeit, wo der Wasserstand noch verhältnismässig hoch war.

Ein Herabrücken des Cheops und des Nefer-ʾer-ke-reʿ unter unsere schätzungsweisen Ansetzungen ist aber, wie oben ausgeführt, ausgeschlossen. Zudem wäre es auch ohne Erfolg, da der 15. Tybi sich in 100 Jahren nur um 25 Tage, also vom 16. Okt. greg. auf den 21. Sept. greg. zurückverschieben und also auch dann noch in die Zeit des höchsten Wasserstandes fallen würde. So können wir aus der Wasserstandsangabe des Papyrus Westcar wohl nur den einen Schluss ziehen, dass der Erzähler des Westcarmärchens Wasserverhältnisse voraussetzt, wie sie zur Zeit des Cheops kaum vorgelegen haben können.

Dies Ergebnis legt die Vermutung nahe, dass es vielleicht die Wasserverhältnisse seiner eigenen Zeit gewesen sein mögen, die dem Erzähler vor Augen standen. In der Zeit, aus der das Märchen seiner Sprache nach stammen wird, von 1790 (Ende der zwölften Dynastie) bis 1580 (Anfang der achtzehnten Dynastie), verschob sich der 1. Thoth vom 14. Nov. jul. auf den 22. Sept. jul. zurück, der 15. Tybi dementsprechend vom 28. März jul. auf den 3. Febr. jul., d. i. vom 14. März greg. auf den 22. Jan. greg. Er fiel in dieser Periode also in dieselbe Jahreszeit, auf die sich die analoge Wasserstandsangabe aus der Zeit des Königs Merjen-reʿ nach unseren Schätzungen beziehen müsste.

5. Das Datum der Arbeitsunterbrechung im Grabe des 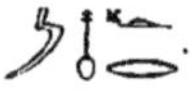.

Ausser den Wasserstandsangaben lässt sich vielleicht auch noch eines oder das andere von den datierten Ereignissen anderer Art, die uns aus dem alten Reich bekannt sind, zur chronologischen Kontrolle heranziehen. Das älteste in dieser Hinsicht in Betracht kommende Datum gehört der Zeit des Königs Dad-ke-reʿ *Issj* an. Auf der Scheinthüre im Grabe des  Me-nofer, eines Zeitgenossen dieses Königs, fand sich an drei verschiedenen Stellen inmitten der Skulptur der in hieratischer Schrift mit Tinte geschriebene Vermerk:

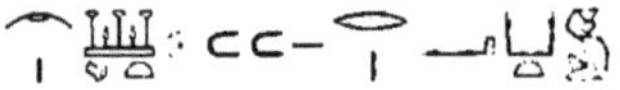

„Monat Thoth Tag 21. Grenze der Arbeit“[1].

Da das Datum an allen drei Stellen dasselbe ist, so kann mit diesem Vermerk nicht etwa die Leistung eines beliebigen Arbeitstages bezeichnet sein, sondern es muss damit das Ergebnis einer ganzen Arbeitssaison angezeigt sein. Im anderen Falle wäre es nicht zu verstehen, warum sich uns nicht gleichartige Vermerke von verschiedenen Tagen erhalten haben. Man wird sich die Sache also wohl so zu denken haben, dass der Steinmetz seine Arbeit an dem genannten Tage für längere Zeit unterbrechen musste und dass die Grenze der bis dahin vollendeten Arbeit an verschiedenen Stellen der Scheinthüre angegeben wurde, damit später danach der Lohn für den Rest der Arbeit berechnet werden könnte. Die Unterbrechung der Arbeit kann nun die verschiedensten Gründe gehabt haben; der Steinmetz kann krank geworden sein, die Mittel zur Weiterführung der Arbeit können für den Augenblick gefehlt haben usw. U. a. wäre es vielleicht aber auch denkbar, dass die Jahreszeit die Weiterführung der Arbeit unmöglich machte.

Nach unseren Schätzungen müsste die Regierung des Königs Dad-ke-reʿ *Issj* etwa um die Jahre 2538—2510 fallen. Damals fiel der 1. Thoth in die Zeit vom 20. bis 13. Mai jul., der 21. Thoth also in die Zeit vom 9. bis 2. Juni jul., was etwa dem 21. bis 14. Mai greg. entsprach. Die Steinmetzarbeit im Grabe des Me-nofer wäre also bei unserer Ansetzung der fünften Dynastie in der That zu einer Zeit unterbrochen worden, wo in Aegypten die Hitze auch für den Eingeborenen unerträglich wird. Es wäre wohl möglich, dass sie die Ursache zu der Arbeitsunterbrechung gewesen sei.

6. Daten aus dem Wadi Hammamat.

Mit Rücksicht auf die sommerliche Hitze, die in Oberägypten die Thätigkeit des Menschen im Freien sehr einschränkt, ist nun wohl auch anzunehmen, dass die Aegypter zu den

1) Schäfer, Aeg. Inschr. d. Berl. Mus. I 104.

Expeditionen, die sie nach den Steinbrüchen des Wadi Hammamat aussandten, möglichst die Winterszeit gewählt haben werden.

In der That lässt sich das für die Expeditionen, die unter der elften und zwölften Dynastie dorthin unternommen worden sind, mit Hilfe des Sothisdatums von Kahun leicht feststellen. So kehrte die Expedition vom 2. Jahre des Königs Neb-tewej-re' Mentu-hotep (etwa zwischen 2100 und 2070) bereits am 20. Paophi, also Ende Februar bis Anfang März greg. nach dem Nilthal zurück[1]; die Expedition vom 14. Jahre Sesostris' III (etwa 1877/4) ist datiert vom 16. Choiak d. i. etwa 6. März greg.[2]; die vom 2. Jahre Amenemmes' III (etwa 1852/49) vom 1. Athyr, d. i. etwa 14. Jan. greg.[3]; die vom 3. Jahre desselben Königs (etwa 1851/48) ist datiert vom 3. Athyr, also etwa 16. Jan. greg.[4]; die vom 19. Jahre (etwa 1835/2) vom 15. Tybi, d. i. etwa 26/25. März greg.[5]; die vom 20. Jahre (etwa 1834/1) endlich vom 13. Athyr, d. i. etwa 22/21. Jan. greg.[6]. Wie man sieht, fallen alle diese Expeditionen in die Wintermonate Januar bis März; in derselben Jahreszeit fand auch die grosse Expedition vom 3. Jahre Ramses' IV statt, deren Inschriften vom 10. und 27. Payni datiert sind, welche Tage um das Jahr 1200 vor Chr. etwa dem 16. März und 2. April greg. entsprachen[7]. Auch die Expedition vom 2. Jahre des Xerxes (485 vor Chr.) ist vom 19. Thoth datiert, d. h. etwa den 6. Jan. greg.[8] und die vom 3. Jahre des Königs Nektanebos (356) vom 1. Choiak, der etwa dem 17. März greg. entsprach[9].

Diesen Winterdaten stehen indessen auch eine Anzahl Sommerdaten im Wadi Hammamat gegenüber. Davon scheidet eine wohl aber von vorn herein aus. Wenn die Inschrift des *Hnw*, vom 8. Jahre des Königs Šanch-ke-re' Mentuhotep, des Vorgängers Amenemmes' I (also etwa um 2010 vor Chr.) das Datum des 3. Pachons, d. i. etwa 23. Aug. greg. trägt[10], so hat das wohl nichts zu besagen. Denn *Hnw* kam damals nicht vom Nilthal nach dem Hammamat, um in den Steinbrüchen zu arbeiten, sondern kehrte, wohl stark verspätet, von einer grossen Unternehmung nach dem Weihrauchlande *Pwnt* heim.

Vom 12. Paophi, d. i. etwa 18. Juli greg. ist ferner ein Denkstein datiert, den Ramses IV in seinem 2. Jahre im Wadi Hammamat anbringen liess[11]. Nach dem Wortlaut der Inschrift wäre es denkbar, dass dieses Datum sich nicht auf die Errichtung des Denkmales, sondern auf den Befehl, den der König dazu erlassen hatte, bezöge. Ausser diesem nicht ganz zweifellosen Fall sind merkwürdigerweise fast alle Inschriften, die der Oberbaumeister Chnem-'eb-re' unter König Darius I im Wadi Hammamat hinterlassen hat, aus Sommermonaten datiert. Sie nennen als Daten den 4. Pachons des 26. Jahres[12] = 21. Aug. greg. 496 vor Chr., den 13. Pharmuthi des 27. Jahres[13] = 31. Juli greg. 495 vor Chr., den 11. Pachons des 28. Jahres[14] = 28. Aug. greg. 494 vor Chr., den 1. und 15. Pharmuti des 30. Jahres[15] = 18. Juli und 1. Aug. greg. 492 vor Chr. Nur eine Inschrift datiert aus etwas früherer Jahreszeit, vom 1. Choiak des 27. Jahres[16] = 20. April greg. 495 vor Chr.

Wie sich diese seltsame Ausnahmestellung der Daten aus der Zeit des Darius auch erklären möge, so ist doch daran, dass sie als Ausnahmen zu betrachten sind und dass für die Steinbruchs-

1) LD II 149d. 2) LD II 136a. 3) LD II 138a. 4) LD II 138b.
5) LD II 138c. 6) LD II 138f. 7) LD III 222i. 219e. 8) LD III 283a.
9) LD III 286b. 10) LD II 150a. 11) LD III 223c. 12) LD III 283b.
13) ib. g. 14) ib. c. 15) ib. f und e. 16) ib. d.

expeditionen nach dem Wadi Hammamat naturgemäss in der Regel die Wintermonate gewählt zu werden pflegten, wohl kaum zu zweifeln.

Sehen wir uns daraufhin nunmehr auch die Daten an, die sich uns aus den älteren Zeiten der aegyptischen Geschichte im Wadi Hammamat erhalten haben und solche Steinbruchsexpeditionen betreffen. Die Expedition vom „Jahre nach dem 18. Male (der Zählung)", also vermutlich dem 37. Jahre des Königs Phios (*Ppj* I) ist vom 27. Epiphi datiert[1]. Nach unserer Schätzung war der Anfang der sechsten Dynastie etwa um 2480 anzusetzen, der Beginn der Regierung des Phios etwa um 2460, das obige Datum also etwa um 2425. Damals fiel der 1. Thoth auf den 21. April jul., der 27. Epiphi also auf den 13. März jul. oder etwa den 22. Febr. greg.

Vom 2. Epiphi und vom 3. Mesore datiert sind dagegen zwei Inschriften, deren Zeit nicht genau angegeben ist, die aber wohl mit grosser Wahrscheinlichkeit in die erste Zeit nach der sechsten Dynastie gesetzt werden können[2]. Die Inschriften sind beide von einem höheren Beamten  gesetzt, der für den Vorsteher von Oberägypten Gaufürsten und Priester des Gottes Min  Steine holte; beide Männer gehören offenbar derselben Familie an, die wir unter der sechsten Dynastie als Gaufürsten von Chenoboskion und Dendera antreffen und in der ein gleichnamiger Fürst *Tȝwtj* ebenfalls das Amt des Vorstehers von Oberägypten versehen hatte[3]. So werden wir die Inschriften unseren Schätzungen entsprechend etwa zwischen 2300 und 2250 vor Chr. setzen. Damals fiel der 1. Thoth auf den 21/9. März jul., der 2. Epiphi also auf den 16/4. Jan. jul. = 30/18. Dez. greg. und der 3. Mesore auf den 16/4. Febr. jul. = 30/18. Jan. greg.

Ausser diesen drei Daten, die bei unserer Schätzung der sechsten Dynastie, wie man sieht, alle in die Wintermonate Dezember bis Februar fallen, hat sich uns im Wadi Hammamat noch ein Datum aus älterer Zeit erhalten, das aus der Zeit eines sonst unbekannten Königs  stammt[4]. Man pflegt diesen König meist in den Anfang der sechsten Dynastie zu setzen und mit dem Könige User-ke-re' zu identifizieren, der auf der Königstafel von Abydos die beiden Könige *Ttj* und Phios trennt und im übrigen gleichfalls nicht wieder auf den Denkmälern vorkommt. Diese Identifikation ist jedoch völlig unbegründet. Was man über den König sagen kann, ist nur, dass er frühestens in die fünfte Dynastie gehören wird. Die Expedition, welche Steine für die Pyramide dieses Königs holen sollte, kam ins Wadi Hammamat am 2. Choiak. Dieser Tag fiel aber während der ganzen Zeit, in die wir die fünfte und sechste Dynastie gesetzt haben, in die Sommerszeit: 2630 fiel er auf den 11. Sept. jul. = 22. Aug. greg., 2300 dagegen auf den 20. Juni jul. = 2. Juni greg.; erst um das Jahr 2000, wo wir schon im Anfang der zwölften Dynastie stehen, fiel er auf den 5. April jul. = 21. März greg. Somit müssen wir in dem Datum aus der Zeit des unbekannten Königs ein sicheres Beispiel dafür erkennen, dass auch im alten Reich ausnahmsweise eine Steinbruchsexpedition nach dem Wadi Hammamat im Sommer unternommen wurde, wie es später unter Darius mehrfach zu belegen war.

1) Urk. d. aeg. Alt. I 93.

2) Golenischeff, Hammamat 3, 3. 4. 3 Zeile 2—6). Dass die Inschriften nicht etwa noch in die sechste Dynastie selbst gehören, macht das Prädikat 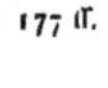 *ikr* „vortrefflich" wahrscheinlich, das dem Namen *Tȝwtj* beigefügt ist.

3) LD II 114 vgl. Text II 177 ff.

4) Urk. d. aeg. Alt. I 148.

7. Daten von der Sinaihalbinsel.

Dass man auch bei den Expeditionen nach der Sinaihalbinsel in ähnlicher Weise auf die Jahreszeit Rücksicht genommen haben wird, ist wohl anzunehmen. Leider kennen wir nur wenige genau nach Monat und Tag datierte Inschriften, die sich auf solche Unternehmungen beziehen. Aus späterer Zeit ist es nur eine vom 16. oder 26. Mechir des 36. Jahres Amenophis' III[1]; um das Jahr 1400 vor Chr. fielen diese Tage auf den 20. resp. 30. Jan. jul. = 9. resp. 19. Jan. greg., also in der That in den Winter.

Aus dem alten Reich kennen wir gleichfalls nur ein Datum: vom 6. Mesore des „Jahres nach dem 18. Male (der Zählung)", d. i. vermutlich dem 37. Jahre des Königs Phios[2], also aus demselben Jahre wie das Datum im Wadi Hammamat. Nach unserer Schätzung wäre das etwa um das Jahr 2425, in dem der 1. Thoth auf den 21. April jul., der 6. Mesore also auf den 22. März jul. = 4. März greg. fiel. Auch dieses Datum ist also, wie zu erwarten, ein Winterdatum.

Auch die Expedition, die nach dem Palermostein im letzten Jahre des Königs Saḥu-reʿ nach der Sinaihalbinsel unternommen wurde, musste, bei unserer Ansetzung dieses Jahres, in der Zeit zwischen dem 17. Sept. und 19. Juni greg. nach Aegypten zurückgekehrt sein und könnte somit ebenfalls in den Wintermonaten ausgeführt worden sein (s. ob. S. 110).

8. Daten aus den Alabasterbrüchen von Hat-nub.

In den Winter und zwar in die Monate Januar bis Februar würde, wie wir oben (S. 112) gesehen haben, auch die Arbeit fallen, die Wenej unter König Merjen-reʿ in den Alabasterbrüchen von Hat-nub in Mittelägypten auszuführen hatte. In diesen Brüchen selbst haben sich uns nun noch drei andere Daten aus der Zeit der sechsten Dynastie erhalten, die Monat und Tag nannten und für die wir also die Jahreszeit gleichfalls ermitteln können.

Zunächst liegt aus der Zeit des Königs Phios ein Datum vor vom x. Thoth des „Jahres des 25. Males (der Zählung)"[3], mutmasslich seines 50. Regierungsjahres (s. ob. S. 84). Nach unserer Ansetzung würde dieses Jahr etwa um 2410 fallen. Damals entsprach der 1. Thoth dem 18. April jul. = 31. März greg.; das Datum, bei dem die Zahl des Monatstages leider verloren ist, würde also voraussichtlich in den April fallen, d. h. kurz nach Schluss des Winters.

Von König Nefer-ke-reʿ Phiops haben wir ein Datum vom 24. Thoth des „Jahres des 14. Males (der Zählung)"[4], d. i. vermutlich seines 14. Regierungsjahres (s. ob. S. 80). Nach unseren Schätzungen würde dieses Jahr etwa um 2385 vor Chr. fallen. Damals fiel der 1. Thoth auf den 11. April jul., der 24. Thoth also auf den 4. Mai jul. = 16. April greg., also in dieselbe Zeit wie das Datum aus der Zeit des Phios.

Das andere Datum desselben Königs ist vom x. Tage des x. Monats der Erntejahreszeit (*šmw*) des „Jahres [nach dem?] 21 + x. Male (der Zählung)"[5], gehörte nach unseren Schätzungen also etwa in die Zeit von 2380–2370 vor Chr. Damals fiel der 1. Thoth auf den 10 8. April jul.,

1) LD III 71 c. 2) Urk. d. aeg. Alt. I 91. 3) Urk. d. aeg. Alt. I 95.
4) Blackden-Fraser, Hieratic graffiti 3. 5) Blackden-Fraser a. a. O. 4.

die „Erntejahreszeit" des ägyptischen Kalenderjahres fiel damals also in die Zeit vom 6/4. Dez. bis 4/2. April jul., d. i. vom 18/16. Nov. bis 17/15. März greg. Dieses Datum fiel also früher als die beiden vorigen Daten, noch in die eigentlichen Wintermonate Dezember bis März; und zwar um so früher je später das Jahr anzusetzen ist.

9. Das Datum der Reise des Königs Merjen-reʿ an die Südgrenze seines Reiches.

Ein Ereignis, von dem man gleichfalls erwarten sollte, dass es in die kühlere Jahreszeit fiel, ist die Reise, die König Merjen-reʿ im „Jahre des fünften Males (der Zählung)", wahrscheinlich seinem fünften, jedenfalls aber einem seiner letzten Regierungsjahre nach dem Katarakt von Elephantine, an die Südgrenze Aegyptens, unternahm, um u. a. auch die Huldigung der nubischen Stammeshäuptlinge entgegenzunehmen. Die Inschrift beim Katarakt, die uns von dieser Königsreise Kunde giebt, ist datiert vom 28. Payni[1]. Um das Jahr 2400, um welche Zeit nach unserer Schätzung das Ende der Regierung des Merjen-reʿ anzusetzen war, fiel der 1. Thoth auf den 15. April jul., der 28. Payni also auf den 6. Febr. jul., d. i. etwa 19. Januar greg. König Merjen-reʿ würde somit bei unserer Zeitansetzung seine oberägyptische Reise zu der besten Zeit, die sich dafür wählen lässt, ausgeführt haben.

10. Das Datum der letzten Reise des Har-chuf nach dem nubischen Lande *Ỉm*.

Als Har-chuf von seiner letzten Reise nach dem Lande *Ỉm* zurückgekehrt war, zeigte er dem König dies an und erstattete ihm über die Ergebnisse seiner Reise Bericht. Darauf erhielt er ein Antwortschreiben des Königs, in dem ihm befohlen wurde, unverzüglich mit dem *dng*-Zwerge, den er aus dem Land der „Horizontbewohner" mitgebracht hatte, zum Hofe nach Memphis zu kommen. Dieses königliche Schreiben ist nun datiert vom 15. Athyr des „Jahres des zweiten Males (der Zählung)"[2], d. h. vermutlich des zweiten Regierungsjahres des Königs. Nach unseren Schätzungen wäre dieses Jahr nun etwa um das Jahr 2400 vor Chr. anzusetzen. Damals fiel der 1. Thoth auf den 15. April jul., der 15. Athyr also auf den 28. Juni jul. = 10. Juni greg. Rechnet man nun für die Zeit, die der Brief des Har-chuf an den König gebrauchte, um von Elephantine nach Memphis zu kommen, 1 1/2 Monate, so wird man die Ankunft des Har-chuf in Elephantine um den 25. April greg. ansetzen können. Denn dass Har-chuf seinen Brief unmittelbar nach seiner Ankunft abgeschickt haben wird und dass der König in seinem brennenden Verlangen, den *dng*-Zwerg zu sehen, gleichfalls mit seinem Antwortschreiben nicht gezögert haben wird, ist bei der Sachlage wohl anzunehmen. Nun giebt uns Har-chuf aber für seine ersten beiden Reisen nach *Ỉm* an, wie viel Zeit er dazu gebraucht hat. Zu der ersten brauchte er 7 Monate, zu der zweiten, die er auf einem anderen Wege machte, dagegen 8 Monate[3]. Nehmen wir für die dritte Reise eine ähnliche Dauer an, so würde er im September Aegypten verlassen haben und also, wie es gegeben ist, die Winterzeit zu seiner Unternehmung benutzt haben.

1) Urk. d. aeg. Alt. I 110. 2) Urk. d. aeg. Alt. I 128. 3) Urk. d. aeg. Alt. I 124/5.

11. Daten auf den Blöcken der grossen Pyramide von Daschur.

Auf den Blöcken der grössten Pyramide von Daschur, in der man wegen ihrer Aehnlichkeit mit den Pyramiden der vierten Dynastie die in Grabinschriften von Daschur bezeugte zweite Pyramide des Königs Śnefru vermutet hat, haben sich verschiedene Kalenderdaten gefunden. Es wäre nun gewiss recht erwünscht, wenn sich mit Hilfe dieser Daten die ungefähre Entstehungszeit des Bauwerkes als wahrscheinlich ermitteln liesse. Dies wäre aber natürlich nur dann möglich, wenn man auch bei der Arbeit, aus der jene Daten stammen, eine Beschränkung der Arbeitssaison auf die kühlere Jahreszeit annehmen dürfte.

Die Daten sind:

1. Jahr des 16. Males, Monat Thoth, Tag 13[1].
2. Jahr des 21 + x. Males, Monat Pachons, Tag 24[2].
3. Monat Payni, Tag 30(?)[3].

Die Regierung des Königs Śnefru würde nun nach unseren Schätzungen etwa 2760 bis 2730 anzusetzen sein. Damals fiel der 1. Thoth auf den 14 7. Juli jul., der 13. Thoth also auf den 26 19. Juli jul. = 5. Juli 28. Juni greg., der 24. Pachons auf den 3. April 27. März jul. = 13 6. März greg. Von den drei Daten würde also nur das letzte noch in den Ausgang des Winters, die anderen dagegen noch in den Sommer fallen. Und wollte man die Zeit des Śnefru höher hinaufrücken, so würde das nur zur Folge haben, dass auch das erste Datum noch in den Sommer rückte.

Wollte man die Daten auf jeden Fall alle in die Monate November bis April setzen, so würde die Entstehungszeit der Pyramide in die Zeit von 2485 2—2216 3 vor Chr. fallen müssen. In den ersteren Jahren fiel nämlich der 1. Thoth auf den 6. Mai jul. und der 13. Thoth also auf den 18. Mai jul. = 30. April greg., in den letzteren fiel der 1. Thoth auf den 28. Febr. jul. und der 24. Pachons also auf den 18. Nov. jul. = 1. Nov. greg. Die Pyramide würde also, da wir die Pyramiden der sechsten Dynastie kennen, schon in die Zeit zwischen dem alten und dem mittleren Reich gehören müssen. Und das ist ein Ergebnis, das wohl mit gutem Gewissen als schlechterdings undenkbar bezeichnet werden darf.

So können wir denn aus den Daten nur das eine, dies aber mit Bestimmtheit schliessen, dass, wenn die Pyramide wirklich dem Śnefru gehören sollte, die Daten auf den Blöcken jedenfalls nicht sämtlich Winterdaten gewesen sein können.

Ergebnis.

Wenn man sich auch nicht verhehlen kann, wie unsicher in allen diesen Fällen die chronologische Verwertung der datierten Ereignisse ist, so wird man doch aus der Gesamtheit aller Fälle wohl das Fazit ziehen dürfen, dass unsere Zeitschätzungen sich im allgemeinen auf das Beste mit den uns überkommenen Daten vereinigen lassen und dadurch ein grosses Mass von Wahrscheinlichkeit für sich beanspruchen können.

---

1) LD II 1g. 2) LD Text I 206. 3) LD II 1f.

Im einzelnen haben wir folgende Ergebnisse zu verzeichnen:

1. Der Thronwechsel in Zeile 5 der Vs. des Palermosteines kann, wenn die Nilhöhe in dem betr. Jahre der Regel gemäss zwischen 20. Sept. und 20. Okt. greg. eingetreten ist, nicht in die Jahre 3129 bis 2910 gefallen sein. Das Ende der zweiten Dynastie, das etwa 56 Jahre später eingetreten zu sein scheint, wird daher aller Wahrscheinlichkeit nach nicht vor das Jahr 2854 anzusetzen sein.

2. Desgleichen kann der Thronwechsel in Zeile 4 der Rs. des Palermosteines unter der gleichen Voraussetzung nicht in die Jahre 2981—2738 (resp. 2614, falls die Zahl der Monate, die das letzte Jahr des Sahu-re' enthielt, zu berichtigen sein sollte) gefallen sein. Der Anfang der fünften Dynastie, der etwa 28 Jahre früher gelegen zu haben scheint, wird daher wahrscheinlich nicht vor das Jahr 2766 anzusetzen sein.

3. Unter Berücksichtigung, dass die dritte und vierte Dynastie zusammen eine Mindestdauer von 160 Jahren gehabt haben müssen, wird der Anfang der fünften Dynastie nach dem oben unter 1 angeführten Ergebnis auch nicht vor das Jahr 2694 anzusetzen sein.

4. Bei der schatzungsweisen Ansetzung der zweiten Dynastie um 3310—2810 und der fünften Dynastie um 2630—2480, die diesen Ergebnissen entspricht, fallen die meisten aus dem alten Reich erhaltenen Daten, die sich auf Reisen (nach dem Sudan, nach Oberägypten und Wüstenexpeditionen zur Gewinnung von Steinen oder Mineralien (nach dem Wadi Hammamat, Wadi Magara und Hat-nub) beziehen, in die Winterszeit.

5. Dagegen fällt bei dieser Ansetzung die Unterbrechung der Steinmetzarbeit im Grabe des Me-nofer in die Sommerszeit.

6. Der niedrige Wasserstand auf den *tsw* bei Sakkara, von dem die Inschrift des Wenej erzählt, fällt dabei in dieselbe Jahreszeit, in die auch der im Papyrus Westcar erwähnte niedrige Wasserstand auf den *tsw* des letopolitischen Kanales zur Zeit der Abfassung dieses Märchens gefallen ist.

6. Menes und die Gründung von Memphis.

Die weltgeschichtliche Bedeutung des Menes lag, wie wir oben festgestellt haben, wahrscheinlich darin, dass er die Vereinigung der beiden Länder vollzogen hat, auf der der ägyptische Staat der geschichtlichen Zeit beruhte. Mit dieser Gründung des ägyptischen Staates hing nun offenbar auch eine andere That zusammen, die dem Menes gleichfalls zugeschrieben wird, die Gründung von Memphis, der späteren Hauptstadt des Landes, an der Grenze der beiden von ihm vereinigten Sonderreiche Ober- und Unterägypten.

1. Nachrichten über die Gründung von Memphis.

Die Nachricht, dass Menes der Gründer von Memphis sei, finden wir seltsamerweise nur bei Herodot (II 99), der sie von den Priestern des Ptahtempels von Memphis, seinen Gewährsmännern für die ägyptische Geschichte überhaupt, hatte. Das ist eine Quelle, die, weil sie an Ort und Stelle floss, einerseits sehr gut, andererseits aber auch leicht tendenziös gefärbt sein kann.

Manethos erwähnt Memphis im Zusammenhang mit Menes nicht, schreibt aber seinem Sohne Atothis die Erbauung der Königsburg von Memphis zu. Er führt also die Beziehungen zwischen der Stadt und dem ägyptischen Königtum ebenfalls fast bis auf Menes den mutmasslichen Vereiniger des Reiches zurück.

Ueber die Gründung von Memphis berichtet ausserdem nur noch Diodor[1], vermutlich nach Hekatäus von Abdera. Er beschreibt die Gründung im wesentlichen wie Herodot, dessen Bericht er gekannt und in einigen Punkten zurecht gemacht zu haben scheint, ohne die Oertlichkeit vor Augen zu haben. Er nennt nicht Menes, den auch er als ersten an die Spitze der ägyptischen Könige stellt, als den Gründer, sondern den achten Nachfolger des Osymandyas (Ramses II.), einen thebanischen König namens Uchoreus.

Hinter diesem Namen würde sich kein echter ägyptischer Königsname, sondern eine griechische Benennung verstecken, wenn die Konjektur von Vogel, der den Diodor zuletzt herausgegeben hat, richtig wäre, dass nämlich statt *Οὐχορεύς* *Ὀχυρεύς* zu lesen ist[2]. In diesem Falle würde der Gründer der Stadt und Festung Memphis von der „wunderbaren Festigkeit“ (*θαυμαστῇ ὀχυρότητι*), die er nach dem Bericht seiner Gründung gegeben haben soll, so benannt worden sein. Da der ägyptische Name des Menes selbst von dem Wortstamm *mn* „fest

1) Diodor I 50.

2) Der Ausdruck *ὁ προσαγορευθεὶς Οὐχορεύς*, der wörtlich genommen für diese Konjektur zu sprechen scheint, beweist nichts. Diodor führt Eigennamen auch sonst so ein vgl. I 19. 47.

sein" „beständig sein" „bleiben" zu kommen scheint, so wäre es gar nicht unmöglich, dass der Name *Ὀχυρεύς*, den der Gründer von Memphis hier erhält, einfach eine griechische Wiedergabe des Namens des Menes sein sollte, den die Aegypter nach ihrer Gepflogenheit aus der Festigkeit von Memphis erklärt haben könnten. In der That erscheint im falschen Sothisbuch ein König *Ὄχυρας* als achter Nachfolger des Ramesses-Ramses II (mit 68 Jahren, Vorgänger des Amenophis—Menephthah), also ganz Diodor's Angabe entsprechend; und diesem *Ὄχυρας*, der die Vogel'sche Konjektur *Ὀχυρεύς* statt *Οὐχορεύς* zu bestätigen scheint, folgen, nur durch zwei andere Könige von ihm getrennt, *Ἄθωθις*, *Κενκένης*, *Οὐένεφης*, also die Namen, die bei Manethos die drei nächsten Nachfolger des Menes tragen.

Ob der Name des angeblichen Gründers von Memphis *Οὐχορεύς* oder *Ὀχυρεύς* nun wirklich nur ein Pseudonym für Menes ist, oder nicht, so ist doch eines bei dem Berichte des Hekatäus klar, dass er, wie das Maspero[1] richtig gesehen hat, eine thebanische Version über die Gründung von Memphis giebt. Diese thebanische Version ist aber offenbar tendenziös. Ihr kam es darauf an, dass Memphis jünger als Theben sein sollte[2]; nach ihr konnte es daher nicht von Menes, dem ersten Könige Aegyptens, sondern musste von einem späteren Könige gegründet worden sein. Dieses thebanische Substitut für den Gründer von Memphis war eben der König *Οὐχορεύς*, der als *Ὀχυρεύς* gewissermassen ein Heros eponymos für die Gründung vom Memphis sein wurde, gerade wie seine angebliche Tochter *Μέμφις* für die Stadt selbst.

Dass Theben älter als Memphis gewesen sei und dass dieses gar erst nach Ramses II gegründet worden sei, ist ja so barer Unsinn, dass nur gänzliche Unkenntnis der ägyptischen Geschichte ihn hervorbringen konnte. Und wir haben uns nunmehr nur zu fragen, ob die memphitische Version, die uns Herodot überliefert, auf besserem Grunde beruht. Ich glaube, man wird das in bedingter Form bejahen dürfen. Wenn die Priester des Ptahtempels von Memphis die älteste Geschichte ihres Heiligtums und ihrer Stadt mit Menes in Beziehung brachten, so folgten sie damit einer alten Tradition, die den bekannten Thatsachen nicht widerspricht und die nach manchen Anzeichen in der That einen historischen Kern zu umschliessen scheint.

Nach dem Bericht, den uns Herodot über die Gründung von Memphis durch Menes giebt, setzte sich diese aus drei einzelnen Handlungen zusammen:

1. Anlage eines Deiches unterhalb vom Faijum, durch den die Gegend um Memphis trocken gelegt wurde.

2. Gründung der späteren Stadt Memphis in dem so gewonnenen Gebiet und ihre Befestigung.

3. Gründung des Ptahtempels.

Etwa 100 Stadien oberhalb der Stadt Memphis existierte zu Herodot's Zeit ein Deich, der, wie man ihm sagte, die ganze Gegend von Memphis vor der Ueberflutung schützte. Der Deich schnitt einem älteren am Westrande des Thales entlang fliessenden Nilarm das Wasser ab und zwang den Strom, seinen Lauf weiter östlich in der Mitte des Thales zu nehmen. Die Verhältnisse, die Herodot hier schildert, haben sich seitdem nicht geändert. Noch in der Gegenwart (bevor die Engländer das ganze Wassersystem Aegyptens umgestaltet haben) schützt der Deich von Koschesche bei Wasta die ganze Provinz Gize vor der Ueberflutung durch den Bahr Jusuf genannten alten Flussarm, der infolge seiner Höhenlage bei Hochwasser das ganze Land überschwemmen würde.

Die Anlage dieses Deiches schrieben nun nach Herodot's Zeugnis die memphitischen Priester dem Gründer von Memphis Menes zu. Und in der That hat es nichts Unwahrscheinliches, dass ein Deich wie der von Koschesche, der die Gegend von Memphis noch heute ebenso schützt wie vor 2000 Jahren, gleichzeitig mit der Gründung von Memphis angelegt worden ist.

Ueber diese kulturelle That des Menes giebt uns Herodot noch an anderer Stelle Kunde. Nach der Behauptung der Priester von Memphis, so berichtet er dort, sei zur Zeit des Menes noch das ganze Aegypten vom Moerissee bis zum Meere Sumpf und nur Oberägypten (ὁ Θηβαϊκὸς νομός) festes Land gewesen[1]. Das betrifft offenbar den Zustand, der vor der Anlegung des Deiches und der Gründung von Memphis geherrscht haben sollte. Durch seine Abdämmung des westlichen Nilarmes unterhalb des Faijums sollte Menes also die Gegend von Memphis aus dem sumpfigen Zustand, in dem sich Unterägypten befand, in den festen Zustand des oberägyptischen Landes oberhalb des Faijums übergeführt haben.

Das angeblich von Menes trockengelegte und dem unterägyptischen Zustande entrissene Gelände entspricht nun aber genau dem politischen Bezirk, den die Griechen νομὸς Μεμφίτης, die Aegypter  nannten und der in der Reihe der unterägyptischen Gaue die erste Stelle einnahm. Es ist in der That gewiss merkwürdig, dass dieser Gau, der uns geographisch so deutlich vom Delta geschieden zu sein und zu Oberägypten zu gehören scheint, im Altertum politisch zu Unterägypten gehörte. Man ist versucht, diese seltsame Thatsache eben mit der Tradition der memphitischen Priester, dass der Gau vor Menes' Eingreifen wie das Delta Sumpf gewesen sei, in Zusammenhang zu bringen. Der memphitische Gau, der auch in geschichtlicher Zeit, trotz seiner geographischen Zugehörigkeit zu Oberägypten, stets zu Unterägypten gerechnet wurde, wäre danach erst bei der Gründung von Memphis geographisch von dem übrigen Unterägypten getrennt worden.

Der Ueberlieferung, dass der memphitische Gau erst bei der Gründung von Memphis durch Menes gewissermassen geschaffen worden sei, steht nun als Gegenstück die bemerkenswerte Thatsache gegenüber, dass sich der Gau auch durch seinen Namen als eine jüngere Er-

Μέμφιος, τὸν πρὸς μεσαμβρίης ἀγκῶνα προσχώσαντα τὸ μὲν ἀρχαῖον ῥέεθρον ἀποξηρῆναι, τὸν δὲ ποταμὸν ὀχετεῦσαι τὸ μέσον τῶν ὀρέων ῥέειν. Ἔτι δὲ καὶ νῦν ὑπὸ Περσέων ὁ ἀγκὼν οὗτος τοῦ Νείλου ὡς ἀπεργμένος ῥέῃ, ἐν φυλακῇσι μεγάλῃσι ἔχεται, φρασσόμενος ἀνὰ πᾶν ἔτος. εἰ γὰρ ἐθελήσει ῥήξας ὑπερβῆναι ὁ ποταμὸς ταύτῃ, κίνδυνος πάσῃ Μέμφι κατακλυσθῆναι ἐστί. Ὡς δὲ τῷ Μῖνι τούτῳ τῷ πρώτῳ γενομένῳ βασιλέϊ χέρσον γεγονέναι τὸ ἀπεργμένον (habe er darin die spätere Stadt Memphis gegründet). Herod. II 99.

1) Βασιλεῦσαι δὲ πρῶτον Αἰγύπτου ἄνθρωπον ἔλεγον Μῖνα· ἐπὶ τούτου πλὴν τοῦ Θηβαϊκοῦ νομοῦ πᾶσαν Αἴγυπτον εἶναι ἕλος, καὶ αὐτῆς εἶναι οὐδὲν ὑπερέχον τῶν νῦν ἔνερθε λίμνης τῆς Μοίριος ἐόντων. Herod. II 4.

scheinung in der Reihe der ägyptischen Gaue zu erkennen giebt. Während die meisten ägyptischen Gaue einen besonderen Namen führten, der mit dem Namen ihrer Hauptstadt nichts zu thun hatte, mit einem heiligen Symbol oder Wappenzeichen geschrieben wurde und allem Anschein nach etwas Uraltes war, war der memphitische Gau nicht nur griechisch, wie es ja alle anderen Gaue auch waren, nach seiner Hauptstadt (Memphis) als νομὸς Μεμφίτης benannt; sondern auch im Munde der Aegypter selbst hatte er keinen anderen Namen als den des Gaues der „Weissen Mauer" resp. „Mauern" [1], d. i. „von Memphis", dessen Altstadt diesen Namen führte (s. u.). Durch diese durchsichtige Benennung unterscheidet er sich von den übrigen Gauen mit ihren uralten, grösstenteils rätselhaften Namen recht wesentlich und erweist sich damit augenscheinlich als jung, wie denn ja auch der analog nach seiner Hauptstadt *W3st* „Theben" benannte thebanische Gau ganz offenbar erst nach dem Emporkommen des ursprünglich ganz unbedeutenden, gegen Hermonthis und andere Städte der Nachbarschaft völlig zurücktretenden Ortes Theben in die Reihe der ägyptischen Gaue eingetreten ist.

So wird denn auch der memphitische Gau, nach seiner Benennung zu schliessen, gewiss nicht älter als die Stadt , das spätere Memphis, gewesen sein. Er wird erst nach der Gründung dieser Stadt vermutlich von dem benachbarten heliopolitischen Gau abgezweigt worden sein[2], wie unter Amenophis' IV der „Horizont der Sonnenscheibe" von dem älteren hermopolitischen Gaue abgezweigt worden ist.

Bei der Rolle, die Memphis unter den beiden ersten Dynastieen bereits zu spielen scheint (vgl. u. Abschn. 13), ist es nicht unwahrscheinlich, dass diese Abtrennung schon bei der Gründung der Stadt, nicht erst unter der dritten Dynastie, unter der uns der Gau von Memphis zuerst als selbständiger Verwaltungsbezirk begegnet, erfolgt sei. In diesem Falle würde Menes, wenn er der Gründer von Memphis war, den memphitischen Gau, den er durch den Deich von Koschesche aus dem Sumpf zum Festland umgeschaffen haben soll, zugleich als politisches Gebilde begründet haben.

3. Die von Menes gegründete Stadt der „Weissen Mauern".

Die Stadt, die Menes in dem trocken gelegten Gelände gegründet haben soll, konnte naturgemäss noch nicht den Namen *Mn-nfrw* *Mnfr*, Μέμφις geführt haben. Denn dieser Name geht ja, wie Erman so hübsch gezeigt hat[3], auf den Namen zurück, den das Hof-

1) Sicher belegt zuerst unter der fünften Dynastie in den Schreibungen (Davies, Ptahhetep II 4. 10. 13. 15), (Palermostein, Rs. Zeile 4) und (ebenda, Rs. Zeile 3). Ein Beispiel aus der Zeit der dritten Dynastie wird der Titel „Distriktchef der Weissen Mauern" enthalten (Schäfer, Aeg. Inschr. d. Berl. Mus. I 31, Berlin 13503; derselbe Mann war *nḫt-ḫrw* in dem benachbarten oberägyptischen Gau von Aphroditespolis), der jedenfalls die Selbständigkeit des Distrikts von Memphis für diese Zeit verbürgt. Derselbe oder ein ähnlicher Titel wird auch in der Gruppe zu vermuten sein, die auf einem Siegel aus der Zeit des Königs Doser als Titel eines Beamten vorkommt (Garstang, Mahasna and Bet Khallaf pl. 10. 11).

2) So auch Maspero, Hist. ancienne I 233. Vgl. auch die Bezeichnung des Plateaus von Gize als „westlicher Horizont von Heliopolis" in der „Sphinxstele" Thutmosis' IV.

3) Erman, Aegypten 240 ff.

lager des Königs Phios bei seiner Pyramide *Mn-nfrw-Mrjj-rꜥ* „es bleibt die Güte des Königs Mi-reꜥ (Phios)“ geführt hatte. Dass der Name Memphis erst nach der Zeit des Menes entstanden war, ist vielleicht auch den memphitischen Priestern zu Herodot's Zeit noch bewusst gewesen. Denn Herodot's Bericht lässt Menes ganz richtig nicht Memphis gründen, sondern „die Stadt, die heute Memphis genannt wird“[1].

Der Name, den die Gründung des Menes erhielt, könnte wohl nur eben der Name „Weisse Mauer“ gewesen sein, der der Benennung des memphitischen Gaues zugrunde lag. Wir begegnen diesem Namen in der pluralischen Form „die Weissen Mauern“ schon in Inschriften aus der Zeit der Könige *Ḥꜥj-sḫmwj*[2] und Doser[3], also aus dem Ende der zweiten und dem Anfang der dritten Dynastie. In derselben Zeit kommt auch schon die Schreibung vor, die, wie es später stets geschieht, das Wort „Mauer“ im Singularis zu zeigen scheint[4]. Man wird darin aber vielleicht nur eine defektive Schreibung zu erkennen haben, wie sie in der ältesten Zeit für den Pluralis ja ganz gewöhnlich ist. In späterer Zeit hat man in dem Namen, der oder geschrieben wird, dagegen gewiss den Singularis „die Weisse Mauer“ gesehen. Dafür spricht wenigstens die griechische Wiedergabe *Λευκὸν τεῖχος*.

Diesen Namen (*τὸ καλούμενον Λευκὸν τεῖχος*) geben die griechischen Schriftsteller[5] einem bestimmten Teile von Memphis, in dem die persische Besatzung lag und der so befestigt war, dass er sich bei dem Aufstande der Aegypter bis zuletzt halten konnte, während die übrigen Teile der Stadt (nach Thukydides zwei) gleich zu Anfang von den aufständischen Aegyptern und den mit ihnen verbündeten Athenern genommen worden waren. Dieser Teil von Memphis, an dem der alte Name der Stadt haftete und der also wohl der älteste Teil gewesen sein wird, war also seinem Namen entsprechend eine Festung. Damit stimmt denn auch Herodot's Bericht überein, nach dem Menes die neugegründete Stadt in einer besonders geschickten Weise befestigt haben sollte, worauf wir noch weiter unten zurück zu kommen haben.

4. Der Name der „Weissen Mauern“ und die alten Nationalfarben der beiden Länder.

Was bedeutet nun der Name „Weisse Mauer“ resp. „Weisse Mauern“, den Menes, wenn er der Gründer von Memphis war, seiner Gründung gegeben haben müsste? Der Scholiast zum Thukydides giebt dafür folgende Erklärung: *Λευκὸν τεῖχος* habe der Stadtteil deshalb geheissen, weil er aus Steinen, die anderen Stadtteile aus Ziegeln erbaut gewesen wären[6]. Hierbei ist augenscheinlich an den Kalkstein gedacht, der ja im Aegyptischen speziell der „weisse Stein“

---

1) *Ὡς δὲ τῷ Μῖνι τούτῳ τῷ πρώτῳ γενομένῳ βασιλέϊ χέρσον γεγονέναι τὸ ἀπεργμένον* (s. ob. S. 123), *τοῦτο μὲν ἐν αὐτῷ πόλιν κτίσαι ταύτην, ἥτις νῦν Μέμφις καλέεται· ἔστι γὰρ καὶ ἡ Μέμφις ἐν τῷ στεινῷ τῆς Αἰγύπτου.* Herodot II 99.

2) de Morgan, Les origines II 243. Petrie, RT. II 23, 193.

3) Garstang, Mahasna and Bet Khallaf pl. 9, 5b. Vgl. auch als Gauname auf einem Denkmal, das derselben Zeit etwa angehören wird, Berlin 13503, oben S. 124, Anm. 1.

4) Garstang, Mahasna and Bet Khallaf pl. 10, 11 (s. ob. S. 124, Anm. 1). 28, 4.

5) Herod. III 91. Thukyd. I 104. Diod. XI 74—77.

6) *λευκὸν δὲ ἐκαλεῖτο, ὡς τῶν ἄλλων μὲν ἀπὸ πλίνθων κατεσκευασμένων, ἐκείνου δὲ ἀπὸ λίθων.* Schol. zu Thukid. I 104.

hiess und gerade bei Memphis viel gebrochen wurde. Das macht es wahrscheinlich, dass die Deutung des Namens „Weisse Mauer" aus einer ägyptischen Quelle geflossen ist. So werden sich die Aegypter die Benennung in der That wohl später erklärt haben, gerade wie sie sich auch den Namen *Mn-nfrw* (Memphis) in ihrer Weise als „Hafen der guten Dinge" oder „Grab des Osiris" erklärt haben. Die eine Erklarung wird nicht richtiger sein als die andere. Als die Festungsstadt der „Weissen Mauer" gegründet wurde, existierten die beiden anderen Teile der Stadt, die sich durch ihren Ziegelbau von ihr unterschieden haben sollen, natürlich noch nicht; ausserdem war in den altesten Zeiten, nicht nur unter Menes, sondern auch noch später bis zum Ende der zweiten und den Beginn der dritten Dynastie, ja gerade der Bau mit Ziegeln allein ublich[1]; und es ist auch nicht im mindesten daran zu zweifeln, dass die Festung und Stadt der „Weissen Mauer" damals aus Ziegeln erbaut war.

Die Benennung „Weisse Mauer" wird vielmehr wohl noch einen tieferen Sinn gehabt haben. Weiss war die Nationalfarbe des oberägyptischen Reiches von Hierakonpolis gewesen, wie grün resp. rot die des unterägyptischen Reiches von Buto[2]. Weiss war die Krone, die der König von Oberägypten trug, die *ḥdt*, im Unterschied zu der roten Krone des Königs von Unterägypten, der *dšrt*, die in gewissen alten Pyramidentexten stattdessen noch *w'dt* „die Grüne" genannt wird[3]. „Die Weisse von Hierakonpolis" (*ḥdt Nḫn*) oder das „weisse Horusauge" (*irt Ḥr ḥdt*) ward die Geiergöttin *Nḫbjt* (Eileithyia, Selene), die Lokalgöttin der oberägyptischen Hauptstadt Elkab und Schutzgöttin von Oberägypten, genannt, im Unterschiede zu der *W'dʾjt* „der Grunen", oder dem „grünen Horusauge" (*irt Ḥr w'dt*), wie die Schlangengöttin (Buto) der unterägyptischen Hauptstadt Buto und des unterägyptischen Reiches hiess[4].

Den Nationalfarben der beiden Staaten, in die Aegypten in vorgeschichtlicher Zeit zerfallen war, begegnen wir nun in geschichtlicher Zeit auch in einigen anderen Fällen, wo ihre Beziehung zu den beiden Landesteilen nicht so offen zu Tage liegt. So liegt zunächst die oberägyptische Nationalfarbe der uralten Bezeichnung für die Verwaltung der Staatseinkünfte *pr ḥd* „Weisses Haus" zugrunde. Diesem „Weissen Hause", dem wir schon in den Inschriften der Weinkrugsiegel[5] der beiden ältesten Dynastieen in den Königsgräbern von Abydos so oft begegnen[6], steht in der ältesten Zeit, wie Thompson zuerst gesehen hat, noch ein

1) Vgl. die Bemerkungen in diesen Untersuchungen II 113.

2) s. A. Z. 30. 115 Anm. 1. Zu dem Wechsel von grün und rot s. u. Anm. 4.

3) Pyr. P. 614 = M. 781 = N. 1138; P. 660 = P. 773 = M. 769. Vgl. dazu meine Bemerkung A. Z. 30, 115, Anm. 1.

4) Für den seltsamen Wechsel von „grün" und „rot", wie wir ihn bei der Krone und unten bei dem Gebrauch der unterägypt. Nationalfarbe als Unheilsfarbe finden, ist vielleicht zu beachten, dass der Ausdruck „grünes Horusauge" auch eine spezielle Bezeichnung für den „Wein" war (Brugsch, W. B.), den die Aegypter rot darzustellen pflegen.

5) Das Vorkommen des Weissen Hauses an dieser Stelle lehrt, dass ihm die Weinberg- oder Kellerverwaltung unterstand. Die Auffassung „Silberhaus" (s. S. 127, Anm. 2) würde auch dazu schlecht passen.

6) Petrie, RT. I 22, 35. 36; 23. 40. II 18, 145 aus der Zeit des Usaphais; RT. II 21. 169. 174. 22. 182. 183 aus der Zeit des *Prj-ib-sn*.

pr dšr „Rotes Haus“ gegenüber, wo es sich um unterägyptische Dinge handelt[1]. Im alten Reich sind dieses „weisse“ und dieses „rote Haus“ dann, dem Uebergewicht des oberägyptischen Elementes entsprechend, durch zwei „Weisse Häuser“ ersetzt worden (oder); und es ist möglich, dass die beiden „Silberhäuser“ , denen man seit dem mittleren Reich oft begegnet, auf einem Missverständnis diesen alten Ausdrucks beruhen, wenn sie nicht einfach eine der vielen Abteilungen des sein sollten[2].

Die unterägyptische Nationalfarbe, die die Krone des unterägyptischen Königs zeigte, scheint uns dagegen in einer eigentumlichen symbolischen Anwendung entgegenzutreten, wenn in älteren Texten das „Grün“ (*wȝḏ*), in jüngeren das „Rot“ (*dšr*) als Unheilsfarbe gilt. Man spricht von „allen grünen Dingen“, die Seth dem Horusauge zugefügt habe[3], und „allen schlechten, üblen, roten Dingen“[4]. So lässt man denn auch die Bösewichter, wie den Seth und das Nilpferd, unter dessen Gestalt er in Edfu als Gegner des Horus vorgestellt wurde, rot sein, während Horus, der Typus des „guten Gottes“ (*nṯr nfr*), der den bösen Seth besiegt haben sollte, weiss sein soll[5].

Zeigt das Eintreten des Rot für Grün in dem ersten Falle und der Gegensatz von rot und weiss in dem letztgenannten Falle schon deutlich, dass dieser Gebrauch des Rot als Unheilsfarbe mit seiner Eigenschaft als unterägyptische Nationalfarbe zusammenhängt, so ist das noch deutlicher bei einem alten Brauch, von dem nach Plutarch's Zeugnis kein Geringerer als Manethos Kunde gegeben haben soll. In Eileithyiaspolis (d. i. Elkab) hätte man danach zu

1) Petrie, RT. II 23, 191. 192. 196; 24. 206 aus der Zeit des Königs *Wˁj-ḥmwj*, wo es sich um unterägyptische Weinberge handelt, wie die Nennung und Darstellung der Göttin Buto zeigt. Garstang, Mahasna and Bet Khallaf pl. 9. 6 (dazu Text S. 22) aus der Zeit des Doser, wo es sich um Weinberge in den westlichen Gauen des Deltas handelt.

2) Ursprünglich kann jedenfalls der Ausdruck nicht die Bedeutung „Silberhaus“ gehabt haben. Das lehrt nicht nur die Existenz des „roten Hauses“, sondern ist auch aus anderen Gründen notwendig. Die Staatseinkünfte bestanden in den älteren Zeiten ja fast ausschliesslich in Naturalien (den sogen. *înw*) und Arbeitserzeugnissen (den sogen. *bȝkwt*) aller Art; und solche Dinge sind es denn auch, die nach den Inschriften aus dem „weissen Haus“ geliefert werden. Geld gab es ja noch nicht. Das Silber war überdies, wie es scheint, damals noch ein viel zu seltenes Metall, um als Wertmesser zu dienen. Es kommt im alten Reich m. W. überhaupt nicht vor. Als Wertmesser würde in älterer Zeit jedenfalls wohl eher das Gold in Betracht kommen, das ja nach dem Palermostein (Vs. Zeile 5) unter der zweiten Dynastie bei den Vermögenszählungen besonders gezählt wurde und für das es im alten Reich thatsächlich zwei besondere „Goldhäuser“ *prwj nbw* gab, die einen der vielen Zweige der Schatzverwaltung bildeten und als solche gleichfalls dem „Vorsteher der beiden Weissen Häuser“ unterstellt waren. Die Deutung des als „Silberhaus“ endlich ist auch deshalb unwahrscheinlich, weil das Silber, soviel bekannt, niemals bloss oder geschrieben wird, sondern stets mit dem Zeichen des Goldes verbunden ist.

3) Pyr. P. 831; der Paralleltext N. 774 hat statt dessen *mt nbt* „alles Kranke“.

4) Pap. Ebers 1, 14 5. 20.

5) Plutarch, Is. et Osir. bezeugt das an folgenden Stellen: *ἱστοροῦσι . . . Αἰγύπτιοι . . . γενέσθαι . . . τὸν Τυφῶνα τῇ χρόᾳ πυρρόν, λευκὸν δὲ τὸν Ὧρον* cap. 22; *πυρρὸν γεγονέναι τὸν Τυφῶνα . . . τὴν χρόαν* cap. 30; *Αἰγύπτιοι δὲ πυρρόχρουν γεγονέναι τὸν Τυφῶνα νομίζοντες* cap. 31. *Τυφῶνα) πυρρόχρουν γεγονέναι τῷ σώματι καὶ πάρωχρον νομίζοντες* cap. 33.

einer gewissen Jahreszeit Menschen lebendig verbrannt, die man „typhonisch" nannte[1]. Unter „typhonisch", d. h. dem Typhon gleichend, sind nun offenbar aber die πυρροὶ ἄνθρωποι gemeint, die man allgemein verabscheute[2], die man in Koptos bei gewissen Festen verhöhnte[3] und die nach Diodor in alter Zeit von den ägyptischen Königen am Grabe des Osiris geopfert worden sein sollten[4], eine Nachricht, die der Angabe des Manethos merkwürdig ähnlich sieht. Die „roten Menschen", die nach Manethos in Eileithyiaspolis, der Hauptstadt des oberägyptischen Reiches, verbrannt worden sein sollen, sind ursprünglich gewiss nichts anderes als gefangene Unterägypter gewesen oder haben doch, wenn man später vielleicht andere Verbrecher dazu nahm, solche darstellen sollen. Wir haben es bei dem von Manethos berichteten Menschenopfer also gewiss mit einem uralten Brauch zu thun, der noch bis in die Zeit der „Horusverehrer" von Hierakonpolis oder ihrer Nachfolger, der ältesten geschichtlichen Dynastieen (s. ob. S. 10, 14 ff.) zurückgegangen sein wird.

Wenn die Nationalfarbe des unterägyptischen Reiches somit in geschichtlicher Zeit zur Unheilsfarbe geworden ist, so spricht das offenbar wieder dafür, dass die Vereinigung der beiden Länder im Grunde auf einer Unterwerfung des unterägyptischen Reiches durch das oberägyptische beruhte (s. ob. S. 13). Die Aegypter selbst ahnten später den Grund für diese Rolle der roten Farbe natürlich nicht mehr. Sie erklärten sie, wie die Nachrichten bei Plutarch und Diodor zeigen, damit, dass es die Farbe des bösen Gottes Seth war, während in Wahrheit umgekehrt der Gott diese Farbe nur deshalb bekommen haben wird, weil sie eben als Unheilsfarbe galt.

Wie das „Weisse Haus", so wird nun auch die befestigte Stadt der „Weissen Mauern", die Menes in dem dem unterägyptischen Sumpflande abgewonnenen Gebiet, gewissermassen an der vorgeschobenen Grenze Oberägyptens angelegt haben soll, gewiss ihren Namen von der oberägyptischen Nationalfarbe bekommen haben. Sie wird dadurch, ob ihre Ziegelmauern nun wirklich weiss getüncht waren oder ob die Benennung nur symbolisch gemeint war, als eine oberägyptische Gründung im Gegensatz zu dem benachbarten Unterägypten bezeichnet sein. Die „Weissen Mauern" erscheinen somit nach ihrem Namen als eine Art Trutzveste oder Zwingburg, die ein oberägyptischer König zur Niederhaltung der Unterägypter angelegt hatte.

5. Die Anlage der „Weissen Mauern" als oberägyptische Trutzveste gegen Unterägypten.

Zu dieser Deutung des alten Namens der memphitischen Festung und dem Schluss, der sich daraus ergab, würde nun auch die Art, wie die Gründung des Menes nach Herodot's Schilderung befestigt gewesen sein sollte, stimmen. Danach sollte Menes nämlich aussen um

1 καὶ γὰρ ἐν Εἰλειθυίας πόλει ζῶντας ἀνθρώπους κατεπίμπρασαν, ὡς Μανεθὼς ἱστόρηκε, Τυφωνίους καλοῦντες, καὶ τὴν τέφραν αὐτῶν λικμῶντες ἠφάνιζον καὶ διέσπειρον. Plutarch, Is. et Osir. cap. 73.

2 Τυφῶνα πυρρόχρουν γεγονέναι τῷ σώματι καὶ πάρωχρον νομίζοντες οὐ πάνυ προθύμως ἐντυγχάνουσιν οὐδὲ ἡδέως ὁμιλοῦσι τοῖς τοιούτοις τὴν ὄψιν ἀνθρώποις. Plutarch, Is. et Osir. cap. 33.

3. τὴν τοῦ Τυφῶνος ἡμαυρωμένην καὶ συντετριμμένην δύναμιν ... ἐκταπεινοῦσι καὶ καθυβρίζουσιν ἔν τισιν ἑορταῖς τῶν μὲν ἀνθρώπων τοὺς πυρροὺς προπηλακίζοντες, ὄνον δὲ καὶ κατακρημνίζοντες ὡς Κοπτῖται, διὰ τὸ πυρρὸν γεγονέναι τὸν Τυφῶνα καὶ ὀνώδη τὴν χρόαν. Plutarch, Is. et Osir. cap. 30.

4) καὶ τῶν ἀνθρώπων δὲ τοὺς ὁμοχρωμάτους τῷ Τυφῶνι τὸ παλαιὸν ὑπὸ τῶν βασιλέων φασὶ θύεσθαι πρὸς τῷ τάφῳ τῷ Ὀσίριδος. Diod. I 88.

die von ihm gegründete Stadt einen seeartigen Graben vom Nil aus angelegt haben, der sie gegen Norden und Westen schützte, während im Osten der Strom selbst ihr Schutz gewährte[1]. Menes hätte also nach diesem Bericht die Südseite der Stadt ohne einen solchen schützenden Wassergraben gelassen, als ob sie dort weniger gefährdet gewesen wäre[2].

Was die memphitischen Priester uns durch den Mund Herodots über die Befestigung der von Menes gegründeten Stadt berichten, wird vermutlich weniger auf alten Ueberlieferungen beruhen, als einfach auf Beobachtung der Situation des Ortes[3]. Wir werden daher aus dem Bericht mit Sicherheit wohl nur entnehmen können, dass das sogenannte *Λευκὸν τεῖχος* zu Herodot's Zeit in der geschilderten Weise auf drei Seiten durch Wasser geschützt war. Immerhin könnte diese Anlage aber ebenso alt sein wie das ganze *Λευκὸν τεῖχος* überhaupt und könnte, wie die Priester annahmen, auf den Gründer desselben Menes zurückgehen.

Eine Bestätigung dafür, dass die alte Stadt von Memphis ursprünglich nicht auf allen vier Seiten in gleicher Weise durch Befestigungen geschützt war, könnte vielleicht auch in der pluralischen Form  „die Weissen Mauern", die der Name in den ältesten Texten hat, vermutet werden. Eine solche Bezeichnung würde sich bei einer Befestigungsanlage, die nach einer Seite offen war (vgl. die Hieroglyphe  in Inschriften der ersten Dynastie), also einer Schanze vielleicht eher verstehen lassen als bei einem geschlossenen Mauerring, den es wohl näher läge mit dem Singularis zu bezeichnen, wie denn die befestigte Altstadt von Memphis später, wo sie auf allen Seiten von Mauern umschlossen gewesen sein wird, ja in der That demgemäss „die Weisse Mauer" *τὸ Λευκὸν τεῖχος* genannt wurde (s. ob. S. 125). Die Lage des Ptahtempels im Süden der „Weissen Mauer(n)" (s. u.) bestätigt nicht nur, was aus Herodot's Bericht hervorzugehen scheint, dass die Befestigung sich gegen den Norden wandte, um den Süden zu decken; sie spricht vielleicht auch zu Gunsten der eben geäusserten Möglichkeit, dass die Befestigung nach Süden überhaupt offen und unbefestigt war (s. u. Abschn. 7).

6. Das Alter der „Weissen Mauern".

Trifft die Auffassung, dass die „Weissen Mauern" eine oberägyptische Trutzveste gegen Unterägypten darstellten, das Richtige, so ergiebt sich damit aber auch wohl ein *terminus post quem* für ihre Gründung. Da die oberägyptische Veste auf einem Gebiet liegt, das stets zu Unterägypten gerechnet wird, so kann sie natürlich erst angelegt sein, als dieses Gebiet, der memphitische Gau, durch die Oberägypter dem unterägyptischen Reich schon entrissen war. Das wird aber nicht etwa schon längere Zeit vor der Vereinigung der beiden Länder geschehen sein können, da sonst der „Gau der Weissen Mauer(n)" in geschichtlicher Zeit seiner geographischen Lage entsprechend gewiss zu Oberägypten gerechnet worden wäre. Da das nicht geschieht, wird er ziemlich zu gleicher Zeit wie das übrige Unterägypten mit dem oberägyptischen

1) *ἔξωθεν δὲ αὐτῆς περιορύξαι λίμνην ἐκ τοῦ ποταμοῦ πρὸς βορέην τε καὶ πρὸς ἑσπέρην· τὸ γὰρ πρὸς τὴν ἠῶ αὐτὸς ὁ Νεῖλος ἀπέργει.* Herodot II 90.

2) Diodor (I 50) lässt den Deich, den er unmittelbar an die Stadt heranrückt, zugleich als Festungswall die Stadt gegen Süden schützen. Seine Schilderung ist offenbar ohne Kenntnis der Oertlichkeit aus dem herodoteischen Berichte zurecht gemacht.

3) Dazu stimmt das Präsens *ἀπέργει* in Herodot's Bericht.

Reiche vereinigt worden sein. Die Gründung der Altstadt von Memphis wird also frühestens im Verlauf der Kämpfe, die zur Vereinigung der beiden Länder unter oberägyptischer Herrschaft führten, erfolgt sein können.

Andererseits bildet der Abschluss dieser Vereinigung, den wir dem Menes zuschreiben müssen (s. ob. S. 13), wie wir unten sehen werden, einen *terminus ante quem* für die Gründung, so dass die Ueberlieferung, dass Menes der Gründer gewesen sei, in der That sehr wahrscheinlich wird. Es wäre denkbar, dass er die Festung nach seinen ersten Erfolgen gegen die Unterägypter, zur Sicherung des zuerst erstrittenen unterägyptischen Gebietes, des späteren „memphitischen Gaues“ und als Rückhalt für sein weiteres Vordringen in Unterägypten gegründet hätte, so dass die Stadt also beim Abschluss der Vereinigung der beiden Länder bereits existiert hätte.

7. Die Gründung des Ptahtempels im Süden der „Weissen Mauern“.

Ausser der Trockenlegung des memphitischen Gaues und der Gründung von Memphis soll Menes nach dem Bericht der memphitischen Priester in der neugegründeten Stadt auch das Heiligtum des Ptah (Hephaistos) gegründet haben[1].

Es ist das eine Tradition, deren Spuren sich, wie Erman gezeigt hat[2], bis in das neue Reich zurück verfolgen lassen. Auf dem Denkmal eines Künstlers, der als solcher den Ptah von Memphis als Schutzgott seines Berufs verehrte, werden nebeneinander ein Ptah des Ramses Miamun und ein Ptah des  *Mn-nꜣ* angerufen, d. h. ein Ptah, dem Ramses II und ein Ptah, dem *Mn-nꜣ* einen Tempel gebaut hatte. In diesem Gründer eines Ptahtempels namens *Mn-nꜣ* ist aber der König Menes, der den Ptahtempel von Memphis gegründet haben sollte, nicht zu verkennen[3].

Eine andere, noch ältere Spur derselben Tradition, die den Kultus des memphitischen Ptah mit der Vereinigung der beiden Länder durch Menes in Beziehung setzte, könnte vielleicht in dem bekannten Titel des memphitischen Ptah  *štnj tꜣwj* zu erkennen sein, wenn dieser Titel alt sein sollte. Einen *štnj* d. i. oberägyptischen König der beiden Länder, von dem der Gott diesen Titel erhalten haben könnte, hat es ja genau genommen nur einmal gegeben, eben als der oberägyptische König Menes die beiden Länder vereinigte. Doch hat der oberägyptische Königstitel *štnj* eben wegen des Uebergewichts Oberägyptens in dem geeinten Reiche (s. ob. S. 14) augenscheinlich schon sehr früh die Bedeutung für „König“ überhaupt angenommen und so liesse sich denn der seltsame Titel des Ptah, wenn er erst aus späterer Zeit, etwa aus dem alten Reich stammte, auch wohl so erklären.

Der memphitische Ptah, dessen Tempel Menes gegründet haben sollte, führt nun seit Alters den Beinamen 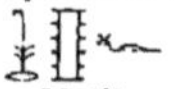 oder 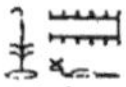 „südlich von seiner Mauer“[4], der sich augenscheinlich auf die Lage seines Heiligtums bezieht. In der Mauer des Ptah, die danach nördlich von seinem

1 τοῦτο δὲ τοῦ Ἡφαίστου τὸ ἱρὸν ἱδρύσασθαι ἐν αὐτῇ, ἐὸν μέγα τε καὶ ἀξιαπηγητότατον. Herodot II 99.

2) A. Z. 30, 43 ff.

3 Maspero Hist. anc. I 234 zitiert Erman's Veröffentlichung offenbar nur aus dem Kopfe, wenn er sagt, dass Menes auf dem betr. Denkmal als Gott neben Ramses II und Ptah verehrt erscheine.

4 Zuerst belegt auf dem Palermostein Rs. Z. 5 unter Nefer-ꜣer-ke-reʿ und in den Inschriften memphitischer Hohenpriester des alten Reiches. Mar. Mast. 378 (mit ) 390.

Tempel lag, hat schon **Brugsch**[1] eben unsere „Weisse Mauer", d. i. die Altstadt von Memphis, das *Λευκὸν τεῖχος* erkannt. Dass das richtig ist, lehrt eine Stelle des grossen Papyrus Harris (50, 4), an der der Gott geradezu „Ptah, der südlich von der Weissen Mauer (Stadt)" genannt wird.

An einer anderen Stelle desselben Papyrus (49, 3) wird von dem Gotte „Ptah der südlich von seiner Mauer" gesagt, dass er seine festliche Fahrt ausführe „im Süden der Mauer (Stadt)". Hier haben wir statt des vollen Namens eine Abkürzung , die auch sonst als Name von Memphis belegt ist (s. u.); sie kommt u. a. im Papyrus Harris noch dreimal in der Schreibung vor (45, 1. 47, 1. 48, 6), wo sie in der Anrede an den Gott „der südlich von seiner Mauer", ganz diesem Gottesbeinamen entsprechend als seine Stadt („deine Stadt") bezeichnet ist.

Wenn demnach der Tempel des Ptah nicht, wie man erwarten sollte, innerhalb der „Weissen Mauer", sondern südlich davon lag, so stimmt das aufs Beste zu dem Bericht des Herodot, nach dem diese Befestigung nach Süden nicht durch Wasser geschützt zu sein schien. Denn eine solche Lage des Ptahtempels setzt doch gleichfalls voraus, dass das südlich von der Befestigung gelegene freie Terrain hinreichend gesichert erscheinen musste und dass also nur von Norden her der Feind zu erwarten war, dem die „Weisse Mauer" Halt gebieten sollte.

Aus der Thatsache, dass das Heiligtum des Ptah, des Ortsgottes der Stadt, die ja „seine Mauer", genannt wurde, nicht innerhalb der Stadtmauern lag, ist vielleicht aber noch mehr zu schliessen, nämlich dass diese Mauern überhaupt nach Süden nicht geschlossen waren. Denn der Tempel würde hinter der übrigen Stadt gewiss nicht zurückgestanden haben und würde, wenn diese von den schützenden Mauern rings umschlossen gewesen wäre, es gewiss auch gewesen sein.

8. „Die Mauern" oder „die Mauer" als Abkürzung für die „Weissen Mauern".

Die Abkürzung , der wir hier soeben an Stelle des vollen Namens begegneten, ist auf Denkmälern der späteren Zeiten sowohl in dieser singularischen Form mit der Variante [2] als in der pluralischen Form die der alten Namensform entspricht, oft genug zu belegen[3]. Aber auch für die ältere Zeit ist diese Abkürzung nachzuweisen.

Wenn Sab-nej, der unter Nefer-ke-re' (Phiops) lebte, in seiner Grabinschrift erzählt[4], dass er nach seiner Heimkehr aus dem Sudan die Leiche seines Vaters bei Elephantine begraben habe, dass er dann stromab gefahren sei nach mit den Gaben der fremden Länder und bei Hofe belobt worden sei, so ist es klar, dass mit nur Memphis gemeint sein kann.

Auf Memphis wird man auch das Wort „Mauer" in einem Beinamen der Göttin Neith beziehen, der in den Inschriften der memphitischen Gräber des alten Reiches oft vorkommt.

1) Dict. géogr. 57 S.

2) Brugsch, Thes. V 951 (als Heimat eines Oberpriesters des Ptah von Memphis genannt).

3) Brugsch, Thes. V 1142 ff. Dict. géogr. 56.

4) Urk. d. aeg. Alt. I 139.

Die vornehmen Frauen dieser Zeit nennen sich mit Vorliebe Prophetin der „Neith, die nördlich von der Mauer"[1]. Es ist klar, dass diese Bezeichnung der Göttin ein Gegenstück zu den oben besprochenen Bezeichnungen des Ptah „südlich von seiner Mauer" oder „von der Weissen Mauer Stadt(?)" ist. Sie soll ohne Zweifel angegeben, dass der Tempel der Göttin, der die memphitischen Damen als Priesterinnen dienten, nördlich von der „Weissen Mauer" stand. Da die Neith, deren Heimat Sais war und die die unterägyptische Krone zu tragen pflegt, eine speziell unterägyptische Gottheit gewesen zu sein scheint, würde eine solche Lage ihres Heiligtums im Norden der „Weissen Mauern" ganz naturgemäss sein.

Desgleichen liegt es nahe, diese Abkürzung des alten Namens von Memphis zu erkennen, wenn es an einer Stelle der Pyramidentexte heisst[2]:

„Horus ist es, der hervorgekommen ist aus dem Nil,
„das Rind ist es, das hervorgekommen ist aus der Mauer,
„die Schlange ist es, die hervorgekommen ist aus Reᶜ,
„die Uräusschlange ist es, die hervorgekommen ist aus Seth."

Mit dem Rinde, das hier dem Horus und den Uräusschlangen des Reᶜ und Seth gegenübergestellt ist, wird vermutlich der Apis gemeint sein, mit der „Mauer", die als Ort seines Erscheinens genannt und als Festung determiniert ist, also die Stadt Memphis, die ja in der That einen solchen Namen führte.

Ist das richtig, so würden wir aus dieser Stelle zugleich eine bestimmte Lesung für das Wort „Mauer", das in dem Namen von Memphis sonst stets nur ideographisch geschrieben wird, gewinnen. Es würde also nicht, wie man gerade in neuerer Zeit vielfach gedacht hat, das männliche Wort *sbtj* kopt. cobт, das speziell die Umfassungsmauer (eines Tempels u. a.) bezeichnete, in dem Namen vorliegen, sondern das weibliche Wort *inbt*[3]. Dazu würde die oben angeführte Variante aus dem neuen Reich passen; desgleichen der Gebrauch des Gaunamens als Femininum[4] und die Schreibung der Nisbeform „die Memphiten"[5], die sich beide in ptolemäischen Texten (aus Memphis) belegen lassen. Dass die Femininalendung gewöhnlich unbezeichnet ist, würde sich aus dem archaischen Charakter der Schreibungen und hinlänglich erklären. In der That findet sich in dem unten noch zu erörternden

1) z. B. LD II 87. Mar. Mast. 307 9. 326. Brugsch, Thes. VI 1468 u. o.

2) Pyr. N. 955, berichtigt nach Abkl.

3) Für das Geschlecht dieses Wortes vgl. *t3 inbt mht t n p3 mktr* „die Befestigung nördlich von dem Kastell (*migdol*)" Pap. Anast. V 20, 2.

4) „ganz Memphis". Brugsch. Thes. V 909.

5) Brugsch. Thes. V 925.

Ausdruck „Umziehen der Mauern" das Wort „Mauern" , das den abgekürzten alten Namen von Memphis darstellt, wiederholentlich phonetisch so ausgeschrieben [1] oder [1] oder [2], so dass die Lesung *inbt* resp. *inbwt* für die verschiedenen Namen von Memphis („Weisse Mauer" resp. „Weisse Mauern" und „Mauer" resp. „Mauern") recht wahrscheinlich wird.

9. Der Umzug um „die Mauern".

Mit dem Nachweis, dass die Abkürzung „Mauer" für den Namen „Weisse Mauer" nicht erst jüngeren Datums ist, sondern schon im alten Reich sicher, in den Pyramidentexten wahrscheinlich zu belegen ist, gewinnen wir nun aber auch die Möglichkeit, den viel erörterten alten Ausdruck zu deuten, der auf dem Palermostein und im Tempel von Der el bahri das Ereignis des der „Vereinigung der beiden Länder" d. i. die Thronbesteigung des Königs zu begleiten pflegt[3]. Naville, der das Verdienst hat, zuerst auf ihn aufmerksam zu machen, hat darin eine Verbindung des Verbums *pḫr* „*faire le tour de*" und einer Gebäudebezeichnung sehen wollen, die er anfangs mit „*le mur du Nord*" jetzt mit „*la grande salle*" übersetzt und mit dem späteren Worte *ḥ3jt* identifiziert. In Wahrheit haben wir es nicht mit einer „Mauer des Nordlandes" oder gar einem „grossen Saale" zu thun, um die der neugekrönte König einen Umgang machte, sondern es liegt, wie Maspero gesehen hat[4], einfach die alte Konstruktion des Verbums *pḫr* „herumgehen (um)", „herumführen (um)" mit der Präposition *ḥ3* vor, die hier die jüngst von Gardiner[5] nachgewiesene Bedeutung „herum um" hat. Diese alte Konstruktion, die noch im alten Reich und in den Pyramidentexten allein gebräuchlich ist[6], ist dann später durch die jüngere Konstruktion, die den Gegenstand, um den man herumgeht, zum direkten Objekt des Verbums *pḫr* macht, verdrängt worden[7]. Der Ausdruck enthält demnach drei verschiedene Worte, die dem Gebrauche der alten Orthographie entsprechend, jedes mit nur **einem** Zeichen geschrieben sind: „Herumgehen () um () die Mauer ()" resp.

1 Brugsch, Thes. V 1193. 2 Louvre C. 102 n. R..

3) Auch bei Naville, Festival hall pl. 23, 7 wird statt wohl einfach zu lesen sein.

4 Journ. des Savants 1889, 411. 5) Proceed. XXV, 334 ff.

6) mit „herumgehen um" Pyr. W. 437 = T. 249; T. 51 = P. 160, N. 061. „herumführen um" Pyr. T. 341 = P. 204 = M. 168 = N. 655. — ohne mit direktem Objekt bedeutet in alter Zeit „wenden" Pyr. W. 260; T. 309; T. 310; P. 96 = M. 114 = N. 41; P. 621; P. 713 = M. 787. Mit folgendem Dativ bedeutet es ohne Objekt „dienen", „gehören" Pyr. W. 208; W. 444 = T. 253; W. 454; W. 513 = T. 326; W. 516 = T. 327; W. 635; T. 84 = M. 218 = N. 615 mit Objekt „darbringen" Pyr. W. 456. Die (*pḫrw R'* Pyr. T. 364 = N. 71 = P. 416 = M. 596 = N. 1201; P. 614) sind demnach nicht „die, welche um Re' herumgehen", sondern entweder „die, welche den Re' herumführen" oder „die Diener des Re'".

7) Damit hängt es denn auch wohl zusammen, dass man aus dem alten Ausdruck für das ägäische Meer „Kreis der um die *nbwt* herumläuft" später einen Volksnamen *ḥ3-nbt* für die Bewohner desselben gemacht hat, als ob der Ausdruck „Kreis, der um die *Ḥ3-nbwt* herumläuft" bedeutet hätte.

„die Mauern“, was bei der alten Orthographie auch möglich ist. Er entspricht also sprachlich genau dem späteren , das in den Grab- und Tempelinschriften der späteren Zeit (von der 18. Dynastie an) so oft erwähnt wird.

Diese letztere Zeremonie war nun aber eine spezifisch memphitische. Sie war, wie Brugsch gezeigt hat, mit den grossen Festlichkeiten verbunden, die in Memphis am Ende des Monats Choiak gefeiert wurden und am 1. Tage des folgenden Monats Tybi, der als Hauptfesttag für Memphis in den Festkalendern verzeichnet ist, ihren Abschluss fanden. Zunächst fand der „Umzug um die Mauern“ am 26. Choiak, dem „Feste des Gottes Sokar“ statt, das geradezu als „Tag“ oder „Fest des Herumziehens um die Mauern“ bezeichnet wird[1]. Bei diesem Umzuge des Gottes Sokar, an dem der König selbst mit seinen Grossen teilnehmen sollte[2], „dem Sokar zu folgen“ ist ein häufig wiederkehrender Wunsch des frommen Aegypters[3].

Sodann wurde ein „Umzug um die Mauern“ mit Viehherden vollzogen am 30. Choiak, dem Tage der „Errichtung des heiligen -Pfeilers“, in dem man den Gott Ptah—Sokar—Osiris verkörpert glaubte[4]. Auch diese Handlung, die ebenso dargestellt wird wie die Errichtung von Obelisken, und auch mit demselben Ausdruck *sʿḥʿ* „aufstellen“ bezeichnet wird, sollte der König eigenhändig, von seiner ganzen Familie begleitet, vollziehen[5], wobei ihm der Hohepriester von Memphis „als zweiter des Königs bei der Errichtung des -Pfeilers“ zur Seite stand[6].

Möglicherweise wurde auch noch an anderen Festtagen des Gottes Sokar ein „Umzug um die Mauern“ veranstaltet. Wenn sich ein Verstorbener wünscht, „dem Sokar zu folgen, wenn er die Mauern umzieht an allen seinen Festen alljährlich“[7], so könnte das in der That wohl so gedeutet werden.

In allen Fällen, wo uns die Zeremonie des aber begegnet, steht sie in Beziehung zu Memphis. Und noch mehr; bei den Mauern, die dabei so feierlich umzogen werden, handelt es sich nicht etwa um die Mauern eines beliebigen Gebäudes, sondern, wie die Varianten [8] und [9] zeigen, um die Altstadt von Memphis, die ja diesen Namen „die Weissen Mauern“ resp. „die Mauern“ führte.

Haben wir nun in dem , das auf dem Palermostein die Thronbesteigung des Königs zu begleiten pflegt, wie gesagt nur einen älteren Ausdruck für das spätere zu erkennen, so wird es auch wie dieses auf Memphis zu beziehen sein. Damit kommen wir aber zu einem Schluss, der für die Geschichte von Memphis von allergrossester Tragweite sein muss. Denn, trifft er zu, so wird damit nicht nur die Existenz der Stadt der „Weissen Mauern“, die Menes gegründet haben sollte, bereits für die erste Dynastie, der der Thronwechsel in Zeile 2 der Vs. des Palermosteines angehört, direkt bezeugt (indirekt ist sie das ja auch durch den „Auslauf des Apis“ und das „Fest des Sokar“, die der Stein wiederholt für diese Zeit nennt,

1) Brugsch, Thes. V 1141 ff. 2) Tempel von Medinet Habu.
3) Brugsch a. a. O. Leid. K. 9. V. 17. D. 43.
4) Brugsch, Thes. V 1190 ff.
5) Darstellungen im Grabe des *Ḫrj-f* aus der Zeit Amenophis' III), s. Brugsch a. a. O.
6) Brugsch, Thes. V 921. 941 (Inschriften memphitischer Hoherpriester aus ptolemäischer Zeit).
7) Leiden K. 9 (Leemanns Monum. funér. XVI).
8) Brugsch, Thes. V 1143 (Zeit Ramses' III). 9) Brugsch, Thes. V 1143 (aus Dendera).

s. u. Abschn. 13), sondern, was wichtiger ist, die angebliche Gründung des Menes erscheint dadurch auch direkt in Beziehung zu der „Vereinigung der beiden Länder", der Hauptthat des Menes. Wie der Palermostein lehrt, wurde die Thronbesteigung der ägyptischen Könige schon in der ersten Hälfte der ersten Dynastie (nach unseren Feststellungen möglicherweise schon unter dem Nachfolger des Menes selbst) als Wiederholung dieses weltgeschichtlichen Ereignisses betrachtet und gewiss auch demgemäss gefeiert. In dem „Umzug um die Mauern", d. h. um das alte Memphis, der stets damit verbunden erscheint, wird man demnach mit grosser Wahrscheinlichkeit gleichfalls die Wiederholung einer Zeremonie zu erkennen haben, die der Vereiniger der beiden Länder, also vermutlich Menes, einst vollzogen hatte, nachdem er „als König von Ober- und Unterägypten erschienen" war. Es könnte wohl ein Triumphzug gewesen sein, in dem der siegreiche oberägyptische König damals um die oberägyptische Veste in unterägyptischem Lande gezogen war.

Dass die Beziehung des 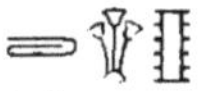 auf Memphis, die so folgenreiche Schlüsse nach sich zieht, in der That richtig ist, wird nun wohl auch durch die Inschrift eines memphitischen Hohenpriesters aus ptolemäischer Zeit bestätigt. P-sche-n-ptah, der unter König Ptolemäus Neos Dionysos dieses Amt bekleidete, erzählt auf seinem Grabstein u. a. Folgendes[1]:

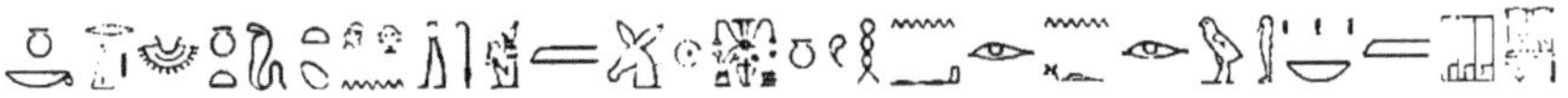

„ich war es, der den Uräusschmuck an das Haupt des Königs (*In-šw*) legte am Tage, als ihm die beiden Länder vereinigt wurden, und ich vollzog ihm alles Uebliche in den Jubiläumshäusern".

Aus dieser Stelle ersehen wir, dass die unter dem Namen  „Vereinigung der beiden Länder" bezeichnete Thronbesteigungsfeier, mit der das  immer verbunden ist, in der That in Memphis gefeiert wurde. Damit stimmt denn ja auch überein, dass nach der Inschrift von Rosette das „Fest der Uebernahme der Königsherrschaft des Konigs Ptolemäus Epiphanes" gleichfalls in Memphis gefeiert worden ist.

10. Die memphitischen Feste des Monats Choiak und ihre Beziehungen zum Königtum der beiden Länder.

Im engsten Zusammenhang mit dem Königtum der beiden vereinigten Reiche scheinen nun aber auch die oben erwähnten memphitischen Feste des Monats Choiak, bei denen wir dem  begegneten, zu stehen. Das geht nicht sowohl aus der Teilnahme des Königs an den Festlichkeiten des 26. und 30. Choiak hervor, als aus der ganzen Art, wie diese memphitischen Feste auf thebanischen Denkmälern dargestellt sind. Das „Fest des Sokar" vom 26. Choiak ist im Tempel von Medinet Habu dargestellt und teilt diese Ehre mit dem sogenannten „Fest der Treppe" des Gottes Min, das ja ganz direkt auf die Thronbesteigung des Königs Bezug nimmt.

1) Brugsch, Thes. V 942 3.

Das Fest der Errichtung des -Pfeilers dagegen, das im Grabe des 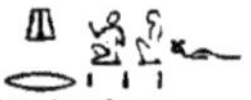 *Ḫrjw-f*, eines Zeitgenossen Amenophis III, dargestellt ist, erweist sich als ein Königsfest schon durch seinen Zusammenhang mit dem Feste des *ḥb-šd*-Jubiläums. Die Errichtung des -Pfeilers wird nämlich vom König vollzogen am 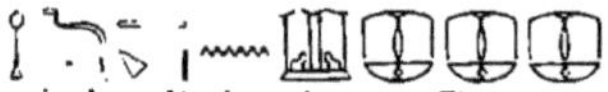 *ḥd-t- n ḥbw-šd* „Morgen der Jubiläumsfeste"[1], d. h. nach ägyptischer Redeweise am Tage vor dem Jubiläumsfeste[2], das, wie Brugsch gezeigt hat[3], in der That am folgenden Tage, am 1. Tybi gefeiert wurde. Dieses Jubiläumsfest selbst scheint in den engsten Beziehungen einerseits zu der „Vereinigung der beiden Länder", andererseits zu Memphis gestanden zu haben. Schon die doppelte Festhalle , in der der König einmal mit oberägyptischer, einmal mit unterägyptischer Krone thronend dargestellt wird, lässt deutlich erkennen, dass die Vereinigung der beiden Länder, wie es ja auch natürlich ist, dabei ebenso wie bei der Thronbesteigung stark im Vordergrund stand. So begegneten wir denn auch den „Jubiläumshäusern" oben in dem Bericht des Hohenpriesters P-sche-n-ptah über die Thronbesteigungsfeier der „Vereinigung der beiden Länder" in Memphis (S. 135). Sowohl im neuen Reich als in der Ptolemäerzeit ist es dann stets der memphitische Gott Ptah, zubenannt *Tnn* „der Erhabene", der mit dem Jubiläum in Verbindung gesetzt wird[4]; und Ramses III sagt geradezu, er habe sein erstes Jubiläum dem Gotte Ptah von Memphis gefeiert und habe dessen Tempel und die „Jubiläumshäuser" (s. ob.), die verfallen gewesen wären, wiederhergestellt[5].

Der 1. Tybi, an dem das Fest wie gesagt gefeiert wurde, ist denn auch als Hauptfesttag von Memphis in den Festkalendern verzeichnet. In Edfu wurde dieser Tag als der „Neujahrstag des Horus von Edfu", d. h. als der Tag, an dem Horus, der göttliche Vereiniger der beiden Länder, den Thron bestiegen haben sollte, gefeiert. Dem entspricht es denn auch, dass die ägyptischen Könige, die ja die Inkarnation dieses Gottes sein sollten, eben diesen Tag, den 1. Tybi, als festen Thronbesteigungstag neben dem wirklichen Tage ihres Regierungsantritts, der bei jedem König verschieden war, feierten[6]. Mit dieser Rolle, die der 1. Tybi als Thronbesteigungstag par excellence spielte, hing offenbar auch der Name  *tpj rnpt* „erster (Tag) des Jahres" zusammen, den er seit Alters trug.

Dass auch das Fest der Errichtung des -Pfeilers, dass am Vorabend dieses für das Königtum anscheinend so wichtigen Tages vollzogen wurde, ausser seiner religiös-mythologischen Bedeutung noch eine ganz besondere Bedeutung für das Königtum gehabt haben muss, geht

1) Brugsch, Thes. V 1191. Derselbe Ausdruck findet sich auch bei der Darstellung der Jubiläumsfestlichkeiten im Tempel von Soleb (LD III 84).

2) Dieser seltsame Gebrauch des Wortes 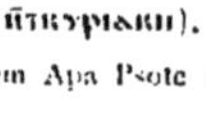 *ḥd-t3* „Morgen" für den „vorhergehenden Tag" (anstatt, wie man nach der Analogie anderer Sprachen erwarten sollte, für den folgenden Tag) hat sich auch noch im Kopt. erhalten. In dem Martyrium des Apa Psote (Bruchstück in Rom, das mir mein Kollege, Herr Prof. Wilhelm Meyer freundlichst mitgeteilt hat) kommt der Kurier des Kaisers Diokletian am „Abend des Sabbat, am Tage vor dem Sonntag" an (ⲡⲉ ⲣⲟⲩϩⲉ ⲅⲁⲣ ⲙ̄ⲡⲥⲁⲃⲃⲁⲧⲟⲛ ⲡⲉ ϩⲧⲟⲟⲩⲉ ⲙ̄ⲡⲕⲩⲣⲓⲁⲕⲏ), er übergiebt den Ortsbehörden den Brief des Kaisers „in der Nacht" (ⲛ̄ⲧⲉⲩϣⲏ) und diese stellen ihn dem Apa Psote zu „in der Frühstunde des Sonntags" ϩⲙ̄-ⲡⲛⲁⲩ ⲙ̄ⲡϣⲱⲣⲡ ⲙ̄ⲡⲕⲩⲣⲓⲁⲕⲏ).

3) Thes. V 1125. 4) vgl. Brugsch, Thes. V 1131.

5) Pap. Harris 49, 10–12. 6) Brugsch, Thes. V 1125.

aber wohl auch aus den eigenartigen Kampfspielen hervor, die dabei mit Pflanzenstengeln aufgeführt wurden[1]. Wenn wir da aber zwei miteinander kämpfenden Priestern die Worte „ich nehme den Horus N. N. (Horusname des Königs)“ lesen, so klingt das doch ganz, als ob es sich um einen neuen König handele, um den sich die beiden Gegner streiten. Weit bedeutsamer sind aber zwei andere Gruppen von Kämpfern, die sich in ihrer Bekleidung von den übrigen sehr wesentlich unterscheiden. Sie tragen jenen einfachen Lendengürtel mit lose herabhangenden Bändern[2], den der Gott des Niles und die Hirten, Schiffer und Fischer des alten Reiches zu tragen pflegen[3]. Spiegelberg hat darin die alte Tracht der Unterägypter vermutet[4]. Wohl mit Recht, da auch der besiegte Unterägypter des Gaues  auf der grossen Schieferpalette von Hierakonpolis dieselbe primitive Kleidung hat[5]. Auch im vorliegenden Falle sind es Unterägypter, die so gekleidet sind. Denn wie die Beischriften besagen, sind es in der einen Gruppe die 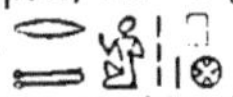 *rmt P* „die Leute von *P*“, in der anderen die  *rmt Dp* „die Leute von *Dp*“, die hier in Zwietracht untereinander dargestellt sind. Wir scheinen es also mit der Darstellung eines Bürgerkrieges zu thun zu haben, den die Bewohner von Buto, der Hauptstadt der unterägyptischen Könige, einst untereinander ausgefochten haben sollten. Wann wird sich nun aber dieser Zwist in Buto abgespielt haben, der für das Königtum des geeinten Aegyptens noch Interesse haben konnte? Vermutlich doch wohl eben bei der Vereinigung der beiden Länder, als Buto noch Bedeutung hatte. Hätte sich damals etwa ein Teil der Bevölkerung von Buto für den oberägyptischen König erklärt, so musste das doppelt willkommen sein, weil dadurch die Vereinigung nicht ganz so unfreiwillig erscheinen musste, wie sie es wohl thatsächlich vom unterägyptischen Standpunkte aus war. Das Wort „ich nehme den Horus N. N.“, das oben zwischen den beiden streitenden Priestern fiel, gewänne dadurch eine besondere Bedeutung.

11. Das Alter der memphitischen Feste des Monats Choiak.

Wie alt diese memphitischen Feste und die damit verbundenen Gebräuche waren, wissen wir nicht; doch machen sie in ihren Einzelheiten ja ganz den Eindruck, als ob sie uralt sein müssten. Ein Fest , in dem man das Fest des Sokar vom 26. Choiak erkennen könnte, kommt auf dem Palermostein in Zeile 2, Nr. 7, Zeile 3, Nr. 6 und Zeile 4, Nr. 6 und Nr. 12 vor. An den beiden ersten Stellen, die nach unseren Ermittlungen der ersten Dynastie anzugehören scheinen, ist dieses Fest beide Male mit einer bestimmten Gründungszeremonie, dem , gewisser Gebäude verbunden; in Zeile 4, die der Regierung des Königs *Ntrj-mw* (Binothris) der zweiten Dynastie angehört, ist das Fest dagegen beide Male mit dem  „Erscheinen des Königs von Unterägypten“ verbunden. Wie die Zusätze  „zweites Mal“ und  „drittes Mal“, die das Fest hier bekommt, zeigen, wurde es damals nicht alljährlich, sondern in grösseren Zwischenräumen (im vorliegenden Falle nach 6 Jahren) gefeiert. In den Gräbern des alten Reiches, von der vierten Dynastie an, kommt das 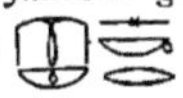 in den Aufzählungen der Feste, an denen der Tote Opfer erhalten sollte, oft vor.

1) Brugsch, Thes. V 1190. 1192.
2) So deutlich in Erman's Originalzeichnung.
3) Erman, Aegypten 293/4. 567.
4) Orient. Litt.-Ztg. I 234.
5) Quibell, Hierakonpolis I pl. 29.

Für das Alter des Festes der Errichtung des ehrwürdigen -Pfeilers in Memphis lässt sich dagegen die Thatsache geltend machen, dass sich die memphitischen Hohenpriester des alten Reiches bereits „Propheten des ehrwürdigen -Pfeilers (*Dd špśj*)" nennen [1] und dass der Name dieses Kultwesens auch in Personennamen dieser Zeit vorkommt [2].

Von den Feierlichkeiten, die am 1. Tybi vollzogen wurden, kommt das *hb-śd*-Jubiläum bereits in den Inschriften der ersten Dynastie und auf dem Palermostein in Zeile 3 der Vs., die vermutlich die Regierung des Miebis enthält, vor. Die Bezeichnung dagegen, die dem 1. Tybi eignet, pflegt in den Festlisten der Gräber des alten Reiches regelmässig genannt zu werden.

Man darf es bei diesem Befunde wohl als sicher ansehen, dass die memphitischen Feste des Monats Choiak jedenfalls bis in das alte Reich zurückgingen; dass sie noch älter waren, wie man nach dem Charakter der mit ihnen verbundenen Zeremonieen annehmen möchte, darf wohl als nicht unwahrscheinlich bezeichnet werden.

12. Zusammenhang zwischen den memphitischen Festen des Monats Choiak und dem Thronbesteigungsfest.

Da diese alten memphitischen Feste, die mit dem „Umzug um die Mauern" verbunden waren, wie wir oben feststellen konnten, z. T. so unverkennbare Beziehungen auf die Vereinigung der beiden Länder aufweisen, so wird man nun auch die Möglichkeit in Betracht ziehen müssen, dass sie mit dem Fest der „Vereinigung der beiden Länder" selbst, dem Thronbesteigungsfest, das gleichfalls in Memphis gefeiert wurde und gleichfalls mit dem „Umzug um die Mauern" verbunden war, in direktem Zusammenhang standen. Es wäre möglich, dass die Zeremonieen, die man in Memphis alljährlich am Ende des Monats Choiak in Verbindung mit dem Umzug um die Mauern und mit der Feier des festen Thronbesteigungstages des Königs, am 1. Tybi, vollzog, eben dieselben waren, welche einst bei der Vereinigung der beiden Länder von Menes vollzogen worden waren und später von seinen Nachfolgern an ihrem wirklichen Thronbesteigungstag bei der sogen. „Vereinigung der beiden Länder" wiederholt wurden. In erster Linie kämen hierfür die mehr weltlichen Handlungen in Betracht, die mit dem Kult der Götter nichts direkt zu thun haben konnten. Ausser dem „Umzug um die Mauern", dem Scheinkampf der Bewohner von Buto, dem Thronen des Königs in der doppelten Jubiläumshalle wurde auch das Herumtreiben der Herden um die Mauern, das am 30. Choiak vollzogen wurde, zu einem Siegesfest gut passen: es konnte die im Kampf erbeutete lebende Habe der Unterägypter darstellen sollen.

Aber auch die Zeremonieen, die augenscheinlich religiöser Natur sind, sind z. T. derart, dass sie sich bei einem Siegesfest wohl verstehen liessen. So namentlich die „Errichtung des -Pfeilers", der ja nicht nur ein Kultgegenstand, sondern auch das Symbol der Beständigkeit

1 Mar. Mast. 113 (Dyn. 5), 414 (Dyn. 6).

2) *Šp ḏ-pw-ḏd-špśj* „Ehrwürdig ist der ehrwürdige *dd*-Pfeiler" Mar. Mast. 262. Vgl. dazu Namen wie *Ḳ3-pw-rʿ* „Sein Schutzgeist ist Reʿ" u. ä.

war. Wenn ein solches Symbol bei der „Vereinigung der beiden Länder“ in Memphis feierlichst errichtet worden wäre, als eine Art Denkmal, wie es die in gleicher Weise errichteten Obelisken waren, so wäre das durchaus begreiflich. Und ebenso wäre es wohl ganz natürlich, wenn bei dem Siegesfest auch der Gott Sokar, der im benachbarten 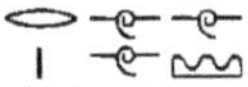 (Gize) „im westlichen Horizonte (gemeint Ufergebirge) von Heliopolis“ [1] eine uralte Kultstätte gehabt zu haben scheint, in feierlichem Zuge um die Mauern geführt worden wäre.

Man könnte schliesslich sogar denken, dass auch die Tage, in denen jene Feste gefeiert wurden, 26. Choiak bis 1. Tybi, zugleich dieselben gewesen seien, an denen Menes die Vereinigung der beiden Länder gefeiert hatte. Der Tag, der den ägyptischen Königen als fester Thronbesteigungstag galt und in Edfu als Thronbesteigungstag des Horus gefeiert wurde, wäre dann der Tag gewesen, an dem einst Menes den Thron des geeinten Aegyptens bestiegen hätte.

Ist es bei den Beziehungen, die wir oben zwischen den memphitischen Festen des Monats Choiak und dem ägyptischen Konigtum feststellen konnten, und bei der Analogie, die zwischen diesen Festen und der Thronbesteigungsfeier zu bestehen schien, wohl erlaubt, sich einen Zusammenhang zwischen ihnen vorzustellen, wie es hier geschehen ist, so darf man dabei doch keinen Augenblick vergessen, auf wie unsicherem Boden man steht, dass es eben nichts als Möglichkeiten sind, denen viele andere Möglichkeiten gegenüber stehen.

13. Die Bedeutung von Memphis unter den beiden thinitischen Dynastieen.

So unsicher die Dinge sind, mit denen wir uns eben beschäftigt haben, so wahrscheinlich ist wohl das wichtige Ergebnis, zu dem wir oben gelangten, dass der „Umzug um die Mauern“ 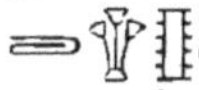, den die Könige der ersten und zweiten Dynastie bei ihrer Thronbesteigung vollzogen, eine memphitische Zeremonie war, die der Vereiniger der beiden Länder einst, nachdem sein Werk vollbracht war, vollzogen hatte.

Die Thatsache, dass die Konige der thinitischen Dynastieen diese Sitte wie es scheint regelmässig befolgten, schliesst nun aber in sich, dass die angeblich von Menes gegründete Stadt an der Stelle des späteren Memphis auch unter diesen Herrschern schon eine hervorragende Rolle gespielt haben muss. Das wird denn ja auch durch das Vorkommen des mutmasslichen „Festes des Sokar“ (s. ob. S. 137) und des in gewissen Abständen sich wiederholenden 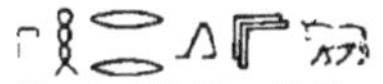 *phrr Ḥp* „Auslaufs des Apis“ auf dem Palermostein (Vs. Zeile 3, Nr. 12 unter König Miebis; Zeile 4, Nr. 4. 10 unter König *Ntrj-mw*-Binothris) bestätigt. Da diese Feiern sogar, dem Jahr, in dem sie stattfanden, den Namen gegeben zu haben scheinen, so erscheint Memphis hier in einer so hervortretenden Rolle, dass man sich geradezu fragen muss, ob es damals wirklich noch eine einfache Provinzialstadt, die nur als Krönungsstadt eine gewisse Bevorzugung seitens der Könige genoss, war und nicht vielmehr schon wie später zur Haupt- und Residenzstadt der Könige geworden war, zu der sie ja durch ihre Lage an der Grenze der beiden vereinigten Länder gerade so bestimmt zu sein scheint wie Heliopolis und Kairo.

Wenn wir gewohnt sind anzunehmen, dass die Könige der beiden ersten Dynastieen noch nicht in Memphis, sondern im thinitischen Gau Hof gehalten haben und dass Memphis erst

1 So in der Sphinxstele Thutmosis' IV bezeichnet, vgl. Erman, Sitzungsber. d. Berl. Akad. 1904. 432. 437.

unter der dritten Dynastie Residenz geworden sei, so beruht das auf zwei Thatsachen; einmal darauf, dass Manethos die beiden ersten Dynastieen als thinitisch, und erst die dritte als memphitisch bezeichnet, und zweitens darauf, dass sich die Königsgräber der beiden ersten Dynastieen bei Abydos, die der dritten auf memphitischem Gebiet (die Stufenpyramide des Dośer bei Sakkara, die des Śnefru bei Medum) finden. Der erste Grund ist an sich nicht beweisend. Wenn Manethos die Könige der beiden ersten Dynastieen als Thiniten bezeichnet, so ist daraus nur ihre Herkunft zu entnehmen; sie könnten deshalb doch wo anders residiert haben, gerade wie die 12. Dynastie von thebanischen Königen nach dem Namen  *Imn-m-ḥ3t* Ἀμμενέμης zu urteilen, aus Theben stammte und dennoch in der Nähe von Memphis oder vom Faijum residiert zu haben scheint, und wie die fünfte Dynastie, die nach Manethos aus Elephantine (hier ganz unzweideutig ausgedrückt ἐξ Ἐλεφαντίνης) nach dem Papyrus Westcar aus *Š3ḥbw* im letopolitischen Gau stammen soll, sicher in Memphis residiert hat.

Weit bedeutsamer ist der zweite Grund. Dass sich die Könige der beiden ersten Dynastieen mit ihrem Hofstaat bei Abydos, so fern von Memphis, haben bestatten lassen, spricht in der That stark dafür, dass sie auch dort in der Nähe, also im thinitischen Gau, ihrer Heimat, Hof gehalten haben. Es wäre, wenn dies nicht der Fall gewesen sein sollte, nur anzunehmen, dass die Beisetzung in Abydos damals aus irgend welchen Gründen, sei es religiösen (etwa wegen des Osirisgrabes), sei es politischen (wegen der Unsicherheit von Memphis an der Grenze des Deltas) vorgezogen worden sei.

Dafür, dass Memphis unter den beiden ersten thinitischen Dynastieen schon Residenz gewesen sei, sprechen ausser den oben namhaft gemachten noch einige andere Gründe. Wenn Atothis, der Sohn und Nachfolger des Menes, nach Manethos die Königsburg von Memphis (τὰ ἐν Μέμφει βασίλεια) gebaut haben soll, so wäre das ja auch begreiflich, wenn die Könige nur zu den grossen Festen oder bei anderen Gelegenheiten vorübergehend ihre Krönungsstadt besuchten.

Wenn wir aber aus Inschriften des alten Reiches ersehen, dass die Könige der zweiten Dynastie *Śndj* und *Prj-ib-śn* in der memphitischen Totenstadt einen Totenkult besassen[1], wenn wir Originaldenkmälern aus dieser Zeit auf memphitischem Boden öfters begegnen[2], wenn Wein aus Memphis in den Königsgräbern dieser Dynastie bei Abydos verwendet wurde[3] und endlich, wenn ein König dieser thinitischen Dynastie den Namen 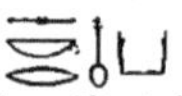 *Nfr-k3-skr* (bei Manethos Σεσώχρις) nach dem memphitischen Gotte Sokar und eine Königin dieser Dynastie den Namen  *N-m3ʿt-ḥp* nach dem Apisstier führt, so muss das alles zusammen in der That dafür sprechen, dass wenigstens unter der zweiten Dynastie Memphis schon zeitweilig, wenn nicht dauernd, die Residenz der Könige gewesen sein wird. Giebt man dies aber für die zweite Dynastie zu, obgleich sich auch sie nach wie vor noch in ihrer Heimat bei Abydos hat bestatten lassen, so hindert auch nichts mehr, für die erste Dynastie das Gleiche anzunehmen.

1 Leps. Ausw. 9. Mar. Mast. 92 ff.

2 Statue Kairo 1. Siegelabdrücke Ann. du serv. III 187 ff.

3) Petrie, RT. II 23. 193.

Ergebnis.

Was sich uns über die Gründung und älteste Geschichte von Memphis ergeben hat, ist kurz Folgendes:

1. Nach der Tradition der memphitischen Priester sollte der memphitische Gau erst von Menes durch die Anlegung des Deiches, der noch heute die Provinz Gize schützt, trocken gelegt worden sein, während er vordem wie das Delta Sumpfland gewesen sein sollte. In der That gehörte der Gau politisch auch in geschichtlicher Zeit noch zu Unterägypten, trotzdem er geographisch vielmehr zu Oberägypten gehört haben müsste. Nach seinem Namen zu schliessen hat er erst nach der Gründung von Memphis seine Stellung als selbständiger Gau erlangt.

2. Die befestigte Stadt, die Menes an der Stätte des späteren Memphis gegründet haben soll, kann nur in dem Teil von Memphis erkannt werden, der den Namen „die Weissen Mauern", später „die Weisse Mauer", griech. Λευκὸν τεῖχος, abgekurzt auch nur „die Mauern" oder „die Mauer" führte und nach dem auch der Gau seinen Namen hatte.

3. Dieser Name scheint die Stadt als eine oberägyptische Befestigung zu bezeichnen, die sich gegen Unterägypten richtete. Dem scheint zu entsprechen, dass sie nur auf der Ost-, Nord- und Westseite durch Wassergräben geschützt war und dass der Tempel des Gottes Ptah, der gleichfalls von Menes gegründet sein sollte, südlich von ihr angelegt war.

4. Die Gründung der Stadt, die auf unterägyptischem Boden lag und doch als Trutzveste gegen Unterägypten angelegt zu sein scheint, kann naturgemäss erst nach dem Beginn der Kämpfe, die zur Vereinigung der beiden Reiche führten, erfolgt sein.

5. Sie wird andererseits nicht nach der Vereinigung erfolgt sein, da die Thronbesteigung der ägyptischen Könige, die als Wiederholung jener Vereinigung gefeiert wurde, von der ersten Dynastie an mit einem „Umzug um die Mauern" verbunden ist, d. h. einem feierlichen Umzug um die Weissen Mauern, den einst der Vereiniger der beiden Länder ausgeführt haben wird.

6. Die Tradition der memphitischen Priester, dass Menes, in dem wir mit gutem Grunde den Vereiniger der beiden Länder erkennen, der Gründer der Stadt gewesen sei, ist demnach sehr wahrscheinlich.

7. Die grossen Feste, welche im Monat Choiak zu Memphis gefeiert wurden und gleichfalls mit dem Umzuge um die Mauern verbunden waren, weisen in ihren Gebräuchen mannigfache Beziehungen zu dem Königtum im allgemeinen und speziell zu der Vereinigung der beiden Länder auf. Möglicherweise haben wir in ihnen die Zeremonieen zu erkennen, die der Vereiniger der beiden Länder nach der Eroberung Unterägyptens bei der Sieges- und Krönungsfeier in der oberägyptischen Veste „der Weissen Mauern" aufgeführt hat.

8. Ob Menes und die anderen Könige der ersten Dynastie schon in Memphis residiert haben, wissen wir nicht. Die Könige der zweiten Dynastie werden dort wahrscheinlich schon, sei es zeitweise, sei es dauernd, Hof gehalten haben.

Register zu Band III.

1. Allgemeiner Teil.

2. Könige und ihre Angehörigen.

3. Aegyptische Worte

in der Ordnung des ägyptischen Alphabets.

NB. Königstitel s. in Abteilung 1, Königsnamen in Abteilung 2.

INHALT.

Seite

Druckfehler und Berichtigungen.

S. 6, Zeile 24 lies  statt .

S. 13 letzte Zeile des Textes lies: „dass Menes aus Thinis in Oberägypten stammte". — In der hierzu gehörenden Anm. 4 ist dann zu lesen: „Ob er auch zu Thinis residierte, ist aus dem Ausdruck *Mḥrj; Ḥtj-rtrj;* noch nicht sicher zu entnehmen", vgl. S. 140.

S. 35, Anm. 4 muss das Zitat lauten: Annales du serv. III 187 ff.

S. 38, Zeile 15 ist der Verweis s. u. Aufsatz 9 zu streichen.

S. 51, Anm. 1 lies: Doser und Neb-ke.

S. 53, Zeile 12 lies .

S. 63, Anm. 1 ist zu streichen.

S. 97 ist in der Kapitelüberschrift 13 statt 12 zu lesen.